Wolters' Mini-woordenboek

Frans/Nederlands

Nederlands/Frans

WOLTERS' MiNi WOORDENBOEK

FRANS NEDERLANDS

NEDERLANDS FRANS

Kosmos-Z&K Uitgevers,
Utrecht/Antwerpen

8e druk, 1997
Omslagontwerp: T. van Gerwen
ISBN 90 215 2679 4
D/1997/0108/092
NUGI 471/503

Inhoud • Table des matières

Frans/Nederlands • Français/Néerlandais

Nederlands/Frans • Néerlandais/Français

Voorwoord

Wolters' Mini-woordenboeken bevatten ruim 10.000 begrippen met hun uitspraak in twee talen.

Zij zijn compact en bieden een uitstekende moderne basiswoordenschat.

Wolters' Mini-woordenboeken zijn ook bijzonder handzaam en kunnen gemakkelijk mee op reis of naar school.

Zowel na het gedeelte Frans/Nederlands als het gedeelte Nederlands/Frans treft u in dit woordenboek praktische aanvullingen aan, zoals

- een woordenlijst van culinaire begrippen; vooral handig in een restaurant bij het lezen van de menukaart
- informatie over tijdsaanduiding, telwoorden, de dagen van de week, onregelmatige werkwoorden, veelgebruikte afkortingen en een lijst met nuttige uitdrukkingen en zinnen.

Kosmos-Z&K Uitgevers

Frans/Nederlands

Français/Néerlandais

Afkortingen

adj	bijvoeglijk naamwoord	*mpl*	mannelijk meervoud
adv	bijwoord	*nt*	onzijdig
art	lidwoord	*num*	telwoord
c	'de'-woord	*pl*	meervoud
conj	voegwoord	*pref*	voorvoegsel
f	vrouwelijk	*prep*	voorzetsel
fpl	vrouwelijk meervoud	*pron*	voornaamwoord
m	mannelijk	*v*	werkwoord

aluminium [alymi'njɔm] *m* aluminium *nt*
amande [a'mɑ̃:d] *f* amandel *c*
amant [a'mɑ̃] *m* minnaar *c*
amateur [ama'tœ:r] *m* amateur *c*
ambassade [ɑ̃ba'sad] *f* ambassade *c*
ambassadeur [ɑ̃basa'dœ:r] *m* ambassadeur *c*
ambiance [ɑ̃'bjɑ̃:s] *f* stemming *c*
ambigu [ɑ̃bi'gy] *adj* (f -guë) dubbelzinnig
ambitieux [ɑ̃bi'sjø] *adj* ambitieus, eerzuchtig
ambre [ɑ̃:br] *m* barnsteen *nt*
ambulance [ɑ̃by'lɑ̃:s] *f* ziekenauto *c*, ambulance *c*
ambulant [ɑ̃by'lɑ̃] *adj* rondreizend
âme [a:m] *f* ziel *c*
amélioration [ameljɔra'sjɔ̃] *f* verbetering *c*
améliorer [ameljɔ're] *v* verbeteren
amende [a'mɑ̃:d] *f* boete *c*
amener [am'ne] *v* *meebrengen; *strijken
amer [a'mɛ:r] *adj* bitter
Américain [ameri'kɛ̃] *m* Amerikaan *c*
américain [ameri'kɛ̃] *adj* Amerikaans
Amérique [ame'rik] *f* Amerika; ~ **latine** Latijns-Amerika
améthyste [ame'tist] *f* amethist *c*
ami [a'mi] *m* vriend *c*
amiante [a'mjɑ̃:t] *m* asbest *nt*
amical [ami'kal] *adj* amicaal, vriendschappelijk
amidon [ami'dɔ̃] *m* stijfsel *nt*
amidonner [amidɔ'ne] *v* *stijven
amie [a'mi] *f* vriendin *c*
amiral [ami'ral] *m* admiraal *c*
amitié [ami'tje] *f* vriendschap *c*
ammoniaque [amɔ'njak] *f* ammonia *c*
amnistie [amni'sti] *f* amnestie *c*
amoncellement [amɔ̃sel'mɑ̃] *m* stapel *c*
en amont [ɑ̃na'mɔ̃] stroomopwaarts
amorce [a'mɔrs] *f* aas *nt*
amortir [amɔr'ti:r] *v* aflossen
amortisseur [amɔrti'sœ:r] *m* schokbreker *c*
amour [a'mu:r] *m* liefde *c*; **mon ~** liefje *nt*
amoureux [amu'rø] *adj* verliefd
ample [ɑ̃:pl] *adj* uitvoerig; ruim
ampoule [ɑ̃'pul] *f* blaar *c*; gloeilamp *c*, peer *c*; ~ **de flash** flitslampje *nt*
amulette [amy'lɛt] *f* amulet *c*
amusant [amy'zɑ̃] *adj* vermakelijk, grappig
amuse-gueule [amyz'gœl] *m* borrelhapje *nt*
amusement [amyz'mɑ̃] *m* amusement *nt*, vermaak *nt*
amuser [amy'ze] *v* vermaken, *onderhouden
amygdales [ami'dal] *fpl* amandelen
amygdalite [amida'lit] *f* amandelontsteking *c*
an [ɑ̃] *m* jaar *nt*
analogue [ana'lɔg] *adj* dergelijk
analyse [ana'li:z] *f* analyse *c*
analyser [anali'ze] *v* analyseren; ontleden
analyste [ana'list] *m* analist *c*
ananas [ana'na] *m* ananas *c*
anarchie [anar'ʃi] *f* anarchie *c*
anatomie [anatɔ'mi] *f* anatomie *c*
ancêtre [ɑ̃'sɛ:tr] *m* voorvader *c*
anchois [ɑ̃'ʃwa] *m* ansjovis *c*
ancien [ɑ̃'sjɛ̃] *adj* oud; voormalig
ancre [ɑ̃:kr] *f* anker *nt*
andouiller [ɑ̃du'je] *m* gewei *nt*
âne [a:n] *m* ezel *c*
anéantissement [aneɑ̃ti'smɑ̃] *m* ondergang *c*
anémie [ane'mi] *f* bloedarmoede *c*
anesthésie [anɛste'zi] *f* verdoving *c*
anesthésique [anɛste'zik] *m* pijnstillend middel
ange [ɑ̃:ʒ] *m* engel *c*

Anglais [ɑ̃'glɛ] *m* Engelsman *c*
anglais [ɑ̃'glɛ] *adj* Engels
angle [ɑ:gl] *m* hoek *c*
Angleterre [ɑ̃glə'tɛ:r] *f* Engeland
angoisse [ɑ̃'gwas] *f* angst *c*
anguille [ɑ̃'gi:j] *f* aal *c*, paling *c*
animal [ani'mal] *m* dier *nt*; ~ **familier** huisdier *nt*
animateur [anima'tœ:r] *m* conferencier *c*
animer [ani'me] *v* verlevendigen; **animé** druk, bedrijvig
anneau [a'no] *m* ring *c*
année [a'ne] *f* jaar *nt*; ~ **bissextile** schrikkeljaar *nt*; **par** ~ jaarlijks
annexe [a'nɛks] *f* bijlage *c*; bijgebouw *nt*
annexer [anɛk'se] *v* annexeren
anniversaire [anivɛr'sɛ:r] *m* verjaardag *c*; jubileum *nt*
annonce [a'nɔ̃:s] *f* aankondiging *c*, bekendmaking *c*; advertentie *c*; ~ **publicitaire** reclamespot *c*
annoncer [anɔ̃'se] *v* bekendmaken, aankondigen
annuaire [a'nɥɛ:r] *m* jaarboek *nt*; ~ **téléphonique** telefoonboek *nt*; telefoongids *c*
annuel [a'nɥɛl] *adj* jaarlijks
annulation [anyla'sjɔ̃] *f* annulering *c*
annuler [any'le] *v* *afzeggen, annuleren
anonyme [anɔ'nim] *adj* anoniem
anormal [anɔr'mal] *adj* abnormaal
antenne [ɑ̃'tɛn] *f* antenne *c*
antérieur [ɑ̃te'rjœ:r] *adj* vroeger
antérieurement [ɑ̃terjœr'mɑ̃] *adv* voorheen
anthologie [ɑ̃tɔlɔ'ʒi] *f* bloemlezing *c*
antialcoolique [ɑ̃tialkɔ'lik] *m* geheelonthouder *c*
antibiotique [ɑ̃tibjɔ'tik] *m* antibioticum *nt*
anticiper [ɑ̃tisi'pe] *v* *voorzien
antigel [ɑ̃ti'ʒɛl] *m* antivries *c*
antipathie [ɑ̃tipa'ti] *f* antipathie *c*, afkeer *c*
antipathique [ɑ̃tipa'tik] *adj* naar; vervelend
antiquaire [ɑ̃ti'kɛ:r] *m* antiquair *c*
antique [ɑ̃'tik] *adj* antiek, oeroud
antiquité [ɑ̃tiki'te] *f* antiquiteit *c*; **Antiquité** Oudheid *c*
antiseptique [ɑ̃tisɛp'tik] *m* antiseptisch middel
anxiété [ɑ̃ksje'te] *f* bezorgdheid *c*
août [u] augustus
***apercevoir** [apɛrsə'vwa:r] *v* bemerken
aperçu [apɛr'sy] *m* blik *c*
apéritif [aperi'tif] *m* aperitief *nt/c*, borrel *c*
apeuré [apœ're] *adj* angstig
apogée [apɔ'ʒe] *m* hoogtepunt *nt*, toppunt *nt*; spits *c*
***apparaître** [apa'rɛ:tr] *v* *verschijnen; *blijken
appareil [apa'rɛ:j] *m* toestel *nt*, apparaat *nt*; ~ **à jetons** automaat *c*; ~ **de chauffage** kachel *c*; ~ **photographique** fototoestel *nt*
apparemment [apara'mɑ̃] *adv* blijkbaar
apparence [apa'rɑ̃:s] *f* voorkomen *nt*; schijn *c*, uiterlijk *nt*
apparent [apa'rɑ̃] *adj* schijnbaar; duidelijk
apparenté [aparɑ̃'te] *adj* verwant
apparition [apari'sjɔ̃] *f* verschijning *c*
appartement [apartə'mɑ̃] *m* flat *c*; appartement *nt*, suite *c*
***appartenir** [apartə'ni:r] *v* toebehoren
appel [a'pɛl] *m* roep *c*; beroep *nt*; ~ **interurbain** interlokaal gesprek; ~ **téléphonique** telefoongesprek *nt*
appeler [a'ple] *v* *roepen; noemen; **s'appeler** *heten
appendice [apɛ̃'dis] *m* blindedarm *c*
appendicite [apɛ̃di'sit] *f* blindedarm-

ontsteking *c*
appétissant [apeti'sɑ̃] *adj* smakelijk
appétit [ape'ti] *m* trek *c*, eetlust *c*
applaudir [aplo'di:r] *v* applaudisseren, klappen
applaudissements [aplodi'smɑ̃] *mpl* applaus *nt*
application [aplika'sjɔ̃] *f* toepassing *c*; ijver *c*
appliquer [apli'ke] *v* toepassen; **s'appliquer à** *gelden
apporter [apɔr'te] *v* *brengen; halen
appréciation [apresja'sjɔ̃] *f* waardering *c*; schatting *c*
apprécier [apre'sje] *v* waarderen, op prijs stellen; beoordelen
***apprendre** [a'prɑ̃:dr] *v* leren; ~ **par cœur** uit het hoofd leren
apprivoiser [aprivwa'ze] *v* temmen; **apprivoisé** tam
approbation [aprɔba'sjɔ̃] *f* goedkeuring *c*
approche [a'prɔʃ] *f* aanpak *c*
approcher [aprɔ'ʃe] *v* naderen
approprié [aprɔpri'e] *adj* geschikt, passend; gepast
approuver [apru've] *v* goedkeuren; instemmen
approvisionner en [aprɔvizjɔ'ne] *voorzien van
approximatif [aprɔksima'tif] *adj* bij benadering
approximativement [aprɔksimativ'mɑ̃] *adv* ongeveer
appuyer [apɥi'je] *v* indrukken; **s'appuyer** leunen
âpre [a:pr] *adj* ruw
après [a'pre] *adv* later; *prep* na; ~ **que** nadat; **d'après** volgens
après-midi [apremi'di] *m/f* middag *c*, namiddag *c*; **cet** ~ vanmiddag
apte [apt] *adj* bekwaam
aptitude [apti'tyd] *f* bekwaamheid *c*
aquarelle [akwa'rɛl] *f* aquarel *c*
Arabe [a'rab] *m* Arabier *c*
arabe [a'rab] *adj* Arabisch
Arabie Séoudite [arabi seu'dit] Saoedi-Arabië
araignée [are'ɲe] *f* spin *c*; **toile d'araignée** spinneweb *nt*
arbitraire [arbi'trɛ:r] *adj* willekeurig
arbitre [ar'bitr] *m* scheidsrechter *c*
arbre [arbr] *m* boom *c*; ~ **à cames** nokkenas *c*
arbuste [ar'byst] *m* struik *c*
arc [ark] *m* boog *c*
arcade [ar'kad] *f* zuilengang *c*, galerij *c*
arc-en-ciel [arkɑ̃'sjɛl] *m* regenboog *c*
arche [arʃ] *f* boog *c*
archéologie [arkeɔlɔ'ʒi] *f* oudheidkunde *c*, archeologie *c*
archéologue [arkeɔ'lɔg] *m* archeoloog *c*
archevêque [arʃə'vɛk] *m* aartsbisschop *c*
architecte [arʃi'tɛkt] *m* architect *c*
architecture [arʃitɛk'ty:r] *f* bouwkunde *c*, architectuur *c*
archives [ar'ʃi:v] *fpl* archief *nt*
ardoise [ar'dwa:z] *f* lei *nt*
arène [a'rɛn] *f* arena *c*
arête [a'rɛt] *f* bergrug *c*; graat *c*
argent [ar'ʒɑ̃] *m* zilver *nt*; geld *nt*; ~ **comptant** contant geld; ~ **liquide** contanten *pl*; **en** ~ zilveren
argenterie [arʒɑ̃'tri] *f* zilverwerk *nt*
Argentin [arʒɑ̃'tɛ̃] *m* Argentijn *c*
argentin [arʒɑ̃'tɛ̃] *adj* Argentijns
Argentine [arʒɑ̃'tin] *f* Argentinië
argile [ar'ʒil] *f* klei *c*
argument [argy'mɑ̃] *m* argument *nt*
argumenter [argymɑ̃'te] *v* argumenteren
aride [a'rid] *adj* dor
arithmétique [aritme'tik] *f* rekenkunde *c*
armateur [arma'tœ:r] *m* reder *c*

arme [arm] *f* wapen *nt*
armée [ar'me] *f* leger *nt*
armer [ar'me] *v* bewapenen
armoire [ar'mwa:r] *f* kast *c*
armure [ar'my:r] *f* harnas *nt*
arôme [a'rom] *m* aroma *nt*
arqué [ar'ke] *adj* boogvormig
arracher [ara'ʃe] *v* *uittrekken
arrangement [arɑ̃ʒ'mɑ̃] *m* schikking *c*
arranger [arɑ̃'ʒe] *v* ordenen; regelen
arrestation [arɛsta'sjɔ̃] *f* aanhouding *c*, arrestatie *c*
arrêt [a'rɛ] *m* halte *c*
arrêter [are'te] *v* *ophouden met, stoppen; arresteren; **s'arrêter** stoppen
arriéré [arje're] *adj* achterstallig
arrière [a'rjɛ:r] *m* achterkant *c*; **en ~** achteruit, terug; achteraan
arrivée [ari've] *f* aankomst *c*, komst *c*
arriver [ari've] *v* *aankomen; gebeuren
arrondi [arɔ̃'di] *adj* afgerond
art [a:r] *m* kunst *c*; **arts et métiers** kunstnijverheid *c*
artère [ar'tɛ:r] *f* slagader *c*; hoofdstraat *c*
artichaut [arti'ʃo] *m* artisjok *c*
article [ar'tikl] *m* artikel *nt*; lidwoord *nt*; **articles d'épicerie** kruidenierswaren *pl*; **articles de toilette** toiletbenodigdheden *pl*
articulation [artikyla'sjɔ̃] *f* gewricht *nt*
artificiel [artifi'sjɛl] *adj* kunstmatig
artisan [arti'zɑ̃] *m* ambachtsman *c*
artisanat [artiza'na] *m* handwerk *nt*
artiste [ar'tist] *m/f* kunstenaar *c*; kunstenares *c*
artistique [arti'stik] *adj* artistiek, kunstzinnig
ascenseur [asɑ̃'sœ:r] *m* lift *c*
ascension [asɑ̃'sjɔ̃] *f* stijging *c*; ***faire l'ascension de** *beklimmen
Asiatique [azja'tik] *m* Aziaat *c*
asiatique [azja'tik] *adj* Aziatisch
Asie [a'zi] *f* Azië
asile [a'zil] *m* gesticht *nt*, asiel *nt*
aspect [a'spe] *m* aspect *nt*; aanblik *c*, voorkomen *nt*
asperge [a'spɛrʒ] *f* asperge *c*
asphalte [a'sfalt] *m* asfalt *nt*
aspirateur [aspira'tœ:r] *m* stofzuiger *c*; **passer l'aspirateur** stofzuigen
aspirer [aspi're] *v* streven; **~ à** nastreven
aspirine [aspi'rin] *f* aspirine *c*
assaisonner [asezɔ'ne] *v* kruiden
assassinat [asasi'na] *m* moord *c*
assassiner [asasi'ne] *v* vermoorden
assécher [ase'ʃe] *v* droogleggen
assemblée [asɑ̃'ble] *f* bijeenkomst *c*, vergadering *c*
assembler [asɑ̃'ble] *v* monteren; samenvoegen
assentiment [asɑ̃ti'mɑ̃] *m* instemming *c*
s'*asseoir [a'swa:r] *gaan zitten
assez [a'se] *adv* genoeg; vrij, tamelijk
assidu [asi'dy] *adj* ijverig
assiette [a'sjɛt] *f* bord *nt*; **~ à soupe** soepbord *nt*
assigner [asi'ɲe] *v* *toewijzen; **~ à** *opdragen aan
assistance [asi'stɑ̃:s] *f* bijstand *c*; opkomst *c*
assistant [asi'stɑ̃] *m* assistent *c*
assister [asi'ste] *v* *bijstaan, *helpen; **~ à** bijwonen
association [asɔsja'sjɔ̃] *f* genootschap *nt*, vereniging *c*
associé [asɔ'sje] *m* vennoot *c*, compagnon *c*
associer [asɔ'sje] *v* associëren
assoiffé [aswa'fe] *adj* dorstig
assortiment [asɔrti'mɑ̃] *m* assortiment *nt*, sortering *c*
assurance [asy'rɑ̃:s] *f* assurantie *c*, verzekering *c*; **assurance-vie** *f* le-

vensverzekering *c*; **assurance-voyages** *f* reisverzekering *c*
assurer [asy're] *v* verzekeren; **s'assurer de** zich vergewissen van, zich vergewissen van; bemachtigen
asthme [asm] *m* astma *nt*
astronomie [astrɔnɔ'mi] *f* sterrenkunde *c*
astucieux [asty'sjø] *adj* slim
atelier [atə'lje] *m* werkplaats *c*
athée [a'te] *m* atheïst *c*
athlète [a'tlɛt] *m* atleet *c*
athlétisme [atle'tizm] *m* atletiek *c*
atmosphère [atmɔ'sfɛ:r] *f* atmosfeer *c*; sfeer *c*
atome [a'tɔm] *m* atoom *nt*
atomique [atɔ'mik] *adj* atomisch
atroce [a'trɔs] *adj* gruwelijk
attacher [ata'ʃe] *v* vastmaken, bevestigen, hechten; *binden; **attaché à** gehecht aan
attaque [a'tak] *f* aanval *c*; overval *c*; beroerte *c*
attaquer [ata'ke] *v* *aanvallen
***atteindre** [a'tɛ̃:dr] *v* bereiken
attendre [a'tɑ̃:dr] *v* wachten; verwachten, wachten op, afwachten; **en attendant** inmiddels
attente [a'tɑ̃:t] *f* het wachten; verwachting *c*
attentif [atɑ̃'tif] *adj* nauwkeurig, oplettend
attention [atɑ̃'sjɔ̃] *f* aandacht *c*; notitie *c*; ***faire ~** opletten, oppassen; ***faire ~ à** letten op; **prêter ~ à** letten op
atterrir [ate'ri:r] *v* landen
attestation [atɛsta'sjɔ̃] *f* attest *nt*
attirer [ati're] *v* *aantrekken
attitude [ati'tyd] *f* houding *c*
attouchement [atuʃ'mɑ̃] *m* aanraking *c*
attraction [atrak'sjɔ̃] *f* attractie *c*; bekoring *c*
attrait [a'trɛ] *m* aantrekking *c*; **attraits** bekoring *c*
attraper [atra'pe] *v* *vangen; halen; *oplopen
attribuer à [atri'bɥe] *toeschrijven aan
aube [o:b] *f* ochtendschemering *c*
auberge [o'bɛrʒ] *f* herberg *c*; wegrestaurant *nt*; **~ de jeunesse** jeugdherberg *c*
aubergine [obɛr'ʒin] *f* aubergine *c*
aubergiste [obɛr'ʒist] *m* herbergier *c*
aucun [o'kœ̃] *adj* geen; *pron* geen
aucunement [okyn'mɑ̃] *adv* zeker niet
audace [o'das] *f* durf *c*
audacieux [oda'sjø] *adj* stoutmoedig
au-dessous [odə'su] *adv* beneden; **~ de** onder
au-dessus [odə'sy] *adv* over; **~ de** boven
audible [o'dibl] *adj* hoorbaar
auditeur [odi'tœ:r] *m* luisteraar *c*, toehoorder *c*
auditorium [oditɔ'rjɔm] *m* aula *c*
augmentation [ogmɑ̃ta'sjɔ̃] *f* toename *c*, verhoging *c*; opslag *c*; **~ de salaire** opslag *c*; loonsverhoging *c*
augmenter [ogmɑ̃'te] *v* vermeerderen
aujourd'hui [oʒur'dɥi] *adv* vandaag
auparavant [opara'vɑ̃] *adv* vroeger
auprès de [o'prɛ də] bij
auriculaire [oriky'lɛ:r] *m* pink *c*
aurore [o'rɔ:r] *f* dageraad *c*
aussi [o'si] *adv* ook; even; **~ bien** eveneens; **~ bien que** evenals; zowel ... als
aussitôt [osi'to] *adv* meteen; **~ que** zodra
Australie [ostra'li] *f* Australië
Australien [ostra'ljɛ̃] *m* Australiër *c*
australien [ostra'ljɛ̃] *adj* Australisch
autant [o'tɑ̃] *adv* evenzeer, evenveel
autel [o'tɛl] *m* altaar *nt*
auteur [o'tœ:r] *m* auteur *c*, schrijver *c*
authentique [otɑ̃'tik] *adj* authentiek,

echt, oorspronkelijk
auto [o'to] *f* auto *c*
autobus [oto'bys] *m* bus *c*
autocar [oto'ka:r] *m* bus *c*
automatique [otoma'tik] *adj* automatisch
automatisation [otomatiza'sjɔ̃] *f* automatisering *c*
automne [o'tɔn] *m* najaar *nt*, herfst *c*
automobile [otomɔ'bil] *f* auto *c*
automobilisme [otomɔbi'lism] *m* automobilisme *nt*
automobiliste [otomɔbi'list] *m* automobilist *c*
autonome [otɔ'nɔm] *adj* autonoom; zelfstandig
autonomie [otɔnɔ'mi] *f* zelfbestuur *nt*
autopsie [otɔ'psi] *f* autopsie *c*
autorisation [otɔriza'sjɔ̃] *f* machtiging *c*; permissie *c*
autoriser [otɔri'ze] *v* veroorloven, *toestaan; een vergunning verlenen; ~ **à** *laten; ***être autorisé à** *mogen
autoritaire [otɔri'tɛ:r] *adj* autoritair
autorité [otɔri'te] *f* gezag *nt*; **autorités** autoriteiten *pl*, overheid *c*
autoroute [oto'rut] *f* snelweg *c*; autoweg *c*
auto-stoppeur [otostɔ'pœ:r] *m* lifter *c*; ***faire de l'auto-stop** liften
autour [o'tu:r] *adv* omheen; rondom; ~ **de** om, rond; rondom
autre [o:tr] *adj* ander; **entre autres** onder andere
autrefois [otrə'fwa] *adv* vroeger
autrement [otrə'mɑ̃] *adv* anders
Autriche [o'triʃ] *f* Oostenrijk
Autrichien [otri'ʃjɛ̃] *m* Oostenrijker *c*
autrichien [otri'ʃjɛ̃] *adj* Oostenrijks
autruche [o'tryʃ] *f* struisvogel *c*
en aval [ɑ̃na'val] stroomafwaarts
avalanche [ava'lɑ̃:ʃ] *f* lawine *c*
avaler [ava'le] *v* inslikken, slikken
avance [a'vɑ̃:s] *f* voorsprong *c*; voorschot *nt*; **à l'avance** vooruit; **d'avance** van tevoren
avancement [avɑ̃'smɑ̃] *m* vooruitgang *c*
avancer [avɑ̃'se] *v* *vooruitgaan; *voorschieten; **avancé** gevorderd
avant [a'vɑ̃] *prep* voor; *adv* tevoren; ~ **que** voordat; **en** ~ vooruit, voorwaarts
avantage [avɑ̃'ta:ʒ] *m* voordeel *nt*, baat *c*
avantageux [avɑ̃ta'ʒø] *adj* voordelig
avant-hier [avɑ̃'tjɛ:r] *adv* eergisteren
avare [a'va:r] *adj* gierig
avec [a'vɛk] *prep* met
avenir [a'vni:r] *m* toekomst *c*
aventure [avɑ̃'ty:r] *f* avontuur *nt*
avenue [a'vny] *f* laan *c*
averse [a'vɛrs] *f* bui *c*, regenbui *c*; stortbui *c*
aversion [avɛr'sjɔ̃] *f* tegenzin *c*, hekel *c*
avertir [avɛr'ti:r] *v* waarschuwen
avertissement [avɛrti'smɑ̃] *m* waarschuwing *c*
aveugle [a'vœgl] *adj* blind
aveugler [avœ'gle] *v* verblinden
aviation [avja'sjɔ̃] *f* luchtvaart *c*
avion [a'vjɔ̃] *m* vliegtuig *nt*; ~ **à réaction** straalvliegtuig *nt*
avis [a'vi] *m* advies *nt*; aankondiging *c*
avocat [avɔ'ka] *m* advocaat *c*
avoine [a'vwan] *f* haver *c*
***avoir** [a'vwa:r] *v* *hebben
avoisinant [avwazi'nɑ̃] *adj* naburig
avortement [avɔrt'mɑ̃] *m* abortus *c*
avoué [avu'e] *m* raadsman *c*
avouer [avu'e] *v* bekennen
avril [a'vril] april
azote [a'zɔt] *m* stikstof *c*

B

bâbord [ba'bɔ:r] *m* bakboord *nt*
bâche [ba:ʃ] *f* dekzeil *nt*
bactérie [bakte'ri] *f* bacterie *c*
bagage [ba'ga:ʒ] *m* bagage *c*; ~ **à main** handbagage *c*
bague [bag] *f* ring *c*; ~ **de fiançailles** verlovingsring *c*
baie [be] *f* bes *c*; baai *c*, inham *c*
se baigner [be'ɲe] baden, een bad *nemen
bail [ba:j] *m* (pl baux) pacht *c*
bâiller [ba'je] *v* gapen, geeuwen
bain [bɛ̃] *m* bad *nt*; ~ **turc** Turks bad; **bonnet de** ~ badmuts *c*; **caleçon de** ~ zwembroek *c*
baiser [be'ze] *m* zoen *c*, kus *c*
baisse [bɛs] *f* daling *c*
baisser [be'se] *v* verlagen; *neerlaten
bal [bal] *m* (pl ~s) bal *nt*
balai [ba'le] *m* bezem *c*
balance [ba'lɑ̃:s] *f* weegschaal *c*
balancer [balɑ̃'se] *v* zwaaien; schommelen
balançoire [balɑ̃'swa:r] *f* schommel *c*; wip *c*
balayer [bale'je] *v* vegen
balbutier [balby'sje] *v* stamelen
balcon [bal'kɔ̃] *m* balkon *nt*
baleine [ba'lɛn] *f* walvis *c*
balle [bal] *f* bal *c*; kogel *c*
ballet [ba'le] *m* ballet *nt*
ballon [ba'lɔ̃] *m* voetbal *c*, bal *c*; ballon *c*
balustrade [baly'strad] *f* leuning *c*
bambin [bɑ̃'bɛ̃] *m* kleuter *c*, peuter *c*
bambou [bɑ̃'bu] *m* bamboe *nt*
banane [ba'nan] *f* banaan *c*
banc [bɑ̃] *m* bank *c*; ~ **d'école** schoolbank *c*
bande [bɑ̃:d] *f* groep *c*, bende *c*; band *c*, strook *c*; **bandes dessinées** stripverhaal *nt*
bandit [bɑ̃'di] *m* bandiet *c*
banlieue [bɑ̃'ljø] *f* buitenwijk *c*
bannière [ba'njɛ:r] *f* vaandel *nt*
banque [bɑ̃:k] *f* bank *c*
banquet [bɑ̃'ke] *m* banket *nt*
baptême [ba'tɛm] *m* doop *c*, doopsel *nt*
baptiser [bati'ze] *v* dopen
bar [ba:r] *m* bar *c*
baratiner [barati'ne] *v* kletsen
barbe [barb] *f* baard *c*
barbue [bar'by] *f* griet *c*
baril [ba'ri] *m* ton *c*, vat *nt*
bariton [bari'tɔ̃] *m* bariton *c*
barmaid [bar'mɛd] *f* barjuffrouw *c*
barman [bar'man] *m* barman *c*
baromètre [barɔ'mɛtr] *m* barometer *c*
baroque [ba'rɔk] *adj* barok
barque [bark] *f* boot *c*
barrage [ba'ra:ʒ] *m* dam *c*
barre [ba:r] *f* reling *c*, stang *c*; roer *nt*; balie *c*
barreau [ba'ro] *m* tralie *c*
barrière [ba'rjɛ:r] *f* barrière *c*; slagboom *c*; hek *nt*
bas[1] [ba] *adj* (f ~se) laag; **en** ~ neer; naar beneden, beneden, omlaag; **en** ~ **de** beneden; **vers le** ~ neer, naar beneden
bas[2] [ba] *m* kous *c*; ~ **élastiques** steunkousen *pl*
bas-côté [bako'te] *m* zijbeuk *c*
bascule [ba'skyl] *f* weegschaal *c*
base [baz] *f* grondslag *c*, basis *c*
base-ball [bɛz'bɔl] *m* honkbal *nt*
baser [ba'ze] *v* baseren
basilique [bazi'lik] *f* basiliek *c*
basse [bas] *f* bas *c*
bassin [ba'sɛ̃] *m* bekken *nt*
bataille [ba'ta:j] *f* slag *c*
bateau [ba'to] *m* boot *c*; ~ **à moteur** motorschip *nt*; ~ **à rames** roeiboot *c*; ~ **à vapeur** stoomboot *c*; ~ **à**

voiles zeilboot *c*; **bateau-citerne** *m* tankschip *nt*
bâtiment [bati'mɑ̃] *m* gebouw *nt*; bouwvak *nt*
bâtir [ba'ti:r] *v* bouwen; opbouwen
bâton [ba'tɔ̃] *m* stok *c*; **bâtons de ski** skistokken *pl*
***battre** [batr] *v* *slaan; *verslaan; schudden; **se** ~ *strijden
bavard [ba'va:r] *adj* spraakzaam
bavardage [bavar'da:ʒ] *m* praatje *nt*, geklets *nt*
bavarder [bavar'de] *v* kletsen
beau [bo] *adj* (bel; f belle) mooi; knap
beaucoup [bo'ku] *adv* veel; **de** ~ verreweg
beau-fils [bo'fis] *m* schoonzoon *c*
beau-frère [bo'frɛ:r] *m* zwager *c*
beau-père [bo'pɛ:r] *m* schoonvader *c*; stiefvader *c*
beauté [bo'te] *f* schoonheid *c*; **produits de** ~ schoonheidsmiddelen *pl*
beaux-arts [bo'za:r] *mpl* schone kunsten
beaux-parents [bopa'rɑ̃] *mpl* schoonouders *pl*
bébé [be'be] *m* baby *c*
bec [bɛk] *m* bek *c*, snavel *c*; tuit *c*
bec-de-corbin [bɛkdəkɔr'bɛ̃] *m* breekijzer *nt*
bêche [bɛʃ] *f* schop *c*
beige [bɛ:ʒ] *adj* beige
Belge [bɛlʒ] *m* Belg *c*
belge [bɛlʒ] *adj* Belgisch
Belgique [bɛl'ʒik] *f* België
belle-fille [bɛl'fi:j] *f* schoondochter *c*
belle-mère [bɛl'mɛ:r] *f* schoonmoeder *c*; stiefmoeder *c*
belle-sœur [bɛl'sœ:r] *f* schoonzuster *c*
bénédiction [benedik'sjɔ̃] *f* zegen *c*
bénéfice [bene'fis] *m* baat *c*, voordeel *nt*
bénéficiaire [benefi'sjɛ:r] *m* begunstigde *c*
bénéficier de [benefi'sje] profiteren van
bénir [be'ni:r] *v* zegenen
béquille [be'ki:j] *f* kruk *c*
berceau [bɛr'so] *m* wieg *c*; bakermat *c*; ~ **de voyage** reiswieg *c*
béret [be're] *m* baret *c*
berge [bɛrʒ] *f* kade *c*
berger [bɛr'ʒe] *m* herder *c*
besogne [bə'zɔɲ] *f* werk *nt*
besoin [bə'zwɛ̃] *m* nood *c*, behoefte *c*; ***avoir** ~ **de** behoeven, nodig *hebben
bétail [be'ta:j] *m* vee *nt*
bête [bɛt] *f* beest *nt*; *adj* mal, suf, dom; ~ **de proie** roofdier *nt*
béton [be'tɔ̃] *m* beton *nt*
betterave [bɛ'tra:v] *f* beetwortel *c*, biet *c*
beurre [bœ:r] *m* boter *c*
Bible [bibl] *f* bijbel *c*
bibliothèque [bibliɔ'tɛk] *f* bibliotheek *c*
bicyclette [bisi'klɛt] *f* rijwiel *nt*, fiets *c*
bien [bjɛ̃] *adv* goed; **bien!** welnu!; goed!; ~ **que** hoewel; **biens** *mpl* goederen *pl*, eigendom *nt*
bien-être [bjɛ̃'nɛ:tr] *m* welzijn *nt*; gemak *nt*
bientôt [bjɛ̃'to] *adv* spoedig
bienveillance [bjɛ̃ve'jɑ̃:s] *f* welwillendheid *c*
bienvenu [bjɛ̃'vny] *adj* welkom
bière [bjɛ:r] *f* bier *nt*; pils *nt*
bifteck [bif'tɛk] *m* biefstuk *c*
bifurcation [bifyrka'sjɔ̃] *f* tweesprong *c*
bifurquer [bifyr'ke] *v* zich splitsen
bigorneau [bigɔr'no] *m* alikruik *c*
bigoudi [bigu'di] *m* krulspeld *c*
bijou [bi'ʒu] *m* (pl ~x) juweel *nt*; kleinood *nt*
bijoutier [biʒu'tje] *m* juwelier *c*
bilan [bi'lɑ̃] *m* balans *c*
bile [bil] *f* gal *c*

bilingue [bi'lɛ̃:g] *adj* tweetalig
billard [bi'ja:r] *m* biljart *nt*
bille [bi:j] *f* knikker *c*
billet [bi'je] *m* kaartje *nt*; ~ **de banque** bankbiljet *nt*; ~ **de quai** perronkaartje *nt*; ~ **gratuit** vrijkaart *c*
biologie [biɔlɔ'ʒi] *f* biologie *c*
biscuit [bi'skɥi] *m* koekje *nt*; biscuit *nt*
bistrot [bi'stro] *m* kroeg *c*, café *nt*
bizarre [bi'za:r] *adj* raar, vreemd, zonderling
blague [blag] *f* mop *c*; ~ **à tabac** tabakszak *c*
blaireau [blɛ'ro] *m* scheerkwast *c*
blâme [bla:m] *m* verwijt *nt*, schuld *c*
blâmer [bla'me] *v* beschuldigen
blanc [blɑ̃] *adj* (f blanche) wit; blank; blanco
blanchaille [blɑ̃'ʃa:j] *f* witvis *c*
blanchisserie [blɑ̃ʃi'sri] *f* wasserij *c*
blé [ble] *m* koren *nt*; tarwe *c*; graan *nt*
blesser [ble'se] *v* bezeren, verwonden, kwetsen; krenken; **blessé** gewond
blessure [ble'sy:r] *f* wond *c*; blessure *c*, verwonding *c*
bleu [blø] *adj* (pl bleus) blauw; *m* blauwe plek
bloc [blɔk] *m* blok *nt*
bloc-notes [blɔk'nɔt] *m* blocnote *c*, schrijfblok *nt*
blond [blɔ̃] *adj* blond
blonde [blɔ̃d] *f* blondine *c*
bloquer [blɔ'ke] *v* blokkeren
blue-jean [blu'dʒin] *m* spijkerbroek *c*; jeans *pl*
bobine [bɔ'bin] *f* spoel *c*; ~ **d'allumage** ontsteking *c*
bœuf [bœf] *m* os *c*; rundvlees *nt*
bohémien [bɔe'mjɛ̃] *m* zigeuner *c*
***boire** [bwa:r] *v* *drinken
bois [bwa] *m* hout *nt*; woud *nt*, bos *nt*; ~ **d'œuvre** timmerhout *nt*; **en** ~ houten
boisé [bwa'ze] *adj* bebost
boisson [bwa'sɔ̃] *f* drank *c*; ~ **non alcoolisée** frisdrank *c*; **boissons alcoolisées** sterke drank
boîte [bwat] *f* doos *c*; blik *nt*, bus *c*; ~ **à ordures** vuilnisbak *c*; ~ **à outils** gereedschapskist *c*; ~ **aux lettres** brievenbus *c*; ~ **d'allumettes** lucifersdoosje *nt*; ~ **de couleurs** verfdoos *c*; ~ **de nuit** nachtclub *c*; ~ **de vitesse** versnellingsbak *c*
boiter [bwa'te] *v* hinken
boiteux [bwa'tø] *adj* mank, kreupel
bol [bɔl] *m* kom *c*; schaal *c*
Bolivie [bɔli'vi] *f* Bolivië
Bolivien [bɔli'vjɛ̃] *m* Boliviaan *c*
bolivien [bɔli'vjɛ̃] *adj* Boliviaans
bombarder [bɔ̃bar'de] *v* bombarderen
bombe [bɔ̃:b] *f* bom *c*
bon[1] [bɔ̃] *adj* goed; lekker
bon[2] [bɔ̃] *m* bewijs *nt*; ~ **de commande** bestelformulier *nt*
bonbon [bɔ̃'bɔ̃] *m* snoepje *nt*; **bonbons** snoepgoed *nt*
bond [bɔ̃] *m* sprong *c*
bondé [bɔ̃'de] *adj* overvol
bondir [bɔ̃'di:r] *v* *springen
bonheur [bɔ'nœ:r] *m* geluk *nt*
bonjour! [bɔ̃'ʒu:r] dag!; hallo!
bonne [bɔn] *f* meid *c*; ~ **d'enfants** kinderjuffrouw *c*
bonne-maman [bɔnma'mɑ̃] *f* oma *c*
bonneterie [bɔnɛ'tri] *f* tricotgoederen *pl*
bon-papa [bɔ̃pa'pa] *m* opa *c*
bonsoir! [bɔ̃'swa:r] goedenavond!
bonté [bɔ̃'te] *f* goedheid *c*
bord [bɔ:r] *m* rand *c*; **à** ~ aan boord; ~ **de la mer** kust *c*; ~ **de la rivière** rivieroever *c*; ~ **de la route** wegkant *c*; ~ **du trottoir** trottoirband *c*
bordel [bɔr'dɛl] *m* bordeel *nt*
borne routière [bɔrn ru'tjɛ:r] mijlpaal *c*

borné [bɔr'ne] *adj* bekrompen
bosquet [bɔ'ske] *m* bosje *nt*
bosse [bɔs] *f* deuk *c*, bult *c*
botanique [bɔta'nik] *f* plantkunde *c*
botte [bɔt] *f* laars *c*
bottin [bɔ'tɛ̃] *m* telefoongids *c*
bouc [buk] *m* bok *c*; ~ **émissaire** zondebok *c*
bouche [buʃ] *f* mond *c*
bouchée [bu'ʃe] *f* hap *c*
boucher[1] [bu'ʃe] *m* slager *c*
boucher[2] [bu'ʃe] *v* opvullen
boucherie [bu'ʃri] *f* slagerij *c*
bouchon [bu'ʃɔ̃] *m* stop *c*, kurk *c*
boucle [bukl] *f* gesp *c*; krul *c*; lus *c*; ~ **d'oreille** oorbel *c*
boucler [bu'kle] *v* krullen; **bouclé** krullend
boue [bu] *f* modder *c*; sneeuwslik *nt*
bouée [bu'e] *f* boei *c*; ~ **de sauvetage** reddingsgordel *c*
boueux [bu'ø] *adj* modderig
bouger [bu'ʒe] *v* *bewegen
bougie [bu'ʒi] *f* kaars *c*; ~ **d'allumage** bougie *c*
***bouillir** [bu'ji:r] *v* koken
bouilloire [bu'jwa:r] *f* ketel *c*
bouillotte [bu'jɔt] *f* warmwaterkruik *c*
boulanger [bulɑ̃'ʒe] *m* bakker *c*
boulangerie [bulɑ̃'ʒri] *f* bakkerij *c*
boule [bul] *f* bol *c*
bouleau [bu'lo] *m* berk *c*
bouleversé [bulvɛr'se] *adj* overstuur
boulon [bu'lɔ̃] *m* bout *c*
boulot [bu'lo] *m* karwei *nt*
bouquet [bu'ke] *m* boeket *nt*, bos *c*
bourg [bu:r] *m* stadje *nt*
bourgeois [bur'ʒwa] *adj* burgerlijk
bourgeon [bur'ʒɔ̃] *m* knop *c*
bourré [bu're] *adj* stampvol
bourreau [bu'ro] *m* beul *c*
bourse [burs] *f* beurs *c*; ~ **des valeurs** effectenbeurs *c*; ~ **d'études** studiebeurs *c*
boussole [bu'sɔl] *f* kompas *nt*
bout [bu] *m* einde *nt*; punt *c*
bouteille [bu'tɛ:j] *f* fles *c*
boutique [bu'tik] *f* boutique *c*; winkel *c*
bouton [bu'tɔ̃] *m* knop *c*, knoop *c*; ~ **de col** boordeknoopje *nt*; **boutons de manchettes** manchetknopen *pl*
boutonner [butɔ'ne] *v* knopen
boutonnière [butɔ'njɛ:r] *f* knoopsgat *nt*
bowling [bo'liŋ] *m* bowling *c*; kegelbaan *c*
boxer [bɔk'se] *v* boksen
bracelet [bra'sle] *m* armband *c*; **bracelet-montre** *m* polshorloge *nt*: ~ **pour montre** horlogebandje *nt*
braconner [brakɔ'ne] *v* stropen
braguette [bra'gɛt] *f* gulp *c*
branche [brɑ̃:ʃ] *f* tak *c*
brancher [brɑ̃'ʃe] *v* *aansluiten; inschakelen
branchie [brɑ̃'ʃi] *f* kieuw *c*
branlant [brɑ̃'lɑ̃] *adj* wankel
bras [bra] *m* arm *c*; leuning *c*; **bras-dessus bras-dessous** gearmd
brasse [bras] *f* schoolslag *c*; ~ **papillon** vlinderslag *c*
brasser [bra'se] *v* brouwen
brasserie [bra'sri] *f* brouwerij *c*
brave [brav] *adj* dapper; braaf
brèche [brɛʃ] *f* bres *c*
bref [brɛf] *adj* (f brève) kort, beknopt
brème [brɛm] *f* brasem *c*
Brésil [bre'zil] *m* Brazilië
Brésilien [brezi'ljɛ̃] *m* Braziliaan *c*
brésilien [brezi'ljɛ̃] *adj* Braziliaans
bretelles [brə'tɛl] *fpl* bretels *pl*
brevet [brə've] *m* patent *nt*, octrooi *nt*
bridge [bridʒ] *m* bridge *nt*
brillant [bri'jɑ̃] *adj* helder; briljant, schitterend, blinkend
briller [bri'je] *v* glanzen, *schijnen; gloeien

brin d'herbe [brɛ̃ dɛrb] grasspriet *c*
brindille [brɛ̃'di:j] *f* twijg *c*
brioche [bri'ɔʃ] *f* broodje *nt*
brique [brik] *f* steen *c*, baksteen *c*
briquet [bri'ke] *m* aansteker *c*
brise [bri:z] *f* bries *c*
briser [bri'ze] *v* *breken; **brisé** kapot
Britannique [brita'nik] *m* Brit *c*
britannique [brita'nik] *adj* Engels, Brits
broche [brɔʃ] *f* broche *c*; spit *nt*
brochet [brɔ'ʃe] *m* snoek *c*
brochure [brɔ'ʃy:r] *f* brochure *c*
broder [brɔ'de] *v* borduren
broderie [brɔ'dri] *f* borduurwerk *nt*
bronchite [brɔ̃'ʃit] *f* bronchitis *c*
bronze [brɔ̃:z] *m* brons *nt*; **en ~** bronzen
brosse [brɔs] *f* borstel *c*; **~ à cheveux** haarborstel *c*; **~ à dents** tandenborstel *c*; **~ à habits** kleerborstel *c*; **~ à ongles** nagelborstel *c*
brosser [brɔ'se] *v* borstelen
brouette [bru'ɛt] *f* kruiwagen *c*
brouillard [bru'ja:r] *m* mist *c*
brouiller [bru'je] *v* mengen; verwarren; tegen elkaar opzetten
bruit [brɥi] *m* geluid *nt*, lawaai *nt*
brûler [bry'le] *v* branden; verbranden; aanbranden
brûlure [bry'ly:r] *f* brandwond *c*; **brûlures d'estomac** maagzuur *nt*
brume [brym] *f* nevel *c*; waas *nt*
brumeux [bry'mø] *adj* mistig; heiig
brun [brœ̃] *adj* bruin
brunette [bry'nɛt] *f* brunette *c*
brusque [brysk] *adj* plotseling; grof
brut [bryt] *adj* bruto
brutal [bry'tal] *adj* beestachtig
bruyant [brɥi'jɑ̃] *adj* lawaaierig
bruyère [brɥi'jɛ:r] *f* heide *c*
bûche [byʃ] *f* houtblok *nt*
bûcher [by'ʃe] *v* zwoegen
budget [by'dʒe] *m* budget *nt*; begroting *c*
buffet [by'fe] *m* buffet *nt*
buisson [bɥi'sɔ̃] *m* struik *c*
bulbe [bylb] *m* bol *c*
Bulgare [byl'ga:r] *m* Bulgaar *c*
bulgare [byl'ga:r] *adj* Bulgaars
Bulgarie [bylga'ri] *f* Bulgarije
bulle [byl] *f* bel *c*
bulletin météorologique [byltɛ̃ meteɔrɔlɔ'ʒik] weerbericht *nt*
bureau [by'ro] *m* bureau *nt*, kantoor *nt*; schrijftafel *c*; **~ de change** wisselkantoor *nt*; **~ de l'emploi** arbeidsbureau *nt*; **~ de poste** postkantoor *nt*; **~ de renseignements** inlichtingenkantoor *nt*; **~ des objets trouvés** bureau voor gevonden voorwerpen; **~ de tabac** sigarenwinkel *c*; **~ de voyages** reisbureau *nt*; **employé de ~** kantoorbediende *c*; **heures de ~** kantooruren *pl*
bureaucratie [byrokra'si] *f* bureaucratie *c*
burin [by'rɛ̃] *m* beitel *c*
buste [byst] *m* buste *c*
but [by] *m* doel *nt*; doelpunt *nt*
butte [byt] *f* heuvel *c*

C

ça [sa] *pron* dat
cabane [ka'ban] *f* hut *c*
cabaret [kaba're] *m* cabaret *nt*
cabine [ka'bin] *f* cabine *c*, hokje *nt*; kleedhokje *nt*; kajuit *c*; **~ de pont** dekhut *c*; **~ d'essayage** paskamer *c*; **~ téléphonique** telefooncel *c*
cabinet [kabi'ne] *m* toilet *nt*; kabinet *nt*; studeerkamer *c*; **~ de consultations** spreekkamer *c*
câble [kabl] *m* kabel *c*
cacahuète [kaka'ɥɛt] *f* pinda *c*

cachemire [kaʃ'mi:r] *m* kasjmier *nt*
cacher [ka'ʃe] *v* *verbergen
cachet [ka'ʃe] *m* stempel *c*; capsule *c*
cadavre [ka'da:vr] *m* lijk *nt*
cadeau [ka'do] *m* cadeau *nt*, geschenk *nt*
cadenas [kad'na] *m* hangslot *nt*
cadet [ka'de] *adj* jonger
cadre [ka:dr] *m* lijst *c*; omgeving *c*; kader *nt*
café [ka'fe] *m* koffie *c*; café *nt*, bar *c*, kroeg *c*
caféine [kafe'in] *f* coffeïne *c*
cafétéria [kafete'rja] *f* cafetaria *c*
cage [ka:ʒ] *f* kooi *c*
cahier [ka'je] *m* schrift *nt*; ~ **de croquis** schetsboek *nt*
cahoteux [kaɔ'tø] *adj* hobbelig
caille [ka:j] *f* kwartel *c*
caillou [ka'ju] *m* (pl ~x) kiezel *c*
caisse [kɛs] *f* krat *nt*; kassa *c*; ~ **d'épargne** spaarbank *c*
caissier [ke'sje] *m* kassier *c*
caissière [kɛ'sjɛ:r] *f* caissière *c*
cal [kal] *m* eelt *nt*
calamité [kalami'te] *f* onheil *nt*
calcium [kal'sjɔm] *m* calcium *nt*
calcul [kal'kyl] *m* berekening *c*; ~ **biliaire** galsteen *c*
calculatrice [kalkyla'tris] *f* telmachine *c*
calculer [kalky'le] *v* rekenen; uitrekenen, berekenen
cale [kal] *f* ruim *nt*, wig *c*
caleçon [kal'sɔ̃] *m* onderbroek *c*; ~ **de bain** zwembroek *c*
calendrier [kalɑ̃dri'e] *m* kalender *c*
câliner [kali'ne] *v* knuffelen
calmant [kal'mɑ̃] *m* kalmerend middel
calme [kalm] *adj* kalm, rustig
calmer [kal'me] *v* kalmeren; **se** ~ *v* bedaren
calomnie [kalɔm'ni] *f* laster *c*
calorie [kalɔ'ri] *f* calorie *c*
calvinisme [kalvi'nism] *m* calvinisme *nt*
camarade [kama'rad] *m* kameraad *c*; ~ **de classe** klasgenoot *c*
cambrioler [kɑ̃briɔ'le] *v* *inbreken
cambrioleur [kɑ̃briɔ'lœ:r] *m* inbreker *c*
camée [ka'me] *m* camee *c*
caméra [kame'ra] *f* filmcamera *c*
camion [ka'mjɔ̃] *m* vrachtwagen *c*; ~ **de livraison** bestelauto *c*
camionnette [kamjɔ'nɛt] *f* bestelauto *c*
camp [kɑ̃] *m* kamp *nt*; ~ **de vacances** vakantiekamp *nt*
campagne [kɑ̃'paɲ] *f* platteland *nt*; campagne *c*
camper [kɑ̃'pe] *v* kamperen
campeur [kɑ̃'pœ:r] *m* kampeerder *c*
camping [kɑ̃'piŋ] *m* camping *c*; **terrain de** ~ kampeerterrein *nt*
Canada [kana'da] *m* Canada
Canadien [kana'djɛ̃] *m* Canadees *c*
canadien [kana'djɛ̃] *adj* Canadees
canal [ka'nal] *m* kanaal *nt*; gracht *c*, singel *c*
canapé [kana'pe] *m* sofa *c*, divan *c*
canard [ka'na:r] *m* eend *c*
canari [kana'ri] *m* kanarie *c*
cancer [kɑ̃'sɛ:r] *m* kanker *c*
candélabre [kɑ̃de'la:br] *m* kandelaber *c*
candidat [kɑ̃di'da] *m* kandidaat *c*, gegadigde *c*
candidature [kɑ̃dida'ty:r] *f* sollicitatie *c*
canif [ka'nif] *m* zakmes *nt*
caniveau [kani'vo] *m* goot *c*
canne [kan] *f* stok *c*; riet *nt*, wandelstok *c*; ~ **à pêche** hengel *c*
cannelle [ka'nɛl] *f* kaneel *c*
canon [ka'nɔ̃] *m* kanon *nt*
canot [ka'no] *m* kano *c*; bootje *nt*; ~ **automobile** motorboot *c*
cantine [kɑ̃'tin] *f* kantine *c*
caoutchouc [kau'tʃu] *m* rubber *nt*; ~

mousse schuimrubber *nt*
cap [kap] *m* kaap *c*; koers *c*
capable [ka'pabl] *adj* kundig, bekwaam; capabel; ***être ~ de** in staat *zijn om
capacité [kapasi'te] *f* bekwaamheid *c*, vermogen *nt*; capaciteit *c*
cape [kap] *f* cape *c*
capitaine [kapi'tɛn] *m* kapitein *c*
capital [kapi'tal] *m* kapitaal *nt*; *adj* belangrijk
capitale [kapi'tal] *f* hoofdstad *c*
capitalisme [kapita'lism] *m* kapitalisme *nt*
capitonner [kapitɔ'ne] *v* bekleden
capitulation [kapityla'sjɔ̃] *f* capitulatie *c*
capot [ka'po] *m* motorkap *c*
caprice [ka'pris] *m* gril *c*; bevlieging *c*
capsule [ka'psyl] *f* capsule *c*
capture [kap'ty:r] *f* vangst *c*
capturer [kapty're] *v* *vangen
capuchon [kapy'ʃɔ̃] *m* kap *c*
car[1] [ka:r] *conj* want
car[2] [ka:r] *m* bus *c*
caractère [karak'tɛ:r] *m* karakter *nt*
caractériser [karakteri'ze] *v* kenmerken
caractéristique [karakteri'stik] *f* kenmerk *nt*, eigenschap *c*; *adj* kenmerkend, karakteristiek
carafe [ka'raf] *f* karaf *c*
caramel [kara'mɛl] *m* karamel *c*; toffee *c*
carat [ka'ra] *m* karaat *nt*
caravane [kara'van] *f* caravan *c*; kampeerwagen *c*
carburateur [karbyra'tœ:r] *m* carburateur *c*
cardigan [kardi'gɑ̃] *m* vest *nt*
cardinal [kardi'nal] *m* kardinaal *c*; *adj* kardinaal
carence [ka'rɑ̃:s] *f* tekort *nt*; gebrek *nt*
cargaison [karge'zɔ̃] *f* vracht *c*
carillon [kari'jɔ̃] *m* carillon *nt*
carnaval [karna'val] *m* (pl ~s) carnaval *nt*
carnet [kar'ne] *m* notitieboek *nt*; **~ de chèques** chequeboekje *nt*
carotte [ka'rɔt] *f* peen *c*, wortel *c*
carpe [karp] *f* karper *c*
carré [ka're] *m* vierkant *nt*; kwadraat *nt*; *adj* vierkant
carreau [ka'ro] *m* tegel *c*; ruit *c*; **à carreaux** geruit
carrefour [kar'fu:r] *m* kruising *c*; kruispunt *nt*
carrière [ka'rjɛ:r] *f* loopbaan *c*, carrière *c*; steengroeve *c*
carrosse [ka'rɔs] *m* koets *c*
carrosserie [karɔ'sri] *f* carrosserie *c*
cartable [kar'tabl] *m* schooltas *c*
carte [kart] *f* kaart *c*; landkaart *c*; spijskaart *c*; **~ d'abonnement** abonnementskaart *c*; **~ de crédit** credit card; **~ de jeu** speelkaart *c*; **~ des vins** wijnkaart *c*; **~ de visite** visitekaartje *nt*; **~ d'identité** identiteitskaart *c*; **~ marine** zeekaart *c*; **~ postale** briefkaart *c*, ansichtkaart *c*; **~ routière** wegenkaart *c*; **~ verte** groene kaart
carter [kar'tɛ:r] *m* carter *nt*
cartilage [karti'la:ʒ] *m* kraakbeen *nt*
carton [kar'tɔ̃] *m* karton *nt*; kartonnen doos; **en ~** kartonnen
cartouche [kar'tuʃ] *f* patroon *c*; slof *c*
cas [ka] *m* geval *nt*; **au ~ où** indien; **~ d'urgence** spoedgeval *nt*; **en aucun ~** geenszins; **en ~ de** in geval van
cascade [ka'skad] *f* waterval *c*
case [ka:z] *f* vak *nt*
caserne [ka'zɛrn] *f* kazerne *c*
casino [kazi'no] *m* casino *nt*
casque [kask] *m* helm *c*
casquette [ka'skɛt] *f* pet *c*, muts *c*

casse-croûte [ka'skrut] *m* snack *c*
casse-noix [ka'snwa] *m* notekraker *c*
casser [ka'se] *v* *breken; **cassé** stuk
casserole [ka'srɔl] *f* pan *c*
casse-tête [ka'stɛt] *m* puzzel *c*
cassis [ka'sis] *m* zwarte bes
castor [ka'stɔ:r] *m* bever *c*
catacombe [kata'kɔ̃:b] *f* catacombe *c*
catalogue [kata'lɔg] *m* catalogus *c*
catarrhe [ka'ta:r] *m* catarre *c*
catastrophe [kata'strɔf] *f* catastrofe *c*, ramp *c*
catégorie [katego'ri] *f* categorie *c*; slag *nt*
cathédrale [kate'dral] *f* kathedraal *c*; dom *c*
catholique [katɔ'lik] *adj* katholiek; rooms-katholiek
cause [ko:z] *f* oorzaak *c*; zaak *c*; **à ~ de** wegens; vanwege
causer [ko'ze] *v* veroorzaken; babbelen
causette [ko'zɛt] *f* babbeltje *nt*
caution [ko'sjɔ̃] *f* pand *nt*, waarborg *c*, borgsom *c*; **sujet à ~** onbetrouwbaar
cavalier [kava'lje] *m* ruiter *c*
cave [kav] *f* kelder *c*; wijnkelder *c*
caverne [ka'vɛrn] *f* hol *nt*
caviar [ka'vja:r] *m* kaviaar *c*
cavité [kavi'te] *f* holte *c*
ce [sə] *adj* (cet; f cette, pl ces) die, dat; dit, deze
ceci [sə'si] *pron* dit
céder [se'de] *v* *toegeven
ceinture [sɛ̃'ty:r] *f* riem *c*; **~ de sécurité** veiligheidsgordel *c*
cela [sə'la] *pron* dat
célébration [selebra'sjɔ̃] *f* viering *c*
célèbre [se'lɛbr] *adj* beroemd
célébrer [sele'bre] *v* vieren
célébrité [selebri'te] *f* roem *c*
céleri [sɛl'ri] *m* selderij *c*
célibat [seli'ba] *m* celibaat *nt*
célibataire [seliba'tɛ:r] *m* vrijgezel *c*; *adj* ongetrouwd
cellophane [sɛlɔ'fan] *f* cellofaan *nt*
cellule [sɛ'lyl] *f* cel *c*
celui-là [səlɥi'la] *pron* (f celle-là, pl ceux-là, celles-là) die
cendre [sɑ̃:dr] *f* as *c*
cendrier [sɑ̃dri'e] *m* asbak *c*
censure [sɑ̃'sy:r] *f* censuur *c*
cent [sɑ̃] *num* honderd; **pour ~** procent *nt*
centigrade [sɑ̃ti'grad] *adj* celsius
centimètre [sɑ̃ti'mɛtr] *m* centimeter *c*
central [sɑ̃'tral] *adj* centraal; **~ téléphonique** telefooncentrale *c*
centrale [sɑ̃'tral] *f* elektriciteitscentrale *c*
centraliser [sɑ̃trali'ze] *v* centraliseren
centre [sɑ̃:tr] *m* centrum *nt*; middelpunt *nt*; **~ commercial** winkelcentrum *nt*; **~ de la ville** stadscentrum *nt*; **~ de loisirs** recreatiecentrum *nt*
cependant [səpɑ̃'dɑ̃] *conj* echter; doch, maar
céramique [sera'mik] *f* ceramiek *c*
cercle [sɛrkl] *m* kring *c*, cirkel *c*; sociëteit *c*
céréale [sere'al] *f* koren *nt*; graan *nt*
cérémonie [seremɔ'ni] *f* ceremonie *c*
cérémonieux [seremɔ'njø] *adj* formeel
cerise [sə'ri:z] *f* kers *c*
certain [sɛr'tɛ̃] *adj* bepaald; zeker; **certains** *pron* sommige
certificat [sɛrtifi'ka] *m* certificaat *nt*; getuigschrift *nt*; **~ médical** gezondheidsattest *nt*
cerveau [sɛr'vo] *m* hersenen *pl*
ces [se] *adj* deze; die
cesser [se'se] *v* *ophouden; staken, *uitscheiden
ceux-là [sø'la] *pron* (f celles-là) die
chacun [ʃa'kœ̃] *pron* ieder; iedereen
chagrin [ʃa'grɛ̃] *m* verdriet *nt*
chaîne [ʃɛn] *f* keten *c*, ketting *c*; **~ de**

montagnes bergketen *c*
chair [ʃɛ:r] *f* vlees *nt* ; ~ **de poule** kippevel *nt*
chaire [ʃɛ:r] *f* preekstoel *c*
chaise [ʃɛ:z] *f* stoel *c* ; ~ **longue** ligstoel *c*
châle [ʃa:l] *m* omslagdoek *c*, sjaal *c*
chalet [ʃa'le] *m* chalet *nt*
chaleur [ʃa'lœ:r] *f* warmte *c*, hitte *c*
chambre [ʃɑ̃:br] *f* kamer *c* ; ~ **à air** binnenband *c* ; ~ **à coucher** slaapkamer *c* ; ~ **d'ami** logeerkamer *c* ; ~ **d'enfants** kinderkamer *c* ; ~ **et petit déjeuner** logies en ontbijt ; ~ **forte** kluis *c* ; ~ **pour une personne** eenpersoonskamer *c*
chameau [ʃa'mo] *m* kameel *c*
champ [ʃɑ̃] *m* akker *c*, veld *nt* ; ~ **de blé** korenveld *nt* ; ~ **de courses** renbaan *c* ; **sur-le-champ** meteen
champagne [ʃɑ̃'paɲ] *m* champagne *c*
champignon [ʃɑ̃pi'ɲɔ̃] *m* champignon *c*, paddestoel *c*
champion [ʃɑ̃'pjɔ̃] *m* kampioen *c*
chance [ʃɑ̃:s] *f* geluk *nt* ; kans *c*
chandail [ʃɑ̃'da:j] *m* trui *c*, sweater *c*, jumper *c*
change [ʃɑ̃:ʒ] *m* wisselgeld *nt* ; **bureau de** ~ wisselkantoor *nt*
changement [ʃɑ̃ʒ'mɑ̃] *m* verandering *c* ; wijziging *c*
changer [ʃɑ̃'ʒe] *v* veranderen, wijzigen ; wisselen, omwisselen ; overstappen ; ~ **de vitesse** schakelen ; ~ **en** veranderen in ; **se** ~ zich verkleden
chanson [ʃɑ̃'sɔ̃] *f* lied *nt* ; ~ **populaire** volkslied *nt*
chant [ʃɑ̃] *m* lied *nt*, zang *c*
chantage [ʃɑ̃'ta:ʒ] *m* chantage *c*
chanter [ʃɑ̃'te] *v* *zingen ; ***faire** ~ chanteren
chanteur [ʃɑ̃'tœ:r] *m* zanger *c*
chanteuse [ʃɑ̃'tœ:z] *f* zangeres *c*
chantier naval [ʃɑ̃tje na'val] scheepswerf *c*
chanvre [ʃɑ̃vr] *m* hennep *c*
chaos [ka'o] *m* chaos *c*
chaotique [kaɔ'tik] *adj* chaotisch
chapeau [ʃa'po] *m* hoed *c*
chapelain [ʃa'plɛ̃] *m* kapelaan *c*
chapelet [ʃa'ple] *m* rozenkrans *c*
chapelle [ʃa'pɛl] *f* kapel *c*
chapitre [ʃa'pitr] *m* hoofdstuk *nt*
chaque [ʃak] *adj* elk, ieder
charbon [ʃar'bɔ̃] *m* kolen *pl* ; ~ **de bois** houtskool *c*
charcuterie [ʃarky'tri] *f* vleeswaren *pl* ; slagerij *c*
chardon [ʃar'dɔ̃] *m* distel *c*
charge [ʃarʒ] *f* last *c* ; belasting *c*
chargement [ʃarʒə'mɑ̃] *m* lading *c*, vracht *c*
charger [ʃar'ʒe] *v* *laden ; belasten ; **chargé de** belast met ; **se** ~ **de** op zich *nemen
charité [ʃari'te] *f* liefdadigheid *c*
charlatan [ʃarla'tɑ̃] *m* charlatan *c*
charmant [ʃar'mɑ̃] *adj* bevallig ; fascinerend
charme [ʃarm] *m* charme *c*
charmer [ʃar'me] *v* charmeren, betoveren
charnière [ʃar'njɛ:r] *f* scharnier *nt*
charrette [ʃa'rɛt] *f* kar *c*, wagen *c*
charrue [ʃa'ry] *f* ploeg *c*
chasse [ʃas] *f* jacht *c*
chasser [ʃa'se] *v* *verjagen ; jagen
chasseur [ʃa'sœ:r] *m* jager *c* ; piccolo *c*
châssis [ʃa'si] *m* chassis *nt*
chaste [ʃast] *adj* kuis
chat [ʃa] *m* kat *c*
châtain [ʃa'tɛ̃] *adj* kastanjebruin
château [ʃa'to] *m* slot *nt*, kasteel *nt*
chatouiller [ʃatu'je] *v* kietelen
chaud [ʃo] *adj* warm, heet
chaudière [ʃo'djɛ:r] *f* ketel *c*

chauffage [ʃo'fa:ʒ] *m* verwarming *c*; ~ **central** centrale verwarming
chauffer [ʃo'fe] *v* verwarmen
chauffeur [ʃo'fœ:r] *m* chauffeur *c*; ~ **de taxi** taxichauffeur *c*
chaussée [ʃo'se] *f* straatweg *c*; rijbaan *c*
chaussette [ʃo'sɛt] *f* sok *c*
chaussure [ʃo'sy:r] *f* schoen *c*; **chaussures** schoeisel *nt*; **chaussures de basket** gymschoenen *pl*; **chaussures de gymnastique** gymschoenen *pl*; **chaussures de ski** skischoenen *pl*; **chaussures de tennis** tennisschoenen *pl*
chauve [ʃo:v] *adj* kaal
chaux [ʃo] *f* kalk *c*
chef [ʃɛf] *m* chef *c*; opperhoofd *nt*; ~ **cuisinier** chef-kok *c*; ~ **de gare** stationschef *c*; ~ **d'Etat** staatshoofd *nt*; ~ **d'orchestre** dirigent *c*
chef-d'œuvre [ʃɛ'dœ:vr] *m* meesterwerk *nt*
chemin [ʃə'mɛ̃] *m* pad *nt*; **à mi-chemin** halverwege; ~ **de fer** spoorweg *c*; ~ **du retour** terugweg *c*
chemineau [ʃəmi'no] *m* landloper *c*
cheminée [ʃəmi'ne] *f* schoorsteen *c*; haard *c*
chemise [ʃə'mi:z] *f* hemd *nt*; overhemd *nt*; ~ **de nuit** nachtjapon *c*
chemisier [ʃəmi'zje] *m* blouse *c*
chêne [ʃɛn] *m* eik *c*
chenil [ʃə'ni] *m* kennel *c*, hondehok *nt*
chèque [ʃɛk] *m* cheque *c*; ~ **de voyage** reischeque *c*
cher [ʃɛ:r] *adj* dierbaar, lief; prijzig, duur
chercher [ʃɛr'ʃe] *v* *zoeken; *opzoeken; ***aller** ~ afhalen
chère [ʃɛ:r] *f* kost *c*
chéri [ʃe'ri] *m* lieveling *c*
cheval [ʃə'val] *m* paard *nt*; ~ **de course** renpaard *nt*; **cheval-vapeur** *m* paardekracht *c*; **chevaux de bois** draaimolen *c*; **monter à** ~ *paardrijden
chevalier [ʃəva'lje] *m* ridder *c*
chevelu [ʃə'vly] *adj* harig
cheveu [ʃə'vø] *m* haar *nt*
cheville [ʃə'vi:j] *f* enkel *c*
chèvre [ʃɛ:vr] *f* geit *c*
chevreau [ʃə'vro] *m* geiteleer *nt*
chewing-gum [ʃwiŋ'gɔm] *m* kauwgom *c/nt*
chez [ʃe] *prep* bij; ~ **soi** thuis; naar huis
chic [ʃik] *adj* (f ~) chic
chichi [ʃi'ʃi] *m* herrie *c*
chien [ʃjɛ̃] *m* hond *c*; ~ **d'aveugle** geleidehond *c*
chienne [ʃjɛn] *f* teef *c*
chiffon [ʃi'fɔ̃] *m* doek *c*; vod *nt*
chiffre [ʃifr] *m* cijfer *nt*
Chili [ʃi'li] *m* Chili
Chilien [ʃi'ljɛ̃] *m* Chileen *c*
chilien [ʃi'ljɛ̃] *adj* Chileens
chimie [ʃi'mi] *f* scheikunde *c*, chemie *c*
chimique [ʃi'mik] *adj* scheikundig, chemisch
Chine [ʃin] *f* China
Chinois [ʃi'nwa] *m* Chinees *c*
chinois [ʃi'nwa] *adj* Chinees
chirurgien [ʃiryr'ʒjɛ̃] *m* chirurg *c*
chlore [klɔ:r] *m* chloor *nt*
choc [ʃɔk] *m* schok *c*
chocolat [ʃɔkɔ'la] *m* chocola *c*; chocolademelk *c*
chœur [kœ:r] *m* koor *nt*
choisir [ʃwa'zi:r] *v* *kiezen; *uitkiezen; **choisi** uitgelezen
choix [ʃwa] *m* keuze *c*; keus *c*
chômage [ʃo'ma:ʒ] *m* werkeloosheid *c*; **en** ~ werkeloos
chômeur [ʃo'mœ:r] *m* werkloze *c*
chope [ʃɔp] *f* kroes *c*
choquer [ʃɔ'ke] *v* schokken

chose [ʃo:z] *f* ding *nt*; **quelque ~** iets
chou [ʃu] *m* (pl ~x) kool *c*; **chou-fleur** bloemkool *c*; **choux de Bruxelles** spruitjes *pl*
chouchou [ʃu'ʃu] *m* lieveling *c*
chrétien [kre'tjɛ̃] *m* christen *c*; *adj* christelijk
Christ [krist] *m* Christus
chrome [krɔm] *m* chroom *nt*
chronique [krɔ'nik] *adj* chronisch
chronologique [krɔnɔlɔ'ʒik] *adj* chronologisch
chuchotement [ʃyʃɔt'mɑ̃] *m* gefluister *nt*
chuchoter [ʃyʃɔ'te] *v* fluisteren
chute [ʃyt] *f* val *c*
cible [sibl] *f* mikpunt *nt*; schietschijf *c*
ciboulette [sibu'lɛt] *f* bieslook *nt*
cicatrice [sika'tris] *f* litteken *nt*
ciel [sjɛl] *m* (pl cieux) hemel *c*
cigare [si'ga:r] *m* sigaar *c*
cigarette [siga'rɛt] *f* sigaret *c*
cigogne [si'gɔɲ] *f* ooievaar *c*
cil [sil] *m* wimper *c*
ciment [si'mɑ̃] *m* cement *nt*
cimetière [sim'tjɛ:r] *m* begraafplaats *c*, kerkhof *nt*
cinéma [sine'ma] *m* bioscoop *c*
cinq [sɛ̃k] *num* vijf
cinquante [sɛ̃'kɑ̃:t] *num* vijftig
cinquième [sɛ̃'kjɛm] *num* vijfde
cintre [sɛ̃:tr] *m* kleerhanger *c*
cirage [si'ra:ʒ] *m* schoensmeer *c*
circonstance [sirkɔ̃'stɑ̃:s] *f* omstandigheid *c*
circuit [sir'kɥi] *m* omtrek *c*; circuit *nt*
circulation [sirkyla'sjɔ̃] *f* omloop *c*, circulatie *c*; verkeer *nt*; bloedsomloop *c*
cire [si:r] *f* was *c*; **musée des figures de ~** wassenbeeldenmuseum *nt*
cirque [sirk] *m* circus *nt*
ciseaux [si'zo] *mpl* schaar *c*; **~ à ongles** nagelschaar *c*
citation [sita'sjɔ̃] *f* citaat *nt*
cité [si'te] *f* stad *c*
citer [si'te] *v* citeren, aanhalen
citoyen [sitwa'jɛ̃] *m* burger *c*
citoyenneté [sitwajɛn'te] *f* staatsburgerschap *nt*
citron [si'trɔ̃] *m* citroen *c*
civil [si'vil] *m* burger *c*; *adj* burger-, civiel
civilisation [siviliza'sjɔ̃] *f* beschaving *c*
civilisé [sivili'ze] *adj* beschaafd
civique [si'vik] *adj* burger-
clair [klɛ:r] *adj* duidelijk, helder; licht
clairière [klɛ'rjɛ:r] *f* open plaats
claque [klak] *f* klap *c*; **donner une ~** *slaan
claquer [kla'ke] *v* *dichtslaan
clarifier [klari'fje] *v* verduidelijken
clarté [klar'te] *f* licht *nt*, helderheid *c*
classe [klas] *f* klas *c*, klasse *c*; rang *c*; **~ touriste** toeristenklasse *c*
classer [kla'se] *v* indelen; rangschikken, sorteren
classique [kla'sik] *adj* klassiek
clause [klo:z] *f* clausule *c*
clavecin [klav'sɛ̃] *m* clavecimbel *c*
clavicule [klavi'kyl] *f* sleutelbeen *nt*
clé [kle] *f* sleutel *c*; **~ à écrous** schroefsleutel *c*; **~ de la maison** huissleutel *c*
clémence [kle'mɑ̃:s] *f* clementie *c*; genade *c*
client [kli'ɑ̃] *m* cliënt *c*, klant *c*
clientèle [kliɑ̃'tɛl] *f* klantenkring *c*
clignotant [kliɲɔ'tɑ̃] *m* richtingaanwijzer *c*
climat [kli'ma] *m* klimaat *nt*
climatisation [klimatiza'sjɔ̃] *f* luchtverversing *c*
climatisé [klimati'ze] *adj* air conditioned
clinique [kli'nik] *f* kliniek *c*
cloche [klɔʃ] *f* klok *c*

clocher [klɔ'ʃe] *m* kerktoren *c*
cloison [klwa'zɔ̃] *f* tussenschot *nt*; wand *c*
cloître [klwa:tr] *m* klooster *nt*
cloque [klɔk] *f* blaas *c*
clos [klo] *adj* dicht
clôture [klo'ty:r] *f* omheining *c*
clou [klu] *m* spijker *c*
clown [klun] *m* clown *c*
club [klœb] *m* club *c*; ~ **automobile** automobielclub *c*; ~ **de golf** golfclub *c*
coaguler [koagy'le] *v* stollen
cocaïne [kɔka'in] *f* cocaïne *c*
cochon [kɔ'ʃɔ̃] *m* varken *nt*; zwijn *nt*; ~ **de lait** big *c*; ~ **d'Inde** cavia *c*
cocktail [kɔk'tɛl] *m* cocktail *c*
cocotte à pression [kɔkɔt a prɛ'sjɔ̃] snelkookpan *c*
code [kɔd] *m* code *c*; ~ **postal** postcode *c*
cœur [kœ:r] *m* hart *nt*; kern *c*; **par** ~ uit het hoofd
coffre [kɔfr] *m* kist *c*; bagageruimte *c*; kofferruimte *c*; **coffre-fort** brandkast *c*, kluis *c*
cognac [kɔ'ɲak] *m* cognac *c*
cogner [kɔ'ɲe] *v* *stoten; ~ **contre** *stoten tegen
cohérence [koe'rɑ̃:s] *f* samenhang *c*
coiffeur [kwa'fœ:r] *m* kapper *c*
coiffeuse [kwa'fœ:z] *f* toilettafel *c*
coiffure [kwa'fy:r] *f* kapsel *nt*, coiffure *c*
coin [kwɛ̃] *m* hoek *c*
coïncidence [koɛ̃si'dɑ̃:s] *f* samenloop *c*
coïncider [koɛ̃si'de] *v* *samenvallen
col [kɔl] *m* boord *nt/c*, kraag *c*; bergpas *c*
coléoptère [kɔleɔp'tɛ:r] *m* kever *c*
colère [kɔ'lɛ:r] *f* toorn *c*, boosheid *c*; drift *c*; **en** ~ kwaad
coléreux [kɔle'rø] *adj* driftig
colis [kɔ'li] *m* pak *nt*, pakket *nt*
collaboration [kɔlabɔra'sjɔ̃] *f* medewerking *c*
collants [kɔ'lɑ̃] *mpl* maillot *c*; panty *c*
colle [kɔl] *f* lijm *c*
collectif [kɔlɛk'tif] *adj* collectief
collection [kɔlɛk'sjɔ̃] *f* collectie *c*, verzameling *c*; ~ **d'art** kunstverzameling *c*
collectionner [kɔlɛksjɔ'ne] *v* verzamelen
collectionneur [kɔlɛksjɔ'nœ:r] *m* verzamelaar *c*
collège [kɔ'lɛ:ʒ] *m* school *c*, instelling voor hoger onderwijs
collègue [kɔ'lɛg] *m* collega *c*
coller [kɔ'le] *v* plakken, kleven
collier [kɔ'lje] *m* halsketting *c*; kralensnoer *nt*, halsband *c*
colline [kɔ'lin] *f* heuvel *c*
collision [kɔli'zjɔ̃] *f* aanrijding *c*, botsing *c*; **entrer en** ~ botsen
Colombie [kɔlɔ̃'bi] *f* Colombia
Colombien [kɔlɔ̃'bjɛ̃] *m* Colombiaan *c*
colombien [kɔlɔ̃'bjɛ̃] *adj* Colombiaans
colonel [kɔlɔ'nɛl] *m* kolonel *c*
colonie [kɔlɔ'ni] *f* kolonie *c*
colonne [kɔ'lɔn] *f* kolonne *c*, kolom *c*; pilaar *c*, zuil *c*; ~ **de direction** stuurkolom *c*
colorant [kɔlɔ'rɑ̃] *m* kleurstof *c*
coloré [kɔlɔ're] *adj* bont, kleurrijk
coma [kɔ'ma] *m* coma *nt*
combat [kɔ̃'ba] *m* strijd *c*; gevecht *nt*
***combattre** [kɔ̃'batr] *v* *vechten; *bestrijden
combien [kɔ̃'bjɛ̃] *adv* hoeveel
combinaison [kɔ̃bine'zɔ̃] *f* combinatie *c*; onderrok *c*
combiner [kɔ̃bi'ne] *v* combineren; *samenbrengen
comble [kɔ̃:bl] *m* dak *nt*; toppunt *nt*; *adj* vol
combler [kɔ̃'ble] *v* opvullen, dempen; overstelpen

combustible [kõby'stibl] *m* brandstof *c*
comédie [kɔme'di] *f* komedie *c*; blijspel *nt*; ~ **musicale** musical *c*
comédien [kɔme'djɛ̃] *m* toneelspeler *c*
comestible [kɔmɛ'stibl] *adj* eetbaar
comique [kɔ'mik] *m* komiek *c*; *adj* grappig, komisch
comité [kɔmi'te] *m* comité *nt*
commandant [kɔmɑ̃'dɑ̃] *m* bevelhebber *c*; gezagvoerder *c*
commande [kɔ'mɑ̃:d] *f* bestelling *c*; **fait sur** ~ op maat gemaakt
commandement [kɔmɑ̃d'mɑ̃] *m* bevel *nt*
commander [kɔmɑ̃'de] *v* *bevelen; bestellen
comme [kɔm] *conj* als, zoals; als; aangezien; ~ **si** alsof
commémoration [kɔmemɔra'sjɔ̃] *f* herdenking *c*
commencement [kɔmɑ̃'smɑ̃] *m* begin *nt*
commencer [kɔmɑ̃'se] *v* *beginnen
comment [kɔ'mɑ̃] *adv* hoe; **n'importe** ~ hoe dan ook
commentaire [kɔmɑ̃'tɛ:r] *m* commentaar *nt*
commenter [kɔmɑ̃'te] *v* aanmerken
commérage [kɔme'ra:ʒ] *m* geroddel *nt*
commerçant [kɔmɛr'sɑ̃] *m* handelaar *c*; winkelier *c*
commerce [kɔ'mɛrs] *m* handel *c*; koophandel *c*; ~ **de détail** kleinhandel *c*; ***faire du** ~ handel *drijven
commercial [kɔmɛr'sjal] *adj* handels-, commercieel
***commettre** [kɔ'mɛtr] *v* plegen, *begaan
commission [kɔmi'sjɔ̃] *f* commissie *c*; boodschap *c*
commode [kɔ'mɔd] *f* ladenkast *c*; commode *c*; *adj* handig, geriefelijk, gemakkelijk
commodité [kɔmɔdi'te] *f* komfort *nt*
commotion [kɔmo'sjɔ̃] *f* hersenschudding *c*
commun [kɔ'mœ̃] *adj* gemeenschappelijk; alledaags, gewoon
communauté [kɔmyno'te] *f* gemeenschap *c*; gemeente *c*
communication [kɔmynika'sjɔ̃] *f* communicatie *c*; mededeling *c*; aansluiting *c*; ~ **locale** lokaal gesprek; ***mettre en** ~ *verbinden
communiqué [kɔmyni'ke] *m* communiqué *nt*
communiquer [kɔmyni'ke] *v* meedelen, mededelen
communisme [kɔmy'nism] *m* communisme *nt*
communiste [kɔmy'nist] *m* communist *c*
commutateur [kɔmyta'tœ:r] *m* schakelaar *c*
compact [kõ'pakt] *adj* compact
compagnie [kõpa'ɲi] *f* gezelschap *nt*; maatschappij *c*; ~ **de navigation** scheepvaartlijn *c*
compagnon [kõpa'ɲɔ̃] *m* metgezel *c*
comparaison [kõparɛ'zɔ̃] *f* vergelijking *c*
comparer [kõpa're] *v* *vergelijken
compartiment [kõparti'mɑ̃] *m* coupé *c*; ~ **fumeurs** coupé voor rokers
compassion [kõpa'sjɔ̃] *f* medegevoel *nt*
compatir [kõpa'ti:r] *v* beklagen
compatissant [kõpati'sɑ̃] *adj* begrijpend
compatriote [kõpatri'ɔt] *m* landgenoot *c*
compensation [kõpɑ̃sa'sjɔ̃] *f* compensatie *c*
compenser [kõpɑ̃'se] *v* compenseren; vergoeden
compétence [kõpe'tɑ̃:s] *f* bekwaamheid *c*

compétent [kɔ̃pe'tɑ̃] *adj* bevoegd; deskundig
compétition [kɔ̃peti'sjɔ̃] *f* concurrentie *c*; wedstrijd *c*
compiler [kɔ̃pi'le] *v* samenstellen
complémentaire [kɔ̃plemɑ̃'tɛ:r] *adj* nader
complet[1] [kɔ̃'ple] *adj* (f -plète) geheel, volledig; volslagen; vol
complet[2] [kɔ̃'ple] *m* kostuum *nt*
complètement [kɔ̃plɛt'mɑ̃] *adv* geheel
complexe [kɔ̃'plɛks] *m* complex *nt*; *adj* ingewikkeld
complice [kɔ̃'plis] *m* medeplichtige *c*
compliment [kɔ̃pli'mɑ̃] *m* compliment *nt*
complimenter [kɔ̃plimɑ̃'te] *v* gelukwensen
compliqué [kɔ̃pli'ke] *adj* gecompliceerd, ingewikkeld
complot [kɔ̃'plo] *m* komplot *nt*
comportement [kɔ̃pɔrtə'mɑ̃] *m* gedrag *nt*
comporter [kɔ̃pɔr'te] *v* *inhouden; **se** ~ zich *gedragen
composer [kɔ̃po'ze] *v* samenstellen
compositeur [kɔ̃pɔzi'tœ:r] *m* componist *c*
composition [kɔ̃pɔzi'sjɔ̃] *f* samenstelling *c*, compositie *c*; opstel *nt*
compréhension [kɔ̃preɑ̃'sjɔ̃] *f* begrip *nt*; inzicht *nt*
***comprendre** [kɔ̃'prɑ̃:dr] *v* *begrijpen; snappen; opvatten; omvatten, bevatten, *inhouden
comprimé [kɔ̃pri'me] *m* tablet *nt*
compris [kɔ̃'pri] *adj* inclusief; **tout** ~ alles inbegrepen
compromis [kɔ̃prɔ'mi] *m* compromis *nt*
comptable [kɔ̃'tabl] *m* boekhouder *c*
compte [kɔ̃:t] *m* rekening *c*; ~ **en banque** bankrekening *c*; ~ **rendu** verslag *nt*, rapport *nt*; notulen *pl*; **en fin de** ~ tenslotte; **rendre** ~ **de** verantwoorden; **se rendre** ~ beseffen; *inzien
compter [kɔ̃'te] *v* tellen; ~ **sur** vertrouwen op
compteur [kɔ̃'tœ:r] *m* meter *c*
comptoir [kɔ̃'twa:r] *m* toonbank *c*
comte [kɔ̃:t] *m* graaf *c*
comté [kɔ̃'te] *m* graafschap *nt*
comtesse [kɔ̃'tɛs] *f* gravin *c*
concéder [kɔ̃se'de] *v* inwilligen
concentration [kɔ̃sɑ̃tra'sjɔ̃] *f* concentratie *c*
concentrer [kɔ̃sɑ̃'tre] *v* concentreren
concept [kɔ̃'sɛpt] *m* begrip *nt*
conception [kɔ̃sɛ'psjɔ̃] *f* begrip *nt*; conceptie *c*
concernant [kɔ̃sɛr'nɑ̃] *prep* betreffende; aangaande
concerner [kɔ̃sɛr'ne] *v* *betreffen; **concerné** betrokken; **en ce qui concerne** wat betreft, met betrekking tot
concert [kɔ̃'sɛ:r] *m* concert *nt*
concession [kɔ̃sɛ'sjɔ̃] *f* tegemoetkoming *c*; concessie *c*
concessionnaire [kɔ̃sɛsjɔ'nɛ:r] *m* agent *c*
***concevoir** [kɔ̃'svwa:r] *v* opvatten; beramen, *begrijpen, zich voorstellen
concierge [kɔ̃'sjɛrʒ] *m* concierge *c*
concis [kɔ̃'si] *adj* beknopt, summier
***conclure** [kɔ̃'kly:r] *v* beëindigen; de conclusie *trekken
conclusion [kɔ̃kly'zjɔ̃] *f* slot *nt*, conclusie *c*; gevolgtrekking *c*
concombre [kɔ̃'kɔ̃:br] *m* komkommer *c*
concorder [kɔ̃kɔr'de] *v* *overeenkomen
***concourir** [kɔ̃ku'rir] *v* wedijveren
concours [kɔ̃'ku:r] *m* wedstrijd *c*
concret [kɔ̃'kre] *adj* (f -crète) concreet
concupiscence [kɔ̃kypi'sɑ̃:s] *f* wellust *c*

concurrence [kõky'rã:s] *f* concurrentie *c*
concurrent [kõky'rã] *m* concurrent *c*
condamnation [kõdana'sjõ] *f* veroordeling *c*
condamné [kõda'ne] *m* veroordeelde *c*
condamner [kõda'ne] *v* veroordelen
condition [kõdi'sjõ] *f* voorwaarde *c*
conditionnel [kõdisjɔ'nɛl] *adj* voorwaardelijk
conducteur [kõdyk'tœ:r] *m* chauffeur *c*; conducteur *c*
***conduire** [kõ'dɥi:r] *v* leiden; besturen, *rijden; *brengen, voeren; **se ~** zich *gedragen
conduite [kõ'dɥit] *f* gedrag *nt*; leiding *c*
confédération [kõfedera'sjõ] *f* bond *c*; unie *c*
conférence [kõfe'rã:s] *f* conferentie *c*; lezing *c*; **~ de presse** persconferentie *c*
confesser [kõfe'se] *v* biechten
confession [kõfɛ'sjõ] *f* bekentenis *c*; biecht *c*
confiance [kõ'fjã:s] *f* vertrouwen *nt*; **digne de ~** betrouwbaar; ***faire ~** vertrouwen
confiant [kõ'fjã] *adj* gerust
confidentiel [kõfidã'sjɛl] *adj* vertrouwelijk
confier [kõ'fje] *v* toevertrouwen
confirmation [kõfirma'sjõ] *f* bevestiging *c*
confirmer [kõfir'me] *v* bevestigen
confiserie [kõfi'zri] *f* snoepwinkel *c*; snoep *nt*, snoepgoed *nt*
confiseur [kõfi'zœ:r] *m* banketbakker *c*
confisquer [kõfi'ske] *v* beslag leggen op; vorderen
confiture [kõfi'ty:r] *f* jam *c*
conflit [kõ'fli] *m* conflict *nt*
confondre [kõ'fõ:dr] *v* verwarren
***être conforme** [ɛ:tr kõ'fɔrm] *overeenkomen
conformément à [kõfɔrme'mã] ingevolge, overeenkomstig
confort [kõ'fɔ:r] *m* gerief *nt*
confortable [kõ'fɔr'tabl] *adj* geriefelijk, comfortabel; gezellig
confus [kõ'fy] *adj* verward; obscuur; verlegen
confusion [kõfy'zjõ] *f* verwarring *c*; wanorde *c*, warboel *c*
congé [kõ'ʒe] *m* vakantie *c*
congélateur [kõʒela'tœ:r] *m* diepvrieskast *c*
congelé [kõ'ʒle] *adj* bevroren
congratuler [kõgraty'le] *v* feliciteren
congrégation [kõgrega'sjõ] *f* congregatie *c*; gemeente *c*; orde *c*
congrès [kõ'gre] *m* bijeenkomst *c*, congres *nt*
conifère [kɔni'fɛ:r] *m* denneboom *c*
conjecture [kõʒɛk'ty:r] *f* gissing *c*
conjoint [kõ'ʒwɛ̃] *adj* gezamenlijk
conjointement [kõʒwɛ̃t'mã] *adv* gezamenlijk
connaissance [kɔne'sã:s] *f* kennis *c*; bekende *c*
connaisseur [kɔne'sœ:r] *m* kenner *c*
***connaître** [kɔ'nɛ:tr] *v* kennen; **connu** bekend
connotation [kɔnɔta'sjõ] *f* bijbetekenis *c*
conquérant [kõke'rã] *m* veroveraar *c*
***conquérir** [kõke'ri:r] *v* veroveren
conquête [kõ'kɛt] *f* verovering *c*
consacrer [kõsa'kre] *v* wijden
conscience [kõ'sjã:s] *f* geweten *nt*; bewustzijn *nt*
conscient [kõ'sjã] *adj* bewust
conscrit [kõ'skri] *m* dienstplichtige *c*
conseil [kõ'sɛ:j] *m* raad *c*; bestuur *nt*; **donner des conseils** adviseren
conseiller [kõse'je] *v* *aanraden; *m* raadslid *nt*; raadsman *c*

consentement [kɔ̃sɑ̃t'mɑ̃] *m* instemming *c*, toestemming *c*
***consentir** [kɔ̃sɑ̃'ti:r] *v* toestemmen
conséquence [kɔ̃se'kɑ̃:s] *f* gevolg *nt*; uitkomst *c*
par conséquent [par kɔ̃se'kɑ̃] bijgevolg
conservateur [kɔ̃sɛrva'tœ:r] *adj* behoudend, conservatief
conservation [kɔ̃sɛrva'sjɔ̃] *f* bewaring *c*
conservatoire [kɔ̃sɛrva'twa:r] *m* conservatorium *nt*
conserver [kɔ̃sɛr've] *v* bewaren
conserves [kɔ̃'sɛrv] *fpl* conserven *pl*; ***mettre en conserve** inmaken
considérable [kɔ̃side'rabl] *adj* aanzienlijk; omvangrijk
considération [kɔ̃sidera'sjɔ̃] *f* overweging *c*; eerbied *c*
considérer [kɔ̃side're] *v* beschouwen; *bekijken, achten
consigne [kɔ̃'siɲ] *f* statiegeld *nt*; bagagedepot *nt*
consister en [kɔ̃si'ste] *bestaan uit
consoler [kɔ̃sɔ'le] *v* troosten
consommateur [kɔ̃sɔma'tœ:r] *m* consument *c*
consommation [kɔ̃sɔma'sjɔ̃] *f* verbruik *nt*; consumptie *c*
consommer [kɔ̃sɔ'me] *v* verbruiken
conspiration [kɔ̃spira'sjɔ̃] *f* samenzwering *c*
conspirer [kɔ̃spi're] *v* *samenzweren
constant [kɔ̃'stɑ̃] *adj* aanhoudend; constant
constater [kɔ̃sta'te] *v* constateren
constipation [kɔ̃stipa'sjɔ̃] *f* obstipatie *c*, constipatie *c*
constituer [kɔ̃sti'tɥe] *v* vormen
constitution [kɔ̃stity'sjɔ̃] *f* grondwet *c*
construction [kɔ̃stryk'sjɔ̃] *f* constructie *c*; gebouw *nt*, bouw *c*
***construire** [kɔ̃'strɥi:r] *v* bouwen
consul [kɔ̃'syl] *m* consul *c*
consulat [kɔ̃sy'la] *m* consulaat *nt*
consultation [kɔ̃sylta'sjɔ̃] *f* consult *nt*; raadpleging *c*
consulter [kɔ̃syl'te] *v* raadplegen
contact [kɔ̃'takt] *m* contact *nt*; aanraking *c*
contacter [kɔ̃tak'te] *v* zich in verbinding stellen met
contagieux [kɔ̃ta'ʒjø] *adj* besmettelijk; aanstekelijk
conte [kɔ̃:t] *m* verhaal *nt*; ~ **de fées** sprookje *nt*
contempler [kɔ̃tɑ̃'ple] *v* *bekijken
contemporain [kɔ̃tɑ̃pɔ'rɛ̃] *m* tijdgenoot *c*; *adj* hedendaags, eigentijds
conteneur [kɔ̃t'nœ:r] *m* container *c*
***contenir** [kɔ̃t'ni:r] *v* bevatten; *inhouden
content [kɔ̃'tɑ̃] *adj* blij; ingenomen
contenu [kɔ̃t'ny] *m* inhoud *c*
contester [kɔ̃tɛ'ste] *v* betwisten
contigu [kɔ̃ti'gy] *adj* (f -guë) aangrenzend
continent [kɔ̃ti'nɑ̃] *m* werelddeel *nt*; vasteland *nt*, continent *nt*
continental [kɔ̃tinɑ̃'tal] *adj* continentaal
continu [kɔ̃ti'ny] *adj* doorlopend
continuel [kɔ̃ti'nɥɛl] *adj* voortdurend
continuellement [kɔ̃tinɥɛl'mɑ̃] *adv* aldoor, steeds
continuer [kɔ̃ti'nɥe] *v* voortzetten, vervolgen; *blijven, *doorgaan
contour [kɔ̃'tu:r] *m* omtrek *c*
contourner [kɔ̃tur'ne] *v* passeren
contraceptif [kɔ̃trasɛp'tif] *m* voorbehoedmiddel *nt*
contradictoire [kɔ̃tradik'twa:r] *adj* tegenstrijdig
***contraindre** [kɔ̃'trɛ̃:dr] *v* *dwingen
contraire [kɔ̃'trɛ:r] *adj* tegengesteld; *m* tegendeel *nt*; **au** ~ integendeel
contralto [kɔ̃tral'to] *m* alt *c*
contraste [kɔ̃'trast] *m* contrast *nt*; tegenstelling *c*

contrat [kɔ̃'tra] *m* contract *nt*
contravention [kɔ̃travɑ̃'sjɔ̃] *f* bon *c*
contre [kɔ̃:tr] *prep* tegen; contra
à contrecœur [a kɔ̃trə'kœ:r] onwillig
***contredire** [kɔ̃trə'di:r] *v* *tegenspreken
***contrefaire** [kɔ̃trə'fɛ:r] *v* vervalsen
contrefait [kɔ̃trə'fe] *adj* misvormd
contremaître [kɔ̃trə'mɛ:tr] *m* voorman *c*
contribution [kɔ̃triby'sjɔ̃] *f* bijdrage *c*
contrôle [kɔ̃'tro:l] *m* controle *c*; ~ **des passeports** paspoortcontrole *c*
contrôler [kɔ̃tro'le] *v* controleren
contrôleur [kɔ̃tro'lœ:r] *m* conducteur *c*
controversé [kɔ̃trovɛr'se] *adj* omstreden
contusion [kɔ̃ty'zjɔ̃] *f* kneuzing *c*
contusionner [kɔ̃tyzjɔ'ne] *v* kneuzen
***convaincre** [kɔ̃'vɛ̃:kr] *v* overtuigen
convenable [kɔ̃'vnabl] *adj* behoorlijk; geschikt
***convenir** [kɔ̃'vni:r] *v* schikken, passen
conversation [kɔ̃versa'sjɔ̃] *f* gesprek *nt*
convertir [kɔ̃vɛr'ti:r] *v* bekeren; omrekenen
conviction [kɔ̃vik'sjɔ̃] *f* overtuiging *c*
convocation [kɔ̃vɔka'sjɔ̃] *f* dagvaarding *c*
convulsion [kɔ̃vyl'sjɔ̃] *f* kramp *c*
coopérant [koɔpe'rɑ̃] *adj* bereidwillig; gewillig
coopératif [koɔpera'tif] *adj* coöperatief
coopération [koɔpera'sjɔ̃] *f* samenwerking *c*
coopérative [koɔpera'ti:v] *f* coöperatie *c*
coordination [koɔrdina'sjɔ̃] *f* coördinatie *c*
coordonner [koɔrdɔ'ne] *v* coördineren
copain [kɔ'pɛ̃] *m* kameraad *c*
copie [kɔ'pi] *f* afschrift *nt*, kopie *c*; doorslag *c*
copier [kɔ'pje] *v* kopiëren
coq [kɔk] *m* haan *c*; ~ **de bruyère** korhoen *nt*
coquelicot [kɔkli'ko] *m* klaproos *c*
coquetier [kɔk'tje] *m* eierdopje *nt*
coquillage [kɔki'ja:ʒ] *m* zeeschelp *c*
coquille [kɔ'ki:j] *f* schelp *c*; dop *c*; ~ **de noix** notedop *c*
coquin [kɔ'kɛ̃] *m* schelm *c*
cor [kɔ:r] *m* hoorn *c*; ~ **au pied** likdoorn *c*
corail [kɔ'ra:j] *m* (pl coraux) koraal *c*
corbeau [kɔr'bo] *m* raaf *c*
corbeille à papier [kɔrbɛ:j a pa'pje] prullenmand *c*
corde [kɔrd] *f* touw *nt*; koord *nt*; snaar *c*
cordial [kɔr'djal] *adj* hartelijk
cordon [kɔr'dɔ̃] *m* snoer *nt*; lint *nt*
cordonnier [kɔrdɔ'nje] *m* schoenmaker *c*
coriace [kɔ'rjas] *adj* taai
corne [kɔrn] *f* hoorn *c*
corneille [kɔr'nɛ:j] *f* kraai *c*
corps [kɔ:r] *m* lijf *nt*, lichaam *nt*
corpulent [kɔrpy'lɑ̃] *adj* corpulent
correct [kɔ'rɛkt] *adj* juist; goed
correction [kɔrɛk'sjɔ̃] *f* correctie *c*
correspondance [kɔrɛspɔ̃'dɑ̃:s] *f* briefwisseling *c*, correspondentie *c*; verbinding *c*
correspondant [kɔrɛspɔ̃'dɑ̃] *m* correspondent *c*
correspondre [kɔrɛ'spɔ̃:dr] *v* corresponderen
corrida [kɔri'da] *f* stierengevecht *nt*
corridor [kɔri'dɔ:r] *m* gang *c*
corriger [kɔri'ʒe] *v* corrigeren; verbeteren
***corrompre** [kɔ'rɔ̃:pr] *v* *omkopen; **corrompu** corrupt
corruption [kɔry'psjɔ̃] *f* omkoping *c*
corset [kɔr'se] *m* korset *nt*
cortège [kɔr'tɛ:ʒ] *m* stoet *c*

cosmétiques [kɔsme'tik] *mpl* kosmetica *pl*
costume [kɔ'stym] *m* pak *nt*; kostuum *nt*; ~ **national** nationale klederdracht
côte [ko:t] *f* kust *c*; rib *c*; kotelet *c*
côté [ko'te] *m* kant *c*, zijde *c*; **à ~ de** naast; **de ~** opzij; **de l'autre ~ de** aan de andere kant van; **passer à ~** passeren
coteau [kɔ'to] *m* helling *c*
côtelette [kɔ'tlɛt] *f* karbonade *c*
coton [kɔ'tɔ̃] *m* katoen *nt/c*; **en ~** katoenen
cou [ku] *m* hals *c*
couche [kuʃ] *f* laag *c*; luier *c*; **fausse ~** miskraam *c*
se coucher [ku'ʃe] *gaan liggen
couchette [ku'ʃɛt] *f* kooi *c*; couchette *c*
coucou [ku'ku] *m* koekoek *c*
coude [kud] *m* elleboog *c*
***coudre** [kudr] *v* naaien
couler [ku'le] *v* stromen
couleur [ku'lœ:r] *f* kleur *c*; **~ à l'eau** waterverf *c*; **de ~** gekleurd
couloir [ku'lwa:r] *m* gang *c*
coup [ku] *m* slag *c*; klop *c*, stoot *c*, bons *c*, duw *c*; **~ de feu** schot *nt*; **~ d'envoi** aftrap *c*; **~ de pied** trap *c*, schop *c*; **~ de poing** vuistslag *c*; **~ de téléphone** telefoontje *nt*; **jeter un ~ d'œil** een blik *werpen
coupable [ku'pabl] *adj* schuldig; **déclarer ~** schuldig *bevinden
coupe [kup] *f* beker *c*
coupe-papier [kuppa'pje] *m* briefopener *c*
couper [ku'pe] *v* *snijden, knippen; afknippen, *afsluiten
couple [kupl] *m* paar *nt*; **~ marié** echtpaar *nt*
coupon [ku'pɔ̃] *m* bon *c*
coupure [ku'py:r] *f* snijwond *c*
cour [ku:r] *f* hof *nt*; erf *nt*
courage [ku'ra:ʒ] *m* moed *c*
courageux [kura'ʒø] *adj* moedig; flink
couramment [kura'mɑ̃] *adv* vloeiend
courant [ku'rɑ̃] *m* stroom *c*, stroming *c*; onderstroom *c*; *adj* gangbaar, veelvuldig; huidig; **~ alternatif** wisselstroom *c*; **~ continu** gelijkstroom *c*; **~ d'air** tocht *c*; ***mettre au ~** inlichten
courbe [kurb] *f* kromming *c*, bocht *c*; *adj* krom
courbé [kur'be] *adj* gebogen
courber [kur'be] *v* *buigen
***courir** [ku'ri:r] *v* rennen
couronne [ku'rɔn] *f* kroon *c*
couronner [kurɔ'ne] *v* kronen, bekronen
courrier [ku'rje] *m* post *c*
courroie [ku'rwa] *f* riem *c*; **~ de ventilateur** ventilatorriem *c*
cours [ku:r] *m* loop *c*; cursus *c*; college *nt*; **~ accéléré** spoedcursus *c*; **~ du change** wisselkoers *c*, koers *c*
course [kurs] *f* wedloop *c*, race *c*; rit *c*; **~ de chevaux** harddraverij *c*
court [ku:r] *adj* kort; **~ de tennis** tennisbaan *c*
court-circuit [kursir'kɥi] *m* kortsluiting *c*
courtepointe [kurt'pwɛ̃:t] *f* sprei *c*
courtier [kur'tje] *m* makelaar *c*
courtois [kur'twa] *adj* hoffelijk
cousin [ku'zɛ̃] *m* neef *c*
cousine [ku'zin] *f* nicht *c*
coussin [ku'sɛ̃] *m* kussen *nt*
coussinet [kusi'ne] *m* kussentje *nt*
coût [ku] *m* kosten *pl*
couteau [ku'to] *m* mes *nt*; **~ de poche** zakmes *nt*
coûter [ku'te] *v* kosten
coûteux [ku'tø] *adj* kostbaar
coutume [ku'tym] *f* gewoonte *c*
coutumier [kuty'mje] *adj* gewoon

couture [ku'ty:r] *f* naad *c*; **sans ~** naadloos
couturière [kuty'rjɛ:r] *f* naaister *c*
couvent [ku'vɑ̃] *m* klooster *nt*; nonnenklooster *nt*
couvercle [ku'vɛrkl] *m* deksel *nt*
couvert [ku'vɛ:r] *m* bestek *nt*; couvertprijs *c*; *adj* betrokken
couverture [kuvɛr'ty:r] *f* deken *c*; omslag *c/nt*
couvre-lit [kuvrə'li] *m* sprei *c*
***couvrir** [ku'vri:r] *v* bedekken
crabe [krab] *m* krab *c*
crachat [kra'ʃa] *m* spuug *nt*
cracher [kra'ʃe] *v* spuwen
crachin [kra'ʃɛ̃] *m* motregen *c*
craie [kre] *f* krijt *nt*
***craindre** [krɛ̃:dr] *v* vrezen
crainte [krɛ̃:t] *f* vrees *c*
cramoisi [kramwa'zi] *adj* vuurrood
crampe [krɑ̃:p] *f* kramp *c*
crampon [krɑ̃'pɔ̃] *m* klemschroef *c*
cran [krɑ̃] *m* lef *nt*
crâne [kra:n] *m* schedel *c*
crapaud [kra'po] *m* pad *c*
craquement [krak'mɑ̃] *m* gekraak *nt*
craquer [kra'ke] *v* barsten, kraken
cratère [kra'tɛ:r] *m* krater *c*
cravate [kra'vat] *f* das *c*
crawl [kro:l] *m* crawl *c*
crayon [krɛ'jɔ̃] *m* potlood *nt*; **~ à bille** ballpoint *c*; **~ pour les yeux** wenkbrauwstift *c*
création [krea'sjɔ̃] *f* schepping *c*
créature [krea'ty:r] *f* schepsel *nt*
crèche [krɛʃ] *f* crèche *c*
crédit [kre'di] *m* krediet *nt*
créditer [kredi'te] *v* crediteren
créditeur [kredi'tœ:r] *m* schuldeiser *c*
crédule [kre'dyl] *adj* goedgelovig
créer [kre'e] *v* creëren, *scheppen; *ontwerpen
crémation [krema'sjɔ̃] *f* crematie *c*
crème [krɛm] *f* crème *c*; *adj* roomkleurig; **~ à raser** scheercrème *c*; **~ capillaire** haarcrème *c*; **~ de beauté** gezichtscrème *c*; huidcrème *c*; **~ de nuit** nachtcrème *c*; **~ fraîche** room *c*; **~ glacée** ijs *nt*; **~ hydratante** vochtinbrengende crème
crémeux [kre'mø] *adj* romig
crépi [kre'pi] *m* pleister *nt*
crépuscule [krepy'skyl] *m* schemering *c*, avondschemering *c*
cresson [krɛ'sɔ̃] *m* waterkers *c*
creuser [krø'ze] *v* *graven
creux [krø] *adj* hol
crevaison [krəve'zɔ̃] *f* lekke band, bandepech *c*
crevasse [krə'vas] *f* kloof *c*; spelonk *c*
crever [krə've] *v* *barsten; kreperen; **crevé** lek
crevette [krə'vɛt] *f* garnaal *c*; **~ rose** steurgarnaal *c*
cri [kri] *m* schreeuw *c*, gil *c*, kreet *c*; **pousser des cris** gillen
cric [krik] *m* krik *c*
cricket [kri'kɛt] *m* cricket *nt*
crier [kri'e] *v* schreeuwen; *roepen
crime [krim] *m* misdaad *c*
criminalité [kriminali'te] *f* criminaliteit *c*
criminel [krimi'nɛl] *m* misdadiger *c*; *adj* crimineel, misdadig
crique [krik] *f* inham *c*, kreek *c*
crise [kri:z] *f* crisis *c*; **~ cardiaque** hartaanval *c*
cristal [kri'stal] *m* kristal *nt*; **en ~** kristallen
critique [kri'tik] *f* kritiek *c*; bespreking *c*; *m* criticus *c*; *adj* kritiek, kritisch
critiquer [kriti'ke] *v* bekritiseren
crochet [krɔ'ʃe] *m* haak *c*; ***faire du ~** haken
crocodile [krɔkɔ'dil] *m* krokodil *c*
***croire** [krwa:r] *v* geloven; *denken
croisade [krwa'zad] *f* kruistocht *c*

croisement [krwaz'mɑ̃] *m* kruising *c*
croisière [krwa'zjɛ:r] *f* boottocht *c*, cruise *c*
croissance [krwa'sɑ̃:s] *f* groei *c*
***croître** [krwa:tr] *v* *toenemen
croix [krwa] *f* kruis *nt*
croulant [kru'lɑ̃] *adj* gammel
croustillant [krusti'jɑ̃] *adj* croquant, knappend
croûte [krut] *f* korst *c*
croyable [krwa'ja:bl] *adj* geloofwaardig
croyance [krwa'jɑ̃:s] *f* geloof *nt*
cru [kry] *adj* rauw
cruche [kryʃ] *f* kruik *c*; kan *c*
crucifier [krysi'fje] *v* kruisigen
crucifix [krysi'fi] *m* kruisbeeld *nt*
crucifixion [krysifi'ksjɔ̃] *f* kruisiging *c*
cruel [kry'ɛl] *adj* wreed
crustacé [krysta'se] *m* schaaldier *nt*
Cuba [ky'ba] *m* Cuba
Cubain [ky'bɛ̃] *m* Cubaan *c*
cubain [ky'bɛ̃] *adj* Cubaans
cube [kyb] *m* kubus *c*; blokje *nt*
***cueillir** [kœ'ji:r] *v* plukken
cuillère [kɥi'jɛ:r] *f* lepel *c*; eetlepel *c*; ~ **à soupe** soeplepel *c*; ~ **à thé** theelepel *c*
cuir [kɥi:r] *m* leer *nt*; **en** ~ lederen, leren
***cuire** [kɥi:r] *v* koken; ~ **au four** *bakken
cuisine [kɥi'zin] *f* keuken *c*
cuisinier [kɥizi'nje] *m* kok *c*
cuisinière [kɥizi'njɛ:r] *f* fornuis *nt*; ~ **à gaz** gasfornuis *nt*, gasstel *nt*
cuisse [kɥis] *f* dij *c*
cuivre [kɥi:vr] *m* koper *nt*, roodkoper *nt*; **cuivres** koperwerk *nt*
cul-de-sac [kyd'sak] *m* doodlopende weg
culotte [ky'lɔt] *f* onderbroek *c*, slip *c*; ~ **de gymnastique** gymnastiekbroek *c*
culpabilité [kylpabili'te] *f* schuld *c*
culte [kylt] *m* eredienst *c*
cultiver [kylti've] *v* verbouwen, kweken, bebouwen; **cultivé** beschaafd
culture [kyl'ty:r] *f* cultuur *c*; beschaving *c*
cupide [ky'pid] *adj* hebzuchtig
cupidité [kypidi'te] *f* hebzucht *c*
cure [ky:r] *f* kuur *c*
cure-dent [kyr'dɑ̃] *m* tandestoker *c*
cure-pipe [kyr'pip] *m* pijpestoker *c*
curieux [ky'rjø] *adj* benieuwd, nieuwsgierig
curiosité [kyrjɔzi'te] *f* nieuwsgierigheid *c*; rariteit *c*; bezienswaardigheid *c*
curry [kœ'ri] *m* kerrie *c*
cycle [sikl] *m* cyclus *c*; kringloop *c*
cycliste [si'klist] *m* wielrijder *c*, fietser *c*
cygne [siɲ] *m* zwaan *c*
cylindre [si'lɛ̃:dr] *m* cilinder *c*; **tête de** ~ cilinderkop *c*
cystite [si'stit] *f* blaasontsteking *c*

D

dactylo [dakti'lo] *f* typiste *c*
dactylographier [daktilogra'fje] *v* typen
dada [da'da] *m* stokpaardje *nt*
daim [dɛ̃] *m* hert *nt*; suède *nt/c*
daltonien [daltɔ'njɛ̃] *adj* kleurenblind
dame [dam] *f* dame *c*
damier [da'mje] *m* dambord *nt*; ruit *c*; **à damiers** geblokt
Danemark [dan'mark] *m* Denemarken
danger [dɑ̃'ʒe] *m* gevaar *nt*
dangereux [dɑ̃'ʒrø] *adj* gevaarlijk; gewaagd; onveilig
Danois [da'nwa] *m* Deen *c*
danois [da'nwa] *adj* Deens
dans [dɑ̃] *prep* in, over, binnen

danse [dɑ:s] *f* dans *c*; ~ **folklorique** volksdans *c*
danser [dɑ'se] *v* dansen
date [dat] *f* datum *c*
datte [dat] *f* dadel *c*
davantage [davɑ̃'ta:ʒ] *adv* meer
de [də] *prep* van; uit, over
dé [de] *m* vingerhoed *c*
déballer [deba'le] *v* uitpakken
débarquer [debar'ke] *v* van boord *gaan, ontschepen, aan land *gaan
se débarrasser de [debara'se] afdanken
débat [de'ba] *m* debat *nt*
* **débattre** [de'batr] *v* discussiëren
débit [de'bi] *m* debet *nt*
déboucher [debu'ʃe] *v* ontkurken
debout [də'bu] *adv* overeind
déboutonner [debutɔ'ne] *v* losknopen
débrancher [debrɑ̃'ʃe] *v* uitschakelen
se débrouiller avec [debru'je] zich *behelpen met
début [de'by] *m* aanvang *c*, begin *nt*; **au** ~ aanvankelijk
débutant [deby'tɑ̃] *m* beginneling *c*, beginner *c*
débuter [deby'te] *v* *aanvangen
décaféiné [dekafei'ne] *adj* coffeïnevrij
décédé [dese'de] *adj* gestorven
décembre [de'sɑ̃:br] december
décence [de'sɑ̃:s] *f* fatsoen *nt*
décent [de'sɑ̃] *adj* fatsoenlijk
déception [desɛ'psjɔ̃] *f* teleurstelling *c*
décerner [desɛr'ne] *v* toekennen
* **décevoir** [de'svwa:r] *v* teleurstellen
déchaînement [deʃɛn'mɑ̃] *m* uitbarsting *c*
décharger [deʃar'ʒe] *v* lossen, *uitladen
déchets [de'ʃe] *mpl* rommel *c*
déchirer [deʃi're] *v* scheuren
déchirure [deʃi'ry:r] *f* scheur *c*
décider [desi'de] *v* beslissen, *besluiten
décision [de'sizjɔ̃] *f* beslissing *c*, besluit *nt*
déclaration [deklara'sjɔ̃] *f* verklaring *c*, aangifte *c*
déclarer [dekla're] *v* verklaren; *aangeven
décliner [dekli'ne] *v* glooien
décollage [dekɔ'la:ʒ] *m* start *c*
décoller [dekɔ'le] *v* starten
décolorer [dekɔlɔ're] *v* verkleuren; bleken
déconcerter [dekɔ̃sɛr'te] *v* in verlegenheid *brengen; onthutsen
décontracté [dekɔ̃trak'te] *adj* ontspannen
décoration [dekɔra'sjɔ̃] *f* versiering *c*
décorer [dekɔ're] *v* versieren; decoreren
découper [deku'pe] *v* *snijden; *afsnijden
décourager [dekura'ʒe] *v* ontmoedigen
découverte [deku'vɛrt] *f* ontdekking *c*
* **découvrir** [deku'vri:r] *v* ontdekken; blootleggen
* **décrire** [de'kri:r] *v* *beschrijven
dédain [de'dɛ̃] *m* verachting *c*; hoon *c*
dedans [də'dɑ̃] *adv* binnen; van binnen
dédier [de'dje] *v* toewijden
dédommagement [dedɔmaʒ'mɑ̃:] *m* schadeloosstelling *c*
* **déduire** [de'dɥi:r] *v* afleiden; *aftrekken
déesse [de'ɛs] *f* godin *c*
défaillant [defa'jɑ̃] *adj* flauw
* **défaire** [de'fɛ:r] *v* losmaken
défaite [de'fɛt] *f* nederlaag *c*
défaut [de'fo] *m* defect *nt*, gebrek *nt*
défavorable [defavɔ'rabl] *adj* ongunstig
défectueux [defɛk'tɥø] *adj* defect, gebrekkig
défendre [de'fɑ̃:dr] *v* verdedigen
défense [de'fɑ̃:s] *f* verdediging *c*; de-

fensie *c*; ~ **de doubler** inhalen verboden; ~ **de fumer** verboden te roken; ~ **d'entrer** verboden toegang
défi [de'fi] *m* uitdaging *c*
défiance [de'fjɑ̃:s] *f* wantrouwen *nt*
déficience [defi'sjɑ̃:s] *f* gebrek *nt*
déficit [defi'sit] *m* tekort *nt*
défier [de'fje] *v* uitdagen
définir [defi'ni:r] *v* vaststellen, *omschrijven, definiëren
définition [defini'sjɔ̃] *f* bepaling *c*, definitie *c*
dégel [de'ʒɛl] *m* dooi *c*
dégeler [de'ʒle] *v* dooien
dégoût [de'gu] *m* walging *c*
dégoûtant [degu'tɑ̃] *adj* walgelijk
dégoûté [degu'te] *adj* beu
degré [də'gre] *m* graad *c*
déguisement [degiz'mɑ̃] *m* vermomming *c*
se déguiser [degi'ze] zich vermommen
dehors [də'ɔ:r] *adv* buiten; **en ~ de** buiten
déjà [de'ʒa] *adv* reeds, al
déjeuner [deʒœ'ne] *m* middageten *nt*; lunch *c*; **petit ~** ontbijt *nt*
au delà de [o də'la də] voorbij; verder dan
délabré [dela'bre] *adj* bouwvallig
délai [de'le] *m* termijn *c*; uitstel *nt*
délégation [delega'sjɔ̃] *f* delegatie *c*, afvaardiging *c*
délégué [dele'ge] *m* gedelegeerde *c*
délibération [delibera'sjɔ̃] *f* overleg *nt*; bespreking *c*
délibérer [delibe're] *v* overleggen; **délibéré** opzettelijk
délicat [deli'ka] *adj* teer, fijn; voorzichtig; delikaat, zorgwekkend
délicatesse [delika'tɛs] *f* lekkernij *c*
délice [de'lis] *m* genot *nt*
délicieux [deli'sjø] *adj* heerlijk
délinquant [delɛ̃'kɑ̃] *m* delinquent *c*
délivrance [deli'vrɑ̃:s] *f* verlossing *c*
délivrer [deli'vre] *v* verlossen
demain [də'mɛ̃] *adv* morgen
demande [də'mɑ̃:d] *f* navraag *c*; aanvraag *c*, verzoek *nt*, eis *c*
demander [dəmɑ̃'de] *v* *vragen; uitnodigen; berekenen; **se ~** zich *afvragen
démangeaison [demɑ̃ʒe'zɔ̃] *f* jeuk *c*
démanger [demɑ̃ʒe] *v* jeuken
démarche [de'marʃ] *f* schrede *c*, loop *c*
démarreur [dema'rœ:r] *m* startmotor *c*
déménagement [demenaʒ'mɑ̃] *m* verhuizing *c*
déménager [demena'ʒe] *v* verhuizen
démence [de'mɑ̃:s] *f* waanzin *c*
dément [de'mɑ̃] *adj* krankzinnig
demeure [də'mœ:r] *f* huis *nt*
demeurer [dəmœ're] *v* *blijven; wonen
demi [də'mi] *adj* half
démission [demi'sjɔ̃] *f* ontslagneming *c*
démissionner [demisjɔ'ne] *v* ontslag *nemen
démocratie [demɔkra'si] *f* democratie *c*
démocratique [demɔkra'tik] *adj* democratisch
démodé [demɔ'de] *adj* ouderwets
demoiselle [dəmwa'zɛl] *f* juffrouw *c*
démolir [demɔ'li:r] *v* slopen
démolition [demɔli'sjɔ̃] *f* afbraak *c*
démonstration [demɔ̃stra'sjɔ̃] *f* demonstratie *c*
démontrer [demɔ̃'tre] *v* aantonen
dénier [de'nje] *v* *onthouden
dénomination [denɔmina'sjɔ̃] *f* benaming *c*
dénouer [de'nwe] *v* losknopen
dense [dɑ̃:s] *adj* dicht
dent [dɑ̃] *f* tand *c*
dentelle [dɑ̃'tɛl] *f* kant *nt*
dentier [dɑ̃'tje] *m* kunstgebit *nt*

dentiste [dɑ̃'tist] *m* tandarts *c*
dénudé [deny'de] *adj* kaal
dénutrition [denytri'sjɔ̃] *f* ondervoeding *c*
départ [de'pa:r] *m* vertrek *nt*
département [departə'mɑ̃] *m* afdeling *c*
dépasser [depa'se] *v* inhalen; *voorbijgaan
se dépêcher [depe'ʃe] *opschieten
dépendant [depɑ̃'dɑ̃] *adj* afhankelijk
dépendre de [de'pɑ̃:dr] *afhangen van
dépense [de'pɑ̃:s] *f* uitgave *c*
dépenser [depɑ̃'se] *v* *uitgeven, besteden
en dépit de [ɑ̃ de'pi də] ongeacht
déplacement [depla'smɑ̃] *m* verwijdering *c*
déplacer [depla'se] *v* verplaatsen
***déplaire** [de'plɛ:r] *v* ontstemmen, mishagen
déplaisant [deple'zɑ̃] *adj* onplezierig
déplier [depli'e] *v* ontvouwen
déployer [deplwa'je] *v* ontplooien
déposer [depo'ze] *v* storten, deponeren
dépôt [de'po] *m* afzetting *c*; opslagplaats *c*, pakhuis *nt*
dépression [deprɛ'sjɔ̃] *f* depressie *c*; neerslachtigheid *c*; teruggang *c*
déprimant [depri'mɑ̃] *adj* triest
déprimer [depri'me] *v* deprimeren; **déprimé** neerslachtig
depuis [də'pɥi] *prep* sedert; *adv* sindsdien; ~ **que** sinds
député [depy'te] *m* afgevaardigde *c*; kamerlid *nt*
déraisonnable [derezɔ'nabl] *adj* onredelijk
dérangement [derɑ̃ʒ'mɑ̃] *m* last *c*; storing *c*; **en** ~ kapot, buiten werking
déranger [derɑ̃'ʒe] *v* verstoren, storen
déraper [dera'pe] *v* slippen
dernier [dɛr'nje] *adj* laatst; afgelopen
dernièrement [dɛrnjɛr'mɑ̃] *adv* onlangs
derrière [dɛ'rjɛ:r] *prep* achter; *m* zitvlak *nt*
dès que [de kə] zodra
***être en désaccord** [ɛ:tr ɑ̃ deza'kɔ:r] het oneens *zijn, van mening verschillen
désagréable [dezagre'abl] *adj* naar, onaardig, akelig, onaangenaam
désagrément [dezagre'mɑ̃] *m* ongemak *nt*
***désapprendre** [deza'prɑ̃:dr] *v* afleren
désapprouver [dezapru've] *v* afkeuren
désastre [de'zastr] *m* ramp *c*
désastreux [deza'strø] *adj* rampzalig
désavantage [dezavɑ̃'ta:ʒ] *m* nadeel *nt*
descendance [desɑ̃'dɑ̃:s] *f* afstamming *c*
descendant [desɑ̃'dɑ̃] *m* afstammeling *c*
descendre [de'sɑ̃:dr] *v* dalen; uitstappen
descente [de'sɑ̃:t] *f* afdaling *c*
description [deskri'psjɔ̃] *f* beschrijving *c*
désenchanter [dezɑ̃ʃɑ̃'te] *v* teleurstellen
désert [de'zɛ:r] *m* woestijn *c*; *adj* verlaten
déserter [dezɛr'te] *v* deserteren
désespérer [dezɛspe're] *v* wanhopen; **désespéré** wanhopig; hopeloos
désespoir [dezɛ'spwa:r] *m* wanhoop *c*
se déshabiller [dezabi'je] zich uitkleden
déshonneur [dezɔ'nœ:r] *m* schande *c*
désigner [dezi'ɲe] *v* *aanwijzen; aanstellen
désinfectant [dezɛ̃fɛk'tɑ̃] *m* ontsmettingsmiddel *nt*
désinfecter [dezɛ̃fɛk'te] *v* ontsmetten
désintéressé [dezɛ̃tere'se] *adj* onzelfzuchtig

désir [de'zi:r] *m* begeerte *c*, verlangen *nt*
désirable [dezi'rabl] *adj* begeerlijk, wenselijk
désirer [dezi're] *v* verlangen, wensen, verlangen naar
désireux [dezi'rø] *adj* verlangend
désobligeant [dezɔbli'ʒɑ̃] *adj* onvriendelijk, beledigend
désodorisant [dezɔdɔri'zɑ̃] *m* deodorant *c*
désoler [dezɔ'le] *v* bedroeven
désordonné [dezɔrdɔ'ne] *adj* slordig
désordre [de'zɔrdr] *m* wanorde *c*, rommel *c*
désosser [dezɔ'se] *v* uitbenen
dessein [de'sɛ̃] *m* doel *nt*; ontwerp *nt*
desserrer [dese're] *v* losmaken
dessert [de'sɛ:r] *m* dessert *nt*, toetje *nt*
dessin [de'sɛ̃] *m* tekening *c*; patroon *nt*; **dessins animés** tekenfilm *c*
dessiner [desi'ne] *v* tekenen
dessous [də'su] *adv* beneden; **en** ~ onderaan, beneden; **en** ~ **de** onder
dessus [də'sy] *m* bovenkant *c*; **au-dessus de** bovenop; **sens** ~ **dessous** ondersteboven
destin [de'stɛ̃] *m* noodlot *nt*; lot *nt*
destinataire [destina'tɛ:r] *m* geadresseerde *c*
destination [destina'sjɔ̃] *f* bestemming *c*
destiner [desti'ne] *v* bestemmen
destruction [destryk'sjɔ̃] *f* vernietiging *c*
détachant [deta'ʃɑ̃] *m* reinigingsmiddel *nt*, vlekkenwater *nt*
détacher [deta'ʃe] *v* losmaken
détail [de'ta:j] *m* detail *nt*; **commerce de** ~ detailhandel *c*
détaillant [deta'jɑ̃] *m* detaillist *c*, kleinhandelaar *c*
détaillé [deta'je] *adj* uitvoerig, gedetailleerd
détailler [deta'je] *v* in het klein *verkopen
détecter [detɛk'te] *v* ontdekken
détective [detɛk'tiv] *m* detective *c*
***déteindre** [de'tɛ̃:dr] *v* *verschieten
se détendre [de'tɑ̃:dr] zich ontspannen
détente [de'tɑ̃:t] *f* ontspanning *c*
détention [detɑ̃'sjɔ̃] *f* hechtenis *c*
détenu [det'ny] *m* gedetineerde *c*
détergent [detɛr'ʒɑ̃] *m* wasmiddel *nt*
déterminer [detɛrmi'ne] *v* bepalen; **déterminé** *adj* bepaald; vastberaden
détester [detɛ'ste] *v* een hekel *hebben aan
détour [de'tu:r] *m* omweg *c*
détourner [detur'ne] *v* afwenden; kapen
détresse [de'trɛs] *f* nood *c*; narigheid *c*
détritus [detri'tys] *m* afval *nt*, vuilnis *nt*
***détruire** [de'trɥi:r] *v* vernietigen, vernielen
dette [dɛt] *f* schuld *c*
deuil [dœ:j] *m* rouw *c*
deux [dø] *num* twee; **les** ~ beide
deuxième [dø'zjɛm] *num* tweede
deux-pièces [dø'pjɛs] *m* tweedelig
dévaluation [devalɥa'sjɔ̃] *f* devaluatie *c*
dévaluer [deva'lɥe] *v* devalueren
devant [də'vɑ̃] *prep* voor
dévaster [deva'ste] *v* vernielen
développement [devlɔp'mɑ̃] *m* ontwikkeling *c*
développer [devlɔ'pe] *v* ontwikkelen
***devenir** [də'vni:r] *v* *worden
déviation [devja'sjɔ̃] *f* omleiding *c*, wegomlegging *c*
dévier [de'vje] *v* *afwijken
deviner [dəvi'ne] *v* *raden
devise [də'vi:z] *f* leus *c*, devies *nt*
dévisser [devi'se] *v* losschroeven

devoir [də'vwa:r] *m* plicht *c*
***devoir** [də'vwa:r] *v* *moeten; te danken *hebben aan, verschuldigd *zijn, schuldig *zijn
dévorer [devɔ're] *v* *verslinden
dévouement [devu'mã] *m* toewijding *c*
diabète [dja'bɛt] *m* diabetes *c*, suikerziekte *c*
diabétique [djabe'tik] *m* suikerzieke *c*, diabeticus *c*
diable [dja:bl] *m* duivel *c*
diagnostic [djagnɔ'stik] *m* diagnose *c*
diagnostiquer [djagnɔsti'ke] *v* een diagnose stellen
diagonale [djagɔ'nal] *f* diagonaal *c*; *adj* diagonaal
diagramme [dja'gram] *m* schema *nt*, grafiek *c*
dialecte [dja'lɛkt] *m* dialect *nt*
diamant [dja'mã] *m* diamant *c*
diapositive [djapɔzi'ti:v] *f* dia *c*
diarrhée [dja're] *f* diarree *c*
dictaphone [dikta'fɔn] *m* dictafoon *c*
dictateur [dikta'tœ:r] *m* dictator *c*
dictée [dik'te] *f* dictee *nt*, dictaat *nt*
dicter [dik'te] *v* dicteren
dictionnaire [diksjɔ'nɛ:r] *m* woordenboek *nt*
diesel [dje'zɛl] *m* diesel *c*
dieu [djø] *m* god *c*
différence [dife'rã:s] *f* verschil *nt*
différent [dife'rã] *adj* verschillend
différer [dife're] *v* uitstellen; verschillen
difficile [difi'sil] *adj* moeilijk
difficulté [difikyl'te] *f* moeilijkheid *c*
difforme [di'fɔrm] *adj* mismaakt
digérer [diʒe're] *v* verteren
digestible [diʒɛ'stibl] *adj* verteerbaar
digestion [diʒɛ'stjɔ̃] *f* spijsvertering *c*
digne [diɲ] *adj* waardig; ~ **de** waard
digue [dig] *f* dijk *c*, dam *c*
diluer [di'lɥe] *v* oplossen, verdunnen
dimanche [di'mã:ʃ] *m* zondag *c*
dimension [dimã'sjɔ̃] *f* omvang *c*, afmeting *c*
diminuer [dimi'nɥe] *v* *afnemen, verminderen
diminution [diminy'sjɔ̃] *f* vermindering *c*
dinde [dɛ̃:d] *f* kalkoen *c*
dîner [di'ne] *v* warm *eten, *eten; *m* avondeten *nt*, warme maaltijd
diphtérie [difte'ri] *f* difterie *c*
diplomate [diplɔ'mat] *m* diplomaat *c*
diplôme [di'plo:m] *m* diploma *nt*
***dire** [di:r] *v* *zeggen
direct [di'rɛkt] *adj* rechtstreeks, direct
directement [dirɛktə'mã] *adv* direct, recht
directeur [dirɛk'tœ:r] *m* directeur *c*; ~ **d'école** schoolhoofd *nt*, hoofdonderwijzer *c*
direction [dirɛk'sjɔ̃] *f* bestuur *nt*, directie *c*, leiderschap *nt*; richting *c*; **indicateur de** ~ richtingaanwijzer *c*
directive [dirɛk'ti:v] *f* richtlijn *c*
dirigeant [diri'ʒã] *m* heerser *c*, leider *c*
diriger [diri'ʒe] *v* richten, *wijzen; leiden, dirigeren; beheren
discerner [disɛr'ne] *v* *onderscheiden
discipline [disi'plin] *f* discipline *c*
discours [di'sku:r] *m* toespraak *c*
discret [di'skrɛ] *adj* (f -crète) onopvallend
discussion [disky'sjɔ̃] *f* discussie *c*, beraad *nt*; onenigheid *c*
discuter [disky'te] *v* debatteren, discussiëren, *bespreken, beraadslagen
***disjoindre** [dis'ʒwɛ̃dr] *v* ontkoppelen
disloqué [dislɔ'ke] *adj* ontwricht
***disparaître** [dispa'rɛ:tr] *v* *verdwijnen
disparu [dispa'ry] *adj* weg; *m* vermiste *c*
dispensaire [dispã'sɛ:r] *m* consultatie-

bureau *nt*
dispenser [dispɑ̃'se] *v* *ontheffen
disperser [dispɛr'se] *v* verspreiden
disponible [dispɔ'nibl] *adj* voorhanden; verkrijgbaar, beschikbaar; extra
disposé [dispo'ze] *adj* genegen, bereid
disposer de [dispo'ze] beschikken over
dispositif [dispozi'tif] *m* apparaat *nt*
disposition [dispozi'sjɔ̃] *f* beschikking *c*
dispute [di'spyt] *f* woordenwisseling *c*
disputer [dispy'te] *v* redetwisten; **se ~** twisten, ruzie maken
disque [disk] *m* schijf *c*; grammofoonplaat *c*
dissertation [disɛrta'sjɔ̃] *f* verhandeling *c*
dissimuler [disimy'le] *v* verstoppen, *verbergen
***dissoudre** [di'sudr] *v* oplossen, *ontbinden; **se ~** oplossen
dissuader [disɥa'de] *v* *afraden
distance [di'stɑ̃:s] *f* afstand *c*
distinct [di'stɛ̃] *adj* afzonderlijk, verschillend
distinction [distɛ̃k'sjɔ̃] *f* onderscheid *nt*
distinguer [distɛ̃'ge] *v* onderscheid maken; **distingué** voornaam
distraction [distrak'sjɔ̃] *f* afleiding *c*; verstrooidheid *c*
distrait [di'strɛ] *adj* verstrooid
distribuer [distri'bɥe] *v* uitdelen; *uitgeven
distributeur [distriby'tœ:r] *m* stroomverdeler *c*; **~ de billets** kaartenautomaat *c*; **~ d'essence** benzinepomp *c*; **~ de timbres** postzegelautomaat *c*
distribution [distriby'sjɔ̃] *f* verdeling *c*
district [di'stri] *m* district *nt*
divers [di'vɛ:r] *adj* allerlei, verscheidene, ettelijk; gemengd
diversion [divɛr'sjɔ̃] *f* afleiding *c*
divertir [divɛr'ti:r] *v* amuseren, vermaken
divertissant [divɛrti'sɑ̃] *adj* amusant
divertissement [divɛrti'smɑ̃] *m* pret *c*, vermaak *nt*, amusement *nt*, plezier *nt*
divin [di'vɛ̃] *adj* goddelijk
diviser [divi'ze] *v* delen; **~ en deux** halveren
division [divi'zjɔ̃] *f* deling *c*; departement *nt*
divorce [di'vɔrs] *m* echtscheiding *c*
divorcer [divɔr'se] *v* *scheiden
dix [dis] *num* tien
dix-huit [di'zɥit] *num* achttien
dix-huitième [dizɥi'tjɛm] *num* achttiende
dixième [di'zjɛm] *num* tiende
dix-neuf [diz'nœf] *num* negentien
dix-neuvième [diznœ'vjɛm] *num* negentiende
dix-sept [di'sɛt] *num* zeventien
dix-septième [disɛ'tjɛm] *num* zeventiende
dock [dɔk] *m* dok *nt*
docker [dɔ'kɛ:r] *m* havenarbeider *c*
docteur [dɔk'tœ:r] *m* doctor *c*, dokter *c*
document [dɔky'mɑ̃] *m* akte *c*, document *nt*
doigt [dwa] *m* vinger *c*
domaine [dɔ'mɛn] *m* gebied *nt*
dôme [do:m] *m* koepel *c*
domestique [dɔmɛ'stik] *adj* huiselijk; *m* bediende *c*
domestiqué [dɔmɛsti'ke] *adj* mak
domicile [dɔmi'sil] *m* woonplaats *c*
domicilié [dɔmisi'lje] *adj* woonachtig
domination [dɔmina'sjɔ̃] *f* overheersing *c*
dominer [dɔmi'ne] *v* heersen; overheersen; **dominant** vooraanstaand
dommage [dɔ'ma:ʒ] *m* schade *c*;

dommage! jammer!
don [dɔ̃] *m* gave *c*, aanleg *c*; schenking *c*, geschenk *nt*
donateur [dɔna'tœ:r] *m* donateur *c*
donation [dɔna'sjɔ̃] *f* gift *c*
donc [dɔ̃:k] *conj* daarom; dus
donnée [dɔ'ne] *f* gegeven *nt*
donner [dɔ'ne] *v* *geven; *schenken; **étant donné que** aangezien
dont [dɔ̃] *pron* waarvan; van wie
doré [dɔ're] *adj* verguld
dorénavant [dɔrena'vɑ̃] *adv* voortaan
***dormir** [dɔr'mi:r] *v* *slapen; ~ **trop longtemps** zich *verslapen
dortoir [dɔr'twa:r] *m* slaapzaal *c*
dos [do] *m* rug *c*
dose [do:z] *f* dosis *c*
dossier [dɔ'sje] *m* dossier *nt*, register *nt*
douane [dwan] *f* douane *c*; **droit de ~** accijns *c*
douanier [dwa'nje] *m* douanebeambte *c*
double [du:bl] *adj* dubbel
doubler [du'ble] *v* inhalen
doublure [du'bly:r] *f* voering *c*
douceurs [du'sœ:r] *fpl* snoep *nt*
douche [duʃ] *f* douche *c*
doué [du'e] *adj* begaafd
douille [du:j] *f* fitting *c*
douleur [du'lœ:r] *f* pijn *c*; zere plek; smart *c*, leed *nt*; **douleurs** weeën *pl*; **sans ~** pijnloos
douloureux [dulu'rø] *adj* pijnlijk, zeer
doute [dut] *m* twijfel *c*; ***mettre en ~** betwijfelen; **sans ~** ongetwijfeld, zonder twijfel
douter [du'te] *v* twijfelen; **~ de** betwijfelen
douteux [du'tø] *adj* twijfelachtig; onbetrouwbaar
douve [du:v] *f* gracht *c*
doux [du] *adj* (f douce) zacht; teer
douzaine [du'zɛn] *f* dozijn *nt*
douze [du:z] *num* twaalf
douzième [du'zjɛm] *num* twaalfde
dragon [dra'gɔ̃] *m* draak *c*
drainer [dre'ne] *v* afwateren
dramatique [drama'tik] *adj* dramatisch
dramaturge [drama'tyrʒ] *m* toneelschrijver *c*
drame [dram] *m* drama *nt*
drap [dra] *m* laken *nt*
drapeau [dra'po] *m* vlag *c*
drapier [dra'pje] *m* manufacturier *c*
dresser [dre'se] *v* opstellen; dresseren
drogue [drɔg] *f* verdovend middel
droguerie [drɔ'gri] *f* drogisterij *c*
droit [drwa] *m* recht *nt*; *adj* recht, rechts; rechtopstaand; eerlijk; **~ administratif** bestuursrecht *nt*; **~ civil** burgerlijk recht; **~ commercial** handelsrecht *nt*; **~ de douane** accijns *c*; **~ de stationnement** parkeertarief *nt*; **~ de vote** stemrecht *nt*; **~ d'importation** invoerrecht *nt*; **~ pénal** strafrecht *nt*; **droits** schulden *pl*; **tout ~** rechtuit, rechtdoor
de droite [də drwat] rechts
drôle [dro:l] *adj* humoristisch, vreemd, leuk
dû [dy] *adj* (f due; pl dus, dues) vervallen
duc [dyk] *m* hertog *c*
duchesse [dy'ʃɛs] *f* hertogin *c*
dune [dyn] *f* duin *nt*
dupe [dyp] *f* dupe *c*
duper [dy'pe] *v* oplichten
dur [dy:r] *adj* hard
durable [dy'rabl] *adj* duurzaam, blijvend
durant [dy'rɑ̃] *prep* gedurende
durée [dy're] *f* duur *c*
durer [dy're] *v* duren, *doorgaan
durillon [dyri'jɔ̃] *m* eksteroog *nt*
duvet [dy've] *m* dons *nt*
dynamo [dina'mo] *f* dynamo *c*

dysenterie [disɑ̃'tri] *f* dysenterie *c*

E

eau [o] *f* water *nt*; ~ **courante** stromend water; ~ **de mer** zeewater *nt*; ~ **dentifrice** mondspoeling *c*; ~ **de Seltz** spuitwater *nt*; ~ **douce** zoet water; ~ **gazeuse** sodawater *nt*; ~ **glacée** ijswater *nt*; ~ **minérale** mineraalwater *nt*; ~ **oxygénée** waterstofperoxyde *nt*; ~ **potable** drinkwater *nt*

eau-forte [o'fɔrt] *f* ets *c*

ébène [e'bɛn] *f* ebbehout *nt*

éblouissant [eblui'sɑ̃] *adj* verblindend

éblouissement [eblui'smɑ̃] *m* schittering *c*

ébrécher [ebre'ʃe] *v* *afbreken

écaille [e'ka:j] *f* schub *c*

écarlate [ekar'lat] *adj* vuurrood

écarter [ekar'te] *v* spreiden, *scheiden; verwijderen; **écarté** afgelegen

ecclésiastique [eklezja'stik] *m* geestelijke *c*

échafaudage [eʃafo'da:ʒ] *m* steigers *pl*

échange [e'ʃɑ̃:ʒ] *m* uitwisseling *c*

échanger [eʃɑ̃'ʒe] *v* uitwisselen, ruilen

échantillon [eʃɑ̃ti'jɔ̃] *m* monster *nt*

échappement [eʃap'mɑ̃] *m* uitlaat *c*

échapper [eʃa'pe] *v* *ontgaan, ontsnappen; **s'échapper** ontglippen

écharde [e'ʃard] *f* splinter *c*

écharpe [e'ʃarp] *f* das *c*, sjaal *c*

échec [e'ʃɛk] *m* fiasco *nt*, mislukking *c*; **échec**! schaak!; **échecs** schaakspel *nt*

échelle [e'ʃɛl] *f* ladder *c*; schaal *c*

échiquier [eʃi'kje] *m* schaakbord *nt*

écho [e'ko] *m* weerklank *c*, echo *c*

échoppe [e'ʃɔp] *f* kraam *c*

échouer [e'ʃwe] *v* falen; zakken

éclabousser [eklabu'se] *v* spatten

éclair [e'klɛ:r] *m* flits *c*; bliksem *c*

éclairage [eklɛ'ra:ʒ] *m* verlichting *c*

éclaircir [eklɛr'si:r] *v* ophelderen

éclaircissement [eklɛrsi'smɑ̃] *m* toelichting *c*

éclairer [ekle're] *v* verlichten

éclat [e'kla] *m* gloed *c*; scherp licht; schilfer *c*

éclatant [ekla'tɑ̃] *adj* bont

éclater [ekla'te] *v* *barsten; *breken

éclipse [e'klips] *f* verduistering *c*

éclisse [e'klis] *f* spalk *c*

écluse [e'kly:z] *f* sluis *c*

écœurant [ekœ'rɑ̃] *adj* weerzinwekkend

école [e'kɔl] *f* school *c*; ~ **maternelle** kleuterschool *c*; ~ **secondaire** middelbare school; ***faire l'école buissonnière** spijbelen

écolier [ekɔ'lje] *m* schooljongen *c*

écolière [ekɔ'ljɛ:r] *f* schoolmeisje *nt*

économe [ekɔ'nɔm] *adj* zuinig

économie [ekɔnɔ'mi] *f* economie *c*; **économies** spaargeld *nt*

économique [ekɔnɔ'mik] *adj* economisch

économiser [ekɔnɔmi'ze] *v* sparen

économiste [ekɔnɔ'mist] *m* econoom *c*

écorce [e'kɔrs] *f* bast *c*

Ecossais [ekɔ'se] *m* Schot *c*

écossais [ekɔ'se] *adj* Schots

Ecosse [e'kɔs] *f* Schotland

s'écouler [eku'le] vloeien

écouter [eku'te] *v* luisteren; aanhoren

écouteur [eku'tœ:r] *m* telefoonhoorn *c*

écran [e'krɑ̃] *m* beeldscherm *nt*, scherm *nt*

écraser [ekra'ze] *v* fijnstampen; overweldigen; **s'écraser** neerstorten

***écrire** [e'kri:r] *v* *schrijven; **par écrit** schriftelijk

écriture [ekri'ty:r] *f* handschrift *nt*

écrivain [ekri'vɛ̃] *m* schrijver *c*

écrou [e'kru] *m* moer *c*
s'écrouler [ekru'le] instorten
Ecuadorien [ekɥadɔ'rjɛ̃] *m* Ecuadoriaan *c*
écume [e'kym] *f* schuim *nt*
écureuil [eky'rœ:j] *m* eekhoorn *c*
eczéma [ɛgze'ma] *m* eczeem *nt*
édification [edifika'sjɔ̃] *f* opbouw *c*
édifice [edi'fis] *m* gebouw *nt*
édifier [edi'fje] *v* construeren
éditeur [edi'tœ:r] *m* uitgever *c*
édition [edi'sjɔ̃] *f* uitgave *c*, editie *c*; ~ **du matin** ochtendeditie *c*
édredon [edrə'dɔ̃] *m* donzen dekbed
éducation [ɛr'tsi:uŋ] *f* opvoeding *c*; onderwijs *nt*
éduquer [edy'ke] *v* opvoeden
effacer [efa'se] *v* uitwissen
effectif [efɛk'tif] *adj* effectief
effectivement [efɛktiv'mɑ̃] *adv* feitelijk
effectuer [efɛk'tɥe] *v* *teweegbrengen
effet [e'fe] *m* gevolg *nt*; consequentie *c*, effect *nt*; **en** ~ inderdaad
efficace [efi'kas] *adj* doeltreffend; efficiënt, doelmatig
s'effilocher [efilɔ'ʃe] rafelen
effondrement [efɔ̃drə'mɑ̃] *m* ondergang *c*
s'effondrer [efɔ̃'dre] *bezwijken
s'efforcer [efɔr'se] pogen; moeite *doen
effort [e'fɔ:r] *m* inspanning *c*, poging *c*
effrayé [efre'je] *adj* bang; ***être** ~ *schrikken
effrayer [efre'je] *v* *doen schrikken
effronté [efrɔ̃'te] *adj* vrijpostig; onbeschoft
égal [e'gal] *adj* gelijk, egaal
également [egal'mɑ̃] *adv* ook, eveneens, even
égaler [ega'le] *v* evenaren
égaliser [egali'ze] *v* gelijk maken, egaliseren
égalité [egali'te] *f* gelijkheid *c*
égard [e'ga:r] *m* consideratie *c*
égarer [ega're] *v* kwijtraken
égayer [ege'je] *v* opvrolijken
église [e'gli:z] *f* kerk *c*
égocentrique [egɔsɑ̃'trik] *adj* egocentrisch
égoïsme [egɔ'ism] *m* egoïsme *nt*
égoïste [egɔ'ist] *adj* egoïstisch, zelfzuchtig
égout [e'gu] *m* riool *nt*, afvoer *c*
égratignure [egrati'ɲy:r] *f* schaafwond *c*, schram *c*
Egypte [e'ʒipt] *f* Egypte
Egyptien [eʒi'psjɛ̃] *m* Egyptenaar *c*
égyptien [eʒi'psjɛ̃] *adj* Egyptisch
élaborer [elabɔ're] *v* uitwerken
élan [e'lɑ̃] *m* vlijt *c*; eland *c*
élargir [elar'ʒi:r] *v* verwijden
élasticité [elastisi'te] *f* rek *c*
élastique [ela'stik] *adj* elastisch; *m* elastiek *nt*
électeur [elɛk'tœ:r] *m* kiezer *c*
élection [elɛk'sjɔ̃] *f* verkiezing *c*
électricien [elɛktri'sjɛ̃] *m* elektricien *c*
électricité [elɛktrisi'te] *f* elektriciteit *c*
électrique [elɛk'trik] *adj* elektrisch
électronique [elɛktrɔ'nik] *adj* elektronisch
élégance [ele'gɑ̃:s] *f* elegantie *c*
élégant [ele'gɑ̃] *adj* chic, elegant
élément [ele'mɑ̃] *m* bestanddeel *nt*, element *nt*
élémentaire [elemɑ̃'tɛ:r] *adj* elementair
éléphant [ele'fɑ̃] *m* olifant *c*
élevage [ɛl'va:ʒ] *m* veeteelt *c*
élévation [eleva'sjɔ̃] *f* verhoging *c*
élève [e'lɛ:v] *m* leerling *c*
élever [ɛl've] *v* opvoeden, *grootbrengen; fokken; optillen
elfe [ɛlf] *m* elf *c*
éliminer [elimi'ne] *v* elimineren

***élire** [e'li:r] *v* *kiezen, *verkiezen
elle [ɛl] *pron* ze
elle-même [ɛl'mɛm] *pron* zelf
éloge [e'lɔʒ] *m* lof *c*
éloigner [elwa'ɲe] *v* verwijderen; **éloigné** ver, afgelegen
élucider [elysi'de] *v* toelichten
émail [e'ma:j] *m* (pl émaux) email *nt*
émaillé [ema'je] *adj* geëmailleerd
émancipation [emɑ̃sipa'sjɔ̃] *f* emancipatie *c*
emballage [ɑ̃ba'la:ʒ] *m* verpakking *c*
emballer [ɑ̃ba'le] *v* inpakken
embargo [ɑ̃bar'go] *m* embargo *nt*
embarquement [ɑ̃barkə'mɑ̃] *m* inscheping *c*
embarquer [ɑ̃bar'ke] *v* inschepen; instappen
embarras [ɑ̃ba'ra] *m* ophef *c*
embarrassant [ɑ̃bara'sɑ̃] *adj* pijnlijk
embarrasser [ɑ̃bara'se] *v* in verwarring brengen
emblème [ɑ̃'blɛm] *m* embleem *nt*
embouchure [ɑ̃bu'ʃy:r] *f* monding *c*
embouteillage [ɑ̃butɛ'ja:ʒ] *m* verkeersopstopping *c*
embrasser [ɑ̃bra'se] *v* kussen
embrayage [ɑ̃brɛ'ja:ʒ] *m* koppeling *c*
embrouiller [ɑ̃bru'je] *v* verknoeien
embuscade [ɑ̃by'skad] *f* hinderlaag *c*
émeraude [em'rod] *f* smaragd *nt*
s'émerveiller [emɛrve'je] zich verbazen
émetteur [emɛ'tœ:r] *m* zender *c*
***émettre** [e'mɛtr] *v* uiten; *uitzenden
émeute [e'mø:t] *f* rel *c*
émigrant [emi'grɑ̃] *m* emigrant *c*
émigration [emigra'sjɔ̃] *f* emigratie *c*
émigrer [emi'gre] *v* emigreren
éminent [emi'nɑ̃] *adj* eminent, vooraanstaand
émission [emi'sjɔ̃] *f* uitgifte *c*; uitzending *c*
emmagasinage [ɑ̃magazi'na:ʒ] *m* opslag *c*
emmagasiner [ɑ̃magazi'ne] *v* *opslaan
emmener [ɑ̃mə'ne] *v* *meenemen
émoi [e'mwa] *m* ontroering *c*
émotion [emo'sjɔ̃] *f* emotie *c*
émoussé [emu'se] *adj* bot, stomp
***émouvoir** [emu'vwa:r] *v* ontroeren
empêcher [ɑ̃pe'ʃe] *v* beletten, verhinderen
empereur [ɑ̃'prœ:r] *m* keizer *c*
empire [ɑ̃'pi:r] *m* keizerrijk *nt*, rijk *nt*
emploi [ɑ̃'plwa] *m* gebruik *nt*; betrekking *c*, tewerkstelling *c*, werk *nt*; **solliciter un ~** solliciteren
employé [ɑ̃plwa'je] *m* werknemer *c*, employé *c*; **~ de bureau** beambte *c*
employer [ɑ̃plwa'je] *v* gebruiken; tewerkstellen
employeur [ɑ̃plwa'jœ:r] *m* werkgever *c*
empoisonner [ɑ̃pwazɔ'ne] *v* vergiftigen
emporter [ɑ̃pɔr'te] *v* *meenemen
empreinte digitale [ɑ̃prɛ̃:t diʒi'tal] vingerafdruk *c*
emprisonnement [ɑ̃prizɔn'mɑ̃] *m* gevangenschap *c*
emprisonner [ɑ̃prizɔ'ne] *v* gevangen zetten
emprunt [ɑ̃'prœ̃] *m* lening *c*
emprunter [ɑ̃prœ̃'te] *v* lenen; ontlenen
en [ɑ̃] *prep* in; met; *pron* ervan
encaisser [ɑ̃ke'se] *v* incasseren, innen
enceinte [ɑ̃'sɛ̃:t] *adj* in verwachting, zwanger
encens [ɑ̃'sɑ̃] *m* wierook *c*
encercler [ɑ̃sɛr'kle] *v* omringen, *insluiten, omcirkelen
enchantement [ɑ̃ʃɑ̃t'mɑ̃] *m* betovering *c*
enchanter [ɑ̃ʃɑ̃'te] *v* in verrukking *brengen; betoveren; **enchanté** opgetogen
enchanteur [ɑ̃ʃɑ̃'tœ:r] *adj* (f -teresse) betoverend
enclin [ɑ̃'klɛ̃] *adj* geneigd

encore [ɑ̃'kɔ:r] *adv* weer; nog; ~ **que** ofschoon
encourager [ɑ̃kura'ʒe] *v* aanmoedigen
encre [ɑ̃:kr] *f* inkt *c*
encyclopédie [ɑ̃siklɔpe'di] *f* encyclopedie *c*
endommager [ɑ̃dɔma'ʒe] *v* beschadigen
endormi [ɑ̃dɔr'mi] *adj* in slaap
endosser [ɑ̃dɔ'se] *v* endosseren; aftekenen
endroit [ɑ̃'drwa] *m* plaats *c*
endurance [ɑ̃dy'rɑ̃:s] *f* uithoudingsvermogen *nt*
endurer [ɑ̃dy're] *v* *verdragen; meemaken, doormaken
énergie [enɛr'ʒi] *f* energie *c*; ~ **nucléaire** kernenergie *c*
énergique [enɛr'ʒik] *adj* energiek
énerver [enɛr've] *v* op iemands zenuwen werken; **s'énerver** zich druk maken
enfance [ɑ̃'fɑ̃:s] *f* jeugd *c*
enfant [ɑ̃'fɑ̃] *m* kind *nt*
enfer [ɑ̃'fɛ:r] *m* hel *c*
enfermer [ɑ̃fɛr'me] *v* *opsluiten, *insluiten
enfiler [ɑ̃fi'le] *v* *rijgen
enfin [ɑ̃'fɛ̃] *adv* uiteindelijk, eindelijk
enfler [ɑ̃'fle] *v* *zwellen
enflure [ɑ̃'fly:r] *f* zwelling *c*
s'enfoncer [ɑ̃fɔ̃'se] *zinken
engagement [ɑ̃gaʒ'mɑ̃] *m* afspraak *c*; verplichting *c*
engager [ɑ̃ga'ʒe] *v* in dienst *nemen; **s'engager** zich *verbinden
engourdi [ɑ̃gur'di] *adj* verstijfd, gevoelloos
engrais [ɑ̃'grɛ] *m* mest *c*
énigme [e'nigm] *f* raadsel *nt*
enjeu [ɑ̃'ʒø] *m* inzet *c*
enlacement [ɑ̃la'sma] *m* omhelzing *c*
enlever [ɑ̃l've] *v* verwijderen; *afnemen, *wegnemen
ennemi [ɛn'mi] *m* vijand *c*
ennui [ɑ̃'nɥi] *m* ergernis *c*, zorg *c*; last *c*
ennuyer [ɑ̃nɥi'je] *v* ergeren, vervelen
ennuyeux [ɑ̃nɥi'jø] *adj* hinderlijk; onaangenaam, vervelend, saai
énorme [e'nɔrm] *adj* enorm, reusachtig
enquête [ɑ̃'kɛt] *f* onderzoek *nt*; enquête *c*, navraag *c*
enquêter [ɑ̃ke'te] *v* *onderzoeken
enragé [ɑ̃ra'ʒe] *adj* kwaad
enregistrement [ɑ̃rʒistrə'mɑ̃] *m* opname *c*
enregistrer [ɑ̃rʒi'stre] *v* boeken; aantekenen
s'enrhumer [ɑ̃ry'me] kou vatten
enroué [ɑ̃ru'e] *adj* hees
enrouler [ɑ̃ru'le] *v* *winden
enseignement [ɑ̃sɛɲ'mɑ̃] *m* onderwijs *nt*; **enseignements** leer *c*
enseigner [ɑ̃se'ɲe] *v* *onderwijzen
ensemble [ɑ̃'sɑ̃:bl] *adv* bijeen, samen; *m* geheel *nt*
ensoleillé [ɑ̃sɔle'je] *adj* zonnig
ensorceler [ɑ̃sɔrsə'le] *v* beheksen
ensuite [ɑ̃'sɥit] *adv* vervolgens, naderhand
entailler [ɑ̃ta'je] *v* kerven
entasser [ɑ̃ta'se] *v* opstapelen
entendre [ɑ̃'tɑ̃:dr] *v* horen
entente [ɑ̃'tɑ̃:t] *f* overeenstemming *c*
enterrement [ɑ̃tɛr'mɑ̃] *m* begrafenis *c*
enterrer [ɑ̃te're] *v* *bedelven, *begraven
enthousiasme [ɑ̃tu'zjasm] *m* enthousiasme *nt*
enthousiaste [ɑ̃tu'zjast] *adj* enthousiast
entier [ɑ̃'tje] *adj* geheel, heel, compleet
entièrement [ɑ̃tjɛr'mɑ̃] *adv* helemaal
entonnoir [ɑ̃tɔ'nwa:r] *m* trechter *c*
entourer [ɑ̃tu're] *v* omringen; *omgeven
entracte [ɑ̃'trakt] *m* pauze *c*

entrailles [ɑ̃'tra:j] *fpl* ingewanden *pl*
entrain [ɑ̃'trɛ̃] *m* animo *c*
entraînement [ɑ̃trɛn'mɑ̃] *m* training *c*
entraîner [ɑ̃tre'ne] *v* trainen
entraîneur [ɑ̃trɛ'nœ:r] *m* trainer *c*
entrave [ɑ̃'tra:v] *f* beletsel *nt*
entraver [ɑ̃tra've] *v* belemmeren
entre [ɑ̃:tr] *prep* tussen, onder
entrée [ɑ̃'tre] *f* ingang *c*, entree *c*, binnenkomst *c*; optreden *nt*; ~ **interdite** verboden toegang
entrepôt [ɑ̃trə'po] *m* bergplaats *c*
***entreprendre** [ɑ̃trə'prɑ̃:dr] *v* *ondernemen
entrepreneur [ɑ̃trəprə'nœ:r] *m* aannemer *c*
entreprise [ɑ̃trə'pri:z] *f* onderneming *c*; bedrijf *nt*, firma *c*
entrer [ɑ̃'tre] *v* *betreden, *binnengaan
entresol [ɑ̃trə'sɔl] *m* entresol *c*
entre-temps [ɑ̃trə'tɑ̃] *adv* ondertussen, intussen
***entretenir** [ɑ̃trə'tni:r] *v* *onderhouden
entretien [ɑ̃trə'tjɛ̃] *m* onderhoud *nt*; conversatie *c*
***entrevoir** [ɑ̃trə'vwa:r] *v* even *zien
entrevue [ɑ̃trə'vy] *f* interview *nt*
envahir [ɑ̃va'i:r] *v* *binnenvallen
enveloppe [ɑ̃'vlɔp] *f* envelop *c*
envelopper [ɑ̃vlɔ'pe] *v* inpakken
envers [ɑ̃'vɛ:r] *prep* jegens; **à l'envers** binnenste buiten
envie [ɑ̃'vi] *f* verlangen *nt*, zin *c*; afgunst *c*; ***avoir ~ de** zin *hebben in; begeren
envier [ɑ̃'vje] *v* misgunnen, benijden
envieux [ɑ̃'vjø] *adj* afgunstig
environ [ɑ̃vi'rɔ̃] *adv* ongeveer
environnant [ɑ̃virɔ'nɑ̃] *adj* omliggend
environnement [ɑ̃virɔn'mɑ̃] *m* milieu *nt*
environs [ɑ̃vi'rɔ̃] *mpl* omgeving *c*
envisager [ɑ̃viza'ʒe] *v* *overwegen
envoyé [ɑ̃vwa'je] *m* gezant *c*
***envoyer** [ɑ̃vwa'je] *v* *zenden; versturen
épais [e'pe] *adj* (f ~se) dicht
épaisseur [epɛ'sœ:r] *f* dikte *c*
épaissir [epe'si:r] *v* verdikken
épargner [epar'ɲe] *v* sparen
épaule [e'po:l] *f* schouder *c*
épave [e'pa:v] *f* wrak *nt*
épée [e'pe] *f* zwaard *nt*
épeler [ɛ'ple] *v* spellen
épice [e'pis] *f* specerij *c*
épicé [epi'se] *adj* pikant, gekruid
épicerie [epi'sri] *f* kruidenierswinkel *c*; ~ **fine** delicatessenwinkel *c*, delicatessen *pl*
épicier [epi'sje] *m* kruidenier *c*
épidémie [epide'mi] *f* epidemie *c*
épier [e'pje] *v* gluren
épilepsie [epilɛ'psi] *f* epilepsie *c*
épilogue [epi'lɔg] *m* epiloog *c*
épinards [epi'na:r] *mpl* spinazie *c*
épine [e'pin] *f* doorn *c*; ~ **dorsale** ruggegraat *c*
épingle [e'pɛ̃:gl] *f* speld *c*; ~ **à cheveux** haarspeld *c*; ~ **de sûreté** veiligheidsspeld *c*
épingler [epɛ̃'gle] *v* vastspelden
épique [e'pik] *adj* episch
épisode [epi'zɔd] *m* episode *c*
éponge [e'pɔ̃:ʒ] *f* spons *c*
époque [e'pɔk] *f* tijdperk *nt*; **de l'époque** toenmalig
épouse [e'pu:z] *f* echtgenote *c*
épouser [epu'ze] *v* huwen
épouvantable [epuvɑ̃'tabl] *adj* verschrikkelijk
épouvante [epu'vɑ̃:t] *f* afgrijzen *nt*
époux [e'pu] *m* echtgenoot *c*
épreuve [e'prœ:v] *f* test *c*, proef *c*; afdruk *c*
éprouver [epru've] *v* *ervaren; testen
épuiser [epɥi'ze] *v* uitputten; verbrui-

ken; **épuisé** uitverkocht
Equateur [ekwa'tœ:r] *m* Ecuador
équateur [ekwa'tœ:r] *m* evenaar *c*
équilibre [eki'libr] *m* evenwicht *nt*
équipage [eki'pa:ʒ] *m* bemanning *c*
équipe [e'kip] *f* ploeg *c*, equipe *c*; elftal *nt*
équipement [ekip'mɑ̃] *m* uitrusting *c*
équiper [eki'pe] *v* uitrusten
équitable [eki'tabl] *adj* billijk
équitation [ekita'sjɔ̃] *f* paardesport *c*
équivalent [ekiva'lɑ̃] *adj* equivalent, gelijkwaardig
équivoque [eki'vɔk] *adj* onduidelijk
érable [e'rabl] *m* esdoorn *c*
érafler [era'fle] *v* krassen
ériger [eri'ʒe] *v* opbouwen, oprichten
errer [e're] *v* dwalen; *rondzwerven, *zwerven; zich vergissen
erreur [ɛ'rœ:r] *f* vergissing *c*; fout *c*
erroné [ɛrɔ'ne] *adj* fout
érudit [ery'di] *m* geleerde *c*
éruption [ery'psjɔ̃] *f* uitslag *c*
escadrille [ɛska'dri:j] *f* eskader *nt*
escalier [ɛska'lje] *m* trap *c*; ~ **de secours** brandtrap *c*; ~ **roulant** roltrap *c*
escargot [ɛskar'go] *m* slak *c*
escarpé [ɛskar'pe] *adj* steil
esclave [ɛ'skla:v] *m* slaaf *c*
escorte [ɛ'skɔrt] *f* escorte *nt*
escorter [ɛskɔr'te] *v* escorteren
***faire de l'escrime** [fɛ:r də lɛ'skrim] schermen
escroc [ɛ'skro] *m* oplichter *c*
escroquer [ɛskrɔ'ke] *v* oplichten
escroquerie [ɛskrɔ'kri] *f* zwendelarij *c*
espace [ɛ'spas] *m* ruimte *c*
espacer [ɛspa'se] *v* spatiëren
Espagne [ɛ'spaɲ] *f* Spanje
Espagnol [ɛspa'ɲɔl] *m* Spanjaard *c*
espagnol [ɛspa'ɲɔl] *adj* Spaans
espèce [ɛ'spɛs] *f* soort *c/nt*
espérance [ɛspe'rɑ̃:s] *f* verwachting *c*
espérer [ɛspe're] *v* hopen
espièglerie [ɛspjɛglə'ri] *f* kattekwaad *nt*
espion [ɛ'spjɔ̃] *m* spion *c*
esplanade [ɛspla'nad] *f* promenade *c*
espoir [ɛ'spwa:r] *m* hoop *c*
esprit [ɛ'spri] *m* geest *c*
esquisse [ɛ'skis] *f* schets *c*
esquisser [ɛski'se] *v* schetsen
essai [e'se] *m* essay *nt*, proef *c*; **à l'essai** op zicht
essayer [ese'je] *v* proberen; beproeven; passen
essence [e'sɑ̃:s] *f* essentie *c*; benzine *c*
essentiel [esɑ̃'sjɛl] *adj* essentieel, hoofd-
essentiellement [esɑ̃sjɛl'mɑ̃] *adv* vooral
essieu [e'sjø] *m* as *c*
essor [e'sɔ:r] *m* opkomst *c*
essuie-glace [esɥi'glas] *m* ruitenwisser *c*
essuyer [esɥi'je] *v* afvegen; afdrogen
est [ɛst] *m* oost *c*, oosten *nt*
estampe [ɛ'stɑ̃:p] *f* prent *c*
estimation [ɛstima'sjɔ̃] *f* schatting *c*
estime [ɛ'stim] *f* achting *c*
estimer [ɛsti'me] *v* achten, *vinden, beschouwen; schatten
estomac [ɛstɔ'ma] *m* maag *c*
estropié [ɛstrɔ'pje] *adj* kreupel
estuaire [ɛ'stɥɛ:r] *m* riviermonding *c*
et [e] *conj* en
étable [e'tabl] *f* stal *c*
établir [eta'bli:r] *v* vaststellen; vestigen, oprichten; **s'établir** zich vestigen
étage [e'ta:ʒ] *m* etage *c*, verdieping *c*
étagère [eta'ʒɛ:r] *f* plank *c*
étain [e'tɛ̃] *m* tin *nt*
étal [e'tal] *m* kraam *c*
étalage [eta'la:ʒ] *m* etalage *c*
étaler [eta'le] *v* vertonen

étang [e'tã] *m* vijver *c*
étape [e'tap] *f* stadium *nt*; etappe *c*
Etat [e'ta] *m* staat *c*; **Etats-Unis** Verenigde Staten
état [e'ta] *m* toestand *c*; ~ **d'urgence** noodtoestand *c*
et cætera [ɛtsete'ra] enzovoort
été [e'te] *m* zomer *c*; **plein** ~ midzomer *c*
***éteindre** [e'tɛ̃:dr] *v* *uitdoen; uitschakelen; blussen, doven
étendre [e'tɑ̃:dr] *v* uitbreiden, uitspreiden, spreiden; verlengen
étendu [etɑ̃'dy] *adj* wijd, uitgebreid
éternel [etɛr'nɛl] *adj* eeuwig
éternité [etɛrni'te] *f* eeuwigheid *c*
éternuer [etɛr'nɥe] *v* niezen
éther [e'tɛ:r] *m* ether *c*
Ethiopie [etjɔ'pi] *f* Ethiopië
Ethiopien [etjɔ'pjɛ̃] *m* Ethiopiër *c*
éthiopien [etjɔ'pjɛ̃] *adj* Ethiopisch
étincelle [etɛ̃'sɛl] *f* vonk *c*
étiqueter [etik'te] *v* etiketteren
étiquette [eti'kɛt] *f* etiket *nt*
étoffes [e'tɔf] *fpl* stoffen
étoile [e'twal] *f* ster *c*
étole [e'tɔl] *f* stola *c*
étonnant [etɔ'nɑ̃] *adj* verbazend
étonnement [etɔn'mɑ̃] *m* verbazing *c*, verwondering *c*
étonner [etɔ'ne] *v* verwonderen; verbazen
étouffant [etu'fɑ̃] *adj* benauwd
étouffer [etu'fe] *v* wurgen
étourdi [etur'di] *adj* duizelig
étourneau [etur'no] *m* spreeuw *c*
étrange [e'trɑ̃:ʒ] *adj* vreemd; raar
étranger [etrɑ̃'ʒe] *m* vreemdeling *c*, buitenlander *c*; *adj* buitenlands; vreemd; **à l'étranger** in het buitenland; naar het buitenland
étrangler [etrɑ̃'gle] *v* wurgen
être [ɛ:tr] *m* wezen *nt*; ~ **humain** menselijk wezen
***être** [ɛ:tr] *v* *zijn
***étreindre** [e'trɛ̃:dr] *v* omhelzen
étreinte [e'trɛ̃:t] *f* greep *c*; omhelzing *c*
étrier [etri'e] *m* stijgbeugel *c*
étroit [e'trwa] *adj* smal, nauw
étude [e'tyd] *f* studie *c*
étudiant [ety'djɑ̃] *m* student *c*
étudiante [ety'djɑ̃:t] *f* studente *c*
étudier [ety'dje] *v* studeren
étui [e'tɥi] *m* etui *nt*; ~ **à cigarettes** sigarettenkoker *c*
Europe [ø'rɔp] *f* Europa
Européen [ørɔpe'ɛ̃] *m* Europeaan *c*
européen [ørɔpe'ɛ̃] *adj* Europees
eux [ø] *pron* hen; **eux-mêmes** *pron* zelf
évacuer [eva'kɥe] *v* ontruimen, evacueren
évaluer [eva'lɥe] *v* schatten; taxeren
évangile [evɑ̃'ʒil] *m* evangelie *nt*
s'évanouir [eva'nwi:r] *flauwvallen
évaporer [evapɔ're] *v* verdampen
évasion [eva'zjɔ̃] *f* ontsnapping *c*
éveillé [eve'je] *adj* pienter
s'éveiller [eve'je] ontwaken
événement [evɛn'mɑ̃] *m* gebeurtenis *c*
éventail [evɑ̃'ta:j] *m* waaier *c*
éventuel [evɑ̃'tɥɛl] *adj* eventueel
évêque [e'vɛk] *m* bisschop *c*
évidemment [evida'mɑ̃] *adv* uiteraard, natuurlijk
évident [evi'dɑ̃] *adj* duidelijk; vanzelfsprekend
évier [e'vje] *m* gootsteen *c*
éviter [evi'te] *v* *ontwijken, *vermijden
évolution [evɔly'sjɔ̃] *f* evolutie *c*
évoquer [evɔ'ke] *v* *oproepen
exact [ɛg'zakt] *adj* juist, precies, exact
exactement [ɛgzaktə'mɑ̃] *adv* precies
exactitude [ɛgzakti'tyd] *f* juistheid *c*
exagérer [ɛgzaʒe're] *v* *overdrijven
examen [ɛgza'mɛ̃] *m* examen *nt*; on-

derzoek *nt*
examiner [ɛgzami'ne] *v* *onderzoeken
excavation [ɛkskava'sjɔ̃] *f* opgraving *c*
excéder [ɛkse'de] *v* *overschrijden
excellent [ɛksɛ'lɑ̃] *adj* uitstekend
exceller [ɛkse'le] *v* *uitblinken
excentrique [ɛksɑ̃'trik] *adj* excentriek
excepté [ɛksɛp'te] *prep* behalve, uitgezonderd
exception [ɛksɛp'sjɔ̃] *f* uitzondering *c*
exceptionnel [ɛksɛpsjɔ'nɛl] *adj* uitzonderlijk
excès [ɛk'se] *m* exces *nt*; ~ **de vitesse** snelheidsovertreding *c*
excessif [ɛkse'sif] *adj* buitensporig
excitation [ɛksita'sjɔ̃] *f* opwinding *c*
exciter [ɛksi'te] *v* *opwinden
exclamation [ɛksklama'sjɔ̃] *f* uitroep *c*
exclamer [ɛkskla'me] *v* *uitroepen
***exclure** [ɛk'skly:r] *v* *uitsluiten
exclusif [ɛkskly'zif] *adj* exclusief
exclusivement [ɛksklyziv'mɑ̃] *adv* uitsluitend
excursion [ɛkskyr'sjɔ̃] *f* uitstapje *nt*, excursie *c*; rondreis *c*
excuse [ɛk'sky:z] *f* excuus *nt*, verontschuldiging *c*
excuser [ɛksky'ze] *v* verontschuldigen, excuseren; **excusez-moi!** neem me niet kwalijk!, sorry!
exécuter [ɛgzeky'te] *v* uitvoeren
exécutif [ɛgzeky'tif] *m* directeur *c*; *adj* uitvoerend
exécution [ɛgzeky'sjɔ̃] *f* uitvoering *c*; terechtstelling *c*
exemplaire [ɛgzɑ̃'plɛ:r] *m* exemplaar *nt*
exemple [ɛg'zɑ̃:pl] *m* voorbeeld *nt*; **par** ~ bijvoorbeeld
exempt [ɛg'zɑ̃] *adj* vrijgesteld; ~ **de droits** belastingvrij; ~ **d'impôts** belastingvrij
exempter [ɛgzɑ̃'te] *v* vrijstellen
exemption [ɛgzɑ̃'psjɔ̃] *f* vrijstelling *c*
exercer [ɛgzɛr'se] *v* oefenen; uitoefenen; **s'exercer** oefenen
exercice [ɛgzɛr'sis] *m* oefening *c*; thema *nt*
exhiber [ɛgzi'be] *v* vertonen
exhibition [ɛgzibi'sjɔ̃] *f* expositie *c*
exhorter [ɛgzɔr'te] *v* aansporen
exigeant [ɛgzi'ʒɑ̃] *adj* kieskeurig
exigence [ɛgzi'ʒɑ̃:s] *f* vereiste *c*
exiger [ɛgzi'ʒe] *v* vereisen, eisen
exile [ɛg'zil] *m* ballingschap *c*
exilé [ɛgzi'le] *m* balling *c*
existence [ɛgzi'stɑ̃:s] *f* bestaan *nt*
exister [ɛgzi'ste] *v* *bestaan
exotique [ɛgzɔ'tik] *adj* exotisch
expédier [ɛkspe'dje] *v* *verzenden, versturen, sturen; verschepen
expédition [ɛkspedi'sjɔ̃] *f* verzending *c*; zending *c*; expeditie *c*
expérience [ɛkspe'rjɑ̃:s] *f* ervaring *c*; experiment *nt*; ***faire l'expérience de** beleven
expérimenter [ɛksperimɑ̃'te] *v* experimenteren; **expérimenté** ervaren
expert [ɛk'spɛ:r] *adj* vakkundig; *m* vakman *c*, expert *c*
expiration [ɛkspira'sjɔ̃] *f* afloop *c*; vervaldag *c*
expirer [ɛkspi're] *v* uitademen; *verstrijken
explicable [ɛkspli'kabl] *adj* verklaarbaar
explication [ɛksplika'sjɔ̃] *f* uitleg *c*, verklaring *c*
explicite [ɛkspli'sit] *adj* vastomlijnd; uitdrukkelijk, expliciet
expliquer [ɛkspli'ke] *v* verklaren, uitleggen
exploitation [ɛksplwata'sjɔ̃] *f* exploitatie *c*; bedrijf *nt*; ~ **minière** mijnbouw *c*
exploiter [ɛksplwa'te] *v* exploiteren; uitbuiten
explorer [ɛksplɔ're] *v* *onderzoeken;

verkennen
exploser [ɛksplo'ze] *v* ontploffen
explosif [ɛksplo'zif] *m* springstof *c*; *adj* explosief
explosion [ɛksplo'zjɔ̃] *f* explosie *c*
exportation [ɛkspɔrta'sjɔ̃] *f* export *c*, uitvoer *c*
exporter [ɛkspɔr'te] *v* uitvoeren, exporteren
exposer [ɛkspo'ze] *v* tentoonstellen
exposition [ɛkspozi'sjɔ̃] *f* tentoonstelling *c*; expositie *c*; belichting *c*; ~ **d'art** kunsttentoonstelling *c*
exprès[1] [ɛk'sprɛ] *adv* met opzet
exprès[2] [ɛk'sprɛs] *adj* expresse-
expression [ɛksprɛ'sjɔ̃] *f* uiting *c*, uitdrukking *c*
exprimer [ɛkspri'me] *v* uiten, uitdrukken
expulser [ɛkspyl'se] *v* *verdrijven; *uitwijzen
exquis [ɛk'ski] *adj* lekker; voortreffelijk; select
extase [ɛk'sta:z] *m* extase *c*
exténuer [ɛkste'nɥe] *v* uitputten
extérieur [ɛkste'rjœ:r] *m* buitenkant *c*; uiterlijk *nt*; *adj* uiterlijk; **vers l'extérieur** naar buiten
externe [ɛk'stɛrn] *adj* uiterlijk
extincteur [ɛkstɛ̃k'tœ:r] *m* brandblusapparaat *nt*
extorquer [ɛkstɔr'ke] *v* *afdwingen
extorsion [ɛkstɔr'sjɔ̃] *f* afpersing *c*
extrader [ɛkstra'de] *v* uitleveren
***extraire** [ɛk'strɛ:r] *v* *trekken
extrait [ɛk'strɛ] *m* passage *c*
extraordinaire [ɛkstraɔrdi'nɛ:r] *adj* buitengewoon
extravagant [ɛkstrava'gɑ̃] *adj* extravagant
extrême [ɛk'strɛm] *adj* uiterst, extreem; hoogst; *m* uiterste *nt*
exubérant [ɛgzybe'rɑ̃] *adj* uitbundig

F

fable [fabl] *f* fabel *c*
fabricant [fabri'kɑ̃] *m* fabrikant *c*
fabriquer [fabri'ke] *v* vervaardigen, fabriceren
façade [fa'sad] *f* gevel *c*
face [fas] *f* voorkant *c*; **en ~ de** tegenover
fâcher [fa'ʃe] *v* ergeren; **fâché** boos
facile [fa'sil] *adj* gemakkelijk
facilité [fasili'te] *f* faciliteit *c*
façon [fa'sɔ̃] *f* wijze *c*; **de la même ~** eender; **de toute ~** in elk geval; hoe dan ook
façonner [fasɔ'ne] *v* modelleren
facteur [fak'tœ:r] *m* factor *c*; postbode *c*
facture [fak'ty:r] *f* factuur *c*, rekening *c*
facturer [fakty're] *v* factureren
facultatif [fakylta'tif] *adj* facultatief
faculté [fakyl'te] *f* vermogen *nt*; faculteit *c*
faible [fɛbl] *adj* zwak; gering
faiblesse [fɛ'blɛs] *f* zwakheid *c*
faïence [fa'jɑ̃:s] *f* aardewerk *nt*, faience *c*; vaatwerk *nt*
en faillite [ɑ̃ fa'jit] failliet, bankroet
faim [fɛ̃] *f* honger *c*
***faire** [fɛ:r] *v* *doen; maken; *laten
faisable [fə'zabl] *adj* uitvoerbaar, haalbaar
faisan [fə'zɑ̃] *m* fazant *c*
fait [fɛ] *m* feit *nt*; **de ~** in feite; **en ~** eigenlijk, feitelijk
falaise [fa'lɛ:z] *f* klip *c*; rots *c*
***falloir** [fa'lwa:r] *v* hoeven, *moeten
falsification [falsifika'sjɔ̃] *f* vervalsing *c*
falsifier [falsi'fje] *v* vervalsen
fameux [fa'mø] *adj* beroemd

familial [fami'ljal] *adj* gezins-
familiariser [familjari'ze] *v* wennen
familier [fami'lje] *adj* familiaar, vertrouwd
famille [fa'mi:j] *f* familie *c*; gezin *nt*
fan [fan] *m* fan *c*
fanatique [fana'tik] *adj* fanatiek
se faner [fa'ne] verkleuren
fanfare [fɑ̃'fa:r] *f* fanfarekorps *nt*
fantaisie [fɑ̃te'zi] *f* fantasie *c*
fantastique [fɑ̃ta'stik] *adj* fantastisch
fantôme [fɑ̃'to:m] *m* spook *nt*
faon [fɑ̃] *m* reekalf *nt*
farce [fars] *f* klucht *c*, farce *c*; vulling *c*
farci [far'si] *adj* gevuld
fardeau [far'do] *m* last *c*
farine [fa'rin] *f* bloem *c*, meel *nt*
farouche [fa'ruʃ] *adj* schuw
fasciner [fasi'ne] *v* boeien
fascisme [fa'ʃism] *m* fascisme *nt*
fasciste [fa'ʃist] *m* fascist *c*; *adj* fascistisch
fastidieux [fasti'djø] *adj* vervelend; lastig
fatal [fa'tal] *adj* (pl ~s) noodlottig, dodelijk
fatigant [fati'gɑ̃] *adj* vermoeiend
fatigue [fa'tig] *f* moeheid *c*
fatiguer [fati'ge] *v* vermoeien; **fatigué** moe
faubourg [fo'bu:r] *m* buitenwijk *c*, voorstad *c*
fauché [fo'ʃe] *adj* platzak
faucon [fo'kɔ̃] *m* valk *c*; havik *c*
faute [fo:t] *f* fout *c*, vergissing *c*; schuld *c*; **donner la ~ à** de schuld *geven aan; **sans ~** beslist
fauteuil [fo'tœ:j] *m* fauteuil *c*, leunstoel *c*; **~ d'orchestre** stalles *pl*; **~ roulant** rolstoel *c*
fauve [fo:v] *adj* lichtbruin
faux [fo] *adj* (f fausse) vals; onwaar; onecht
faveur [fa'vœ:r] *f* gunst *c*; **en ~ de** ten behoeve van
favorable [favɔ'rabl] *adj* gunstig
favori [favɔ'ri] *m* (f -rite) lieveling *c*, favoriet *c*; *adj* lievelings-; **favoris** bakkebaarden *pl*
favoriser [favɔri'ze] *v* begunstigen, bevoorrechten
fédéral [fede'ral] *adj* federaal
fédération [federa'sjɔ̃] *f* federatie *c*
fée [fe] *f* fee *c*
***feindre** [fɛ̃dr] *v* *doen alsof
félicitation [felisita'sjɔ̃] *f* felicitatie *c*, gelukwens *c*
féliciter [felisi'te] *v* gelukwensen, feliciteren
femelle [fə'mɛl] *f* wijfje *nt*
féminin [femi'nɛ̃] *adj* vrouwelijk
femme [fam] *f* vrouw *c*; **~ de chambre** kamermeisje *nt*
fendre [fɑ̃:dr] *v* *splijten; *breken
fenêtre [fə'nɛ:tr] *f* raam *nt*
fente [fɑ̃:t] *f* kloof *c*, gleuf *c*
féodal [feɔ'dal] *adj* feodaal
fer [fɛ:r] *m* ijzer *nt*; **en ~** ijzeren; **~ à cheval** hoefijzer *nt*; **~ à friser** krultang *c*; **~ à repasser** strijkijzer *nt*; **~ à souder** soldeerbout *c*
ferme [fɛrm] *f* boerderij *c*; *adj* vast; standvastig
fermenter [fɛrmɑ̃'te] *v* gisten
fermer [fɛr'me] *v* *sluiten; dichtdraaien; **fermé** gesloten, toe; **~ à clé** op slot *doen
fermeture [fɛrm'ty:r] *f* sluiting *c*; **~ éclair** ritssluiting *c*
fermier [fɛr'mje] *m* boer *c*
fermière [fɛr'mjɛ:r] *f* boerin *c*
féroce [fe'rɔs] *adj* wild, woest
ferraille [fɛ'ra:j] *f* schroot *nt*
ferry-boat [fɛri'bot] *m* veerboot *c*
fertile [fɛr'til] *adj* vruchtbaar
fesse [fɛs] *f* bil *c*
fessée [fe'se] *f* pak slaag

festival [fɛsti'val] *m* (pl ~s) festival *nt*
fête [fɛt] *f* feest *nt*
feu [fø] *m* vuur *nt*; ~ **arrière** achterlicht *nt*; ~ **de circulation** stoplicht *nt*; ~ **de position** stadslicht *nt*
feuille [fœ:j] *f* blad *nt*
feuilleton [fœj'tɔ̃] *m* feuilleton *nt*
feutre [fø:tr] *m* vilt *nt*
février [fevri'e] februari
fiançailles [fjɑ̃'sa:j] *fpl* verloving *c*
fiancé [fjɑ̃'se] *m* verloofde *c*; *adj* verloofd
fiancée [fjɑ̃'se] *f* bruid *c*, verloofde *c*
fibre [fibr] *f* vezel *c*
ficelle [fi'sɛl] *f* touw *nt*
fiche [fiʃ] *f* stekker *c*
fiction [fik'sjɔ̃] *f* fictie *c*, verzinsel *nt*
fidèle [fi'dɛl] *adj* trouw
fier [fjɛ:r] *adj* trots
fièvre [fjɛ:vr] *f* koorts *c*
fiévreux [fje'vrø] *adj* koortsig
figue [fig] *f* vijg *c*
se figurer [figy're] zich *indenken
fil [fil] *m* draad *c*; snoer *nt*, garen *nt*; ~ **de fer** ijzerdraad *nt*; ~ **électrique** snoer *nt*
file [fil] *f* rij *c*
filer [fi'le] *v* *spinnen
filet [fi'le] *m* net *nt*; ~ **à bagage** bagagenet *nt*; ~ **de pêche** visnet *nt*
fille [fi:j] *f* meisje *nt*; dochter *c*; **vieille** ~ oude vrijster
film [film] *m* film *c*; ~ **en couleurs** kleurenfilm *c*
filmer [fil'me] *v* filmen
fils [fis] *m* zoon *c*
filtre [filtr] *m* filter *nt*; ~ **à air** luchtfilter *nt*; ~ **à huile** oliefilter *nt*
filtrer [fil'tre] *v* zeven
fin [fɛ̃] *f* einde *nt*; *adj* fijn; dun
final [fi'nal] *adj* (pl ~s) laatst; uiteindelijk
financer [finɑ̃'se] *v* financieren
finances [fi'nɑ̃:s] *fpl* financiën *pl*
financier [finɑ̃'sje] *adj* financieel
finir [fi'ni:r] *v* beëindigen; *aflopen; **fini** op, voorbij
Finlandais [fɛ̃lɑ̃'dɛ] *m* Fin *c*
finlandais [fɛ̃lɑ̃'dɛ] *adj* Fins
Finlande [fɛ̃'lɑ̃:d] *f* Finland
firme [firm] *f* firma *c*
fissure [fi'sy:r] *f* kier *c*, barst *c*
fixateur [fiksa'tœ:r] *m* haarversteviger *c*
fixe [fiks] *adj* vast
fixer [fik'se] *v* aanhechten; staren; ~ **le prix** prijzen
fjord [fjɔr] *m* fjord *c*
flacon [fla'kɔ̃] *m* flacon *c*
flamant [fla'mɑ̃] *m* flamingo *c*
flamme [flam] *f* vlam *c*
flanelle [fla'nɛl] *f* flanel *nt*
flâner [fla'ne] *v* wandelen
flaque [flak] *f* plas *c*
flasque [flask] *adj* slap
fléau [fle'o] *m* plaag *c*
flèche [flɛʃ] *f* pijl *c*
flétan [fle'tɑ̃] *m* heilbot *c*
fleur [flœ:r] *f* bloem *c*
fleuriste [flœ'rist] *m* bloemenwinkel *c*, bloemist *c*
fleuve [flœ:v] *m* rivier *c*
flexible [flɛk'sibl] *adj* soepel, buigbaar, rekbaar
flotte [flɔt] *f* vloot *c*
flotter [flɔ'te] *v* *drijven
flotteur [flɔ'tœ:r] *m* vlotter *c*
fluide [fly'id] *adj* vloeibaar
flûte [flyt] *f* fluit *c*
foi [fwa] *f* geloof *nt*
foie [fwa] *m* lever *c*
foin [fwɛ̃] *m* hooi *nt*
foire [fwa:r] *f* beurs *c*; kermis *c*
fois [fwa] *f* maal *c*, keer *c*; *prep* maal; **à la** ~ tegelijk; **deux** ~ tweemaal; **une** ~ eenmaal, eens; **une** ~ **de plus** nogmaals, nog eens
folie [fɔ'li] *f* krankzinnigheid *c*

folklore [fɔl'klɔ:r] *m* folklore *c*
foncé [fɔ̃'se] *adj* donker
foncer [fɔ̃'se] *v* hard *rijden
fonction [fɔ̃k'sjɔ̃] *f* functie *c*; ambt *nt*
fonctionnaire [fɔ̃ksjɔ'nɛ:r] *m* ambtenaar *c*
fonctionnement [fɔ̃ksjɔn'mɑ̃] *m* werking *c*
fonctionner [fɔ̃ksjɔ'ne] *v* werken, functioneren
fond [fɔ̃] *m* bodem *c*; kern *c*; achtergrond *c*; **à ~** grondig; **au ~** in de grond van de zaak; **~ de teint** basiscrème *c*
fondamental [fɔ̃damɑ̃'tal] *adj* wezenlijk, fundamenteel
fondation [fɔ̃da'sjɔ̃] *f* stichting *c*
fondement [fɔ̃d'mɑ̃] *m* grondslag *c*
fonder [fɔ̃'de] *v* oprichten, stichten; **bien fondé** gegrond
fonderie [fɔ̃'dri] *f* hoogovens *pl*
fondre [fɔ̃:dr] *v* *smelten; ontdooien
fonds [fɔ̃] *mpl* fonds *nt*
fontaine [fɔ̃'tɛn] *f* fontein *c*
fonte [fɔ̃t] *f* gietijzer *nt*
football [fut'bɔl] *m* voetbal *nt*
force [fɔrs] *f* kracht *c*; geweld *nt*; **~ armée** krijgsmacht *c*; **~ motrice** drijfkracht *c*
forcément [fɔrse'mɑ̃] *adv* noodgedwongen
forcer [fɔr'se] *v* *dwingen; forceren
forer [fɔ're] *v* boren
forestier [fɔrɛ'stje] *m* boswachter *c*
forêt [fɔ're] *f* bos *nt*
foreuse [fɔ'rø:z] *f* boor *c*
forgeron [fɔrʒə'rɔ̃] *m* smid *c*
formalité [fɔrmali'te] *f* formaliteit *c*
format [fɔr'ma] *m* formaat *nt*
formation [fɔrma'sjɔ̃] *f* vorming *c*
forme [fɔrm] *f* vorm *c*; figuur *c*; conditie *c*
formel [fɔr'mɛl] *adj* uitdrukkelijk
former [fɔr'me] *v* vormen; trainen, opleiden
formidable [fɔrmi'dabl] *adj* uitstekend, prachtig; geweldig
formulaire [fɔrmy'lɛ:r] *m* formulier *nt*; **~ d'inscription** inschrijvingsformulier *nt*
formule [fɔr'myl] *f* formule *c*
fort [fɔ:r] *adj* sterk; hard, luid; *m* fort *nt*
fortement [fɔrtə'mɑ̃] *adv* vast
forteresse [fɔrtə'rɛs] *f* vesting *c*
fortuit [fɔr'tɥi] *adj* toevallig
fortune [fɔr'tyn] *f* fortuin *nt*
fosse [fos] *f* kuil *c*
fossé [fo'se] *m* greppel *c*, sloot *c*
fou[1] [fu] *adj* (fol; f folle) gek; krankzinnig
fou[2] [fu] *m* dwaas *c*
foudre [fudr] *f* bliksem *c*
fouet [fwe] *m* zweep *c*
fouetter [fwe'te] *v* kloppen
fouiller [fu'je] *v* fouilleren, *doorzoeken; *delven
fouillis [fu'ji] *m* wirwar *c*
foulard [fu'la:r] *m* sjaal *c*
foule [ful] *f* menigte *c*
fouler [fu'le] *v* verstuiken; verzwikken
foulure [fu'ly:r] *f* verstuiking *c*
four [fu:r] *m* oven *c*
fourbe [furb] *adj* schijnheilig
fourchette [fur'ʃɛt] *f* vork *c*
fourgon [fur'gɔ̃] *m* bagagewagen *c*; bestelauto *c*
fourmi [fur'mi] *f* mier *c*
fournaise [fur'nɛ:z] *f* oven *c*
fourneau [fur'no] *m* kachel *c*; **~ à gaz** gaskachel *c*
fournir [fur'ni:r] *v* bezorgen, leveren, verschaffen
fourniture [furni'ty:r] *f* levering *c*; aanvoer *c*
fourreur [fu'rœ:r] *m* bontwerker *c*
fourrure [fu'ry:r] *f* pels *c*
foyer [fwa'je] *m* foyer *c*, salon *c*; te-

huis *nt*; brandpunt *nt*
fracas [fra'ka] *m* herrie *c*
fraction [frak'sjɔ̃] *f* fractie *c*
fracture [frak'ty:r] *f* breuk *c*
fracturer [frakty're] *v* *breken
fragile [fra'ʒil] *adj* broos, breekbaar
fragment [frag'mɑ̃] *m* fragment *nt*
frais[1] [frɛ] *adj* (f fraîche) fris, vers; kil, koel
frais[2] [frɛ] *mpl* onkosten *pl*, kosten *pl*; ~ **de voyage** reiskosten *pl*
fraise [frɛ:z] *f* aardbei *c*
framboise [frɑ̃'bwa:z] *f* framboos *c*
franc [frɑ̃] *adj* (f franche) openhartig
Français [frɑ̃'sɛ] *m* Fransman *c*
français [frɑ̃'sɛ] *adj* Frans
France [frɑ̃:s] *f* Frankrijk
franchir [frɑ̃'ʃi:r] *v* *oversteken
franc-tireur [frɑ̃ti'rœ:r] *m* sluipschutter *c*
frange [frɑ̃:ʒ] *f* franje *c*
frappant [fra'pɑ̃] *adj* frappant, opmerkelijk
frappé [fra'pe] *m* milk shake
frapper [fra'pe] *v* *slaan; *treffen, kloppen, bonzen, *toeslaan
fraternité [fratɛrni'te] *f* broederschap *c*
fraude [fro:d] *f* fraude *c*, bedrog *nt*
frayeur [frɛ'jœ:r] *f* schrik *c*
fredonner [frədɔ'ne] *v* neuriën
frein [frɛ̃] *m* rem *c*; ~ **à main** handrem *c*; ~ **à pédale** voetrem *c*
freiner [frɛ'ne] *v* beteugelen, afremmen
fréquemment [freka'mɑ̃] *adv* dikwijls
fréquence [fre'kɑ̃:s] *f* frequentie *c*
fréquent [fre'kɑ̃] *adj* frequent
fréquenter [frekɑ̃'te] *v* *omgaan met
frère [frɛ:r] *m* broer *c*; broeder *c*
fret [frɛ] *m* lading *c*
en friche [ɑ̃ friʃ] braak
friction [frik'sjɔ̃] *f* wrijving *c*
frigidaire [friʒi'dɛ:r] *m* koelkast *c*
frigo [fri'go] *m* ijskast *c*
fripon [fri'pɔ̃] *m* deugniet *c*
***frire** [fri:r] *v* *braden
friser [fri'ze] *v* krullen
frisson [fri'sɔ̃] *m* rilling *c*
frissonnant [frisɔ'nɑ̃] *adj* rillerig
frissonner [frisɔ'ne] *v* rillen
froid [frwa] *m* kou *c*; *adj* koud
froisser [frwa'se] *v* kreuken
fromage [frɔ'ma:ʒ] *m* kaas *c*
front [frɔ̃] *m* voorhoofd *nt*
frontière [frɔ̃'tjɛ:r] *f* grens *c*; landsgrens *c*
frotter [frɔ'te] *v* schrobben, *wrijven
fruit [frɥi] *m* vrucht *c*; **fruits** fruit *nt*
fugitif [fyʒi'tif] *m* ontsnapte gevangene
***fuir** [fɥi:r] *v* vluchten, ontvluchten; lekken
fuite [fɥit] *f* vlucht *c*; lek *nt*
fume-cigarettes [fymsiga'rɛt] *m* sigarettepijpje *nt*
fumée [fy'me] *f* rook *c*
fumer [fy'me] *v* roken
fumeur [fy'mœ:r] *m* roker *c*; **compartiment fumeurs** rookcoupé *c*
fumier [fy'mje] *m* mest *c*; **tas de ~** mesthoop *c*
fumoir [fy'mwa:r] *m* rookkamer *c*
funérailles [fyne'ra:j] *fpl* begrafenis *c*
fureur [fy'rœ:r] *f* woede *c*, razernij *c*
furibond [fyri'bɔ̃] *adj* razend
furieux [fy'rjø] *adj* woedend
furoncle [fy'rɔ̃:kl] *m* steenpuist *c*
fusée [fy'ze] *f* raket *c*
fusible [fy'zibl] *m* zekering *c*
fusil [fy'zi] *m* geweer *nt*
fusion [fy'zjɔ̃] *f* fusie *c*
futile [fy'til] *adj* ijdel, nietig
futur [fy'ty:r] *adj* toekomstig

G

gâcher [ga'ʃe] *v* *bederven
gâchette [ga'ʃɛt] *f* trekker *c*
gâchis [ga'ʃi] *m* warboel *c*
gadget [ga'dʒɛt] *m* technisch snufje
gadoue [ga'du] *f* drek *c*
gages [ga:ʒ] *mpl* loon *nt*; **donner en gage** verpanden
gagner [ga'ɲe] *v* *winnen; verdienen
gai [ge] *adj* leuk, vrolijk
gain [gɛ̃] *m* winst *c*; **gains** verdiensten *pl*
gaine [gɛn] *f* step-in *c*
gaîté [ge'te] *f* vrolijkheid *c*, pret *c*
galerie [gal'ri] *f* galerij *c*; ~ **d'art** kunstgalerij *c*
galet [ga'le] *m* kiezel *c*
galop [ga'lo] *m* galop *c*
gamin [ga'mɛ̃] *m* joch *nt*
gamme [gam] *f* toonladder *c*; bereik *nt*
gant [gɑ̃] *m* handschoen *c*
garage [ga'ra:ʒ] *m* garage *c*
garagiste [gara'ʒist] *m* garagehouder *c*
garant [ga'rɑ̃] *m* borg *c*
garantie [garɑ̃'ti] *f* garantie *c*
garantir [garɑ̃'ti:r] *v* garanderen
garçon [gar'sɔ̃] *m* jongen *c*; joch *nt*; ober *c*, kelner *c*
garde [gard] *m* bewaker *c*; *f* hoede *c*; ~ **du corps** lijfwacht *c*; * **prendre** ~ *uitkijken
garde-boue [gard'bu] *m* spatbord *nt*
garde-manger [gardmɑ̃'ʒe] *m* provisiekast *c*
garder [gar'de] *v* bewaren
garde-robe [gar'drɔb] *f* garderobe *c*; klerenkast *c*; kleerkast *c*
gardien [gar'djɛ̃] *m* oppasser *c*, opzichter *c*; suppoost *c*; concierge *c*; ~ **de but** doelman *c*
gardon [gar'dɔ̃] *m* blankvoren *c*
gare [ga:r] *f* station *nt*; ~ **centrale** centraal station
garer [ga're] *v* stallen; **se** ~ parkeren
se gargariser [gargari'ze] gorgelen
gars [ga] *m* kerel *c*
gaspillage [gaspi'ja:ʒ] *m* verspilling *c*
gaspiller [gaspi'je] *v* verspillen
gaspilleur [gaspi'jœ:r] *adj* verkwistend
gastrique [ga'strik] *adj* maag-
gâteau [ga'to] *m* taart *c*, cake *c*; koek *c*
gâter [ga'te] *v* *bederven; verwennen
gauche [go:ʃ] *adj* links
gaucher [go'ʃe] *adj* linkshandig
gaufre [go:fr] *f* wafel *c*
gaufrette [go'frɛt] *f* wafel *c*
gaz [ga:z] *m* gas *nt*; ~ **d'échappement** uitlaatgassen *pl*
gaze [ga:z] *f* gaas *nt*
gazon [ga'zɔ̃] *m* grasveld *nt*
géant [ʒe'ɑ̃] *m* reus *c*
gel [ʒɛl] *m* vorst *c*
gelée [ʒə'le] *f* gelei *c*
geler [ʒə'le] *v* *bevriezen, *vriezen
gémir [ʒe'mi:r] *v* kreunen
gênant [ʒɛ'nɑ̃] *adj* lastig
gencive [ʒɑ̃'si:v] *f* tandvlees *nt*
gendre [ʒɑ̃:dr] *m* schoonzoon *c*
gêner [ʒe'ne] *v* hinderen; vervelen; **gêné** gegeneerd; **se** ~ zich generen
général [ʒene'ral] *m* generaal *c*; *adj* algemeen; **en** ~ in de regel, in het algemeen
généralement [ʒeneral'mɑ̃] *adv* gewoonlijk
générateur [ʒenera'tœ:r] *m* generator *c*
génération [ʒenera'sjɔ̃] *f* generatie *c*
généreux [ʒene'rø] *adj* mild, vrijgevig, royaal
générosité [ʒenerɔzi'te] *f* edelmoedigheid *c*
génie [ʒe'ni] *m* genie *nt*
génital [ʒeni'tal] *adj* geslachtelijk

genou [ʒə'nu] *m* (pl ~x) knie *c*
genre [ʒɑ̃:r] *m* soort *c/nt*; geslacht *nt*
gens [ʒɑ̃] *mpl/fpl* mensen
gentil [ʒɑ̃'ti] *adj* (f ~le) aardig, vriendelijk; lief
géographie [ʒeɔgra'fi] *f* aardrijkskunde *c*
geôlier [ʒo'lje] *m* cipier *c*
géologie [ʒeɔlɔ'ʒi] *f* geologie *c*
géométrie [ʒeɔme'tri] *f* meetkunde *c*
germe [ʒɛrm] *m* kiem *c*
geste [ʒɛst] *m* gebaar *nt*
gesticuler [ʒɛstiky'le] *v* gebaren
gestion [ʒɛ'stjɔ̃] *f* beheer *nt*
gibet [ʒi'bɛ] *m* galg *c*
gibier [ʒi'bje] *m* wild *nt*
gigantesque [ʒigɑ̃'tɛsk] *adj* reusachtig
gilet [ʒi'le] *m* vest *nt*
gingembre [ʒɛ̃'ʒɑ̃:br] *m* gember *c*
glace [glas] *f* ijs *nt*; ijsje *nt*
glacial [gla'sjal] *adj* ijskoud
glacier [gla'sje] *m* gletsjer *c*
gland [glɑ̃] *m* eikel *c*
glande [glɑ̃:d] *f* klier *c*
glissant [gli'sɑ̃] *adj* glibberig, glad
glisser [gli'se] *v* *glijden; *uitglijden
global [glɔ'bal] *adj* globaal
globe [glɔb] *m* aardbol *c*; wereldbol *c*
gloire [glwa:r] *f* glorie *c*, roem *c*
glousser [glu'se] *v* grinniken; giechelen
gluant [gly'ɑ̃] *adj* kleverig
gobelet [gɔ'ble] *m* beker *c*
goéland [gɔe'lɑ̃] *m* zeemeeuw *c*
golf [gɔlf] *m* golf *nt*; **terrain de ~** golfbaan *c*
golfe [gɔlf] *m* golf *c*
gomme [gɔm] *f* gom *c*; gom *c/nt*, vlakgom *c/nt*
gondole [gɔ̃'dɔl] *f* gondel *c*
gonflable [gɔ̃'flabl] *adj* opblaasbaar
gonfler [gɔ̃'fle] *v* *opblazen
gorge [gɔrʒ] *f* hals *c*, keel *c*; ravijn *nt*, bergkloof *c*
gorgée [gɔr'ʒe] *f* slokje *nt*
gosse [gɔs] *m* kind *nt*, knaap *c*
goudron [gu'drɔ̃] *m* teer *c/nt*
goulot d'étranglement [gulɔ detrɑ̃glə'mɑ̃] flessehals *c*
gourdin [gur'dɛ̃] *m* knots *c*, knuppel *c*
gourmand [gur'mɑ̃] *adj* gulzig
gourmet [gur'me] *m* fijnproever *c*
goût [gu] *m* smaak *c*; ***avoir ~ de** smaken
goûter [gu'te] *v* proeven
goutte [gut] *f* druppel *c*; jicht *c*
gouvernail [guvɛr'na:j] *m* roer *nt*
gouvernante [guvɛr'nɑ̃:t] *f* gouvernante *c*; huishoudster *c*
gouvernement [guvɛrnə'mɑ̃] *m* bestuur *nt*, regering *c*
gouverner [guvɛr'ne] *v* regeren
gouverneur [guvɛr'nœ:r] *m* gouverneur *c*
grâce [gra:s] *f* gratie *c*; ~ **à** dank zij
gracieux [gra'sjø] *adj* bevallig; **à titre ~** kosteloos
grade [grad] *m* graad *c*; titel *c*, rang *c*
graduel [gra'dɥɛl] *adj* geleidelijk
graduellement [gradɥɛl'mɑ̃] *adv* langzamerhand
grain [grɛ̃] *m* korrel *c*
graisse [grɛs] *f* vet *nt*
graisser [gre'se] *v* smeren
graisseux [grɛ'sø] *adj* vet, vettig
grammaire [gra'mɛ:r] *f* grammatica *c*
grammatical [gramati'kal] *adj* grammaticaal
gramme [gram] *m* gram *nt*
grand [grɑ̃] *adj* groot; lang
Grande-Bretagne [grɑ̃dbrə'taɲ] *f* Groot-Brittannië
grandeur [grɑ̃'dœ:r] *f* omvang *c*
grandiose [grɑ̃'djo:z] *adj* groots
grandir [grɑ̃'di:r] *v* groeien
grand-mère [grɑ̃'mɛ:r] *f* grootmoeder *c*
grand-papa [grɑ̃pa'pa] *m* opa *c*

grand-père [grɑ̃'pɛ:r] *m* grootvader *c*
grands-parents [grɑ̃pa'rɑ̃] *mpl* grootouders *pl*
grange [grɑ̃:ʒ] *f* schuur *c*
granit [gra'nit] *m* graniet *nt*
graphique [gra'fik] *adj* grafisch; *m* grafiek *c*
gras [gra] *adj* (f ~se) vettig, vet
gratitude [grati'tyd] *f* dankbaarheid *c*
gratte-ciel [gra'tsjɛl] *m* wolkenkrabber *c*
gratter [gra'te] *v* krabben
gratuit [gra'tɥi] *adj* gratis
grave [gra:v] *adj* ernstig
graver [gra've] *v* graveren
graveur [gra'vœ:r] *m* graveur *c*
gravier [gra'vje] *m* kiezel *c*, grind *nt*
gravillon [gravi'jɔ̃] *m* gruis *nt*
gravité [gravi'te] *f* ernst *c*; zwaartekracht *c*
gravure [gra'vy:r] *f* gravure *c*; prent *c*; houtsnijwerk *nt*
Grec [grɛk] *m* Griek *c*
grec [grɛk] *adj* (f grecque) Grieks
Grèce [grɛs] *f* Griekenland
greffier [gre'fje] *m* klerk *c*
grêle [grɛl] *f* hagel *c*
grenier [grə'nje] *m* zolder *c*
grenouille [grə'nu:j] *f* kikker *c*
grève [grɛ:v] *f* staking *c*; ***faire** ~ staken
gréviste [gre'vist] *m* staker *c*
griffe [grif] *f* klauw *c*
grill [gril] *m* grill *c*
grille [gri:j] *f* hek *nt*; rooster *nt*
griller [gri'je] *v* *braden; roosteren
grillon [gri'jɔ̃] *m* krekel *c*
grimper [grɛ̃'pe] *v* *klimmen; *stijgen
grincer [grɛ̃'se] *v* kraken
grippe [grip] *f* griep *c*
gris [gri] *adj* grauw, grijs
grive [gri:v] *f* lijster *c*
grogner [grɔ'ɲe] *v* mopperen, grommen
grondement [grɔ̃d'mɑ̃] *m* geraas *nt*
gronder [grɔ̃'de] *v* donderen; berispen
gros [gro] *adj* (f -se) dik; gezet
groseille [gro'zɛ:j] *f* bes *c*; ~ **à maquereau** kruisbes *c*
grosse [gro:s] *f* gros *nt*
grossier [gro'sje] *adj* grof
grossir [grɔ'si:r] *v* groter *worden; *aankomen
grossiste [gro'sist] *m* grossier *c*
grotesque [grɔ'tɛsk] *adj* bespottelijk
grotte [grɔt] *f* grot *c*
groupe [grup] *m* groep *c*
grouper [gru'pe] *v* groeperen
grue [gry] *f* hijskraan *c*
grumeau [gry'mo] *m* klont *c*
grumeleux [grym'lø] *adj* klonterig
gué [ge] *m* doorwaadbare plaats
guêpe [gɛp] *f* wesp *c*
ne … guère [nə … gɛ:r] nauwelijks
guérir [ge'ri:r] *v* *genezen
guérison [geri'zɔ̃] *f* genezing *c*; herstel *nt*
guérisseur [geri'sœ:r] *m* kwakzalver *c*
guerre [gɛ:r] *f* oorlog *c*; **d'avant-guerre** vooroorlogs; ~ **mondiale** wereldoorlog *c*
guetter [ge'te] *v* *uitkijken naar
gueule [gœl] *f* muil *c*, bek *c*; ~ **de bois** kater *c*
guichet [gi'ʃe] *m* kassa *c*; ~ **de location** plaatskaartenbureau *nt*
guide [gid] *m* gids *c*
guider [gi'de] *v* leiden
guillemets [gij'me] *mpl* aanhalingstekens *pl*
guitare [gi'ta:r] *f* gitaar *c*
gymnase [ʒim'na:z] *m* gymnastiekzaal *c*
gymnaste [ʒim'nast] *m* gymnast *c*
gymnastique [ʒimna'stik] *f* gymnastiek *c*
gynécologue [ʒinekɔ'lɔg] *m* gynaecoloog *c*, vrouwenarts *c*

H

habile [a'bil] *adj* bekwaam, vaardig; vakkundig
habileté [abil'te] *f* vaardigheid *c*
habiller [abi'je] *v* aankleden
habitable [abi'tabl] *adj* bewoonbaar
habitant [abi'tã] *m* bewoner *c*, inwoner *c*
habitation [abita'sjɔ̃] *f* woning *c*
habiter [abi'te] *v* wonen, bewonen
habits [a'bi] *mpl* kleding *c*
habitude [abi'tyd] *f* gewoonte *c*; gebruik *nt*; ***avoir l'habitude de** gewoon *zijn; **d'habitude** gewoonlijk
habitué [abi'tɥe] *adj* gewend; ***être ~ à** gewoon *zijn
habituel [abi'tɥɛl] *adj* gewoon, gebruikelijk
habituellement [abitɥɛl'mã] *adv* gewoonlijk
s'habituer wennen
hache ['aʃ] *f* bijl *c*
hacher ['a'ʃe] *v* hakken, fijnhakken
haie ['e] *f* heg *c*
haine ['ɛn] *f* haat *c*
***haïr** ['a'i:r] *v* haten
hâlé ['a'le] *adj* gebruind
haleter ['al'te] *v* hijgen
hamac ['a'mak] *m* hangmat *c*
hameau ['a'mo] *m* gehucht *nt*
hameçon [am'sɔ̃] *m* vishaak *c*
hanche ['ã:ʃ] *f* heup *c*
handicapé ['ãdika'pe] *adj* gehandicapt
hardi ['ar'di] *adj* brutaal
hareng ['a'rã] *m* haring *c*
haricot ['ari'ko] *m* boon *c*
harmonie [armɔ'ni] *f* harmonie *c*
harmonieux [armɔ'njø] *adj* melodieus
harpe ['arp] *f* harp *c*
hasard ['a'za:r] *m* gok *c*, toeval *nt*; risico *nt*; **par ~** toevallig
hâte ['a:t] *f* haast *c*, spoed *c*
se hâter ['a'te] zich haasten
hausse ['o:s] *f* prijsstijging *c*; stijging *c*
haut ['o] *m* bovenkant *c*; *adj* hoog; **en ~** boven; naar boven, omhoog, op; **vers le ~** naar boven
hautain ['o'tɛ̃] *adj* hooghartig
hauteur ['o'tœ:r] *f* hoogte *c*; ***être à la ~ de** *bijhouden
haut-parleur ['opar'lœ:r] *m* luidspreker *c*
havresac ['avrə'sak] *m* broodzak *c*; knapzak *c*
hebdomadaire [ɛbdɔma'dɛ:r] *adj* wekelijks
hébreu [e'brø] *m* Hebreeuws *nt*
hélas ['e'la:s] *adv* helaas
hélice [e'lis] *f* propeller *c*; schroef *c*
hémorragie [emɔra'ʒi] *f* bloeding *c*
hémorroïdes [emɔrɔ'id] *fpl* aambeien *pl*
herbe [ɛrb] *f* gras *nt*; kruid *nt*; **mauvaise ~** onkruid *nt*
héréditaire [eredi'tɛ:r] *adj* erfelijk
hérisson ['eri'sɔ̃] *m* egel *c*
héritage [eri'ta:ʒ] *m* erfenis *c*
hériter [eri'te] *v* erven
hermétique [ɛrme'tik] *adj* luchtdicht
hernie ['ɛr'ni] *f* breuk *c*; hernia *c*
héron ['e'rɔ̃] *m* reiger *c*
héros ['e'ro] *m* held *c*
hésiter [ezi'te] *v* aarzelen
hétérosexuel [eterɔsɛk'sɥɛl] *adj* heteroseksueel
hêtre ['ɛ:tr] *m* beuk *c*
heure [œ:r] *f* uur *nt*; **à … heures** om … uur; **~ d'arrivée** aankomsttijd *c*; **~ de départ** vertrektijd *c*; **~ de pointe** spitsuur *nt*; **~ d'été** zomertijd *c*; **heures de bureau** kantooruren *pl*; **heures de consultation** spreekuur *nt*; **heures de visite** be-

zoekuren *pl*; **heures d'ouverture** openingstijden *pl*; **tout à l'heure** dadelijk; **toutes les heures** uur-
heureux [œ'rø] *adj* gelukkig
heurter ['œr'te] *v* *stoten
hibou ['i'bu] *m* (pl ~x) uil *c*
hideux ['i'dø] *adj* afschuwelijk
hier [jɛ:r] *adv* gisteren
hiérarchie ['jerar'ʃi] *f* hiërarchie *c*
hippodrome [ipɔ'drɔm] *m* renbaan *c*
hirondelle [irɔ̃'dɛl] *f* zwaluw *c*
hisser ['i'se] *v* *hijsen
histoire [i'stwa:r] *f* geschiedenis *c*; verhaal *nt*; ~ **d'amour** liefdesgeschiedenis *c*; ~ **de l'art** kunstgeschiedenis *c*
historien [istɔ'rjɛ̃] *m* geschiedkundige *c*
historique [istɔ'rik] *adj* historisch; geschiedkundig
hiver [i'vɛ:r] *m* winter *c*
hobby ['ɔ'bi] *m* liefhebberij *c*
hockey ['ɔ'ke] *m* hockey *nt*
Hollandais ['ɔlɑ̃'de] *m* Hollander *c*
hollandais ['ɔlɑ̃'de] *adj* Hollands
Hollande ['ɔ'lɑ̃:d] *f* Holland
homard ['ɔ'ma:r] *m* kreeft *c*
hommage [ɔ'ma:ʒ] *m* hulde *c*; **rendre** ~ huldigen
homme [ɔm] *m* man *c*; mens *c*; ~ **d'affaires** zakenman *c*; ~ **d'Etat** staatsman *c*
homosexuel [ɔmɔsɛk'sɥɛl] *adj* homoseksueel
Hongrie ['ɔ̃'gri] *f* Hongarije
Hongrois ['ɔ̃'grwa] *m* Hongaar *c*
hongrois ['ɔ̃'grwa] *adj* Hongaars
honnête [ɔ'nɛt] *adj* rechtschapen, eerlijk; billijk
honnêteté [ɔnɛt'te] *f* eerlijkheid *c*
honneur [ɔ'nœ:r] *m* eer *c*
honorable [ɔnɔ'rabl] *adj* eervol, eerzaam
honoraires [ɔnɔ'rɛ:r] *mpl* honorarium *nt*
honorer [ɔnɔ're] *v* eren
honte ['ɔ̃:t] *f* schaamte *c*; ***avoir** ~ zich schamen; **quelle honte!** foei!
honteux ['ɔ̃'tø] *adj* beschaamd
hôpital [ɔpi'tal] *m* hospitaal *nt*, ziekenhuis *nt*
hoquet ['ɔ'ke] *m* hik *c*
horaire [ɔ'rɛ:r] *m* dienstregeling *c*; rooster *nt*
horizon [ɔri'zɔ̃] *m* kim *c*, horizon *c*
horizontal [ɔrizɔ̃'tal] *adj* horizontaal
horloge [ɔr'lɔ:ʒ] *f* klok *c*
horloger [ɔrlɔ'ʒe] *m* horlogemaker *c*
horreur [ɔ'rœ:r] *f* afschuw *c*
horrible [ɔ'ribl] *adj* vreselijk
horrifiant [ɔri'fjɑ̃] *adj* afschuwelijk
hors ['ɔ:r] *adv* uit; ~ **de** buiten
hors-d'œuvre ['ɔr'dœ:vr] *m* hors d'œuvre *c*, voorgerecht *nt*
horticulture [ɔrtikyl'ty:r] *f* tuinbouw *c*
hospice [ɔ'spis] *m* tehuis *nt*
hospitalier [ɔspita'lje] *adj* gastvrij
hospitalité [ɔspitali'te] *f* gastvrijheid *c*
hostile [ɔ'stil] *adj* vijandig
hôte [o:t] *m* gastheer *c*; logé *c*
hôtel [o'tɛl] *m* hotel *nt*; ~ **de ville** stadhuis *nt*
hôtesse [o'tɛs] *f* gastvrouw *c*; receptioniste *c*; ~ **de l'air** stewardess *c*
houblon ['u'blɔ̃] *m* hop *c*
houppette ['u'pɛt] *f* poederdons *c*
housse ['us] *f* hoes *c*
hublot ['y'blo] *m* patrijspoort *c*
huile [ɥil] *f* olie *c*; ~ **capillaire** haarolie *c*; ~ **de table** slaolie *c*; ~ **d'olive** olijfolie *c*; ~ **solaire** zonnebrandolie *c*
huiler [ɥi'le] *v* oliën
huileux [ɥi'lø] *adj* olieachtig
huissier [ɥi'sje] *m* deurwaarder *c*
huit ['ɥit] *num* acht
huitième ['ɥi'tjɛm] *num* achtste
huître [ɥitr] *f* oester *c*

humain [y'mɛ̃] *adj* menselijk
humanité [ymani'te] *f* mensheid *c*
humble [œ̃:bl] *adj* nederig
humecter [ymɛk'te] *v* bevochtigen
humeur [y'mœ:r] *f* humeur *nt*, stemming *c*, bui *c*
humide [y'mid] *adj* vochtig
humidifier [ymidi'fje] *v* bevochtigen
humidité [ymidi'te] *f* vochtigheid *c*, vocht *nt*
humour [y'mu:r] *m* humor *c*
hurler ['yr'le] *v* gillen
hutte ['yt] *f* hut *c*
hydrogène [idrɔ'ʒɛn] *m* waterstof *c*
hygiène [i'ʒjɛn] *f* hygiëne *c*
hygiénique [iʒje'nik] *adj* hygiënisch
hymne [imn] *m* gezang *nt*; ~ **national** volkslied *nt*
hypocrisie [ipɔkri'zi] *f* huichelarij *c*
hypocrite [ipɔ'krit] *m* huichelaar *c*; *adj* huichelachtig, hypocriet
hypothèque [ipɔ'tɛk] *f* hypotheek *c*
hystérique [iste'rik] *adj* hysterisch

I

ici [i'si] *adv* hier
icône [i'ko:n] *f* ikoon *c*
idéal[1] [ide'al] *adj* (pl -aux) ideaal
idéal[2] [ide'al] *m* (pl ~s, -aux) ideaal *nt*
idée [i'de] *f* inval *c*, idee *nt/c*; opinie *c*; ~ **lumineuse** inval *c*
identification [idɑ̃tifika'sjɔ̃] *f* identificatie *c*
identifier [idɑ̃ti'fje] *v* identificeren
identique [idɑ̃'tik] *adj* identiek
identité [idɑ̃ti'te] *f* identiteit *c*
idiomatique [idjɔma'tik] *adj* idiomatisch
idiome [i'djo:m] *m* idioom *nt*
idiot [i'djo] *m* idioot *c*, gek *c*; *adj* idioot
idole [i'dɔl] *f* idool *nt*, afgod *c*
idylle [i'dil] *f* romance *c*
ignifuge [igni'fy:ʒ] *adj* brandvrij
ignorant [iɲɔ'rɑ̃] *adj* onwetend; ongeschoold
ignorer [iɲɔ're] *v* negeren; over het hoofd *zien
il [il] *pron* hij
île [il] *f* eiland *nt*
illégal [ile'gal] *adj* illegaal, onwettig
illettré [ilɛ'tre] *m* analfabeet *c*
illicite [ili'sit] *adj* onwettig
illimité [ilimi'te] *adj* grenzeloos, onbeperkt
illisible [ili'zibl] *adj* onleesbaar
illumination [ilymina'sjɔ̃] *f* verlichting *c*
illuminer [ilymi'ne] *v* verlichten
illusion [ily'zjɔ̃] *f* droombeeld *nt*, illusie *c*
illustration [ilystra'sjɔ̃] *f* illustratie *c*; plaat *c*
illustre [i'lystr] *adj* befaamd
illustré [ily'stre] *m* tijdschrift *nt*
illustrer [ily'stre] *v* illustreren
ils [il] *pron* ze
image [i'ma:ʒ] *f* beeld *nt*, afbeelding *c*
imaginaire [imaʒi'nɛ:r] *adj* denkbeeldig
imagination [imaʒina'sjɔ̃] *f* fantasie *c*, verbeelding *c*
imaginer [imaʒi'ne] *v* zich voorstellen; **s'imaginer** zich verbeelden
imitation [imita'sjɔ̃] *f* namaak *c*, imitatie *c*
imiter [imi'te] *v* nabootsen, imiteren, namaken
immaculé [imaky'le] *adj* vlekkeloos
immangeable [ɛ̃mɑ̃'ʒabl] *adj* oneetbaar
immédiat [ime'dja] *adj* onmiddellijk
immédiatement [imedjat'mɑ̃] *adv* meteen, onmiddellijk
immense [i'mɑ̃:s] *adj* onmetelijk; on-

eindig, geweldig
immérité [imeri'te] *adj* onverdiend
immeuble [i'mœbl] *m* pand *nt*; ~ **d'habitation** flatgebouw *nt*
immigrant [imi'grɑ̃] *m* immigrant *c*
immigration [imigra'sjɔ̃] *f* immigratie *c*
immigrer [imi'gre] *v* immigreren
immobile [imɔ'bil] *adj* roerloos
immodeste [imɔ'dɛst] *adj* onbescheiden
immondices [imɔ̃'dis] *fpl* rommel *c*
immuniser [imyni'ze] *v* immuun maken
immunité [imyni'te] *f* immuniteit *c*
impair [ɛ̃'pɛ:r] *adj* oneven
imparfait [ɛ̃par'fe] *adj* onvolmaakt; gebrekkig
impartial [ɛ̃par'sjal] *adj* onpartijdig
impatient [ɛ̃pa'sjɑ̃] *adj* ongeduldig
impeccable [ɛ̃pɛ'kabl] *adj* foutloos
impératrice [ɛ̃pera'tris] *f* keizerin *c*
imperfection [ɛ̃pɛrfɛk'sjɔ̃] *f* tekortkoming *c*; fout *c*
impérial [ɛ̃pe'rjal] *adj* keizerlijk, rijks-
imperméable [ɛ̃pɛrme'abl] *m* regenjas *c*; *adj* waterdicht
impersonnel [ɛ̃pɛrsɔ'nɛl] *adj* onpersoonlijk
impertinence [ɛ̃pɛrti'nɑ:s] *f* onbeschaamdheid *c*
impertinent [ɛ̃pɛrti'nɑ̃] *adj* onbeschaamd
impétueux [ɛ̃pe'tɥø] *adj* overhaast
impliquer [ɛ̃pli'ke] *v* impliceren; **impliqué** betrokken
impoli [ɛ̃pɔ'li] *adj* onbeleefd
impopulaire [ɛ̃pɔpy'lɛ:r] *adj* onbemind
importance [ɛ̃pɔr'tɑ:s] *f* belang *nt*; ***avoir de l'importance** van belang *zijn; **sans** ~ nietsbetekenend
important [ɛ̃pɔr'tɑ̃] *adj* belangrijk; gewichtig, flink
importateur [ɛ̃pɔrta'tœ:r] *m* importeur *c*
importation [ɛ̃pɔrta'sjɔ̃] *f* import *c*, invoer *c*; **taxe d'importation** invoerrecht *nt*
importer [ɛ̃pɔr'te] *v* invoeren, importeren
imposable [ɛ̃po'zabl] *adj* belastbaar
imposant [ɛ̃po'zɑ̃] *adj* indrukwekkend
imposer [ɛ̃po'ze] *v* belasten
impossible [ɛ̃pɔ'sibl] *adj* onmogelijk
impôt [ɛ̃'po] *m* belasting *c*; ~ **sur le chiffre d'affaires** omzetbelasting *c*; ~ **sur le revenu** inkomstenbelasting *c*
impotence [ɛ̃pɔ'tɑ:s] *f* impotentie *c*
impotent [ɛ̃pɔ'tɑ̃] *adj* impotent
impraticable [ɛ̃prati'kabl] *adj* onbegaanbaar
impression [ɛ̃prɛ'sjɔ̃] *f* indruk *c*; gewaarwording *c*, gevoel *nt*; ***faire ~ sur** imponeren
impressionnant [ɛ̃prɛsjɔ'nɑ̃] *adj* indrukwekkend
impressionner [ɛ̃prɛsjɔ'ne] *v* indruk maken op
imprévu [ɛ̃pre'vy] *adj* onvoorzien
imprimé [ɛ̃pri'me] *m* drukwerk *nt*
imprimer [ɛ̃pri'me] *v* drukken
imprimerie [ɛ̃prim'ri] *f* drukkerij *c*
improbable [ɛ̃prɔ'babl] *adj* onwaarschijnlijk
impropre [ɛ̃'prɔpr] *adj* ongeschikt, ongepast; verkeerd
improviser [ɛ̃prɔvi'ze] *v* improviseren
imprudent [ɛ̃pry'dɑ̃] *adj* onverstandig
impuissant [ɛ̃pɥi'sɑ̃] *adj* machteloos
impulsif [ɛ̃pyl'sif] *adj* impulsief
impulsion [ɛ̃pyl'sjɔ̃] *f* drang *c*, impuls *c*
inabordable [inabɔr'dabl] *adj* onoverkomelijk
inacceptable [inaksɛp'tabl] *adj* onaanvaardbaar
inaccessible [inakse'sibl] *adj* ontoegankelijk

inadéquat [inade'kwa] *adj* ongepast, onvoldoende
inadvertance [inadvɛr'tɑ̃:s] *f* vergissing *c*
inattendu [inatɑ̃'dy] *adj* onverwacht
inattentif [inatɑ̃'tif] *adj* achteloos
incapable [ɛ̃ka'pabl] *adj* onbekwaam
incassable [ɛ̃ka'sabl] *adj* onbreekbaar
incendie [ɛ̃sɑ̃'di] *m* brand *c*; **alarme d'incendie** brandalarm *nt*
incertain [ɛ̃sɛr'tɛ̃] *adj* onzeker
incident [ɛ̃si'dɑ̃] *m* incident *nt*
incinérer [ɛ̃sine're] *v* cremeren
incision [ɛ̃si'zjɔ̃] *f* snee *c*
inciter [ɛ̃si'te] *v* aansporen
inclinaison [ɛ̃klinɛ'zɔ̃] *f* helling *c*
inclination [ɛ̃klina'sjɔ̃] *f* neiging *c*; ~ **de la tête** knik *c*
incliné [ɛ̃kli'ne] *adj* scheef
s'incliner [ɛ̃kli'ne] hellen
***inclure** [ɛ̃'kly:r] *v* *insluiten, *bijsluiten; omvatten, meetellen; **inclus** inbegrepen
incompétent [ɛ̃kɔ̃pe'tɑ̃] *adj* onbevoegd, onbekwaam
incomplet [ɛ̃kɔ̃'plɛ] *adj* (f -plète) incompleet, onvolledig
inconcevable [ɛ̃kɔ̃'svabl] *adj* ondenkbaar
inconditionnel [ɛ̃kɔ̃disjɔ'nɛl] *adj* onvoorwaardelijk
inconfortable [ɛ̃kɔ̃fɔr'tabl] *adj* ongemakkelijk
inconnu [ɛ̃kɔ'ny] *adj* onbekend; *m* vreemde *c*
inconscient [ɛ̃kɔ̃'sjɑ̃] *adj* bewusteloos; onbewust
inconsidéré [ɛ̃kɔ̃side're] *adj* onbezonnen
inconvénient [ɛ̃kɔ̃ve'njɑ̃] *m* ongerief *nt*
incorrect [ɛ̃kɔ'rɛkt] *adj* onjuist, onnauwkeurig, fout
incroyable [ɛ̃krwa'jabl] *adj* ongelofelijk
inculte [ɛ̃'kylt] *adj* onbebouwd
incurable [ɛ̃ky'rabl] *adj* ongeneeslijk
Inde [ɛ̃:d] *f* India
indécent [ɛ̃de'sɑ̃] *adj* onfatsoenlijk
indéfini [ɛ̃defi'ni] *adj* onbepaald
indemne [ɛ̃'dɛmn] *adj* heelhuids
indemnité [ɛ̃dɛmni'te] *f* schadevergoeding *c*
indépendance [ɛ̃depɑ̃'dɑ̃:s] *f* onafhankelijkheid *c*
indépendant [ɛ̃depɑ̃'dɑ̃] *adj* onafhankelijk; zelfstandig
indésirable [ɛ̃dezi'rabl] *adj* ongewenst
index [ɛ̃'dɛks] *m* wijsvinger *c*; register *nt*, index *c*
indicatif [ɛ̃dika'tif] *m* netnummer *nt*
indication [ɛ̃dika'sjɔ̃] *f* aanwijzing *c*
Indien [ɛ̃'djɛ̃] *m* Indiër *c*; Indiaan *c*
indien [ɛ̃'djɛ̃] *adj* Indisch; Indiaans
indifférent [ɛ̃dife'rɑ̃] *adj* onverschillig
indigène [ɛ̃di'ʒɛn] *m* inboorling *c*; *adj* inheems
indigent [ɛ̃di'ʒɑ̃] *adj* armoedig
indigestion [ɛ̃diʒɛ'stjɔ̃] *f* indigestie *c*
indignation [ɛ̃diɲa'sjɔ̃] *f* verontwaardiging *c*
indiquer [ɛ̃di'ke] *v* *aanwijzen, aanduiden; *opgeven
indirect [ɛ̃di'rɛkt] *adj* indirect
indispensable [ɛ̃dispɑ̃'sabl] *adj* onontbeerlijk
indisposé [ɛ̃dispo'ze] *adj* onwel
indistinct [ɛ̃di'stɛ̃] *adj* zwak
individu [ɛ̃divi'dy] *m* enkeling *c*, individu *nt*
individuel [ɛ̃divi'dɥɛl] *adj* individueel
Indonésie [ɛ̃dɔne'zi] *f* Indonesië
Indonésien [ɛ̃dɔne'zjɛ̃] *m* Indonesiër *c*
indonésien [ɛ̃dɔne'zjɛ̃] *adj* Indonesisch
industrie [ɛ̃dy'stri] *f* industrie *c*
industriel [ɛ̃dystri'ɛl] *adj* industrieel
industrieux [ɛ̃dystri'ø] *adj* vlijtig
inefficace [inefi'kas] *adj* ondoeltreffend

inégal [ine'gal] *adj* ongelijk
inéquitable [ineki'tabl] *adj* oneerlijk
inestimable [inɛsti'mabl] *adj* onschatbaar
inévitable [inevi'tabl] *adj* onvermijdelijk
inexact [inɛg'zakt] *adj* verkeerd, onnauwkeurig
inexpérimenté [inɛksperimɑ̃'te] *adj* onervaren
inexplicable [inɛkspli'kabl] *adj* onverklaarbaar
infâme [ɛ̃'fa:m] *adj* gemeen
infanterie [ɛ̃fɑ̃'tri] *f* infanterie *c*
infecter [ɛ̃fɛk'te] *v* besmetten, *aansteken; **s'infecter** *ontsteken
infectieux [ɛ̃fɛk'sjø] *adj* besmettelijk
infection [ɛ̃fɛk'sjɔ̃] *f* infectie *c*
inférieur [ɛ̃fe'rjœ:r] *adj* lager, onderst; minderwaardig
infidèle [ɛ̃fi'dɛl] *adj* ontrouw
infini [ɛ̃fi'ni] *adj* oneindig
infinitif [ɛ̃fini'tif] *m* onbepaalde wijs
infirme [ɛ̃'firm] *m* invalide *c*; *adj* invalide
infirmerie [ɛ̃firmə'ri] *f* ziekenzaal *c*
infirmière [ɛ̃fir'mjɛ:r] *f* zuster *c*, verpleegster *c*
inflammable [ɛ̃fla'mabl] *adj* ontvlambaar
inflammation [ɛ̃flama'sjɔ̃] *f* ontsteking *c*
inflation [ɛ̃fla'sjɔ̃] *f* inflatie *c*
influence [ɛ̃fly'ɑ̃:s] *f* invloed *c*
influencer [ɛ̃flyɑ̃'se] *v* beïnvloeden
influent [ɛ̃fly'ɑ̃] *adj* invloedrijk
information [ɛ̃fɔrma'sjɔ̃] *f* informatie *c*
informer [ɛ̃fɔr'me] *v* informeren; **s'informer** informeren, *navragen, informatie *inwinnen
infortune [ɛ̃fɔr'tyn] *f* tegenslag *c*
infortuné [ɛ̃fɔrty'ne] *adj* ongelukkig
infraction [ɛ̃frak'sjɔ̃] *f* overtreding *c*
infrarouge [ɛ̃fra'ru:ʒ] *adj* infrarood
infructueux [ɛ̃fryk'tɥø] *adj* mislukt
ingénieur [ɛ̃ʒe'njœ:r] *m* ingenieur *c*
ingénu [ɛ̃ʒe'ny] *adj* simpel
ingérence [ɛ̃ʒe'rɑ̃:s] *f* inmenging *c*
ingrat [ɛ̃'gra] *adj* ondankbaar
ingrédient [ɛ̃gre'djɑ̃] *m* ingrediënt *nt*, bestanddeel *nt*
inhabitable [inabi'tabl] *adj* onbewoonbaar
inhabité [inabi'te] *adj* onbewoond
inhabitué [inabi'tɥe] *adj* niet gewend
inhabituel [inabi'tɥɛl] *adj* ongebruikelijk, ongewoon
inhaler [ina'le] *v* inademen
ininterrompu [inɛ̃tɛrɔ̃'py] *adj* onafgebroken
initial [ini'sjal] *adj* begin-, eerst
initiale [ini'sjal] *f* voorletter *c*
initiative [inisja'ti:v] *f* initiatief *nt*
injecter [ɛ̃ʒɛk'te] *v* *inspuiten
injection [ɛ̃ʒɛk'sjɔ̃] *f* injectie *c*
injurier [ɛ̃ʒy'rje] *v* *uitschelden
injuste [ɛ̃'ʒyst] *adj* onrechtvaardig, onbillijk
injustice [ɛ̃ʒy'stis] *f* onrecht *nt*
inné [i'ne] *adj* aangeboren
innocence [inɔ'sɑ̃:s] *f* onschuld *c*
innocent [inɔ'sɑ̃] *adj* onschuldig
inoculation [inɔkyla'sjɔ̃] *f* inenting *c*
inoculer [inɔky'le] *v* inenten
inoffensif [inɔfɑ̃'sif] *adj* onschadelijk
inondation [inɔ̃da'sjɔ̃] *f* overstroming *c*
inopportun [inɔpɔr'tœ̃] *adj* ongelegen, misplaatst
inquiet [ɛ̃'kje] *adj* (f -ète) bezorgd; ongedurig
inquiétant [ɛ̃kje'tɑ̃] *adj* griezelig
s'inquiéter [ɛ̃kje'te] zich ongerust maken
inquiétude [ɛ̃kje'tyd] *f* bezorgdheid *c*; rusteloosheid *c*
insatisfaisant [ɛ̃satisfə'zɑ̃] *adj* onbevredigend

insatisfait [ɛ̃sati'sfe] *adj* ontevreden
inscription [ɛ̃skri'psjɔ̃] *f* inscriptie *c*; registratie *c*; post *c*
***inscrire** [ɛ̃'skri:r] *v* *inschrijven; noteren; **s'*inscrire** zich *inschrijven
insecte [ɛ̃'sɛkt] *m* insekt *nt*
insecticide [ɛ̃sɛkti'sid] *m* insekticide *c*
insectifuge [ɛ̃sɛkti'fy:ʒ] *m* insektenwerend middel
insensé [ɛ̃sɑ̃'se] *adj* zinloos, waanzinnig, dwaas
insensible [ɛ̃sɑ̃'sibl] *adj* ongevoelig; harteloos
insérer [ɛ̃se're] *v* invoegen
insignifiant [ɛ̃siɲi'fjɑ̃] *adj* onbelangrijk, onbeduidend
insipide [ɛ̃si'pid] *adj* smakeloos
insister [ɛ̃si'ste] *v* *aanhouden, *aandringen
insolation [ɛ̃sɔla'sjɔ̃] *f* zonnesteek *c*
insolence [ɛ̃sɔ'lɑ̃:s] *f* onbeschaamdheid *c*
insolent [ɛ̃sɔ'lɑ̃] *adj* brutaal, onbeschaamd
insolite [ɛ̃sɔ'lit] *adj* ongewoon
insomnie [ɛ̃sɔm'ni] *f* slapeloosheid *c*
insonorisé [ɛ̃sɔnori'ze] *adj* geluiddicht
insouciant [ɛ̃su'sjɑ̃] *adj* onbezorgd
inspecter [ɛ̃spɛk'te] *v* inspecteren
inspecteur [ɛ̃spɛk'tœ:r] *m* inspecteur *c*
inspection [ɛ̃spɛk'sjɔ̃] *f* inspectie *c*
inspirer [ɛ̃spi're] *v* bezielen
instable [ɛ̃'stabl] *adj* onvast, labiel
installation [ɛ̃stala'sjɔ̃] *f* installatie *c*
installer [ɛ̃sta'le] *v* installeren; inrichten
instant [ɛ̃'stɑ̃] *m* ogenblik *nt*, moment *nt*; tel *c*
instantané [ɛ̃stɑ̃ta'ne] *m* kiekje *nt*, momentopname *c*; *adj* onmiddellijk
instantanément [ɛ̃stɑ̃tane'mɑ̃] *adv* ogenblikkelijk
instinct [ɛ̃'stɛ̃] *m* instinct *nt*
instituer [ɛ̃sti'tɥe] *v* instellen
institut [ɛ̃sti'ty] *m* instituut *nt*; ~ **de beauté** schoonheidssalon *c*
instituteur [ɛ̃stity'tœ:r] *m* onderwijzer *c*
institution [ɛ̃stity'sjɔ̃] *f* inrichting *c*, instelling *c*
instructeur [ɛ̃stryk'tœ:r] *m* leraar *c*
instructif [ɛ̃stryk'tif] *adj* leerzaam
instruction [ɛ̃stryk'sjɔ̃] *f* instructie *c*, onderwijs *nt*
***instruire** [ɛ̃'strɥi:r] *v* onderrichten
instrument [ɛ̃stry'mɑ̃] *m* instrument *nt*; werktuig *nt*; ~ **de musique** muziekinstrument *nt*
insuffisant [ɛ̃syfi'zɑ̃] *adj* onvoldoende
insulte [ɛ̃'sylt] *f* belediging *c*
insulter [ɛ̃syl'te] *v* beledigen; *schelden
insupportable [ɛ̃sypɔr'tabl] *adj* ondraaglijk
insurrection [ɛ̃syrɛk'sjɔ̃] *f* opstand *c*
intact [ɛ̃'takt] *adj* heel, intact
intellect [ɛ̃tɛ'lɛkt] *m* intellect *nt*
intellectuel [ɛ̃tɛlɛk'tɥɛl] *adj* intellectueel
intelligence [ɛ̃tɛli'ʒɑ̃:s] *f* intelligentie *c*, intellect *nt*, verstand *nt*
intelligent [ɛ̃tɛli'ʒɑ̃] *adj* pienter, intelligent, knap
intense [ɛ̃'tɑ̃:s] *adj* intens; hevig
intention [ɛ̃tɑ̃'sjɔ̃] *f* bedoeling *c*; ***avoir l'intention de** van plan *zijn, bedoelen
intentionnel [ɛ̃tɑ̃sjɔ'nɛl] *adj* opzettelijk
interdiction [ɛ̃tɛrdik'sjɔ̃] *f* verbod *nt*
***interdire** [ɛ̃tɛr'di:r] *v* *verbieden
interdit [ɛ̃tɛr'di] *adj* verboden; ~ **aux piétons** verboden voor voetgangers
intéressant [ɛ̃terɛ'sɑ̃] *adj* interessant
intéresser [ɛ̃tere'se] *v* interesseren; **intéressé** geïnteresseerd, belangstellend
intérêt [ɛ̃te're] *m* interesse *c*, belang

nt, belangstelling *c*; rente *c*
intérieur [ɛ̃te'rjœ:r] *m* binnenkant *c*; *adj* intern, binnenst, inwendig; binnen; binnenlands; **à l'intérieur** binnen; van binnen; **à l'intérieur de** binnen; **vers l'intérieur** naar binnen
intérim [ɛ̃te'rim] *m* tussentijd *c*
interloqué [ɛ̃tɛrlɔ'ke] *adj* sprakeloos
interlude [ɛ̃tɛr'lyd] *m* intermezzo *nt*
intermédiaire [ɛ̃tɛrme'djɛ:r] *m* tussenpersoon *c*; ***servir d'intermédiaire** bemiddelen
internat [ɛ̃tɛr'na] *m* internaat *nt*
international [ɛ̃tɛrnasjɔ'nal] *adj* internationaal
interne [ɛ̃'tɛrn] *adj* intern, inwendig
interprète [ɛ̃tɛr'prɛt] *m* tolk *c*
interpréter [ɛ̃tɛrpre'te] *v* vertolken; tolken
interrogatif [ɛ̃tɛrɔga'tif] *adj* vragend
interrogatoire [ɛ̃tɛrɔga'twa:r] *m* verhoor *nt*
interroger [ɛ̃tɛrɔ'ʒe] *v* *ondervragen
***interrompre** [ɛ̃tɛ'rɔ̃:pr] *v* *onderbreken; **s'*interrompre** pauzeren
interruption [ɛ̃tɛry'psjɔ̃] *f* onderbreking *c*
intersection [ɛ̃tɛrsɛk'sjɔ̃] *f* kruispunt *nt*
intervalle [ɛ̃tɛr'val] *m* tussenpoos *c*; tussenruimte *c*
***intervenir** [ɛ̃tɛrvə'ni:r] *v* *ingrijpen, tussenbeide *komen
intervertir [ɛ̃tɛrvɛr'ti:r] *v* omdraaien
interview [ɛ̃tɛr'vju] *f* vraaggesprek *nt*
intestin [ɛ̃tɛ'stɛ̃] *m* darm *c*; **intestins** ingewanden *pl*, darmen
intime [ɛ̃'tim] *adj* intiem, knus
intimité [ɛ̃timi'te] *f* privacy *c*
intolérable [ɛ̃tɔle'rabl] *adj* onuitstaanbaar
intoxication alimentaire [ɛ̃tɔksikasjɔ̃ alimɑ̃'tɛ:r] voedselvergiftiging *c*
intrigue [ɛ̃'trig] *f* komplot *nt*; handeling *c*
introduction [ɛ̃trɔdyk'sjɔ̃] *f* inleiding *c*
***introduire** [ɛ̃trɔ'dɥi:r] *v* invoeren, inleiden
intrus [ɛ̃'try] *m* indringer *c*
inutile [iny'til] *adj* nutteloos
inutilement [inytil'mɑ̃] *adv* vergeefs
invalide [ɛ̃va'lid] *adj* invalide
invasion [ɛ̃va'zjɔ̃] *f* inval *c*, invasie *c*
inventaire [ɛ̃vɑ̃'tɛ:r] *m* inventaris *c*
inventer [ɛ̃vɑ̃'te] *v* *uitvinden; *verzinnen
inventeur [ɛ̃vɑ̃'tœ:r] *m* uitvinder *c*
inventif [ɛ̃vɑ̃'tif] *adj* vindingrijk
invention [ɛ̃vɑ̃'sjɔ̃] *f* uitvinding *c*
inverse [ɛ̃'vɛrs] *adj* omgekeerd
investigation [ɛ̃vɛstiga'sjɔ̃] *f* onderzoek *nt*
investir [ɛ̃vɛ'sti:r] *v* investeren
investissement [ɛ̃vɛsti'smɑ̃] *m* geldbelegging *c*, investering *c*
investisseur [ɛ̃vɛsti'sœ:r] *m* investeerder *c*
invisible [ɛ̃vi'zibl] *adj* onzichtbaar
invitation [ɛ̃vita'sjɔ̃] *f* uitnodiging *c*
invité [ɛ̃vi'te] *m* gast *c*
inviter [ɛ̃vi'te] *v* uitnodigen; inviteren
involontaire [ɛ̃vɔlɔ̃'tɛ:r] *adj* onopzettelijk
iode [jɔd] *m* jodium *nt*
Irak [i'rak] *m* Irak
Irakien [ira'kjɛ̃] *m* Irakees *c*
irakien [ira'kjɛ̃] *adj* Iraaks
Iran [i'rɑ̃] *m* Iran
Iranien [ira'njɛ̃] *m* Iraniër *c*
iranien [ira'njɛ̃] *adj* Iraans
irascible [ira'sibl] *adj* driftig
Irlandais [irlɑ̃'dɛ] *m* Ier *c*
irlandais [irlɑ̃'dɛ] *adj* Iers
Irlande [ir'lɑ̃:d] *f* Ierland
ironie [irɔ'ni] *f* ironie *c*
ironique [irɔ'nik] *adj* ironisch
irréel [ire'ɛl] *adj* onwerkelijk

irrégulier [iregy'lje] *adj* oneffen, onregelmatig
irréparable [irepa'rabl] *adj* onherstelbaar
irrétrécissable [iretresi'sabl] *adj* krimpvrij
irrévocable [irevɔ'kabl] *adj* onherroepelijk
irritable [iri'tabl] *adj* prikkelbaar
irrité [iri'te] *adj* kwaad
irriter [iri'te] *v* irriteren
Islandais [islɑ̃'dɛ] *m* IJslander *c*
islandais [islɑ̃'dɛ] *adj* IJslands
Islande [i'slɑ̃:d] *f* IJsland
isolateur [izɔla'tœ:r] *m* isolator *c*
isolation [izɔla'sjɔ̃] *f* isolatie *c*
isolement [izɔl'mɑ̃] *m* isolement *nt*
isoler [izɔ'le] *v* isoleren
Israël [isra'ɛl] *m* Israël
Israélien [israe'ljɛ̃] *m* Israëliër *c*
israélien [israe'ljɛ̃] *adj* Israëlisch
issue [i'sy] *f* resultaat *nt*; uitgang *c*
isthme [ism] *m* landengte *c*
Italie [ita'li] *f* Italië
Italien [ita'ljɛ̃] *m* Italiaan *c*
italien [ita'ljɛ̃] *adj* Italiaans
italiques [ita'lik] *mpl* cursiefschrift *nt*
itinéraire [itine'rɛ:r] *m* reisplan *nt*, reisroute *c*
ivoire [i'vwa:r] *m* ivoor *nt*
ivre [i:vr] *adj* dronken

J

jade [ʒad] *m* jade *nt/c*
jadis [ʒa'dis] *adv* eertijds
jalon [ʒa'lɔ̃] *m* mijlpaal *c*
jalousie [ʒalu'zi] *f* jaloezie *c*
jaloux [ʒa'lu] *adj* jaloers
jamais [ʒa'mɛ] *adv* ooit; **ne … ~** nimmer, nooit
jambe [ʒɑ̃:b] *f* been *nt*
jambon [ʒɑ̃'bɔ̃] *m* ham *c*
jante [ʒɑ̃:t] *f* velg *c*
janvier [ʒɑ̃'vje] januari
Japon [ʒa'pɔ̃] *m* Japan
Japonais [ʒapɔ'nɛ] *m* Japanner *c*
japonais [ʒapɔ'nɛ] *adj* Japans
jaquette [ʒa'kɛt] *f* omslag *c/nt*
jardin [ʒar'dɛ̃] *m* tuin *c*; **~ potager** moestuin *c*; **~ public** plantsoen *nt*; **~ zoologique** dierentuin *c*
jardinier [ʒardi'nje] *m* tuinman *c*
jarre [ʒa:r] *f* pot *c*
jauge [ʒo:ʒ] *f* meter *c*
jaune [ʒo:n] *adj* geel; **~ d'œuf** eierdooier *c*, dooier *c*
jaunisse [ʒo'nis] *f* geelzucht *c*
je [ʒə] *pron* ik
jersey [ʒɛr'ze] *m* jersey *c*
jet [ʒe] *m* worp *c*; straal *c*
jetée [ʒə'te] *f* pier *c*
jeter [ʒə'te] *v* *werpen; **à ~** wegwerp-
jeton [ʒə'tɔ̃] *m* fiche *c*, munt *c*
jeu [ʒø] *m* spel *nt*; stel *nt*; **carte de ~** speelkaart *c*; **~ concours** quiz *c*; **~ de dames** damspel *nt*; **~ de quilles** kegelspel *nt*; **terrain de jeux** speelplaats *c*
jeudi [ʒø'di] *m* donderdag *c*
jeune [ʒœn] *adj* jong
jeunesse [ʒœ'nɛs] *f* jeugd *c*
joaillerie [ʒwaj'ri] *f* bijouterie *c*
jockey [ʒɔ'ke] *m* jockey *c*
joie [ʒwa] *f* vreugde *c*
***joindre** [ʒwɛ̃:dr] *v* *verbinden; bijvoegen, *insluiten
jointure [ʒwɛ̃'ty:r] *f* knokkel *c*
joli [ʒɔ'li] *adj* mooi, knap
jonc [ʒɔ̃] *m* bies *c*
jonction [ʒɔ̃k'sjɔ̃] *f* knooppunt *nt*
jonquille [ʒɔ̃'ki:j] *f* narcis *c*
Jordanie [ʒɔrda'ni] *f* Jordanië
Jordanien [ʒɔrda'njɛ̃] *m* Jordaniër *c*
jordanien [ʒɔrda'njɛ̃] *adj* Jordaans
joue [ʒu] *f* wang *c*

jouer [ʒu'e] *v* spelen; toneelspelen; bespelen
jouet [ʒu'e] *m* speelgoed *nt*
joueur [ʒu'œ:r] *m* speler *c*
joug [ʒu] *m* juk *nt*
jouir de [ʒu'i:r] *genieten van
jour [ʒu:r] *m* dag *c*; **de ~** overdag; **~ de fête** feestdag *c*; **~ de la semaine** weekdag *c*; **~ ouvrable** werkdag *c*; **l'autre ~** kort geleden; **par ~** per dag; **un ~ ou l'autre** eens
journal [ʒur'nal] *m* krant *c*; dagboek *nt*; **~ du matin** ochtendblad *nt*
journalier [ʒurna'lje] *adj* dagelijks
journalisme [ʒurna'lism] *m* journalistiek *c*
journaliste [ʒurna'list] *m* journalist *c*
journée [ʒur'ne] *f* dag *c*
joyau [ʒwa'jo] *m* juweel *nt*
joyeux [ʒwa'jø] *adj* vrolijk, opgewekt, verheugd
juge [ʒy:ʒ] *m* rechter *c*
jugement [ʒyʒ'mɑ̃] *m* oordeel *nt*, beoordeling *c*; vonnis *nt*
juger [ʒy'ʒe] *v* oordelen
juif [ʒɥif] *adj* joods; *m* jood *c*
juillet [ʒɥi'je] juli
juin [ʒwɛ̃] juni
jumeaux [ʒy'mo] *mpl* tweeling *c*
jumelles [ʒy'mɛl] *fpl* veldkijker *c*, verrekijker *c*, toneelkijker *c*
jument [ʒy'mɑ̃] *f* merrie *c*
jungle [ʒɔ̃:gl] *f* oerwoud *nt*, jungle *c*
jupe [ʒyp] *f* rok *c*
jupon [ʒy'pɔ̃] *m* onderjurk *c*
jurer [ʒy're] *v* *zweren; vloeken
juridique [ʒyri'dik] *adj* juridisch
juriste [ʒy'rist] *m* jurist *c*
juron [ʒy'rɔ̃] *m* vloek *c*
jury [ʒy'ri] *m* jury *c*
jus [ʒy] *m* sap *nt*; jus *c*; **~ de fruits** vruchtensap *nt*
jusque [ʒysk] *prep* tot; **jusqu'à** *prep* tot aan; tot; **jusqu'à ce que** tot, totdat
juste [ʒyst] *adj* eerlijk, rechtvaardig; juist, nauwkeurig, goed, correct; krap; *adv* precies
justement [ʒystə'mɑ̃] *adv* terecht
justice [ʒy'stis] *f* gerechtigheid *c*, rechtvaardigheid *c*
justifier [ʒysti'fje] *v* rechtvaardigen
juteux [ʒy'tø] *adj* sappig
juvénile [ʒyve'nil] *adj* jeugdig

K

kaki [ka'ki] *m* kaki *nt*
kangourou [kɑ̃gu'ru] *m* kangoeroe *c*
Kenya [ke'nja] *m* Kenya
kilo [ki'lo] *m* kilo *nt*
kilométrage [kilɔme'tra:ʒ] *m* kilometertal *nt*
kilomètre [kilɔ'mɛtr] *m* kilometer *c*
kiosque [kjɔsk] *m* kiosk *c*; **~ à journaux** krantenkiosk *c*
klaxon [klak'sɔ̃] *m* claxon *c*
klaxonner [klaksɔ'ne] *v* claxonneren

L

la [la] *art/pron* haar
là [la] *adv* daar; daarheen
là-bas [la'ba] *adv* ginds
labeur [la'bœ:r] *m* arbeid *c*
laboratoire [labɔra'twa:r] *m* laboratorium *nt*; **~ de langues** talenpracticum *nt*
labourer [labu're] *v* ploegen
labyrinthe [labi'rɛ̃:t] *m* doolhof *nt*
lac [lak] *m* meer *nt*
lacet [la'se] *m* schoenveter *c*, veter *c*
lâche [la:ʃ] *m* lafaard *c*; *adj* laf; los
lâcher [la'ʃe] *v* *loslaten

lagune [la'gyn] *f* lagune *c*
laid [le] *adj* lelijk
laine [lɛn] *f* wol *c*; **en** ~ wollen; ~ **à repriser** stopgaren *nt*; ~ **peignée** kamgaren *nt*
laisse [lɛs] *f* lijn *c*, riem *c*
laisser [le'se] *v* *laten; *achterlaten
lait [le] *m* melk *c*
laitance [le'tɑ̃:s] *f* viskuit *c*
laiterie [lɛ'tri] *f* zuivelwinkel *c*
laitier [le'tje] *m* melkboer *c*
laiton [le'tɔ̃] *m* messing *nt*
laitue [le'ty] *f* sla *c*
lambrissage [lɑ̃bri'sa:ʒ] *m* lambrizering *c*
lame [lam] *f* lemmet *nt*; ~ **de rasoir** scheermesje *nt*
lamentable [lamɑ̃'tabl] *adj* erbarmelijk
lampadaire [lɑ̃pa'dɛ:r] *m* lantaarnpaal *c*
lampe [lɑ̃:p] *f* lamp *c*; ~ **de poche** zaklantaarn *c*; ~ **de travail** leeslamp *c*; **lampe-tempête** *f* stormlamp *c*
lance [lɑ̃:s] *f* speer *c*
lancement [lɑ̃'smɑ̃] *m* gooi *c*; tewaterlating *c*
lancer [lɑ̃'se] *v* gooien; lanceren, inzetten
lande [lɑ̃:d] *f* heide *c*, veen *nt*
langage [lɑ̃'ga:ʒ] *m* taal *c*
langue [lɑ̃:g] *f* tong *c*; taal *c*; ~ **maternelle** moedertaal *c*
lanterne [lɑ̃'tɛrn] *f* lantaarn *c*
lapin [la'pɛ̃] *m* konijn *nt*
laque [lak] *f* lak *c*; ~ **capillaire** haarlak *c*
lard [la:r] *m* spek *nt*
large [larʒ] *adj* breed; royaal, gul
largeur [lar'ʒœ:r] *f* breedte *c*
larme [larm] *f* traan *c*
laryngite [larɛ̃'ʒit] *f* keelontsteking *c*
las [la] *adj* (f ~se) moe; ~ **de** beu
latitude [lati'tyd] *f* breedtegraad *c*
lavable [la'vabl] *adj* wasecht, wasbaar
lavabo [lava'bo] *m* wastafel *c*, wasbekken *nt*
lavage [la'va:ʒ] *m* was *c*
laver [la've] *v* *wassen
laverie automatique [lavri otoma'tik] wasserette *c*
laxatif [laksa'tif] *m* laxeermiddel *nt*
le[1] [lə] *art* (f la, pl les) de *art*
le[2] [lə] *pron* (f la) hem; het
leader [li'dɛ:r] *m* aanvoerder *c*
lécher [le'ʃe] *v* likken
leçon [lə'sɔ̃] *f* les *c*
lecteur [lɛk'tœ:r] *m* lezer *c*
légal [le'gal] *adj* wettig, wettelijk
légalisation [legaliza'sjɔ̃] *f* legalisatie *c*
légation [lega'sjɔ̃] *f* legatie *c*
léger [le'ʒe] *adj* (f légère) licht; slap
légitimation [leʒitima'sjɔ̃] *f* legitimatie *c*
légitime [leʒi'tim] *adj* wettig; terecht
legs [le] *m* erfenis *c*
légume [le'gym] *m* groente *c*
lendemain [lɑ̃d'mɛ̃] *m* volgende dag
lent [lɑ̃] *adj* langzaam; traag
lentille [lɑ̃'ti:j] *f* lens *c*
lèpre [lɛpr] *f* lepra *c*
lequel [lə'kɛl] *pron* (f laquelle; pl lesquels, lesquelles) die; welk
les [le] *art/pron* hen
lésion [le'zjɔ̃] *f* letsel *nt*
lessive [le'siv] *f* was *c*, wasgoed *nt*
lettre [lɛtr] *f* brief *c*; letter *c*; **boîte aux lettres** brievenbus *c*; ~ **de crédit** kredietbrief *c*; ~ **de recommandation** aanbevelingsbrief *c*; ~ **recommandée** aangetekende brief
leur [lœ:r] *adj* hun; *pron* hen
levée [lə've] *f* lichting *c*
lever [lə've] *v* optillen; ~ **du jour** dageraad *c*; **se** ~ *opstaan; *opgaan
levier [lə'vje] *m* hefboom *c*, hendel *c*; ~ **de vitesse** versnellingspook *c*
lèvre [lɛ:vr] *f* lip *c*

lévrier [le'vrje] *m* hazewind *c*
levure [lə'vy:r] *f* gist *c*
liaison [lje'zɔ̃] *f* verhouding *c*
Liban [li'bɑ̃] *m* Libanon
Libanais [liba'ne] *m* Libanees *c*
libanais [liba'ne] *adj* Libanees
libéral [libe'ral] *adj* liberaal
libération [libera'sjɔ̃] *f* bevrijding *c*
libérer [libe're] *v* *vrijlaten; bevrijden
Libéria [libe'rja] *m* Liberia
Libérien [libe'rjɛ̃] *m* Liberiaan *c*
libérien [libe'rjɛ̃] *adj* Liberiaans
liberté [libɛr'te] *f* vrijheid *c*
libraire [li'brɛ:r] *m* boekhandelaar *c*
librairie [librɛ'ri] *f* boekwinkel *c*, boekhandel *c*
libre [libr] *adj* vrij
libre-service [librsɛr'vis] *m* zelfbediening *c*
licence [li'sɑ̃:s] *f* licentie *c*, vergunning *c*
licencier [lisɑ̃'sje] *v* *ontslaan
lien [ljɛ̃] *m* band *c*; verbinding *c*
lier [li'e] *v* *binden
lierre [ljɛ:r] *m* klimop *c*
lieu [ljø] *m* plek *c*; **au ~ de** in plaats van; ***avoir ~** *plaatshebben; **~ de naissance** geboorteplaats *c*; **~ de rencontre** trefpunt *nt*
lièvre [ljɛ:vr] *m* haas *c*
ligne [liɲ] *f* lijn *c*, regel *c*; **~ aérienne** luchtvaartmaatschappij *c*; **~ d'arrivée** eindstreep *c*; **~ de pêche** vislijn *c*; **~ intérieure** toestel *nt*; **~ principale** hoofdlijn *c*
ligue [lig] *f* verbond *nt*, bond *c*
lime [lim] *f* vijl *c*; **~ à ongles** nagelvijl *c*
limette [li'mɛt] *f* limoen *c*
limite [li'mit] *f* limiet *c*, grens *c*; **~ de vitesse** maximum snelheid
limiter [limi'te] *v* beperken
limonade [limɔ'nad] *f* limonade *c*
linge [lɛ̃:ʒ] *m* linnengoed *nt*
lingerie [lɛ̃'ʒri] *f* lingerie *c*
lion [ljɔ̃] *m* leeuw *c*
liqueur [li'kœ:r] *f* likeur *c*
liquide [li'kid] *m* vloeistof *c*; *adj* vloeibaar
***lire** [li:r] *v* *lezen
lis [lis] *m* lelie *c*
lisible [li'zibl] *adj* leesbaar
lisse [lis] *adj* effen, vlak, glad
liste [list] *f* lijst *c*; **~ d'attente** wachtlijst *c*
lit [li] *m* bed *nt*; **~ de camp** veldbed *nt*, stretcher *c*
literie [li'tri] *f* beddegoed *nt*
litige [li'ti:ʒ] *m* geschil *nt*
litre [litr] *m* liter *c*
littéraire [lite'rɛ:r] *adj* literair; letterkundig
littérature [litera'ty:r] *f* literatuur *c*
littoral [litɔ'ral] *m* zeekust *c*
livraison [livrɛ'zɔ̃] *f* bezorging *c*
livre[1] [li:vr] *m* boek *nt*; **~ de cuisine** kookboek *nt*; **~ de poche** pocketboek *nt*
livre[2] [li:vr] *f* pond *nt*
livrer [li'vre] *v* bezorgen
local [lɔ'kal] *adj* lokaal, plaatselijk
localiser [lɔkali'ze] *v* plaatsen
localité [lɔkali'te] *f* plaats *c*
locataire [lɔka'tɛ:r] *m* huurder *c*
location [lɔka'sjɔ̃] *f* huurcontract *nt*; **donner en ~** verpachten; **~ de voitures** autoverhuur *c*
locomotive [lɔkɔmɔ'ti:v] *f* locomotief *c*
locution [lɔky'sjɔ̃] *f* uitdrukking *c*
loge [lɔʒ] *f* kleedkamer *c*
logement [lɔʒ'mɑ̃] *m* logies *nt*, onderdak *nt*
loger [lɔ'ʒe] *v* *onderbrengen; herbergen
logeur [lɔ'ʒœ:r] *m* hospes *c*
logeuse [lɔ'ʒø:z] *f* hospita *c*
logique [lɔ'ʒik] *f* logica *c*; *adj* logisch
loi [lwa] *f* wet *c*

loin [lwɛ̃] *adj* ver, weg; **plus** ~ verder
lointain [lwɛ̃'tɛ̃] *adj* afgelegen, ver
loisir [lwa'zi:r] *m* vrije tijd
long [lɔ̃] *adj* (f longue) lang; langdurig; **en** ~ in de lengte; **le** ~ **de** langs
longitude [lɔ̃ʒi'tyd] *f* lengtegraad *c*
longtemps [lɔ̃'tɑ̃] *adv* lang
longueur [lɔ̃'gœ:r] *f* lengte *c*; ~ **d'onde** golflengte *c*
lopin [lɔ'pɛ̃] *m* perceel *nt*
lors de [lɔr də] ten tijde van
lorsque [lɔrsk] *conj* wanneer; toen
lot [lo] *m* partij *c*
loterie [lɔ'tri] *f* loterij *c*
lotion [lɔ'sjɔ̃] *f* lotion *c*
louange [lu'ɑ̃:ʒ] *f* lof *c*
louche [luʃ] *adj* scheel
louer [lu'e] *v* huren; verhuren; *bespreken; *prijzen; **à** ~ te huur
loup [lu] *m* wolf *c*
lourd [lu:r] *adj* zwaar
loyal [lwa'jal] *adj* getrouw, loyaal
loyer [lwa'je] *m* huur *c*
lubie [ly'bi] *f* gril *c*
lubrifiant [lybri'fjɑ̃] *m* smeerolie *c*
lubrification [lybrifika'sjɔ̃] *f* smering *c*
lubrifier [lybri'fje] *v* smeren
lueur [lɥœ:r] *f* schijnsel *nt*
luge [ly:ʒ] *f* slee *c*
lugubre [ly'gy:br] *adj* eng
lui [lɥi] *pron* hem; haar; **lui-même** *pron* zelf
luisant [lɥi'zɑ̃] *adj* glanzend
lumbago [lɔ̃ba'go] *m* spit *nt*
lumière [ly'mjɛ:r] *f* licht *nt*; ~ **du jour** daglicht *nt*; ~ **du soleil** zonlicht *nt*; ~ **latérale** zijlicht *nt*
lumineux [lymi'nø] *adj* lichtgevend
lundi [lœ̃'di] *m* maandag *c*
lune [lyn] *f* maan *c*; **clair de** ~ maanlicht *nt*; ~ **de miel** huwelijksreis *c*, wittebroodsweken *pl*
lunettes [ly'nɛt] *fpl* bril *c*; ~ **de plongée** duikbril *c*; ~ **de soleil** zonnebril *c*
lustre [lystr] *m* glans *c*
lustrer [ly'stre] *v* poetsen
lutte [lyt] *f* strijd *c*; worsteling *c*
lutter [ly'te] *v* *strijden; worstelen, *vechten
luxe [lyks] *m* luxe *c*
luxueux [lyk'sɥø] *adj* luxueus

M

mâcher [ma'ʃe] *v* kauwen
machine [ma'ʃin] *f* machine *c*; ~ **à coudre** naaimachine *c*; ~ **à écrire** schrijfmachine *c*; ~ **à laver** wasmachine *c*
machinerie [maʃin'ri] *f* machinerie *c*
mâchoire [ma'ʃwa:r] *f* kaak *c*
maçon [ma'sɔ̃] *m* metselaar *c*
maçonner [masɔ'ne] *v* metselen
madame [ma'dam] mevrouw
mademoiselle [madmwa'zɛl] mejuffrouw
magasin [maga'zɛ̃] *m* winkel *c*; magazijn *nt*; **grand** ~ warenhuis *nt*; ~ **de chaussures** schoenwinkel *c*; ~ **de jouets** speelgoedwinkel *c*; ~ **de spiritueux** slijterij *c*
magie [ma'ʒi] *f* toverkunst *c*, magie *c*
magique [ma'ʒik] *adj* tover-
magistrat [maʒi'stra] *m* magistraat *c*
magnétique [maɲe'tik] *adj* magnetisch
magnéto [maɲe'to] *f* magneet *c*
magnétophone [maɲetɔ'fɔn] *m* bandrecorder *c*
magnifique [maɲi'fik] *adj* prachtig, schitterend
mai [me] mei
maigre [mɛ:gr] *adj* mager
maigrir [mɛ'gri:r] *v* vermageren
maille [ma:j] *f* maas *c*

maillet [ma'je] *m* houten hamer
maillon [ma'jɔ̃] *m* schakel *c*
maillot de bain [majo də bɛ̃] zwempak *nt*, badpak *nt*; zwembroek *c*
main [mɛ̃] *f* hand *c*; **fait à la** ~ met de hand gemaakt
main-d'œuvre [mɛ̃'dœ:vr] *f* arbeidskrachten *pl*
maintenant [mɛ̃t'nɑ̃] *adv* nu; **jusqu'à** ~ tot nu toe
***maintenir** [mɛ̃t'ni:r] *v* handhaven
maire [mɛ:r] *m* burgemeester *c*
mairie [me'ri] *f* raadhuis *nt*
mais [me] *conj* maar
maïs [ma'is] *m* maïs *c*; ~ **en épi** maïskolf *c*
maison [me'zɔ̃] *f* huis *nt*; thuis *nt*; **à la** ~ thuis; **fait à la** ~ eigengemaakt; **maison-bateau** woonboot *c*; ~ **de campagne** landhuis *nt*; ~ **de repos** rusthuis *nt*
maître [mɛ:tr] *m* meester *c*; ~ **d'école** schoolmeester *c*, meester *c*; ~ **d'hôtel** maître d'hôtel
maîtresse [mɛ'trɛs] *f* maîtresse *c*; ~ **de maison** vrouw des huizes
maîtriser [mɛtri'ze] *v* beheersen
majeur [ma'ʒœ:r] *adj* groter; grootst; meerderjarig
majorité [maʒɔri'te] *f* meerderheid *c*
majuscule [maʒy'skyl] *f* hoofdletter *c*
mal [mal] *m* (pl maux) kwaad *nt*; onheil *nt*; schade *c*; ***faire du** ~ schaden; ***faire** ~ pijn *doen; ~ **à l'aise** onbehaaglijk; ~ **au cœur** misselijkheid *c*; ~ **au dos** rugpijn *c*; ~ **au ventre** buikpijn *c*; ~ **aux dents** tandpijn *c*; ~ **de gorge** keelpijn *c*; ~ **de l'air** luchtziekte *c*; ~ **de mer** zeeziekte *c*; ~ **d'estomac** maagpijn *c*; ~ **de tête** hoofdpijn *c*; ~ **d'oreille** oorpijn *c*; ~ **du pays** heimwee *nt*
malade [ma'lad] *adj* ziek
maladie [mala'di] *f* ziekte *c*; ~ **vénérienne** geslachtsziekte *c*
maladroit [mala'drwa] *adj* onhandig
Malais [ma'le] *m* Maleis *nt*
malaisien [male'zjɛ̃] *adj* Maleisisch
malaria [mala'rja] *f* malaria *c*
malchance [mal'ʃɑ̃:s] *f* pech *c*
mâle [ma:l] *adj* mannelijk
malentendu [malɑ̃tɑ̃'dy] *m* misverstand *nt*
malgré [mal'gre] *prep* ondanks
malheur [ma'lœ:r] *m* ongeluk *nt*
malheureusement [malœrøz'mɑ̃] *adv* ongelukkigerwijs
malheureux [malœ'rø] *adj* ongelukkig; verdrietig, ellendig
malhonnête [malɔ'nɛt] *adj* oneerlijk
malice [ma'lis] *f* kwaad *nt*
malicieux [mali'sjø] *adj* ondeugend
malin [ma'lɛ̃] *adj* (f maligne) kwaadaardig; listig; snugger
malle [mal] *f* koffer *c*
mallette [ma'lɛt] *f* handkoffertje *nt*
malodorant [malɔdɔ'rɑ̃] *adj* stinkend
malpropre [mal'prɔpr] *adj* onrein, smerig
malsain [mal'sɛ̃] *adj* ongezond
malveillant [malvɛ'jɑ̃] *adj* hatelijk; boosaardig
maman [ma'mɑ̃] *f* mama *c*
mammifère [mami'fɛ:r] *m* zoogdier *nt*
mammouth [ma'mut] *m* mammoet *c*
manche [mɑ̃:ʃ] *m* steel *c*; *f* mouw *c*; **La Manche** het Kanaal
manchette [mɑ̃'ʃɛt] *f* manchet *c*; kop *c*
mandarine [mɑ̃da'rin] *f* mandarijn *c*
mandat [mɑ̃'da] *m* mandaat *nt*
mandat-poste [mɑ̃da'pɔst] *m* overschrijving *c*, postwissel *c*
manège [ma'nɛ:ʒ] *m* manege *c*
mangeoire [mɑ̃'ʒwa:r] *f* kribbe *c*
manger [mɑ̃'ʒe] *v* *eten; *m* eten *nt*
maniable [ma'njabl] *adj* hanteerbaar

manier [ma'nje] *v* hanteren
manière [ma'njɛ:r] *f* manier *c*; **de la même ~** evenzo; **de ~ que** zodat
manifestation [manifɛsta'sjɔ̃] *f* betoging *c*
manifestement [manifɛstə'mɑ̃] *adv* klaarblijkelijk
manifester [manifɛ'ste] *v* betuigen; demonstreren, betogen
manipuler [manipy'le] *v* hanteren
mannequin [man'kɛ̃] *m* mannequin *c*
manoir [ma'nwa:r] *m* herenhuis *nt*
manquant [mɑ̃'kɑ̃] *adj* ontbrekend
manque [mɑ̃:k] *m* gebrek *nt*, gemis *nt*
manquer [mɑ̃'ke] *v* missen, *ontbreken; tekort *schieten
manteau [mɑ̃'to] *m* mantel *c*, jas *c*; **~ de fourrure** bontjas *c*
manucure [many'ky:r] *f* manicure *c*
manuel [ma'nɥɛl] *m* leerboek *nt*, handboek *nt*; *adj* hand-; **~ de conversation** taalgids *c*
manuscrit [many'skri] *m* manuscript *nt*
maquereau [ma'kro] *m* makreel *c*
maquillage [maki'ja:ʒ] *m* make-up *c*
marais [ma're] *m* moeras *nt*
marbre [marbr] *m* marmer *nt*
marchand [mar'ʃɑ̃] *m* koopman *c*; handelaar *c*; **~ de journaux** krantenverkoper *c*; **~ de légumes** groenteboer *c*; **~ de volaille** poelier *c*
marchander [marʃɑ̃'de] *v* *afdingen
marchandise [marʃɑ̃'di:z] *f* handelswaar *c*, koopwaar *c*; waren *pl*
marche [marʃ] *f* mars *c*; trede *c*; ***faire ~ arrière** *achteruitrijden
marché [mar'ʃe] *m* markt *c*; **bon ~** goedkoop; **~ des valeurs** effectenbeurs *c*; **~ noir** zwarte markt; **place du ~** marktplein *nt*
marcher [mar'ʃe] *v* *lopen, stappen; marcheren; ***faire ~** foppen
mardi [mar'di] *m* dinsdag *c*
marécageux [mareka'ʒø] *adj* moerassig
marée [ma're] *f* getij *nt*; **~ basse** eb *c*; laag water; **~ haute** vloed *c*; hoog water
margarine [marga'rin] *f* margarine *c*
marge [marʒ] *f* kantlijn *c*, marge *c*
mari [ma'ri] *m* man *c*
mariage [ma'rja:ʒ] *m* echt *c*, huwelijk *nt*; bruiloft *c*
marié [ma'rje] *m* bruidegom *c*
se marier [ma'rje] trouwen
marin [ma'rɛ̃] *m* matroos *c*; zeeman *c*
marinade [mari'nad] *f* pickles *pl*
marine [ma'rin] *f* marine *c*; zeegezicht *nt*
maritime [mari'tim] *adj* maritiem
marmelade [marmə'lad] *f* marmelade *c*
marmite [mar'mit] *f* pan *c*
Maroc [ma'rɔk] *m* Marokko
Marocain [marɔ'kɛ̃] *m* Marokkaan *c*
marocain [marɔ'kɛ̃] *adj* Marokkaans
marque [mark] *f* merkteken *nt*; teken *nt*, brandmerk *nt*, merk *nt*; streepje *nt*; **~ de fabrique** handelsmerk *nt*
marquer [mar'ke] *v* aankruisen, merken
marquise [mar'ki:z] *f* zonnescherm *nt*
marron [ma'rɔ̃] *m* kastanje *c*
mars [mars] maart
marteau [mar'to] *m* hamer *c*
marteler [martə'le] *v* stampen
martyr [mar'ti:r] *m* martelaar *c*
masculin [masky'lɛ̃] *adj* mannelijk
masque [mask] *m* masker *nt*; **~ de beauté** schoonheidsmasker *nt*
massage [ma'sa:ʒ] *m* massage *c*; **~ facial** gezichtsmassage *c*
masse [mas] *f* massa *c*; omvang *c*
masser [ma'se] *v* masseren
masseur [ma'sœ:r] *m* masseur *c*
massif [ma'sif] *adj* massief
massue [ma'sy] *f* knuppel *c*

mat [mat] *adj* mat
mât [ma] *m* mast *c*
match [matʃ] *m* wedstrijd *c*; ~ **de boxe** bokswedstrijd *c*; ~ **de football** voetbalwedstrijd *c*
matelas [ma'tla] *m* matras *c*
matériau [mate'rjo] *m* materiaal *nt*
matériel [mate'rjɛl] *m* materiaal *nt*; *adj* materieel; stoffelijk
maternel [matɛr'nɛl] *adj* moederlijk
mathématique [matema'tik] *adj* wiskundig
mathématiques [matema'tik] *fpl* wiskunde *c*
matière [ma'tjɛ:r] *f* stof *c*, materie *c*; ~ **première** grondstof *c*
matin [ma'tɛ̃] *m* ochtend *c*, morgen *c*; **ce** ~ vanmorgen
matinée [mati'ne] *f* ochtend *c*
matrimonial [matrimɔ'njal] *adj* echtelijk
maturité [matyri'te] *f* rijpheid *c*
***maudire** [mo'di:r] *v* vervloeken
mausolée [mozɔ'le] *m* mausoleum *nt*
mauvais [mo'vɛ] *adj* slecht; erg
mauve [mo:v] *adj* lichtpaars
maximum [maksi'mɔm] *m* maximum *nt*; **au** ~ hoogstens
mazout [ma'zut] *m* stookolie *c*
me [mə] *pron* me
mécanicien [mekani'sjɛ̃] *m* monteur *c*
mécanique [meka'nik] *adj* mechanisch
mécanisme [meka'nism] *m* mechanisme *nt*
méchant [me'ʃɑ̃] *adj* slecht; stout, akelig, kwaad
mèche [mɛʃ] *f* lont *c*
mécontent [mekɔ̃'tɑ̃] *adj* ontevreden
médaille [me'da:j] *f* medaille *c*
médecin [me'dsɛ̃] *m* arts *c*, dokter *c*; ~ **généraliste** huisarts *c*
médecine [me'dsin] *f* geneeskunde *c*
médiateur [medja'tœ:r] *m* bemiddelaar *c*
médical [medi'kal] *adj* geneeskundig, medisch
médicament [medika'mɑ̃] *m* geneesmiddel *nt*
médiéval [medje'val] *adj* middeleeuws
méditer [medi'te] *v* mediteren
Méditerranée [meditera'ne] *f* Middellandse Zee
méduse [me'dy:z] *f* kwal *c*
méfiance [me'fjɑ̃:s] *f* argwaan *c*
méfiant [me'fjɑ̃] *adj* achterdochtig
se méfier de [me'fje] wantrouwen
meilleur [mɛ'jœ:r] *adj* beter; **le** ~ best
mélancolie [melɑ̃kɔ'li] *f* weemoed *c*
mélancolique [melɑ̃kɔ'lik] *adj* treurig
mélange [me'lɑ̃:ʒ] *m* mengsel *nt*
mélanger [melɑ̃'ʒe] *v* mengen
mêler [me'le] *v* mengen; **mêlé** gemêleerd; **se** ~ **de** zich bemoeien met
mélo [me'lo] *m* smartlap *c*
mélodie [melɔ'di] *f* melodie *c*
mélodrame [melɔ'dram] *m* melodrama *nt*
melon [mə'lɔ̃] *m* meloen *c*
membrane [mɑ̃'bran] *f* tussenschot *nt*
membre [mɑ̃:br] *m* lid *nt*; ledemaat *c*
mémé [me'me] *f* oma *c*
même [mɛm] *adj* zelfde; *adv* zelfs; **de** ~ tevens
mémoire [me'mwa:r] *f* geheugen *nt*; herinnering *c*, nagedachtenis *c*
mémorable [memɔ'rabl] *adj* gedenkwaardig
mémorandum [memɔrɑ̃'dɔm] *m* memorandum *nt*
mémorial [memɔ'rjal] *m* gedenkteken *nt*
menaçant [məna'sɑ̃] *adj* dreigend
menace [mə'nas] *f* dreigement *nt*, bedreiging *c*
menacer [məna'se] *v* dreigen, bedreigen
ménage [me'na:ʒ] *m* huishouden *nt*
ménagère [mena'ʒɛ:r] *f* huisvrouw *c*

mendiant [mɑ̃'djɑ̃] *m* bedelaar *c*
mendier [mɑ̃'dje] *v* bedelen
mener [mə'ne] *v* *brengen, leiden
menottes [mə'nɔt] *fpl* handboeien *pl*
mensonge [mɑ̃'sɔ̃:ʒ] *m* leugen *c*
menstruation [mɑ̃strya'sjɔ̃] *f* menstruatie *c*
mensuel [mɑ̃'sɥɛl] *adj* maandelijks
mental [mɑ̃'tal] *adj* geestelijk; **aliéné** ~ krankzinnige *c*
menthe [mɑ̃:t] *f* munt *c*, pepermunt *c*
mention [mɑ̃'sjɔ̃] *f* melding *c*, vermelding *c*
mentionner [mɑ̃sjɔ'ne] *v* noemen, vermelden
***mentir** [mɑ̃'ti:r] *v* *liegen
menton [mɑ̃'tɔ̃] *m* kin *c*
menu[1] [mə'ny] *m* menukaart *c*; ~ **fixe** vast menu
menu[2] [mə'ny] *adj* gering
menuisier [mənɥi'zje] *m* timmerman *c*
mépris [me'pri] *m* verachting *c*, minachting *c*
méprise [me'pri:z] *f* abuis *nt*
mépriser [mepri'ze] *v* verachten
mer [mɛ:r] *f* zee *c*
mercerie [mɛrsə'ri] *f* garen- en bandwinkel
merci [mɛr'si] dank u
mercredi [mɛrkrə'di] *m* woensdag *c*
mercure [mɛr'ky:r] *m* kwik *nt*
mère [mɛ:r] *f* moeder *c*
méridional [meridjɔ'nal] *adj* zuidelijk
mérite [me'rit] *m* verdienste *c*
mériter [meri'te] *v* verdienen
merlan [mɛr'lɑ̃] *m* wijting *c*
merle [mɛrl] *m* merel *c*
merveille [mɛr'vɛ:j] *f* wonder *nt*
merveilleux [mɛrvɛ'jø] *adj* prachtig; verrukkelijk
mesquin [mɛ'skɛ̃] *adj* gemeen, gierig
message [mɛ'sa:ʒ] *m* bericht *nt*
messager [mɛsa'ʒe] *m* bode *c*
messe [mɛs] *f* mis *c*
mesure [mə'zy:r] *f* maat *c*; maatregel *c*; **en** ~ in staat; **fait sur** ~ op maat gemaakt
mesurer [məzy're] *v* *meten
métal [me'tal] *m* metaal *nt*
métallique [meta'lik] *adj* metalen
méthode [me'tɔd] *f* aanpak *c*, methode *c*
méthodique [metɔ'dik] *adj* methodisch
méticuleux [metiky'lø] *adj* secuur
métier [me'tje] *m* ambacht *nt*, vak *nt*
mètre [mɛtr] *m* meter *c*
métrique [me'trik] *adj* metrisch
métro [me'tro] *m* metro *c*; ondergrondse *c*
***mettre** [mɛtr] *v* zetten; stoppen; *aantrekken
meuble [mœbl] *m* meubel *nt*; **meubles** meubilair *nt*
meubler [mœ'ble] *v* meubileren; **non meublé** ongemeubileerd
meunier [mø'nje] *m* molenaar *c*
meurtrier [mœrtri'e] *m* moordenaar *c*
Mexicain [mɛksi'kɛ̃] *m* Mexicaan *c*
mexicain [mɛksi'kɛ̃] *adj* Mexicaans
Mexique [mɛk'sik] *m* Mexico
miche [miʃ] *f* brood *nt*
microbe [mi'krɔb] *m* bacil *c*
microphone [mikrɔ'fɔn] *m* microfoon *c*
microsillon [mikrɔsi'jɔ̃] *m* langspeelplaat *c*
midi [mi'di] *m* middag *c*
miel [mjɛl] *m* honing *c*
le mien [lə mjɛ̃] de mijne
miette [mjɛt] *f* kruimel *c*
mieux [mjø] *adv* beter
migraine [mi'grɛn] *f* migraine *c*
milieu [mi'ljø] *m* midden *nt*; milieu *nt*; **au** ~ **de** tussen, midden in, te midden van; **du** ~ middelst
militaire [mili'tɛ:r] *adj* militair
mille [mil] *num* duizend; *m* mijl *c*
million [mi'ljɔ̃] *m* miljoen *nt*

millionnaire [miljɔ'nɛ:r] *m* miljonair *c*
mince [mɛ̃:s] *adj* dun, slank
mine[1] [min] *f* mijn *c*, groeve *c*; ~ **d'or** goudmijn *c*
mine[2] [min] *f* uiterlijk *nt*
minerai [min're] *m* erts *nt*
minéral [mine'ral] *m* delfstof *c*, mineraal *nt*
minet [mi'ne] *m* poes *c*
mineur [mi'nœ:r] *m* mijnwerker *c*; minderjarige *c*; *adj* kleiner; minderjarig
miniature [minja'ty:r] *f* miniatuur *c*
minimum [mini'mɔm] *m* minimum *nt*
ministère [mini'stɛ:r] *m* ministerie *nt*
ministre [mi'nistr] *m* minister *c*; **premier** ~ premier *c*
minorité [minɔri'te] *f* minderheid *c*
minuit [mi'nɥi] middernacht *c*
minuscule [miny'skyl] *adj* minuscuul
minute [mi'nyt] *f* minuut *c*
minutieux [miny'sjø] *adj* grondig
miracle [mi'ra:kl] *m* wonder *nt*
miraculeux [miraky'lø] *adj* wonderbaarlijk
miroir [mi'rwa:r] *m* spiegel *c*
misaine [mi'zɛn] *f* fok *c*
misérable [mize'rabl] *adj* beroerd
misère [mi'zɛ:r] *f* ellende *c*; nood *c*
miséricorde [mizeri'kɔrd] *f* genade *c*
miséricordieux [mizerikɔr'djø] *adj* barmhartig
mite [mit] *f* mot *c*
mi-temps [mi'tɑ̃] *f* rust *c*
mixeur [mik'sœ:r] *m* mixer *c*
mobile [mɔ'bil] *adj* beweeglijk, mobiel; roerend
mode[1] [mɔd] *f* mode *c*; **à la** ~ modieus
mode[2] [mɔd] *m* manier *c*, wijze *c*; ~ **d'emploi** gebruiksaanwijzing *c*
modèle [mɔ'dɛl] *m* model *nt*
modeler [mɔ'dle] *v* boetseren
modéré [mɔde're] *adj* matig; middelmatig, gematigd
moderne [mɔ'dɛrn] *adj* modern
modeste [mɔ'dɛst] *adj* discreet, bescheiden
modestie [mɔdɛ'sti] *f* bescheidenheid *c*
modification [mɔdifika'sjɔ̃] *f* wijziging *c*, verandering *c*
modifier [mɔdi'fje] *v* wijzigen, veranderen
modiste [mɔ'dist] *f* modiste *c*
moelle [mwal] *f* merg *nt*
moelleux [mwa'lø] *adj* zacht
mœurs [mœrs] *fpl* zeden *pl*
mohair [mɔ'ɛ:r] *m* mohair *nt*
moi [mwa] *pron* me; **moi-même** *pron* zelf
moindre [mwɛ̃:dr] *adj* minst; inferieur, geringst, kleinst
moine [mwan] *m* monnik *c*
moineau [mwa'no] *m* mus *c*
moins [mwɛ̃] *adv* minder; *prep* min; **à** ~ **que** tenzij; **au** ~ tenminste, minstens
mois [mwa] *m* maand *c*
moisi [mwa'zi] *adj* beschimmeld
moisissure [mwazi'sy:r] *f* schimmel *c*
moisson [mwa'sɔ̃] *f* oogst *c*
moite [mwat] *adj* vochtig; nat
moitié [mwa'tje] *f* helft *c*; **à** ~ half
molaire [mɔ'lɛ:r] *f* kies *c*
mollet [mɔ'le] *m* kuit *c*
moment [mɔ'mɑ̃] *m* ogenblik *nt*; poosje *nt*
momentané [mɔmɑ̃ta'ne] *adj* kortstondig
mon [mɔ̃] *adj* (f ma, pl mes) mijn
monarchie [mɔnar'ʃi] *f* monarchie *c*
monarque [mɔ'nark] *m* vorst *c*
monastère [mɔna'stɛ:r] *m* klooster *nt*
monde [mɔ̃:d] *m* wereld *c*; **tout le** ~ iedereen
mondial [mɔ̃'djal] *adj* wereldomvattend
monétaire [mɔne'tɛ:r] *adj* monetair

monnaie [mɔ'ne] *f* valuta *c*; ~ **étrangère** buitenlands geld; **petite** ~ kleingeld *nt*; **pièce de** ~ munt *c*
monologue [mɔnɔ'lɔg] *m* monoloog *c*
monopole [mɔnɔ'pɔl] *m* monopolie *nt*
monotone [mɔnɔ'tɔn] *adj* eentonig
monsieur [mə'sjø] *m* (pl messieurs) heer *c*; meneer, mijnheer
mont [mɔ̃] *m* berg *c*
montagne [mɔ̃'taɲ] *f* berg *c*
montagneux [mɔ̃ta'ɲø] *adj* bergachtig
montant [mɔ̃'tɑ̃] *m* som *c*
montée [mɔ̃'te] *f* stijging *c*; beklimming *c*
monter [mɔ̃'te] *v* *stijgen; omhoog *gaan, *opstijgen; instappen; in elkaar zetten; *bestijgen; **se** ~ **à** *bedragen
monteur [mɔ̃'tœ:r] *m* monteur *c*
monticule [mɔ̃ti'kyl] *m* lage heuvel *nt*
montre [mɔ̃:tr] *f* horloge *nt*; ~ **de gousset** zakhorloge *nt*
montrer [mɔ̃'tre] *v* tonen; *laten zien; ~ **du doigt** *wijzen
monture [mɔ̃'ty:r] *f* montuur *nt*
monument [mɔny'mɑ̃] *m* gedenkteken *nt*, monument *nt*
se moquer de [mɔ'ke] bespotten
moquerie [mɔ'kri] *f* spot *c*
moral [mɔ'ral] *adj* zedelijk, moreel; *m* stemming *c*
morale [mɔ'ral] *f* moraal *c*
moralité [mɔrali'te] *f* moraliteit *c*
morceau [mɔr'so] *m* stuk *nt*; stukje *nt*, snipper *c*, brok *nt*; ~ **de sucre** suikerklontje *nt*
mordache [mɔr'daʃ] *f* klem *c*
mordre [mɔrdr] *v* *bijten
morphine [mɔr'fin] *f* morfine *c*
morsure [mɔr'sy:r] *f* beet *c*
mort [mɔ:r] *f* dood *c*; *adj* dood
mortel [mɔr'tɛl] *adj* dodelijk; sterfelijk
morue [mɔ'ry] *f* kabeljauw *c*
mosaïque [mɔza'ik] *f* mozaïek *nt*
mosquée [mɔ'ske] *f* moskee *c*
mot [mo] *m* woord *nt*; ~ **de passe** wachtwoord *nt*
motel [mɔ'tɛl] *m* motel *nt*
moteur [mɔ'tœ:r] *m* motor *c*
motif [mɔ'tif] *m* aanleiding *c*, motief *nt*
motion [mɔ'sjɔ̃] *f* motie *c*
motocyclette [mɔtɔsi'klɛt] *f* motorfiets *c*
mou [mu] *adj* (f molle) zacht
mouche [muʃ] *f* vlieg *c*
mouchoir [mu'ʃwa:r] *m* zakdoek *c*; ~ **de papier** papieren zakdoek
***moudre** [mudr] *v* *malen
mouette [mwɛt] *f* meeuw *c*
moufles [mufl] *fpl* wanten *pl*
mouiller [mu'je] *v* nat maken; **mouillé** nat
moule [mul] *f* mossel *c*
moulin [mu'lɛ̃] *m* molen *c*; ~ **à paroles** babbelkous *c*; ~ **à vent** molen *c*, windmolen *c*
***mourir** [mu'ri:r] *v* *overlijden, *sterven
mousse [mus] *f* schuim *nt*; mos *nt*
mousseline [mu'slin] *f* mousseline *c*
mousser [mu'se] *v* schuimen
mousseux [mu'sø] *adj* mousserend
moustache [mu'staʃ] *f* snor *c*
moustiquaire [musti'kɛ:r] *f* muskietennet *nt*
moustique [mu'stik] *m* mug *c*; muskiet *c*
moutarde [mu'tard] *f* mosterd *c*
mouton [mu'tɔ̃] *m* schaap *nt*; schapevlees *nt*
mouvement [muv'mɑ̃] *m* beweging *c*
se *mouvoir [mu'vwa:r] zich *bewegen
moyen [mwa'jɛ̃] *m* middel *nt*; *adj* gemiddeld; middelmatig; midden-
moyen-âge [mwajɛ'na:ʒ] *m* middeleeuwen *pl*
moyenne [mwa'jɛn] *f* gemiddelde *nt*;

en ~ gemiddeld
muet [mɥe] *adj* stom
mugir [my'ʒi:r] *v* loeien
mule [myl] *f* muilezel *c*
mulet [my'le] *m* muildier *nt*; mul *c*
multiplication [myltiplika'sjɔ̃] *f* vermenigvuldiging *c*
multiplier [myltipli'e] *v* vermenigvuldigen
municipal [mynisi'pal] *adj* gemeentelijk
municipalité [mynisipali'te] *f* gemeentebestuur *nt*
munir de [my'ni:r] *voorzien van
mur [my:r] *m* muur *c*
mûr [my:r] *adj* rijp
mûre [my:r] *f* braam *c*; moerbei *c*
muscade [my'skad] *f* nootmuskaat *c*
muscle [myskl] *m* spier *c*
musclé [my'skle] *adj* gespierd
museau [my'zo] *m* snuit *c*
musée [my'ze] *m* museum *nt*
musical [myzi'kal] *adj* muzikaal
music-hall [myzi'kɔl] *m* variététheater *nt*
musicien [myzi'sjɛ̃] *m* musicus *c*
musique [my'zik] *f* muziek *c*; ~ **pop** popmuziek *c*
mutinerie [mytin'ri] *f* muiterij *c*
mutuel [my'tɥɛl] *adj* onderling
myope [mjɔp] *adj* bijziend
mystère [mi'stɛ:r] *m* mysterie *nt*
mystérieux [miste'rjø] *adj* mysterieus, geheimzinnig
mythe [mit] *m* mythe *c*

N

nacre [nakr] *f* paarlemoer *nt*
nager [na'ʒe] *v* *zwemmen
nageur [na'ʒœ:r] *m* zwemmer *c*
naïf [na'if] *adj* naïef
nain [nɛ̃] *m* dwerg *c*
naissance [ne'sɑ̃:s] *f* geboorte *c*
***naître** [nɛ:tr] *v* geboren *worden
nappe [nap] *f* tafellaken *nt*
narcose [nar'ko:z] *f* narcose *c*
narcotique [narkɔ'tik] *m* narcoticum *nt*
narine [na'rin] *f* neusgat *nt*
natation [nata'sjɔ̃] *f* zwemsport *c*
nation [na'sjɔ̃] *f* natie *c*
national [nasjɔ'nal] *adj* nationaal; volks-
nationaliser [nasjɔnali'ze] *v* nationaliseren
nationalité [nasjɔnali'te] *f* nationaliteit *c*
nature [na'ty:r] *f* natuur *c*; wezen *nt*, aard *c*
naturel [naty'rɛl] *adj* natuurlijk
naturellement [natyrɛl'mɑ̃] *adv* uiteraard
naufrage [no'fra:ʒ] *m* schipbreuk *c*
nausée [no'ze] *f* misselijkheid *c*
naval [na'val] *adj* (pl ~s) marine-
navetteur [navɛ'tœ:r] *m* forens *c*
navigable [navi'gabl] *adj* bevaarbaar
navigation [naviga'sjɔ̃] *f* navigatie *c*; scheepvaart *c*
naviguer [navi'ge] *v* *varen; sturen; ~ **sur** *bevaren
navire [na'vi:r] *m* schip *nt*; ~ **de guerre** oorlogsschip *nt*
né [ne] *adj* geboren
néanmoins [neɑ̃'mwɛ̃] *adv* niettemin
nébuleux [neby'lø] *adj* wazig
nécessaire [nese'sɛ:r] *adj* nodig, noodzakelijk; ~ **de toilette** toilettas *c*
nécessité [nesesi'te] *f* noodzaak *c*
nécessiter [nesesi'te] *v* vereisen
Néerlandais [neɛrlɑ̃'de] *m* Nederlander *c*
néerlandais [neɛrlɑ̃'de] *adj* Nederlands
néfaste [ne'fast] *adj* fataal

négatif [nega'tif] *m* negatief *nt*; *adj* ontkennend, negatief
négligé [negli'ʒe] *m* negligé *nt*
négligence [negli'ʒɑ̃:s] *f* verwaarlozing *c*
négligent [negli'ʒɑ̃] *adj* nalatig, slordig
négliger [negli'ʒe] *v* verwaarlozen
négociant [negɔ'sjɑ̃] *m* koopman *c*; ~ **en vins** wijnkoper *c*
négociation [negɔsja'sjɔ̃] *f* onderhandeling *c*
négocier [negɔ'sje] *v* onderhandelen
neige [nɛ:ʒ] *f* sneeuw *c*
neiger [ne'ʒe] *v* sneeuwen
neigeux [nɛ'ʒø] *adj* besneeuwd
néon [ne'ɔ̃] *m* neon *nt*
nerf [nɛ:r] *m* zenuw *c*
nerveux [nɛr'vø] *adj* nerveus, zenuwachtig
net [nɛt] *adj* duidelijk; netto
nettoyage [nɛtwa'ja:ʒ] *m* schoonmaak *c*, reiniging *c*
nettoyer [nɛtwa'je] *v* schoonmaken, reinigen; ~ **à sec** chemisch reinigen
neuf[1] [nœf] *adj* (f neuve) nieuw
neuf[2] [nœf] *num* negen
neutre [nø:tr] *adj* onzijdig; neutraal
neuvième [nœ'vjɛm] *num* negende
neveu [nə'vø] *m* neef *c*
névralgie [nevral'ʒi] *f* zenuwpijn *c*
névrose [ne'vro:z] *f* neurose *c*
nez [ne] *m* neus *c*; **saignement de** ~ neusbloeding *c*
ni ... ni [ni] noch ... noch
nickel [ni'kɛl] *m* nikkel *nt*
nicotine [nikɔ'tin] *f* nicotine *c*
nid [ni] *m* nest *nt*
nièce [njɛs] *f* nicht *c*
nier [ni'e] *v* ontkennen
Nigeria [niʒe'rja] *m* Nigeria
Nigérien [niʒe'rjɛ̃] *m* Nigeriaan *c*
nigérien [niʒe'rjɛ̃] *adj* Nigeriaans
niveau [ni'vo] *m* peil *nt*, niveau *nt*; waterpas *c*; ~ **de vie** levensstandaard *c*; **passage à** ~ overweg *c*
niveler [ni'vle] *v* nivelleren
noble [nɔbl] *adj* edel, adellijk
noblesse [nɔ'blɛs] *f* adel *c*
nocturne [nɔk'tyrn] *adj* nachtelijk
Noël [nɔ'ɛl] Kerstmis
nœud [nø] *m* knoop *c*; ~ **papillon** vlinderdasje *nt*, strikje *nt*
noir [nwa:r] *adj* zwart; *m* neger *c*
noisette [nwa'zɛt] *f* hazelnoot *c*
noix [nwa] *f* noot *c*; walnoot *c*; ~ **de coco** kokosnoot *c*
nom [nɔ̃] *m* naam *c*; zelfstandig naamwoord; **au** ~ **de** namens, in naam van; ~ **de famille** achternaam *c*; ~ **de jeune fille** meisjesnaam *c*
nombre [nɔ̃:br] *m* aantal *nt*; getal *nt*; telwoord *nt*
nombreux [nɔ̃'brø] *adj* talrijk
nombril [nɔ̃'bri] *m* navel *c*
nominal [nɔmi'nal] *adj* nominaal
nomination [nɔmina'sjɔ̃] *f* nominatie *c*, benoeming *c*
nommer [nɔ'me] *v* noemen; benoemen
non [nɔ̃] neen, nee
nord [nɔ:r] *m* noorden *nt*; noord *c*
nord-est [nɔ'rɛst] *m* noordoosten *nt*
nord-ouest [nɔ'rwɛst] *m* noordwesten *nt*
normal [nɔr'mal] *adj* gewoon, normaal
norme [nɔrm] *f* norm *c*, maatstaf *c*
Norvège [nɔr'vɛ:ʒ] *f* Noorwegen
Norvégien [nɔrve'ʒjɛ̃] *m* Noor *c*
norvégien [nɔrve'ʒjɛ̃] *adj* Noors
notaire [nɔ'tɛ:r] *m* notaris *c*
notamment [nɔta'mɑ̃] *adv* namelijk
note [nɔt] *f* noot *c*, aantekening *c*, notitie *c*; cijfer *nt*; nota *c*; rekening *c*
noter [nɔ'te] *v* noteren, *opschrijven; merken
notifier [nɔti'fje] *v* mededelen
notion [no'sjɔ̃] *f* begrip *nt*; denkbeeld

nt, notie *c*
notoire [nɔ'twa:r] *adj* berucht
notre [nɔtr] *adj* ons
nouer [nu'e] *v* knopen
nougat [nu'ga] *m* noga *c*
nourrir [nu'ri:r] *v* voeden; **nourrissant** voedzaam
nourrisson [nuri'sɔ̃] *m* zuigeling *c*
nourriture [nuri'ty:r] *f* voedsel *nt*; kost *c*
nous [nu] *pron* we; ons; **nous-mêmes** *pron* zelf
nouveau [nu'vo] *adj* (nouvel; f nouvelle) nieuw; **de ~** opnieuw; **Nouvel An** nieuwjaar
nouvelle [nu'vɛl] *f* bericht *nt*; **nouvelles** nieuwsberichten *pl*, nieuws *nt*
Nouvelle-Zélande [nuvɛlze'lɑ̃:d] *f* Nieuw-Zeeland
novembre [nɔ'vɑ̃:br] november
noyau [nwa'jo] *m* pit *c*; kern *c*
noyer [nwa'je] *v* *verdrinken
nu [ny] *adj* naakt, bloot; kaal; *m* naakt *nt*
nuage [nɥa:ʒ] *m* wolk *c*; **nuages** bewolking *c*
nuageux [nɥa'ʒø] *adj* bewolkt, betrokken
nuance [nɥɑ̃:s] *f* nuance *c*; tint *c*
nucléaire [nykle'ɛ:r] *adj* atoom-, kern-, nucleair
***nuire** [nɥi:r] *v* schaden
nuisible [nɥi'zibl] *adj* schadelijk
nuit [nɥi] *f* nacht *c*; **boîte de ~** nachtclub *c*; **cette ~** vannacht; **de ~** 's nachts; **tarif de ~** nachttarief *nt*
nul [nyl] *adj* (f nulle) nietig, ongeldig
numéro [nyme'ro] *m* nummer *nt*; **~ d'immatriculation** kenteken *nt*
nuque [nyk] *f* nek *c*
nutritif [nytri'tif] *adj* voedzaam
nylon [ni'lɔ̃] *m* nylon *nt*

O

oasis [oa'zis] *f* oase *c*
obéir [ɔbe'i:r] *v* gehoorzamen
obéissance [ɔbei'sɑ̃:s] *f* gehoorzaamheid *c*
obéissant [ɔbei'sɑ̃] *adj* gehoorzaam
obèse [ɔ'bɛ:z] *adj* gezet, dik
obésité [ɔbezi'te] *f* dikte *c*
objecter [ɔbʒɛk'te] *v* *tegenwerpen
objectif [ɔbʒɛk'tif] *m* doel *nt*; *adj* objectief
objection [ɔbʒɛk'sjɔ̃] *f* bezwaar *nt*, tegenwerping *c*; ***faire ~ à** bezwaar *hebben tegen
objet [ɔb'ʒe] *m* voorwerp *nt*; object *nt*; **objets de valeur** kostbaarheden *pl*; **objets trouvés** gevonden voorwerpen
obligation [ɔbliga'sjɔ̃] *f* obligatie *c*
obligatoire [ɔbliga'twa:r] *adj* verplicht
obligeant [ɔbli'ʒɑ̃] *adj* voorkomend
obliger [ɔbli'ʒe] *v* verplichten; noodzaken
oblique [ɔ'blik] *adj* schuin
oblong [ɔ'blɔ̃] *adj* (f oblongue) langwerpig
obscène [ɔ'psɛn] *adj* obsceen
obscur [ɔp'sky:r] *adj* obscuur; donker, duister
obscurité [ɔpskyri'te] *f* duisternis *c*
observation [ɔpsɛrva'sjɔ̃] *f* observatie *c*, waarneming *c*
observatoire [ɔpsɛrva'twa:r] *m* observatorium *nt*
observer [ɔpsɛr've] *v* observeren, *waarnemen, *gadeslaan; bemerken, opmerken
obsession [ɔpsɛ'sjɔ̃] *f* obsessie *c*
obstacle [ɔp'stakl] *m* hindernis *c*
obstiné [ɔpsti'ne] *adj* koppig, eigenwijs; hardnekkig

obstruer [ɔpstry'e] *v* versperren, blokkeren
***obtenir** [ɔptə'ni:r] *v* *krijgen; *verkrijgen
occasion [ɔka'zjɔ̃] *f* gelegenheid *c*, kans *c*; **d'occasion** tweedehands
occident [ɔksi'dɑ̃] *m* west *c*
occidental [ɔksidɑ̃'tal] *adj* westers, westelijk
occupant [ɔky'pɑ̃] *m* bewoner *c*
occupation [ɔkypa'sjɔ̃] *f* bezetting *c*; werk *nt*
occuper [ɔky'pe] *v* bezetten; *innemen; **occupé** bezig, bezet; **s'occuper de** verzorgen, zich *bezighouden met; passen op, zorgen voor, te maken *hebben met
océan [ɔse'ɑ̃] *m* oceaan *c*; **Océan Atlantique** Atlantische Oceaan; **Océan Pacifique** Stille Oceaan
octobre [ɔk'tɔbr] oktober
oculiste [ɔky'list] *m* oogarts *c*
odeur [ɔ'dœ:r] *f* geur *c*
œil [œ:j] *m* (pl yeux) oog *nt*; **coup d'œil** kijkje *nt*; blik *c*; glimp *c*
œuf [œf] *m* ei *nt*; **œufs de poisson** kuit *c*
œuvre [œ:vr] *m* oeuvre *nt*; *f* werk *nt*; ~ **d'art** kunstwerk *nt*
offense [ɔ'fɑ̃:s] *f* belediging *c*
offenser [ɔfɑ̃'se] *v* kwetsen, krenken, beledigen; **s'offenser de** kwalijk *nemen
offensif [ɔfɑ̃'sif] *adj* offensief, aanstootgevend
offensive [ɔfɑ̃'si:v] *f* offensief *nt*
officiel [ɔfi'sjɛl] *adj* officieel
officier [ɔfi'sje] *m* officier *c*
officieux [ɔfi'sjø] *adj* officieus
offre [ɔfr] *f* aanbieding *c*, aanbod *nt*
***offrir** [ɔ'frir] *v* *aanbieden; *bieden
oie [wa] *f* gans *c*
oignon [ɔ'ɲɔ̃] *m* ui *c*; bloembol *c*
oiseau [wa'zo] *m* vogel *c*; ~ **de mer** zeevogel *c*
oisif [wa'zif] *adj* lui, werkeloos
olive [ɔ'li:v] *f* olijf *c*
ombragé [ɔ̃bra'ʒe] *adj* schaduwrijk
ombre [ɔ̃:br] *f* schaduw *c*; ~ **à paupières** ogenschaduw *c*
omelette [ɔm'lɛt] *f* omelet *nt*
***omettre** [ɔ'mɛtr] *v* *weglaten; *nalaten
omnibus [ɔmni'bys] *m* stoptrein *c*
omnipotent [ɔmnipɔ'tɑ̃] *adj* almachtig
on [ɔ̃] *pron* men
oncle [ɔ̃:kl] *m* oom *c*
ondulation [ɔ̃dyla'sjɔ̃] *f* golf *c*
ondulé [ɔ̃dy'le] *adj* golvend
ongle [ɔ̃:gl] *m* nagel *c*
onguent [ɔ̃'gɑ̃] *m* zalf *c*
onyx [ɔ'niks] *m* onyx *nt*
onze [ɔ̃:z] *num* elf
onzième [ɔ̃'zjɛm] *num* elfde
opale [ɔ'pal] *f* opaal *c*
opéra [ɔpe'ra] *m* opera *c*
opération [opera'sjɔ̃] *f* operatie *c*
opérer [ɔpe're] *v* opereren
opérette [ɔpe'rɛt] *f* operette *c*
opiniâtre [ɔpi'nja:tr] *adj* hardnekkig
opinion [ɔpi'njɔ̃] *f* mening *c*
opposé [ɔpo'ze] *adj* tegengesteld; afkerig
s'opposer [ɔpo'ze] zich verzetten
opposition [ɔpozi'sjɔ̃] *f* oppositie *c*
oppresser [ɔpre'se] *v* beklemmen
opprimer [ɔpri'me] *v* verdrukken
opticien [ɔpti'sjɛ̃] *m* opticien *c*
optimisme [ɔpti'mism] *m* optimisme *nt*
optimiste [ɔpti'mist] *m* optimist *c*; *adj* optimistisch
or [ɔ:r] *m* goud *nt*; **en** ~ gouden; ~ **en feuille** bladgoud *nt*
orage [ɔ'ra:ʒ] *m* onweer *nt*
orageux [ɔra'ʒø] *adj* onweerachtig, stormachtig
oral [ɔ'ral] *adj* mondeling

orange [ɔ'rɑ̃:ʒ] *f* sinaasappel *c*; *adj* oranje
orchestre [ɔr'kɛstr] *m* orkest *nt*; **fauteuil d'orchestre** stalles *pl*
ordinaire [ɔrdi'nɛ:r] *adj* gewoon, gebruikelijk, gewoonlijk; ordinair, volks-
ordonner [ɔrdɔ'ne] *v* ordenen; *gebieden; **ordonné** *adj* net
ordre [ɔrdr] *m* orde *c*; bevel *nt*, opdracht *c*; volgorde *c*; ~ **du jour** agenda *c*
ordures [ɔr'dy:r] *fpl* afval *nt*
oreille [ɔ'rɛ:j] *f* oor *nt*
oreiller [ɔrɛ'je] *m* kussen *nt*, hoofdkussen *nt*; **taie d'oreiller** kussensloop *c/nt*
oreillons [ɔrɛ'jɔ̃] *mpl* bof *c*
orfèvre [ɔr'fɛ:vr] *m* goudsmid *c*; zilversmid *c*
organe [ɔr'gan] *m* orgaan *nt*
organique [ɔrga'nik] *adj* organisch
organisation [ɔrganiza'sjɔ̃] *f* organisatie *c*
organiser [ɔrgani'ze] *v* organiseren
orge [ɔrʒ] *f* gerst *c*
orgue [ɔrg] *m* (pl f) orgel *nt*; ~ **de Barbarie** draaiorgel *nt*
orgueil [ɔr'gœ:j] *m* trots *c*
orgueilleux [ɔrgœ'jø] *adj* hoogmoedig
orient [ɔ'rjɑ̃] *m* Oosten *nt*
oriental [ɔrjɑ̃'tal] *adj* oosters; oost-, oostelijk
s'orienter [ɔrjɑ̃'te] zich oriënteren
originairement [ɔriʒinɛr'mɑ̃] *adv* aanvankelijk
original [ɔriʒi'nal] *adj* origineel
origine [ɔri'ʒin] *f* origine *c*, oorsprong *c*
orlon [ɔr'lɔ̃] *m* orlon *nt*
orme [ɔrm] *m* iep *c*
ornement [ɔrnə'mɑ̃] *m* versiersel *nt*
ornemental [ɔrnəmɑ̃'tal] *adj* ornamenteel
orphelin [ɔrfə'lɛ̃] *m* wees *c*
orteil [ɔr'tɛ:j] *m* teen *c*
orthodoxe [ɔrtɔ'dɔks] *adj* orthodox
orthographe [ɔrtɔ'graf] *f* spelling *c*
os [ɔs] *m* (pl ~) been *nt*, bot *nt*
oser [o'ze] *v* durven; wagen
otage [ɔ'ta:ʒ] *m* gijzelaar *c*
ôter [o'te] *v* *wegnemen; vegen
ou [u] *conj* of; ~ ... **ou** hetzij ... hetzij
où [u] *adv* waar; *pron* waar; **n'importe** ~ waar dan ook; overal
ouate [wat] *f* watten *pl*
oublier [ubli'e] *v* *vergeten
oublieux [ubli'ø] *adj* vergeetachtig
ouest [wɛst] *m* westen *nt*
oui [wi] ja
ouïe [u'i] *f* gehoor *nt*
ouragan [ura'gɑ̃] *m* orkaan *c*
ourlet [ur'le] *m* zoom *c*
ours [urs] *m* beer *c*
oursin [ur'sɛ̃] *m* zeeëgel *c*
outil [u'ti] *m* gereedschap *nt*
outrage [u'tra:ʒ] *m* gewelddaad *c*; aanstoot *c*
outrager [utra'ʒe] *v* *overtreden
outre [utr] *prep* behalve; **d'outre-mer** overzees; **en** ~ bovendien
ouvert [u'vɛ:r] *adj* open
ouverture [uvɛr'ty:r] *f* opening *c*; ouverture *c*
ouvrage [u'vra:ʒ] *m* werk *nt*
ouvre-boîte [uvrə'bwat] *m* blikopener *c*
ouvre-bouteille [uvrəbu'tɛ:j] *m* flesopener *c*
ouvreur [u'vrœ:r] *m* suppoost *c*
ouvreuse [u'vrø:z] *f* ouvreuse *c*
ouvrier [uvri'e] *m* arbeider *c*
***ouvrir** [u'vri:r] *v* openen; opendraaien
ovale [ɔ'val] *adj* ovaal
oxygène [ɔksi'ʒɛn] *m* zuurstof *c*

P

pacifisme [pasi'fism] *m* pacifisme *nt*
pacifiste [pasi'fist] *m* pacifist *c*; *adj* pacifistisch
pagaie [pa'ge] *f* peddel *c*
pagaille [pa'ga:j] *f* warboel *c*
page [pa:ʒ] *f* pagina *c*, bladzijde *c*; *m* piccolo *c*
paie [pe] *f* loon *nt*
paiement [pe'mã] *m* betaling *c*; ~ **à tempérament** afbetaling *c*
païen [pa'jɛ̃] *m* heiden *c*; *adj* heidens
paille [pa:j] *f* stro *nt*
pain [pɛ̃] *m* brood *nt*; ~ **complet** volkorenbrood *nt*; **petit** ~ broodje *nt*
pair [pɛ:r] *adj* even
paire [pɛ:r] *f* paar *nt*
paisible [pe'zibl] *adj* vreedzaam, stil
***paître** [pɛ:tr] *v* grazen
paix [pe] *f* vrede *c*
Pakistan [paki'stã] *m* Pakistan
Pakistanais [pakista'ne] *m* Pakistaan *c*
pakistanais [pakista'ne] *adj* Pakistaans
palais [pa'le] *m* paleis *nt*; gehemelte *nt*
pâle [pa:l] *adj* bleek; licht
palme [palm] *f* palm *c*
palpable [pal'pabl] *adj* tastbaar
palper [pal'pe] *v* betasten
palpitation [palpita'sjõ] *f* hartklopping *c*
pamplemousse [pãplə'mus] *m* pompelmoes *c*
panier [pa'nje] *m* mand *c*
panique [panik] *f* paniek *c*; schrik *c*
panne [pan] *f* panne *c*, motorpech *c*; **tomber en** ~ stuk *gaan
panneau [pa'no] *m* paneel *nt*
pansement [pã'smã] *m* verband *nt*
panser [pã'se] *v* *verbinden
pantalon [pãta'lõ] *m* broek *c*; **ensemble-pantalon** broekpak *nt*; ~ **de ski** skibroek *c*
pantoufle [pã'tufl] *f* slof *c*, pantoffel *c*
paon [pã] *m* pauw *c*
papa [pa'pa] *m* papa *c*
pape [pap] *m* paus *c*
papeterie [papɛ'tri] *f* kantoorboekhandel *c*; schrijfbehoeften *pl*
papier [pa'pje] *m* papier *nt*; **en** ~ papieren; ~ **à écrire** schrijfpapier *nt*; ~ **à lettres** briefpapier *nt*, schrijfpapier *nt*; ~ **à machine** schrijfmachinepapier *nt*; ~ **buvard** vloeipapier *nt*; ~ **carbone** carbonpapier *nt*; ~ **d'emballage** pakpapier *nt*; ~ **d'étain** zilverpapier *nt*; ~ **de verre** schuurpapier *nt*; ~ **hygiénique** closetpapier *nt*, toiletpapier *nt*; ~ **peint** behang *nt*
papillon [papi'jõ] *m* vlinder *c*
paquebot [pak'bo] *m* lijnboot *c*
Pâques [pa:k] Pasen
paquet [pa'ke] *m* pakje *nt*; bundel *c*
par [par] *prep* door; per, uit
parade [pa'rad] *f* parade *c*, optocht *c*
paragraphe [para'graf] *m* paragraaf *c*; alinea *c*
***paraître** [pa'rɛ:tr] *v* *schijnen, *lijken; *verschijnen
parallèle [para'lɛl] *m* parallel *c*; *adj* evenwijdig, parallel
paralyser [parali'ze] *v* verlammen; **paralysé** lam
parapher [para'fe] *v* paraferen
parapluie [para'plɥi] *m* paraplu *c*
parasol [para'sɔl] *m* parasol *c*
parc [park] *m* park *nt*; ~ **de stationnement** parkeerplaats *c*; ~ **national** natuurreservaat *nt*
parce que [parskə] omdat
parcimonieux [parsimɔ'njø] *adj* zuinig, spaarzaam
parcomètre [parkɔ'mɛtr] *m* parkeermeter *c*

***parcourir** [parku'ri:r] *v* *doorlopen; afleggen
parcours [par'ku:r] *m* trajekt *nt*
par-dessus [pardə'sy] *prep* over
pardessus [pardə'sy] *m* mantel *c*, overjas *c*
pardon [par'dɔ̃] *m* vergiffenis *c*; **pardon!** pardon!
pardonner [pardɔ'ne] *v* *vergeven
pare-brise [par'bri:z] *m* voorruit *c*
pare-choc [par'ʃɔk] *m* bumper *c*
pareil [pa'rɛ:j] *adj* gelijk, eender; **sans ~** onovertroffen
parent [pa'rɑ̃] *m* familielid *nt*, verwante *c*; **parents** ouders *pl*; **parents nourriciers** pleegouders *pl*
paresseux [parɛ'sø] *adj* lui
parfait [par'fe] *adj* volmaakt; feilloos, volkomen
parfois [par'fwa] *adv* soms
parfum [par'fœ̃] *m* geur *c*; parfum *nt*
parfumerie [parfym'ri] *f* parfumerie *c*
pari [pa'ri] *m* weddenschap *c*
parier [pa'rje] *v* wedden
parking [par'kiŋ] *m* parkeerplaats *c*
parlement [parlə'mɑ̃] *m* parlement *nt*
parlementaire [parləmɑ̃'tɛ:r] *adj* parlementair
parler [par'le] *v* *spreken, praten
parmi [par'mi] *prep* te midden van, tussen
paroisse [pa'rwas] *f* parochie *c*
parole [pa'rɔl] *f* spraak *c*
parrain [pa'rɛ̃] *m* peetvader *c*
part [pa:r] *f* gedeelte *nt*, deel *nt*; **à ~** apart; terzijde; **nulle ~** nergens; **quelque ~** ergens
partager [parta'ʒe] *v* delen
partenaire [partə'nɛ:r] *m* partner *c*
parti [par'ti] *m* partij *c*
partial [par'sjal] *adj* partijdig
participant [partisi'pɑ̃] *m* deelnemer *c*
participer [partisi'pe] *v* *deelnemen
particularité [partikylari'te] *f* eigenaardigheid *c*; bijzonderheid *c*
particulier [partiky'lje] *adj* speciaal, bijzonder; afzonderlijk, particulier; **en ~** in het bijzonder
particulièrement [partikyljɛr'mɑ̃] *adv* in het bijzonder
partie [par'ti] *f* deel *nt*; **en ~** deels
partiel [par'sjɛl] *adj* gedeeltelijk
partiellement [parsjɛl'mɑ̃] *adv* gedeeltelijk
***partir** [par'ti:r] *v* *vertrekken, *weggaan; **à partir de** vanaf, met ingang van; **parti** weg
partisan [parti'zɑ̃] *m* voorstander *c*
partout [par'tu] *adv* overal; **~ où** waar ook
***parvenir à** [parvə'ni:r] bereiken
pas [pa] *m* pas *c*, stap *c*; **faux ~** misstap *c*; **ne … ~** niet
passablement [pasablə'mɑ̃] *adv* tamelijk, nogal
passage [pa'sa:ʒ] *m* doorgang *c*; doorreis *c*; oversteekplaats *c*; gangpad *nt*; passage *c*; **~ à niveau** overweg *c*; **~ clouté** zebrapad *nt*; **~ pour piétons** zebrapad *nt*
passager [pasa'ʒe] *m* passagier *c*
passant [pa'sɑ̃] *m* voorbijganger *c*
passé [pa'se] *m* verleden *nt*; *adj* voorbij; vorig; *prep* meer dan
passeport [pa'spɔ:r] *m* paspoort *nt*
passer [pa'se] *v* passeren; *voorbijgaan; *aangeven; **en passant** terloops; **~ en contrebande** smokkelen; **se ~** gebeuren; **se ~ de** missen
passerelle [pa'srɛl] *f* loopplank *c*
passe-temps [pa'stɑ̃] *m* hobby *c*
passif [pa'sif] *adj* passief
passion [pa'sjɔ̃] *f* hartstocht *c*, passie *c*
passionnant [pasjɔ'nɑ̃] *adj* spannend
passionné [pasjɔ'ne] *adj* hartstochtelijk; enthousiast
passoire [pa'swa:r] *f* zeef *c*; vergiet *nt*
pastèque [pa'stɛk] *f* watermeloen *c*

pasteur [pa'stœ:r] *m* dominee *c*; predikant *c*
patauger [pato'ʒe] *v* waden
pâte [pa:t] *f* pasta *c*; deeg *nt*, beslag *nt*; ~ **dentifrice** tandpasta *c/nt*
patère [pa'tɛ:r] *f* klerenhaak *c*
paternel [patɛr'nɛl] *adj* vaderlijk
patience [pa'sjɑ̃:s] *f* geduld *nt*
patient [pa'sjɑ̃] *m* patient *c*; *adj* geduldig
patin [pa'tɛ̃] *m* schaats *c*
patiner [pati'ne] *v* schaatsen
patinette [pati'nɛt] *f* autoped *c*
patinoire [pati'nwa:r] *f* kunstijsbaan *c*, ijsbaan *c*
pâtisserie [pati'sri] *f* gebak *nt*; banketbakkerij *c*
patrie [pa'tri] *f* vaderland *nt*
patriote [patri'ɔt] *m* patriot *c*
patron [pa'trɔ̃] *m* baas *c*
patronne [pa'trɔn] *f* meesteres *c*
patrouille [pa'tru:j] *f* patrouille *c*
patrouiller [patru'je] *v* patrouilleren
patte [pat] *f* poot *c*
pâture [pa'ty:r] *f* weiland *nt*
paume [po:m] *f* handpalm *c*
paupière [po'pjɛ:r] *f* ooglid *nt*
pause [po:z] *f* pauze *c*
pauvre [po:vr] *adj* arm
pauvreté [povrə'te] *f* armoede *c*
pavage [pa'va:ʒ] *m* plaveisel *nt*
paver [pa've] *v* plaveien, bestraten
pavillon [pavi'jɔ̃] *m* paviljoen *nt*; ~ **de chasse** jachthuis *nt*
pavot [pa'vo] *m* papaver *c*
payable [pe'jabl] *adj* verschuldigd
paye [pɛ:j] *f* loon *nt*
payer [pe'je] *v* betalen; lonen; ~ **à tempérament** afbetalen
pays [pe'i] *m* land *nt*; ~ **boisé** bebost gebied; ~ **natal** geboorteland *nt*
paysage [pei'za:ʒ] *m* landschap *nt*
paysan [pei'zɑ̃] *m* boer *c*
Pays-Bas [pei'ba] *mpl* Nederland

péage [pe'a:ʒ] *m* tol *c*
peau [po] *f* vel *nt*, huid *c*; schil *c*; ~ **de porc** varkensleer *nt*; ~ **de vache** koeiehuid *c*
péché [pe'ʃe] *m* zonde *c*
pêche[1] [pɛʃ] *f* perzik *c*
pêche[2] [pɛʃ] *f* visserij *c*; **attirail de** ~ vistuig *nt*
pêcher [pe'ʃe] *v* hengelen, vissen; ~ **à la ligne** hengelen
pêcheur [pɛ'ʃœ:r] *m* visser *c*
pédale [pe'dal] *f* pedaal *nt/c*
pédicure [pedi'ky:r] *m* pedicure *c*
peigne [pɛɲ] *m* kam *c*; ~ **de poche** zakkam *c*
peigner [pe'ɲe] *v* kammen
peignoir [pɛ'ɲwa:r] *m* badjas *c*
***peindre** [pɛ̃:dr] *v* schilderen; verven
peine [pɛn] *f* moeite *c*; straf *c*; **à** ~ nauwelijks; pas; ***avoir de la** ~ treuren; ~ **de mort** doodstraf *c*
peiner [pe'ne] *v* zwoegen
peintre [pɛ̃:tr] *m* schilder *c*
peinture [pɛ̃'ty:r] *f* verf *c*; schilderij *nt*; ~ **à l'huile** olieverfschilderij *nt*
pelage [pə'la:ʒ] *m* bont *nt*
peler [pə'le] *v* schillen *c*
pèlerin [pɛl'rɛ̃] *m* pelgrim *c*
pèlerinage [pɛlri'na:ʒ] *m* bedevaart *c*
pélican [peli'kɑ̃] *m* pelikaan *c*
pelle [pɛl] *f* schop *c*, spade *c*
pellicule [pɛli'kyl] *f* film *c*; **pellicules** roos *c*
pelouse [pə'lu:z] *f* gazon *nt*
pelure [pə'ly:r] *f* schil *c*
penalty [penal'ti] *m* strafschop *c*
penchant [pɑ̃'ʃɑ̃] *m* neiging *c*
se pencher [pɑ̃'ʃe] zich bukken
pendant [pɑ̃'dɑ̃] *prep* gedurende, tijdens; ~ **que** terwijl
pendre [pɑ̃:dr] *v* *hangen
pénétrer [pene'tre] *v* *doordringen
pénible [pe'nibl] *adj* moeizaam; pijnlijk

pénicilline [penisi'lin] *f* penicilline *c*
péninsule [penɛ̃'syl] *f* schiereiland *nt*
pensée [pɑ̃'se] *f* gedachte *c*
penser [pɑ̃'se] *v* *denken
penseur [pɑ̃'sœ:r] *m* denker *c*
pensif [pɑ̃'sif] *adj* nadenkend
pension [pɑ̃'sjɔ̃] *f* pension *nt*; pensioen *nt*; ~ **alimentaire** alimentatie *c*; ~ **complète** vol pension, kost en inwoning
pensionnaire [pɑ̃sjɔ'nɛ:r] *m* kostganger *c*
pente [pɑ̃:t] *f* helling *c*; glooiing *c*; **en** ~ afhellend, hellend
Pentecôte [pɑ̃t'ko:t] *f* Pinksteren
pénurie [peny'ri] *f* schaarste *c*
pépé [pe'pe] *m* opa *c*
pépin [pe'pɛ̃] *m* pit *c*
pépinière [pepi'njɛ:r] *f* boomkwekerij *c*
perceptible [pɛrsep'tibl] *adj* merkbaar
perception [pɛrsɛ'psjɔ̃] *f* gewaarwording *c*
percer [pɛr'se] *v* doorboren
* **percevoir** [pɛrsə'vwa:r] *v* bemerken; voelen
perche [pɛrʃ] *f* baars *c*
percolateur [pɛrkɔla'tœ:r] *m* percolator *c*
perdre [pɛrdr] *v* *verliezen; kwijtraken
perdrix [pɛr'dri] *f* patrijs *c*
père [pɛ:r] *m* vader *c*; pater *c*
perfection [pɛrfɛk'sjɔ̃] *f* perfectie *c*, volmaaktheid *c*
performance [pɛrfɔr'mɑ̃:s] *f* prestatie *c*; voorstelling *c*
péril [pe'ril] *m* gevaar *nt*
périlleux [peri'jø] *adj* gevaarlijk
périmé [peri'me] *adj* vervallen
période [pe'rjɔd] *f* periode *c*
périodique [perjɔ'dik] *adj* periodiek; *m* tijdschrift *nt*
périr [pe'ri:r] *v* *omkomen
périssable [peri'sabl] *adj* aan bederf onderhevig
perle [pɛrl] *f* parel *c*; kraal *c*
permanent [pɛrma'nɑ̃] *adj* permanent
permanente [pɛrma'nɑ̃:t] *f* permanent *c*
* **permettre** [pɛr'mɛtr] *v* *toestaan, veroorloven; in staat stellen; **se** ~ zich veroorloven
permis [pɛr'mi] *m* vergunning *c*; verlof *nt*; ~ **de conduire** rijbewijs *nt*; ~ **de pêche** visakte *c*; ~ **de séjour** verblijfsvergunning *c*; ~ **de travail** werkvergunning *c*
permission [pɛrmi'sjɔ̃] *f* toestemming *c*; verlof *nt*
perpendiculaire [pɛrpɑ̃diky'lɛ:r] *adj* loodrecht
perroquet [pɛrɔ'ke] *m* papegaai *c*
perruche [pɛ'ryʃ] *f* parkiet *c*
perruque [pɛ'ryk] *f* pruik *c*
Persan [pɛr'sɑ̃] *m* Pers *c*
persan [pɛr'sɑ̃] *adj* Perzisch
Perse [pɛrs] *f* Perzië
persévérer [pɛrseve're] *v* *volhouden
persienne [pɛr'sjɛn] *f* jaloezie *c*; luik *nt*
persil [pɛr'si] *m* peterselie *c*
persister [pɛrsi'ste] *v* *volhouden
personnalité [pɛrsɔnali'te] *f* persoonlijkheid *c*
personne [pɛr'sɔn] *f* persoon *c*; **ne … personne** niemand; **par** ~ per persoon
personnel [pɛrsɔ'nɛl] *m* personeel *nt*, staf *c*; *adj* persoonlijk
perspective [pɛrspɛk'ti:v] *f* perspectief *nt*, vooruitzicht *nt*
persuader [pɛrsɥa'de] *v* overreden, overhalen
perte [pɛrt] *f* verlies *nt*
pertinent [pɛrti'nɑ̃] *adj* passend
peser [pə'ze] *v* *wegen
pessimisme [pɛsi'mism] *m* pessimisme

nt
pessimiste [pɛsi'mist] *m* pessimist *c*; *adj* pessimistisch
pétale [pe'tal] *m* bloemblad *nt*
pétillement [petij'mɑ̃] *m* prik *c*
petit [pə'ti] *adj* klein
petite-fille [pətit'fi:j] *f* kleindochter *c*
petit-fils [pəti'fis] *m* kleinzoon *c*
pétition [peti'sjɔ̃] *f* petitie *c*
pétrole [pe'trɔl] *m* petroleum *c*, olie *c*; **gisement de ~** oliebron *c*
peu [pø] *adj* weinig; *m* beetje *nt*; **à ~ près** circa, ongeveer; haast; **~ de** weinig; **quelque ~** enigszins; **sous ~** weldra, gauw; **un ~** iets
peuple [pœpl] *m* volk *nt*
peur [pœ:r] *f* angst *c*; ***avoir ~** bang *zijn
peut-être [pø'tɛ:tr] *adv* misschien; wellicht
phare [fa:r] *m* vuurtoren *c*; koplamp *c*; **~ anti-brouillard** mistlamp *c*
pharmacie [farma'si] *f* apotheek *c*
pharmacien [farma'sjɛ̃] *m* apotheker *c*
pharmacologie [farmakɔlɔ'ʒi] *f* farmacologie *c*
phase [fa:z] *f* fase *c*
Philippin [fili'pɛ̃] *m* Filippijn *c*
philippin [fili'pɛ̃] *adj* Filippijns
Philippines [fili'pin] *fpl* Filippijnen *pl*
philosophe [filɔ'zɔf] *m* wijsgeer *c*, filosoof *c*
philosophie [filɔzɔ'fi] *f* wijsbegeerte *c*, filosofie *c*
phonétique [fɔne'tik] *adj* fonetisch
phonographe [fɔnɔ'graf] *m* grammofoon *c*
phoque [fɔk] *m* zeehond *c*; rob *c*
photo [fɔ'to] *f* foto *c*; **~ d'identité** pasfoto *c*
photocopie [fɔtɔkɔ'pi] *f* fotocopie *c*
photographe [fɔtɔ'graf] *m* fotograaf *c*
photographie [fɔtɔgra'fi] *f* fotografie *c*; foto *c*
photographier [fɔtɔgra'fje] *v* fotograferen
photomètre [fɔtɔ'mɛtr] *m* belichtingsmeter *c*
phrase [fra:z] *f* zin *c*
physicien [fizi'sjɛ̃] *m* natuurkundige *c*
physiologie [fizjɔlɔ'ʒi] *f* fysiologie *c*
physique [fi'zik] *f* fysica *c*, natuurkunde *c*; *adj* fysiek; stoffelijk
pianiste [pja'nist] *m* pianist *c*
piano [pja'no] *m* piano *c*; **~ à queue** vleugel *c*
pie [pi] *f* ekster *c*
pièce [pjɛs] *f* stuk *nt*; kamer *c*, vertrek *nt*; **~ de monnaie** geldstuk *nt*, muntstuk *nt*; **~ de rechange** onderdeel *nt*; **~ de séjour** huiskamer *c*; **~ détachée** onderdeel *nt*; **~ de théâtre** toneelstuk *nt*
pied [pje] *m* voet *c*; poot *c*; **à ~** te voet
piège [pjɛ:ʒ] *m* val *c*
pierre [pjɛ:r] *f* steen *c*; **en ~** stenen; **~ à briquet** vuursteen *c*; **~ ponce** puimsteen *nt*; **~ précieuse** edelsteen *c*; **~ tombale** grafsteen *c*
piétiner [pjeti'ne] *v* stampen
piéton [pje'tɔ̃] *m* voetganger *c*
piètre [pjɛtr] *adj* slecht
pieuvre [pjœ:vr] *f* octopus *c*
pieux [pjø] *adj* vroom
pigeon [pi'ʒɔ̃] *m* duif *c*
pignon [pi'ɲɔ̃] *m* geveltop *c*
pile [pil] *f* stapel *c*; batterij *c*
pilier [pi'lje] *m* pilaar *c*
pilote [pi'lɔt] *m* piloot *c*; loods *c*
pilule [pi'lyl] *f* pil *c*
pin [pɛ̃] *m* den *c*
pince [pɛ̃:s] *f* tang *c*; pincet *c*; **~ à cheveux** haarspeld *c*
pinceau [pɛ̃'so] *m* kwast *c*; penseel *nt*
pincer [pɛ̃'se] *v* *knijpen
pincettes [pɛ̃'sɛt] *fpl* pincet *nt*
pingouin [pɛ̃'gwɛ̃] *m* pinguin *c*

ping-pong [piŋ'pɔŋ] *m* tafeltennis *nt*
pinson [pɛ̃'sɔ̃] *m* vink *c*
pioche [pjɔʃ] *f* houweel *nt*
pion [pjɔ̃] *m* pion *c*
pionnier [pjɔ'nje] *m* pionier *c*
pipe [pip] *f* pijp *c*
piquant [pi'kɑ̃] *adj* pikant
pique-nique [pik'nik] *m* picknick *c*
pique-niquer [pikni'ke] *v* picknicken
piquer [pi'ke] *v* *steken, prikken
piqûre [pi'ky:r] *f* injectie *c*; steek *c*, prik *c*
pirate [pi'rat] *m* piraat *c*
pire [pi:r] *adj* slechter; **le** ~ ergst
pis [pi] *adv* erger; **tant pis**! doet er niet toe!
piscine [pi'sin] *f* zwembad *nt*
pissenlit [pisɑ̃'li] *m* paardebloem *c*
piste [pist] *f* spoor *nt*; renbaan *c*; piste *c*; ~ **de courses** renbaan *c*; ~ **de décollage** startbaan *c*
pistolet [pistɔ'le] *m* pistool *nt*
piston [pi'stɔ̃] *m* zuiger *c*; **segment de** ~ zuigerring *c*; **tige de** ~ zuigerstang *c*
pitié [pi'tje] *f* medelijden *nt*; ***avoir** ~ **de** medelijden *hebben met
pittoresque [pitɔ'rɛsk] *adj* schilderachtig, pittoresk
placard [pla'ka:r] *m* kast *c*
place [plas] *f* plaats *c*; zitplaats *c*; plein *nt*; ~ **forte** burcht *c*
placement [pla'smɑ̃] *m* belegging *c*
placer [pla'se] *v* plaatsen; beleggen
plafond [pla'fɔ̃] *m* plafond *nt*
plage [pla:ʒ] *f* strand *nt*; ~ **pour nudistes** naaktstrand *nt*
plaider [ple'de] *v* pleiten
plaidoyer [plɛdwa'je] *m* pleidooi *nt*
plaie [ple] *f* wond *c*
se *plaindre [plɛ̃:dr] klagen
plaine [plɛn] *f* laagland *nt*, vlakte *c*
plainte [plɛ̃:t] *f* klacht *c*
***plaire** [plɛ:r] *v* *bevallen; **s'il vous plaît** alstublieft
plaisant [plɛ'zɑ̃] *adj* prettig; amusant
plaisanter [plɛzɑ̃'te] *v* grapjes maken
plaisanterie [plezɑ̃'tri] *f* grap *c*
plaisir [ple'zi:r] *m* plezier *nt*; genot *nt*, verrukking *c*, lol *c*, pret *c*; **avec** ~ graag; ***prendre** ~ *genieten van
plan [plɑ̃] *m* plan *nt*; plattegrond *c*; schema *nt*; *adj* vlak, plat, effen; **premier** ~ voorgrond *c*
planche [plɑ̃:ʃ] *f* plank *c*
plancher [plɑ̃'ʃe] *m* vloer *c*
planétarium [planeta'rjɔm] *m* planetarium *nt*
planète [pla'nɛt] *f* planeet *c*
planeur [pla'nœ:r] *m* zweefvliegtuig *nt*
planifier [plani'fje] *v* plannen
plantation [plɑ̃ta'sjɔ̃] *f* plantage *c*
plante [plɑ̃:t] *f* plant *c*
planter [plɑ̃'te] *v* planten
plaque [plak] *f* plaat *c*; ~ **d'immatriculation** nummerbord *nt*
plastique [pla'stik] *adj* plastic; *m* plastic *nt*
plat [pla] *m* schaal *c*, schotel *c*; gerecht *nt*; gang *c*; *adj* plat, vlak
plateau [pla'to] *m* hoogvlakte *c*; dienblad *nt*
plate-bande [plat'bɑ̃:d] *f* bloemperk *nt*
platine [pla'tin] *m* platina *nt*
plâtre [pla:tr] *m* gips *nt*
plein [plɛ̃] *adj* vol; ***faire le** ~ opvullen; ~ **à craquer** afgeladen; **pleine saison** hoogseizoen *nt*
pleurer [plœ're] *v* huilen
***pleuvoir** [plœ'vwa:r] *v* regenen
pli [pli] *m* vouw *c*; ~ **permanent** plooihoudend
plie [pli] *f* schol *c*
plier [pli'e] *v* *vouwen; *opvouwen
plomb [plɔ̃] *m* lood *nt*
plombage [plɔ̃'ba:ʒ] *m* vulling *c*
plombier [plɔ̃'bje] *m* loodgieter *c*

plonger [plɔ̃'ʒe] *v* *duiken
pluie [plɥi] *f* regen *c*
plume [plym] *f* veer *c*; pen *c*
(la) plupart [ply'pa:r] de meeste
pluriel [ply'rjɛl] *m* meervoud *nt*
plus [plys] *adj* meer; *prep* plus; **de ~** bovendien; **le ~** meest; **ne ... ~** niet meer; **~ ... plus** hoe ... hoe
plusieurs [ply'zjœ:r] *adj* verscheidene
plutôt [ply'to] *adv* nogal, tamelijk; liever; eerder
pluvieux [ply'vjø] *adj* regenachtig
pneu [pnø] *m* (pl ~s) band *c*; **~ crevé** lekke band; **~ de rechange** reserveband *c*
pneumatique [pnøma'tik] *adj* pneumatisch
pneumonie [pnømɔ'ni] *f* longontsteking *c*
poche [pɔʃ] *f* zak *c*; **lampe de ~** zaklantaarn *c*
pochette [pɔ'ʃɛt] *f* buidel *c*
poêle [pwal] *f* steelpan *c*; *m* kachel *c*; **~ à frire** koekepan *c*
poème [pɔ'ɛm] *m* gedicht *nt*; **~ épique** epos *nt*
poésie [pɔe'zi] *f* dichtkunst *c*
poète [pɔ'ɛt] *m* dichter *c*
poids [pwa] *m* gewicht *nt*
poignée [pwa'ɲe] *f* handvat *nt*; handvol *c*; **~ de main** handdruk *c*
poignet [pwa'ɲe] *m* pols *c*
poil [pwal] *m* haar *nt*
poing [pwɛ̃] *m* vuist *c*
point [pwɛ̃] *m* punt *nt*; punt *c*; steek *c*; **~ de congélation** vriespunt *nt*; **~ de départ** uitgangspunt *nt*; **~ de repère** baken *nt*; **~ de vue** opvatting *c*, zienswijze *c*; **~ d'interrogation** vraagteken *nt*; **point-virgule** *m* puntkomma *c*
pointe [pwɛ̃:t] *f* punt *c*; **heure de ~** spitsuur *nt*
pointer [pwɛ̃'te] *v* aanstrepen
pointu [pwɛ̃'ty] *adj* spits
poire [pwa:r] *f* peer *c*
poireau [pwa'ro] *m* prei *c*
pois [pwa] *m* erwt *c*
poison [pwa'zɔ̃] *m* vergif *nt*
poisson [pwa'sɔ̃] *m* vis *c*
poissonnerie [pwasɔn'ri] *f* viswinkel *c*
poitrine [pwa'trin] *f* borst *c*; borstkas *c*
poivre [pwa:vr] *m* peper *c*
pôle nord [pol nɔ:r] noordpool *c*
pôle sud [pol syd] zuidpool *c*
poli [pɔ'li] *adj* beleefd
police [pɔ'lis] *f* politie *c*; polis *c*; **commissariat de ~** politiebureau *nt*; **~ d'assurance** verzekeringspolis *c*
policier [pɔli'sje] *m* politieagent *c*
poliomyélite [pɔljɔmje'lit] *f* kinderverlamming *c*; polio *c*
polir [pɔ'li:r] *v* poetsen
polisson [pɔli'sɔ̃] *adj* ondeugend
politicien [pɔliti'sjɛ̃] *m* politicus *c*
politique [pɔli'tik] *f* politiek *c*; beleid *nt*; *adj* politiek
pollution [pɔly'sjɔ̃] *f* vervuiling *c*, verontreiniging *c*
Pologne [pɔ'lɔɲ] *f* Polen
Polonais [pɔlɔ'ne] *m* Pool *c*
polonais [pɔlɔ'ne] *adj* Pools
pomme [pɔm] *f* appel *c*; **~ de terre** aardappel *c*; **pommes frites** frites *pl*
pommette [pɔ'mɛt] *f* jukbeen *nt*
pompe [pɔ̃:p] *f* pomp *c*; **~ à eau** waterpomp *c*; **~ à essence** benzinepomp *c*
pomper [pɔ̃'pe] *v* pompen
pompier [pɔ̃'pje] *m* brandweerman *c*; **pompiers** brandweer *c*
ponctuel [pɔ̃k'tɥɛl] *adj* stipt, punctueel
pondéré [pɔ̃de're] *adj* bezonnen
pondre [pɔ̃:dr] *v* leggen
poney [pɔ'ne] *m* pony *c*

pont [pɔ̃] *m* brug *c*; dek *nt*; **pont-levis** *m* ophaalbrug *c*; ~ **principal** bovendek *nt*; ~ **suspendu** hangbrug *c*
popeline [pɔ'plin] *f* popeline *nt/c*
populaire [pɔpy'lɛ:r] *adj* populair; volks-
population [pɔpyla'sjɔ̃] *f* bevolking *c*
populeux [pɔpy'lø] *adj* dichtbevolkt
porc [pɔ:r] *m* varkensvlees *nt*
porcelaine [pɔrsə'lɛn] *f* porselein *nt*
porc-épic [pɔrke'pik] *m* stekelvarken *nt*
port[1] [pɔ:r] *m* haven *c*; ~ **de mer** zeehaven *c*
port[2] [pɔ:r] *m* frankering *c*; ~ **payé** franko
portatif [pɔrta'tif] *adj* draagbaar
porte [pɔrt] *f* deur *c*; poort *c*; ~ **coulissante** schuifdeur *c*; ~ **tournante** draaideur *c*
porte-bagages [pɔrtba'ga:ʒ] *m* bagagerek *nt*
porte-bonheur [pɔrtbɔ'nœ:r] *m* amulet *c*
porte-documents [pɔrtdɔky'mɑ̃] *m* aktentas *c*
portée [pɔr'te] *f* bereik *nt*; nest *nt*
portefeuille [pɔrtə'fœ:j] *m* portefeuille *c*
porte-jarretelles [pɔrtʒar'tɛl] *m* jarretelgordel *c*
porte-manteau [pɔrtmɑ̃'to] *m* kapstok *c*
porte-monnaie [pɔrtmɔ'ne] *m* portemonnee *c*
porter [pɔr'te] *v* *dragen; *aanhebben; ~ **sur** betrekking *hebben op; **se ~ bien** goed gezond *zijn
porteur [pɔr'tœ:r] *m* drager *c*; kruier *c*
portier [pɔr'tje] *m* portier *c*
portion [pɔr'sjɔ̃] *f* portie *c*
portrait [pɔr'trɛ] *m* portret *nt*
Portugais [pɔrty'gɛ] *m* Portugees *c*
portugais [pɔrty'gɛ] *adj* Portugees
Portugal [pɔrty'gal] *m* Portugal
poser [po'ze] *v* zetten; leggen, stellen
positif [pozi'tif] *m* positief *nt*; *adj* positief
position [pozi'sjɔ̃] *f* positie *c*; ligging *c*; betrekking *c*
posséder [pɔse'de] *v* *bezitten
possession [pɔsɛ'sjɔ̃] *f* bezit *nt*
possibilité [pɔsibili'te] *f* mogelijkheid *c*
possible [pɔ'sibl] *adj* mogelijk
poste[1] [pɔst] *f* post *c*; ***mettre à la ~** posten; ~ **aérienne** luchtpost *c*; ~ **restante** poste restante
poste[2] [pɔst] *m* plaats *c*; betrekking *c*; ~ **de secours** eerste hulppost; ~ **d'essence** benzinestation *nt*
poster [pɔ'ste] *v* posten
postérieur [pɔste'rjœ:r] *m* achterwerk *nt*; *adj* volgend
postiche [pɔ'stiʃ] *m* haarstukje *nt*
pot [po] *m* pot *c*
potable [pɔ'tabl] *adj* drinkbaar
potage [pɔ'ta:ʒ] *m* soep *c*
poteau [pɔ'to] *m* paal *c*; ~ **indicateur** wegwijzer *c*
potelé [pɔ'tle] *adj* mollig
poterie [pɔ'tri] *f* aardewerk *nt*
pou [pu] *m* (pl ~x) luis *c*
poubelle [pu'bɛl] *f* vuilnisbak *c*
pouce [pus] *m* duim *c*
poudre [pudr] *f* poeder *nt/c*; ~ **à canon** kruit *nt*; ~ **dentifrice** tandpoeder *nt/c*; ~ **de riz** gezichtspoeder *nt/c*; ~ **pour les pieds** voetpoeder *nt/c*; **savon en ~** zeeppoeder *nt*
poudrier [pudri'e] *m* poederdoos *c*
poule [pul] *f* kip *c*, hen *c*
poulet [pu'lɛ] *m* kuiken *nt*, kip *c*
poulie [pu'li] *f* katrol *c*
pouls [pu] *m* pols *c*; polsslag *c*
poumon [pu'mɔ̃] *m* long *c*
poupée [pu'pe] *f* pop *c*
pour [pu:r] *prep* voor; naar; ~ **que**

opdat
pourboire [pur'bwa:r] *m* fooi *c*
pourcentage [pursɑ̃'ta:ʒ] *m* percentage *nt*
pourchasser [purʃa'se] *v* *najagen
pourpre [purpr] *adj* paars
pourquoi [pur'kwa] *adv* waarom
pourrir [pu'ri:r] *v* rotten; **pourri** rot
* **poursuivre** [pur'sɥi:vr] *v* *doorgaan, vervolgen, *voortgaan
pourtant [pur'tɑ̃] *adv* evenwel, toch, maar; overigens
pourvu que [purvy kə] mits
poussée [pu'se] *f* zet *c*
pousser [pu'se] *v* duwen; *schuiven, *dringen
poussette [pu'sɛt] *f* kinderwagen *c*
poussière [pu'sjɛ:r] *f* stof *nt*
poussiéreux [pusje'rø] *adj* stoffig
poussoir [pu'swa:r] *m* drukknop *c*
poutre [putr] *f* balk *c*
pouvoir [pu'vwa:r] *m* macht *c*; ~ **exécutif** uitvoerende macht
* **pouvoir** [pu'vwa:r] *v* *kunnen; *mogen
praline [pra'lin] *f* bonbon *c*
pratique [pra'tik] *f* praktijk *c*; *adj* praktisch, geriefelijk; **pratiquement** *adv* vrijwel
pratiquer [prati'ke] *v* beoefenen
pré [pre] *m* wei *c*
préalable [prea'labl] *adj* voorgaand
précaire [pre'kɛ:r] *adj* hachelijk
précaution [preko'sjɔ̃] *f* voorzorg *c*, voorzorgsmaatregel *c*
précédemment [preseda'mɑ̃] *adv* eerder
précédent [prese'dɑ̃] *adj* voorgaand, vorig, verleden; vroeger
précéder [prese'de] *v* *voorafgaan
précepteur [presɛp'tœ:r] *m* huisonderwijzer *c*
prêcher [pre'ʃe] *v* preken
précieux [pre'sjø] *adj* kostbaar; dierbaar
précipice [presi'pis] *m* afgrond *c*
précipitation [presipita'sjɔ̃] *f* neerslag *c*
précipité [presipi'te] *adj* haastig
se précipiter [presipi'te] snellen
précis [pre'si] *adj* precies; nauwkeurig
préciser [presi'ze] *v* preciseren
précision [presi'zjɔ̃] *f* nauwkeurigheid *c*; **précisions** bijzonderheden *pl*
prédécesseur [predesɛ'sœ:r] *m* voorganger *c*
* **prédire** [pre'di:r] *v* voorspellen
préférable [prefe'rabl] *adj* verkieselijker; te verkiezen, de voorkeur verdienend
préférence [prefe'rɑ̃:s] *f* voorkeur *c*
préférer [prefe're] *v* liever *hebben; **préféré** lievelings-
préfixe [pre'fiks] *m* voorvoegsel *nt*
préjudiciable [preʒydi'sjabl] *adj* nadelig
préjugé [preʒy'ʒe] *m* vooroordeel *nt*
prélever [prel've] *v* *heffen
préliminaire [prelimi'nɛ:r] *adj* inleidend, voorlopig
prématuré [prematy're] *adj* voorbarig
premier [prə'mje] *num* eerst; *adj* hoogst; ~ **ministre** premier *c*
* **prendre** [prɑ:dr] *v* *nemen; ophalen; *v* *innemen; ~ **garde** *uitkijken, zich hoeden; ~ **soin de** zorgen voor
prénom [pre'nɔ̃] *m* voornaam *c*
préparation [prepara'sjɔ̃] *f* voorbereiding *c*
préparer [prepa're] *v* voorbereiden; regelen, klaarmaken; bereiden
préposition [prepozi'sjɔ̃] *f* voorzetsel *nt*
près [pre] *adv* dichtbij; **à peu** ~ omstreeks; ~ **de** bij
presbytère [prɛsbi'tɛ:r] *m* pastorie *c*
prescription [prɛskri'psjɔ̃] *f* recept *nt*
* **prescrire** [prɛ'skri:r] *v* *voorschrijven
présence [pre'zɑ̃:s] *f* aanwezigheid *c*;

tegenwoordigheid *c*
présent [pre'zɑ̃] *m* heden *nt*; *adj* aanwezig; **jusqu'à** ~ tot zover
présenter [prezɑ̃'te] *v* *aanbieden; voorstellen, introduceren; **se** ~ *optreden; zich aanmelden
président [prezi'dɑ̃] *m* voorzitter *c*; president *c*
présomptueux [prezɔ̃p'tɥø] *adj* overmoedig; arrogant
presque [prɛsk] *adv* haast, bijna
pressant [prɛ'sɑ̃] *adj* urgent
presse [prɛs] *f* pers *c*
presser [pre'se] *v* drukken; **se** ~ zich haasten
pression [prɛ'sjɔ̃] *f* druk *c*; ~ **atmosphérique** luchtdruk *c*; ~ **des pneus** bandenspanning *c*; ~ **d'huile** oliedruk *c*
prestidigitateur [prɛstidiʒita'tœ:r] *m* goochelaar *c*
prestige [prɛ'sti:ʒ] *m* prestige *nt*
présumer [prezy'me] *v* veronderstellen
prêt [pre] *m* lening *c*; *adj* gereed, klaar; bereid
prétendre [pre'tɑ̃:dr] *v* beweren, voorwenden
prétentieux [pretɑ̃'sjø] *adj* verwaand
prétention [pretɑ̃'sjɔ̃] *f* aanspraak *c*
prêter [pre'te] *v* lenen, uitlenen; ~ **attention à** aandacht besteden aan, *geven om
prêteur sur gage [prɛtœr syr ga:ʒ] pandjesbaas *c*
prétexte [pre'tɛkst] *m* voorwendsel *nt*
prêtre [prɛ:tr] *m* priester *c*
preuve [prœ:v] *f* bewijs *nt*
prévenant [prɛ'vnɑ̃] *adj* zorgzaam, attent
***prévenir** [prɛ'vni:r] *v* waarschuwen; *voorkomen
préventif [prɛvɑ̃'tif] *adj* preventief
prévenu [pre'vny] *m* verdachte *c*
prévision [previ'zjɔ̃] *f* voorspelling *c*, verwachting *c*
***prévoir** [pre'vwa:r] *v* voorspellen; verwachten
prier [pri'e] *v* *bidden; uitnodigen, *verzoeken
prière [pri'ɛ:r] *f* gebed *nt*
primaire [pri'mɛ:r] *adj* primair
prime [prim] *f* premie *c*
primordial [primɔr'djal] *adj* hoofd-
prince [prɛ̃:s] *m* prins *c*
princesse [prɛ̃'sɛs] *f* prinses *c*
principal [prɛ̃si'pal] *adj* voornaamst; hoofd-
principalement [prɛ̃sipal'mɑ̃] *adv* voornamelijk, hoofdzakelijk
principe [prɛ̃'sip] *m* beginsel *nt*, principe *nt*
printemps [prɛ̃'tɑ̃] *m* lente *c*; voorjaar *nt*
priorité [priɔri'te] *f* voorrang *c*; prioriteit *c*; ~ **de passage** voorrang *c*
prise [pri:z] *f* greep *c*, houvast *nt*; inneming *c*; ~ **de vue** opname *c*
prison [pri'zɔ̃] *f* gevangenis *c*
prisonnier [prizɔ'nje] *m* gevangene *c*; ***faire** ~ gevangen *nemen; ~ **de guerre** krijgsgevangene *c*
privation [priva'sjɔ̃] *f* blootstelling *c*
privé [pri've] *adj* privé
priver de [pri've] *ontnemen
privilège [privi'lɛ:ʒ] *m* voorrecht *nt*
prix [pri] *m* prijs *c*; **prix-courant** *m* prijslijst *c*; ~ **d'achat** koopprijs *c*; ~ **de consolation** troostprijs *c*; ~ **d'entrée** entree *c*; ~ **du voyage** reiskosten *pl*, tarief *nt*
probable [prɔ'babl] *adj* waarschijnlijk; vermoedelijk
probablement [prɔbablə'mɑ̃] *adv* waarschijnlijk
problème [prɔ'blɛm] *m* probleem *nt*; vraagstuk *nt*
procédé [prɔse'de] *m* procédé *nt*
procéder [prɔse'de] *v* *voortgaan; te

werk *gaan
procédure [prɔse'dy:r] *f* procedure *c*
procès [prɔ'se] *m* proces *nt*; geding *nt*, rechtszaak *c*
procession [prɔsɛ'sjɔ̃] *f* processie *c*
processus [prɔse'sys] *m* proces *nt*
prochain [prɔ'ʃɛ̃] *adj* volgend
prochainement [prɔʃɛn'mɑ̃] *adv* binnenkort, weldra
proche [prɔʃ] *adj* nabij; nabijzijnd; naderend
proclamer [prɔkla'me] *v* afkondigen
procurer [prɔky're] *v* verschaffen; **se ~** behalen
prodigue [prɔ'dig] *adj* kwistig
producteur [prɔdyk'tœ:r] *m* producent *c*
production [prɔdyk'sjɔ̃] *f* produktie *c*; **~ en série** massaproduktie *c*
***produire** [prɔ'dɥi:r] *v* produceren; verwekken; **se ~** *voorkomen
produit [prɔ'dɥi] *m* produkt *nt*; opbrengst *c*
profane [prɔ'fan] *m* leek *c*
professer [prɔfe'se] *v* *belijden
professeur [prɔfɛ'sœ:r] *m* docent *c*; lerares *c*; leraar *c*, hoogleraar *c*, professor *c*
profession [prɔfɛ'sjɔ̃] *f* beroep *nt*
professionnel [prɔfɛsjɔ'nɛl] *adj* beroeps-
profit [prɔ'fi] *m* winst *c*
profitable [prɔfi'tabl] *adj* winstgevend
profiter [prɔfi'te] *v* profiteren
profond [prɔ'fɔ̃] *adj* diep; diepzinnig
profondeur [prɔfɔ̃'dœ:r] *f* diepte *c*
programme [prɔ'gram] *m* programma *nt*
progrès [prɔ'gre] *m* vooruitgang *c*
progresser [prɔgre'se] *v* vorderen
progressif [prɔgre'sif] *adj* toenemend
progressiste [prɔgre'sist] *adj* vooruitstrevend, progressief
projecteur [prɔʒɛk'tœ:r] *m* schijnwerper *c*
projet [prɔ'ʒe] *m* project *nt*; plan *nt*
prolongation [prɔlɔ̃ga'sjɔ̃] *f* verlenging *c*
prolonger [prɔlɔ̃'ʒe] *v* verlengen
promenade [prɔm'nad] *f* wandeling *c*; promenade *c*; **~ en voiture** autorit *c*
se promener [prɔm'ne] wandelen
promeneur [prɔm'nœ:r] *m* wandelaar *c*
promesse [prɔ'mɛs] *f* belofte *c*
***promettre** [prɔ'mɛtr] *v* beloven
promontoire [prɔmɔ̃'twa:r] *m* landtong *c*
promotion [prɔmɔ'sjɔ̃] *f* promotie *c*
***promouvoir** [prɔmu'vwa:r] *v* bevorderen
prompt [prɔ̃] *adj* prompt; vlug
promptitude [prɔ̃ti'tyd] *f* spoed *c*
pronom [prɔ'nɔ̃] *m* voornaamwoord *nt*
prononcer [prɔnɔ̃'se] *v* *uitspreken
prononciation [prɔnɔ̃sja'sjɔ̃] *f* uitspraak *c*
propagande [prɔpa'gɑ̃:d] *f* propaganda *c*
prophète [prɔ'fɛt] *m* profeet *c*
proportion [prɔpɔr'sjɔ̃] *f* proportie *c*
proportionnel [prɔpɔrsjɔ'nɛl] *adj* evenredig
propos [prɔ'po] *m* voornemen *nt*; **à ~** tussen twee haakjes; **à ~ de** ten aanzien van
proposer [prɔpo'ze] *v* voorstellen
proposition [prɔpozi'sjɔ̃] *f* voorstel *nt*
propre [prɔpr] *adj* schoon; eigen
propriétaire [prɔpri'etɛ:r] *m* bezitter *c*, eigenaar *c*; huisbaas *c*
propriété [prɔprie'te] *f* bezit *nt*, eigendom *nt*; landgoed *nt*; eigenschap *c*
propulser [prɔpyl'se] *v* *aandrijven
prospectus [prɔspɛk'tys] *m* prospectus *c*
prospère [prɔ'spɛ:r] *adj* welvarend

prospérité [prɔsperi'te] *f* voorspoed *c*, welvaart *c*
prostituée [prɔsti'tɥe] *f* prostituée *c*
protection [prɔtɛk'sjɔ̃] *f* bescherming *c*
protéger [prɔte'ʒe] *v* beschermen
protéine [prɔte'in] *f* eiwit *nt*
protestant [prɔtɛ'stɑ̃] *adj* protestants
protestation [prɔtɛsta'sjɔ̃] *f* protest *nt*
protester [prɔtɛ'ste] *v* protesteren
prouver [pru've] *v* *bewijzen
provenance [prɔ'vnɑ̃:s] *f* herkomst *c*
***provenir de** [prɔ'vni:r] *komen uit
proverbe [prɔ'vɛrb] *m* spreekwoord *nt*
province [prɔ'vɛ̃:s] *f* provincie *c*; gewest *nt*
provincial [prɔvɛ̃'sjal] *adj* provinciaal
proviseur [prɔvi'zœ:r] *m* rector *c*
provision [prɔvi'zjɔ̃] *f* voorraad *c*
provisoire [prɔvi'zwa:r] *adj* voorlopig
provoquer [prɔvɔ'ke] *v* aanrichten
prudence [pry'dɑ̃:s] *f* voorzichtigheid *c*
prudent [pry'dɑ̃] *adj* voorzichtig; bedachtzaam, behoedzaam
prune [pryn] *f* pruim *c*
pruneau [pry'no] *m* pruim *c*
prurit [pry'rit] *m* kriebel *c*
psychanalyste [psikana'list] *m* analyticus *c*
psychiatre [psi'kja:tr] *m* psychiater *c*
psychique [psi'ʃik] *adj* psychisch
psychologie [psikɔlɔ'ʒi] *f* psychologie *c*
psychologique [psikɔlɔ'ʒik] *adj* psychologisch
psychologue [psikɔ'lɔg] *m* psycholoog *c*
public [py'blik] *m* publiek *nt*; *adj* publiek, openbaar
publication [pyblika'sjɔ̃] *f* publikatie *c*
publicité [pyblisi'te] *f* reclame *c*; annonce *c*
publier [pybli'e] *v* publiceren, *uitgeven
puer [pɥe] *v* *stinken
puis [pɥi] *adv* dan
puisque [pɥisk] *conj* aangezien
puissance [pɥi'sɑ̃:s] *f* macht *c*; kracht *c*; vermogen *nt*; mogendheid *c*
puissant [pɥi'sɑ̃] *adj* machtig; krachtig
puits [pɥi] *m* put *c*; ~ **de pétrole** oliebron *c*
pull-over [pylɔ'vɛ:r] *m* pullover *c*
pulvérisateur [pylveriza'tœ:r] *m* verstuiver *c*
pulvériser [pylveri'ze] *v* fijnmalen
punaise [py'nɛ:z] *f* wandluis *c*; punaise *c*
punir [py'ni:r] *v* straffen
punition [pyni'sjɔ̃] *f* straf *c*
pupitre [py'pitr] *m* lessenaar *c*; kansel *c*
pur [py:r] *adj* rein, zuiver; puur
pus [py] *m* etter *c*
pustule [py'styl] *f* puistje *nt*
putain [py'tɛ̃] *f* hoer *c*
puzzle [pœzl] *m* legpuzzel *c*
pyjama [piʒa'ma] *m* pyjama *c*

Q

quai [ke] *m* kade *c*; perron *nt*
qualification [kalifika'sjɔ̃] *f* bevoegdheid *c*
qualifié [kali'fje] *adj* gediplomeerd; ***être** ~ geschikt *zijn; **non** ~ ongeschoold
qualité [kali'te] *f* kwaliteit *c*; **de première** ~ eersteklas; prima
quand [kɑ̃] *adv* wanneer; *conj* toen; als; **n'importe** ~ wanneer ook
quant à [kɑ̃'ta] betreffende
quantité [kɑ̃ti'te] *f* hoeveelheid *c*; boel *c*
quarantaine [karɑ̃'tɛn] *f* quarantaine *c*

quarante [ka'rɑ̃:t] *num* veertig
quart [ka:r] *m* kwart *nt*; ~ **d'heure** kwartier *nt*
quartier [kar'tje] *m* wijk *c*; **bas** ~ achterbuurt *c*; ~ **général** hoofdkwartier *nt*
quatorze [ka'tɔrz] *num* veertien
quatorzième [katɔr'zjɛm] *num* veertiende
quatre [katr] *num* vier
quatre-vingt-dix [katrəvɛ̃'dis] *num* negentig
quatre-vingts [katrə'vɛ̃] *num* tachtig
quatrième [ka'trjɛm] *num* vierde
que [kə] *conj* dat; als, dan; *adv* wat; **ce** ~ wat
quel [kɛl] *pron* welk; **n'importe** ~ enig; welk ook
quelquefois [kɛlkə'fwa] *adv* soms
quelques [kɛlk] *adj* enige, enkele
quelqu'un [kɛl'kœ̃] *pron* iemand
querelle [kə'rɛl] *f* ruzie *c*, twist *c*
se quereller [kəre'le] twisten
question [kɛ'stjɔ̃] *f* vraag *c*; kwestie *c*, vraagstuk *nt*
quêter [ke'te] *v* collecteren
quêteur [kɛ'tœ:r] *m* collectant *c*
queue [kø] *f* staart *c*; rij *c*; ***faire la** ~ in de rij *staan
qui [ki] *pron* wie; die, dat; **à** ~ wie; **n'importe** ~ wie dan ook
quiconque [ki'kɔ̃k] *pron* wie ook
quille [ki:j] *f* kiel *c*
quincaillerie [kɛ̃kaj'ri] *f* ijzerwaren *pl*; handel in ijzerwaren
quinine [ki'nin] *f* kinine *c*
quinze [kɛ̃:z] *num* vijftien; ~ **jours** veertien dagen
quinzième [kɛ̃'zjɛm] *num* vijftiende
quitter [ki'te] *v* *verlaten
quoi [kwa] *pron* wat; **n'importe** ~ wat dan ook
quoique [kwak] *conj* alhoewel, ofschoon; **quoiqu'il en soit** in elk geval
quote-part [kɔt'pa:r] *f* quota *c*
quotidien [kɔti'djɛ̃] *adj* alledaags, dagelijks; *m* dagblad *nt*

R

rabais [ra'be] *m* reductie *c*, korting *c*
raccourcir [rakur'si:r] *v* verkorten
race [ras] *f* ras *nt*
racial [ra'sjal] *adj* rassen-
racine [ra'sin] *f* wortel *c*
racler [ra'kle] *v* schrappen
raconter [rakɔ̃'te] *v* vertellen
radeau [ra'do] *m* vlot *nt*
radiateur [radja'tœ:r] *m* radiator *c*
radical [radi'kal] *adj* radicaal
radio [ra'djo] *f* radio *c*
radiographie [radjogra'fi] *f* röntgenfoto *c*
radiographier [radjogra'fje] *v* doorlichten
radis [ra'di] *m* radijs *c*
radotage [radɔ'ta:ʒ] *m* geklets *nt*
rafale [ra'fal] *f* windstoot *c*; ~ **de pluie** wolkbreuk *c*
raffinerie [rafin'ri] *f* raffinaderij *c*; ~ **de pétrole** olieraffinaderij *c*
rafraîchir [rafre'ʃi:r] *v* verfrissen
rafraîchissement [rafrɛʃi'smɑ̃] *m* verfrissing *c*
rage [ra:ʒ] *f* hondsdolheid *c*; woede *c*; rage *c*
rager [ra'ʒe] *v* razen
raid [rɛd] *m* inval *c*
raide [rɛd] *adj* stijf
raie [re] *f* streep *c*; scheiding *c*
raifort [re'fɔ:r] *m* mierikswortel *c*
rail [ra:j] *m* rail *c*
raisin [re'zɛ̃] *m* druiven *pl*; ~ **sec** krent *c*, rozijn *c*
raison [re'zɔ̃] *f* reden *c*; beweegreden

c; rede *c*, verstand *nt*; ***avoir** ~ gelijk *hebben; **en ~ de** vanwege, wegens, ten gevolge van
raisonnable [rezɔ'nabl] *adj* redelijk; verstandig
raisonner [rezɔ'ne] *v* redeneren
ralentir [ralɑ̃'ti:r] *v* vertragen
rallonge [ra'lɔ̃:ʒ] *f* verlengsnoer *nt*
ramasser [rama'se] *v* oprapen
rame [ram] *f* roeiriem *c*
ramener [ram'ne] *v* *terugbrengen
ramer [ra'me] *v* roeien
rampe [rɑ̃:p] *f* trapleuning *c*; hek *nt*
ramper [rɑ̃'pe] *v* *kruipen
rance [rɑ̃:s] *adj* ranzig
rançon [rɑ̃'sɔ̃] *f* losgeld *nt*
rang [rɑ̃] *m* rij *c*
rangée [rɑ̃'ʒe] *f* rij *c*
ranger [rɑ̃'ʒe] *v* rangschikken; opruimen, *opbergen
râpe [ra:p] *f* rasp *c*
râper [ra'pe] *v* raspen
rapide [ra'pid] *adj* vlug; snel; *m* stroomversnelling *c*
rapidement [rapid'mɑ̃] *adv* vlug
rapidité [rapidi'te] *f* vaart *c*
rapiécer [rapje'se] *v* verstellen
rappeler [ra'ple] *v* herinneren; *terugroepen; **se ~** zich herinneren
rapport [ra'pɔ:r] *m* rapport *nt*; verband *nt*, relatie *c*, betrekking *c*; omgang *c*
rapporter [rapɔr'te] *v* *terugbrengen; melden
rapprocher [raprɔ'ʃe] *v* naderbij *brengen
raquette [ra'kɛt] *f* racket *nt*
rare [ra:r] *adj* zeldzaam; schaars
rarement [rar'mɑ̃] *adv* zelden
se raser [ra'ze] zich *scheren
raseur [ra'zœ:r] *m* zeurpiet *c*
rasoir [ra'zwa:r] *m* scheerapparaat *nt*
rassemblement [rasɑ̃blə'mɑ̃] *m* bijeenkomst *c*
rassembler [rasɑ̃'ble] *v* *bijeenbrengen; verzamelen
rassis [ra'si] *adj* oudbakken
rassurer [rasy're] *v* geruststellen
rat [ra] *m* rat *c*
râteau [ra'to] *m* hark *c*
ration [ra'sjɔ̃] *f* rantsoen *nt*
rauque [ro:k] *adj* schor
ravissant [ravi'sɑ̃] *adj* prachtig, verrukkelijk, betoverend
rayé [re'je] *adj* gestreept
rayon [re'jɔ̃] *m* straal *c*; spaak *c*
rayonne [re'jɔn] *f* kunstzijde *c*
rayure [re'jy:r] *f* kras *c*
réaction [reak'sjɔ̃] *f* reactie *c*
réalisable [reali'zabl] *adj* haalbaar
réalisation [realiza'sjɔ̃] *f* uitvoering *c*, verwezenlijking *c*; regie *c*
réaliser [reali'ze] *v* verwezenlijken; uitvoeren, tot stand *brengen
réaliste [rea'list] *adj* nuchter
réalité [reali'te] *f* werkelijkheid *c*; **en ~** feitelijk; eigenlijk
rébellion [rebɛ'ljɔ̃] *f* opstand *c*, oproer *nt*
rebord [rə'bɔ:r] *m* kant *c*, rand *c*; **~ de fenêtre** vensterbank *c*
rebut [rə'by] *m* rommel *c*, afval *nt*
récemment [resa'mɑ̃] *adv* laatst, onlangs
récent [re'sɑ̃] *adj* recent
réception [resɛ'psjɔ̃] *f* ontvangst *c*; receptie *c*
récession [resɛ'sjɔ̃] *f* teruggang *c*
recette [rə'sɛt] *f* recept *nt*; **recettes** inkomen *nt*
***recevoir** [rə'svwa:r] *v* *krijgen, *ontvangen
recharge [rə'ʃarʒ] *f* vulling *c*
réchauffer [reʃo'fe] *v* opwarmen
recherche [rə'ʃɛrʃ] *f* onderzoek *nt*
rechercher [rəʃɛr'ʃe] *v* beogen
récif [re'sif] *m* rif *nt*
récipient [resi'pjɑ̃] *m* vat *nt*, reservoir

nt
réciproque [resi'prɔk] *adj* wederzijds
récit [re'si] *m* vertelling *c*; verslag *nt*
récital [resi'tal] *m* (pl ~s) recital *nt*
réclamation [reklama'sjɔ̃] *f* eis *c*
réclame [re'klam] *f* reclame *c*
réclamer [rekla'me] *v* opeisen
récolte [re'kɔlt] *f* oogst *c*
recommandation [rəkɔmɑ̃da'sjɔ̃] *f* aanbeveling *c*
recommander [rəkɔmɑ̃'de] *v* *aanprijzen, *aanbevelen; aantekenen
recommencer [rəkɔmɑ̃'se] *v* hervatten
récompense [rekɔ̃'pɑ̃:s] *f* beloning *c*
récompenser [rekɔ̃pɑ̃'se] *v* belonen
réconciliation [rekɔ̃silja'sjɔ̃] *f* verzoening *c*
réconfort [rekɔ̃'fɔ:r] *m* troost *c*
reconnaissance [rəkɔne'sɑ̃:s] *f* erkenning *c*
reconnaissant [rəkɔne'sɑ̃] *adj* dankbaar, erkentelijk
* **reconnaître** [rəkɔ'nɛ:tr] *v* herkennen; erkennen; bekennen
record [rə'kɔ:r] *m* record *nt*
* **recouvrir** [rəku'vri:r] *v* bekleden
récréation [rekrea'sjɔ̃] *f* recreatie *c*, ontspanning *c*
recrue [rə'kry] *f* rekruut *c*
rectangle [rɛk'tɑ̃:gl] *m* rechthoek *c*
rectangulaire [rɛktɑ̃gy'lɛ:r] *adj* rechthoekig
rectification [rɛktifika'sjɔ̃] *f* verbetering *c*
rectum [rɛk'tɔm] *m* endeldarm *c*
reçu [rə'sy] *m* kwitantie *c*, reçu *nt*; bon *c*
* **recueillir** [rəkœ'ji:r] *v* verzamelen
reculer [rəky'le] *v* *achteruitgaan; *achteruitrijden
récupérer [rekype're] *v* *terugvinden
rédacteur [redak'tœ:r] *m* redakteur *c*
reddition [rɛdi'sjɔ̃] *f* overgave *c*
rédiger [redi'ʒe] *v* opstellen
redouter [rədu'te] *v* vrezen
réduction [redyk'sjɔ̃] *f* korting *c*, reductie *c*
* **réduire** [re'dɥi:r] *v* verlagen; verminderen, reduceren
réduit [re'dɥi] *m* schuur *c*
rééducation [reedyka'sjɔ̃] *f* revalidatie *c*
réel [re'ɛl] *adj* echt; feitelijk, werkelijk
réellement [reɛl'mɑ̃] *adv* werkelijk
référence [refe'rɑ̃:s] *f* referentie *c*, verwijzing *c*
réfléchir [refle'ʃi:r] *v* *nadenken; *overdenken
réflecteur [reflɛk'tœ:r] *m* reflector *c*
reflet [rə'fle] *m* weerkaatsing *c*; spiegelbeeld *nt*
refléter [rəfle'te] *v* weerkaatsen
réforme [re'fɔrm] *f* reformatie *c*
réfrigérateur [refriʒera'tœ:r] *m* ijskast *c*, koelkast *c*
refroidir [rəfrwa'di:r] *v* afkoelen
refuge [rə'fy:ʒ] *m* schuilplaats *c*
réfugié [refy'ʒje] *m* vluchteling *c*
refus [rə'fy] *m* weigering *c*
refuser [rəfy'ze] *v* weigeren; *ontzeggen, *afwijzen
regard [rə'ga:r] *m* blik *c*
regarder [rəgar'de] *v* *kijken; *aankijken, *kijken naar; *aangaan
régate [re'gat] *f* regatta *c*
régime [re'ʒim] *m* regime *nt*; bewind *nt*; dieet *nt*
région [re'ʒjɔ̃] *f* streek *c*, gebied *nt*
régional [reʒjɔ'nal] *adj* plaatselijk
règle [rɛ:gl] *f* regel *c*; liniaal *c*; **en ~** in orde
règlement [rɛglə'mɑ̃] *m* reglement *nt*, regeling *c*, voorschrift *nt*
régler [re'gle] *v* regelen; afhandelen
réglisse [re'glis] *f* drop *c*
règne [rɛɲ] *m* regering *c*; heerschappij *c*
régner [re'ɲe] *v* regeren; heersen

regret [rə'gre] *m* spijt *c*
regretter [rəgre'te] *v* betreuren
régulier [regy'lje] *adj* geregeld, regelmatig
rein [rɛ̃] *m* nier *c*
reine [rɛn] *f* koningin *c*
rejeter [rəʒ'te] *v* *verwerpen; afkeuren
***rejoindre** [rə'ʒwɛ̃:dr] *v* terugkeren naar
relater [rəla'te] *v* vertellen; rapporteren
relatif [rəla'tif] *adj* relatief; betrekkelijk; ~ **à** met betrekking tot, omtrent
relation [rəla'sjɔ̃] *f* relatie *c*; verband *nt*
relayer [rəle'je] *v* aflossen
relèvement [rəlɛv'mɑ̃] *m* verhoging *c*
relever [rəl've] *v* verhogen
relief [rə'ljɛf] *m* reliëf *nt*
relier [rə'lje] *v* *verbinden; *samenbinden
religieuse [rəli'ʒjø:z] *f* non *c*
religieux [rəli'ʒjø] *adj* godsdienstig
religion [rəli'ʒjɔ̃] *f* godsdienst *c*
relique [rə'lik] *f* relikwie *c*
remarquable [rəmar'kabl] *adj* opmerkelijk; opvallend
remarque [rə'mark] *f* opmerking *c*
remarquer [rəmar'ke] *v* opmerken; *zien
remboursement [rɑ̃bursə'mɑ̃] *m* terugbetaling *c*
rembourser [rɑ̃bur'se] *v* terugbetalen, vergoeden
remède [rə'mɛd] *m* geneesmiddel *nt*; middel *nt*
remerciement [rəmɛrsi'mɑ̃] *m* dank *c*
remercier [rəmɛr'sje] *v* bedanken, danken
***remettre** [rə'mɛtr] *v* afleveren; *aangeven, toevertrouwen; overmaken; **se** ~ zich herstellen
remise [rə'mi:z] *f* levering *c*
remonter [rəmɔ̃'te] *v* *opwinden
remorque [rə'mɔrk] *f* aanhangwagen *c*
remorquer [rəmɔr'ke] *v* slepen
remorqueur [rəmɔr'kœ:r] *m* sleepboot *c*
remplacer [rɑ̃pla'se] *v* *vervangen
remplir [rɑ̃'pli:r] *v* vullen; invullen
remue-ménage [rəmyme'na:ʒ] *m* drukte *c*
remuer [rə'mɥe] *v* roeren
rémunération [remynera'sjɔ̃] *f* vergoeding *c*
rémunérer [remyne're] *v* vergoeden
renard [rə'na:r] *m* vos *c*
rencontre [rɑ̃'kɔ̃:tr] *f* ontmoeting *c*; **venant à la** ~ tegemoetkomend
rencontrer [rɑ̃kɔ̃'tre] *v* ontmoeten; *tegenkomen
rendement [rɑ̃də'mɑ̃] *m* opbrengst *c*
rendez-vous [rɑ̃de'vu] *m* afspraak *c*
rendre [rɑ̃:dr] *v* terugbetalen; maken; ~ **compte de** verantwoorden; ~ **visite à** *bezoeken; **se** ~ zich *overgeven; *gaan; **se** ~ **compte** beseffen
renne [rɛn] *m* rendier *nt*
renom [rə'nɔ̃] *m* naam *c*
renommée [rənɔ'me] *f* faam *c*
renoncer [rənɔ̃'se] *v* *opgeven
renouveler [rənu'vle] *v* vernieuwen
renseignement [rɑ̃sɛɲ'mɑ̃] *m* inlichting *c*; **bureau de renseignements** informatiebureau *nt*
se renseigner [rɑ̃se'ɲe] *navragen
rentable [rɑ̃'tabl] *adj* rendabel
rentrer [rɑ̃'tre] *v* naar huis *gaan; oogsten
renverser [rɑ̃vɛr'se] *v* *neerslaan
***renvoyer** [rɑ̃vwa'je] *v* terugsturen, *terugzenden; *wegzenden; *ontslaan; ~ **à** *verwijzen naar; uitstellen
répandre [re'pɑ̃:dr] *v* verspreiden; morsen

réparation [repara'sjɔ̃] *f* reparatie *c*, herstel *nt*
réparer [repa're] *v* repareren; herstellen
répartir [repar'ti:r] *v* verdelen
repas [rə'pa] *m* maaltijd *c*, maal *nt*
repasser [rəpa'se] *v* persen, *strijken; **repassage permanent** zelfstrijkend
repentir [rəpɑ̃'ti:r] *m* berouw *nt*
répertoire [repɛr'twa:r] *m* repertoire *nt*
répéter [repe'te] *v* herhalen; repeteren
répétition [repeti'sjɔ̃] *f* herhaling *c*; repetitie *c*
répit [re'pi] *m* uitstel *nt*
répondre [re'pɔ̃:dr] *v* antwoorden; ~ **à** beantwoorden
réponse [re'pɔ̃:s] *f* antwoord *nt*; **en** ~ als antwoord; **sans** ~ onbeantwoord
reporter [rəpɔr'te] *m* verslaggever *c*
repos [rə'po] *m* rust *c*
reposant [rəpo'zɑ̃] *adj* rustig
se reposer [rəpo'ze] uitrusten, rusten
repousser [rəpu'se] *v* *afwijzen; *afslaan; **repoussant** weerzinwekkend
***reprendre** [rə'prɑ̃:dr] *v* hervatten; *overnemen
représentant [rəprezɑ̃'tɑ̃] *m* vertegenwoordiger *c*
représentatif [rəprezɑ̃ta'tif] *adj* representatief
représentation [rəprezɑ̃ta'sjɔ̃] *f* voorstelling *c*; vertegenwoordiging *c*
représenter [rəprezɑ̃'te] *v* vertegenwoordigen; voorstellen
réprimander [reprimɑ̃'de] *v* berispen
réprimer [repri'me] *v* onderdrukken
reprise [rə'pri:z] *f* herstel *nt*; ronde *c*
repriser [rəpri'ze] *v* stoppen
reproche [rə'prɔʃ] *m* verwijt *nt*
reprocher [rəprɔ'ʃe] *v* *verwijten
reproduction [rəprɔdyk'sjɔ̃] *f* reproduktie *c*
***reproduire** [rəprɔ'dɥi:r] *v* reproduceren
reptile [rɛp'til] *m* reptiel *nt*
républicain [repybli'kɛ̃] *adj* republikeins
république [repy'blik] *f* republiek *c*
répugnance [repy'ɲɑ̃:s] *f* afkeer *c*
répugnant [repy'ɲɑ̃] *adj* afstotelijk; smerig, misselijk, weerzinwekkend
réputation [repyta'sjɔ̃] *f* reputatie *c*
***requérir** [rəke'ri:r] *v* *verzoeken
requête [rə'kɛt] *f* verzoek *nt*
requin [rə'kɛ̃] *m* haai *c*
requis [rə'ki] *adj* vereist
réseau [re'zo] *m* netwerk *nt*; ~ **routier** wegennet *nt*
réservation [rezɛrva'sjɔ̃] *f* reservering *c*; bespreking *c*
réserve [re'zɛrv] *f* reserve *c*; voorbehoud *nt*; **de** ~ reserve-; ~ **zoologique** wildpark *nt*
réserver [rezɛr've] *v* reserveren; boeken
réservoir [rezɛr'vwa:r] *m* reservoir *nt*; tank *c*; ~ **d'essence** benzinetank *c*
résidence [rezi'dɑ̃:s] *f* woonplaats *c*
résident [rezi'dɑ̃] *m* inwoner *c*
résider [rezi'de] *v* wonen
résille [re'zi:j] *f* haarnetje *nt*
résine [re'zin] *f* hars *nt/c*
résistance [rezi'stɑ̃:s] *f* verzet *nt*
résister [rezi'ste] *v* *weerstaan
résolu [rezɔ'ly] *adj* vastbesloten, resoluut
***résoudre** [re'zudr] *v* oplossen
respect [rɛ'spɛ] *m* respect *nt*; ontzag *nt*
respectable [rɛspɛk'tabl] *adj* respectabel
respecter [rɛspɛk'te] *v* respecteren
respectif [rɛspɛk'tif] *adj* respectievelijk
respectueux [rɛspɛk'tɥø] *adj* eerbiedig
respiration [rɛspira'sjɔ̃] *f* ademhaling *c*
respirer [rɛspi're] *v* ademen
resplendir [rɛsplɑ̃'di:r] *v* *blinken

responsabilité [rɛspɔ̃sabili'te] *f* verantwoordelijkheid *c*; aansprakelijkheid *c*
responsable [rɛspɔ̃'sabl] *adj* verantwoordelijk; aansprakelijk
ressemblance [rəsɑ̃'blɑ̃:s] *f* gelijkenis *c*
ressembler à [rəsɑ̃'ble] *lijken op
resserrer [rəse're] *v* strakker maken; **se** ~ strakker *worden
ressort [rə'sɔ:r] *m* veer *c*
ressource [rə'surs] *f* hulpmiddel *nt*; **ressources** hulpbronnen *pl*; geldmiddelen *pl*
restant [rɛ'stɑ̃] *adj* overig, overblijvend; *m* restant *nt*, rest *c*
restaurant [rɛsto'rɑ̃] *m* restaurant *nt*; ~ **libre service** zelfbedieningsrestaurant *nt*
reste [rɛst] *m* rest *c*; overblijfsel *nt*
rester [rɛ'ste] *v* *blijven; *overblijven
restituer [rɛsti'tɥe] *v* terugbetalen
restriction [rɛstrik'sjɔ̃] *f* beperking *c*; restriktie *c*
résultat [rezyl'ta] *m* resultaat *nt*; gevolg *nt*, uitslag *c*
résulter [rezyl'te] *v* resulteren
résumé [rezy'me] *m* samenvatting *c*; overzicht *nt*
retard [rə'ta:r] *m* oponthoud *nt*, vertraging *c*; **en** ~ te laat
retarder [rətar'de] *v* vertragen
***retenir** [rət'ni:r] *v* *bespreken, reserveren; *onthouden; *weerhouden
rétine [re'tin] *f* netvlies *nt*
retirer [rəti're] *v* *terugtrekken; *opnemen
retour [rə'tu:r] *m* terugkeer *c*; **voyage de** ~ terugreis *c*
retourner [rətur'ne] *v* *teruggaan; terugkeren; omkeren; **se** ~ zich omdraaien
retracer [rətra'se] *v* opsporen
retraite [rə'trɛt] *f* pensionering *c*; pensioen *nt*
retraité [rətre'te] *adj* gepensioneerd
rétrécir [retre'si:r] *v* *krimpen
réunion [rey'njɔ̃] *f* vergadering *c*, bijeenkomst *c*
réunir [rey'ni:r] *v* verenigen; herenigen; **se** ~ *bijeenkomen
réussir [rey'si:r] *v* slagen; halen; **réussi** succesvol
rêve [rɛ:v] *m* droom *c*
réveil [re'vɛ:j] *m* wekker *c*
réveiller [reve'je] *v* wekken; **réveillé** wakker; **se** ~ wakker *worden
révélation [revela'sjɔ̃] *f* onthulling *c*
révéler [reve'le] *v* openbaren, onthullen; verklappen; **se** ~ *blijken
revendeur [rəvɑ̃'dœ:r] *m* wederverkoper *c*
revendication [rəvɑ̃dika'sjɔ̃] *f* eis *c*
revendiquer [rəvɑ̃di'ke] *v* vorderen
***revenir** [rə'vni:r] *v* *terugkomen
revenu [rə'vny] *m* inkomen *nt*, inkomsten *pl*
rêver [re've] *v* dromen
revers [rə'vɛ:r] *m* keerzijde *c*; tegenslag *c*; revers *c*
revirement [rəvir'mɑ̃] *m* omkeer *c*, wending *c*
reviser [rəvi'ze] *v* *herzien; reviseren
révision [revi'zjɔ̃] *f* herziening *c*
***revoir** [rə'vwa:r] *v* *terugzien; *nazien; **au revoir**! dag!
révoltant [revɔl'tɑ̃] *adj* stuitend
révolte [re'vɔlt] *f* oproer *nt*, opstand *c*
se révolter [revɔl'te] in opstand *komen
révolution [revɔly'sjɔ̃] *f* revolutie *c*
révolutionnaire [revɔlysjɔ'nɛ:r] *adj* revolutionair
revolver [revɔl'vɛ:r] *m* revolver *c*
révoquer [revɔ'ke] *v* *herroepen
revue [rə'vy] *f* revue *c*; tijdschrift *nt*, blad *nt*; ~ **mensuelle** maandblad *nt*

rez-de-chaussée [rɛdʃo'se] *m* begane grond
rhinocéros [rinɔse'rɔs] *m* neushoorn *c*
rhubarbe [ry'barb] *f* rabarber *c*
rhumatisme [ryma'tism] *m* reumatiek *c*
rhume [rym] *m* verkoudheid *c*; ~ **des foins** hooikoorts *c*
riche [riʃ] *adj* rijk
richesse [ri'ʃɛs] *f* rijkdom *c*
ride [rid] *f* rimpel *c*
rideau [ri'do] *m* gordijn *nt*; doek *nt*
ridicule [ridi'kyl] *adj* belachelijk; bespottelijk
ridiculiser [ridikyli'ze] *v* bespotten
rien [rjɛ̃] *pron* niks; niets; **ne** ... ~ niets; ~ **que** slechts
rime [rim] *f* rijm *nt*
rinçage [rɛ̃'sa:ʒ] *m* spoeling *c*
rincer [rɛ̃'se] *v* spoelen
rire [ri:r] *m* gelach *nt*, lach *c*
***rire** [ri:r] *v* *lachen
risque [risk] *m* risico *nt*
risquer [ri'ske] *v* wagen; **risqué** riskant
rivage [ri'va:ʒ] *m* kust *c*
rival [ri'val] *m* rivaal *c*
rivaliser [rivali'ze] *v* rivaliseren
rivalité [rivali'te] *f* rivaliteit *c*
rive [ri:v] *f* oever *c*
rivière [ri'vjɛ:r] *f* rivier *c*
riz [ri] *m* rijst *c*
robe [rɔb] *f* jurk *c*; japon *c*; gewaad *nt*; ~ **de chambre** kamerjas *c*
robinet [rɔbi'ne] *m* kraan *c*
robuste [rɔ'byst] *adj* stevig, fors
rocher [rɔ'ʃe] *m* rots *c*, rotsblok *nt*
rocheux [rɔ'ʃø] *adj* rotsachtig
roi [rwa] *m* koning *c*
rôle [ro:l] *m* rol *c*
roman [rɔ'mɑ̃] *m* roman *c*; ~ **policier** detectiveroman *c*
romancier [rɔmɑ̃'sje] *m* romanschrijver *c*
romantique [rɔmɑ̃'tik] *adj* romantisch
rompre [rɔ̃:pr] *v* *breken
rond [rɔ̃] *adj* rond
rond-point [rɔ̃'pwɛ̃] *m* rotonde *c*
ronfler [rɔ̃'fle] *v* snurken
rosaire [ro'zɛ:r] *m* rozenkrans *c*
rose [ro:z] *f* roos *c*; *adj* roze
roseau [ro'zo] *m* riet *nt*
rosée [ro'ze] *f* dauw *c*
rossignol [rɔsi'ɲɔl] *m* nachtegaal *c*
rotation [rɔta'sjɔ̃] *f* omwenteling *c*
rotin [rɔ'tɛ̃] *m* rotan *nt*
rôtir [ro'ti:r] *v* roosteren
rôtisserie [rɔti'sri] *f* grillroom *c*
rotule [rɔ'tyl] *f* knieschijf *c*
roue [ru] *f* wiel *nt*; ~ **de secours** reservewiel *nt*
rouge [ru:ʒ] *adj* rood; *m* rouge *c/nt*; ~ **à lèvres** lippenstift *c*
rouge-gorge [ruʒ'gɔrʒ] *m* roodborstje *nt*
rougeole [ru'ʒɔl] *f* mazelen *pl*
rougir [ru'ʒi:r] *v* blozen
rouille [ru:j] *f* roest *nt*
rouillé [ru'je] *adj* roestig
rouleau [ru'lo] *m* rol *c*
rouler [ru'le] *v* rollen; *rijden
roulette [ru'lɛt] *f* roulette *c*
roulotte [ru'lɔt] *f* woonwagen *c*
Roumain [ru'mɛ̃] *m* Roemeen *c*
roumain [ru'mɛ̃] *adj* Roemeens
Roumanie [ruma'ni] *f* Roemenië
route [rut] *f* weg *c*, rijweg *c*; route *c*; **en** ~ **pour** op weg naar; ~ **à péage** tolweg *c*; ~ **d'évitement** ringweg *c*; ~ **en réfection** werk in uitvoering; ~ **principale** hoofdweg *c*
routine [ru'tin] *f* routine *c*
royal [rwa'jal] *adj* koninklijk
royaume [rwa'jo:m] *m* rijk *nt*, koninkrijk *nt*
ruban [ry'bɑ̃] *m* lint *nt*; ~ **adhésif** plakband *nt*
rubis [ry'bi] *m* robijn *c*

rubrique [ry'brik] *f* rubriek *c*
ruche [ryʃ] *f* bijenkorf *c*
rude [ryd] *adj* guur
rue [ry] *f* straat *c*; ~ **principale** hoofdstraat *c*; ~ **transversale** zijstraat *c*
ruelle [rɥɛl] *f* steeg *c*
rugir [ry'ʒi:r] *v* brullen
rugissement [ryʒi'smɑ̃] *m* gebrul *nt*
rugueux [ry'gø] *adj* ruw
ruine [rɥin] *f* ruïne *c*; ondergang *c*
ruiner [rɥi'ne] *v* ruïneren
ruisseau [rɥi'so] *m* beek *c*
rumeur [ry'mœ:r] *f* gerucht *nt*
rural [ry'ral] *adj* plattelands-
ruse [ry:z] *f* list *c*
rusé [ry'ze] *adj* sluw
Russe [rys] *m* Rus *c*
russe [rys] *adj* Russisch
Russie [ry'si] *f* Rusland
rustique [ry'stik] *adj* rustiek
rythme [ritm] *m* ritme *nt*; tempo *nt*

S

sable [sabl] *m* zand *nt*
sableux [sa'blø] *adj* zanderig
sabot [sa'bo] *m* klomp *c*; hoef *c*
sac [sak] *m* tas *c*; zak *c*; ~ **à dos** rugzak *c*; ~ **à glace** koeltas *c*; ~ **à main** handtas *c*; ~ **à provisions** boodschappentas *c*; ~ **de couchage** slaapzak *c*; ~ **en papier** papieren zak
saccharine [saka'rin] *f* sacharine *c*
sacré [sa'kre] *adj* heilig
sacrifice [sakri'fis] *m* offer *nt*
sacrifier [sakri'fje] *v* opofferen
sacrilège [sakri'lɛ:ʒ] *m* heiligschennis *c*
sacristain [sakri'stɛ̃] *m* koster *c*
sage [sa:ʒ] *adj* wijs; zoet
sage-femme [saʒ'fam] *f* vroedvrouw *c*
sagesse [sa'ʒɛs] *f* wijsheid *c*
saigner [se'ɲe] *v* bloeden; *uitzuigen
sain [sɛ̃] *adj* gezond
saint [sɛ̃] *m* heilige *c*
saisir [se'zi:r] *v* *grijpen; pakken
saison [sɛ'zɔ̃] *f* jaargetijde *nt*, seizoen *nt*; **hors** ~ buiten het seizoen; **morte-saison** *f* naseizoen *nt*; **pleine** ~ hoogseizoen *nt*
salade [sa'lad] *f* sla *c*
salaire [sa'lɛ:r] *m* salaris *nt*
salaud [sa'lo] *m* schoft *c*
sale [sal] *adj* vuil; smerig
salé [sa'le] *adj* zout
saleté [sal'te] *f* vuil *nt*
salière [sa'ljɛ:r] *f* zoutvaatje *nt*
salir [sa'li:r] *v* vuil maken
salive [sa'li:v] *f* speeksel *nt*
salle [sal] *f* zaal *c*; ~ **à manger** eetkamer *c*; eetzaal *c*; ~ **d'attente** wachtkamer *c*; ~ **de bain** badkamer *c*; ~ **de bal** danszaal *c*; ~ **de banquet** banketzaal *c*; ~ **de classe** leslokaal *nt*; ~ **de concert** concertzaal *c*; ~ **de lecture** leeszaal *c*; ~ **de séjour** woonkamer *c*; ~ **d'exposition** toonzaal *c*
salon [sa'lɔ̃] *m* zitkamer *c*; salon *c*; ~ **de beauté** schoonheidssalon *c*; ~ **de thé** tearoom *c*
salopette [salɔ'pɛt] *f* overall *c*
saluer [sa'lɥe] *v* groeten
salut [sa'ly] *m* welzijn *nt*
salutation [salyta'sjɔ̃] *f* groet *c*
samedi [sam'di] *m* zaterdag *c*
sanatorium [sanatɔ'rjɔm] *m* sanatorium *nt*
sanctuaire [sɑ̃k'tɥɛ:r] *m* heiligdom *nt*, schrijn *c*
sandale [sɑ̃'dal] *f* sandaal *c*
sandwich [sɑ̃'dwitʃ] *m* boterham *c*
sang [sɑ̃] *m* bloed *nt*; **pur** ~ volbloed
sanitaire [sani'tɛ:r] *adj* sanitair

sans [sɑ̃] *prep* zonder
santé [sɑ̃'te] *f* gezondheid *c*
saphir [sa'fi:r] *m* saffier *nt*
sapin [sa'pɛ̃] *m* den *c*
sardine [sar'din] *f* sardine *c*
satellite [sate'lit] *m* satelliet *c*
satin [sa'tɛ̃] *m* satijn *nt*
satisfaction [satisfak'sjɔ̃] *f* bevrediging *c*; voldoening *c*
***satisfaire** [sati'sfɛ:r] *v* bevredigen; **satisfait** tevreden; voldaan
sauce [so:s] *f* saus *c*
saucisse [so'sis] *f* worst *c*
sauf [sof] *prep* behalve
saumon [so'mɔ̃] *m* zalm *c*
sauna [so'na] *m* sauna *c*
saut [so] *m* sprong *c*
sauter [so'te] *v* *springen; *overslaan; ***faire** ~ *bakken
sauterelle [so'trɛl] *f* sprinkhaan *c*
sautiller [soti'je] *v* huppelen
sauvage [so'va:ʒ] *adj* wild; woest
sauver [so've] *v* redden
sauvetage [sov'ta:ʒ] *m* redding *c*
sauveur [so'vœ:r] *m* redder *c*
savant [sa'vɑ̃] *m* geleerde *c*
saveur [sa'vœ:r] *f* smaak *c*
***savoir** [sa'vwa:r] *v* *weten; *kunnen
savoir-vivre [savwar'vi:vr] *m* manieren
savon [sa'vɔ̃] *m* zeep *c*; ~ **à barbe** scheerzeep *c*; ~ **en poudre** waspoeder *nt*
savoureux [savu'rø] *adj* smakelijk
scandale [skɑ̃'dal] *m* schandaal *nt*
Scandinave [skɑ̃di'na:v] *m* Scandinaviër *c*
scandinave [skɑ̃di'na:v] *adj* Scandinavisch
Scandinavie [skɑ̃dina'vi] *f* Scandinavië
scarabée [skara'be] *m* kever *c*
sceau [so] *m* zegel *nt*
scélérat [sele'ra] *m* boef *c*
scène [sɛn] *f* scène *c*; toneel *nt*; **metteur en** ~ regisseur *c*; ***mettre en** ~ regisseren
schéma [ʃe'ma] *m* figuur *c*
scie [si] *f* zaag *c*
science [sjɑ̃:s] *f* wetenschap *c*
scientifique [sjɑ̃ti'fik] *adj* wetenschappelijk
scierie [si'ri] *f* houtzagerij *c*
scintillant [sɛ̃ti'jɑ̃] *adj* fonkelend
sciure [si'y:r] *f* zaagsel *nt*
scolaire [skɔ'lɛ:r] *adj* school-
scooter [sku'tɛ:r] *m* scooter *c*
scout [skut] *m* padvinder *c*
sculpteur [skyl'tœ:r] *m* beeldhouwer *c*
sculpture [skyl'ty:r] *f* beeldhouwwerk *nt*; ~ **sur bois** houtsnijwerk *nt*
se [sə] *pron* zich
séance [se'ɑ̃:s] *f* zitting *c*
seau [so] *m* emmer *c*
sec [sɛk] *adj* (f sèche) droog
sèche-cheveux [sɛʃʃə'vø] *m* haardroger *c*
sécher [se'ʃe] *v* drogen
sécheresse [se'ʃrɛs] *f* droogte *c*
séchoir [se'ʃwa:r] *m* centrifuge *c*
second [sə'gɔ̃] *adj* tweede
secondaire [səgɔ̃'dɛ:r] *adj* secundair; ondergeschikt, bijkomstig
seconde [sə'gɔ̃:d] *f* seconde *c*
secouer [sə'kwe] *v* schudden
secours [sə'ku:r] *m* hulp *c*; **premier** ~ eerste hulp
secousse [sə'kus] *f* ruk *c*
secret[1] [sə'kre] *m* geheim *nt*
secret[2] [sə'kre] *adj* (f secrète) geheim
secrétaire [səkre'tɛ:r] *m* secretaris *c*; *f* secretaresse *c*
section [sɛk'sjɔ̃] *f* sectie *c*; stuk *nt*
sécurité [sekyri'te] *f* veiligheid *c*; **glissière de** ~ vangrail *c*
sédatif [seda'tif] *m* kalmerend middel
sédiment [sedi'mɑ̃] *m* bezinksel *nt*
***séduire** [se'dɥi:r] *v* verleiden
séduisant [sedɥi'zɑ̃] *adj* charmant, aantrekkelijk

sein [sɛ̃] *m* borst *c*
seize [sɛ:z] *num* zestien
seizième [sɛ'zjɛm] *num* zestiende
séjour [se'ʒu:r] *m* verblijf *nt*
séjourner [seʒur'ne] *v* logeren, *verblijven
sel [sɛl] *m* zout *nt*; **sels de bain** badzout *nt*
sélection [selɛk'sjɔ̃] *f* keus *c*, selectie *c*
sélectionner [selɛksjɔ'ne] *v* selecteren
selle [sɛl] *f* zadel *nt*
selon [sə'lɔ̃] *prep* volgens
semaine [sə'mɛn] *f* week *c*
semblable [sɑ̃'blabl] *adj* gelijk
sembler [sɑ̃'ble] *v* *schijnen; *lijken
semelle [sə'mɛl] *f* zool *c*
semence [sə'mɑ̃:s] *f* zaad *nt*
semer [sə'me] *v* zaaien
semi- [sə'mi] half
sénat [se'na] *m* senaat *c*
sénateur [sena'tœ:r] *m* senator *c*
sénile [se'nil] *adj* seniel
sens [sɑ̃:s] *m* zin *c*; zintuig *nt*; rede *c*; **bon ~** gezond verstand; **en ~ inverse** andersom; **~ de l'honneur** eergevoel *nt*; **~ unique** eenrichtingsverkeer *nt*
sensation [sɑ̃sa'sjɔ̃] *f* sensatie *c*; gevoel *nt*
sensationnel [sɑ̃sasjɔ'nɛl] *adj* opzienbarend
sensible [sɑ̃'sibl] *adj* gevoelig; aanmerkelijk
sentence [sɑ̃'tɑ̃:s] *f* vonnis *nt*
sentier [sɑ̃'tje] *m* pad *nt*; **~ pour piétons** voetpad *nt*
sentimental [sɑ̃timɑ̃'tal] *adj* sentimenteel
***sentir** [sɑ̃'ti:r] *v* voelen; *ruiken; **~ mauvais** *stinken
séparation [separa'sjɔ̃] *f* scheiding *c*
séparé [sepa're] *adj* gescheiden
séparément [separe'mɑ̃] *adv* afzonderlijk
séparer [sepa're] *v* *scheiden
sept [sɛt] *num* zeven
septembre [sɛp'tɑ̃:br] september
septentrional [sɛptɑ̃triɔ'nal] *adj* noordelijk
septicémie [sɛptise'mi] *f* bloedvergiftiging *c*
septième [sɛ'tjɛm] *num* zevende
septique [sɛp'tik] *adj* septisch
sépulture [sepyl'ty:r] *f* teraardebestelling *c*
serein [sə'rɛ̃] *adj* kalm
série [se'ri] *f* reeks *c*; serie *c*
sérieux [se'rjø] *adj* serieus, ernstig; *m* ernst *c*
seringue [sə'rɛ̃:g] *f* spuit *c*
serment [sɛr'mɑ̃] *m* eed *c*; **faux ~** meineed *c*
sermon [sɛr'mɔ̃] *m* preek *c*
serpent [sɛr'pɑ̃] *m* slang *c*
serpentant [sɛrpɑ̃'tɑ̃] *adj* kronkelig
serpenter [sɛrpɑ̃'te] *v* kronkelen
serre [sɛ:r] *f* broeikas *c*, kas *c*
serrer [sɛ're] *v* aanhalen, *aantrekken; **serré** strak, eng
serrure [sɛ'ry:r] *f* slot *nt*; **trou de la ~** sleutelgat *nt*
sérum [se'rɔm] *m* serum *nt*
serveuse [sɛr'vø:z] *f* serveerster *c*
serviable [sɛr'vjabl] *adj* hulpvaardig
service [sɛr'vis] *m* dienst *c*; bediening *c*; bedieningsgeld *nt*; afdeling *c*; **~ à thé** theeservies *nt*; **~ de table** eetservies *nt*; **~ d'étage** bediening op de kamer; **services postaux** posterijen *pl*
serviette [sɛr'vjɛt] *f* handdoek *c*; servet *nt*; aktentas *c*; **~ de bain** badhanddoek *c*; **~ de papier** papieren servet; **~ hygiénique** maandverband *nt*
***servir** [sɛr'vi:r] *v* bedienen; baten; **se ~ de** gebruiken
serviteur [sɛrvi'tœ:r] *m* bediende *c*

seuil [sœ:j] *m* drempel *c*
seul [sœl] *adv* alleen; *adj* enkel, enig
seulement [sœl'mɑ̃] *adv* maar; alleen, slechts
sévère [se'vɛ:r] *adj* streng; strikt
sévir [se'vi:r] *v* woeden
sexe [sɛks] *m* geslacht *nt*; sex *c*
sexualité [sɛksɥali'te] *f* seksualiteit *c*
sexuel [sɛk'sɥɛl] *adj* seksueel
shampooing [ʃɑ̃'pwɛ̃] *m* shampoo *c*
short [ʃɔrt] *m* korte broek
si [si] *conj* indien, als; of; *adv* zo; **si … ou** of … of
Siam [sjam] *m* Siam
Siamois [sja'mwa] *m* Siamees *c*
siamois [sja'mwa] *adj* Siamees
siècle [sjɛkl] *m* eeuw *c*
siège [sjɛ:ʒ] *m* zetel *c*, stoel *c*; belegering *c*
le sien [lə sjɛ̃] de zijne
siffler [si'fle] *v* *fluiten
sifflet [si'flɛ] *m* fluitje *nt*
signal [si'ɲal] *m* signaal *nt*; teken *nt*; ~ **de détresse** noodsein *nt*
signalement [siɲal'mɑ̃] *m* signalement *nt*
signaler [siɲa'le] *v* seinen; *aangeven
signature [siɲa'ty:r] *f* handtekening
signe [siɲ] *m* teken *nt*; sein *nt*, wenk *c*; ***faire** ~ zwaaien
signer [si'ɲe] *v* tekenen; ondertekenen
significatif [siɲifika'tif] *adj* veelbetekenend
signification [siɲifika'sjɔ̃] *f* betekenis *c*
signifier [siɲi'fje] *v* betekenen
silence [si'lɑ̃:s] *m* stilte *c*
silencieux [silɑ̃'sjø] *adj* zwijgend, stil; *m* knalpot *c*
sillon [si'jɔ̃] *m* groef *c*
similaire [simi'lɛ:r] *adj* overeenkomstig
similitude [simili'tyd] *f* gelijkenis *c*
simple [sɛ̃:pl] *adj* eenvoudig
simplement [sɛ̃plə'mɑ̃] *adv* eenvoudig, gewoonweg
simuler [simy'le] *v* huichelen
simultané [simylta'ne] *adj* gelijktijdig
simultanément [simyltane'mɑ̃] *adv* tegelijkertijd
sincère [sɛ̃'sɛ:r] *adj* oprecht
singe [sɛ̃:ʒ] *m* aap *c*
singulier [sɛ̃gy'lje] *m* enkelvoud *nt*; *adj* eigenaardig, zonderling
sinistre [si'nistr] *adj* onheilspellend; *m* catastrofe *c*
sinon [si'nɔ̃] *conj* anders
siphon [si'fɔ̃] *m* sifon *c*
sirène [si'rɛn] *f* sirene *c*; zeemeermin *c*
sirop [si'ro] *m* stroop *c*, siroop *c*
site [sit] *m* plaats *c*
situation [sitɥa'sjɔ̃] *f* situatie *c*; positie *c*, ligging *c*
situé [si'tɥe] *adj* gelegen
six [sis] *num* zes
sixième [si'zjɛm] *num* zesde
ski [ski] *m* ski *c*; ~ **nautique** waterski *c*
skier [ski'e] *v* skiën
skieur [ski'œ:r] *m* skiër *c*
slip [slip] *m* slip *c*, onderbroek *c*
slogan [slɔgɑ̃] *m* slagzin *c*
smoking [smɔ'kiŋ] *m* smoking *c*
snob [snɔb] *adj* verwaand
sobre [sɔbr] *adj* nuchter
social [sɔ'sjal] *adj* maatschappelijk, sociaal
socialisme [sɔsja'lism] *m* socialisme *nt*
socialiste [sɔsja'list] *adj* socialistisch; *m* socialist *c*
société [sɔsje'te] *f* samenleving *c*, maatschappij *c*; onderneming *c*; vereniging *c*
sœur [sœ:r] *f* zus *c*; zuster *c*
soi [swa] *pron* zich; **soi-même** *pron* zelf
soi-disant [swadi'zɑ̃] *adj* zogenaamd
soie [swa] *f* zijde *c*
soif [swaf] *f* dorst *c*

soigné [swa'ɲe] *adj* keurig, net; degelijk
soigner [swa'ɲe] *v* verzorgen; verplegen
soigneux [swa'ɲø] *adj* zorgvuldig
soin [swɛ̃] *m* verzorging *c*; ***prendre ~ de** zorgen voor; **soins de beauté** schoonheidsbehandeling *c*
soir [swa:r] *m* avond *c*; **ce ~** vanavond
soirée [swa're] *f* avond *c*
soit ... soit [swa] of ... of
soixante [swa'sɑ̃:t] *num* zestig
soixante-dix [swasɑ̃t'dis] *num* zeventig
sol [sɔl] *m* vloer *c*; grond *c*
soldat [sɔl'da] *m* soldaat *c*; militair *c*
solde [sɔld] *m* saldo *nt*; **soldes** opruiming *c*, uitverkoop *c*
sole [sɔl] *f* tong *c*
soleil [sɔ'lɛ:j] *m* zon *c*; zonneschijn *c*; **coucher du ~** zonsondergang *c*; **coup de ~** zonnebrand *c*; **lever du ~** zonsopgang *c*
solennel [sɔla'nɛl] *adj* plechtig
solide [sɔ'lid] *adj* solide; stevig, degelijk; *m* vaste stof
solitaire [sɔli'tɛ:r] *adj* eenzaam
solitude [sɔli'tyd] *f* eenzaamheid *c*
soluble [sɔ'lybl] *adj* oplosbaar
solution [sɔly'sjɔ̃] *f* oplossing *c*
sombre [sɔ̃:br] *adj* duister, somber
sommaire [sɔ'mɛ:r] *m* resumé *nt*
somme [sɔm] *f* som *c*; bedrag *nt*; *m* dutje *nt*; **~ globale** ronde som
sommeil [sɔ'mɛ:j] *m* slaap *c*
sommelier [sɔmə'lje] *m* wijnkelner *c*
sommet [sɔ'me] *m* top *c*; toppunt *nt*; **~ de colline** heuveltop *c*
somnifère [sɔmni'fɛ:r] *m* slaappil *c*
somnolent [sɔmnɔ'lɑ̃] *adj* slaperig
son¹ [sɔ̃] *adj* (f sa, pl ses) zijn; haar
son² [sɔ̃] *m* klank *c*, geluid *nt*
songer [sɔ̃'ʒe] *v* dromen; **~ à** *bedenken
sonner [sɔ'ne] *v* *klinken; bellen
sonnette [sɔ'nɛt] *f* bel *c*; deurbel *c*
sorcière [sɔr'sjɛ:r] *f* heks *c*
sort [sɔ:r] *m* lot *nt*
sorte [sɔrt] *f* soort *c/nt*; **toutes sortes de** allerlei
sortie [sɔr'ti] *f* uitgang *c*; uitrit *c*; **~ de secours** nooduitgang *c*
***sortir** [sɔr'ti:r] *v* *uitgaan
sot [so] *adj* (f sotte) dwaas, mal
sottise [sɔ'ti:z] *f* onzin *c*
souche [suʃ] *f* controlestrook *c*
souci [su'si] *m* zorg *c*
se soucier de [su'sje] zich bekommeren om
soucieux [su'sjø] *adj* bezorgd, ongerust
soucoupe [su'kup] *f* schoteltje *nt*
soudain [su'dɛ̃] *adj* plotseling; *adv* opeens
souder [su'de] *v* solderen; lassen
soudure [su'dy:r] *f* las *c*
souffle [sufl] *m* adem *c*; lucht *c*
souffler [su'fle] *v* *blazen; *waaien
souffrance [su'frɑ̃:s] *f* lijden *nt*
***souffrir** [su'fri:r] *v* *lijden
souhait [swɛ] *m* wens *c*
souhaiter [swe'te] *v* wensen
souillé [su'je] *adj* vies, bevuild
souillure [su'jy:r] *f* smet *c*
soulagement [sulaʒ'mɑ̃] *m* verademing *c*, verlichting *c*
soulager [sula'ʒe] *v* verlichten
soulever [sul've] *v* optillen; ter sprake *brengen
soulier [su'lje] *m* schoen *c*
souligner [suli'ɲe] *v* onderstrepen; benadrukken
***soumettre** [su'mɛtr] *v* *onderwerpen
soupape [su'pap] *f* ventiel *nt*
soupçon [sup'sɔ̃] *m* verdenking *c*
soupçonner [supsɔ'ne] *v* *verdenken
soupçonneux [supsɔ'nø] *adj* argwanend

soupe [sup] *f* soep *c*
souper [su'pe] *m* avondeten *nt*
souple [supl] *adj* buigzaam; soepel, lenig
source [surs] *f* bron *c*
sourcil [sur'si] *m* wenkbrauw *c*
sourd [su:r] *adj* doof
sourire [su'ri:r] *m* glimlach *c*; ~ **forcé** grijns *c*
***sourire** [su'ri:r] *v* glimlachen
souris [su'ri] *f* muis *c*
sous [su] *prep* onder
sous-estimer [suzɛsti'me] *v* onderschatten
sous-locataire [sulɔka'tɛ:r] *m* kamerbewoner *c*
sous-marin [suma'rɛ̃] *adj* onderwater-
soussigné [susi'ɲe] *m* ondergetekende *c*
sous-sol [su'sɔl] *m* souterrain *nt*
sous-titre [su'titr] *m* ondertitel *c*
***soustraire** [su'strɛ:r] *v* *aftrekken
sous-vêtements [suvɛt'mɑ̃] *mpl* ondergoed *nt*
***soutenir** [sut'ni:r] *v* steunen; ondersteunen
souterrain [sutɛ'rɛ̃] *adj* ondergronds
soutien [su'tjɛ̃] *m* steun *c*
soutien-gorge [sutjɛ̃'gɔrʒ] *m* bustehouder *c*, beha *c*
souvenir [su'vni:r] *m* herinnering *c*; souvenir *nt*, aandenken *nt*; **se *souvenir** zich herinneren
souvent [su'vɑ̃] *adv* dikwijls; vaak; **le plus ~** meestal
souverain [su'vrɛ̃] *m* vorst *c*
soviétique [sɔvje'tik] *adj* Sovjet-
soyeux [swa'jø] *adj* zijden
spacieux [spa'sjø] *adj* ruim
sparadrap [spara'dra] *m* pleister *c*, hechtpleister *c*
spécial [spe'sjal] *adj* speciaal; bijzonder
spécialement [spesjal'mɑ̃] *adv* vooral
se spécialiser [spesjali'ze] zich specialiseren
spécialiste [spesja'list] *m* deskundige *c*, specialist *c*
spécialité [spesjali'te] *f* specialiteit *c*
spécifique [spesi'fik] *adj* specifiek
spécimen [spesi'mɛn] *m* exemplaar *nt*, specimen *nt*
spectacle [spɛk'takl] *m* schouwspel *nt*; voorstelling *c*; aanblik *c*; ~ **de variétés** floor-show *c*, variétévoorstelling *c*
spectaculaire [spɛktaky'lɛ:r] *adj* sensationeel
spectateur [spɛkta'tœ:r] *m* toeschouwer *c*; kijker *c*
spectre [spɛktr] *m* spook *nt*
spéculer [speky'le] *v* speculeren
sphère [sfɛ:r] *f* sfeer *c*; bol *c*
spirituel [spiri'tɥɛl] *adj* geestelijk; geestig
spiritueux [spiri'tɥø] *mpl* sterke drank
splendeur [splɑ̃'dœ:r] *f* pracht *c*
splendide [splɑ̃'did] *adj* prachtig; luisterrijk
sport [spɔ:r] *m* sport *c*; **sports d'hiver** wintersport *c*
sportif [spɔr'tif] *m* sportman *c*
square [skwa:r] *m* plein *nt*
squelette [skə'lɛt] *m* skelet *nt*, geraamte *nt*
stable [stabl] *adj* bestendig, stabiel, vast, stevig
stade [stad] *m* stadion *nt*
stand [stɑ̃] *m* kraam *c*; ~ **de livres** boekenstalletje *nt*
standard [stɑ̃'da:r] *adj* standaard-
standardiste [stɑ̃dar'dist] *f* telefoniste *c*
starter [star'tɛ:r] *m* choke *c*
station [sta'sjɔ̃] *f* station *nt*; ~ **balnéaire** badplaats *c*; ~ **de taxis** taxistandplaats *c*; **station-service** *f* benzinestation *nt*; ~ **thermale** ge-

neeskrachtige bron
stationnaire [stasjɔ'nɛ:r] *adj* stilstaand
stationnement interdit [stasjɔnmɑ̃ ɛ̃tɛr'di] verboden te parkeren
statistique [stati'stik] *f* statistiek *c*
statue [sta'ty] *f* standbeeld *nt*
stature [sta'ty:r] *f* gestalte *c*
sténographe [steno'graf] *m* stenograaf *c*
sténographie [stenogra'fi] *f* stenografie *c*
stérile [ste'ril] *adj* steriel
stériliser [sterili'ze] *v* steriliseren
steward [stju'ward] *m* steward *c*
stimulant [stimy'lɑ̃] *m* prikkel *c*; stimulerend middel
stimuler [stimy'le] *v* stimuleren
stipulation [stipyla'sjɔ̃] *f* bepaling *c*
stipuler [stipy'le] *v* bepalen
stock [stɔk] *m* voorraad *c*; ***avoir en** ~ in voorraad *hebben
stop! [stɔp] halt!
stops [stɔp] *mpl* remlichten *pl*
store [stɔ:r] *m* rolgordijn *nt*
strophe [strɔf] *f* couplet *nt*
structure [stryk'ty:r] *f* structuur *c*
stupide [sty'pid] *adj* dom, dwaas
style [stil] *m* stijl *c*
stylo [sti'lo] *m* vulpen *c*; ~ **à bille** ballpoint *c*
subalterne [sybal'tɛrn] *adj* ondergeschikt
subir [sy'bi:r] *v* *ondergaan
sublime [sy'blim] *adj* groots
subordonné [sybɔrdɔ'ne] *adj* ondergeschikt
subsistance [sybzi'stɑ̃:s] *f* kost *c*
substance [syb'stɑ̃:s] *f* substantie *c*
substantiel [sybstɑ̃'sjɛl] *adj* aanzienlijk
substantif [sybstɑ̃'tif] *m* zelfstandig naamwoord
substituer [sybsti'tɥe] *v* *vervangen
substitut [sybsti'ty] *m* vervanging *c*; plaatsvervanger *c*
subtil [syb'til] *adj* subtiel
suburbain [sybyr'bɛ̃] *adj* van de voorstad
subvention [sybvɑ̃'sjɔ̃] *f* subsidie *c*; toelage *c*
succéder [sykse'de] *v* opvolgen
succès [syk'se] *m* succes *nt*; hit *c*
succession [syksɛ'sjɔ̃] *f* volgorde *c*
succomber [sykɔ̃'be] *v* *bezwijken
succulent [syky'lɑ̃] *adj* lekker
succursale [sykyr'sal] *f* filiaal *nt*
sucer [sy'se] *v* *zuigen
sucre [sykr] *m* suiker *c*
sucrer [sy'kre] *v* zoet maken; **sucré** zoet
sud [syd] *m* zuid *c*, zuiden *nt*
sud-américain [sydameri'kɛ̃] *adj* Latijns-Amerikaans
sud-est [sy'dɛst] *m* zuidoosten *nt*
sud-ouest [sy'dwɛst] *m* zuidwesten *nt*
Suède [sɥɛd] *f* Zweden
Suédois [sɥe'dwa] *m* Zweed *c*
suédois [sɥe'dwa] *adj* Zweeds
suer [sɥe] *v* zweten
sueur [sɥœ:r] *f* zweet *nt*
***suffire** [sy'fi:r] *v* voldoende *zijn
suffisant [syfi'zɑ̃] *adj* genoeg, voldoende
suffoquer [syfɔ'ke] *v* stikken
suffrage [sy'fra:ʒ] *m* kiesrecht *nt*
suggérer [sygʒe're] *v* voorstellen
suggestion [sygʒɛ'stjɔ̃] *f* voorstel *nt*
suicide [sɥi'sid] *m* zelfmoord *c*
Suisse [sɥis] *f* Zwitserland; *m* Zwitser *c*
suisse [sɥis] *adj* Zwitsers
suite [sɥit] *f* vervolg *nt*; reeks *c*; **et ainsi de** ~ enzovoort; **par la** ~ nadien; **tout de** ~ dadelijk, onmiddellijk
suivant [sɥi'vɑ̃] *adj* volgend
***suivre** [sɥi:vr] *v* volgen; ***faire** ~ *nazenden
sujet [sy'ʒe] *m* onderwerp *nt*; punt

nt; onderdaan *c*; ~ **à** onderhevig aan
superbe [sy'perb] *adj* prachtig
superficiel [syperfi'sjel] *adj* oppervlakkig
superflu [syper'fly] *adj* overbodig; onnodig
supérieur [sype'rjœ:r] *adj* hoger; bovenst; superieur, beter; voortreffelijk
superlatif [sypela'tif] *adj* overtreffend; *m* superlatief *c*
supermarché [sypermar'ʃe] *m* supermarkt *c*
superstition [sypersti'sjɔ̃] *f* bijgeloof *nt*
superviser [sypervi'ze] *v* toezicht *houden op
supervision [sypervi'zjɔ̃] *f* controle *c*
supplément [syple'mɑ̃] *m* supplement *nt*; toeslag *c*
supplémentaire [syplemɑ̃'tɛ:r] *adj* bijkomend; extra
supplier [sypli'e] *v* smeken
supporter[1] [sypɔr'te] *v* *verdragen; ondersteunen
supporter[2] [sypɔr'tɛ:r] *m* supporter *c*
supposer [sypo'ze] *v* veronderstellen; *aannemen, gissen, *denken
suppositoire [sypozi'twa:r] *m* zetpil *c*
supprimer [sypri'me] *v* verwijderen
suprême [sy'prɛm] *adj* hoogst
sur [syr] *prep* op; omtrent
sûr [sy:r] *adj* zeker; veilig; **bien** ~ natuurlijk
surcharge [syr'ʃarʒ] *f* bagageoverschot *nt*
sûrement [syr'mɑ̃] *adv* zeker
surface [syr'fas] *f* oppervlakte *c*
surgir [syr'ʒi:r] *v* *oprijzen, *ontstaan
surmené [syrmə'ne] *adj* oververmoeid, overspannen
se surmener [syrmə'ne] zich overwerken
surnom [syr'nɔ̃] *m* bijnaam *c*
surpasser [syrpa'se] *v* *overtreffen
surplus [syr'ply] *m* overschot *nt*
***surprendre** [syr'prɑ̃:dr] *v* verrassen; verbazen; betrappen
surprise [syr'pri:z] *f* verrassing *c*; verbazing *c*
surprise-partie [syrprizpar'ti] *f* fuif *c*, feestje *nt*
surtout [syr'tu] *adv* vooral
surveillance [syrvɛ'jɑ:s] *f* toezicht *nt*
surveillant [syrvɛ'jɑ̃] *m* opzichter *c*, bewaker *c*
surveiller [syrve'je] *v* letten op; surveilleren, bewaken
***survenir** [syrvə'ni:r] *v* zich *voordoen
survie [syr'vi] *f* overleving *c*
***survivre** [syr'vi:vr] *v* overleven
suspect [sy'spɛkt] *adj* verdacht; *m* verdachte *c*
suspecter [syspɛk'te] *v* vermoeden
suspendre [sy'spɑ̃:dr] *v* *ophangen; *opheffen, schorsen
suspension [syspɑ̃'sjɔ̃] *f* ophanging *c*; vering *c*
suture [sy'ty:r] *f* hechting *c*
suturer [syty're] *v* hechten
svelte [svɛlt] *adj* slank
Swahili [swai'li] *m* Swahili *nt*
syllabe [si'lab] *f* lettergreep *c*
symbole [sɛ̃'bɔl] *m* symbool *nt*
sympathie [sɛ̃pa'ti] *f* sympathie *c*
sympathique [sɛ̃pa'tik] *adj* sympathiek; aardig
symphonie [sɛ̃fɔ'ni] *f* symfonie *c*
symptôme [sɛ̃p'to:m] *m* symptoom *nt*
synagogue [sina'gɔg] *f* synagoge *c*
syndicat [sɛ̃di'ka] *m* vakbond *c*; ~ **d'initiative** verkeersbureau *nt*
synonyme [sinɔ'nim] *m* synoniem *nt*
synthétique [sɛ̃te'tik] *adj* synthetisch
Syrie [si'ri] *f* Syrië
Syrien [si'rjɛ̃] *m* Syriër *c*
syrien [si'rjɛ̃] *adj* Syrisch
systématique [sistema'tik] *adj* syste-

matisch
système [si'stɛm] *m* systeem *nt*; stelsel *nt*; ~ **décimal** tientallig stelsel; ~ **de lubrification** smeersysteem *nt*; ~ **de refroidissement** koelsysteem *nt*

T

tabac [ta'ba] *m* tabak *c*; **bureau de** ~ tabakswinkel *c*; **débitant de** ~ sigarenwinkelier *c*; ~ **à rouler** shag *c*; ~ **pour pipe** pijptabak *c*
table [tabl] *f* tafel *c*; tabel *c*; ~ **des matières** inhoudsopgave *c*
tableau [ta'blo] *m* tabel *c*; bord *nt*; ~ **de bord** dashboard *nt*; ~ **de conversions** omrekentabel *c*; ~ **de distribution** schakelbord *nt*; ~ **noir** schoolbord *nt*
tablette [ta'blɛt] *f* tablet *nt*
tablier [tabli'e] *m* schort *c*
tabou [ta'bu] *m* taboe *nt*
tache [taʃ] *f* vlek *c*, spat *c*
tâche [ta:ʃ] *f* taak *c*
tacher [ta'ʃe] *v* vlekken
tâcher [ta'ʃe] *v* trachten
tacheté [taʃ'te] *adj* gespikkeld
tactique [tak'tik] *f* tactiek *c*
taille [ta:j] *f* taille *c*, middel *nt*; grootte *c*
taille-crayon [tajkrɛ'jɔ̃] *m* punteslijper *c*
tailler [ta'je] *v* *afsnijden, bijknippen; *houtsnijden
tailleur [ta'jœ:r] *m* kleermaker *c*
se *taire [tɛ:r] *zwijgen
talc [talk] *m* talkpoeder *nt/c*
talent [ta'lɑ̃] *m* talent *nt*; gave *c*
talon [ta'lɔ̃] *m* hiel *c*; hak *c*; controlestrook *c*
tambour [tɑ̃'bu:r] *m* trommel *c*; ~ **de frein** remtrommel *c*
tamiser [tami'ze] *v* zeven
tampon [tɑ̃'pɔ̃] *m* tampon *c*
tamponner [tɑ̃pɔ'ne] *v* botsen
tandis que [tɑ̃di kə] terwijl
tangible [tɑ̃'ʒibl] *adj* tastbaar
tanière [ta'njɛ:r] *f* hol *nt*
tante [tɑ̃:t] *f* tante *c*
tapageur [tapa'ʒœ:r] *adj* baldadig
taper [ta'pe] *v* *slaan; ~ **à la machine** tikken
tapis [ta'pi] *m* tapijt *nt*; vloerkleed *nt*, kleedje *nt*, mat *c*
tapisserie [tapi'sri] *f* wandkleed *nt*, gobelin *c*
taquiner [taki'ne] *v* *beetnemen, plagen
tard [ta:r] *adj* laat
tarif [ta'rif] *m* prijs *c*, tarief *nt*
tartine [tar'tin] *f* boterham *c*
tas [ta] *m* hoop *c*, stapel *c*
tasse [tas] *f* kopje *nt*; ~ **à thé** theekopje *nt*
taureau [to'ro] *m* stier *c*
taux [to] *m* tarief *nt*; ~ **d'escompte** disconto *nt*
taverne [ta'vɛrn] *f* herberg *c*
taxation [taksa'sjɔ̃] *f* belasting *c*
taxe [taks] *f* belasting *c*
taxi [tak'si] *m* taxi *c*; **chauffeur de** ~ taxichauffeur *c*
taximètre [taksi'mɛtr] *m* taximeter *c*
Tchécoslovaquie [tʃekɔslɔva'ki] *f* Tsjechoslowakije
Tchèque [tʃɛk] *m* Tsjech *c*
tchèque [tʃɛk] *adj* Tsjechisch
te [tə] *pron* jou; je
technicien [tɛkni'sjɛ̃] *m* technicus *c*
technique [tɛk'nik] *f* techniek *c*; *adj* technisch
technologie [tɛknɔlɔ'ʒi] *f* technologie *c*
***teindre** [tɛ̃:dr] *v* verven
teint [tɛ̃] *m* teint *c*; **grand** ~ kleurecht

teinture [tɛ̃'ty:r] *f* verf *c*
teinturerie [tɛ̃tyr'ri] *f* stomerij *c*
tel [tɛl] *adj* dergelijk, zulk; ~ **que** zoals
télégramme [tele'gram] *m* telegram *nt*
télégraphier [telegra'fje] *v* telegraferen
télémètre [tele'mɛtr] *m* afstandsmeter *c*
télé-objectif [teleɔbʒɛk'tif] *m* telelens *c*
télépathie [telepa'ti] *f* telepathie *c*
téléphone [tele'fɔn] *m* telefoon *c*; **coup de** ~ telefoongesprek *nt*
téléphoner [telefɔ'ne] *v* opbellen, telefoneren
téléphoniste [telefɔ'nist] *f* telefoniste *c*
téléski [tele'ski] *m* skilift *c*
télévision [televi'zjɔ̃] *f* televisie *c*; televisietoestel *nt*
télex [te'lɛks] *m* telex *c*
tellement [tɛl'mɑ̃] *adv* zo; dermate
téméraire [teme'rɛ:r] *adj* gedurfd
témoignage [temwa'nja:ʒ] *m* getuigenverklaring *c*
témoigner [temwa'ɲe] *v* getuigen
témoin [te'mwɛ̃] *m* getuige *c*; ~ **oculaire** ooggetuige *c*
tempe [tɑ̃:p] *f* slaap *c*
température [tɑ̃pera'ty:r] *f* temperatuur *c*; ~ **ambiante** kamertemperatuur *c*
tempête [tɑ̃'pɛt] *f* storm *c*; ~ **de neige** sneeuwstorm *c*
temple [tɑ̃:pl] *m* tempel *c*
temporaire [tɑ̃pɔ'rɛ:r] *adj* tijdelijk
temps [tɑ̃] *m* tijd *c*; weer *nt*; **à** ~ op tijd; **ces derniers** ~ de laatste tijd; **de temps en** ~ nu en dan, af en toe; ~ **libre** vrije tijd
tenailles [tə'na:j] *fpl* nijptang *c*
tendance [tɑ̃'dɑ̃:s] *f* tendens *c*; ***avoir** ~ de neiging *hebben, neigen
tendon [tɑ̃'dɔ̃] *m* pees *c*
tendre[1] [tɑ̃:dr] *adj* teder; mals
tendre[2] [tɑ̃:dr] *v* rekken; ~ **à** neigen tot; **tendu** gespannen
tendresse [tɑ̃'drɛs] *f* tederheid *c*
ténèbres [te'nɛbr] *fpl* duisternis *c*; duister *nt*
***tenir** [tə'ni:r] *v* *vasthouden, *houden; **se** ~ **debout** *staan; ~ **à** *houden van
tennis [te'nis] *m* tennis *nt*; ~ **de table** tafeltennis *nt*
tension [tɑ̃'sjɔ̃] *f* spanning *c*; ~ **artérielle** bloeddruk *c*
tentation [tɑ̃ta'sjɔ̃] *f* verleiding *c*
tentative [tɑ̃ta'ti:v] *f* poging *c*
tente [tɑ̃:t] *f* tent *c*
tenter [tɑ̃'te] *v* trachten; proberen; *aantrekken
tenue [tə'ny] *f* gedrag *nt*; kleding *c*; ~ **de soirée** avondkleding *c*
térébenthine [terebɑ̃'tin] *f* terpentijn *c*
terme [tɛrm] *m* term *c*; termijn *c*
terminer [tɛrmi'ne] *v* eindigen; **se** ~ *aflopen; **terminé** af
terminus [tɛrmi'nys] *m* eindpunt *nt*
terne [tɛrn] *adj* vaag; dof, flets
terrain [tɛ'rɛ̃] *m* terrein *nt*; ~ **d'aviation** vliegveld *nt*; ~ **de camping** camping *c*; ~ **de golf** golfbaan *c*; ~ **de jeux** speelterrein *nt*
terrasse [tɛ'ras] *f* terras *nt*
terre [tɛ:r] *f* aarde *c*; land *nt*; **à** ~ aan land; **hautes terres** hoogvlakte *c*; **par** ~ omver; ~ **cuite** aardewerk *nt*; ~ **ferme** vasteland *nt*
terre-à-terre [tɛra'tɛ:r] *adj* nuchter
terreur [tɛ'rœ:r] *f* angst *c*; terreur *c*
terrible [te'ribl] *adj* vreselijk; afschuwelijk, verschrikkelijk, ontzettend
terrifiant [tɛri'fjɑ̃] *adj* angstwekkend; verschrikkelijk, griezelig
terrifier [tɛri'fje] *v* schrik *aanjagen
territoire [tɛri'twa:r] *m* gebied *nt*
terroir [tɛ'rwa:r] *m* bodem *c*
terrorisme [tɛrɔ'rism] *m* terrorisme *nt*
terroriste [tɛrɔ'rist] *m* terrorist *c*

Térylène [teri'lɛn] *m* terylene *nt*
test [tɛst] *m* proef *c*
testament [tɛsta'mɑ̃] *m* testament *nt*
tête [tɛt] *f* hoofd *nt*; kop *c*
têtu [te'ty] *adj* koppig, hardnekkig
texte [tɛkst] *m* tekst *c*
textile [tɛk'stil] *m* textiel *c/nt*
texture [tɛk'sty:r] *f* structuur *c*
Thaïlandais [tailɑ̃'de] *m* Thailander *c*
thaïlandais [tailɑ̃'de] *adj* Thailands
Thaïlande [tai'lɑ̃:d] *f* Thailand
thé [te] *m* thee *c*
théâtre [te'a:tr] *m* theater *nt*; schouwburg *c*; toneel *nt*; ~ **de marionnettes** poppenkast *c*; ~ **de variétés** variététheater *nt*
théière [te'jɛ:r] *f* theepot *c*
thème [tɛm] *m* thema *nt*
théologie [teɔlɔ'ʒi] *f* theologie *c*
théorie [teɔ'ri] *f* theorie *c*
théorique [teɔ'rik] *adj* theoretisch
thérapie [tera'pi] *f* therapie *c*
thermomètre [tɛrmɔ'mɛtr] *m* thermometer *c*
thermoplongeur [tɛrmoplɔ̃'ʒœ:r] *m* dompelaar *c*
thermos [tɛr'mɔs] *m* thermosfles *c*
thermostat [tɛrmɔ'sta] *m* thermostaat *c*
thèse [tɛ:z] *f* stelling *c*.
thon [tɔ̃] *m* tonijn *c*
thym [tɛ̃] *m* tijm *c*
ticket [ti'ke] *m* coupon *c*
tiède [tjɛd] *adj* lauw
le tien [lə tjɛ̃] de jouwe
tiers [tjɛ:r] *adj* (f tierce) derde
tige [ti:ʒ] *f* steel *c*; roede *c*
tigre [tigr] *m* tijger *c*
tilleul [ti'jœl] *m* linde *c*
timbre [tɛ̃:br] *m* postzegel *c*; stempel *c*; klank *c*
timbre-poste [tɛ̃brə'pɔst] *m* postzegel *c*
timide [ti'mid] *adj* verlegen, bedeesd
timidité [timidi'te] *f* verlegenheid *c*
timonier [timɔ'nje] *m* stuurman *c*
tirage [ti'ra:ʒ] *m* trekking *c*; oplage *c*
tire-bouchon [tirbu'ʃɔ̃] *m* kurketrekker *c*
tirer [ti're] *v* *trekken; *schieten
tiret [ti're] *m* gedachtenstreepje *nt*
tiroir [ti'rwa:r] *m* la *c*, lade *c*
tisser [ti'se] *v* *weven
tisserand [ti'srɑ̃] *m* wever *c*
tissu [ti'sy] *m* weefsel *nt*; stof *c*
tissu-éponge [tisye'pɔ̃:z] *m* badstof *c*
titre [titr] *m* titel *c*
toast [tost] *m* toast *c*
toboggan [tɔbɔ'gɑ̃] *m* glijbaan *c*
toi [twa] *pron* jou
toile [twal] *f* linnen *nt*; **grosse** ~ tentdoek *nt*; ~ **d'araignée** spinneweb *nt*
toilettes [twa'lɛt] *fpl* toilet *nt*; ~ **pour dames** damestoilet *nt*; ~ **pour hommes** herentoilet *nt*
toi-même [twa'mɛm] *pron* zelf
toit [twa] *m* dak *nt*; ~ **de chaume** *m* strodak *nt*
tolérable [tɔle'rabl] *adj* draaglijk
tolérer [tɔle're] *v* dulden
tomate [tɔ'mat] *f* tomaat *c*
tombe [tɔ̃:b] *f* graf *nt*
tomber [tɔ̃'be] *v* *vallen
tome [tɔm] *m* deel *nt*
ton[1] [tɔ̃] *adj* (f ta, pl tes) jouw
ton[2] [tɔ̃] *m* toon *c*
tonique [tɔ'nik] *m* tonicum *nt*; ~ **capillaire** haartonic *c*
tonne [tɔn] *f* ton *c*
tonneau [tɔ'no] *m* ton *c*; vat *nt*
tonnerre [tɔ'nɛ:r] *m* donder *c*
torche [tɔrʃ] *f* fakkel *c*
torchon [tɔr'ʃɔ̃] *m* theedoek *c*
tordre [tɔrdr] *v* draaien; *winden, verdraaien
tordu [tɔr'dy] *adj* verdraaid
torsion [tɔr'sjɔ̃] *f* draai *c*

tort [tɔ:r] *m* onrecht *nt*; kwaad *nt*; ***avoir** ~ ongelijk *hebben; ***faire du** ~ onrecht *aandoen
tortue [tɔr'ty] *f* schildpad *c*
torture [tɔr'ty:r] *f* marteling *c*
torturer [tɔrty're] *v* martelen
tôt [to] *adv* vroeg
total [tɔ'tal] *adj* totaal; *m* totaal *nt*
totalement [tɔtal'mɑ̃] *adv* volkomen
totalisateur [tɔtaliza'tœ:r] *m* totalisator *c*
totalitaire [tɔtali'tɛ:r] *adj* totalitair
touchant [tu'ʃɑ̃] *adj* aandoenlijk
toucher [tu'ʃe] *v* aanraken; *betreffen; raken; verzilveren; *m* tastzin *c*
toujours [tu'ʒu:r] *adv* altijd; ~ **et encore** telkens
tour [tu:r] *m* draai *c*; beurt *c*; zet *c*; *f* toren *c*
tourisme [tu'rism] *m* toerisme *nt*
touriste [tu'rist] *m* toerist *c*
tourment [tur'mɑ̃] *m* kwelling *c*
tourmenter [turmɑ̃'te] *v* kwellen
tournant [tur'nɑ̃] *m* bocht *c*; keerpunt *nt*
tourne-disque [turnə'disk] *m* platenspeler *c*, pick-up *c*
tourner [tur'ne] *v* draaien, keren; omdraaien
tournevis [turnə'vis] *m* schroevedraaier *c*
tournoi [tur'nwa] *m* toernooi *nt*
tousser [tu'se] *v* hoesten
tout [tu] *adj* al; ieder; heel; *pron* alles; **du** ~ helemaal; **en** ~ in totaal; ~ **à fait** helemaal; ~ **à l'heure** meteen; ~ **au plus** hooguit; ~ **ce que** wat dan ook; ~ **de suite** dadelijk, meteen; ~ **droit** rechtdoor; ~ **le monde** iedereen
toutefois [tut'fwa] *adv* toch
toux [tu] *f* hoest *c*
toxique [tɔk'sik] *adj* vergiftig
tracas [tra'ka] *m* last *c*
tracasser [traka'se] *v* hinderen
trace [tras] *f* spoor *nt*
tracer [tra'se] *v* opsporen
tracteur [trak'tœ:r] *m* tractor *c*
tradition [tradi'sjɔ̃] *f* traditie *c*
traditionnel [tradisjɔ'nɛl] *adj* traditioneel
traducteur [tradyk'tœ:r] *m* vertaler *c*
traduction [tradyk'sjɔ̃] *f* vertaling *c*
***traduire** [tra'dɥi:r] *v* vertalen
trafic [tra'fik] *m* verkeer *nt*; smokkel *c*
tragédie [traʒe'di] *f* tragedie *c*; treurspel *nt*
tragique [tra'ʒik] *adj* tragisch
trahir [tra'i:r] *v* *verraden
trahison [trai'zɔ̃] *f* verraad *nt*
train [trɛ̃] *m* trein *c*; ~ **de marchandises** goederentrein *c*; ~ **de nuit** nachttrein *c*; ~ **de voyageurs** personentrein *c*; ~ **direct** doorgaande trein; ~ **express** sneltrein *c*; ~ **local** stoptrein *c*
traîneau [trɛ'no] *m* slede *c*; ar *c*
traîner [trɛ'ne] *v* slepen
trait [trɛ] *m* streep *c*; trek *c*; ~ **de caractère** karaktertrek *c*; ~ **d'union** koppelteken *nt*; ~ **du visage** gelaatstrek *c*
traite [trɛt] *f* wissel *c*
traité [trɛ'te] *m* verdrag *nt*
traitement [trɛt'mɑ̃] *m* behandeling *c*
traiter [trɛ'te] *v* behandelen
traître [trɛ:tr] *m* verrader *c*
trajet [tra'ʒɛ] *m* weg *c*
tram [tram] *m* tram *c*
tranche [trɑ̃:ʃ] *f* snee *c*
trancher [trɑ̃'ʃe] *v* *afsnijden; afhandelen
tranquille [trɑ̃'kil] *adj* rustig; bedaard, stil
tranquillité [trɑ̃kili'te] *f* rust *c*
transaction [trɑ̃zak'sjɔ̃] *f* transactie *c*
transatlantique [trɑ̃zatlɑ̃'tik] *adj* transatlantisch

transférer [trɑ̃sfe're] *v* *overbrengen
transformateur [trɑ̃sfɔrma'tœ:r] *m* transformator *c*
transformer [trɑ̃sfɔr'me] *v* veranderen
transition [trɑ̃zi'sjɔ̃] *f* overgang *c*
transparent [trɑ̃spa'rɑ̃] *adj* doorzichtig
transpiration [trɑ̃spira'sjɔ̃] *f* transpiratie *c*
transpirer [trɑ̃spi're] *v* transpireren
transport [trɑ̃'spɔ:r] *m* transport *nt*, vervoer *nt*
transporter [trɑ̃spɔr'te] *v* transporteren
trappe [trap] *f* luik *nt*
travail [tra'va:j] *m* (pl travaux) werk *nt*, baan *c*; ~ **artisanal** handwerk *nt*; ~ **manuel** handenarbeid *c*; **travaux ménagers** huishouden *nt*
travailler [trava'je] *v* werken
travailleur [trava'jœ:r] *m* arbeider *c*
à travers [a tra'vɛ:r] door; over
traversée [travɛr'se] *f* overtocht *c*
traverser [travɛr'se] *v* *oversteken; *gaan door
trébucher [treby'ʃe] *v* struikelen
trèfle [trɛfl] *m* klaver *c*
treize [trɛ:z] *num* dertien
treizième [trɛ'zjɛm] *num* dertiende
trembler [trɑ̃'ble] *v* beven; bibberen
tremper [trɑ̃'pe] *v* weken, doorweken
trente [trɑ̃:t] *num* dertig
trentième [trɑ̃'tjɛm] *num* dertigste
trépasser [trepa'se] *v* *overlijden
très [trɛ] *adv* zeer; erg, heel
trésor [tre'zɔ:r] *m* schat *c*; **Trésor** schatkist *c*
trésorier [trezɔ'rje] *m* penningmeester *c*
triangle [tri'ɑ̃:gl] *m* driehoek *c*
triangulaire [triɑ̃gy'lɛ:r] *adj* driehoekig
tribord [tri'bɔ:r] *m* stuurboord *nt*
tribu [tri'by] *f* stam *c*
tribunal [triby'nal] *m* gerecht *nt*, rechtbank *c*
tribune [tri'byn] *f* tribune *c*
tricher [tri'ʃe] *v* *bedriegen
tricot [tri'ko] *m* gebreid goed; trui *c*; ~ **de corps** hemd *nt*
tricoter [trikɔ'te] *v* breien
trier [tri'e] *v* sorteren
trimestre [tri'mɛstr] *m* kwartaal *nt*
trimestriel [trimɛstri'ɛl] *adj* driemaandelijks
triomphant [triɔ̃'fɑ̃] *adj* triomfantelijk
triomphe [tri'ɔ̃:f] *m* triomf *c*
triompher [triɔ̃'fe] *v* zegevieren
triste [trist] *adj* bedroefd
tristesse [tri'stɛs] *f* droefheid *c*, bedroefdheid *c*
trivial [tri'vjal] *adj* ordinair
troc [trɔk] *m* ruil *c*
trognon [trɔ'ɲɔ̃] *m* klokhuis *nt*
trois [trwa] *num* drie; ~ **quarts** driekwart
troisième [trwa'zjɛm] *num* derde
trolleybus [trɔle'bys] *m* trolleybus *c*
tromper [trɔ̃'pe] *v* *bedriegen; **se ~** zich vergissen
tromperie [trɔ̃'pri] *f* bedrog *nt*
trompette [trɔ̃'pɛt] *f* trompet *c*
tronc [trɔ̃] *m* stam *c*
trône [tro:n] *m* troon *c*
trop [tro] *adv* te
tropical [trɔpi'kal] *adj* tropisch
tropiques [trɔ'pik] *mpl* tropen *pl*
troquer [trɔ'ke] *v* ruilen
trottoir [trɔ'twa:r] *m* trottoir *nt*; stoep *c*
trou [tru] *m* gat *nt*; kuil *c*
trouble [trubl] *adj* troebel; ondoorzichtig; *m* onrust *c*
troubler [tru'ble] *v* verstoren
troupeau [tru'po] *m* kudde *c*
troupes [trup] *fpl* troepen *pl*
trousseau [tru'so] *m* uitrusting *c*
trousse de secours [trus də sə'ku:r] verbandkist *c*
trouver [tru've] *v* *vinden; menen

truc [tryk] *m* foefje *nt*, kunstje *nt*, streek *c*
truite [trɥit] *f* forel *c*
tu [ty] *pron* je
tube [tyb] *m* buis *c*; tube *c*; ~ **de plongée** snorkel *c*
tuberculose [tybɛrky'lo:z] *f* tuberculose *c*
tuer [tɥe] *v* doden; *ombrengen
tuile [tɥil] *f* dakpan *c*
tulipe [ty'lip] *f* tulp *c*
tumeur [ty'mœ:r] *f* tumor *c*; gezwel *nt*
tunique [ty'nik] *f* tuniek *c*
Tunisie [tyni'zi] *f* Tunesië
Tunisien [tyni'zjɛ̃] *m* Tunesiër *c*
tunisien [tyni'zjɛ̃] *adj* Tunesisch
tunnel [ty'nɛl] *m* tunnel *c*
turbine [tyr'bin] *f* turbine *c*
turboréacteur [tyrbɔreak'tœ:r] *m* straalvliegtuig *nt*
Turc [tyrk] *m* Turk *c*
turc [tyrk] *adj* Turks
Turquie [tyr'ki] *f* Turkije
tutelle [ty'tɛl] *f* voogdij *c*
tuteur [ty'tœ:r] *m* voogd *c*
tuyau [tɥi'jo] *m* pijp *c*, leiding *c*; ~ **d'échappement** uitlaatpijp *c*
tympan [tɛ̃'pɑ̃] *m* trommelvlies *nt*
type [tip] *m* type *nt*; vent *c*
typhoïde [tifɔ'id] *f* tyfus *c*
typique [ti'pik] *adj* typisch
tyran [ti'rɑ̃] *m* tiran *c*

U

ulcère [yl'sɛ:r] *m* zweer *c*; ~ **à l'estomac** maagzweer *c*
ultime [yl'tim] *adj* laatst
ultra-violet [yltravjɔ'le] *adj* ultraviolet
un [œ̃] *art* (f une) een *art*; *num* een; **l'un l'autre** elkaar; **l'un ou l'autre** een van beide; **ni l'un ni l'autre** geen van beide
unanime [yna'nim] *adj* unaniem; gelijkgezind
uni [y'ni] *adj* verenigd; effen
uniforme [yni'fɔrm] *m* uniform *nt/c*; *adj* uniform
unilatéral [ynilate'ral] *adj* eenzijdig
union [y'njɔ̃] *f* vereniging *c*; **Union Soviétique** Sovjet-Unie
unique [y'nik] *adj* uniek; enig
uniquement [ynik'mɑ̃] *adv* uitsluitend
unir [y'ni:r] *v* verenigen
unité [yni'te] *f* eenheid *c*; ~ **monétaire** munteenheid *c*
univers [yni'vɛ:r] *m* heelal *nt*
universel [ynivɛr'sɛl] *adj* universeel; veelzijdig
université [ynivɛrsi'te] *f* universiteit *c*
urbain [yr'bɛ̃] *adj* stedelijk
urgence [yr'ʒɑ̃:s] *f* urgentie *c*; noodgeval *nt*
urgent [yr'ʒɑ̃] *adj* dringend
urine [y'rin] *f* urine *c*
Uruguay [yry'ge] *m* Uruguay
Uruguayen [yryge'jɛ̃] *m* Uruguayaan *c*
uruguayen [yryge'jɛ̃] *adj* Uruguayaans
usage [y'za:ʒ] *m* gebruik *nt*
usager [yza'ʒe] *m* gebruiker *c*
user [y'ze] *v* verbruiken; *verslijten; **usé** versleten
usine [y'zin] *f* fabriek *c*; bedrijf *nt*; ~ **à gaz** gasfabriek *c*
ustensile [ystɑ̃'sil] *m* gebruiksvoorwerp *nt*, werktuig *nt*
usuel [y'zɥɛl] *adj* gebruikelijk
utérus [yte'rys] *m* baarmoeder *c*
utile [y'til] *adj* nuttig; bruikbaar
utilisable [ytili'zabl] *adj* bruikbaar
utilisateur [ytiliza'tœ:r] *m* verbruiker *c*
utilisation [ytiliza'sjɔ̃] *f* gebruik *nt*
utiliser [ytili'ze] *v* benutten, gebruiken
utilité [ytili'te] *f* nut *nt*

V

vacance [va'kɑ̃:s] *f* vacature *c*; **vacances** vakantie *c*
vacant [va'kɑ̃] *adj* vacant, onbezet
vacarme [va'karm] *m* rumoer *nt*, kabaal *nt*
vaccination [vaksina'sjɔ̃] *f* inenting *c*
vacciner [vaksi'ne] *v* inenten
vache [vaʃ] *f* koe *c*
vacillant [vasi'jɑ̃] *adj* onevenwichtig; gammel
vaciller [vasi'je] *v* wankelen
vagabond [vaga'bɔ̃] *m* vagebond *c*
vagabondage [vagabɔ̃'da:ʒ] *m* landloperij *c*
vagabonder [vagabɔ̃'de] *v* *zwerven, *rondtrekken
vague [vag] *f* golf *c*; *adj* vaag; duister
vaillance [va'jɑ̃:s] *f* dapperheid *c*
vain [vɛ̃] *adj* vergeefs; **en ~** tevergeefs
***vaincre** [vɛ̃:kr] *v* *overwinnen; *verslaan
vainqueur [vɛ̃'kœ:r] *m* winnaar *c*
vaisseau [ve'so] *m* vaartuig *nt*, schip *nt*; **~ sanguin** bloedvat *nt*
vaisselle [ve'sɛl] *f* aardewerk *nt*; ***faire la ~** afwassen
valable [va'labl] *adj* geldig
valet [va'le] *m* bediende *c*; boer *c*
valeur [va'lœ:r] *f* waarde *c*; **sans ~** waardeloos
valise [va'li:z] *f* koffer *c*
vallée [va'le] *f* dal *nt*, vallei *c*
***valoir** [va'lwa:r] *v* waard *zijn; **~ la peine** de moeite waard *zijn
valse [vals] *f* wals *c*
vanille [va'ni:j] *f* vanille *c*
vaniteux [vani'tø] *adj* ijdel
vanneau [va'no] *m* kievit *c*
se vanter [vɑ̃'te] opscheppen
vapeur [va'pœ:r] *f* stoom *c*; damp *c*
vaporisateur [vapɔriza'tœ:r] *m* sproeier *c*
variable [va'rjabl] *adj* veranderlijk
variation [varja'sjɔ̃] *f* afwisseling *c*
varice [va'ris] *f* spatader *c*
varicelle [vari'sɛl] *f* waterpokken *pl*
varier [va'rje] *v* variëren, afwisselen
variété [varje'te] *f* verscheidenheid *c*
variole [va'rjɔl] *f* pokken *pl*
vase [va:z] *m* vaas *c*; *f* modder *c*
vaseline [va'zlin] *f* vaseline *c*
vaste [vast] *adj* groot; ruim, uitgestrekt, wijd; veelomvattend
vautour [vo'tu:r] *m* gier *c*
veau [vo] *m* kalf *nt*; kalfsvlees *nt*; kalfsleer *nt*
végétarien [veʒeta'rjɛ̃] *m* vegetariër *c*
végétation [veʒeta'sjɔ̃] *f* plantengroei *c*
véhicule [vei'kyl] *m* voertuig *nt*
veille [ve:j] *f* vorige dag
veiller [ve'je] *v* waken; **~ sur** passen op
veine [vɛ:n] *f* ader *c*
vélo [ve'lo] *m* rijwiel *nt*, fiets *c*
vélomoteur [velomɔ'tœ:r] *m* brommer *c*, bromfiets *c*
velours [və'lu:r] *m* fluweel *nt*; **~ côtelé** ribfluweel *nt*; **~ de coton** katoenfluweel *nt*
vendable [vɑ̃'dabl] *adj* verkoopbaar
vendange [vɑ̃'dɑ̃:ʒ] *f* wijnoogst *c*
vendeur [vɑ̃'dœ:r] *m* verkoper *c*
vendeuse [vɑ̃'dø:z] *f* verkoopster *c*
vendre [vɑ̃:dr] *v* *verkopen; **à ~** te koop
vendredi [vɑ̃drə'di] *m* vrijdag *c*
vénéneux [vene'nø] *adj* giftig
vénérable [vene'rabl] *adj* eerbiedwaardig
Venezuela [venezɥe'la] *m* Venezuela
Vénézuélien [venezɥe'ljɛ̃] *m* Venezolaan *c*
vénézuélien [venezɥe'ljɛ̃] *adj* Venezolaans

vengeance [vɑ̃'ʒɑ̃:s] *f* wraak *c*
venger [vɑ̃'ʒe] *v* *wreken
***venir** [və'ni:r] *v* *komen; ***faire ~** *laten halen
vent [vɑ̃] *m* wind *c*; **coup de ~** windvlaag *c*
vente [vɑ̃:t] *f* verkoop *c*; **~ aux enchères** veiling *c*; **~ en gros** groothandel *c*
venteux [vɑ̃'tø] *adj* winderig
ventilateur [vɑ̃tila'tœ:r] *m* ventilator *c*
ventilation [vɑ̃tila'sjɔ̃] *f* ventilatie *c*
ventiler [vɑ̃ti'le] *v* ventileren
ventre [vɑ̃:tr] *m* buik *c*
venue [və'ny] *f* komst *c*
ver [vɛ:r] *m* worm *c*
véranda [verɑ̃'da] *f* veranda *c*
verbal [vɛr'bal] *adj* mondeling
verbe [vɛrb] *m* werkwoord *nt*
verdict [vɛr'dikt] *m* uitspraak *c*
verger [vɛr'ʒe] *m* boomgaard *c*
véridique [veri'dik] *adj* waarheidsgetrouw
vérifier [veri'fje] *v* verifiëren; *nakijken
véritable [veri'tabl] *adj* eigenlijk; werkelijk
vérité [veri'te] *f* waarheid *c*
vernir [vɛr'ni:r] *v* lakken; emailleren
vernis [vɛr'ni] *m* vernis *nt/c*; lak *c*; **~ à ongle** nagellak *c*
verre [vɛ:r] *m* glas *nt*; **~ de couleur** gebrandschilderd glas; **~ grossissant** vergrootglas *nt*; **verres de contact** contactlenzen *pl*
verrou [vɛ'ru] *m* grendel *c*
vers [vɛ:r] *m* vers *nt*; *prep* naar; **~ le bas** naar beneden; **~ le haut** naar boven
versant [vɛr'sɑ̃] *m* helling *c*
versement [vɛrsə'mɑ̃] *m* storting *c*
verser [vɛr'se] *v* *schenken; *inschenken, *gieten; storten
version [vɛr'sjɔ̃] *f* versie *c*; vertaling *c*
vert [vɛ:r] *adj* groen
vertical [vɛrti'kal] *adj* verticaal
vertige [vɛr'ti:ʒ] *m* duizeling *c*; duizeligheid *c*
vertu [vɛr'ty] *f* deugd *c*
vessie [ve'si] *f* blaas *c*
veste [vɛst] *f* jasje *nt*, vest *nt*; **~ de sport** sportjasje *nt*
vestiaire [vɛ'stjɛ:r] *m* garderobe *c*
vestibule [vɛsti'byl] *m* foyer *c*, hal *c*
veston [vɛ'stɔ̃] *m* colbert *c*; **~ sport** sportjasje *nt*
vêtements [vɛt'mɑ̃] *mpl* kleren *pl*; **~ de sport** sportkleding *c*
vétérinaire [veteri'nɛ:r] *m* veearts *c*, dierenarts *c*
***vêtir** [ve'ti:r] *v* aankleden
veuf [vœf] *m* weduwnaar *c*
veuve [vœ:v] *f* weduwe *c*
via [vi'a] *prep* via
viaduc [vja'dyk] *m* viaduct *c/nt*
viande [vjɑ̃:d] *f* vlees *nt*
vibration [vibra'sjɔ̃] *f* vibratie *c*
vibrer [vi'bre] *v* trillen
vicaire [vi'kɛ:r] *m* predikant *c*
vice-président [visprezi'dɑ̃] *m* vicepresident *c*
vicieux [vi'sjø] *adj* boosaardig
victime [vik'tim] *f* slachtoffer *nt*
victoire [vik'twa:r] *f* overwinning *c*
vide [vid] *adj* leeg; *m* vacuüm *nt*
vider [vi'de] *v* ledigen
vie [vi] *f* leven *nt*; **~ privée** privéleven *nt*
vieillard [vjɛ'ja:r] *m* oude man
vieillesse [vjɛ'jɛs] *f* ouderdom *c*
vieilli [vje'ji] *adj* verouderd
vieillot [vjɛ'jo] *adj* ouderwets
vierge [vjɛrʒ] *f* maagd *c*
vieux [vjø] *adj* (vieil; f vieille) oud
vif [vif] *adj* levendig; hevig
vigilant [viʒi'lɑ̃] *adj* waakzaam
vigne [viɲ] *f* wijnstok *c*
vignoble [vi'ɲɔbl] *m* wijngaard *c*

vigoureux [vigu'rø] *adj* krachtig
vigueur [vi'gœ:r] *f* sterkte *c*
vilain [vi'lɛ̃] *adj* stout
vilebrequin [vilbrə'kɛ̃] *m* krukas *c*
villa [vi'la] *f* villa *c*; buitenhuis *nt*
village [vi'la:ʒ] *m* dorp *nt*
ville [vil] *f* stad *c*
villégiature [vileʒa'ty:r] *f* vakantieoord *nt*
vin [vɛ̃] *m* wijn *c*
vinaigre [vi'nɛ:gr] *m* azijn *c*
vingt [vɛ̃] *num* twintig
vingtième [vɛ̃'tjɛm] *num* twintigste
violation [vjɔla'sjɔ̃] *f* schending *c*
violence [vjɔ'lɑ̃:s] *f* geweld *nt*
violent [vjɔ'lɑ̃] *adj* gewelddadig; fel, heftig, hevig
violer [vjɔ'le] *v* aanranden, verkrachten
violet [vjɔ'le] *adj* violet
violette [vjɔ'lɛt] *f* viooltje *nt*
violon [vjɔ'lɔ̃] *m* viool *c*
virage [vi'ra:ʒ] *m* bocht *c*
virer [vi're] *v* keren
virgule [vir'gyl] *f* komma *c*
vis [vis] *f* schroef *c*
visa [vi'za] *m* visum *nt*
visage [vi'za:ʒ] *m* gezicht *nt*
viser [vi'ze] *v* richten op, mikken op
viseur [vi'zœ:r] *m* zoeker *c*
visibilité [vizibili'te] *f* zicht *nt*
visible [vi'zibl] *adj* zichtbaar
vision [vi'zjɔ̃] *f* visie *c*
visite [vi'zit] *f* visite *c*, bezoek *nt*; **rendre ~ à** *bezoeken
visiter [vizi'te] *v* *bezoeken
visiteur [vizi'tœ:r] *m* bezoeker *c*
vison [vi'zɔ̃] *m* nerts *nt*
visser [vi'se] *v* schroeven
vitamine [vita'min] *f* vitamine *c*
vite [vit] *adv* vlug
vitesse [vi'tɛs] *f* snelheid *c*; versnelling *c*; **en ~** haastig; **indicateur de ~** snelheidsmeter *c*; **limitation de ~** snelheidsbeperking *c*; **~ de croisière** kruissnelheid *c*
vitre [vitr] *f* ruit *c*
vitrine [vi'trin] *f* vitrine *c*, etalage *c*
vivant [vi'vɑ̃] *adj* levend
***vivre** [vi:vr] *v* leven; *ondervinden
vocabulaire [vɔkaby'lɛ:r] *m* woordenschat *c*; vocabulaire *nt*, woordenlijst *c*
vocal [vɔ'kal] *adj* vocaal
vœu [vø] *m* wens *c*; gelofte *c*
voici [vwa'si] *adv* hier is
voie [vwa] *f* weg *c*; spoor *nt*; rijstrook *c*; **~ d'eau** vaarwater *nt*; **~ ferrée** spoorbaan *c*
voilà [vwa'la] *adv* daar is; alstublieft
voile [vwal] *f* zeil *nt*; *m* sluier *c*
***voir** [vwa:r] *v* *zien
voisin [vwa'zɛ̃] *m* buur *c*, buurman *c*
voisinage [vwazi'na:ʒ] *m* buurt *c*
voiture [vwa'ty:r] *f* auto *c*; rijtuig *nt*; **~ d'enfant** kinderwagen *c*; **~ de sport** sportwagen *c*; **~ Pullman** slaaprijtuig *nt*
voix [vwa] *f* stem *c*; **à haute ~** hardop
vol [vɔl] *m* vlucht *c*; roof *c*, diefstal *c*, beroving *c*; **~ charter** chartervlucht *c*; **~ de nuit** nachtvlucht *c*; **~ de retour** retourvlucht *c*
volaille [vɔ'la:j] *f* gevogelte *nt*
volant [vɔ'lɑ̃] *m* stuurwiel *nt*
volcan [vɔl'kɑ̃] *m* vulkaan *c*
voler [vɔ'le] *v* *vliegen; *stelen; beroven
volet [vɔ'le] *m* blind *nt*
voleur [vɔ'lœ:r] *m* dief *c*
volontaire [vɔlɔ̃'tɛ:r] *adj* vrijwillig; *m* vrijwilliger *c*
volonté [vɔlɔ̃'te] *f* wil *c*; wilskracht *c*
volontiers [vɔlɔ̃'tje] *adv* graag, gaarne
volt [vɔlt] *m* volt *c*
voltage [vɔl'ta:ʒ] *m* voltage *c/nt*
volume [vɔ'lym] *m* volume *nt*; deel *nt*

volumineux [volymi'nø] *adj* lijvig, omvangrijk
vomir [vɔ'mi:r] *v* braken, *overgeven
vote [vɔt] *m* stemming *c*; stem *c*; **droit de ~** kiesrecht *nt*
voter [vɔ'te] *v* stemmen
votre [vɔtr] *adj* (pl vos) jullie; uw
***vouloir** [vu'lwa:r] *v* *willen; **en ~ à** kwalijk *nemen; **~ dire** bedoelen
vous [vu] *pron* jullie; je; u; **vous-même** *pron* zelf
voûte [vut] *f* gewelf *nt*
voyage [vwa'ja:ʒ] *m* reis *c*; **~ d'affaires** zakenreis *c*; **~ de retour** terugreis *c*
voyager [vwaja'ʒe] *v* reizen; **~ en auto** *autorijden
voyageur [vwaja'ʒœ:r] *m* reiziger *c*
voyelle [vwa'jɛl] *f* klinker *c*
vrai [vre] *adj* waar; echt
vraiment [vre'mɑ̃] *adv* echt
vraisemblable [vresɑ̃'blabl] *adj* vermoedelijk
vu [vy] *prep* gezien
vue [vy] *f* zicht *nt*; uitzicht *nt*, gezicht *nt*; **point de ~** standpunt *nt*
vulgaire [vyl'gɛ:r] *adj* vulgair
vulnérable [vylne'rabl] *adj* kwetsbaar

W

wagon [va'gɔ̃] *m* wagon *c*; rijtuig *nt*; **wagon-lit** slaapwagen *c*; **wagon-restaurant** restauratiewagen *c*

Y

y [i] *pron* er; eraan
yacht [jɔt] *m* jacht *nt*; **yacht-club** *m* zeilclub *c*
yachting [jɔ'tiŋ] *m* zeilsport *c*
Yougoslave [jugɔ'slav] *m* Joegoslaaf *c*
yougoslave [jugɔ'slav] *adj* Joegoslavisch
Yougoslavie [jugɔsla'vi] *f* Joegoslavië

Z

zèbre [zɛ:br] *m* zebra *c*
zélé [ze'le] *adj* ijverig; vlijtig
zèle [zɛl] *m* ijver *c*
zénith [ze'nit] *m* zenit *nt*
zéro [ze'ro] *m* nul *c*
zinc [zɛ̃:g] *m* zink *nt*
zodiaque [zɔ'djak] *m* dierenriem *c*
zone [zo:n] *f* zone *c*; gebied *nt*; **~ de stationnement** parkeerzone *c*; **~ industrielle** industriegebied *nt*
zoo [zo] *m* dierentuin *c*
zoologie [zoolɔ'ʒi] *f* zoölogie *c*
zoom [zum] *m* zoomlens *c*

Culinaire woordenlijst

Spijzen

à la, à l', au, aux op de manier van, bereid met
abats, abattis afval van gevogelte
abricot abrikoos
agneau lamsvlees
aiglefin schelvis
ail knoflook
ailloli knoflookmayonaise
airelle veenbes
alouette sans tête blinde vink
(à l')alsacienne op Elzasser wijze; gewoonlijk met zuurkool, ham en worstjes
amande amandel
amuse-gueule borrelhapje
anchois ansjovis
(à l')ancienne op ouderwetse manier; gewoonlijk met roomsaus, wijn, champignons, uien of sjalotten
(à l')andalouse op Andalusische wijze; gewoonlijk met paprika's, aubergines en tomaten
andouille soort rolpens
andouillette kleine rolpens
(à l')anglaise op Engelse wijze; 1) gewoonlijk gekookte of gestoomde groenten en aardappelen 2) gepaneerde en gebakken groenten, vlees, vis of gevogelte
anguille paling
~ **au vert** in een witte saus gesmoorde paling geserveerd met peterselie en andere groenten
anis anijs (zaad)
artichaut artisjok
assiette bord
~ **anglaise** assortiment van koud vlees
~ **de charcuterie** assortiment van vleeswaren
assorti gemengd
ballottine (de volaille) uitgebeend gevogelte, gevuld, opgerold en gebraden, daarna in gelatine opgediend
banane banaan
bar baars
barbue griet
basilic basilicum
béarnaise saus van eierdooiers, sjalotten, dragon, witte wijn en boter
bécasse (hout) snip
(à la) Bercy botersaus met witte wijn en sjalotten
betterave (rode) biet
beurre boter
~ **blanc** botersaus met witte wijn, sjalotten en azijn

~ **maître d'hôtel** botersaus met peterselie en citroensap
~ **noir** bruine botersaus met azijn en peterselie
bifteck biefstuk
(à la) bigarade bruine saus van sinaasappelen, suiker en azijn
biscotte beschuitje
biscuit koekje
bisque vissoep
blanc de volaille wit vlees van de borst van gevogelte
blanchaille witvis
blanquette de veau ragoût van kalfsvlees
(au) bleu 1) vis (meestal forel): in azijn en kruidenbouillon gekookt 2) kaas: blauwgeaderd 3) vlees: nog bijna rauw
bœuf rundvlees
~ **bourguignon** stukken rundvlees gestoofd in rode wijn met uien, spek en champignon
~ **en daube** in rode wijn gemarineerde stukken gelardeerd rundvlees, met groenten gestoofd
~ **miro(n)ton** koud gekookt rundvlees of runderragoût met uiensaus
~ **mode** gelardeerde stukken rundvlees gestoofd in rode wijn met wortelen en uien
~ **salé** corned beef
bolet boleten (paddestoel)
bombe glacée ijstaart
(à la) bordelaise zoals in Bordeaux; rode wijnsaus met sjalotten, boleten en rundermerg
bouchée à la reine vol-au-vent; pasteitje gevuld met ragoût van vlees, zwezerik of schaal- en schelpdieren, soms met champignons
boudin bloedworst
bouillabaisse verschillende soorten vis en schaaldieren, gestoofd in witte wijn, knoflook saffraan en olijfolie
bouïlli gekookt
(à la) bourguignonne op Bourgondische wijze; kleine champignons, zilveruitjes of sjalotten in rode wijn gestoofd
braisé gestoofd, gesmoord
brandade (de morue) kabeljauwragoût met room, olie en knoflook bereid
brie witte, zachte kaas
brioche soort broodje
brochet snoek
(en) brochette (aan een) vleespen
cabillaud kabeljauw
café glacé mokka-ijs
caille kwartel
camembert zachte, smeuïge kaas met pikante smaak
canapé belegd sneetje brood
canard (caneton) eend (jonge eend)
~ **à l'orange** gestoofd of gevuld met sinaasappelen
cannelle kaneel
cantal gladde harde kaas uit de Auvergne
cantaloup kanteloep
câpre kappertje
carbonnade op houtskool geroosterd vlees
~ **flamande** plakken rundvlees met uien, in bier gestoofd
cardon kardoen, Spaanse artisjok
carotte wortel
carottes Vichy in roomboter gestoofde wortelen
carpe karper
carré lende- of ribstuk
~ **de l'Est** vierkant kaasje met

een zachte smaak
carrelet bot
à la carte ieder gerecht apart geprijsd
carte des vins wijnkaart
cassis zwarte bessen
cassoulet toulousain ragoût van witte bonen, ganze-, lams- of varkensvlees
céleri selderie
~ **en branche** bleekselderie
~**-rave** knolselderie
cèpe bolet (paddestoel)
cerfeuil kervel
cerise kers
cervelle hersenen
champignon de Paris kleine champignon
chanterelle cantharel
charbonnade op houtskool geroosterd vlees
charcuterie vleeswaren
charlotte dessert van vruchten of vanillevla met lange vingers of eierbiscuits
chasse wildbraad
chasseur op jagerswijze; saus van champignons, tomaten, wijn, knoflook en kruiden
chateaubriand biefstuk van de haas
chaud warm
chaudrée ragoût van vis en schaaldieren met knoflook, kruiden, uien en witte wijn
chausson aux pommes appelbol
chevreuil ree
chicorée andijvie
chou kool
~ **de Bruxelles** spruitje
~ **à la crème** roomsoes
~**-fleur** bloemkool
~ **rouge** rode kool
choucroute zuurkool
~ **garnie** zuurkool met ham, gerookt spek en worst
ciboulette bieslook
citron citroen
civet de lapin (lièvre) konijneragoût (hazepeper)
clafoutis taart met kersen, vaak met kirsch
clémentine soort pitloze mandarijn
cochon de lait speenvarken
(en) cocotte gestoofd
cœur hart
~ **d'artichaut** artisjokbodem
(à la) Colbert gepaneerd
colin koolvis (kabeljauwachtige vis)
concombre komkommer
condiment kruiderij
confit d'oie in eigen vet ingemaakte gans
confiture jam
consommation consumptie
consommé heldere soep, warm of koud opgediend
~ **Célestine** met kip en in dunne reepjes gesneden pannekoek
~ **(aux) cheveux d'ange** met vermicelli
~ **Colbert** met gepocheerde eieren en groenten
~ **julienne** met groenten
~ **madrilène** koud en met tomaten
~ **princesse** met kip en aspergepunten
~ **aux vermicelles** met vermicelli
contre-filet lendestuk van rund
coq au vin in stukken gesneden haantje, gestoofd in rode wijn met champignons, spek, uien en kruiden

coquelet haantje
coquillage schelpdier
coquille Saint-Jacques St.-Jacobsschelp met een witte saus overgoten en in de oven gegratineerd
corbeille de fruits mand met een assortiment fruit
cornichon augurkje
côte karbonade of ribstuk
~ **de bœuf** of runderrib
~ **de veau** kalfskarbonade
côtelette kotelet
~ **d'agneau** lamskotelet
~ **de porc** varkenskotelet
coupe een glazen of metalen schoteltje voor nagerechten
~ **glacée** vruchten met ijs en slagroom
courgette kleine mergpompoen
couvert, vin et service compris menuprijs, inclusief wijn, couvert en bediening
crabe krab
crème 1) vla
~ **anglaise** custardvla
~ **Chantilly** slagroom
~ **glacée** roomijs
crème 2) gebonden soep
crêpe flensje, pannekoek
~ **Suzette** flensje met sinaasappelsaus, geflambeerd met likeur, meestal met Grand Marnier
cresson waterkers
crevette garnaal
croissant halve maanvormig broodje van bladerdeeg
croque-monsieur „tosti"; twee geroosterde sneetjes brood waartussen ham en gesmolten kaas
croquette kroket
croustade pastei gevuld met ragoût van vlees, vis of groenten
(en) croûte in korstdeeg gebakken
croûton stukje gebakken brood
cru rauw
crudités voorgerecht van rauwe, in plakjes of blokjes gesneden of geraspte groenten
crustacé schaal- en schelpdier
cuisse bout, schenkel
cuisses de grenouilles kikkerbilletjes
cuit gekookt
bien ~ gaar
cumin komijn
curry kerrie
darne moot (vooral van zalm)
datte dadel
daurade goudbrasem
déjeuner lunch
délice nagerechtspecialiteit van de kok
demi half
~**-sel** zachte roomkaas, licht gezouten
demoiselle de Cherbourg kleine rotskreeft
(à la) dieppoise zoals in Dieppe bereid; garnituur van mosselen en garnalen in een witte wijnsaus
dinde, dindon kalkoen
dindonneau kalkoentje
diplomate custardpudding met gekonfijte vruchten en in likeur of cognac gedrenkte lange vingers
dodine de canard gevulde, uitgebeende eend; soms koud in gelei opgediend
(à la) du Barry garnituur van gegratineerde bloemkool met kaassaus
(aux) duxelles met gesneden champignons gebakken in boter, witte wijn en kruiden
échalote sjalot

éclair langwerpig, met chocolade of caramel geglaceerd roomtaartje
écrevisse rivierkreeft
~ **à la nage** rivierkreeft in witte wijn met kruiden en groenten gesmoord
églefin schelvis
émincé kleine stukjes gekookt vlees in jus of dikke saus
endive Brussels lof, chicorei
~ **à la bruxelloise** gestoofde met ham omwikkelde witlof
entrecôte tussenrib
entrée voorgerecht
entremets zoet gerecht dat na de kaas en voor het fruit geserveerd wordt
épaule schouder
éperlan spiering
épice kruid
épicé gekruid, gepeperd
épinard spinazie
escalope de veau kalfsoester
escalope viennoise gepaneerde kalfsoester
escargot slak
estouffade in een goed gesloten pan met zo weinig mogelijk vocht gekookt of gebraden
estragon dragon
étuvé gestoomd
faisan fazant
farci gevuld
fenouil venkel
féra serpeling (vis)
fève tuinboon
filet filet (vlees of vis)
~ **de bœuf** ossehaas
~ **mignon** kalfs- of varkenshaasje
~ **de sole** tongfilet
(à la) financière saus met vlees- of visballetjes, truffels, champignons, madera, soms met olijven en rivierkreeften
(aux) fines herbes met tuinkruiden
(à la) flamande op Vlaamse manier; gewoonlijk een garnituur van (soms in bier gestoofde) aardappelen, wortelen, kool, raapjes, spek en worst
flambé geflambeerd
flétan heilbot
flan puddinkje
foie lever
~ **gras** ganze- of eendeleverpastei
fond d'artichaut artisjokbodem
fondue (au fromage) gesmolten kaas met witte wijn, kirsch en knoflook; men dompelt een stukje brood aan een lange vork in de warme kaas
fondue bourguignonne stukjes rundvlees die aan tafel in kokende olie gebraden en met verschillende sausen gegeten worden
fondue chinoise dunne plakjes rundvlees die in kokende bouillon gebraden en met verschillende sausen gegeten worden
(à la) forestière op houtvestersmanier; meestal in boter gebakken met morilles, aardappelen en spek
(au) four gebraden
frais, fraîche vers
fraise aardbei
~ **des bois** bosaardbeitje
framboise framboos
frappé (in of met ijs) gekoeld
friand vleespasteitje
frit gebakken
frites patates frites
friture (de poisson) gebakken vis
fromage kaas

~ **frais** witte verse kaas
~ **de tête** hoofdkaas
fruit vrucht
~ **confit** gekonfijt fruit
fruits de mer zeebanket, schaal- en schelpdieren
fumé gerookt
galette plat koekje, scheepsbeschuit
garbure dikke soep van kool, spek en met ingemaakt ganzevlees
garni gegarneerd
(avec) garniture met groenten
gâteau taart
gaufre wafel
gaufrette wafeltje
(en) gelée in gelei
gélinotte hazelhoen
gibelotte de lapin ragoût van konijn in wijnsaus met champignons, spek, knoflook en uien
gibier wild (braad)
~ **de saison** wild van het seizoen
gigot d'agneau lamsbout
girolle algemene naam voor een cantharelachtige champignon
glace ijs
glacé ijskoud, gekoeld
goujon grondel (vis)
gras-double ossepens gestoofd in wijn en uien
(au) gratin gegratineerd met kaas of paneermeel
gratin dauphinois plakjes aardappelen bedekt met een witte saus en geraspte kaas en in de oven gegratineerd
gratin de fruits de mer schaal- en/of schelpdieren met roomsaus in de oven gegratineerd
grillade geroosterd vlees
grillé geroosterd
groseille rouge aalbes
groseille à maquereau kruisbes
gruyère Zwitserse kaas met pittige smaak
haché fijngehakt
hachis gehakt
hareng haring
haricot boon
~ **de mouton** hutspot van bonen, aardappelen en schapevlees
~ **vert** slaboon, prinsessenboon
Henri IV garnituur van artisjokbodems gevuld met *béarnaise*
hollandaise saus van boter, eierdooiers, azijn
homard kreeft
~ **à l'américaine** (of **à l'armoricaine**) kreeft, gestoofd in een saus van witte wijn, tomaten, knoflook en tuinkruiden en geflambeerd met cognac
~ **cardinal** kreeft, geflambeerd met cognac, vervolgens in stukken gesneden en met truffels en champignons in de oven gegratineerd
~ **Newburg** in stukken gesneden kreeft, gekookt in visbouillon met een scheutje sherry en afgemaakt met room
~ **Thermidor** in witte wijn gestoofde kreeft, gebakken in boter met champignons, kruiden en mosterd, geflambeerd met cognac en vervolgens met geraspte kaas in de oven gegratineerd
huile olie
huître oester
~ **belon** platte, roze oester
~ **de claire** kleine oester
~ **portugaise** kleine dikke oester, zelfde soort als *belon*

jambon ham
  ~ **de Bayonne** rauwe, licht-gezouten ham
  ~ **cru** rauwe ham
  ~ **à l'os** warme ham, vers van het bot gesneden
jardinière gerecht van diverse gekookte groenten
jarret schenkelvlees
julienne groenten in dunne reepjes gesneden
jus (vlees)jus
lamproie lamprei (vis)
langouste doornkreeft, soort zee-kreeft zonder scharen
langoustine steurgarnaal
langue tong
lapin konijn
lard spek
légume groente
lentille linze
levraut jonge haas
lièvre haas
limande scharretong
livarot kleine, ronde kaas uit Normandië
longe de veau kalfslendestuk
(à la) lorraine zoals in Lotharingen; gewoonlijk gestoofd met rode kool of zuurkool
loup de mer zeewolf, zeebaars
(à la) lyonnaise zoals in Lyon; gewoonlijk met uien gebakken
macédoine gemengde vruchten of groenten
(au) madère met madera
maigre mager
maître d'hôtel botersaus met peterselie en citroensap
maquereau makreel
marcassin jong wild zwijn
marchand de vin „wijnhandelaar"; gerecht met gewoonlijk rode wijn en sjalotten
mariné gemarineerd
marinière op matrozenmanier; garnituur van mosselen en andere schaaldieren, gestoofd in witte wijn
marjolaine marjolein
maroilles een scherpe, halfharde kaas uit Picardie
marron tamme kastanje
matelote gestoofde zoetwatervis (meestal paling) in een pikante wijnsaus
médaillon klein, rond of ovaal stuk vlees of vis
melon meloen
menthe munt
menu betekent in Frankrijk bijna altijd *menu à prix fixe*, maaltijd voor een vastgestelde prijs
merlan wijting
merluche stokvis
meunière „volgens recept van de molenaarsvrouw"; gebakken in boter en gegarneerd met citroen en fijngehakte peterselie
miel honing
mijoté gesudderd
millefeuille tompoes
(à la) Mirabeau met ansjovis, olijven en dragon
mirabelle mirabelpruim
(à la) mode op de manier van; betekent vaak volgens plaatselijk recept
moelle merg
Mornay kaassaus
moule mossel
moules marinière gestoofd in witte wijn met sjalotten en tuinkruiden
mousse 1) luchtig toetje met slagroom 2) gehakt of fijngesneden vlees, met eieren en room
mousseline 1) luchtig toetje met

room, meestal slagroom 2) een variatie op de Hollandse saus met slagroom
moutarde mosterd
mouton schapevlees
munster geurige kaas, soms bestrooid met komijn- of anijszaad
mûre braam, moerbei
myrtille blauwe bosbes
nature natuur, zonder iets erin
navarin ragoût van schapevlees en raapjes
navet raap
(à la/en) neige gegarneerd met stijfgeklopte eiwitten
(à la) niçoise zoals in Nice; met knoflook, ansjovis, olijven, uien en tomaten
(à la) nivernaise met een garnituur van wortelen, uien en aardappelen
noisette 1) hazelnoot 2) rond stuk vlees uit lende of rib
noix walnoten
~ **(de) coco** kokosnoot
~ **de muscade** nootmuskaat
~ **de veau** kalfsschouderstuk
(à la) normande zoals in Normandië; gewoonlijk gekookt in witte wijn met room, grondel, rivierkreeften, oesters, mosselen, garnalen en champignons, soms met truffels
nouilles noedels
œuf ei
~ **brouillé** roerei
~ **à la coque** zachtgekookt
~ **dur** hardgekookt
~ **farci** gevuld
~ **en gelée** in gelei
~ **au jambon** met ham
~ **au/sur le plat** spiegelei
~ **poché** gepocheerd
~ **Rossini** met truffels en madera
oie gans
oignon ui
olive olijf
omble-chevalier ridderforel
omelette omelet
~ **norvégienne** omelet sibérienne
orange sinaasappel
os bot
~ **à mœlle** mergpijp
oseille zuring
oursin zeeëgel
pain brood
palourde steenmossel
pamplemousse grapefruit
panaché gemengd
pané gepaneerd
(en) papillote in beboterd papier gewikkeld en in de oven gebakken
parfait roomijs
Parmentier aardappelgerecht
pastèque watermeloen
pâté 1) pasteitje met een vulling van vlees of vis 2) pâté meestal van lever (vaak in een schaal van aardewerk)
~ **ardennais** een pastei van varkensvlees en kruiden in de vorm van een brood; wordt in plakken geserveerd
~ **de campagne** gekruide pâté van verschillende vleessoorten
~ **en croûte** korstdeeg gevuld met pâté
~ **de foie gras** ganzeleverpastei
pâtes deegwaren, zoals spaghetti, macaroni, vermicelli
paupiette blinde vink
(à la) paysanne op boerenmanier; gewoonlijk met verschillende groenten

pêche perzik
~ **melba** met ijs, frambozensaus en slagroom
perche baars
perdreau jonge patrijs
perdrix patrijs
(à la) périgourdine zoals in de Périgord; vaak met ganzeleverpastei en truffels
persil peterselie
petit klein
~ **déjeuner** ontbijt
~ **pain** broodje
~ **salé (au chou)** gezouten varkensvlees (met kool)
~**-suisse** milde roomkaas
petit pois doperwtje
pied de porc varkenspoot
pigeon duif
pigeonneau jonge duif
piment Spaanse peper
pintade parelhoen
piperade Baskische omelet met paprika, knoflook en tomaten
piquant pikant, scherp van smaak
pissaladière taart met ui, ansjovis en zwarte olijven
plat schotel
~ **du jour** dagschotel
~ **principal** hoofdgerecht
plateau de fromages kaasassortiment
plie schol
poché gepocheerd
(à la) poêle gebakken
(à) point net gaar
pointe d'asperge aspergepunt
poire peer
~ **à la Condé** warm geserveerd op een rijstpudding met een vanillesmaak
~ **Belle Hélène** met vanilleijs en chocoladesaus
poireau prei
pois erwt
~ **chiche** grauwe erwt
poisson vis
~ **d'eau douce** zoetwatervis
~ **de mer** zeevis
poitrine borst(stuk)
(au) poivre (met) peper
poivron paprika
pomme appel
pommes (de terre) aardappelen
~ **chips** chips
~ **dauphine** aardappelkroket
~ **duchesse** puree met boter en eierdooiers
~ **en robe des champs** in de schil gekookt
~ **frites** patates frites
~ **mousseline** puree
~ **nature** gekookte
~ **nouvelles** nieuwe
~ **vapeur** gekookte
pont-l'évêque zachte kaas met gaten, scherp van smaak
porc varkensvlees
port-salut zachte, vette kaas, geel van kleur
potage soep
~ **bonne femme** met aardappelen, prei, champignons, uien, rijst en soms spek
~ **cancalais** heldere vissoep (vaak met oesters of andere schaaldieren)
~ **Condé** met fijngestampte bruine bonen
~ **Crécy** met wortelen
~ **cultivateur** met gemengde groenten en spek of varkensvlees
~ **du Barry** met bloemkool
~ **julienne** met groenten
~ **Longchamp** met erwten, zuring en kervel
~ **Saint-Germain** met verse

doperwten, prei en uien
~ **soissonnais** met grote witte bonen
pot-au-feu stoofschotel van rundvlees en groenten
potée gekookt varkensvlees,worst en groenten, vooral kool
potiron pompoen
poularde jong gemest hoen
~ **de Bresse** zeer bekend soort hoen
~ **demi-deuil** met truffels en gesudderd in bouillon
poule soepkip
~ **au pot** gekookt met groenten
~ **au riz** gekookt, geserveerd met rijst en roomsaus
poulet kip
~ **Marengo** gebakken in olijfolie met witte wijn, tomaten, knoflook, sjalotten en champignons
pourboire fooi (maar *service* is het bedieningsgeld, dat op de rekening staat)
praire steenmossel
pré-salé kwelderlamsvlees
(à la) printanière met jonge groenten
prix prijs
~ **fixe** (tegen) vaste prijs
profiterole au chocolat soort soes, gevuld met slagroom of custardvla en bedekt met warme chocoladesaus
(à la) provençale op Provençaalse manier; vaak met knoflook, uien, kruiden, olijven, olijfolie en tomaten
prune pruim
pruneau pruimedant
~ **sec** gedroogde pruim
puits d'amour gebakje, gevuld met custardvla met likeursmaak
purée de pommes de terre aardappelpuree
quenelle vlees- of visknoedel
queue staart
quiche deegbodem, waarop een laag vlees of groenten, overgoten met een mengsel van eieren en room
~ **lorraine** taart met kaas, ham, eieren en room
râble de lapin konijnerug
raclette van een groot stuk kaas, dat vóór een grill geplaatst is, schraapt men telkens kleine porties gesmolten kaas, die geserveerd worden met in de schil gekookte aardappelen en augurkjes
radis radijs
raie rog
raifort mierikswortel
raisin druif
~ **sec** rozijn
ramequin klein kaastaartje, warm geserveerd
rascasse vis uit het Middellandse-Zeegebied, onontbeerlijk voor de *bouillabaisse*
ratatouille ragoût van tomaten, paprika's, uien, knoflook en aubergines, warm of koud geserveerd
ravigote 1) kruidige witte saus 2) azijnsaus met tuinkruiden, kappertjes en augurken
reblochon jonge, roomkleurige kaas uit Savoye
(à la) reine met stukjes vlees of gevogelte
repas maaltijd
rhubarbe rabarber
(à la) Richelieu garnituur van tomaten, erwten, spek en aardappelen

rillettes fijngehakt varkensvlees (soms gans of eend) met vet
ris de veau zwezerik
rissole soort vleespasteitje of kroketje
riz rijst
~ **pilaf** gekookt in bouillon, soms ook met uien
rognon niertje
romarin rozemarijn
roquefort blauwgeaderde schapekaas met een vrij scherpe en zoute smaak
rôti (ge)braden
rouelle de veau kalfsschijf
roulade 1) rollade 2) ronde cake gevuld met jam
sabayon romig dessert van stijfgeklopte eieren, suiker en wijn met citroen- of sinaasappelsmaak, warm geserveerd
safran saffraan
saignant rood (vlees)
saint-pierre zonnevis
salade sla
~ **chiffonnade** fijngesneden sla met dunne reepjes gekookte rode biet, tuinkruiden en hardgekookte eieren
~ **niçoise** sla, tomaten, sperziebonen, hardgekookte eieren, tonijn, olijven, paprika's aardappelen en ansjovis
~ **russe** verschillende soorten groenten in mayonaise
~ **verte** groene sla
salé gezouten
salmis wild of gevogelte, gedeeltelijk gebraden en vervolgens gestoofd in wijn en groentenpuree
salpicon garnituur of saus van verschillende soorten vlees, truffels, vis- of meelballetjes, champignons
salsifis schorseneren
sandre snoekbaars
sanglier wild zwijn
sarcelle taling (soort eend)
sardine sardientje
sauce saus
~ **béarnaise** sjalotten, dragon, kervel, wijn, eierdooiers en boter
~ **béchamel** witte saus van boter, bloem en melk
~ **(au) beurre blanc** boter, sjalotten, azijn en soms met citroensap
~ **(au) beurre noir** gebruinde boter, azijn en soms met citroensap
~ **bordelaise** bruine saus met boleten, rode wijn, sjalotten en merg
~ **bourguignonne** rode wijn met tuinkruiden
~ **chasseur** champignons, uien, sjalotten, tuinkruiden en wijn
~ **diable** scherpe, kruidige saus met witte wijn en cayennepeper
~ **financière** madera met tuinkruiden, champignons, truffles en olijven
~ **hollandaise** warme saus van boter, eierdooiers en azijn
~ **lyonnaise** met uien en witte wijn
~ **madère** bruine saus met madera
~ **Mornay** met kaas
~ **ravigote** koude saus met uien, kappertjes en tuinkruiden
~ **rémoulade** mayonaise met mosterd en tuinkruiden
~ **suprême** dikke romige saus van kippebouillon, geserveerd bij gevogelte
~ **tartare** mayonaise met au-

gurkjes, bieslook, kappertjes en olijven
~ **vinaigrette** olie, azijn en kruiden (soms met mosterd)
saucisse worst
~ **de Francfort** knakworst
saucisson dikke gekruide worst
saumon zalm
sauté snel in boter, olie of vet gebakken
savarin soort tulband met rum overgoten en gewoonlijk bedekt met slagroom
sel zout
selle lendestuk
selon grosseur (of **grandeur)** de prijs wordt door afmetingen of gewicht bepaald, bv. van kreeft; vaak afgekort tot *s. g.*
service compris inclusief bediening
service non compris exclusief bediening
sole tong
soufflé à la reine soufflé met gehakt of fijngesneden kip
soufflé Rothschild vanillesoufflé met gekonfijte vruchten
soupe soep
~ **au pistou** met groenten, vermicelli, knoflook, basilicum, olijfolie en geraspte kaas
~ **à l'oignon** uiensoep
~ **à l'oignon gratinée** uiensoep die dikwijls in aparte vuurvaste kommen met toast en geraspte kaas geserveerd wordt
spécialité (du chef) specialiteit van de (chef)kok
steak biefstuk
~ **haché** gehakte biefstuk
~ **au poivre** met gestampte peperkorrels, vaak geflambeerd
~ **tartare** biefstuk tartaar
sucre suiker
suprême de volaille uitgebeende kippeborst met roomsaus
sur commande op bestelling
(en) sus extra; wordt apart in rekening gebracht
tarte taart
~ **Tatin** omgekeerde taart van gekarameliseerde appels
tartelette taartje
tendrons de veau kalfsborst
(en) terrine vlees, vis, gevogelte of wild gebakken in een vuurvaste schaal *(terrine)* en koud geserveerd
tête hoofd, kop
thon tonijn
(en) timbale vlees, vis, schaaldieren, fruit of groenten in een pasteikorst of in een vorm gekookt
tomate tomaat
tomme zacht milde kaas met een grijze korst (soms van geitemelk)
topinambour aardpeer
tortue schildpad
tournedos ossehaas in dikke plakken
~ **Rossini** met een garnituur van leverpastei van gevogelte, truffels en madera
tout compris alles inbegrepen
tranche snee(tje)
~ **napolitaine** plak ijs met verschillende smaken en gekonfijte vruchtjes
tripes pens
~ **à la mode de Caen** in de oven bereid met runder- of kalfspoot, groenten, calvados of cider
truffe truffel
truite forel
turbot tarbot
vacherin milde kaas uit de Jura

~ **glacé** ijstaart
(à la) vapeur gekookt
varié gemengd
veau kalfsvlees
velouté gebonden soep
venaison reebout, reerug
vert-pré met een garnituur van waterkers
viande vlees
~ **séchée** soort rookvlees, wordt vaak als voorgerecht, in dunne plakjes geserveerd
viandes froides koude vleeswaren
vinaigre azijn
vinaigrette slasaus van olie, azijn, kruiden en mosterd
volaille pluimgedierte, gevogelte
yaourt yoghurt

Dranken

Alsace (de Elzas, een gebied met 93 aan de Rijn gelegen gemeenten) produceert voornamelijk droge, witte wijn, o.a. *Gewurztraminer, Riesling, Sylvaner, Traminer*; de uitdrukkingen *grand vin* en *grand cru* duiden een wijn van bijzonder goede kwaliteit aan
Amer Picon aperitief, gemaakt van wijn en brandewijn met kininesmaak
Anjou streek langs de Loire, bekend om zijn witte wijn en rosé
apéritif aperitief, borrel; in Frankrijk vindt men veel verschillende soorten aperitieven, o.a. *Amer Picon, Byrrh, Dubonnet* (bereid uit wijn en brandewijn met kruiden), *Pernod* of *Ricard* (ook wel *pastis* genoemd; bereid uit anijszaad), *Noilly Prat* (vermouth), *blanc-cassis* (witte wijn met zwartebessenlikeur)
appellation d'origine contrôlée (A.O.C.) officieel erkende wijnsoorten (in Frankrijk 250); worden door de overheid op kwaliteit gecontroleerd
armagnac uit wijn gedistilleerde brandewijn uit de Armagnacstreek, ten westen van Toulouse
Beaujolais de meest zuidelijk gelegen wijngaarden van Bourgondië, die voornamelijk grote hoeveelheden rode wijn produceren; o.a. *Brouilly, Chénas, Chiroubles, Côte de Brouilly, Fleurie, Juliénas, Morgon, Moulin-à-Vent*
Belgique België; produceert slechts geringe hoeveelheden witte wijn of rosé en mousserende wijn
bénédictine mosgroene likeur; brandewijn met o.a. kruiden en sinaasappelschil volgens een geheim recept bereid
Berry district in het Loiregebied dat rode, witte en rosé-wijn produceert; o.a. *Châteaumeillant, Menetou-Salon, Quincy, Reuil-*

ly, Sancerre, Sauvignon

bière bier

~ **blonde** licht

~ **(en) bouteille** gebotteld

~ **brune** donker

~ **pression** van het vat

~ **des Trappistes** door de trappistenmonniken in België gebrouwen biersoort

blanc-cassis witte wijn met zwartebessenlikeur

Blayais streek bij Bordeaux die voornamelijk rode en witte wijn produceert

boisson drank

Bordeaux wordt in verschillende districten onderverdeeld: Blayais, Bourgeais, Entre-Deux-Mers, Fronsac, Graves, Médoc, Pomerol, St-Emilion, Sauternais; 34 rode, 23 witte en 2 roséwijnsoorten worden officieel erkend; deze worden in drie categorieën onderverdeeld: algemene aanduiding (o.a. *Bordeaux* of *Bordeaux supérieur*), aanduiding van de streek (o.a. *Entre-Deux-Mers, Graves, Médoc*) en naar de gemeenten (o.a. *Margaux, Pauillac, Sauternes*)

Bourgeais een streek bij Bordeaux, die rode en witte tafelwijn produceert

Bourgogne Bourgondië; wordt in 5 streken onderverdeeld: Beaujolais, Chablis, Côte Chalonnaise, Côte d'Or (die wordt onderverdeeld in de Côte de Beaune en de Côte de Nuits) en Mâconnais; Bourgondië telt het grootste aantal wijndistricten die officieel geregistreerde wijnen produceren; men kent er 4 categorieën wijn: algemene benaming of naar de streek (o.a. *Bourgogne* rood, wit of rosé), subregionaal (o.a. *Beaujolais, Beaujolais supérieur, Beaujolais-Villages, Côte de Beaune-Villages, Mâcon, Mâcon supérieur, Mâcon-Villages*), naar gemeenten (o.a. *Beaune, Chablis, Fleurie, Meursault, Nuits-St-Georges, Volnay*) en aanduiding van de wijngaard (o.a. *Chambertin, Clos de Vougeot, Musigny*)

brut extra droog (champagne)

Byrrh aperitief, bereid uit wijn, brandewijn en kinine

café koffie

~ **complet** Frans ontbijt, broodjes, croissants, boter en jam

~ **crème** koffie met room

~ **espresso** expressokoffie, zeer sterke, zwarte koffie

~ **filtre** filterkoffie

~ **frappé** ijskoffie

~ **au lait** koffie verkeerd

~ **liégeois** koude koffie met ijs en slagroom

~ **nature, noir** zwarte koffie

~ **sans caféine** cafeïnevrije koffie

calvados appelbrandewijn

cassis zwartebessenlikeur

Chablis streek in Bourgondië, bekend om zijn witte wijn

chambrer op kamertemperatuur brengen (van wijn)

Champagne streek, die in drie grote districten wordt onderverdeeld: Côte des Blancs, Montagne de Reims en Vallée de la Marne; produceert, behalve de gewone rode en witte wijn de wereldberoemde, mousserende witte wijn en rosé-wijn; champagne wordt verkregen door het mengen van wijnen uit verschillende wijngaarden en wordt ingedeeld in 5 categorieën, afhankelijk van de hoeveelheid toegevoegde suiker: *brut* (extra droog, 1,5% suiker), *extra-sec* (zeer droog, 1,5–2,5%), *sec* (droog, 2,5–5%), *demi-sec* (enigszins zoet, 5–8%), *doux* (zoet, 8–15%)

Chartreuse gele of groene kruidenlikeur, gestookt door de kartuizermonniken van la Grande Chartreuse (bij Grenoble, in de Franse Alpen)

château kasteel; wordt in de Girondestreek bij Bordeaux gebruikt om een wijn van uitzonderlijke kwaliteit aan te duiden; synoniemen: *clos, domaine*

cidre cider

citron pressé uitgeperste citroen, kwast

citronnade citroenlimonade

clos wijngaard; benaming voor zeer goede wijn

cognac cognac; uit wijn gestookte brandewijn, afkomstig uit de Charente-Maritime

Cointreau sinaasappellikeur

Corse Corsica, Frans eiland in de Middellandse Zee, dat zeer goede rode, witte en roséwijn produceert; de wijngaarden rond Bastia produceren een van de beste roséwijnen, *Patrimonio* genaamd

Côte de Beaune zuidelijk gedeelte van de Côte d'Or (Bourgondië), produceert voornamelijk rode wijn, o.a. de vermaarde *Aloxe-Corton, Beaune, Blagny, Chassagne-Montrachet, Meursault, Pernand-Vergelesses, Puligny-Montrachet, Santenay, Savigny-lès-Beaune, Volnay*

Côte de Nuits district in Bourgondië, beroemd om zijn rode wijn, o.a. *Chambolle-Musigny, Fixin, Gevrey-Chambertin, Morey-St-Denis, Nuits-St-Georges, Vosne-Romanée, Vougeot*

Côte d'Or beroemde streek in Bourgondië, die bestaat uit de Côte de Beaune en de Côte de Nuits, die bekend zijn om hun rode en witte wijnen

Côtes du Rhône wijndistrict met meer dan honderd gemeenten, gelegen langs de oevers van de Rhône, tussen Vienne en Avignon en tussen de wijndistricten van Bourgondië en de Provence; wordt verdeeld in een noordelijke en een zuidelijke streek met een grote verscheidenheid van rode, witte en roséwijnen o.a. *Château-Grillet, Châteauneuf-du-Pape, Condrieu, Cornas, Côte-Rôtie, Crozes-Hermitage, Hermitage, Lirac, St-Joseph, St-Péray, Tavel*

crème 1) room 2) zoete likeur, o.a. *crème de menthe, crème de cacao*

cru gewas (wijn) 1) heeft betrekking op de wijn van een bepaalde wijngaard 2) term om wijn naar kwaliteit te classificeren: *premier cru, grand cru, cru classé*

curaçao uit sinaasappelschillen bereide likeur

cuvée mengsel van wijnen uit verschillende wijngaarden (champagne)

Cynar aperitief, bereid uit artisjokken

domaine landgoed; wordt op het etiket vermeld bij een bijzonder goede wijn

Dubonnet aperitief met kininesmaak, op basis van wijn

eau water
~ **gazeuse** spuitwater
~ **minérale** mineraalwater
~ **naturelle** leidingwater

Entre-Deux-Mers uitgestrekt gebied bij Bordeaux, waar men witte wijn produceert

extra-sec zeer droog (champagne)

framboise frambozenlikeur of -brandewijn

frappé 1) gekoeld 2) milkshake

Fronsac streek bij Bordeaux, die voornamelijk rode wijn produceert

Gueuzelambic een van tarwe en gerst gebrouwen Belgische biersoort; vrij zuur van smaak

grand cru, grand vin gebruikte termen ter aanduiding van een wijn van zeer goede kwaliteit

Grand Marnier sinaasappellikeur

Graves streek in de omgeving van Bordeaux, bekend om zijn witte en rode wijn

Jura gebied met een lengte van 80 kilometer en een breedte van 6 kilometer; loopt evenwijdig met de Zwitserse grens en Bourgondië; produceert rode, witte en roséwijn alsook mousserende wijn; vier officieel erkende wijnen: *Arbois, Château-Chalon, Côtes du Jura* en *l'Etoile*

kirsch kersenbrandewijn

Kriekenlambic een in Brussel gebrouwen biersoort met een zurige smaak; een apart aroma wordt verkregen door toevoeging van morellen

lait melk
~ **écrémé** afgeroomde melk

Languedoc district (vroeger provincie) ten zuidwesten van de Rhônedelta; de tafelwijn die men er produceert wordt vaak aangeduid met *vin du Midi*; witte wijnen zijn o.a. *Blanquette de Limoux* (mousserend) *Clairette du Languedoc, Fitou*, en de *Muscats* uit Frontignan, Lunel, Mireval en St-Jean-de-Minervois

limonade 1) limonade 2) frisdrank

Loire gebied van 200 000 ha. in de nabijheid van de langste rivier van Frankrijk, de Loire; produceert veel uitstekende rode, witte en roséwijn; men onderscheidt vier districten: Anjou (o.a. *Coteaux-de-l'Aubance, Coteaux-du-Layon, Coteaux-de-la-Loire, Saumur*), Berry en Nivernais *(Menetou-Salon, Pouilly-sur-Loire, Quincy, Reuilly, Sancerre)*, Nantais *(Muscadet)* en Touraine *(Bourgueil, Chinon, Montlouis, Vouvray)*

Lorraine Lotharingen; dit gebied had tot de 18e eeuw een uitstekende reputatie als wijnproducent, maar heeft nu aan belangrijkheid ingeboet; men produceert evenwel nog steeds uitstekende rode, witte en roséwijn (o.a. *Vins de la Moselle, Côtes-de-Toul*)

Mâcon streek in Bourgondië, die voornamelijk rode wijn produceert

marc brandewijn gemaakt van de

resten van uitgeperste druiven

Médoc streek rond Bordeaux, die zeer goede rode wijn produceert; o.a. *Listrac, Margaux, Moulis, Pauillac, St-Estèphe, St-Julien*

mirabelle mirabellikeur (pruimenlikeur); specialiteit van Elzas-Lotharingen

Muscadet witte wijn uit het Loiregebied

muscat 1) muskadeldruif 2) naam van een dessertwijn; zeer beroemd is de *muscat* uit Frontignan (Languedoc)

Nantais streek in het Loiregebied, vooral bekend om zijn *Muscadet* (witte wijn); andere bekende soorten: *Coteaux d'Ancenis* en *Gros-Plant*

Neuchâtel streek in Zwitserland, waar men voornamelijk witte wijn produceert (o.a. *Auvernier, Cormondrèche, Cortaillod, Hauterive*)

Noilly Přat Franse vermouth

orange pressée uitgeperste sinaasappel

pastis aperitief met anijssmaak

Pernod aperitief met anijssmaak

pétillant licht mousserend

Pomerol gebied bij Bordeaux dat rode wijn produceert (o.a. *Château Pétrus, Lalande-de-Pomerol, Néac*)

Provence oudste wijnstreek van Frankrijk; meer dan 2500 jaar geleden plantten Griekse kolonisten de eerste wijnstokken langs de kust van Gallië; er wordt rode, witte en roséwijn gemaakt, o.a. *Bandol, Bellet, Cassis, Coteaux-d'Aix-en-Provence, Coteaux-des-Baux, Coteaux-de-Pierrevert, Côtes-de-Provence, Palette*

quetsche pruimenbrandewijn

rancio dessertwijn (vooral uit Roussillon), die men in vaten in de zon laat gisten

Ricard aperitief met anijssmaak

Roussillon voormalige Franse provincie met als hoofdstad Perpignan; de wijn lijkt op die uit de Languedoc, dat iets ten noorden van deze streek ligt; men produceert er goede rode, witte en roséwijnen. o.a. *Corbières du Roussillon* en *Roussillon Dels Aspres*; in dit gebied wordt driekwart van de totale hoeveelheid zoete, op natuurlijke wijze gefermenteerde Franse wijnen geproduceerd; deze wijnen kent men onder de naam *rancio;* in eikehouten vaten vindt het gistingsproces plaats onder invloed van de warme zonnestralen; enkele bekende namen: *Banyuls, Côtes-d'Agly, Côtes-du-Haut-Roussillon, Grand-Roussillon, Muscat de Rivesaltes, Rivesaltes*

St-Emilion streek in het Bordeauxgebied, waar rode wijn geproduceerd wordt, o.a. *Lussac, Montagne, Parsac, Puisseguin, St-Georges*

St-Raphaël aperitief met kininesmaak

Sauternais streek bij Bordeaux, bekend om zijn witte wijn (Sauternes), vooral de vermaarde *Château d'Yquem*

Savoie Savoye; dit Alpengebied produceert hoofdzakelijk droge, witte, soms enigszins zure wijn, o.a. *Crépy, Seyssel,* maar ook goede rode, rosé en mousserende wijn (in de omgeving van Chambéry)

Sud-Ouest district in het zuidwesten van Frankrijk, waar voornamelijk witte, maar ook rode en roséwijn geproduceerd wordt; het district bestrijkt de voormalige provincies Aquitaine, Béarn, Baskenland en Languedoc; zeer bekende wijnen zijn: *Bergerac, Côtes-de-Duras, Gaillac, Jurançon, Madiran, Monbazillac, Montravel*

Suisse Zwitserland; tweederde van de wijnproduktie bestaat uit witte wijnen; ongeveer 230 wijngaarden liggen verspreid over 12 van de 23 Zwitserse kantons, waarvan er slechts vier van bijzondere betekenis zijn: Neuchâtel, Valais, Vaud en Tessin

Suze aperitief, bereid uit gentianen

thé thee

Touraine al veertien eeuwen lang een vermaard wijngebied aan de Loire, waar rode, witte en roséwijn geproduceerd wordt; o.a. *Bourgueil, Chinon, Montlouis, St-Nicolas-de-Bourgueil, Vouvray*

Triple Sec sinaasappellikeur

Valais Wallis; uit dit Zwitserse kanton komt ongeveer een kwart van de Zwitserse wijn; het Rhônedal levert de beste rode wijn (o.a. *Dôle*) en veel uitstekende witte wijnen (o.a. *Arvine, Ermitage, Fendant, Johannisberg, Malvoisie*)

Vaud Waadt; dit Zwitserse kanton produceert hoofdzakelijk witte wijn (o.a. *Aigle, Dézaley, Mont-sur-Rolle, Lavaux, Yvorne*)

V.D.Q.S. (vin délimité de qualité supérieure) wijn van uitzonderlijk goede kwaliteit, verbouwd volgens bepaalde voorschriften en door de overheid op kwaliteit gecontroleerd

Vieille Cure uit wijn gedistilleerde likeur

vin wijn

~ **blanc** witte wijn

~ **chambré** wijn op kamertemperatuur

~ **doux** zoete wijn

~ **gris** roséwijn

~ **mousseux** mousserende wijn

~ **ordinaire** landwijn

~ **(du) pays** wijn uit de streek

~ **rosé** roséwijn

~ **rouge** rode wijn

~ **sec** droge wijn

V.S.O.P. (very special old pale) heeft betrekking op Cognac, Armagnac enz. en wil zeggen, dat deze tenminste 5 jaar op fust verbleven heeft

(vin de) xérès sherry

Franse werkwoorden

Hieronder volgen drie regelmatige vervoegingen gerangschikt naar hun uitgangen in de onbepaalde wijs, *-er*, *-ir*, en *-re*. Werkwoorden, die op *-er* eindigen, zijn de eigenlijke regelmatige werkwoorden. Werkwoorden die niet de onderstaande vervoegingen volgen, worden als onregelmatig beschouwd (zie de lijst van onregelmatige werkwoorden). Let er wel op dat enkele werkwoorden, die wel de vervoegingsregels volgen van de groep waartoe zij behoren, enige kleine veranderingen ondergaan in de spelling van de stam. Bijvoorbeeld, *acheter, j'achète; broyer, je broie.*

		1e vervoeging	2e vervoeging	3e vervoeging
Onbepaalde wijs		**chant er** *(zingen)*	**fin ir** *(eindigen)*	**vendre**[1] *(verkopen)*
Tegenwoordige tijd	je	chant **e**	fin **is**	vend **s**
	tu	chant **es**	fin **is**	vend **s**
	il	chant **e**	fin **it**	vend –
	nous	chant **ons**	fin **issons**	vend **ons**
	vous	chant **ez**	fin **issez**	vend **ez**
	ils	chant **ent**	fin **issent**	vend **ent**
Onvoltooid verleden tijd	je	chant **ais**	fin **issais**	vend **ais**
	tu	chant **ais**	fin **issais**	vend **ais**
	il	chant **ait**	fin **issait**	vend **ait**
	nous	chant **ions**	fin **issions**	vend **ions**
	vous	chant **iez**	fin **issiez**	vend **iez**
	ils	chant **aient**	fin **issaient**	vend **aient**
Toekomende tijd	je	chant **erai**	fin **irai**	vend **rai**
	tu	chant **eras**	fin **iras**	vend **ras**
	il	chant **era**	fin **ira**	vend **ra**
	nous	chant **erons**	fin **irons**	vend **rons**
	vous	chant **erez**	fin **irez**	vend **rez**
	ils	chant **eront**	fin **iront**	vend **ront**
Voorwaardelijke wijs	je	chant **erais**	fin **irais**	vend **rais**
	tu	chant **erais**	fin **irais**	vend **rais**
	il	chant **erait**	fin **irait**	vend **rait**
	nous	chant **erions**	fin **irions**	vend **rions**
	vous	chant **eriez**	fin **iriez**	vend **riez**
	ils	chant **eraient**	fin **iraient**	vend **raient**
Aanvoegende[2] wijs, tegenw. tijd	je	chant **e**	fin **isse**	vend **e**
	tu	chant **es**	fin **isses**	vend **es**
	il	chant **e**	fin **isse**	vend **e**
	nous	chant **ions**	fin **issions**	vend **ions**
	vous	chant **iez**	fin **issiez**	vend **iez**
	ils	chant **ent**	fin **issent**	vend **ent**
Volt. deelwoord		chant **é(e)**	fin **i(e)**	vend **u(e)**

[1] op dezelfde manier worden vervoegd alle werkwoorden eindigend op *-andre, -endre, -ondre, -erdre* en *-ordre* (behalve *prendre* en de samenstellingen daarvan).

[2] Franse werkwoorden worden altijd voorafgegaan door *que* in alle vervoegingen van de aanvoegende wijs. Bijvoorbeeld: *que je chante, que nous finissions, qu'ils aient.*

Hulpwerkwoorden

	avoir *(hebben)*		**être** *(zijn)*	
	Tegenw. tijd	*Onvoltooid verleden tijd*	*Tegenw. tijd*	*Onvoltooid verleden tijd*
j', je	ai	avais	suis	étais
tu	as	avais	es	étais
il	a	avait	est	était
nous	avons	avions	sommes	étions
vous	avez	aviez	êtes	étiez
ils	ont	avaient	sont	étaient
	Toek. tijd	*Voorw. wijs*	*Toek. tijd*	*Woorw. wijs*
j', je	aurai	aurais	serai	serais
tu	auras	aurais	seras	serais
il	aura	aurait	sera	serait
nous	aurons	aurions	serons	serions
vous	aurez	auriez	serez	seriez
ils	auront	auraient	seront	seraient
	Aanv. wijs,[1] *tegenw. tijd*	*Voltooid tegenw. tijd*	*Aanv. wijs,*[1] *tegenw. tijd*	*Voltooid tegenw. tijd*
j', je	aie	ai eu	sois	ai été
tu	aies	as eu	sois	as été
il	ait	a eu	soit	a été
nous	ayons	avons eu	soyons	avons été
vous	ayez	avez eu	soyez	avez été
ils	aient	ont eu	soient	ont été

[1] Franse werkwoorden worden altijd voorafgegaan door *que* in alle vervoegingen van de aanvoegende wijs. Bijvoorbeeld: *que je chante, que nous finissions, qu'ils aient.*

Onregelmatige werkwoorden

Hieronder volgt een lijst van de meest gebruikte franse werkwoorden en hun wijze van vervoegen. In deze opsomming duidt a) de tegenwoordige tijd aan, b) de onvoltooid verleden tijd, c) de toekomende tijd, d) de voorwaardelijke wijs, e) de aanvoegende wijs tegenwoordige tijd en f) het voltooid deelwoord. Wij hebben de gehele vervoeging gegeven in de tegenwoordige tijd; voor de andere tijden echter alleen in de 1e persoon enkelvoud, daar de vervoegingen voor deze hetzelfde zijn als voor de regelmatige werkwoorden. Tenzij anders aangegeven, worden de werkwoorden met voorvoegsels *(ab-, ac-, com-, con-, contre-, de-, dé-, dis-, en-, entr(e)-, ex-, in-, par-, pré-, re-, ré-, sous-,* enz.) vervoegd als het stamwerkwoord.

absoudre *vergeven* — a) absous, absous, absout, absolvons, absolvez, absolvent; b) absolvais; c) absoudrai; d) absoudrais; e) absolve; f) absous, absoute

accroître *toenemen* — a) accrois, accrois, accroît, accroissons, accroissez, accroissent; b) accroissais; c) accroîtrai; d) accroîtrais; e) accroisse; f) accru(e)

acquérir *verkrijgen* a) acquiers, acquiers, acquiert, acquérons, acquérez, acquièrent; b) acquérais; c) acquerrai; d) acquerrais; e) acquière; f) acquis(e)

aller *gaan* a) vais, vas, va, allons, allez, vont; b) allais; c) irai; d) irais; e) aille; f) allé(e)

apercevoir *waarnemen* →recevoir

apparaître *verschijnen* →connaître

assaillir *aanvallen* a) assaille, assailles, assaille, assaillons, assaillez, assaillent; b) assaillais; c) assaillirai; d) assaillirais; e) assaille; f) assailli(e)

asseoir *neerzetten* a) assieds, assieds, assied, asseyons, asseyez, asseyent; b) asseyais; c) assiérai; d) assiérais; e) asseye; f) assis(e)

astreindre *dwingen* →peindre

battre *slaan* a) bats, bats, bat, battons, battez, battent; b) battais; c) battrai; d) battrais; e) batte; f) battu(e)

boire *drinken* a) bois, bois, boit, buvons, buvez, boivent; b) buvais; c) boirai; d) boirais; e) boive; f) bu(e)

bouillir *koken* a) bous, bous, bout, bouillons, bouillez, bouillent; b) bouillais; c) bouillirai; d) bouillirais; e) bouille; f) bouilli(e)

ceindre *omgorden* →peindre

circoncire *besnijden* →suffire

circonscrire *beperken* →écrire

clore *sluiten* a) je clos, tu clos, il clôt, ils closent; b) —; c) clorai; d) clorais; e) close; f) clos(e)

concevoir *bevatten* →recevoir

conclure *besluiten* a) conclus, conclus, conclut, concluons, concluez, concluent; b) concluais; c) conclurai; d) conclurais; e) conclue; f) conclu(e)

conduire *leiden* →cuire

connaître *kennen* a) connais, connais, connaît, connaissons, connaissez, connaissent; b) connaissais; c) connaîtrai; d) connaîtrais; e) connaisse; f) connu(e)

conquérir *veroveren* →acquérir

construire *bouwen* →cuire

contraindre *dwingen* →craindre

contredire *tegenspreken* →médire

coudre a) couds, couds, coud, cousons, cousez, cousent; b) cousais;
naaien c) coudrai; d) coudrais; e) couse; f) cousu(e)

courir a) cours, cours, court, courons, courez, courent; b) courais;
hard lopen c) courrai; d) courrais; e) coure; f) couru(e)

couvrir a) couvre, couvres, couvre, couvrons, couvrez, couvrent;
bedekken b) couvrais; c) couvrirai; d) couvrirais; e) couvre; f) couvert(e)

craindre a) crains, crains, craint, craignons, craignez, craignent;
vrezen b) craignais; c) craindrai; d) craindrais; e) craigne; f) craint(e)

croire a) crois, crois, croit, croyons, croyez, croient; b) croyais;
geloven c) croirai; d) croirais; e) croie; f) cru(e)

croître a) croîs, croîs, croît, croissons, croissez, croissent; b) croissais;
groeien c) croîtrai; d) croîtrais; e) croisse; f) crû, crue

cueillir a) cueille, cueilles, cueille, cueillons, cueillez, cueillent;
plukken b) cueillais; c) cueillerai; d) cueillerais; e) cueille; f) cueilli(e)

cuire a) cuis, cuis, cuit, cuisons, cuisez, cuisent; b) cuisais;
koken c) cuirai; d) cuirais; e) cuise; f) cuit(e)

décevoir →recevoir
bedriegen

décrire →écrire
beschrijven

déduire →cuire
afleiden

détruire →cuire
vernietigen

devoir a) dois, dois, doit, devons, devez, doivent; b) devais;
moeten c) devrai; d) devrais; e) doive; f) dû, due

dire a) dis, dis, dit, disons, dites, disent; b) disais; c) dirai;
zeggen d) dirais; e) dise; f) dit(e)

dissoudre →absoudre
oplossen

dormir a) dors, dors, dort, dormons, dormez, dorment; b) dormais;
slapen c) dormirai; d) dormirais; e) dorme; f) dormi

échoir a) il échoit; b) —; c) il échoira; d) il échoirait;
ten deel vallen e) qu'il échoie; f) échu(e)

écrire a) écris, écris, écrit, écrivons, écrivez, écrivent; b) écrivais;
schrijven c) écrirai; d) écrirais; e) écrive; f) écrit(e)

élire →lire
kiezen

émettre →mettre
uiten

émouvoir →mouvoir; f) ému(e)
(ont) roeren

empreindre *afdrukken*	→peindre
enduire *bestrijken*	→cuire
enfreindre *overtreden*	→craindre
envoyer *zenden*	a) envoie, envoies, envoie, envoyons, envoyez, envoient; b) envoyais; c) enverrai; d) enverrais; e) envoie; f) envoyé(e)
éteindre *(uit) blussen*	→peindre
étreindre *omhelzen*	→peindre
exclure *uitsluiten*	→conclure
faillir *falen*	a) —; b) —; c) faillirai; d) faillirais; e) faille; f) failli
faire *doen, maken*	a) fais, fais, fait, faisons, faites, font; b) faisais; c) ferai; d) ferais; e) fasse; f) fait(e)
falloir *moeten*	a) il faut; b) il fallait; c) il faudra; d) il faudrait; e) qu'il faille; f) il a fallu
feindre *veinzen*	→peindre
frire *braden*	→confire
fuir *vluchten*	a) fuis, fuis, fuit, fuyons, fuyez, fuient; b) fuyais; c) fuirai; d) fuirais; e) fuie; f) fui
geindre *kermen*	→craindre
haïr *haten*	a) hais, hais, hait, haïssons, haïssez, haïssent; b) haïssais; c) haïrai; d) haïrais; e) haïsse; f) haï(e)
inclure *insluiten*	→conclure
induire *bewegen*	→cuire
inscrire *inschrijven*	→écrire
instruire *onderrichten*	→cuire
interdire *verbieden*	→médire
introduire *inleiden*	→cuire
joindre *samenvoegen*	a) joins, joins, joint, joignons, joignez, joignent; b) joignais; c) joindrai; d) joindrais; e) joigne; f) joint(e)

lire *lezen* a) lis, lis, lit, lisons, lisez, lisent; b) lisais; c) lirai; d) lirais; e) lise; f) lu(e)

luire *schijnen* a) luis, luis, luit, luisons, luisez, luisent; b) luisais; c) luirai; d) luirais; e) luise; f) lui

maudire *vervloeken* a) maudis, maudis, maudit, maudissons, maudissez, maudissent; b) maudissais; c) maudirai; d) maudirais; e) maudisse; f) maudit(e)

médire *kwaadspreken* a) médis, médis, médit, médisons, médisez, médisent; b) médisais; c) médirai; d) médirais; e) médise; f) médit(e)

mentir *liegen* a) mens, mens, ment, mentons, mentez, mentent; b) mentais; c) mentirai; d) mentirais; e) mente; f) menti

mettre *zetten* a) mets, mets, met, mettons, mettez, mettent; b) mettais; c) mettrai; d) mettrais; e) mette; f) mis(e)

moudre *malen* a) mouds, mouds, moud, moulons, moulez, moulent; b) moulais; c) moudrai; d) moudrais; e) moule; f) moulu(e)

mourir *sterven* a) meurs, meurs, meurt, mourons, mourez, meurent; b) mourais; c) mourrai; d) mourrais; e) meure; f) mort(e)

mouvoir *bewegen* a) meus, meus, meut, mouvons, mouvez, meuvent; b) mouvais; c) mouvrai; d) mouvrais; e) meuve; f) mû, mue

naître *geboren worden* a) nais, nais, naît, naissons, naissez, naissent; b) naissais; c) naîtrai; d) naîtrais; e) naisse; f) né(e)

nuire *benadelen* →cuire; f) nui

offrir *aanbieden* →couvrir

ouvrir *openen* →couvrir

paître *grazen* a) pais, pais, paît, paissons, paissez, paissent; b) paissais; c) paîtrai; d) paîtrais; e) paisse; f) —

paraître *schijnen* →connaître

partir *vertrekken* →mentir; f) parti(e)

peindre *schilderen* a) peins, peins, peint, peignons, peignez, peignent; b) peignais; c) peindrai; d) peindrais; e) peigne; f) peint(e)

percevoir *waarnemen* →recevoir

plaindre *beklagen* →craindre

plaire *behagen* a) plais, plais, plaît, plaisons, plaisez, plaisent; b) plaisais; c) plairai; d) plairais; e) plaise; f) plu

pleuvoir *regenen* a) il pleut; b) il pleuvait; c) il pleuvra; d) il pleuvrait; e) qu'il pleuve; f) il a plu

pourvoir *voorzien (in)*	a) pourvois, pourvois, pourvoit, pourvoyons, pourvoyez, pourvoient; b) pourvoyais; c) pourvoirai; d) pourvoirais; e) pourvoie; f) pourvu(e)
pouvoir *kunnen*	a) peux (puis), peux, peut, pouvons, pouvez, peuvent; b) pouvais, c) pourrai; d) pourrais; e) puisse; f) pu
prédire *voorspellen*	a) prédis, prédis, prédit, prédisons, prédisez, prédisent; b) prédisais; c) prédirai; d) prédirais; e) prédise; f) prédit(e)
prendre *nemen*	a) prends, prends, prend, prenons, prenez, prennent; b) prenais; c) prendrai; d) prendrais; e) prenne; f) pris(e)
prescrire *voorschrijven*	→écrire
prévoir *voorzien*	a) prévois, prévois, prévoit, prévoyons, prévoyez, prévoient; b) prévoyais; c) prévoirai; d) prévoirais; e) prévoie; f) prévu(e)
produire *produceren*	→cuire
proscrire *buiten de wet stellen*	→écrire
recevoir *ontvangen*	a) reçois, reçois, reçoit, recevons, recevez, reçoivent; b) recevais; c) recevrai; d) recevrais; e) reçoive; f) reçu(e)
requérir *eisen*	→acquérir
restreindre *beperken*	→peindre
rire *lachen*	a) ris, ris, rit, rions, riez, rient; b) riais; c) rirai; d) rirais; e) rie; f) ri
savoir *weten*	a) sais, sais, sait, savons, savez, savent; b) savais; c) saurai; d) saurais; e) sache; f) su(e)
séduire *verleiden*	→cuire
sentir *voelen*	→mentir; f) senti(e)
servir *dienen*	a) sers, sers, sert, servons, servez, servent; b) servais; c) servirai; d) servirais; e) serve; f) servi(e)
sortir *uitgaan*	→mentir; f) sorti(e)
souffrir *lijden*	→couvrir
souscrire *intekenen*	→écrire
suffire *volstaan*	a) suffis, suffis, suffit, suffisons, suffisez, suffisent; b) suffisais; c) suffirai; d) suffirais; e) suffise; e) suffi
suivre *volgen*	a) suis, suis, suit, suivons, suivez, suivent; b) suivais; c) suivrai; d) suivrais; e) suive; f) suivi(e)

taire *zwijgen*	a) tais, tais, tait, taisons, taisez, taisent; b) taisais; c) tairai; d) tairais; e) taise; f) tu(e)
teindre *verven*	→peindre
tenir *houden*	a) tiens, tiens, tient, tenons, tenez, tiennent; b) tenais; c) tiendrai; d) tiendrais; e) tienne; f) tenu(e)
traduire *vertalen*	→cuire
traire *melken*	a) trais, trais, trait, trayons, trayez, traient; b) trayais; c) trairai; d) trairais; e) traie; f) trait(e)
transcrire *overschrijven*	→écrire
tressaillir *schrikken*	→assaillir
vaincre *overwinnen*	a) vaincs, vaincs, vainc, vainquons, vainquez, vainquent; b) vainquais; c) vaincrai; d) vaincrais; e) vainque; f) vaincu(e)
valoir *waard zijn*	a) vaux, vaux, vaut, valons, valez, valent; b) valais; c) vaudrai; d) vaudrais; e) vaille; f) valu(e)
venir *komen*	→tenir
vêtir *kleden*	a) vêts, vêts, vêt, vêtons, vêtez, vêtent; b) vêtais; c) vêtirai; d) vêtirais; e) vête; f) vêtu(e)
vivre *leven*	a) vis, vis, vit, vivons, vivez, vivent; b) vivais; c) vivrai; d) vivrais; e) vive; f) vécu(e)
voir *zien*	a) vois, vois, voit, voyons, voyez, voient; b) voyais; c) verrai; d) verrais; e) voie; f) vu(e)
vouloir *willen*	a) veux, veux, veut, voulons, voulez, veulent; b) voulais; c) voudrai; d) voudrais; e) veuille; f) voulu(e)

Franse afkortingen

ACF	*Automobile-Club de France*	Franse Automobielclub
ACS	*Automobile-Club de Suisse*	Zwitserse Automobielclub
AELE	*Association européenne de libre-échange*	Europese Vrijhandels-associatie (EVA)
apr. J.-C.	*après Jésus-Christ*	n. Chr.
av. J.-C.	*avant Jésus-Christ*	v. Chr.
bd	*boulevard*	boulevard
c.-à-d.	*c'est-à-dire*	dat wil zeggen
c/c	*compte courant*	rekening-courant
CCP	*compte de chèques postaux*	postgirorekening
CEE	*Communauté économique européenne*	EEG
CFF	*Chemins de fer fédéraux*	Zwitserse Bondsspoorwegen
ch	*chevaux-vapeur*	paardekracht
Cie, Co.	*compagnie*	maatschappij
CRS	*Compagnies républicaines de sécurité*	Verkeers- en veiligheidspolitie
ct	*courant; centime*	dezer (v. datum); centime
CV	*chevaux-vapeur*	paardekracht
EU	*Etats-Unis*	Verenigde Staten
exp.	*expéditeur*	afzender
F(F)	*franc français*	Franse frank
FB	*franc belge*	Belgische frank
Fs/Fr.s.	*franc suisse*	Zwitserse frank
h.	*heure*	uur
hab.	*habitants*	inwoners
M.	*Monsieur*	meneer, de heer
Me	*Maître*	meester in de rechten
Mgr	*Monseigneur*	Monseigneur (aanspreek-titel van een bisschop)
Mlle	*Mademoiselle*	mejuffrouw
MM.	*Messieurs*	heren
Mme	*Madame*	mevrouw
n°	*numéro*	nummer
ONU	*Organisation des Nations Unies*	Verenigde Naties (V.N.)
OTAN	*Organisation du Traité de l'Atlantique Nord*	N.A.V.O. (Noordatlantische Verdragsorganisatie)
PCV	*payable chez vous*	gesprekskosten voor de opgeroepene
PDG	*président-directeur général*	president-directeur

p. ex.	*par exemple*	bijvoorbeeld
PJ	*police judiciaire*	recherche
PMU	*pari mutuel urbain*	totalisator
p. p.	*port payé*	port betaald
P & T	*Postes et Télécommunications*	PTT (Frankrijk)
PTT	*Postes, Télégraphes, Téléphones*	PTT (België en Zwitserland)
RATP	*Régie autonome des transports parisiens*	Het Parijse openbaar vervoer
RF	*République française*	Franse Republiek
RN	*route nationale*	hoofdweg
RP	*Révérend Père*	eerwaarde vader
RSVP	*répondez, s'il vous plaît*	verzoeke gaarne antwoord
s/	*sur*	aan
SA	*société anonyme*	naamloze vennootschap
S. à r. l.	*société à responsabilité limitée*	maatschappij met beperkte aansprakelijkheid
SE	*Son Eminence; Son Excellence*	Zijne Eminentie; Zijne Excellentie
SI	*Syndicat d'Initiative*	Vereniging voor Vreemdelingenverkeer
SM	*Sa Majesté*	Zijne of Hare Majesteit
SNCB	*Société nationale des chemins de fer belges*	Belgische Nationale Spoorwegen
SNCF	*Société nationale des chemins de fer français*	Franse Nationale Spoorwegen
St, Ste	*saint, sainte*	Sint
succ.	*successeur; succursale*	opvolger; filiaal
s. v. p.	*s'il vous plaît*	a.u.b.
TCB	*Touring-Club Royal de Belgique*	Koninklijke Belgische Toeristenbond
TCF	*Touring-Club de France*	Franse Toeristenbond
TCS	*Touring-Club Suisse*	Zwitserse Toeristenbond
TEE	*Trans Europ Express*	luxetrein, alleen eerste klas
t. s. v. p.	*tournez, s'il vous plaît*	zie ommezijde
TVA	*taxe à la valeur ajoutée*	BTW
Vve	*veuve*	weduwe

Telwoorden

Hoofdtelwoorden

0	zéro
1	un
2	deux
3	trois
4	quatre
5	cinq
6	six
7	sept
8	huit
9	neuf
10	dix
11	onze
12	douze
13	treize
14	quatorze
15	quinze
16	seize
17	dix-sept
18	dix-huit
19	dix-neuf
20	vingt
21	vingt et un
22	vingt-deux
30	trente
40	quarante
50	cinquante
60	soixante
70	soixante-dix
71	soixante et onze
72	soixante-douze
80	quatre-vingts
81	quatre-vingt-un
90	quatre-vingt-dix
100	cent
101	cent un
230	deux cent trente
1 000	mille
1 107	onze cent sept
2 000	deux mille
1 000 000	un million

Rangtelwoorden

1er	premier
2e	deuxième (second)
3e	troisième
4e	quatrième
5e	cinquième
6e	sixième
7e	septième
8e	huitième
9e	neuvième
10e	dixième
11e	onzième
12e	douzième
13e	treizième
14e	quatorzième
15e	quinzième
16e	seizième
17e	dix-septième
18e	dix-huitième
19e	dix-neuvième
20e	vingtième
21e	vingt et unième
22e	vingt-deuxième
23e	vingt-troisième
30e	trentième
40e	quarantième
50e	cinquantième
60e	soixantième
70e	soixante-dixième
71e	soixante et onzième
72e	soixante-douzième
80e	quatre-vingtième
81e	quatre-vingt-unième
90e	quatre-vingt-dixième
100e	centième
101e	cent unième
200e	deux centième
330e	trois cent trentième
1 000e	millième
1 107e	onze cent septième
2 000e	deux millième

Tijd

Indien u nauwkeurig wilt omschrijven dat het 's morgens, 's middags of 's avonds is, zegt u: *du matin, de l'après-midi* of *du soir*.

Dus:

huit heures du matin	8 uur 's morgens
deux heures de l'après-midi	2 uur 's middags
huit heures du soir	8 uur 's avonds

Dagen van de week

dimanche	zondag
lundi	maandag
mardi	dinsdag
mercredi	woensdag
jeudi	donderdag
vendredi	vrijdag
samedi	zaterdag

Enkele nuttige zinnen	Quelques expressions utiles
Alstublieft.	S'il vous plaît.
Hartelijk dank.	Merci beaucoup.
Niets te danken.	Il n'y a pas de quoi.
Goedemorgen.	Bonjour *(matin)*.
Goedemiddag.	Bonjour *(après-midi)*.
Goedenavond.	Bonsoir.
Goedenacht.	Bonne nuit.
Tot ziens.	Au revoir.
Tot straks.	A bientôt.
Waar is/Waar zijn…?	Où se trouve/Où se trouvent...?
Hoe noemt u dit?	Comment appelez-vous ceci?
Wat betekent dat?	Que veut dire cela?
Spreekt u Engels?	Parlez-vous anglais?
Spreekt u Duits?	Parlez-vous allemand?
Spreekt u Frans?	Parlez-vous français?
Spreekt u Spaans?	Parlez-vous espagnol?
Spreekt u Italiaans?	Parlez-vous italien?
Kunt u wat langzamer spreken, alstublieft?	Pourriez-vous parler plus lentement, s'il vous plaît?
Ik begrijp het niet.	Je ne comprends pas.
Mag ik…hebben?	Puis-je avoir... ?
Kunt u mij…tonen?	Pouvez-vous m'indiquer... ?
Kunt u mij zeggen…?	Pouvez-vous me dire... ?
Kunt u me helpen?	Pouvez-vous m'aider, s'il vous plaît?
Ik wil graag…	Je voudrais...
Wij willen graag…	Nous voudrions...
Geeft u me…, alstublieft.	S'il vous plaît, donnez-moi...
Brengt u me…, alstublieft.	S'il vous plaît, apportez-moi...
Ik heb honger.	J'ai faim.
Ik heb dorst.	J'ai soif.
Ik ben verdwaald.	Je me suis perdu.
Vlug!	Dépêchez-vous!

Er is/Er zijn...	Il y a...
Er is geen/Er zijn geen...	Il n'y a pas...

Aankomst	**Arrivée**
Uw paspoort, alstublieft.	Votre passeport, s'il vous plaît.
Hebt u iets aan te geven?	Avez-vous quelque chose à déclarer?
Nee, helemaal niets.	Non, rien du tout.
Kunt u me met mijn bagage helpen, alstublieft?	Pouvez-vous prendre mes bagages, s'il vous plaît?
Waar is de bus naar het centrum?	Où est le bus pour le centre de la ville, s'il vous plaît?
Hierlangs, alstublieft.	Par ici, s'il vous plaît.
Waar kan ik een taxi krijgen?	Où puis-je trouver un taxi?
Wat kost het naar...?	Quel est le tarif pour...?
Breng me naar dit adres, alstublieft.	Conduisez-moi à cette adresse, s'il vous plaît.
Ik heb haast.	Je suis pressé.

Hotel	**Hôtel**
Mijn naam is...	Je m'appelle...
Hebt u gereserveerd?	Avez-vous réservé?
Ik wil graag een kamer met bad.	J'aimerais une chambre avec bains.
Hoeveel kost het per nacht?	Quel est le prix pour une nuit?
Mag ik de kamer zien?	Puis-je voir la chambre?
Wat is mijn kamernummer?	Quel est le numéro de ma chambre, s'il vous plaît?
Er is geen warm water.	Il n'y a pas d'eau chaude.
Mag ik de directeur spreken, alstublieft?	Puis-je voir le directeur, s'il vous plaît?
Heeft er iemand voor mij opgebeld?	Y a-t-il eu des appels pour moi?
Is er post voor mij?	Y a-t-il du courrier pour moi?
Mag ik de rekening, alstublieft?	Puis-je avoir ma note, s'il vous plaît?

Uit eten	**Restaurant**
Hebt u een menu à prix fixe?	Avez-vous un menu?
Mag ik de spijskaart zien?	Puis-je voir la carte?
Kunt u ons een asbak brengen, alstublieft?	Pouvons-nous avoir un cendrier, s'il vous plaît?
Waar is het toilet?	Où sont les toilettes, s'il vous plaît?
Ik wil graag een voorgerecht.	Je voudrais un hors-d'œuvre.
Hebt u soep?	Avez-vous du potage?
Ik wil graag vis.	J'aimerais du poisson.
Wat voor vis hebt u?	Qu'avez-vous comme poisson?
Ik wil graag een biefstuk.	Je voudrais un steak.
Wat voor groenten hebt u?	Quels légumes servez-vous?
Niets meer, dank u.	Je suis servi, merci.
Wat wilt u drinken?	Qu'aimeriez-vous boire?
Een pils, alstublieft.	J'aimerais une bière, s'il vous plaît.
Ik wil graag een fles wijn.	Je voudrais une bouteille de vin.
Mag ik de rekening, alstublieft?	Puis-je avoir l'addition, s'il vous plaît?
Is de bediening inbegrepen?	Le service est-il compris?
Dank u, het was een uitstekende maaltijd.	Merci, c'était très bon.
Reizen	**Voyages**
Waar is het station?	Où se trouve la gare, s'il vous plaît?
Waar is het loket?	Où est le guichet, s'il vous plaît?
Ik wil graag een kaartje naar…	J'aimerais un billet pour...
Eerste of tweede klas?	Première ou deuxième classe?
Eerste klas, alstublieft.	Première classe, s'il vous plaît.
Enkele reis of retour?	Aller simple ou aller et retour?
Moet ik overstappen?	Est-ce que je dois changer de train?
Van welk perron vertrekt de trein naar…?	De quel quai part le train pour...?
Waar is het dichtstbijzijnde metrostation?	Où est la station de métro la plus proche?

Waar is het busstation?	Où est la gare routière, s'il vous plaît?
Hoe laat vertrekt de eerste bus naar...?	A quelle heure part le premier autobus pour... ?
Wilt u me bij de volgende halte laten uitstappen?	S'il vous plaît, déposez-moi au prochain arrêt.

Ontspanning	**Distractions**
Wat wordt er in de bioscoop gegeven?	Que joue-t-on au cinéma?
Hoe laat begint de film?	A quelle heure commence le film?
Zijn er nog plaatsen vrij voor vanavond?	Reste-t-il encore des places pour ce soir?
Waar kunnen we gaan dansen?	Où pouvons-nous aller danser?

Ontmoetingen	**Rencontres**
Dag mevrouw/juffrouw/ mijnheer.	Bonjour madame/mademoiselle/ monsieur.
Hoe maakt u het?	Comment allez-vous?
Uitstekend, dank u. En u?	Très bien, merci. Et vous?
Mag ik u... voorstellen?	Puis-je vous présenter... ?
Mijn naam is...	Je m'appelle...
Prettig kennis met u te maken.	Enchanté de faire votre connaissance.
Hoelang bent u al hier?	Depuis combien de temps êtes-vous ici?
Het was mij een genoegen.	Enchanté d'avoir fait votre connaissance.
Hindert het u als ik rook?	Est-ce que ça vous dérange que je fume?
Hebt u een vuurtje, alstublieft?	Avez-vous du feu, s'il vous plaît?
Mag ik u iets te drinken aanbieden?	Puis-je vous offrir un verre?
Mag ik u vanavond ten eten uitnodigen?	Puis-je vous inviter à dîner ce soir?
Waar spreken we af?	Où nous retrouverons-nous?

Winkels en diensten	**Magasins et services**
Waar is de dichtstbijzijnde bank?	Où se trouve la banque la plus proche, s'il vous plaît?
Waar kan ik reischeques inwisselen?	Où puis-je changer des chèques de voyage?
Kunt u me wat kleingeld geven, alstublieft?	Pouvez-vous me donner de la monnaie, s'il vous plaît?
Waar is de dichtstbijzijnde apotheek?	Où est la pharmacie la plus proche?
Hoe kom ik daar?	Comment puis-je m'y rendre?
Is het te lopen?	Peut-on y aller à pied?
Kunt u mij helpen, alstublieft?	Pouvez-vous m'aider, s'il vous plaît?
Hoeveel kost dit? En dat?	Combien coûte ceci? Et cela?
Het is niet precies wat ik zoek.	Ce n'est pas exactement ce que je désire.
Het bevalt me.	Cela me plaît.
Kunt u mij iets tegen zonnebrand aanbevelen?	Pouvez-vous me conseiller quelque chose contre les coups de soleil?
Knippen, alstublieft.	Je voudrais me faire couper les cheveux, s'il vous plaît.
Ik wil een manicure, alstublieft.	Je voudrais une manucure, s'il vous plaît.

De weg vragen	**Directions**
Kunt u mij op de kaart aanwijzen waar ik ben?	Pouvez-vous me montrer sur la carte où je me trouve?
U bent op de verkeerde weg.	Vous n'êtes pas sur la bonne route.
Rij/Ga rechtuit.	Continuez tout droit.
Het is aan de linkerkant/aan de rechterkant.	C'est à gauche/à droite.

Spoedgevallen	**Urgences**
Roep vlug een dokter.	Appelez vite un médecin.
Roep een ambulance.	Appelez une ambulance.
Roep de politie, alstublieft.	Appelez la police, s'il vous plaît.

Nederlands/Frans

Néerlandais/Français

Introduction

Ce dictionnaire a été conçu dans un but pratique. Vous n'y trouverez donc pas d'information linguistique inutile. Les adresses sont classées par ordre alphabétique, sans tenir compte du fait qu'un mot peut être simple ou composé, avec ou sans trait d'union. Seule exception à cette règle: les verbes pronominaux qui ont été classés en fonction du verbe: ex. *zich afvragen* se trouvera sous **a.**

Lorsqu'une adresse est suivie d'adresses secondaires (p. ex. expressions usuelles ou locutions), ces dernières sont également rangées par ordre alphabétique sous le mot vedette.

Chaque mot souche est suivi d'une transcription phonétique (voir le Guide de prononciation) et, s'il y a lieu, de l'indication de la catégorie grammaticale (substantif, verbe, adjectif, etc.). Lorsqu'un mot souche peut appartenir à plusieurs catégories grammaticales, les traductions qui s'y réfèrent sont groupées derrière chacune d'elles.

Vu la complexité des règles qui président à la formation du pluriel en néerlandais, nous indiquons tous les pluriels en usage dans la langue courante.

Pour éviter toute répétition, nous avons utilisé un tilde (~) en lieu et place de l'adresse principale.

Dans le pluriel des mots très longs, le tiret (-) remplace la partie du mot qui demeure inchangée.

ex.:	beker (pl ~s)	pluriel: bekers
	kind (pl ~eren)	kinderen
	leslokaal (pl -lokalen)	leslokalen

Un astérisque (*) signale les verbes irréguliers. Pour plus de détails, consulter la liste de ces verbes.

Abréviations

adj	adjectif	*mpl*	masculin pluriel
adv	adverbe	*nt*	neutre
art	article	*num*	numéral
c	genre commun	*pl*	pluriel
conj	conjonction	*pref*	préfixe
f	féminin	*prep*	préposition
fpl	féminin pluriel	*pron*	pronom
m	masculin	*v*	verbe

Guide de prononciation

Chaque article de cette partie du dictionnaire est accompagné d'une transcription phonétique qui vous indique la prononciation des mots. Vous la lirez comme si chaque lettre ou groupe de lettres avait la même valeur qu'en français. Au-dessous figurent uniquement les lettres et les symboles ambigus ou particulièrement difficiles à comprendre. *Toutes* les consonnes, y compris celles placées à la fin d'une syllabe ou d'un mot, doivent être prononcées.

Les traits d'union séparent chaque syllabe. Celles que l'on doit accentuer sont imprimées en *italique*.

Les sons de deux langues ne coïncident jamais parfaitement; mais si vous suivez soigneusement nos indications, vous pourrez prononcer les mots étrangers de façon à vous faire comprendre. Pour faciliter votre tâche, nos transcriptions simplifient parfois légèrement le système phonétique de la langue, mais elles reflètent néanmoins les différences de son essentielles.

Consonnes

g̡ un son guttural proche du **r** de li**r**e; souvent assez dur, se rapprochant ainsi du **r** de c**r**ochet

h doit être prononcé en expirant fortement; rappelle le **h** de l'interjection **h**ue!

kh un son guttural proche du **r** de c**r**ochet

ng/nng comme dans campi**ng**; ou comme le dernier son de pai**n** prononcé avec l'accent du Midi

s toujours comme dans **s**i

t^{y} comme **ti** dans sen**ti**er

y toujours comme dans **y**eux

1) Les consonnes **b**, **d**, **v**, **z** tendent à être moins sonores qu'en français lorsqu'elles se trouvent au début ou à la fin d'un mot. C'est également le cas avec **g̡**.

2) Nous employons le **v** pour la transcription de deux sons différents (écrits **v** et **w** en néerlandais), car les étrangers perçoivent rarement cette différence.

3) Dans la langue courante, le **n** final des verbes et substantifs pluriels n'est généralement pas prononcé.

Voyelles et diphtongues

ı entre **i** et **é**

1) Les voyelles longues sont indiquées par un dédoublement (p. ex. **oo**), ou par un accent circonflexe placé sur le second élément (p. ex. **eû**).

2) Nos transcriptions comprenant un **ï** doivent être lues comme des diphtongues; le **ï** ne doit pas être séparé de la voyelle qui le précède (comme dans tr**ahi**), mais doit se fondre dans celle-ci (comme dans **ai**l).

3) Les lettres imprimées en petits caratères et dans une position surélevée doivent être prononcées d'une façon assez faible et rapide (p. ex. **éé^{ou}**).

A

aal (ââl) *c* (pl alen) anguille *f*
aambeien (*ââm*-bèï-eun) *pl* hémorroïdes *fpl*
aan (âân) *prep* à
aanbetaling (*ââm*-beu-tââ-lınng) *c* (pl ~en) acompte *m*
***aanbevelen** (*ââm*-beu-véé-leun) *v* recommander
aanbeveling (*ââm*-beu-véé-lınng) *c* (pl ~en) recommandation *f*
aanbevelingsbrief (*ââm*-beu-véé-lınngs-briif) *c* (pl -brieven) lettre de recommandation
***aanbidden** (ââm-*bı*-deun) *v* adorer
***aanbieden** (*ââm*-bii-deun) *v* *offrir; présenter
aanbieding (*ââm*-bii-dınng) *c* (pl ~en) offre *f*
aanblik (*ââm*-blık) *c* spectacle *m*; aspect *m*
aanbod (*ââm*-bot) *nt* offre *f*
aanbranden (*ââm*-brân-deun) *v* brûler
aandacht (*âân*-dâkht) *c* attention *f*; ~ **besteden aan** prêter attention à
aandeel (*âân*-déél) *nt* (pl -delen) action *f*
aandenken (*âân*-dèng-keun) *nt* (pl ~s) souvenir *m*
aandoening (*âân*-doû-nınng) *c* (pl ~en) affection *f*
aandoenlijk (âân-*doûn*-leuk) *adj* touchant
***aandrijven** (*âân*-drèï-veun) *v* propulser
***aandringen** (*âân*-drı-ngeun) *v* insister
aanduiden (*âân*-deuᵘ-deun) *v* indiquer
***aangaan** (*ââng*-gâân) *v* regarder
aangaande (ââng-*gââ*n-deu) *prep* concernant
aangeboren (*ââng*-geu-bôô-reun) *adj* inné
aangelegenheid (ââng-geu-*léé*-geun-hèït) *c* (pl -heden) affaire *f*
aangenaam (*ââng*-geu-nââm) *adj* agréable
aangesloten (*ââng*-geu-slôô-teun) *adj* affilié
***aangeven** (*ââng*-géé-veun) *v* signaler; déclarer; passer, *remettre
aangezien (ââng-geu-*ziin*) *conj* puisque, comme; étant donné que
aangifte (*ââng*-gıf-teu) *c* (pl ~n) déclaration *f*
aangrenzend (ââng-*grèn*-zeunnt) *adj* contigu
aanhalen (*âân*-hââ-leun) *v* serrer; citer
aanhalingstekens (*âân*-hââ-lınngs-téé-keuns) *pl* guillemets *mpl*
aanhangwagen (*âân*-hâng-vââ-geun) *c* (pl ~s) remorque *f*

aanhankelijk (âân-*hâng*-keu-leuk) *adj* affectueux
***aanhebben** (*âân*-hè-beun) *v* porter
aanhechten (*âân*-hèkh-teun) *v* fixer
aanhoren (*âân*-hôô-reun) *v* écouter
***aanhouden** (*âân*-haou-deun) *v* insister; **aanhoudend** constant
aanhouding (*âân*-haou-dınng) *c* (pl ~en) arrestation *f*
***aankijken** (*ââng*-kèï-keun) *v* regarder
aanklacht (*ââng*-klâkht) *c* (pl ~en) accusation *f*
aanklagen (*ââng*-klââ-geun) *v* accuser
aankleden (*ââng*-kléé-deun) *v* *vêtir, habiller
***aankomen** (*ââng*-kôô-meun) *v* arriver
aankomst (*ââng*-kommst) *c* arrivée *f*
aankomsttijd (*ââng*-komms-tèït) *c* (pl ~en) heure d'arrivée
aankondigen (*ââng*-konn-deu-geun) *v* annoncer
aankondiging (*ââng*-konn-deu-gınng) *c* (pl ~en) avis *m*, annonce *f*
aankoop (*ââng*-kôôp) *c* (pl -kopen) acquisition *f*
aankruisen (*ââng*-kreu^u^-seun) *v* marquer
aanleg (*âân*-lèkh) *c* don *m*
aanleggen (*âân*-lè-geun) *v* accoster
aanleiding (*âân*-lèï-dınng) *c* (pl ~en) motif *m*
aanlengen (*âân*-lè-ngeun) *v* allonger
zich aanmelden (*âân*-mèl-deun) se présenter
aanmerkelijk (ââ-*mèr*-keu-leuk) *adj* sensible
aanmerken (*ââ*-mèr-keun) *v* commenter
aanmoedigen (*ââ*-moû-deu-geun) *v* encourager
***aannemen** (*ââ*-néé-meun) *v* accepter; supposer; adopter; **aangenomen dat** en admettant que
aannemer (*ââ*-néé-meur) *c* (pl ~s) entrepreneur *m*
aanpak (*ââm*-pâk) *c* méthode *f*, approche *f*
aanpassen (*ââm*-pâ-seun) *v* adapter; adapter à; ajuster
aanplakbiljet (*ââm*-plâk-bıl-yèt) *nt* (pl ~ten) affiche *f*
***aanprijzen** (*ââm*-prèï-zeun) *v* recommander
***aanraden** (*âân*-rââ-deun) *v* conseiller
aanraken (*âân*-rââ-keun) *v* toucher
aanraking (*âân*-rââ-kınng) *c* (pl ~en) attouchement *m*; contact *m*
aanranden (*âân*-rân-deun) *v* violer
aanrichten (*âân*-rıkh-teun) *v* provoquer
aanrijding (*âân*-rèï-dınng) *c* (pl ~en) collision *f*
aanschaffen (*âân*-skhâ-feun) *v* *acquérir
***aansluiten** (*âân*-sleu^u^-teun) *v* brancher
aansluiting (*âân*-sleu^u^-tınng) *c* (pl ~en) communication *f*
aansporen (*âân*-spôô-reun) *v* inciter; exhorter
aanspraak (*âân*-sprââk) *c* (pl -spraken) prétention *f*
aansprakelijk (âân-*sprââ*-keu-leuk) *adj* responsable
aansprakelijkheid (âân-*sprââ*-keu-leuk-hèït) *c* responsabilité *f*
***aanspreken** (*âân*-spréé-keun) *v* s'adresser à
aanstekelijk (âân-*stéé*-keu-leuk) *adj* contagieux
***aansteken** (*âân*-stéé-keun) *v* allumer; infecter
aansteker (*âân*-stéé-keur) *c* (pl ~s) briquet *m*
aanstellen (*âân*-stè-leun) *v* désigner
aanstoot (*âân*-stôôt) *c* outrage *m*
aanstootgevend (âân-stôôt-*khéé*-

veunnt) *adj* offensif
aanstrepen (*âân*-stréé-peun) *v* pointer
aantal (*âân*-tâl) *nt* (pl ~len) nombre *m*
aantekenen (*âân*-téé-keu-neun) *v* enregistrer; recommander
aantekening (*âân*-téé-keu-ninng) *c* (pl ~en) note *f*
aantonen (*âân*-tôô-neun) *v* démontrer
aantrekkelijk (âân-*trè*-keu-leuk) *adj* séduisant
***aantrekken** (*âân*-trè-keun) *v* attirer; tenter; *mettre; serrer
aantrekking (*âân*-trè-kinng) *c* attrait *m*
aanvaarden (âân-*vââr*-deun) *v* accepter
aanval (*âân*-vâl) *c* (pl ~len) attaque *f*
***aanvallen** (*âân*-vâ-leun) *v* attaquer
aanvang (*âân*-vâng) *c* début *m*
***aanvangen** (*âân*-vâ-ngeun) *v* débuter
aanvankelijk (âân-*vâng*-keu-leuk) *adv* originairement, au début
aanvaring (*âân*-vââ-rinng) *c* (pl ~en) abordage *m*
aanvoer (*âân*-voûr) *c* fourniture *f*
aanvoerder (*âân*-voûr-deur) *c* (pl ~s) leader *m*
aanvraag (*âân*-vrââkh) *c* (pl -vragen) demande *f*
aanwezig (âân-*véé*-zeukh) *adj* présent
aanwezigheid (âân-*véé*-zeukh-hèït) *c* présence *f*
***aanwijzen** (*âân*-vèï-zeun) *v* indiquer; désigner
aanwijzing (*âân*-vèï-zinng) *c* (pl ~en) indication *f*
aanzetten (*âân*-zè-teun) *v* allumer
aanzien (*âân*-ziin) *nt* aspect *m*; considération *f*; **ten ~ van** à propos de
aanzienlijk (âân-*ziin*-leuk) *adj* considérable, substantiel
aap (ââp) *c* (pl apen) singe *m*
aard (âârt) *c* nature *f*
aardappel (*ââr*-dâ-peul) *c* (pl ~s, ~en) pomme de terre
aardbei (*âârt*-bèï) *c* (pl ~en) fraise *f*
aardbeving (*âârt*-béé-vinng) *c* (pl ~en) tremblement de terre
aardbol (*âârt*-bol) *c* globe *m*
aarde (*ââr*-deu) *c* terre *f*
aardewerk (*ââr*-deu-vèrk) *nt* poterie *f*, vaisselle *f*, faïence *f*, terre cuite
aardig (*ââr*-deukh) *adj* sympathique; gentil
aardrijkskunde (*ââr*-drèïks-keunn-deu) *c* géographie *f*
aartsbisschop (*âârts*-bi-skhop) *c* (pl ~pen) archevêque *m*
aarzelen (*ââr*-zeu-leun) *v* hésiter
aas (ââss) *nt* amorce *f*
abces (âp-*sèss*) *nt* (pl ~sen) abcès *m*
abdij (âb-*dèï*) *c* (pl ~en) abbaye *f*
abnormaal (âp-nor-*mââl*) *adj* anormal
abonnee (â-bo-*néé*) *c* (pl ~s) abonné *m*
abonnement (â-bo-neu-*mènt*) *nt* (pl ~en) abonnement *m*
abonnementskaart (â-bo-neu-*mènts*-kâârt) *c* (pl ~en) carte d'abonnement
abortus (a-*bor*-teuss) *c* (pl ~sen) avortement *m*
abrikoos (â-brii-*kôôss*) *c* (pl -kozen) abricot *m*
absoluut (âp-sôô-*luut*) *adj* absolu; *adv* absolument
abstract (âp-*strâkt*) *adj* abstrait
absurd (âp-*seurt*) *adj* absurde
abuis (ââ-*beu[u]ss*) *nt* (pl abuizen) méprise *f*
academie (ââ-kââ-*déé*-mii) *c* (pl ~s) académie *f*
accent (âk-*sènt*) *nt* (pl ~en) accent *m*
accepteren (âk-sèp-*téé*-reun) *v* accepter
accessoires (âk-sè-*svââ*-reuss) *pl* ac-

cessoires *mpl*
accijns (âk-*sèïns*) *c* (pl -cijnzen) droit de douane
accommodatie (â-ko-môô-*dââ*-tsii) *c* accommodation *f*
accu (*â*-kuu) *c* (pl ~'s) accumulateur *m*
acht (âkht) *num* huit
achteloos (*âkh*-teu-lôôss) *adj* inattentif
achten (*âkh*-teun) *v* estimer; considérer
achter (*âkh*-teur) *prep* derrière
achteraan (âkh-teu-*rààn*) *adv* en arrière
achterbuurt (*âkh*-teur-buurt) *c* (pl ~en) bas quartier
achterdochtig (âkh-teur-*dokh*-teukh) *adj* méfiant
achtergrond (*âkh*-teur-gronnt) *c* (pl ~en) fond *m*
achterkant (*âkh*-teur-kânt) *c* (pl ~en) arrière *m*
***achterlaten** (*âkh*-teur-lââ-teun) *v* laisser
achterlicht (*âkh*-teur-likht) *nt* (pl ~en) feu arrière
achternaam (*âkh*-teur-nââm) *c* (pl -namen) nom de famille
achterstallig (âkh-teur-*stâ*-leukh) *adj* arriéré
achteruit (âkh-teu-*reu*ᵘ*t*) *adv* en arrière
***achteruitrijden** (âkh-teu-*reu*ᵘ*t*-rèï-deun) *v* *faire marche arrière
achterwerk (*âkh*-teur-vèrk) *nt* (pl ~en) postérieur *m*
achting (*âkh*-tinng) *c* estime *f*
achtste (*âkht*-steu) *num* huitième
achttien (*âkh*-tiin) *num* dix-huit
achttiende (*âkh*-tiin-deu) *num* dix-huitième
acne (*âk*-néé) *c* acné *f*
acquisitie (â-kvii-*zii*-tsii) *c* (pl ~s) acquisition *f*
acteur (âk-*teûr*) *c* (pl ~s) acteur *m*
actie (*âk*-sii) *c* (pl ~s) action *f*
actief (âk-*tiif*) *adj* actif
activiteit (âk-tii-vii-*tèït*) *c* (pl ~en) activité *f*
actrice (âk-*trii*-seu) *c* (pl ~s) actrice *f*
actueel (âk-tuu-*véél*) *adj* actuel
acuut (â-*kuut*) *adj* aigu
adel (*ââ*-deul) *c* noblesse *f*
adellijk (*ââ*-deu-leuk) *adj* noble
adem (*ââ*-deumm) *c* souffle *m*
ademen (*ââ*-deu-meun) *v* respirer
ademhaling (*ââ*-deumm-hââ-linng) *c* respiration *f*
adequaat (â-déé-*kvâât*) *adj* adéquat
ader (*ââ*-deur) *c* (pl ~s, ~en) veine *f*
administratie (ât-mii-nii-*strââ*-tsii) *c* (pl ~s) administration *f*
administratief (ât-mii-nii-strââ-*tiif*) *adj* administratif
admiraal (ât-mii-*rââl*) *c* (pl ~s) amiral *m*
adopteren (â-dop-*téé*-reun) *v* adopter
adres (ââ-*drèss*) *nt* (pl ~sen) adresse *f*
adresseren (ââ-drè-*séé*-reun) *v* adresser
advertentie (ât-feur-*tèn*-sii) *c* (pl ~s) annonce *f*
advies (ât-*fiiss*) *nt* (pl adviezen) avis *m*
adviseren (ât-fii-*zéé*-reun) *v* donner des conseils
advocaat (ât-fôô-*kâât*) *c* (pl -caten) avocat *m*
af (âf) *adv* terminé; ~ **en toe** de temps en temps
afbeelding (*âf*-béél-dinng) *c* (pl ~en) image *f*
afbetalen (*âf*-beu-tââ-leun) *v* payer à tempérament
afbetaling (*âf*-beu-tââ-linng) *c* (pl ~en) paiement à tempérament
***afblijven** (*âf*-blèï-veun) *v* ne pas tou-

cher
afbraak (*âf*-brââk) *c* démolition *f*
***afbreken** (*âf*-bréé-keun) *v* ébrécher
afdaling (*âf*-dââ-lınng) *c* (pl ~en) descente *f*
afdanken (*âf*-danng-keun) *v* se débarrasser de
afdeling (*âf*-déé-lınng) *c* (pl ~en) département *m*; service *m*
***afdingen** (*âf*-dı-ngeun) *v* marchander
afdrogen (*âf*-drôô-geun) *v* essuyer
afdruk (*âf*-dreuk) *c* (pl ~ken) épreuve *f*
***afdwingen** (*âf*-dvı-ngeun) *v* extorquer
afgeladen (*âf*-kheu-lââ-deun) *adj* plein à craquer
afgelegen (*âf*-kheu-léé-geun) *adj* éloigné, lointain, écarté
afgelopen (*âf*-kheu-lôô-peun) *adj* dernier
afgerond (*âf*-kheu-ronnt) *adj* arrondi
afgevaardigde (*âf*-kheu-vââr-deug-deu) *c* (pl ~n) député *m*
afgezien van (*âf*-kheu-ziin vân) abstraction faite de
afgod (*âf*-khot) *c* (pl ~en) idole *f*
afgrijzen (*âf*-khrèï-zeun) *nt* épouvante *f*
afgrond (*âf*-khronnt) *c* (pl ~en) précipice *m*, abîme *m*
afgunst (*âf*-kheunnst) *c* envie *f*
afgunstig (âf-*kheunn*-steukh) *adj* envieux
afhalen (*âf*-hââ-leun) *v* *aller chercher
afhandelen (*âf*-hân-deu-leun) *v* régler
***afhangen van** (*âf*-hâ-ngeun) dépendre de
afhankelijk (âf-*hâng*-keu-leuk) *adj* dépendant
afhellend (*âf*-hè-leunnt) *adj* en pente
afkeer (*âf*-kéér) *c* répugnance *f*; antipathie *f*
afkerig (âf-*kéé*-reukh) *adj* opposé
afkeuren (*âf*-keû-reun) *v* désapprouver; rejeter
afknippen (*âf*-knı-peun) *v* couper
afkondigen (*âf*-konn-deu-geun) *v* proclamer
afkorting (*af*-kor-tınng) *c* (pl ~en) abréviation *f*
afleiden (*âf*-lèï-deun) *v* *déduire
afleiding (*âf*-lèï-dınng) *c* diversion *f*
afleren (*âf*-léé-reun) *v* *désapprendre
afleveren (*âf*-léé-veu-reun) *v* *remettre
afloop (*âf*-lôôp) *c* expiration *f*
***aflopen** (*âf*-lôô-peun) *v* finir; se terminer
aflossen (*âf*-lo-seun) *v* relayer; amortir
afluisteren (*âf*-leu[u]-steu-reun) *v* écouter aux portes
afmaken (*âf*-mââ-keun) *v* achever
afmeting (*âf*-méé-tınng) *c* (pl ~en) dimension *f*
***afnemen** (*âf*-néé-meun) *v* diminuer; enlever
afpersing (*âf*-pèr-sınng) *c* (pl ~en) extorsion *f*
***afraden** (*âf*-rââ-deun) *v* dissuader
afremmen (*âf*-rè-meun) *v* freiner
Afrika (*ââ*-frii-kââ) Afrique *f*
Afrikaan (ââ-frii-*kâân*) *c* (pl -kanen) Africain *m*
Afrikaans (ââ-frii-*kââns*) *adj* africain
afschaffen (*âf*-skhâ-feun) *v* abolir
afscheid (*âf*-skhèït) *nt* adieu *m*
afschrift (*âf*-skhrıft) *nt* (pl ~en) copie *f*
afschuw (*âf*-skhuu[ou]) *c* horreur *f*
afschuwelijk (âf-*skhuu*-veu-leuk) *adj* horrifiant, terrible; hideux
***afsluiten** (*âf*-sleu[u]-teun) *v* couper
***afsnijden** (*âf*-snèï-deun) *v* découper; tailler
afspraak (*âf*-sprââk) *c* (pl -spraken)

rendez-vous *m*; engagement *m*
afstammeling (*âf*-stâ-meu-linng) *c* (pl ~en) descendant *m*
afstamming (*âf*-stâ-minng) *c* descendance *f*
afstand (*âf*-stânt) *c* (pl ~en) distance *f*
afstandsmeter (*âf*-stânts-méé-teur) *c* (pl ~s) télémètre *m*
afstellen (*âf*-stè-leun) *v* ajuster
afstemmen (*âf*-stè-meun) *v* accorder
afstotelijk (âf-*stôô*-teu-leuk) *adj* répugnant
aftekenen (*âf*-téé-keu-neun) *v* endosser
after shave (âf-teur-*chééf*) after-shave *m*
aftrap (*âf*-trâp) *c* coup d'envoi
***aftrekken** (*âf*-trè-keun) *v* *déduire; *soustraire
afvaardiging (*â*-fââr-deu-ginng) *c* (pl ~en) délégation *f*
afval (*â*-fâl) *nt* ordures *fpl*, détritus *m*, rebut *m*
afvegen (*â*-féé-geun) *v* essuyer
afvoer (*â*-foûr) *c* égout *m*
zich *afvragen (*a*-frââ-geun) se demander
afwachten (*âf*-vâkh-teun) *v* attendre
afwassen (*âf*-vâ-seun) *v* *faire la vaisselle
afwateren (*âf*-vââ-teu-reun) *v* drainer
afwenden (*âf*-vèn-deun) *v* détourner
afwezig (âf-*véé*-zeukh) *adj* absent
afwezigheid (âf-*véé*-zeukh-hèït) *c* absence *f*
***afwijken** (*âf*-vèï-keun) *v* dévier
afwijking (*âf*-vèï-kinng) *c* (pl ~en) aberration *f*
***afwijzen** (*âf*-vèï-zeun) *v* refuser
afwisselen (*âf*-vi-seu-leun) *v* varier; **afwisselend** alternatif
afwisseling (*âf*-vi-seu-linng) *c* variation *f*
***afzeggen** (*âf*-sè-geun) *v* annuler
afzetting (*âf*-sè-tinng) *c* (pl ~en) dépôt *m*
afzonderlijk (âf-*sonn*-deur-leuk) *adj* particulier; distinct; *adv* séparément
agenda (ââ-*gèn*-dââ) *c* (pl ~'s) agenda *m*; ordre du jour
agent (ââ-*gènt*) *c* (pl ~en) agent de police; concessionnaire *m*, agent *m*
agentschap (ââ-*gènt*-skhap) *nt* (pl ~pen) agence *f*
agrarisch (ââ-*grââ*-riiss) *adj* agraire
agressief (â-grè-*siif*) *adj* agressif
air conditioned (è[eu]-keunn-*dich*-eunnt) climatisé
akelig (*ââ*-keu-leukh) *adj* désagréable, méchant
akker (*â*-keur) *c* (pl ~s) champ *m*
akkoord (â-*kôôrt*) *nt* (pl ~en) accord *m*
akte (*âk*-teu) *c* (pl ~n, ~s) acte *m*, document *m*
aktentas (*âk*-teun-tâss) *c* (pl ~sen) serviette *f*, porte-documents *m*
al (âl) *adj* tout; *adv* déjà
alarm (ââ-*lârm*) *nt* alerte *f*
alarmeren (ââ-lâr-*méé*-reun) *v* alarmer
album (*âl*-beumm) *nt* (pl ~s) album *m*
alcohol (*âl*-kôô-hol) *c* alcool *m*
alcoholisch (âl-kôô-*hôô*-liiss) *adj* alcoolique
aldoor (*âl*-dôôr) *adv* continuellement
alfabet (*âl*-fââ-bèt) *nt* alphabet *m*
algebra (*âl*-geu-brââ) *c* algèbre *f*
algemeen (âl-geu-*méén*) *adj* général; **in het ~** en général
Algerije (âl-geu-*rèï*-eu) Algérie *f*
Algerijn (âl-geu-*rèïn*) *c* (pl ~en) Algérien *m*
Algerijns (âl-geu-*rèïns*) *adj* algérien
alhoewel (âl-hoû-*vèl*) *conj* quoique
alikruik (*ââ*-lii-kreu[u]k) *c* (pl ~en) bi-

gorneau *m*
alimentatie (â-lii-mèn-*tââ*-tsii) *c* pension alimentaire
alinea (ââ-*lii*-néé-ââ) *c* (pl ~'s) paragraphe *m*
alledaags (â-leu-*dââkhs*) *adj* commun; quotidien
alleen (â-*léén*) *adv* seulement; seul
allemaal (â-leu-*mââl*) *num* tous
allergie (â-lèr-*gii*) *c* (pl ~ën) allergie *f*
allerlei (*â*-leur-lèï) *adj* divers; toutes sortes de
alles (*â*-leuss) *pron* tout
almachtig (âl-*mâkh*-teukh) *adj* omnipotent
almanak (*âl*-mââ-nâk) *c* (pl ~ken) almanach *m*
als (âls) *conj* si; quand; que, comme
alsof (âl-*zof*) *conj* comme si; ***doen** ~ *feindre
alstublieft (âl-stuu-*bliift*) voilà; s'il vous plaît
alt (âlt) *c* (pl ~en) contralto *m*
altaar (*âl*-tââr) *nt* (pl altaren) autel *m*
alternatief (âl-teur-nââ-*tiif*) *nt* (pl -tieven) alternative *f*
altijd (*âl*-tèït) *adv* toujours
amandel (ââ-*mân*-deul) *c* (pl ~en, ~s) amande *f*; **amandelen** amygdales *fpl*
amandelontsteking (ââ-*mân*-deul-onnt-stéé-kinng) *c* (pl ~en) amygdalite *f*
ambacht (*âm*-bâkht) *nt* (pl ~en) métier *m*
ambassade (âm-bâ-*sââ*-deu) *c* (pl ~s) ambassade *f*
ambassadeur (âm-bâ-sââ-*deûr*) *c* (pl ~s) ambassadeur *m*
ambitieus (âm-bii-*tsyeûss*) *adj* ambitieux
ambt (âmt) *nt* (pl ~en) fonction *f*
ambtenaar (*âm*-teu-nââr) *c* (pl -naren) fonctionnaire *m*
ambulance (âm-buu-*lân*-seu) *c* (pl ~s) ambulance *f*
Amerika (ââ-*méé*-rii-kââ) Amérique *f*
Amerikaan (ââ-méé-rii-*kâân*) *c* (pl -kanen) Américain *m*
Amerikaans (ââ-méé-rii-*kââns*) *adj* américain
amethist (â-meu-*tist*) *c* (pl ~en) améthyste *f*
amicaal (ââ-mii-*kââl*) *adj* amical
ammonia (â-*môô*-nii-yââ) *c* ammoniaque *f*
amnestie (âm-nèss-*tii*) *c* amnistie *f*
amulet (ââ-muu-*lèt*) *c* (pl ~ten) porte-bonheur *m*, amulette *f*
amusant (ââ-muu-*zânt*) *adj* plaisant; divertissant
amusement (ââ-muu-zeu-*mènt*) *nt* amusement *m*; divertissement *m*
amuseren (ââ-muu-*zéé*-reun) *v* divertir
analfabeet (ân-âl-fââ-*béét*) *c* (pl -beten) illettré *m*
analist (â-nââ-*list*) *c* (pl ~en) analyste *m*
analyse (â-nââ-*lii*-zeu) *c* (pl ~n, ~s) analyse *f*
analyseren (â-nââ-lii-*zéé*-reun) *v* analyser
analyticus (â-nââ-*lii*-tii-keuss) *c* (pl -ci) psychanalyste *m*
ananas (*â*-nâ-nâss) *c* (pl ~sen) ananas *m*
anarchie (â-nâr-*khii*) *c* anarchie *f*
anatomie (â-nââ-tôô-*mii*) *c* anatomie *f*
ander (*ân*-deur) *adj* autre; **onder andere** entre autres
anders (*ân*-deurs) *adv* sinon, autrement
andersom (ân-deur-*somm*) *adv* en sens inverse
angst (ângst) *c* (pl ~en) peur *f*; terreur *f*
angstig (*âng*-steukh) *adj* apeuré
angstwekkend (ângst-*vè*-keunnt) *adj*

terrifiant
animo (*ââ*-nii-môô) *c* entrain *m*
anker (*âng*-keur) *nt* (pl ~s) ancre *f*
annexeren (â-nèk-*séé*-reun) *v* annexer
annonce (â-*non*-seu) *c* (pl ~s) publicité *f*
annuleren (â-nuu-*léé*-reun) *v* annuler
annulering (â-nuu-*léé*-rınng) *c* (pl ~en) annulation *f*
anoniem (â-nôô-*niim*) *adj* anonyme
ansichtkaart (*ân*-zıkht-kâârt) *c* (pl ~en) carte postale
ansjovis (ân-*chôô*-vıss) *c* (pl ~sen) anchois *m*
antenne (ân-*tè*-neu) *c* (pl ~s) antenne *f*
antibioticum (ân-tii-bii-*yôô*-tii-keumm) *nt* (pl -ca) antibiotique *m*
antiek (ân-*tiik*) *adj* antique
antipathie (ân-tii-pââ-*tii*) *c* antipathie *f*
antiquair (ân-tii-*kèèr*) *c* (pl ~s) antiquaire *m*
antiquiteit (ân-tii-kvii-*tèït*) *c* (pl ~en) antiquité *f*
antivries (ân-tii-*vriiss*) *c* antigel *m*
antwoord (*ânt*-vôôrt) *nt* (pl ~en) réponse *f*; **als** ~ en réponse
antwoorden (*ânt*-vôôr-deun) *v* répondre
apart (ââ-*pârt*) *adv* à part
aperitief (ââ-péé-rii-*tiif*) *nt/c* (pl -tieven) apéritif *m*
apotheek (ââ-pôô-*téék*) *c* (pl -theken) pharmacie *f*
apotheker (ââ-pôô-*téé*-keur) *c* (pl ~s) pharmacien *m*
apparaat (â-pââ-*râât*) *nt* (pl -raten) appareil *m*; dispositif *m*
appartement (â-pâr-teu-*mènt*) *nt* (pl ~en) appartement *m*
appel (*â*-peul) *c* (pl ~s) pomme *f*
applaudisseren (â-plaou-dii-*séé*-reun) *v* applaudir
applaus (â-*plaouss*) *nt* applaudissements *mpl*
april (â-*prıl*) avril
aquarel (ââ-kvââ-*rèl*) *c* (pl ~len) aquarelle *f*
ar (âr) *c* (pl ~ren) traîneau *m*
Arabier (ââ-rââ-*biir*) *c* (pl ~en) Arabe *m*
Arabisch (ââ-*rââ*-biiss) *adj* arabe
arbeid (*âr*-bèït) *c* labeur *m*, activité *f*
arbeidbesparend (*âr*-bèït-beu-spââ-reunnt) *adj* qui économise du travail
arbeider (*âr*-bèï-deur) *c* (pl ~s) travailleur *m*, ouvrier *m*
arbeidsbureau (*âr*-bèïts-buu-rôô) *nt* (pl ~s) bureau de l'emploi
archeologie (âr-khéé-ôô-lôô-*gii*) *c* archéologie *f*
archeoloog (âr-khéé-ôô-*lôôkh*) *c* (pl -logen) archéologue *m*
archief (âr-*khiif*) *nt* (pl -chieven) archives *fpl*
architect (âr-chii-*tèkt*) *c* (pl ~en) architecte *m*
architectuur (âr-chii-tèk-*tuur*) *c* architecture *f*
arena (ââ-*réé*-nââ) *c* (pl ~'s) arène *f*
arend (*ââ*-reunnt) *c* (pl ~en) aigle *m*
Argentijn (âr-geunn-*tèïn*) *c* (pl ~en) Argentin *m*
Argentijns (âr-geunn-*tèïns*) *adj* argentin
Argentinië (âr-geunn-*tii*-nii-yeu) Argentine *f*
argument (âr-guu-*mènt*) *nt* (pl ~en) argument *m*
argumenteren (âr-guu-mèn-*téé*-reun) *v* argumenter
argwaan (*ârkh*-vâân) *c* méfiance *f*
argwanend (ârkh-*vââ*-neunnt) *adj* soupçonneux
arm[1] (ârm) *adj* pauvre
arm[2] (ârm) *c* (pl ~en) bras *m*
armband (*ârm*-bânt) *c* (pl ~en) brace-

let *m*
armoede (*âr*-moû-deu) *c* pauvreté *f*
armoedig (âr-*moû*-deukh) *adj* indigent
aroma (ââ-*rôô*-mââ) *nt* arôme *m*
arrestatie (â-rèss-*tââ*-tsii) *c* (pl ~s) arrestation *f*
arresteren (â-rèss-*téé*-reun) *v* arrêter
arrogant (â-rôô-*gânt*) *adj* présomptueux
artikel (âr-*tii*-keul) *nt* (pl ~en, ~s) article *m*
artisjok (âr-tii-*chok*) *c* (pl ~ken) artichaut *m*
artistiek (âr-tiss-*tiik*) *adj* artistique
arts (ârts) *c* (pl ~en) médecin *m*
as[1] (âss) *c* (pl ~sen) essieu *m*
as[2] (âss) *c* cendre *f*
asbak (*âss*-bâk) *c* (pl ~ken) cendrier *m*
asbest (*âss*-bèst) *nt* amiante *m*
asfalt (*âss*-fâlt) *nt* asphalte *m*
asiel (ââ-*ziil*) *nt* asile *m*
aspect (âss-*pèkt*) *nt* (pl ~en) aspect *m*
asperge (âss-*pèr*-jeu) *c* (pl ~s) asperge *f*
aspirine (âss-pii-*rii*-neu) *c* aspirine *f*
assistent (â-sii-*stènt*) *c* (pl ~en) assistant *m*
associëren (â-sôô-*chéé*-reun) *v* associer
assortiment (â-sor-tii-*mènt*) *nt* (pl ~en) assortiment *m*
assurantie (â-suu-*rân*-sii) *c* (pl -ties, -tiën) assurance *f*
astma (*âss*-mââ) *nt* asthme *m*
atheïst (ââ-téé-*ist*) *c* (pl ~en) athée *m*
Atlantische Oceaan (ât-*lân*-tii-seu ôô-sé-*âân*) Océan Atlantique
atleet (ât-*léét*) *c* (pl -leten) athlète *m*
atletiek (ât-léé-*tiik*) *c* athlétisme *m*
atmosfeer (ât-moss-*féér*) *c* atmosphère *f*
atomisch (ââ-*tôô*-miss) *adj* atomique
atoom (ââ-*tôôm*) *nt* (pl atomen) atome *m*; **atoom-** nucléaire
attent (â-*tènt*) *adj* prévenant
attest (â-*tèst*) *nt* (pl ~en) attestation *f*
attractie (â-*trâk*-sii) *c* (pl ~s) attraction *f*
augustus (aou-*geuss*-teuss) août
aula (*aou*-lââ) *c* (pl ~'s) auditorium *m*
Australië (aou-*strââ*-lii-yeu) Australie *f*
Australiër (aou-*strââ*-lii-yeur) *c* (pl ~s) Australien *m*
Australisch (aou-*strââ*-liiss) *adj* australien
auteur (ôô-*teûr*) *c* (pl ~s) auteur *m*
authentiek (ôô-tèn-*tiik*) *adj* authentique
auto (*ôô*-tôô) *c* (pl ~'s) voiture *f*; automobile *f*, auto *f*
automaat (ôô-tôô-*mâât*) *c* (pl -maten) appareil à jetons
automatisch (ôô-tôô-*mââ*-tiiss) *adj* automatique
automatisering (ôô-tôô-mââ-tii-*zéé*-rinng) *c* automatisation *f*
automobielclub (ôô-tôô-môô-*biil*-kleup) *c* (pl ~s) club automobile
automobilisme (ôô-tôô-môô-bii-*liss*-meu) *nt* automobilisme *m*
automobilist (ôô-tôô-môô-bii-*list*) *c* (pl ~en) automobiliste *m*
autonoom (ôô-tôô-*nôôm*) *adj* autonome
autoped (*ôô*-tôô-pèt) *c* (pl ~s) patinette *f*
autopsie (ôô-top-*sii*) *c* autopsie *f*
***autorijden** (*ôô*-tôô-rèï-deun) *v* voyager en auto
autorit (*ôô*-tôô-rit) *c* (pl ~ten) promenade en voiture
autoritair (ôô-tôô-rii-*tèèr*) *adj* autoritaire
autoriteiten (ôô-tôô-rii-*tèï*-teun) *pl* autorités

autoverhuur (*ôô*-tôô-veur-huur) *c* location de voitures
autoweg (*ôô*-tôô-vèkh) *c* (pl ~en) autoroute *f*
avond *c* (pl ~en) soir *m*
avondeten (*ââ*-veunnt-éé-teun) *nt* dîner *m*; souper *m*
avondkleding (*ââ*-veunnt-kléé-dınng) *c* tenue de soirée
avondschemering (*ââ*-veunnt-skhéé-meu-rınng) *c* crépuscule *m*
avontuur (ââ-vonn-*tuur*) *nt* (pl -turen) aventure *f*
Aziaat (ââ-zii-*yâât*) *c* (pl Aziaten) Asiatique *m*
Aziatisch (ââ-zii-*yââ*-tiiss) *adj* asiatique
Azië (*ââ*-zii-yeu) Asie *f*
azijn (ââ-*zèïn*) *c* vinaigre *m*

B

baai (bââï) *c* (pl ~en) baie *f*
baan (bâân) *c* (pl banen) travail *m*
baard (bâârt) *c* (pl ~en) barbe *f*
baarmoeder (*bââr*-moû-deur) *c* utérus *m*
baars (bââr s) *c* (pl baarzen) perche *f*
baas (bââss) *c* (pl bazen) patron *m*
baat (bâât) *c* bénéfice *m*; avantage *m*
babbelen (*bâ*-beu-leun) *v* causer
babbelkous (*bâ*-beul-kaouss) *c* (pl ~en) moulin à paroles
babbeltje (*bâ*-beul-tyeu) *nt* (pl ~s) causette *f*
baby (*béé*-bii) *c* (pl ~'s) bébé *m*
babysitter (*béé*-bii-sı-teur) *c* (pl ~s) baby-sitter *m*
bacil (bâ-*sıl*) *c* (pl ~len) microbe *m*
bacterie (bâk-*téé*-rii) *c* (pl -riën) bactérie *f*
bad (bât) *nt* (pl ~en) bain *m*; **een ~ *nemen** se baigner
baden (*bââ*-deun) *v* se baigner
badhanddoek (*bât*-hân-doûk) *c* (pl ~en) serviette de bain
badjas (*bât*-yâss) *c* (pl ~sen) peignoir *m*
badkamer (*bât*-kââ-meur) *c* (pl ~s) salle de bain
badmuts (*bât*-meuts) *c* (pl ~en) bonnet de bain
badpak (*bât*-pâk) *nt* (pl ~ken) maillot de bain
badplaats (*bât*-plââts) *c* (pl ~en) station balnéaire
badstof (*bât*-stof) *c* tissu-éponge *m*
badzout (*bât*-saout) *nt* sels de bain
bagage (bâ-*gââ*-jeu) *c* bagage *m*
bagagedepot (bâ-*gââ*-jeu-déé-pôô) *nt* (pl ~s) consigne *f*
bagagenet (bâ-*gââ*-jeu-nèt) *nt* (pl ~ten) filet à bagage
bagageoverschot (bâ-*gââ*-jeu-ôô-veur-skhot) *nt* surcharge *f*
bagagerek (bâ-*gââ*-jeu-rèk) *nt* (pl ~ken) porte-bagages *m*
bagageruimte (bâ-*gââ*-jeu-reuumm-teu) *c* (pl ~n, ~s) coffre *m*
bagagewagen (bâ-*gââ*-jeu-vââ-geun) *c* (pl ~s) fourgon *m*
bakboord (*bâk*-bôôrt) *nt* bâbord *m*
baken (*bââ*-keun) *nt* (pl ~s) point de repère
bakermat (*bââ*-keur-mât) *c* berceau *m*
bakkebaarden (*bâ*-keu-bââr-deun) *pl* favoris
***bakken** (*bâ*-keun) *v* *cuire au four; *faire sauter
bakker (*bâ*-keur) *c* (pl ~s) boulanger *m*
bakkerij (bâ-keu-*rèï*) *c* (pl ~en) boulangerie *f*
baksteen (*bâk*-stéén) *c* (pl -stenen) brique *f*
bal[1] (bâl) *c* (pl ~len) ballon *m*, balle *f*

bal² (bâl) *nt* (pl ~s) bal *m*
balans (bâ-*lâns*) *c* (pl ~en) bilan *m*
baldadig (bâl-*dââ*-deukh) *adj* tapageur
balie (*bââ*-lii) *c* (pl ~s) barre *f*
balk (bâlk) *c* (pl ~en) poutre *f*
balkon (bâl-*konn*) *nt* (pl ~s) balcon *m*
ballet (bâ-*lèt*) *nt* (pl ~ten) ballet *m*
balling (*bâ*-linng) *c* (pl ~en) exilé *m*
ballingschap (*bâ*-linng-skhâp) *c* exile *m*
ballon (bâ-*lonn*) *c* (pl ~s) ballon *m*
ballpoint (*bol*-poynt) *c* (pl ~s) stylo à bille; crayon à bille
bamboe (*bâm*-boû) *nt* bambou *m*
banaan (bââ-*nâân*) *c* (pl bananen) banane *f*
band (bânt) *c* (pl ~en) bande *f*; lien *m*; pneu *m*; **lekke** ~ pneu crevé, crevaison *f*
bandenspanning (*bân*-deu-spâ-ninng) *c* pression des pneus
bandepech (*bân*-deu-pèkh) *c* crevaison *f*
bandiet (bân-*diit*) *c* (pl ~en) bandit *m*
bandrecorder (*bânt*-reu-kor-deur) *c* (pl ~s) magnétophone *m*
bang (bâng) *adj* effrayé; ~ ***zijn** *avoir peur
bank (bângk) *c* (pl ~en) banque *f*; banc *m*
bankbiljet (*bângk*-bil-yèt) *nt* (pl ~ten) billet de banque
banket (bâng-*kèt*) *nt* (pl ~ten) banquet *m*
banketbakker (bâng-*kèt*-bâ-keur) *c* (pl ~s) confiseur *m*
banketbakkerij (bâng-kèt-bâ-keu-*rèï*) *c* (pl ~en) pâtisserie *f*
banketzaal (bâng-*kèt*-sââl) *c* (pl -zalen) salle de banquet
bankrekening (*bângk*-réé-keu-ninng) *c* (pl ~en) compte en banque
bankroet (bângk-*roût*) *adj* en faillite
bar (bâr) *c* (pl ~s) bar *m*; café *m*
baret (bââ-*rèt*) *c* (pl ~ten) béret *m*
bariton (*bââ*-rii-tonn) *c* (pl ~s) bariton *m*
barjuffrouw (*bâr*-yeu-fraou) *c* (pl ~en) barmaid *f*
barman (*bâr*-mân) *c* (pl ~nen) barman *m*
barmhartig (bâr-*mâr*-teukh) *adj* miséricordieux
barnsteen (*bârn*-stéén) *nt* ambre *m*
barok (bââ-*rok*) *adj* baroque
barometer (*bâ*-rôô-méé-teur) *c* (pl ~s) baromètre *m*
barst (bârst) *c* (pl ~en) fissure *f*
***barsten** (*bârs*-teun) *v* éclater; craquer, fendre
bas (bâss) *c* (pl ~sen) basse *f*
baseren (bââ-*zéé*-reun) *v* baser
basiliek (bââ-zii-*liik*) *c* (pl ~en) basilique *f*
basis (*bââ*-zeuss) *c* (pl bases) base *f*
basiscrème (*bââ*-zeuss-krèèm) *c* (pl ~s) fond de teint
bast (bâst) *c* (pl ~en) écorce *f*
bastaard (*bass*-tâârt) *c* (pl ~en, ~s) bâtard *m*
baten (*bââ*-teun) *v* *servir
batterij (bâ-teu-*rèï*) *c* (pl ~en) pile *f*
beambte (beu-*âm*-teu) *c* (pl ~n) employé de bureau
beantwoorden (beu-*ânt*-vôôr-deun) *v* répondre à
bebost (beu-*bost*) *adj* boisé
bebouwen (beu-*baou*-eun) *v* cultiver
bed (bèt) *nt* (pl ~den) lit *m*
bedaard (beu-*dâârt*) *adj* tranquille
bedachtzaam (beu-*dâkht*-sââm) *adj* prudent
bedanken (beu-*dâng*-keun) *v* remercier
bedaren (beu-*dââ*-reun) *v* se calmer
beddegoed (*bè*-deu-goût) *nt* literie *f*
bedeesd (beu-*déést*) *adj* timide
bedekken (beu-*dè*-keun) *v* *couvrir

bedelaar (*béé*-deu-lââr) *c* (pl ~s) mendiant *m*
bedelen (*béé*-deu-leun) *v* mendier
***bedelven** (beu-*dèl*-veun) *v* enterrer
***bedenken** (beu-*dèng*-keun) *v* songer à
***bederven** (beu-*dèr*-veun) *v* gâter; gâcher
bedevaart (*béé*-deu-vâârt) *c* (pl ~en) pèlerinage *m*
bediende (beu-*diin*-deu) *c* (pl ~n, ~s) domestique *m*; valet *m*; serviteur *m*
bedienen (beu-*dii*-neun) *v* *servir
bediening (beu-*dii*-ninng) *c* service *m*
bedieningsgeld (beu-*dii*-ninngs-khèlt) *nt* service *m*
bedoelen (beu-*doû*-leun) *v* *vouloir dire; *avoir l'intention de
bedoeling (beu-*doû*-linng) *c* (pl ~en) intention *f*
bedrag (beu-*drâkh*) *nt* (pl ~en) somme *f*
***bedragen** (beu-*drââ*-geun) *v* se monter à
bedreigen (beu-*drèï*-geun) *v* menacer
bedreiging (beu-*drèï*-ginng) *c* (pl ~en) menace *f*
***bedriegen** (beu-*drii*-geun) *v* tromper; tricher
bedrijf (beu-*drèïf*) *nt* (pl bedrijven) entreprise *f*; usine *f*; acte *m*
bedrijvig (beu-*drèï*-veukh) *adj* animé
bedroefd (beu-*droûft*) *adj* triste, désolé
bedroefdheid (beu-*droûft*-hèït) *c* tristesse *f*; affliction *f*
bedrog (beu-*drokh*) *nt* tromperie *f*; fraude *f*
beëindigen (beu-*èïn*-deu-geun) *v* finir
beek (béék) *c* (pl beken) ruisseau *m*
beeld (béélt) *nt* (pl ~en) image *f*
beeldhouwer (*béélt*-haou-eur) *c* (pl ~s) sculpteur *m*
beeldhouwwerk (*béélt*-haou-vèrk) *nt* (pl ~en) sculpture *f*
beeldscherm (*béélt*-skhèrm) *nt* (pl ~en) écran *m*
been[1] (béén) *nt* (pl benen) jambe *f*
been[2] (béén) *nt* (pl beenderen, benen) os *m*
beer (béér) *c* (pl beren) ours *m*
beest (béést) *nt* (pl ~en) bête *f*
beestachtig (*béést*-âkh-teukh) *adj* brutal
beet (béét) *c* (pl beten) morsure *f*
beetje (*béé*-tyeu) *nt* peu *m*
***beetnemen** (*béét*-néé-meun) *v* taquiner
beetwortel (*béét*-vor-teul) *c* (pl ~s, ~en) betterave *f*
befaamd (beu-*fââmt*) *adj* illustre
begaafd (beu-*gââft*) *adj* doué
***begaan** (beu-*gâân*) *v* *commettre
begeerlijk (beu-*géér*-leuk) *adj* désirable
begeerte (beu-*géér*-teu) *c* (pl ~n) désir *m*
begeleiden (beu-geu-*lèï*-deun) *v* accompagner
begeren (beu-*géé*-reun) *v* *avoir envie de
begin (beu-*ginn*) *nt* début *m*, commencement *m*; **begin-** initial
beginneling (beu-*gi*-neu-linng) *c* (pl ~en) débutant *m*
***beginnen** (beu-*gi*-neun) *v* commencer
beginner (beu-*gi*-neur) *c* (pl ~s) débutant *m*
beginsel (beu-*ginn*-seul) *nt* (pl ~en, ~s) principe *m*
begraafplaats (beu-*grââf*-plââts) *c* (pl ~en) cimetière *m*
begrafenis (beu-*grââ*-feu-niss) *c* (pl ~sen) enterrement *m*; funérailles *fpl*
***begraven** (beu-*grââ*-veun) *v* enterrer

***begrijpen** (beu-*grèï*-peun) *v* *comprendre; *concevoir; **begrijpend** compatissant
begrip (beu-*grip*) *nt* (pl ~pen) notion *f*; concept *m*, conception *f*; compréhension *f*
begroeid (beu-*groûït*) *adj* couvert de verdure
begroting (beu-*grôô*-tinng) *c* (pl ~en) budget *m*
begunstigde (beu-*geunn*-steukh-deu) *c* (pl ~n) bénéficiaire *m*
begunstigen (beu-*geunn*-steu-geun) *v* favoriser
beha (béé-*hââ*) *c* (pl ~'s) soutien-gorge *m*
behalen (beu-*hââ*-leun) *v* se procurer
behalve (beu--*hâl*-veu) *prep* sauf, excepté; outre
behandelen (beu-*hân*-deu-leun) *v* traiter
behandeling (beu-*hân*-deu-linng) *c* (pl ~en) traitement *m*
behang (beu-*hâng*) *nt* papier peint
beheer (beu-*héér*) *nt* gestion *f*
beheersen (beu-*héér*-seun) *v* maîtriser
beheksen (beu-*hèk*-seun) *v* ensorceler
zich *behelpen met (beu-*hèl*-peun) se débrouiller avec
behendig (beu-*hèn*-deukh) *adj* adroit
beheren (beu-*héé*-reun) *v* diriger
behoedzaam (beu-*hoût*-sââm) *adj* prudent
behoefte (beu-*hoûf*-teu) *c* (pl ~n) besoin *m*
behoeven (beu-*hoû*-veun) *v* *avoir besoin de; **ten behoeve van** en faveur de
behoorlijk (beu-*hôôr*-leuk) *adj* convenable
behoren (beu-*hôô*-reun) *v* *appartenir à; *devoir
behoudend (beu-*haou*-deunnt) *adj* conservateur
beide (*bèï*-deu) *adj* les deux; **een van** ~ l'un ou l'autre; **geen van** ~ ni l'un ni l'autre
beige (*bèè*-jeu) *adj* beige
beïnvloeden (beu-*inn*-vloû-deun) *v* influencer; affecter
beitel (*bèï*-teul) *c* (pl ~s) burin *m*
bejaard (beu-*yâârt*) *adj* âgé
bek (bèk) *c* (pl ~ken) gueule *f*; bec *m*
bekend (beu-*kènt*) *adj* connu
bekende (beu-*kèn*-deu) *c* (pl ~n) connaissance *f*
bekendmaken (beu-*kènt*-mââ-keun) *v* annoncer
bekendmaking (beu-*kènt*-mââ-kinng) *c* (pl ~en) annonce *f*
bekennen (beu-*kè*-neun) *v* *reconnaître
bekentenis (beu-*kèn*-teu-niss) *c* (pl ~sen) confession *f*
beker (*béé*-keur) *c* (pl ~s) gobelet *m*; coupe *f*
bekeren (beu-*réé*-reun) *v* convertir
***bekijken** (beu-*kèï*-keun) *v* considérer, contempler
bekken (*bè*-keun) *nt* (pl ~s) bassin *m*
beklagen (beu-*klââ*-geun) *v* compatir
bekleden (beu-*kléé*-deun) *v* *recouvrir; capitonner
beklemmen (beu-*klè*-meun) *v* oppresser
***beklimmen** (beu-*kli*-meun) *v* *faire l'ascension de
beklimming (beu-*kli*-minng) *c* (pl ~en) montée *f*
beknopt (beu-*knopt*) *adj* concis; bref
zich bekommeren om (beu-*ko*-meu-reun) se soucier de
bekoring (beu-*kôô*-rinng) *c* (pl ~en) attraction *f*, attraits
bekritiseren (beu-krii-tii-*zéé*-reun) *v* critiquer
bekrompen (beu-*kromm*-peun) *adj* borné

bekronen (beu-*krôô*-neun) *v* couronner
bekwaam (beu-*kvââm*) *adj* capable; habile
bekwaamheid (beu-*kvââm*-hèït) *c* (pl -heden) capacité *f*, aptitude *f*, compétence *f*
bel (bèl) *c* (pl ~len) sonnette *f*; bulle *f*
belachelijk (beu-*lâ*-kheu-leuk) *adj* ridicule
belang (beu-*lâng*) *nt* (pl ~en) intérêt *m*; importance *f*; **van ~ *zijn** *avoir de l'importance
belangrijk (beu-*lâng*-rèïk) *adj* important; capital
belangstellend (beu-lâng-*stè*-leunnt) *adj* intéressé
belangstelling (beu-*lâng*-stè-lınng) *c* intérêt *m*
belastbaar (beu-*lâst*-bââr) *adj* imposable
belasten (beu-*lâss*-teun) *v* charger; imposer; **belast met** chargé de
belasting (beu-*lâss*-tınng) *c* (pl ~en) charge *f*; impôt *m*; taxation *f*
belastingvrij (beu-lâss-tınng-*vrèï*) *adj* exempt de droits; exempt d'impôts
beledigen (beu-*léé*-deu-geun) *v* insulter; offenser; **beledigend** désobligeant
belediging (beu-*léé*-deu-gınng) *c* (pl ~en) insulte *f*; offense *f*
beleefd (beu-*lééft*) *adj* poli
belegering (beu-*léé*-geu-rınng) *c* (pl ~en) siège *m*
beleggen (beu-*lè*-geun) *v* placer
belegging (beu-*lè*-gınng) *c* (pl ~en) placement *m*
beleid (beu-*lèït*) *nt* politique *f*
belemmeren (beu-*lè*-meu-reun) *v* entraver
beletsel (beu-*lèt*-seul) *nt* (pl ~s, ~en) entrave *f*
beletten (beu-*lè*-teun) *v* empêcher
beleven (beu-*léé*-veun) *v* *faire l'expérience de
Belg (bèlkh) *c* (pl ~en) Belge *m*
België (*bèl*-gii-yeu) Belgique *f*
Belgisch (*bèl*-giiss) *adj* belge
belichting (beu-*lıkh*-tınng) *c* exposition *f*
belichtingsmeter (beu-*lıkh*-tınngs-méé-teur) *c* (pl ~s) photomètre *m*
***belijden** (beu-*lèï*-deun) *v* professer
bellen (*bè*-leun) *v* sonner
belofte (beu-*lof*-teu) *c* (pl ~n) promesse *f*
belonen (beu-*lôô*-neun) *v* récompenser
beloning (beu-*lôô*-nınng) *c* (pl ~en) récompense *f*
beloven (beu-*lôô*-veun) *v* *promettre
bemachtigen (beu-*mâkh*-teu-geun) *v* s'assurer de
bemanning (beu-*mâ*-nınng) *c* (pl ~en) équipage *m*
bemerken (beu-*mèr*-keun) *v* observer; *percevoir
bemiddelaar (beu-*mı*-deu-lââr) *c* (pl ~s) médiateur *m*
bemiddeld (beu-*mı*-deult) *adj* aisé
bemiddelen (beu-*mı*-deu-leun) *v* *servir d'intermédiaire
bemind (beu-*mınnt*) *adj* aimé
zich bemoeien met (beu-*moûï*-eun) se mêler de
benadrukken (beu-*nââ*-dreu-keun) *v* souligner
benaming (beu-*nââ*-mınng) *c* (pl ~en) dénomination *f*
benauwd (beu-*naout*) *adj* étouffant
bende (*bèn*-deu) *c* (pl ~n, ~s) bande *f*
beneden (beu-*néé*-deun) *prep* en bas de; *adv* dessous, au-dessous; en dessous; en bas; **naar ~** vers le bas; en bas

benieuwd (beu-*nii^ou^t*) *adj* curieux
benijden (beu-*nèï*-deun) *v* envier
benoemen (beu-*noû*-meun) *v* nommer
benoeming (beu-*noû*-minng) *c* (pl ~en) nomination *f*
benutten (beu-*neu*-teun) *v* utiliser
benzine (bèn-*zii*-neu) *c* essence *f*
benzinepomp (bèn-*zii*-neu-pommp) *c* (pl ~en) pompe à essence; distributeur d'essence
benzinestation (bèn-*zii*-neu-stââ-chonn) *nt* (pl ~s) station-service *f*, poste d'essence
benzinetank (bèn-*zii*-neu-tèngk) *c* (pl ~s) réservoir d'essence
beoefenen (beu-*oû*-feu-neun) *v* pratiquer
beogen (beu-*ôô*-geun) *v* rechercher
beoordelen (beu-*ôôr*-déé-leun) *v* apprécier
beoordeling (beu-*ôôr*-déé-linng) *c* (pl ~en) jugement *m*
bepaald (beu-*pââlt*) *adj* déterminé; certain
bepalen (beu-*pââ*-leun) *v* déterminer; stipuler
bepaling (beu-*pââ*-linng) *c* (pl ~en) stipulation *f*; définition *f*
beperken (beu-*pèr*-keun) *v* limiter
beperking (beu-*pèr*-kinng) *c* (pl ~en) restriction *f*
beproeven (beu-*proû*-veun) *v* essayer
beraad (beu-*râât*) *nt* discussion *f*
beraadslagen (beu-*râât*-slââ-geun) *v* discuter
beramen (beu-*rââ*-meun) *v* *concevoir
bereid (beu-*rèït*) *adj* prêt, disposé
bereiden (beu-*rèï*-deun) *v* préparer
bereidwillig (beu-rèït-*vi*-leukh) *adj* coopérant
bereik (beu-*rèïk*) *nt* portée *f*; gamme *f*
bereikbaar (beu-*rèïk*-bââr) *adj* accessible
bereiken (beu-*rèï*-keun) *v* *atteindre; *parvenir à, accomplir
berekenen (beu-*réé*-keu-neun) *v* calculer; demander
berekening (beu-*réé*-keu-ninng) *c* (pl ~en) calcul *m*
berg (bèrkh) *c* (pl ~en) montagne *f*; mont *m*
bergachtig (*bèrkh*-âkh-teukh) *adj* montagneux
bergketen (*bèrkh*-kéé-teun) *c* (pl ~s) chaîne de montagnes
bergkloof (*bèrkh*-klôôf) *c* (pl -kloven) gorge *f*
bergpas (*bèrkh*-pâss) *c* (pl ~sen) col *m*
bergplaats (*bèrkh*-plââts) *c* (pl ~en) entrepôt *m*
bergrug (*bèrkh*-reugh) *c* (pl ~gen) arête *f*
bergsport (*bèrkh*-sport) *c* alpinisme *m*
bericht (beu-*rikht*) *nt* (pl ~en) message *m*; nouvelle *f*
berispen (beu-*riss*-peun) *v* réprimander, gronder
berk (bèrk) *c* (pl ~en) bouleau *m*
beroemd (beu-*roûmt*) *adj* fameux
beroep (beu-*roûp*) *nt* (pl ~en) profession *f*; appel *m*; **beroeps-** professionnel
beroerd (beu-*roûrt*) *adj* misérable
beroerte (beu-*roûr*-teu) *c* (pl ~n, ~s) attaque *f*
berouw (beu-*raou*) *nt* repentir *m*
beroven (beu-*rôô*-veun) *v* voler
beroving (beu-*rôô*-vinng) *c* (pl ~en) vol *m*
berucht (beu-*reukht*) *adj* notoire
bes (bèss) *c* (pl ~sen) baie *f*; groseille *f*; **zwarte** ~ cassis *m*
beschaafd (beu-*skhââft*) *adj* civilisé; cultivé
beschaamd (beu-*skhââmt*) *adj* honteux

beschadigen (beu-*skhââ*-deu-geun) *v* endommager
beschaving (beu-*skhââ*-vınng) *c* (pl ~en) civilisation *f*; culture *f*
bescheiden (beu-*skhèï*-deun) *adj* modeste
bescheidenheid (beu-*skhèï*-deunn-hèït) *c* modestie *f*
beschermen (beu-*skhèr*-meun) *v* protéger
bescherming (beu-*skhèr*-mınng) *c* protection *f*
beschikbaar (beu-*skhık*-bââr) *adj* disponible
beschikken over (beu-*skhı*-keun) disposer de
beschikking (beu-*skhı*-kinng) *c* disposition *f*
beschimmeld (beu-*skhı*-meult) *adj* moisi
beschouwen (beu-*skhaou*-eun) *v* considérer; estimer
***beschrijven** (beu-*skhrèï*-veun) *v* *décrire
beschrijving (beu-*skhrèï*-vınng) *c* (pl ~en) description *f*
beschuldigen (beu-*skheul*-deu-geun) *v* accuser; blâmer
beschutten (beu-*skheu*-teun) *v* abriter
beschutting (beu-*skheu*-tınng) *c* abri *m*
beseffen (beu-*sè*-feun) *v* se rendre compte
beslag (beu-*slâkh*) *nt* pâte *f*; **beslag leggen op** confisquer
beslissen (beu-*slı*-seun) *v* décider
beslissing (beu-*slı*-sınng) *c* (pl ~en) décision *f*
beslist (beu-*slıst*) *adv* sans faute
besluit (beu-*sleu*[u]*t*) *nt* (pl ~en) décision *f*
***besluiten** (beu-*sleu*[u]-teun) *v* décider
besmettelijk (beu-*smè*-teu-leuk) *adj* contagieux, infectieux
besmetten (beu-*smè*-teun) *v* infecter
besneeuwd (beu-*snéé*[ou]*t*) *adj* neigeux
bespelen (beu-*spéé*-leun) *v* jouer
bespottelijk (beu-*spo*-teu-leuk) *adj* ridicule, grotesque
bespotten (beu-*spo*-teun) *v* ridiculiser; se moquer de
***bespreken** (beu-*spréé*-keun) *v* louer, *retenir; discuter
bespreking (beu-*spréé*-kınng) *c* (pl ~en) réservation *f*; critique *f*; délibération *f*
best (bèst) *adj* le meilleur
bestaan (beu-*stâân*) *nt* existence *f*
***bestaan** (beu-*stâân*) *v* exister; ~ **uit** consister en
bestanddeel (beu-*stân*-déél) *nt* (pl -delen) ingrédient *m*; élément *m*
besteden (beu-*stéé*-deun) *v* dépenser
bestek (beu-*stèk*) *nt* (pl ~ken) couvert *m*
bestelauto (beu-*stèl*-ôô-tôô) *c* (pl ~'s) fourgon *m*; camion de livraison, camionnette *f*
bestelformulier (beu-*stèl*-for-muu-liir) *nt* (pl ~en) bon de commande
bestellen (beu-*stè*-leun) *v* commander
bestelling (beu-*stè*-lınng) *c* (pl ~en) commande *f*
bestemmen (beu-*stè*-meun) *v* destiner
bestemming (beu-*stè*-mınng) *c* (pl ~en) destination *f*
bestendig (beu-*stèn*-deukh) *adj* stable
***bestijgen** (beu-*stèï*-geun) *v* monter
bestraten (beu-*strââ*-teun) *v* paver
***bestrijden** (beu-*strèï*-deun) *v* *combattre
besturen (beu-*stuu*-reun) *v* *conduire
bestuur (beu-*stuur*) *nt* (pl besturen) direction *f*; conseil *m*, administration *f*; gouvernement *m*
bestuurlijk (beu-*stuur*-leuk) *adj* administratif
bestuursrecht (beu-*stuurs*-rèkht) *nt*

droit administratif
betalen (beu-*tââ*-leun) *v* payer
betaling (beu-*tââ*-linng) *c* (pl ~en) paiement *m*
betasten (beu-*tâss*-teun) *v* palper
betekenen (beu-*téé*-keu-neun) *v* signifier
betekenis (beu-*téé*-keu-niss) *c* (pl ~sen) signification *f*
beter (*béé*-teur) *adj* meilleur; supérieur
beteugelen (beu-*teû*-geu-leun) *v* freiner
betogen (beu-*tôô*-geun) *v* manifester
betoging (beu-*tôô*-ginng) *c* (pl ~en) manifestation *f*
beton (beu-*tonn*) *nt* béton *m*
betoveren (beu-*tôô*-veu-reun) *v* enchanter; **betoverend** ravissant, enchanteur
betovering (beu-*tôô*-veu-rinng) *c* (pl ~en) enchantement *m*
betrappen (beu-*trâ*-peun) *v* *surprendre
***betreden** (beu-*tréé*-deun) *v* entrer
***betreffen** (beu-*trè*-feun) *v* concerner; toucher; **wat betreft** en ce qui concerne
betreffende (beu-*trè*-feunn-deu) *prep* quant à, concernant
betrekkelijk (beu-*trè*-keu-leuk) *adj* relatif
***betrekken** (beu-*trè*-keun) *v* impliquer; *obtenir
betrekking (beu-*trè*-kinng) *c* (pl ~en) poste *m*, position *f*, emploi *m*; rapport *m*; **met ~ tot** en ce qui concerne, relatif à
betreuren (beu-*treu*-reun) *v* regretter
betrokken (beu-*tro*-keun) *adj* couvert, nuageux; concerné, impliqué
betrouwbaar (beu-*traou*-bââr) *adj* digne de confiance
betuigen (beu-*teu*[u]-geun) *v* manifester
betwijfelen (beu-*tvèï*-feu-leun) *v* douter de, *mettre en doute
betwisten (beu-*tviss*-teun) *v* contester
beu (beû) *adj* las de, dégoûté
beuk (beûk) *c* (pl ~en) hêtre *m*
beul (beûl) *c* (pl ~en) bourreau *m*
beurs (beûrs) *c* (pl beurzen) bourse *f*; foire *f*
beurt (beûrt) *c* (pl ~en) tour *m*
bevaarbaar (beu-*vâår*-bââr) *adj* navigable
***bevallen** (beu-*vâ*-leun) *v* *plaire
bevallig (beu-*vâ*-leukh) *adj* charmant, gracieux
bevalling (beu-*vâ*-linng) *c* (pl ~en) accouchement *m*
***bevaren** (beu-*vââ*-reun) *v* naviguer sur
bevatten (beu-*vâ*-teun) *v* *contenir; *comprendre
bevel (beu-*vèl*) *nt* (pl ~en) ordre *m*, commandement *m*
***bevelen** (beu-*véé*-leun) *v* commander
bevelhebber (beu-*vèl*-hè-beur) *c* (pl ~s) commandant *m*
beven (*béé*-veun) *v* trembler
bever (*béé*-veur) *c* (pl ~s) castor *m*
bevestigen (beu-*vèss*-teu-geun) *v* confirmer; attacher; **bevestigend** affirmatif
bevestiging (beu-*vèss*-teu-ginng) *c* (pl ~en) confirmation *f*
zich *bevinden (beu-*vinn*-deun) se trouver
bevlieging (beu-*vlii*-ginng) *c* (pl ~en) caprice *m*
bevochtigen (beu-*vokh*-teu-geun) *v* humidifier, humecter
bevoegd (beu-*voûkht*) *adj* compétent
bevoegdheid (beu-*voûkht*-hèït) *c* (pl -heden) qualification *f*
bevolking (beu-*vol*-kinng) *c* population *f*

bevoorrechten (beu-*vôô*-rékh-teun) *v* favoriser
bevorderen (beu-*vor*-deu-reun) *v* *promouvoir
bevredigen (beu-*vréé*-deu-geun) *v* *satisfaire
bevrediging (beu-*vréé*-deu-gınng) *c* (pl ~en) satisfaction *f*
***bevriezen** (beu-*vrii*-zeun) *v* geler
bevrijding (beu-*vrèï*-dınng) *c* libération *f*
bevuild (beu-*veu*ᵘ*lt*) *adj* souillé
bewaken (beu-*vââ*-keun) *v* surveiller
bewaker (beu-*vââ*-keur) *c* (pl ~s) garde *m*; surveillant *m*
bewapenen (beu-*vââ*-peu-neun) *v* armer
bewaren (beu-*vââ*-reun) *v* garder; conserver
bewaring (beu-*vââ*-rınng) *c* conservation *f*
beweeglijk (beu-*vêékh*-leuk) *adj* mobile
beweegreden (beu-*vêékh*-réé-deun) *c* (pl ~en) raison *f*
***bewegen** (beu-*véé*-geun) *v* bouger
beweging (beu-*véé*-gınng) *c* (pl ~en) mouvement *m*
beweren (beu-*véé*-reun) *v* prétendre
bewijs (beu-*vèïss*) *nt* (pl bewijzen) preuve *f*; bon *m*
***bewijzen** (beu-*vèï*-zeun) *v* prouver
bewind (beu-*vınnt*) *nt* régime *m*
bewolking (beu-*vol*-kınng) *c* nuages
bewolkt (beu-*volkt*) *adj* nuageux
bewonderen (beu-*vonn*-deu-reun) *v* admirer
bewondering (beu-*vonn*-deu-rınng) *c* admiration *f*
bewonen (beu-*vôô*-neun) *v* habiter
bewoner (beu-*vôô*-neur) *c* (pl ~s) habitant *m*; occupant *m*
bewoonbaar (beu-*vôôn*-bââr) *adj* habitable
bewust (beu-*veust*) *adj* conscient
bewusteloos (beu-*veuss*-teu-lôôss) *adj* inconscient
bewustzijn (beu-*veust*-sèïn) *nt* conscience *f*
bezem (*béé*-zeumm) *c* (pl ~s) balai *m*
bezeren (beu-*zéé*-reun) *v* blesser
bezet (beu-*zèt*) *adj* occupé
bezetten (beu-*zè*-teun) *v* occuper
bezetting (beu-*zè*-tınng) *c* (pl ~en) occupation *f*
bezielen (beu-*zii*-leun) *v* inspirer
bezienswaardigheid (beu-ziin-*svââr*-deukh-hèït) *c* (pl -heden) curiosité *f*
bezig (*béé*-zeukh) *adj* occupé
zich ***bezighouden met** (*béé*-zeukh-haou-deun) s'occuper de
bezinksel (beu-*zınngk*-seul) *nt* (pl ~s) sédiment *m*
bezit (beu-*zıt*) *nt* propriété *f*; possession *f*
***bezitten** (beu-*zı*-teun) *v* posséder
bezitter (beu-*zı*-teur) *c* (pl ~s) propriétaire *m*
bezittingen (beu-*zı*-tınng-eun) *pl* affaires *fpl*
bezoek (beu-*zoûk*) *nt* (pl ~en) visite *f*
***bezoeken** (beu-*zoû*-keun) *v* visiter; rendre visite à
bezoeker (beu-*zoû*-keur) *c* (pl ~s) visiteur *m*
bezoekuren (beu-*zoûk*-uu-reun) *pl* heures de visite
bezonnen (beu-*zo*-neun) *adj* pondéré
bezorgd (beu-*zorkht*) *adj* inquiet, soucieux
bezorgdheid (beu-*zorkht*-hèït) *c* inquiétude *f*, anxiété *f*
bezorgen (beu-*zor*-geun) *v* livrer; fournir
bezorging (beu-*zor*-gınng) *c* livraison *f*
bezwaar (beu-*zvââr*) *nt* (pl bezwaren) objection *f*; ~ ***hebben tegen** *faire objection à

***bezwijken** (beu-*zvèï*-keun) *v* s'effondrer; succomber
bibberen (*bı*-beu-reun) *v* trembler
bibliotheek (bii-blii-yôô-*téék*) *c* (pl -theken) bibliothèque *f*
***bidden** (*bı*-deun) *v* prier
biecht (biikht) *c* (pl ~en) confession *f*
biechten (*biikh*-teun) *v* confesser
***bieden** (*bii*-deun) *v* *offrir
biefstuk (*biif*-steuk) *c* (pl ~ken) bifteck *m*
bier (biir) *nt* (pl ~en) bière *f*
bies (biiss) *c* (pl biezen) jonc *m*
bieslook (*biiss*-lôôk) *nt* ciboulette *f*
biet (biit) *c* (pl ~en) betterave *f*
big (bıkh) *c* (pl ~gen) cochon de lait
bij[1] (bèï) *prep* près de, chez
bij[2] (bèï) *c* (pl ~en) abeille *f*
bijbel (*bèï*-beul) *c* (pl ~s) Bible *f*
bijbetekenis (*bèï*-beu-téé-keu-nıss) *c* (pl ~sen) connotation *f*
bijdrage (*bèï*-drââ-geu) *c* (pl ~n) contribution *f*
bijeen (bèï-*één*) *adv* ensemble
***bijeenbrengen** (bèï-*één*-brè-ngeun) *v* rassembler
***bijeenkomen** (bèï-*ééng*-kôô-meun) *v* se réunir
bijeenkomst (bèï-*ééng*-kommst) *c* (pl ~en) réunion *f*; rassemblement *m*; assemblée *f*, congrès *m*
bijenkorf (*bèï*-eu-korf) *c* (pl -korven) ruche *f*
bijgebouw (*bèï*-geu-baou) *nt* (pl ~en) annexe *f*
bijgeloof (*bèï*-geu-lôôf) *nt* superstition *f*
bijgevolg (bèï-geu-*volkh*) *adv* par conséquent
***bijhouden** (*bèï*-haou-deun) *v* *être à la hauteur de
bijknippen (*bèï*-knı-peun) *v* tailler
bijkomend (*bèï*-kôô-meunnt) *adj* supplémentaire
bijkomstig (bèï-*komm*-steukh) *adj* accessoire; secondaire
bijl (bèïl) *c* (pl ~en) hache *f*
bijlage (*bèï*-lââ-geu) *c* (pl ~n) annexe *f*; pièce jointe
bijna (*bèï*-nââ) *adv* presque
bijnaam (*bèï*-nââm) *c* (pl -namen) surnom *m*
bijouterie (bii-joû-teu-*rii*) *c* joaillerie *f*
***bijsluiten** (*bèï*-sleu[u]-teun) *v* *inclure
***bijstaan** (*bèï*-stâân) *v* assister
bijstand (*bèï*-stânt) *c* assistance *f*
***bijten** (*bèï*-teun) *v* mordre
bijvoegen (*bèï*-voû-geun) *v* *joindre
bijvoeglijk naamwoord (bèï-*voûkh*-leuk *nââm*-vôôrt) adjectif *m*
bijvoorbeeld (beu-*vôôr*-béélt) *adv* par exemple
bijwonen (*bèï*-vôô-neun) *v* assister à
bijwoord (*bèï*-vôôrt) *nt* (pl ~en) adverbe *m*
bijziend (bèï-*ziint*) *adj* myope
bijzonder (bii-*zonn*-deur) *adj* particulier, spécial; **in het** ~ en particulier, particulièrement
bijzonderheid (bii-*zonn*-deur-hèït) *c* (pl -heden) particularité *f*
bil (bıl) *c* (pl ~len) fesse *f*
biljart (bıl-*yârt*) *nt* billard *m*
billijk (*bı*-leuk) *adj* équitable, honnête
***binden** (*bınn*-deun) *v* lier; attacher
binnen (*bı*-neun) *prep* dans, à l'intérieur de; *adv* à l'intérieur; dedans; intérieur; **naar** ~ vers l'intérieur; **van** ~ à l'intérieur, dedans
binnenband (*bı*-neu-bânt) *c* (pl ~en) chambre à air
***binnengaan** (*bı*-neu-gâân) *v* entrer
binnenkant (*bı*-neu-kânt) *c* intérieur *m*
***binnenkomen** (*bı*-neun-kôô-meun) *v* entrer
binnenkomst (*bı*-neu-kommst) *c* entrée *f*

binnenkort (bı-neu-*kort*) *adv* prochainement
binnenlands (*bı*-neu-lânts) *adj* intérieur
binnenst (*bı*-neust) *adj* intérieur; **binnenste buiten** *adv* à l'envers
***binnenvallen** (*bı*-neu-vâ-leun) *v* envahir
biologie (bii-yôô-lôô-*gii*) *c* biologie *f*
bioscoop (bii-yoss-*kôôp*) *c* (pl -scopen) cinéma *m*
biscuit (bıss-*kvii*) *nt* (pl ~s) biscuit *m*
bisschop (*bıss*-khop) *c* (pl ~pen) évêque *m*
bitter (*bı*-teur) *adj* amer
blaar (blââr) *c* (pl blaren) ampoule *f*
blaas (blââss) *c* (pl blazen) vessie *f*; cloque *f*
blaasontsteking (*blââss*-onnt-stéé-kınng) *c* (pl ~en) cystite *f*
blad[1] (blât) *nt* (pl ~eren, blaren) feuille *f*
blad[2] (blât) *nt* (pl ~en) feuille *f*; revue *f*
bladgoud (*blât*-khaout) *nt* or en feuille
bladzijde (*blât*-sèï-deu) *c* (pl ~n) page *f*
blaffen (*blâ*-feun) *v* aboyer
blanco (*blâng*-kôô) *adj* blanc
blank (blângk) *adj* blanc
blankvoren (*blângk*-fôô-reun) *c* (pl ~s) gardon *m*
blauw (blaou) *adj* bleu
***blazen** (*blââ*-zeun) *v* souffler
blazer (*bléé*-zeur) *c* (pl ~s) blazer *m*
bleek (bléék) *adj* pâle
bleken (*bléé*-keun) *v* décolorer
blij (blèï) *adj* content
blijkbaar (*blèïk*-bââr) *adv* apparemment
***blijken** (*blèï*-keun) *v* se révéler; *apparaître
blijspel (*blèï*-spèl) *nt* (pl ~en) comédie *f*
***blijven** (*blèï*-veun) *v* rester; continuer; **blijvend** durable
blik (blık) *nt* (pl ~ken) boîte *f*; *c* regard *m*; aperçu *m*, coup d'œil; **een ~ *werpen** jeter un coup d'œil
blikopener (*blık*-ôô-peu-neur) *c* (pl ~s) ouvre-boîte *m*
bliksem (*blık*-seumm) *c* éclair *m*
blind[1] (blınnt) *nt* (pl ~en) volet *m*
blind[2] (blınnt) *adj* aveugle
blindedarm (blınn-deu-*dârm*) *c* (pl ~en) appendice *m*
blindedarmontsteking (blınn-deu-*dârm*-onnt-stéé-kinng) *c* (pl ~en) appendicite *f*
***blinken** (*blınng*-keun) *v* resplendir; **blinkend** brillant
blocnote (*blok*-nôôt) *c* (pl ~s) bloc-notes *m*
bloed (bloût) *nt* sang *m*
bloedarmoede (*bloût*-âr-moû-deu) *c* anémie *f*
bloeddruk (*bloû*-dreuk) *c* tension artérielle
bloeden (*bloû*-deun) *v* saigner
bloeding (*bloû*-dınng) *c* (pl ~en) hémorragie *f*
bloedsomloop (*bloût*-somm-lôôp) *c* circulation *f*
bloedvat (*bloût*-fât) *nt* (pl ~en) vaisseau sanguin
bloedvergiftiging (*bloût*-feur-gıf-teu-gınng) *c* septicémie *f*
bloem[1] (bloûm) *c* farine *f*
bloem[2] (bloûm) *c* (pl ~en) fleur *f*
bloemblad (*bloûm*-blât) *nt* (pl ~en) pétale *m*
bloembol (bloûm-bol) *c* (pl ~len) oignon *m*
bloemenwinkel (*bloû*-meu-vınng-keul) *c* (pl ~s) fleuriste *m*
bloemist (bloû-*mist*) *c* (pl ~en) fleuriste *m*
bloemkool (*bloûm*-kôôl) *c* (pl -kolen)

chou-fleur
bloemlezing (*bloûm*-léé-zinng) *c* (pl ~en) anthologie *f*
bloemperk (*bloûm*-pèrk) *nt* (pl ~en) plate-bande *f*
blok (blok) *nt* (pl ~ken) bloc *m*;
blokje *nt* cube *m*
blokkeren (blo-*kéé*-reun) *v* obstruer, bloquer
blond (blonnt) *adj* blond
blondine (blonn-*dii*-neu) *c* (pl ~s) blonde *f*
bloot (blôôt) *adj* nu
blootleggen (*blôôt*-lè-geun) *v* *découvrir
blootstelling (*blôôt*-stè-linng) *c* (pl ~en) privation *f*
blouse (*bloû*-zeu) *c* (pl ~s) chemisier *m*
blozen (*blôô*-zeun) *v* rougir
blussen (*bleu*-seun) *v* *éteindre
bocht (bokht) *c* (pl ~en) virage *m*; tournant *m*; courbe *f*
bode (*bôô*-deu) *c* (pl ~n, ~s) messager *m*
bodem (*bôô*-deumm) *c* (pl ~s) fond *m*; terroir *m*
boef (boûf) *c* (pl boeven) scélérat *m*
boei (boûï) *c* (pl ~en) bouée *f*
boeien (*boûï*-eun) *v* fasciner
boek (boûk) *nt* (pl ~en) livre *m*
boeken (*boû*-keun) *v* enregistrer; réserver
boekenstalletje (*boû*-keu-stâ-leu-tyeu) *nt* (pl ~s) stand de livres
boeket (boû-*kèt*) *nt* (pl ~ten) bouquet *m*
boekhandel (*boûk*-hân-deul) *c* (pl ~s) librairie *f*
boekhandelaar (*boûk*-hân-deu-lââr) *c* (pl -laren) libraire *m*
boekwinkel (*boûk*-vinng-keul) *c* (pl ~s) librairie *f*
boel (boûl) *c* quantité *f*
boer (boûr) *c* (pl ~en) fermier *m*; paysan *m*; valet *m*
boerderij (boûr-deu-*rèï*) *c* (pl ~en) ferme *f*
boerin (boû-*rinn*) *c* (pl ~nen) fermière *f*
boete (*boû*-teu) *c* (pl ~n, ~s) amende *f*
boetseren (boût-*séé*-reun) *v* modeler
bof (bof) *c* oreillons *mpl*
bok (bok) *c* (pl ~ken) bouc *m*
boksen (*bok*-seun) *v* boxer
bokswedstrijd (*boks*-vèt-strèït) *c* (pl ~en) match de boxe
bol (bol) *c* (pl ~len) bulbe *m*; sphère *f*
Boliviaan (bôô-lii-vii-*yâân*) *c* (pl -vianen) Bolivien *m*
Boliviaans (bôô-lii-vii-*yââns*) *adj* bolivien
Bolivië (bôô-*lii*-vii-yeu) Bolivie *f*
bom (bomm) *c* (pl ~men) bombe *f*
bombarderen (bomm-bâr-*déé*-reun) *v* bombarder
bon (bonn) *c* (pl ~nen) coupon *m*; contravention *f*; reçu *m*
bonbon (bomm-*bonn*) *c* (pl ~s) praline *f*
bond (bonnt) *c* (pl ~en) ligue *f*, confédération *f*
bondgenoot (*bonnt*-kheu-nôôt) *c* (pl -noten) allié *m*
bondgenootschap (*bonnt*-kheu-nôôt-skhâp) *nt* (pl ~pen) alliance *f*
bons (bonns) *c* (pl bonzen) coup *m*
bont (bonnt) *adj* éclatant, coloré; *nt* pelage *m*
bontjas (*bonn*-tyâss) *c* (pl ~sen) manteau de fourrure
bontwerker (*bonn*-tvèr-keur) *c* (pl ~s) fourreur *m*
bonzen (*bonn*-zeun) *v* frapper
boodschap (*bôôt*-skhâp) *c* (pl ~pen) commission *f*

boodschappentas (*bôôt*-skhâ-peu-tâss) *c* (pl ~sen) sac à provisions
boog (bôôkh) *c* (pl bogen) arche *f*; arc *m*
boogvormig (*bôôkh*-for-meukh) *adj* arqué
boom (bôôm) *c* (pl bomen) arbre *m*
boomgaard (*bôôm*-gâârt) *c* (pl ~en) verger *m*
boomkwekerij (bôôm-kvéé-keu-*rèï*) *c* (pl ~en) pépinière *f*
boon (bôôn) *c* (pl bonen) haricot *m*
boor (bôôr) *c* (pl boren) foreuse *f*
boord (bôôrt) *nt/c* (pl ~en) col *m*; **aan boord** à bord; **van boord *gaan** débarquer
boordeknoopje (*bôôr*-deu-knôô-pyeu) *nt* (pl ~s) bouton de col
boos (bôôss) *adj* fâché
boosaardig (bôô-*zâār*-deukh) *adj* malveillant, vicieux
boosheid (*bôôss*-hèït) *c* colère *f*
boot (bôôt) *c* (pl boten) bateau *m*
bootje (*bôô*-tyeu) *nt* (pl ~s) canot *m*
boottocht (*bôô*-tokht) *c* (pl ~en) croisière *f*
bord (bort) *nt* (pl ~en) assiette *f*; tableau *m*
bordeel (bor-*déél*) *nt* (pl -delen) bordel *m*
borduren (bor-*duu*-reun) *v* broder
borduurwerk (bor-*duur*-vèrk) *nt* (pl ~en) broderie *f*
boren (*bôô*-reun) *v* forer
borg (borkh) *c* (pl ~en) garant *m*
borgsom (*borkh*-somm) *c* (pl ~men) caution *f*
borrel (*bô*-reul) *c* (pl ~s) apéritif *m*
borrelhapje (*bo*-reul-hâp-yeu) *nt* (pl ~s) amuse-gueule *m*
borst (borst) *c* (pl ~en) poitrine *f*; sein *m*
borstel (*bor*-steul) *c* (pl ~s) brosse *f*
borstelen (*bor*-steu-leun) *v* brosser
borstkas (*borst*-kâss) *c* (pl ~sen) poitrine *f*
bos (boss) *nt* (pl ~sen) forêt *f*, bois *m*; *c* bouquet *m*
bosje (*bo*-cheu) *nt* (pl ~s) bosquet *m*
boswachter (*boss*-vâkh-teur) *c* (pl ~s) forestier *m*
bot[1] (bot) *adj* émoussé
bot[2] (bot) *nt* (pl ~ten) os *m*
boter (*bôô*-teur) *c* beurre *m*
boterham (*bôô*-teur-hâm) *c* (pl ~men) tartine *f*; sandwich *m*
botsen (*bot*-seun) *v* tamponner; entrer en collision
botsing (*bot*-sinng) *c* (pl ~en) collision *f*
bougie (boû-*jii*) *c* (pl ~s) bougie d'allumage
bout (baout) *c* (pl ~en) boulon *m*
bouw (baou) *c* construction *f*
bouwen (*baou*-eun) *v* bâtir; *construire
bouwkunde (*baou*-keunn-deu) *c* architecture *f*
bouwvallig (baou-*vâ*-leukh) *adj* délabré
boven (*bôô*-veun) *prep* au-dessus de; *adv* en haut; **naar** ~ vers le haut; en haut
bovendek (*bôô*-veunn-dèk) *nt* pont principal
bovendien (bôô-veunn-*diin*) *adv* en outre, de plus
bovenkant (*bôô*-veung-kânt) *c* (pl ~en) haut *m*, dessus *m*
bovenop (bôô-veunn-*op*) *prep* au-dessus de
bovenst (*bôô*-veust) *adj* supérieur
bowling (*bôô*-linng) *c* bowling *m*
braaf (brââf) *adj* brave
braak (brââk) *adj* en friche
braam (brââm) *c* (pl bramen) mûre *f*
***braden** (*brââ*-deun) *v* *frire; griller
braken (*brââ*-keun) *v* vomir

brand (brânt) *c* (pl ~en) incendie *m*
brandalarm (*brânt*-ââ-lârm) *nt* alarme d'incendie
brandblusapparaat (*brânt*-bleuss-â-pââ-râât) *nt* (pl -raten) extincteur *m*
branden (*brân*-deun) *v* brûler
brandkast (*brânt*-kâst) *c* (pl ~en) coffre-fort
brandmerk (*brânt*-mèrk) *nt* (pl ~en) marque *f*
brandpunt (*brânt*-peunnt) *nt* (pl ~en) foyer *m*
brandspiritus (*brânt*-spii-rii-teuss) *c* alcool à brûler
brandstof (*brânt*-stof) *c* (pl ~fen) combustible *m*
brandtrap (*brân*-trâp) *c* (pl ~pen) escalier de secours
brandvrij (*brânt*-frèï) *adj* ignifuge
brandweer (*brân*-tvéér) *c* pompiers
brandwond (*brân*-tvonnt) *c* (pl ~en) brûlure *f*
brasem (*brââ*-seumm) *c* (pl ~s) brème *f*
Braziliaan (brââ-zii-lii-*yâân*) *c* (pl -lianen) Brésilien *m*
Braziliaans (brââ-zii-lii-*yââns*) *adj* brésilien
Brazilië (brââ-*zii*-lii-yeu) Brésil *m*
breed (bréét) *adj* large
breedte (*bréé*-teu) *c* (pl ~n, ~s) largeur *f*
breedtegraad (*bréé*-teu-grâât) *c* (pl -graden) latitude *f*
breekbaar (*bréék*-bâår) *adj* fragile
breekijzer (*bréé*-kèï-zeur) *nt* (pl ~s) bec-de-corbin *m*
breien (*brèï*-eun) *v* tricoter
***breken** (*bréé*-keun) *v* rompre, casser; éclater, fendre; fracturer
***brengen** (*brè*-ngeun) *v* apporter; *conduire
bres (brèss) *c* (pl ~sen) brèche *f*
bretels (breu-*tèls*) *pl* bretelles *fpl*
breuk (breuk) *c* (pl ~en) fracture *f*; hernie *f*
bridge (bridj) *nt* bridge *m*
brief (briif) *c* (pl brieven) lettre *f*; **aangetekende** ~ lettre recommandée
briefkaart (*briif*-kâårt) *c* (pl ~en) carte postale
briefopener (*briif*-ôô-peu-neur) *c* (pl ~s) coupe-papier *m*
briefpapier (*briif*-pââ-piir) *nt* papier à lettres
briefwisseling (*briif*-vi-seu-linng) *c* correspondance *f*
bries (briiss) *c* brise *f*
brievenbus (*brii*-veu-beuss) *c* (pl ~sen) boîte aux lettres
bril (bril) *c* (pl ~len) lunettes *fpl*
briljant (bril-*yânt*) *adj* brillant
Brit (brit) *c* (pl ~ten) Britannique *m*
Brits (brits) *adj* britannique
broche (*bro*-cheu) *c* (pl ~s) broche *f*
brochure (bro-*chuu*-reu) *c* (pl ~s) brochure *f*
broeder (*broû*-deur) *c* (pl ~s) frère *m*
broederschap (*broû*-deur-skhâp) *c* fraternité *f*
broeikas (*broûï*-kâss) *c* (pl ~sen) serre *f*
broek (broûk) *c* (pl ~en) pantalon *m*; **korte** ~ short *m*
broekpak (*broûk*-pâk) *nt* (pl ~ken) ensemble-pantalon
broer (broûr) *c* (pl ~s) frère *m*
brok (brok) *nt* (pl ~ken) morceau *m*
bromfiets (*bromm*-fiits) *c* (pl ~en) vélomoteur *m*
brommer (*bro*-meur) *c* (pl ~s) vélomoteur *m*
bron (bronn) *c* (pl ~nen) source *f*; **geneeskrachtige** ~ station thermale
bronchitis (bronng-*khii*-teuss) *c* bronchite *f*

brons (bronns) *nt* bronze *m*
bronzen (*bronn*-zeun) *adj* en bronze
brood (brôôt) *nt* (pl broden) pain *m*; miche *f*
broodje (*brôô*-tyeu) *nt* (pl ~s) petit pain, brioche *f*
broos (brôôss) *adj* fragile
brouwen (*braou*-eun) *v* brasser
brouwerij (braou-eu-*rèï*) *c* (pl ~en) brasserie *f*
brug (breukh) *c* (pl ~gen) pont *m*
bruid (breu^u^t) *c* (pl ~en) fiancée *f*
bruidegom (*breu^u^*-deu-gomm) *c* (pl ~s) marié *m*
bruikbaar (*breu^u^k*-bâår) *adj* utilisable; utile
bruiloft (*breu^u^*-loft) *c* (pl ~en) mariage *m*
bruin (breuunn) *adj* brun
brullen (*breu*-leun) *v* rugir
brunette (bruu-*nè*-teu) *c* (pl ~s) brunette *f*
brutaal (bruu-*tâål*) *adj* hardi, insolent
bruto (*broû*-tôô) *adj* brut
budget (beu-*djèt*) *nt* (pl ~ten, ~s) budget *m*
buffet (buu-*fèt*) *nt* (pl ~ten) buffet *m*
bui (beu^u^) *c* (pl ~en) averse *f*; humeur *f*
buidel (*beu^u^*-deul) *c* (pl ~s) pochette *f*
buigbaar (*beu^u^kh*-bâår) *adj* flexible
***buigen** (*beu^u^*-geun) *v* courber
buigzaam (*beu^u^kh*-sââm) *adj* souple
buik (beu^u^k) *c* (pl ~en) ventre *m*
buikpijn (*beu^u^k*-pèïn) *c* mal au ventre
buis (beu^u^ss) *c* (pl buizen) tube *m*
buiten (*beu^u^*-teun) *prep* hors de, en dehors de; *adv* dehors; **naar ~** vers l'extérieur
buitengewoon (*beu^u^*-teu-geu-vôôn) *adj* extraordinaire
buitenhuis (*beu^u^*-teu-heu^u^ss) *nt* (pl -huizen) villa *f*
buitenkant (*beu^u^*-teu-kânt) *c* (pl ~en) extérieur *m*
in het buitenland (inn eut *beu^u^*-teun-lânt) à l'étranger
buitenlander (*beu^u^*-teu-lân-deur) *c* (pl ~s) étranger *m*
buitenlands (*beu^u^*-teu-lânts) *adj* étranger
buitensporig (beu^u^-teu-*spôô*-reukh) *adj* excessif
buitenwijk (*beu^u^*-teu-vèïk) *c* (pl ~en) banlieue *f*; faubourg *m*
zich bukken (*beu*-keun) se pencher
Bulgaar (beul-*gââr*) *c* (pl -garen) Bulgare *m*
Bulgaars (beul-*gââr*s) *adj* bulgare
Bulgarije (beul-gââ-*rèï*-eu) Bulgarie *f*
bult (beult) *c* (pl ~en) bosse *f*
bumper (*beumm*-peur) *c* (pl ~s) pare-choc *m*
bundel (*beunn*-deul) *c* (pl ~s) paquet *m*
bundelen (*beunn*-deu-leun) *v* lier ensemble
burcht (beurkht) *c* (pl ~en) place forte
bureau (buu-*rôô*) *nt* (pl ~s) bureau *m*; **~ voor gevonden voorwerpen** bureau des objets trouvés
bureaucratie (buu-rôô-krââ-*tsii*) *c* bureaucratie *f*
burgemeester (beur-geu-*méés*s-teur) *c* (pl ~s) maire *m*
burger (*beur*-geur) *c* (pl ~s) citoyen *m*; civil *m*; **burger-** civil, civique
burgerlijk (*beur*-geur-leuk) *adj* bourgeois; **~ recht** droit civil
bus (beuss) *c* (pl ~sen) car *m*, autobus *m*; boîte *f*, boîte métallique
buste (*buu*-steu) *c* (pl ~s, ~n) buste *m*
bustehouder (*buu*-steu-haou-deur) *c* (pl ~s) soutien-gorge *m*
buur (buur) *c* (pl buren) voisin *m*
buurman (*buur*-mân) *c* voisin *m*
buurt (buurt) *c* (pl ~en) voisinage *m*

C

cadeau (kââ-*dôô*) *nt* (pl ~s) cadeau *m*
café (kâ-*féé*) *nt* (pl ~s) café *m*; bistrot *m*
cafetaria (kâ-feu-*tââ*-rii-yââ) *c* (pl ~'s) cafétéria *f*
cake (kéék) *c* (pl ~s) gâteau *m*
calcium (*kâl*-sii-yeumm) *nt* calcium *m*
calorie (kâ-lôô-*rii*) *c* (pl ~ën) calorie *f*
calvinisme (kâl-vii-*niss*-meu) *nt* calvinisme *m*
camee (kââ-*méé*) *c* (pl ~ën) camée *m*
camping (*kèm*-pinng) *c* (pl ~s) terrain de camping, camping *m*
Canada (*kââ*-nââ-dââ) Canada *m*
Canadees (kââ-nââ-*dééss*) *adj* canadien
capabel (kââ-*pââ*-beul) *adj* capable
capaciteit (kââ-pââ-sii-*tèït*) *c* (pl ~en) capacité *f*
cape (kéép) *c* (pl ~s) cape *f*
capitulatie (kâ-pii-tuu-*lââ*-tsii) *c* (pl ~s) capitulation *f*
caravan (*kè*-reu-veunn) *c* (pl ~s) caravane *f*
carbonpapier (kâr-*bonn*-pââ-piir) *nt* papier carbone
carburateur (kâr-buu-rââ-*teûr*) *c* (pl ~s) carburateur *m*
carillon (kââ-ril-*yonn*) *nt* (pl ~s) carillon *m*
carnaval (*kâr*-nââ-vâl) *nt* carnaval *m*
carrosserie (kâ-ro-seu-*rii*) *c* (pl ~ën) carrosserie *f*
carter (*kâr*-teur) *nt* carter *m*
casino (kââ-*zii*-nôô) *nt* (pl ~'s) casino *m*
catacombe (kâ-tâ-*komm*-beu) *c* (pl ~n) catacombe *f*
catalogus (kâ-*tââ*-lôô-geuss) *c* (pl -gussen, -gi) catalogue *m*
catarre (kââ-*târ*) *c* catarrhe *m*
catastrofe (kââ-tââ-*stroo*-feu) *c* (pl ~s) sinistre *m*, catastrophe *f*
categorie (kââ-teu-gôô-*rii*) *c* (pl ~ën) catégorie *f*
cavia (*kââ*-vii-yââ) *c* (pl ~'s) cochon d'Inde
cel (sèl) *c* (pl ~len) cellule *f*
celibaat (séé-lii-*bâât*) *nt* célibat *m*
cellofaan (sè-lô-*fâân*) *nt* cellophane *f*
celsius (*sèl*-sii-yeuss) centigrade
cement (seu-*mènt*) *nt* ciment *m*
censuur (sèn-*zuur*) *c* censure *f*
centimeter (*sèn*-tii-méé-teur) *c* (pl ~s) centimètre *m*
centraal (sèn-*trââl*) *adj* central; ~ **station** gare centrale; **centrale verwarming** chauffage central
centraliseren (sèn-trââ-lii-*zéé*-reun) *v* centraliser
centrifuge (sèn-trii-*fuu*-jeu) *c* (pl ~s) séchoir *m*
centrum (*sèn*-treumm) *nt* (pl centra) centre *m*
ceramiek (séé-rââ-*miik*) *c* céramique *f*
ceremonie (séé-reu-*môô*-nii) *c* (pl -niën, -nies) cérémonie *f*
certificaat (sèr-tii-fii-*kâât*) *nt* (pl -caten) certificat *m*
champignon (châm-pii-*gnonn*) *c* (pl ~s) champignon *m*
chantage (chân-*tââ*-jeu) *c* chantage *m*
chanteren (chân-*téé*-reun) *v* *faire chanter
chaos (*khââ*-oss) *c* chaos *m*
chaotisch (khââ-*ôô*-tiiss) *adj* chaotique
charmant (châr-*mânt*) *adj* séduisant
charme (*châr*-meu) *c* (pl ~s) charme *m*
chartervlucht (*tchâr*-teur-vleukht) *c* (pl ~en) vol charter
chassis (châ-*sii*) *nt* (pl ~) châssis *m*

chauffeur (chôô-*feûr*) *c* (pl ~s) conducteur *m*, chauffeur *m*
chef (chèf) *c* (pl ~s) chef *m*
chef-kok (chèf-*kok*) *c* (pl ~s) chef cuisinier
chemie (khéé-*mii*) *c* chimie *f*
chemisch (*khéé*-miiss) *adj* chimique
cheque (chèk) *c* (pl ~s) chèque *m*
chequeboekje (*chèk*-boû-kyeu) *nt* (pl ~s) carnet de chèques
chic (chiik) *adj* élégant
Chileen (chii-*léén*) *c* (pl -lenen) Chilien *m*
Chileens (chii-*lééns*) *adj* chilien
Chili (*chii*-lii) Chili *m*
China (*chii*-nââ) Chine *f*
Chinees (chii-*nééss*) *adj* chinois
chirurg (chii-*reurkh*) *c* (pl ~en) chirurgien *m*
chloor (khlôôr) *nt* chlore *m*
chocola (chôô-kôô-*lââ*) *c* chocolat *m*
chocolademelk (chôô-kôô-*lââ*-deu-mèlk) *c* chocolat *m*
choke (chôôk) *c* starter *m*
christelijk (*kriss*-teu-leuk) *adj* chrétien
christen (*kriss*-teun) *c* (pl ~en) chrétien *m*
Christus (*kriss*-teuss) Christ *m*
chronisch (*khrôô*-niiss) *adj* chronique
chronologisch (khrôô-nôô-*lôô*-giiss) *adj* chronologique
chroom (khrôôm) *nt* chrome *m*
cijfer (*sèï*-feur) *nt* (pl ~s) chiffre *m*; note *f*
cilinder (sii-*linn*-deur) *c* (pl ~s) cylindre *m*
cilinderkop (sii-*linn*-deur-kop) *c* (pl ~pen) tête de cylindre
cipier (sii-*piir*) *c* (pl ~s) geôlier *m*
circa (*sir*-kââ) *adv* à peu près
circulatie (sir-kuu-*lââ*-tsii) *c* circulation *f*
circus (*sir*-keuss) *nt* (pl ~sen) cirque *m*
cirkel (*sir*-keul) *c* (pl ~s) cercle *m*
citaat (sii-*tâât*) *nt* (pl citaten) citation *f*
citeren (sii-*téé*-reun) *v* citer
citroen (sii-*troûn*) *c* (pl ~en) citron *m*
civiel (sii-*viil*) *adj* civil
clausule (klaou-*suu*-leu) *c* (pl ~s) clause *f*
clavecimbel (klââ-veu-*simm*-beul) *c* (pl ~s) clavecin *m*
claxon (*klâk*-sonn) *c* (pl ~s) klaxon *m*
claxonneren (klâk-so-*néé*-reun) *v* klaxonner
clementie (kléé-*mèn*-tsii) *c* clémence *f*
cliënt (klii-*yènt*) *c* (pl ~en) client *m*
closetpapier (klôô-*zèt*-pâ-piir) *nt* papier hygiénique
clown (klaoun) *c* (pl ~s) clown *m*
club (kleup) *c* (pl ~s) club *m*
cocaïne (kôô-kââ-*ii*-neu) *c* cocaïne *f*
cocktail (*kok*-téél) *c* (pl ~s) cocktail *m*
code (*kôô*-deu) *c* (pl ~s) code *m*
coffeïne (ko-féé-*ii*-neu) *c* caféine *f*
coffeïnevrij (ko-féé-*ii*-neu-vrèï) *adj* décaféiné
colbert (kol-*bèèr*) *c* (pl ~s) veston *m*
collectant (ko-lèk-*tânt*) *c* (pl ~en) quêteur *m*
collecteren (ko-lèk-*téé*-reun) *v* quêter
collectie (ko-*lèk*-sii) *c* (pl ~s) collection *f*
collectief (ko-lèk-*tiif*) *adj* collectif
collega (ko-*léé*-gââ) *c* (pl ~'s) collègue *m*
college (ko-*léé*-jeu) *nt* (pl ~s) cours *m*
Colombia (kôô-*lomm*-bii-yââ) Colombie *f*
Colombiaan (kôô-lomm-bii-*yâân*) *c* (pl -bianen) Colombien *m*
Colombiaans (kôô-lomm-bii-*yââns*) *adj* colombien
coma (*kôô*-mââ) *nt* coma *m*
combinatie (komm-bii-*nââ*-tsii) *c* (pl

~s) combinaison *f*
combineren (komm-bii-*néé*-reun) *v* combiner
comfortabel (komm-for-*tââ*-beul) *adj* confortable
comité (ko-mii-*téé*) *nt* (pl ~s) comité *m*
commentaar (ko-mèn-*tââr*) *nt* (pl -taren) commentaire *m*
commercieel (ko-mèr-*chéél*) *adj* commercial
commissie (ko-*mı*-sii) *c* (pl ~s) commission *f*
commode (ko-*môô*-deu) *c* (pl ~s) commode *f*
commune (ko-*muu*-neu) *c* (pl ~s) commune *f*
communicatie (ko-muu-nii-*kââ*-tsii) *c* communication *f*
communisme (ko-muu-*nıss*-meu) *nt* communisme *m*
communist (ko-muu-*nıst*) *c* (pl ~en) communiste *m*
compact (komm-*pâkt*) *adj* compact
compagnon (komm-pâ-*gnonn*) *c* (pl ~s) associé *m*
compensatie (komm-pèn-*zââ*-tsii) *c* (pl ~s) compensation *f*
compenseren (komm-pèn-*zéé*-reun) *v* compenser
compleet (komm-*pléét*) *adj* entier
complex (komm-*plèks*) *nt* (pl ~en) complexe *m*
compliment (komm-plii-*mènt*) *nt* (pl ~en) compliment *m*
componist (komm-pôô-*nıst*) *c* (pl ~en) compositeur *m*
compositie (komm-pôô-*zii*-tsii) *c* (pl ~s) composition *f*
compromis (komm-prôô-*mii*) *nt* (pl ~sen) compromis *m*
concentratie (konn-sèn-*trââ*-tsii) *c* (pl ~s) concentration *f*
concentreren (konn-sèn-*tréé*-reun) *v* concentrer
conceptie (konn-*sèp*-sii) *c* conception *f*
concert (konn-*sèrt*) *nt* (pl ~en) concert *m*
concertzaal (konn-*sèrt*-sââl) *c* (pl -zalen) salle de concert
concessie (konn-*sè*-sii) *c* (pl ~s) concession *f*
concierge (konn-*chèr*-jè) *c* (pl~s) concierge *m*; gardien *m*
conclusie (konng-*kluu*-zii) *c* (pl ~s) conclusion *f*
concreet (konng-*kréét*) *adj* concret
concurrent (konng-kuu-*rènt*) *c* (pl ~en) concurrent *m*
concurrentie (konng-kuu-*rèn*-tsii) *c* compétition *f*; concurrence *f*
conditie (konn-*dii*-tsii) *c* (pl ~s) forme *f*
conducteur (konn-deuk-*teûr*) *c* (pl ~s) conducteur *m*; contrôleur *m*
conferencier (konn-feu-ran-*chéé*) *c* (pl ~s) animateur *m*
conferentie (konn-feu-*rèn*-sii) *c* (pl ~s) conférence *f*
conflict (konn-*flıkt*) *nt* (pl ~en) conflit *m*
congregatie (konng-gréé-*gââ*-tsii) *c* (pl ~s) congrégation *f*
congres (konng-*grèss*) *nt* (pl ~sen) congrès *m*
consequentie (konn-seu-*kvèn*-sii) *c* (pl ~s) effet *m*
conservatief (konn-zeur-vââ-*tiif*) *adj* conservateur
conservatorium (konn-zeur-vââ-*tôô*-rii-yeumm) *nt* (pl -ria) conservatoire *m*
conserven (konn-*sèr*-veun) *pl* conserves *fpl*
consideratie (konn-sii-deu-*rââ*-tsii) *c* égard *m*
constant (konn-*stannt*) *adj* constant
constateren (kôn-stââ-*téé*-reun) *v*

constater
constipatie (konn-stii-*pââ*-tsii) *c* constipation *f*
constructie (konn-*streuk*-sii) *c* (pl ~s) construction *f*
construeren (konn-struu^ou-*éé*-reun) *v* édifier
consul (*konn*-zeul) *c* (pl ~s) consul *m*
consulaat (konn-zuu-*lâât*) *nt* (pl -laten) consulat *m*
consult (konn-*zeult*) *nt* (pl ~en) consultation *f*
consultatiebureau (konn-zeul-*tââ*-tsii-buu-rôô) *nt* (pl ~s) dispensaire *m*
consument (konn-zu-*mènt*) *c* (pl ~en) consommateur *m*
contact (konn-*takt*) *nt* (pl ~en) contact *m*
contactlenzen (konn-*tâkt*-lèn-zeun) *pl* verres de contact
container (konn-*téé*-neur) *c* (pl ~s) conteneur *m*
contanten (konn-*tân*-teun) *pl* argent liquide
continent (konn-tii-*nènt*) *nt* (pl ~en) continent *m*
continentaal (konn-tii-nèn-*tââl*) *adj* continental
contra (*konn*-trââ) *prep* contre
contract (konn-*trakt*) *nt* (pl ~en) contrat *m*
contrast (konn-*trâst*) *nt* (pl ~en) contraste *m*
controle (konn-*troo*-leu) *c* (pl ~s) contrôle *m*; supervision *f*
controleren (konn-trôô-*léé*-reun) *v* contrôler
controlestrook (konn-*troo*-leu-strôôk) *c* talon *m*, souche *f*
controversieel (konn-trôô-vèr-*jéél*) *adj* discuté
conversatie (konn-veur-*zââ*-tsii) *c* (pl ~s) entretien *m*
coöperatie (kôô-ôô-peu-*rââ*-tsii) *c* (pl ~s) coopérative *f*
coöperatief (kôô-ôô-peu-rââ-*tiif*) *adj* coopératif
coördinatie (kôô-or-dii-*nââ*-tsii) *c* coordination *f*
coördineren (kôô-or-dii-*néé*-reun) *v* coordonner
corpulent (kor-puu-*lènt*) *adj* corpulent
correct (ko-*rèkt*) *adj* juste
correctie (ko-*rèk*-sii) *c* (pl ~s) correction *f*
correspondent (ko-rèss-ponn-*dènt*) *c* (pl ~en) correspondant *m*
correspondentie (ko-rèss-ponn-*dèn*-sii) *c* correspondance *f*
corresponderen (ko-rèss-ponn-*déé*-reun) *v* correspondre
corrigeren (ko-rii-*jéé*-reun) *v* corriger
corrupt (ko-*reupt*) *adj* corrompu
couchette (koû-*chè*-teu) *c* (pl ~s) couchette *f*
coupé (koû-*péé*) *c* (pl ~s) compartiment *m*; ~ **voor rokers** compartiment fumeurs
couplet (koû-*plèt*) *nt* (pl ~ten) strophe *f*
coupon (koû-*ponn*) *c* (pl ~s) ticket *m*
crawl (krool) *c* crawl *m*
crediteren (kréé-dii-*téé*-reun) *v* créditer
creëren (kréé-*éé*-reun) *v* créer
crematie (kréé-*mââ*-tsii) *c* (pl ~s) crémation *f*
crème (krèèm) *c* (pl ~s) crème *f*; **vochtinbrengende** ~ crème hydratante
cremeren (kréé-*méé*-reun) *v* incinérer
cricket (*kri*-keut) *nt* cricket *m*
criminaliteit (krii-mii-nââ-lii-*tèit*) *c* criminalité *f*
crimineel (krii-mii-*néél*) *adj* criminel
crisis (*krii*-seuss) *c* (pl -ses) crise *f*
criticus (*krii*-tii-keuss) *c* (pl -ci) critique *m*

croquant (krôô-*kânt*) *adj* croustillant
cruise (kroûss) *c* (pl ~s) croisière *f*
Cuba (*kuu*-bââ) Cuba *m*
Cubaan (kuu-*bâân*) *c* (pl -banen) Cubain *m*
Cubaans (kuu-*bââns*) *adj* cubain
cultuur (keul-*tuur*) *c* (pl -turen) culture *f*
cursiefschrift (keur-*ziif*-skhrift) *nt* italiques *mpl*
cursus (*keur*-zeuss) *c* (pl ~sen) cours *m*
cyclus (*sii*-kleuss) *c* (pl ~sen) cycle *m*

D

daad (dâât) *c* (pl daden) acte *m*
daar (dââr) *adv* là
daarheen (*dââr*-héén) *adv* là
daarom (*dââ*-romm) *conj* donc
dadel (*dââ*-deul) *c* (pl ~s) datte *f*
dadelijk (*dââ*-deu-leuk) *adv* tout de suite; tout à l'heure
dag (dâkh) *c* (pl ~en) jour *m*; **dag!** bonjour!; au revoir!; **per** ~ par jour
dagblad (*dâkh*-blât) *nt* (pl ~en) quotidien *m*
dagboek (*dâkh*-boûk) *nt* (pl ~en) journal *m*
dagelijks (*dââ*-geu-leuks) *adj* journalier, quotidien
dageraad (*dââ*-geu-rââț) *c* lever du jour, aurore *f*
daglicht (*dâkh*-likht) *nt* lumière du jour
dagvaarding (*dâkh*-vââr-dinng) *c* (pl ~en) convocation *f*
dak (dâk) *nt* (pl ~en) toit *m*
dakpan (*dâk*-pân) *c* (pl ~nen) tuile *f*
dal (dâl) *nt* (pl ~en) vallée *f*
dalen (*dââ*-leun) *v* descendre
dam (dâm) *c* (pl ~men) barrage *m*; digue *f*
dambord (*dâm*-bort) *nt* (pl ~en) damier *m*
dame (*dââ*-meu) *c* (pl ~s) dame *f*
damestoilet (*dââ*-meuss-tvâ-lèt) *nt* (pl ~ten) toilettes pour dames
damp (dâmp) *c* (pl ~en) vapeur *f*
damspel (*dâm*-spèl) *nt* jeu de dames
dan (dân) *adv* puis, alors; *conj* que; **nu en** ~ de temps en temps
dankbaar (*dângk*-bââr) *adj* reconnaissant
dankbaarheid (*dângk*-bââr-hèït) *c* gratitude *f*
danken (*dâng*-keun) *v* remercier; **dank u** merci; **te** ~ ***hebben aan** *devoir
dans (dâns) *c* (pl ~en) danse *f*
dansen (*dân*-seun) *v* danser
danszaal (*dân*-sââl) *c* (pl -zalen) salle de bal
dapper (*dâ*-peur) *adj* brave
dapperheid (*dâ*-peur-hèït) *c* vaillance *f*
darm (dârm) *c* (pl ~en) intestin *m*
das (dâss) *c* (pl ~sen) cravate *f*; écharpe *f*
dashboard (*dèch*-bort) *nt* tableau de bord
dat (dât) *pron* qui; ce, cela; *conj* que
datum (*dââ*-teumm) *c* (pl data) date *f*
dauw (daou) *c* rosée *f*
de (deu) *art* le, la
debat (deu-*bât*) *nt* (pl ~ten) débat *m*
debatteren (déé-bâ-*téé*-reun) *v* discuter
debet (*déé*-bèt) *nt* débit *m*
december (déé-*sèm*-beur) décembre
deeg (déékh) *nt* pâte *f*
deel (déél) *nt* (pl delen) partie *f*; part *f*; tome *m*, volume *m*
***deelnemen** (*déél*-néé-meun) *v* participer
deelnemer (*déél*-néé-meur) *c* (pl ~s)

participant *m*
deels (dééls) *adv* en partie
Deen (déén) *c* (pl Denen) Danois *m*
Deens (dééns) *adj* danois
defect[1] (deu-*fèkt*) *adj* défectueux
defect[2] (deu-*fèkt*) *nt* (pl ~en) défaut *m*
defensie (déé-*fèn*-zii) *c* défense *f*
definiëren (déé-fi-ni-*éé*-reun) *v* définir
definitie (déé-fii-*nii*-tsii) *c* (pl ~s) définition *f*
degelijk (*déé*-geu-leuk) *adj* soigné; solide
dek (dèk) *nt* pont *m*
deken (*déé*-keun) *c* (pl ~s) couverture *f*
dekhut (*dèk*-heut) *c* (pl ~ten) cabine de pont
deksel (*dèk*-seul) *nt* (pl ~s) couvercle *m*
dekzeil (*dèk*-sèïl) *nt* (pl ~en) bâche *f*
delegatie (déé-leu-*gââ*-tsii) *c* (pl ~s) délégation *f*
delen (*déé*-leun) *v* diviser; partager
delfstof (*dèlf*-stof) *c* (pl ~fen) minéral *m*
delicatessen (déé-lii-kââ-*tè*-seun) *pl* épicerie fine
delicatessenwinkel (déé-lii-kââ-*tè*-seu-vınng-keul) *c* (pl ~s) épicerie fine
delikaat (déé-lii-*kâât*) *adj* délicat
deling (*déé*-lınng) *c* (pl ~en) division *f*
delinquent (déé-lınng-*kvènt*) *c* (pl ~en) délinquant *m*
***delven** (*dèl*-veun) *v* fouiller
democratie (déé-môô-krââ-*tsii*) *c* (pl ~ën) démocratie *f*
democratisch (déé-môô-*krââ*-tiiss) *adj* démocratique
demonstratie (déé-monn-*strââ*-tsii) *c* (pl ~s) démonstration *f*
demonstreren (déé-monn-*strée*-reun) *v* manifester
den (dèn) *c* (pl ~nen) sapin *m*
Denemarken (*déé*-neu-mâr-keun) Danemark *m*
denkbeeld (*dèngk*-bééld) *nt* (pl ~en) notion *f*
denkbeeldig (dèngk-*béél*-deukh) *adj* imaginaire
***denken** (*dèng*-keun) *v* penser; *croire, supposer; ~ **aan** penser à
denker (*dèng*-keur) *c* (pl ~s) penseur *m*
denneboom (*dè*-neu-bôôm) *c* (pl -bomen) conifère *m*
deodorant (déé-yôô-dôô-*rannt*) *c* désodorisant *m*
departement (déé-par-teu-*mènt*) *nt* (pl ~en) division *f*
deponeren (déé-pôô-*néé*-reun) *v* déposer
depressie (déé-*prè*-sii) *c* (pl ~s) dépression *f*
deprimeren (déé-prii-*méé*-reun) *v* déprimer
derde (*dèr*-deu) *num* troisième
dergelijk (*dèr*-geu-leuk) *adj* tel; analogue
dermate (*dèr*-mââ-teu) *adv* tellement
dertien (*dèr*-tiin) *num* treize
dertiende (*dèr*-tiin-deu) *num* treizième
dertig (*dèr*-teukh) *num* trente
dertigste (*dèr*-teukh-steu) *num* trentième
deserteren (déé-zèr-*téé*-reun) *v* déserter
deskundig (dèss-*keunn*-deukh) *adj* compétent
deskundige (dèss-*keunn*-deu-geu) *c* (pl ~n) spécialiste *m*
dessert (dè-*sèèr*) *nt* (pl ~s) dessert *m*
detail (déé-*taï*) *nt* (pl ~s) détail *m*
detailhandel (déé-*taï*-hân-deul) *c* commerce de détail
detaillist (déé-tâ-*yıst*) *c* (pl ~en) détaillant *m*

detective (déé-*tèk*-tıf) *c* (pl ~s) détective *m*
detectiveroman (déé-*tèk*-tıf-rôô-mann) *c* (pl ~s) roman policier
deugd (deûkht) *c* (pl ~en) vertu *f*
deugniet (*deûkh*-niit) *c* (pl ~en) fripon *m*
deuk (deûk) *c* (pl ~en) bosse *f*
deur (deûr) *c* (pl ~en) porte *f*
deurbel (*deûr*-bèl) *c* (pl ~len) sonnette *f*
deurwaarder (*deûr*-vâår-deur) *c* (pl ~s) huissier *m*
devaluatie (déé-vââ-luu-*vââ*-tsii) *c* (pl ~s) dévaluation *f*
devalueren (déé-vââ-luu-*véé*-reun) *v* dévaluer
devies (deu-*viiss*) *nt* (pl deviezen) devise *f*
deze (*déé*-zeu) *pron* ce; ces
dia (*dii*-yââ) *c* (pl ~'s) diapositive *f*
diabetes (dii-yââ-*béé*-teuss) *c* diabète *m*
diabeticus (dii-yââ-*béé*-tii-keuss) *c* (pl -ci) diabétique *m*
diagnose (dii-yâkh-*nôô*-zeu) *c* (pl ~n, ~s) diagnostic *m*; **een ~ stellen** diagnostiquer
diagonaal[1] (dii-yââ-gôô-*nââl*) *adj* diagonale
diagonaal[2] (dii-yââ-gôô-*nââl*) *c* (pl -nalen) diagonale *f*
dialect (dii-yââ-*lèkt*) *nt* (pl ~en) dialecte *m*
diamant (dii-yââ-*mânt*) *c* (pl ~en) diamant *m*
diarree (dii-yâ-*réé*) *c* diarrhée *f*
dicht (dıkht) *adj* dense; épais; clos
dichtbevolkt (dıkht-beu-*volkt*) *adj* populeux
dichtbij (dıkht-*bèï*) *adj* près
dichtdraaien (*dıkh*-drâåï-eunn) *v* fermer
dichter (*dıkh*-teur) *c* (pl ~s) poète *m*
dichtkunst (*dıkht*-keunnst) *c* poésie *f*
***dichtslaan** (*dıkht*-slâân) *v* claquer
dictaat (dık-*tâât*) *nt* (pl -taten) dictée *f*
dictafoon (dık-tââ-*fôôn*) *c* (pl ~s) dictaphone *m*
dictator (dık-*tââ*-tor) *c* (pl ~s) dictateur *m*
dictee (dık-*téé*) *nt* (pl ~s) dictée *f*
dicteren (dık-*téé*-reun) *v* dicter
die (dii) *pron* ce; ces; celui-là; ceux-là; qui
dieet (dii-*yéét*) *nt* régime *m*
dief (diif) *c* (pl dieven) voleur *m*
diefstal (*diif*-stâl) *c* (pl ~len) vol *m*
dienblad (*diin*-blât) *nt* (pl ~en) plateau *m*
dienen (*dii*-neun) *v* *servir
dienst (diinst) *c* (pl ~en) service *m*; **in ~ *nemen** engager
dienstplichtige (diinst-*plıkh*-teu-geu) *c* (pl ~n) conscrit *m*
dienstregeling (*diinst*-réé-geu-lınng) *c* (pl ~en) horaire *m*
diep (diip) *adj* profond
diepte (*diip*-teu) *c* (pl ~n, ~s) profondeur *f*
diepvrieskast (*diip*-friiss-kâst) *c* (pl ~en) congélateur *m*
diepzinnig (diip-*sı*-neukh) *adj* profond
dier (diir) *nt* (pl ~en) animal *m*
dierbaar (*diir*-bââr) *adj* cher; précieux
dierenarts (*dii*-reunn-ârts) *c* (pl ~en) vétérinaire *m*
dierenriem (*dii*-reu-riim) *c* zodiaque *m*
dierentuin (*dii*-reu-teuunn) *c* (pl ~en) jardin zoologique; zoo *m*
diesel (*dii*-seul) *c* diesel *m*
difterie (dıf-teu-*rii*) *c* diphtérie *f*
dij (dèï) *c* (pl ~en) cuisse *f*
dijk (dèïk) *c* (pl ~en) digue *f*
dik (dık) *adj* obèse; gros
dikte (*dık*-teu) *c* (pl ~n, ~s) épaisseur *f*; obésité *f*

dikwijls (*dık*-veuls) *adv* fréquemment, souvent
ding (dınng) *nt* (pl ~en) chose *f*
dinsdag (*dınns*-dâkh) *c* mardi *m*
diploma (dii-*plôô*-mââ) *nt* (pl ~'s) diplôme *m*; **een ~ behalen** *obtenir un diplôme
diplomaat (dii-plôô-*mâât*) *c* (pl -maten) diplomate *m*
direct (dii-*rèkt*) *adj* direct; *adv* directement
directeur (dii-reuk-*teûr*) *c* (pl ~en, ~s) exécutif *m*, directeur *m*
directie (dii-*rèk*-sii) *c* (pl ~s) direction *f*
dirigent (dii-rii-*gènt*) *c* (pl ~en) chef d'orchestre
dirigeren (dii-rii-*géé*-reun) *v* diriger
discipline (di-sii-*plii*-neu) *c* discipline *f*
disconto (dıss-*konn*-tôô) *nt* (pl ~'s) taux d'escompte
discreet (dıss-*kréét*) *adj* modeste
discussie (dıss-*keu*-sii) *c* (pl ~s) discussion *f*
discussiëren (dıss-keu-*chéé*-reun) *v* *débattre; discuter
distel (*dıss*-teul) *c* (pl ~s) chardon *m*
district (dıss-*trıkt*) *nt* (pl ~en) district *m*
dit (dıt) *pron* ce
divan (*dii*-vân) *c* (pl ~s) canapé *m*
docent (dôô-*sènt*) *c* (pl ~en) professeur *m*
doch (dokh) *conj* cependant
dochter (*dokh*-teur) *c* (pl ~s) fille *f*
doctor (*dok*-tor) *c* (pl ~en, ~s) docteur *m*
document (dôô-kuu-*mènt*) *nt* (pl ~en) document *m*
dodelijk (*dôô*-deu-leuk) *adj* fatal, mortel
doden (*dôô*-deun) *v* tuer
doek (doûk) *c* (pl ~en) chiffon *m*; *nt* rideau *m*
doel (doûl) *nt* (pl ~en) objectif *m*, but *m*; dessein *m*
doelman (*doûl*-mân) *c* (pl ~nen) gardien de but
doelmatig (doûl-*mââ*-teukh) *adj* efficace
doelpunt (*doûl*-peunnt) *nt* (pl ~en) but *m*
doeltreffend (doûl-*trè*-feunnt) *adj* efficace
***doen** (doûn) *v* *faire
dof (dof) *adj* terne
dok (dok) *nt* (pl ~ken) dock *m*
dokter (*dok*-teur) *c* (pl ~s) docteur *m*, médecin *m*
dom[1] (domm) *adj* bête, stupide
dom[2] (domm) *c* cathédrale *f*
dominee (*dôô*-mii-néé) *c* (pl ~s) pasteur *m*, recteur *m*
dompelaar (*domm*-peu-lââr) *c* (pl ~s) thermoplongeur *m*
donateur (dôô-nââ-*teûr*) *c* (pl ~s) donateur *m*
donder (*donn*-deur) *c* tonnerre *m*
donderdag (*donn*-deur-dâkh) *c* jeudi *m*
donderen (*donn*-deu-reun) *v* gronder
donker (*donng*-keur) *adj* obscur
dons (donns) *nt* duvet *m*; **donzen dekbed** édredon *m*
dood (dôôt) *adj* mort; *c* mort *f*
doodstraf (*dôôt*-strâf) *c* peine de mort
doof (dôôf) *adj* sourd
dooi (dôôï) *c* dégel *m*
dooien (*dôôï*-eun) *v* dégeler
dooier (*dôôï*-eur) *c* (pl ~s) jaune d'œuf
doolhof (*dôôl*-hof) *nt* (pl -hoven) labyrinthe *m*
doop (dôôp) *c* baptême *m*
doopsel (*dôôp*-seul) *nt* baptême *m*
door (dôôr) *prep* à travers; par
doorboren (dôôr-*bôô*-reun) *v* percer
***doorbrengen** (*dôôr*-brè-ngeun) *v* em-

ployer
doordat (dôôr-*dât*) *conj* parce que
* **doordringen** (*dôôr*-drı-ngeunn) *v* pénétrer
* **doorgaan** (*dôôr*-gâân) *v* durer, continuer; *poursuivre
doorgang (*dôôr*-gâng) *c* (pl ~en) passage *m*
doorlichten (*dôôr*-lıkh-teun) *v* radiographier
doorlopend (dôôr-*lôô*-peunnt) *adj* continu
doormaken (*dôôr*-mââ-keun) *v* endurer
doorn (dôôrn) *c* (pl ~en, ~s) épine *f*
doorreis (*dôô*-rèïss) *c* passage *m*
doorslag (*dôôr*-slâkh) *c* (pl ~en) copie *f*
doorweken (dôôr-*véé*-keun) *v* tremper
doorzichtig (dôôr-*zıkh*-teukh) *adj* transparent
* **doorzoeken** (dôôr-*zoû*-keun) *v* fouiller
doos (dôôss) *c* (pl dozen) boîte *f*
dop (dop) *c* (pl ~pen) coquille *f*
dopen (*dôô*-peun) *v* baptiser
dor (dor) *adj* aride
dorp (dorp) *nt* (pl ~en) village *m*
dorst (dorst) *c* soif *f*
dorstig (*dors*-teukh) *adj* assoiffé
dosis (*dôô*-zeuss) *c* (pl doses) dose *f*
dossier (do-*chéé*) *nt* (pl ~s) dossier *m*
douane (doû-*vââ*-neu) *c* douane *f*
douanebeambte (doû-*vââ*-neu-beu-âm-teu) *c* (pl ~n) douanier *m*
douche (doûch) *c* (pl ~s) douche *f*
doven (*dôô*-veun) *v* *éteindre
dozijn (dôô-*zèïn*) *nt* (pl ~en) douzaine *f*
draad (drâât) *c* (pl draden) fil *m*
draagbaar (*drââkh*-bââr) *adj* portatif
draaglijk (*drââkh*-leuk) *adj* tolérable
draai (drââï) *c* (pl ~en) tour *m*; torsion *f*
draaideur (*drââï*-deûr) *c* (pl ~en) porte tournante
draaien (*drââï*-eun) *v* tourner; tordre
draaimolen (*drââï*-môô-leun) *c* (pl ~s) chevaux de bois
draaiorgel (*drââï*-or-geul) *nt* (pl ~s) orgue de Barbarie
draak (drââk) *c* (pl draken) dragon *m*
* **dragen** (*drââ*-geun) *v* porter
drager (*drââ*-geur) *c* (pl ~s) porteur *m*
drama (*drââ*-mââ) *nt* (pl ~'s) drame *m*
dramatisch (drââ-*mââ*-tiiss) *adj* dramatique
drang (drâng) *c* impulsion *f*
drank (drângk) *c* (pl ~en) boisson *f*; **sterke** ~ spiritueux *mpl*
dreigement (drèï-geu-*mènt*) *nt* (pl ~en) menace *f*
dreigen (*drèï*-geun) *v* menacer
drek (drèk) *c* gadoue *f*
drempel (*drèm*-peul) *c* (pl ~s) seuil *m*
dresseren (drè-*séé*-reun) *v* dresser
drie (drii) *num* trois
driehoek (*drii*-hoûk) *c* (pl ~en) triangle *m*
driehoekig (drii-*hoû*-keukh) *adj* triangulaire
driekwart (*drii*-kvârt) *adj* trois quarts
driemaandelijks (*drii*-mâân-deu-leuks) *adj* trimestriel
drift (drıft) *c* colère *f*
driftig (*drıf*-teukh) *adj* irascible; coléreux
drijfkracht (*drèïf*-krâkht) *c* force motrice
* **drijven** (*drèï*-veun) *v* flotter
* **dringen** (*drı*-ngeun) *v* pousser; **dringend** urgent
drinkbaar (*drınngk*-bââr) *adj* potable
* **drinken** (*drınng*-keun) *v* *boire
drinkwater (*drınngk*-vââ-teur) *nt* eau potable
droefheid (*droûf*-hèït) *c* tristesse *f*

droevig (*droû*-veukh) *adj* affligé
drogen (*drôô*-geun) *v* sécher
drogisterij (drôô-giss-teu-*rèï*) *c* (pl ~en) droguerie *f*
dromen (*drôô*-meun) *v* rêver, songer
dronken (*dronng*-keun) *adj* ivre
droog (drôôkh) *adj* sec
droogleggen (*drôôkh*-lè-geun) *v* assécher
droogte (*drôôkh*-teu) *c* sécheresse *f*
droom (drôôm) *c* (pl dromen) rêve *m*
droombeeld (*drôôm*-béélt) *nt* (pl ~en) illusion *f*
drop (drop) *c* réglisse *f*
druiven (*dreu^u*-veun) *pl* raisin *m*
druk (dreuk) *adj* affairé; animé; *c* pression *f*
drukken (*dreu*-keun) *v* presser; imprimer
drukknop (*dreu*-knop) *c* (pl ~pen) poussoir *m*
drukte (*dreuk*-teu) *c* remue-ménage *m*; agitation *f*
drukwerk (*dreuk*-vèrk) *nt* imprimé *m*
druppel (*dreu*-peul) *c* (pl ~s) goutte *f*
dubbel (*deu*-beul) *adj* double
dubbelzinnig (deu-beul-*zı*-neukh) *adj* ambigu
duidelijk (*deu^u*-deu-leuk) *adj* net, clair; apparent, évident
duif (deu^{u}f) *c* (pl duiven) pigeon *m*
duikbril (*deu^{u}k*-brıl) *c* (pl ~len) lunettes de plongée
***duiken** (*deu^u*-keun) *v* plonger
duim (deuumm) *c* (pl ~en) pouce *m*
duin (deuunn) *nt* (pl ~en) dune *f*
duister (*deu^u*-steur) *adj* sombre, obscur; vague; *nt* ténèbres *fpl*
duisternis (*deu^u*-steur-nıss) *c* obscurité *f*; ténèbres *fpl*
Duits (deu^{u}ts) *adj* allemand
Duitser (*deu^{u}t*-seur) *c* (pl ~s) Allemand *m*
Duitsland (*deu^{u}ts*-lânt) Allemagne *f*
duivel (*deu^u*-veul) *c* (pl ~s) diable *m*
duizelig (*deu^u*-zeu-leukh) *adj* étourdi
duizeligheid (*deu^u*-zeu-leukh-hèït) *c* vertige *m*
duizeling (*deu^u*-zeu-lınng) *c* (pl ~en) vertige *m*
duizend (*deu^u*-zeunnt) *num* mille
dulden (*deul*-deun) *v* tolérer
dun (deunn) *adj* mince; fin
dupe (*duu*-peu) *c* (pl ~s) dupe *f*
duren (*duu*-reun) *v* durer
durf (deurf) *c* audace *f*
durven (*deur*-veun) *v* oser
dus (deuss) *conj* donc
dutje (*deu*-tyeu) *nt* (pl ~s) somme *m*
duur (duur) *adj* cher; *c* durée *f*
duurzaam (*duur*-zââm) *adj* durable
duw (duu^{ou}) *c* (pl ~en) coup *m*
duwen (*duu^{ou}*-eun) *v* pousser
dwaas[1] (dvââss) *adj* absurde, stupide, insensé, sot
dwaas[2] (dvââss) *c* (pl dwazen) fou *m*
dwalen (*dvââ*-leun) *v* errer
dwerg (dvèrkh) *c* (pl ~en) nain *m*
***dwingen** (*dvı*-ngeun) *v* forcer; *contraindre
dynamo (dii-*nââ*-môô) *c* (pl ~'s) dynamo *f*
dysenterie (dii-sèn-teu-*rii*) *c* dysenterie *f*

E

eb (èp) *c* marée basse
ebbehout (*è*-beu-haout) *nt* ébène *f*
echo (*è*-khôô) *c* (pl ~'s) écho *m*
echt (èkht) *adj* authentique, vrai, réel; *adv* vraiment; *c* mariage *m*
echtelijk (*èkh*-teu-leuk) *adj* matrimonial
echter (*èkh*-teur) *conj* cependant
echtgenoot (*èkht*-kheu-nôôt) *c* (pl -no-

ten) époux *m*
echtgenote (*èkht*-kheu-nôô-teu) *c* (pl ~n) épouse *f*
echtpaar (*èkht*-pââr) *nt* (pl -paren) couple marié
echtscheiding (*èkht*-skhèï-dınng) *c* (pl ~en) divorce *m*
economie (éé-kôô-nôô-*mii*) *c* économie *f*
economisch (éé-kôô-*nôô*-miiss) *adj* économique
econoom (éé-kôô-*nôôm*) *c* (pl -nomen) économiste *m*
Ecuador (éé-kvââ-*dor*) Equateur *m*
Ecuadoraan (éé-kvââ-dôô-*rââ*n) *c* (pl -ranen) Ecuadorien *m*
eczeem (èk-*séém*) *nt* eczéma *m*
edel (*éé*-deul) *adj* noble
edelmoedigheid (éé-deul-*moû*-deukh-hèït) *c* générosité *f*
edelsteen (*éé*-deul-stéén) *c* (pl -stenen) pierre précieuse
editie (éé-*dii*-tsii) *c* (pl ~s) édition *f*
eed (éét) *c* (pl eden) serment *m*
eekhoorn (*éék*-hôôrn) *c* (pl ~s) écureuil *m*
eelt (éélt) *nt* cal *m*
een[1] (eunn) *art* un *art*
een[2] (één) *num* un
eenakter (*één*-âk-teur) *c* (pl ~s) pièce en un acte
eend (éént) *c* (pl ~en) canard *m*
eender (*één*-deur) *adj* pareil; *adv* de la même façon
eenheid (*één*-hèït) *c* (pl -heden) unité *f*
eenmaal (*één*-mââl) *adv* une fois
eenpersoonskamer (*één*-peur-sôôns-kââ-meur) *c* (pl ~s) chambre pour une personne
eenrichtingsverkeer (één-*rıkh*-tınngs-feur-kéér) *nt* sens unique
eens (ééns) *adv* une fois; un jour ou l'autre; **het ~ *zijn** *être d'accord
eentonig (één-*tôô*-neukh) *adj* monotone
eenvoudig (één-*vaou*-deukh) *adj* simple; *adv* simplement
eenzaam (*één*-zââm) *adj* solitaire
eenzijdig (één-*zèï*-deukh) *adj* unilatéral
eer (éér) *c* honneur *m*
eerbied (*éér*-biit) *c* considération *f*
eerbiedig (éér-*bii*-deukh) *adj* respectueux
eerbiedwaardig (éér-biit-*vââr*-deukh) *adj* vénérable
eerder (*éér*-deur) *adv* précédemment; plutôt
eergevoel (*éér*-geu-voûl) *nt* sens de l'honneur
eergisteren (*éér*-gıss-teu-reun) *adv* avant-hier
eerlijk (*éér*-leuk) *adj* honnête; juste, droit
eerlijkheid (*éér*-leuk-hèït) *c* honnêteté *f*
eerst (éérst) *adj* premier; premier, initial; *adv* d'abord
eersteklas (*éér*-steu-klâss) *adj* de première qualité
eersterangs (*éér*-steu-rângs) *adj* de premier ordre
eerstvolgend (éérst-*fol*-geunnt) *adj* prochain
eervol (*éér*-vol) *adj* honorable
eerzaam (*éér*-zââm) *adj* honorable
eerzuchtig (éér-*zeukh*-teukh) *adj* ambitieux
eetbaar (*éét*-bââr) *adj* comestible
eetkamer (*éét*-kââ-meur) *c* (pl ~s) salle à manger
eetlepel (*éét*-léé-peul) *c* (pl ~s) cuillère *f*
eetlust (*éét*-leust) *c* appétit *m*
eetservies (*éét*-sèr-viiss) *nt* (pl -viezen) service de table
eetzaal (*éét*-sââl) *c* (pl -zalen) salle à

manger
eeuw (éé^ou^) *c* (pl ~en) siècle *m*
eeuwig (*éé^ou^*-eukh) *adj* éternel
eeuwigheid (*éé^ou^*-eukh-hèït) *c* éternité *f*
effect (è-*fèkt*) *nt* (pl ~en) effet *m*; **effecten** actions
effectenbeurs (è-*fèk*-teum-beûrs) *c* (pl -beurzen) marché des valeurs, bourse des valeurs
effectief (è-fèk-*tiif*) *adj* effectif
effen (*è*-feun) *adj* plan; uni, lisse
efficiënt (è-fii-*chènt*) *adj* efficace
egaal (éé-*gââl*) *adj* égal
egaliseren (éé-gââ-lii-*zéé*-reun) *v* égaliser
egel (*éé*-geul) *c* (pl ~s) hérisson *m*
egocentrisch (éé-gôô-*sèn*-triiss) *adj* égocentrique
egoïsme (éé-gôô-*viss*-meu) *nt* égoïsme *m*
egoïstisch (éé-gôô-*viss*-tiiss) *adj* égoïste
Egypte (éé-*gip*-teu) Egypte *f*
Egyptenaar (éé-*gip*-teu-nââr) *c* (pl -naren) Egyptien *m*
Egyptisch (éé-*gip*-tiiss) *adj* égyptien
ei (èï) *nt* (pl ~eren) œuf *m*
eierdooier (*èï*-eur-dôôï-eur) *c* (pl ~s) jaune d'œuf
eierdopje (*èï*-eur-dop-yeu) *nt* (pl ~s) coquetier *m*
eigen (*èï*-geun) *adj* propre
eigenaar (*èï*-geu-nââr) *c* (pl ~s, -naren) propriétaire *m*
eigenaardig (èï-geu-*nââr*-deukh) *adj* singulier
eigenaardigheid (èï-geu-*nââr*-deukh-hèït) *c* (pl -heden) particularité *f*
eigendom (*èï*-geun-domm) *nt* (pl ~men) propriété *f*; biens *mpl*
eigengemaakt (*èï*-geun-geu-mââkt) *adj* fait à la maison
eigenlijk (*èï*-geun-leuk) *adj* véritable; *adv* en fait, en réalité
eigenschap (*èï*-geun-skhap) *c* (pl ~pen) propriété *f*, caractéristique *f*
eigentijds (èï-geun-*tèïts*) *adj* contemporain
eigenwijs (èï-geun-*vèïss*) *adj* obstiné
eik (èïk) *c* (pl ~en) chêne *m*
eikel (*èï*-keul) *c* (pl ~s) gland *m*
eiland (*èï*-lânt) *nt* (pl ~en) île *f*
einde (*èïn*-deu) *nt* fin *f*; bout *m*
eindelijk (*èïn*-deu-leuk) *adv* enfin
eindigen (*èïn*-deu-geun) *v* terminer
eindpunt (*èïnt*-peunnt) *nt* (pl ~en) terminus *m*
eindstreep (*èïnt*-stréép) *c* (pl -strepen) ligne d'arrivée
eis (èïss) *c* (pl ~en) demande *f*, revendication *f*
eisen (*èï*-seun) *v* exiger
eiwit (*èï*-vit) *nt* (pl ~ten) protéine *f*
ekster (*èk*-steur) *c* (pl ~s) pie *f*
eksteroog (*èk*-steur-ôôkh) *nt* (pl -ogen) durillon *m*
eland (*éé*-lânt) *c* (pl ~en) élan *m*
elastiek (éé-lâss-*tiik*) *nt* (pl ~en) élastique *m*
elastisch (éé-*lâss*-tiiss) *adj* élastique
elders (*èl*-deurs) *adv* ailleurs
elegant (éé-leu-*gânt*) *adj* élégant
elegantie (éé-leu-*gânt*-sii) *c* élégance *f*
elektricien (éé-lèk-trii-*chin*) *c* (pl ~s) électricien *m*
elektriciteit (éé-lèk-trii-sii-*tèït*) *c* électricité *f*
elektriciteitscentrale (éé-lèk-trii-sii-*tèït*-sèn-trââ-leu) *c* centrale *f*
elektrisch (éé-*lèk*-triiss) *adj* électrique
elektronisch (éé-lèk-*trôô*-niiss) *adj* électronique
element (éé-leu-*mènt*) *nt* (pl ~en) élément *m*
elementair (éé-leu-mèn-*tèèr*) *adj* élémentaire
elf[1] (èlf) *num* onze

elf² (èlf) *c* (pl ~en) elfe *m*
elfde (*èlf*-deu) *num* onzième
elftal (*èlf*-tâl) *nt* (pl ~len) équipe *f*
elimineren (éé-lii-mii-*néé*-reun) *v* éliminer
elk (èlk) *adj* chaque
elkaar (èl-*kââr*) *pron* l'un l'autre
elleboog (*è*-leu-bôôkh) *c* (pl -bogen) coude *m*
ellende (è-*lèn*-deu) *c* misère *f*
ellendig (è-*lèn*-deukh) *adj* malheureux
email (éé-*maï*) *nt* émail *m*
emailleren (éé-maï-*éé*-reun) *v* vernir
emancipatie (éé-mân-sii-*pââ*-tsii) *c* émancipation *f*
embargo (èm-*bâr*-gôô) *nt* embargo *m*
embleem (èm-*bléém*) *nt* (pl -blemen) emblème *m*
emigrant (éé-mii-*grânt*) *c* (pl ~en) émigrant *m*
emigratie (éé-mii-*grââ*-tsii) *c* émigration *f*
emigreren (éé-mii-*gréé*-reun) *v* émigrer
eminent (éé-mii-*nènt*) *adj* éminent
emmer (*è*-meur) *c* (pl ~s) seau *m*
emotie (éé-*môô*-tsii) *c* (pl ~s) émotion *f*
employé (âm-plvâ-*yéé*) *c* (pl ~s) employé *m*
en (èn) *conj* et
encyclopedie (èn-sii-klôô-péé-*dii*) *c* (pl ~ën) encyclopédie *f*
endeldarm (*èn*-deul-dârm) *c* (pl ~en) rectum *m*
endosseren (ân-do-*séé*-reun) *v* endosser
energie (éé-nèr-*jii*) *c* énergie *f*
energiek (éé-nèr-*jiik*) *adj* énergique
eng (èng) *adj* serré; lugubre
engel (*è*-ngeul) *c* (pl ~en) ange *m*
Engeland (*è*-ngeu-lânt) Angleterre *f*
Engels (*è*-ngeuls) *adj* anglais; britannique
Engelsman (*è*-ngeuls-mân) *c* (pl Engelsen) Anglais *m*
enig (*éé*-neukh) *adj* unique, seul; *pron* n'importe quel; **enige** *pron* quelques
enigszins (*éé*-neukh-sınns) *adv* quelque peu
enkel¹ (*èng*-keul) *adj* seul; **enkele** *pron* quelques
enkel² (*èng*-keul) *c* (pl ~s) cheville *f*
enkeling (*èng*-keu-lınng) *c* (pl ~en) individu *m*
enkelvoud (*èng*-keul-vaout) *nt* singulier *m*
enorm (éé-*norm*) *adj* énorme
enquête (an-*kèè*-teu) *c* (pl ~s) enquête *f*
enthousiasme (ân-toû-*jâss*-meu) *nt* enthousiasme *m*
enthousiast (ân-toû-*jâst*) *adj* enthousiaste; passionné
entree (ân-*tréé*) *c* entrée *f*; prix d'entrée
entresol (an-treu-*sol*) *c* (pl ~s) entresol *m*
envelop (an-veu-*lop*) *c* (pl ~pen) enveloppe *f*
enzovoort (*èn*-zôô-vôôrt) et ainsi de suite, et cætera
epidemie (éé-pii-deu-*mii*) *c* (pl ~ën) épidémie *f*
epilepsie (éé-pii-lèp-*sii*) *c* épilepsie *f*
epiloog (éé-pii-*lôôkh*) *c* (pl -logen) épilogue *m*
episch (*éé*-piiss) *adj* épique
episode (éé-pii-*zôô*-deu) *c* (pl ~n, ~s) épisode *m*
epos (*éé*-poss) *nt* (pl epen, ~sen) poème épique
equipe (éé-*kiip*) *c* (pl ~s) équipe *f*
equivalent (éé-kvii-vââ-*lènt*) *adj* équivalent
er (èr) *adv* y; *pron* en
erbarmelijk (èr-*bâr*-meu-leuk) *adj* la-

mentable
eredienst (*éé*-reu-diinst) *c* (pl ~en) culte *m*
eren (*éé*-reun) *v* honorer
erf (èrf) *nt* (pl erven) cour *f*
erfelijk (*èr*-feu-leuk) *adj* héréditaire
erfenis (*èr*-feu-niss) *c* (pl ~sen) héritage *m*; legs *m*
erg (èrkh) *adj* mauvais; *adv* très; **erger** pire; **ergst** le pire
ergens (*èr*-geunns) *adv* quelque part
ergeren (*èr*-geu-reun) *v* fâcher; ennuyer
ergernis (*èr*-geur-niss) *c* ennui *m*
erkennen (èr-*kè*-neun) *v* *reconnaître
erkenning (èr-*kè*-ninng) *c* (pl ~en) reconnaissance *f*
erkentelijk (èr-*kèn*-teu-leuk) *adj* reconnaissant
ernst (èrnst) *c* sérieux *m*; gravité *f*
ernstig (*èrn*-steukh) *adj* sérieux; grave
erts (èrts) *nt* (pl ~en) minerai *m*
***ervaren** (èr-*vââ*-reun) *v* éprouver; **ervaren** expérimenté
ervaring (èr-*vââ*-rinng) *c* (pl ~en) expérience *f*
erven (*èr*-veun) *v* hériter
erwt (èrt) *c* (pl ~en) pois *m*
escorte (èss-*kor*-teu) *nt* (pl ~s) escorte *f*
escorteren (èss-kor-*téé*-reun) *v* escorter
esdoorn (*èss*-dôôrn) *c* (pl ~s) érable *m*
eskader (èss-*kââ*-deur) *nt* (pl ~s) escadrille *f*
essay (è-*séé*) *nt* (pl ~s) essai *m*
essentie (è-*sèn*-sii) *c* essence *f*
essentieel (è-sèn-*chéél*) *adj* vital, essentiel
etage (éé-*tââ*-jeu) *c* (pl ~s) étage *m*
etalage (éé-tââ-*lââ*-jeu) *c* (pl ~s) vitrine *f*
etappe (éé-*tâ*-peu) *c* (pl ~n, ~s) étape *f*
eten (*éé*-teun) *nt* manger *m*
***eten** (*éé*-teun) *v* manger; dîner
ether (*éé*-teur) *c* éther *m*
Ethiopië (éé-tii-*yôô*-pii-yeu) Ethiopie *f*
Ethiopiër (éé-tii-*yôô*-pii-yeur) *c* (pl ~s) Ethiopien *m*
Ethiopisch (éé-tii-*yôô*-piiss) *adj* éthiopien
etiket (éé-tii-*kèt*) *nt* (pl ~ten) étiquette *f*
etiketteren (éé-tii-kè-*téé*-reun) *v* étiqueter
etmaal (*èt*-mââl) *nt* (pl -malen) vingt-quatre heures
ets (èts) *c* (pl ~en) eau-forte *f*
ettelijk (*è*-teu-leuk) *adj* divers
etter (*è*-teur) *c* pus *m*
etui (éé-*tvii*) *nt* (pl ~s) étui *m*
Europa (eû-*rôô*-pââ) Europe *f*
Europeaan (eû-rôô-péé-*âân*) *c* (pl -anen) Européen *m*
Europees (eû-rôô-*péés*s) *adj* européen
evacueren (éé-vââ-kuu-*véé*-reun) *v* évacuer
evangelie (éé-vâng-*géé*-lii) *nt* (pl -liën, ~s) évangile *m*
even (*éé*-veun) *adj* pair; *adv* également, aussi
evenaar (*éé*-veu-nââr) *c* équateur *m*
evenals (*éé*-veu-nâls) *conj* aussi bien que
evenaren (éé-veu-*nââ*-reun) *v* égaler
eveneens (éé-veu-*nééns*) *adv* aussi bien, également
evenredig (éé-veu-*réé*-deukh) *adj* proportionnel
eventueel (éé-veunn-tuu-*véél*) *adj* éventuel
evenveel (*éé*-veu-véél) *adv* autant
evenwel (éé-veu-*vèl*) *adv* pourtant
evenwicht (*éé*-veu-vikht) *nt* équilibre *m*
evenwijdig (éé-veu-*vèï*-deukh) *adj* pa-

rallèle
evenzeer (*éé*-veu-zéér) *adv* autant
evenzo (éé-veu-*zôô*) *adv* de la même manière
evolutie (éé-vôô-*luu*-tsii) *c* (pl ~s) évolution *f*
exact (èk-*sâkt*) *adj* exact
examen (èk-*sââ*-meun) *nt* (pl ~s) examen *m*
excentriek (èk-sèn-*triik*) *adj* excentrique
exces (èk-*sèss*) *nt* (pl ~sen) excès *m*
exclusief (èks-kluu-*ziif*) *adj* exclusif
excursie (èks-*keur*-zii) *c* (pl ~s) excursion *f*
excuseren (èks-kuu-*zéé*-reun) *v* excuser
excuus (èks-*kuuss*) *nt* (pl excuses) excuse *f*
exemplaar (èk-seumm-*plââr*) *nt* (pl -plaren) spécimen *m*; exemplaire *m*
exotisch (èk-*sôô*-tiiss) *adj* exotique
expeditie (èks-peu-*dii*-tsii) *c* (pl ~s) expédition *f*
experiment (èks-péé-rii-*mènt*) *nt* (pl ~en) expérience *f*
experimenteren (èks-péé-rii-mèn-*téé*-reun) *v* expérimenter
expert (èks-*pèèr*) *c* (pl ~s) expert *m*
expliciet (èks-plii-*siit*) *adj* explicite
exploiteren (èks-plvâ-*téé*-reun) *v* exploiter
explosie (èks-*plôô*-zii) *c* (pl ~s) explosion *f*
explosief (èks-plôô-*ziif*) *adj* explosif
export (*èk*-sport) *c* exportation *f*
exporteren (èk-spor-*téé*-reun) *v* exporter
expositie (èk-spôô-*zii*-tsii) *c* (pl ~s) exhibition *f*; exposition *f*
expresse- (èk-*sprè*-seu) exprès
extase (èk-*stââ*-zeu) *c* extase *m*
extra (*èk*-strââ) *adj* supplémentaire; disponible
extravagant (èk-strââ-vââ-*gânt*) *adj* extravagant
extreem (èk-*stréém*) *adj* extrême
ezel (*éé*-zeul) *c* (pl ~s) âne *m*

F

faam (fââm) *c* renommée *f*
fabel (*fââ*-beul) *c* (pl ~s, ~en) fable *f*
fabriceren (fââ-brii-*séé*-reun) *v* fabriquer
fabriek (fââ-*briik*) *c* (pl ~en) usine *f*
fabrikant (fââ-brii-*kânt*) *c* (pl ~en) fabricant *m*
faciliteit (fââ-sii-lii-*tèït*) *c* (pl ~en) facilité *f*
factor (*fak*-tor) *c* (pl ~en) facteur *m*
factureren (fak-tuu-*réé*-reun) *v* facturer
factuur (fâk-*tuur*) *c* (pl -turen) facture *f*
facultatief (fââ-keul-tââ-*tiif*) *adj* facultatif
faculteit (fââ-keul-*tèït*) *c* (pl ~en) faculté *f*
faience (fââ-*yan*-seu) *c* faïence *f*
failliet (fâ-*yiit*) *adj* en faillite
fakkel (*fâ*-keul) *c* (pl ~s) torche *f*
falen (*fââ*-leun) *v* échouer
familiaar (fâ-mii-lii-*yââr*) *adj* familier
familie (fââ-*mii*-lii) *c* (pl ~s) famille *f*
familielid (fââ-*mii*-lii-lıt) *nt* (pl -leden) parent *m*
fan (fèn) *c* (pl ~s) fan *m*
fanatiek (fââ-nââ-*tiik*) *adj* fanatique
fanfarekorps (fâm-*fââ*-reu-korps) *nt* (pl ~en) fanfare *f*
fantasie (fân-tââ-*zii*) *c* (pl ~ën) fantaisie *f*, imagination *f*
fantastisch (fân-*tâss*-tiiss) *adj* fantastique
farmacologie (fâr-mââ-kôô-lôô-*gii*) *c*

pharmacologie *f*
fascinerend (fâ-sii-*néé*-reunnt) *adj* charmant
fascisme (fâ-*siss*-meu) *nt* fascisme *m*
fascist (fâ-*sist*) *c* (pl ~en) fasciste *m*
fascistisch (fâ-*siss*-tiiss) *adj* fasciste
fase (*fââ*-zeu) *c* (pl ~s, ~n) phase *f*
fataal (fââ-*tââl*) *adj* néfaste
fatsoen (fât-*soûn*) *nt* décence *f*
fatsoenlijk (fât-*soûn*-leuk) *adj* décent
fauteuil (fôô-*teu*ᵘ) *c* (pl ~s) fauteuil *m*
favoriet (fââ-vôô-*riit*) *c* (pl ~en) favori *m*
fazant (fââ-*zânt*) *c* (pl ~en) faisan *m*
februari (féé-bruu-*vââ*-rii) février
federaal (féé-deu-*rââl*) *adj* fédéral
federatie (féé-deu-*rââ*-tsii) *c* (pl ~s) fédération *f*
fee (féé) *c* (pl ~ën) fée *f*
feest (féést) *nt* (pl ~en) fête *f*
feestdag (*fééss*-dâkh) *c* (pl ~en) jour de fête
feestelijk (*féé*-steu-leuk) *adj* de fête
feestje (*féé*-cheu) *nt* (pl ~s) surprise-partie *f*
feilloos (*fèï*-lôôss) *adj* parfait
feit (fèït) *nt* (pl ~en) fait *m*; **in feite** de fait
feitelijk (*fèï*-teu-leuk) *adj* réel; *adv* effectivement, en réalité, en fait
fel (fèl) *adj* violent
felicitatie (féé-lii-sii-*tââ*-tsii) *c* (pl ~s) félicitation *f*
feliciteren (féé-lii-sii-*téé*-reun) *v* congratuler; féliciter
feodaal (féé-yôô-*dââl*) *adj* féodal
festival (*fèss*-tii-vâl) *nt* (pl ~s) festival *m*
fiasco (fii-*yâss*-kôô) *nt* (pl ~'s) échec *m*
fiche (*fii*-cheu) *c* (pl ~s) jeton *m*
fictie (*fık*-sii) *c* (pl ~s) fiction *f*
fiets (fiits) *c* (pl ~en) vélo *m*, bicyclette *f*
fietser (*fii*-tseur) *c* (pl ~s) cycliste *m*
figuur (fii-*guur*) *c* (pl -guren) forme *f*; schéma *m*
fijn (fèïn) *adj* agréable; fin; délicat
fijnhakken (*fèïn*-hâ-keun) *v* hacher
fijnmalen (*fèïn*-mââ-leun) *v* pulvériser
fijnproever (*fèïm*-proû-veur) *c* (pl ~s) gourmet *m*
fijnstampen (*fèïn*-stâm-peun) *v* écraser
filiaal (fii-lii-*yââl*) *nt* (-ialen) succursale *f*
Filippijn (fii-lı-*pèïn*) *c* (pl ~en) Philippin *m*
Filippijnen (fii-lı-*pèï*-neun) *pl* Philippines *fpl*
Filippijns (fii-lı-*pèïns*) *adj* philippin
film (fılm) *c* (pl ~s) film *m*; pellicule *f*
filmcamera (*fılm*-kââ-meu-rââ) *c* (pl ~'s) caméra *f*
filmen (*fıl*-meun) *v* filmer
filmjournaal (*fılm*-joûr-nââl) *nt* actualités
filosofie (fii-lôô-zôô-*fii*) *c* (pl ~ën) philosophie *f*
filosoof (fii-lôô-*zôôf*) *c* (pl -sofen) philosophe *m*
filter (*fıl*-teur) *nt* (pl ~s) filtre *m*
Fin (fınn) *c* (pl ~nen) Finlandais *m*
financieel (fii-nân-*chéél*) *adj* financier
financiën (fii-*nân*-sii-yeunn) *pl* finances *fpl*
financieren (fii-nân-*sii*-reun) *v* financer
Finland (*fınn*-lânt) Finlande *f*
Fins (fınns) *adj* finlandais
firma (*fır*-mââ) *c* (pl ~'s) entreprise *f*, firme *f*
fitting (*fı*-tınng) *c* (pl ~en) douille *f*
fjord (fyort) *c* (pl ~en) fjord *m*
flacon (flââ-*konn*) *c* (pl ~s) flacon *m*
flamingo (flââ-*mınng*-gôô) *c* (pl ~'s)

flamant *m*
flanel (flââ-*nèl*) *nt* flanelle *f*
flat (flèt) *c* (pl ~s) appartement *m*
flatgebouw (*flèt*-kheu-baou) *nt* (pl ~en) immeuble d'habitation
flauw (flaou) *adj* défaillant
***flauwvallen** (*flaou*-vâ-leun) *v* s'évanouir
fles (flèss) *c* (pl ~sen) bouteille *f*
flesopener (*flè*-zôô-peu-neur) *c* (pl ~s) ouvre-bouteille *m*
flessehals (*flè*-seu-hâls) *c* goulot d'étranglement
flets (flèts) *adj* terne
flink (flınngk) *adj* important; courageux
flits (flıts) *c* (pl ~en) éclair *m*
flitslampje (*flıts*-lamm-pyeu) *nt* (pl ~s) ampoule de flash
floor-show (floo-chôôv) *c* (pl ~s) spectacle de variétés
fluisteren (*fleu*[u]*ss*-teu-reun) *v* chuchoter
fluit (fleu[u]t) *c* (pl ~en) flûte *f*
***fluiten** (*fleu*[u]-teun) *v* siffler
fluitje (*fleu*[u]-tyeu) *nt* (pl ~s) sifflet *m*
fluweel (fluu-*véél*) *nt* velours *m*
foefje (*foû*-fyeu) *nt* (pl ~s) truc *m*
foei! (foûï) quelle honte!
fok (fok) *c* (pl ~ken) misaine *f*
fokken (*fo*-keun) *v* élever
folklore (fol-*klôô*-reu) *c* folklore *m*
fonds (fonns) *nt* (pl ~en) fonds *mpl*
fonetisch (fôô-*néé*-tiiss) *adj* phonétique
fonkelend (*fonng*-keu-leunnt) *adj* scintillant
fontein (fonn-*tèïn*) *c* (pl ~en) fontaine *f*
fooi (fôôï) *c* (pl ~en) pourboire *m*
foppen (*fo*-peun) *v* *faire marcher
forceren (for-*séé*-reun) *v* forcer
forel (fôô-*rèl*) *c* (pl ~len) truite *f*
forens (fôô-*rèns*) *c* (pl ~en, forenzen) navetteur *m*
formaat (for-*mâât*) *nt* (pl -maten) format *m*
formaliteit (for-mââ-lii-*tèït*) *c* (pl ~en) formalité *f*
formeel (for-*méél*) *adj* cérémonieux
formule (for-*muu*-leu) *c* (pl ~s) formule *f*
formulier (for-muu-*liir*) *nt* (pl ~en) formulaire *m*
fornuis (for-*neu*[u]*ss*) *nt* (pl -nuizen) cuisinière *f*
fors (fors) *adj* robuste
fort (fort) *nt* (pl ~en) fort *m*
fortuin (for-*teuunn*) *nt* (pl ~en) fortune *f*
foto (*fôô*-tôô) *c* (pl ~'s) photographie *f*, photo *f*
fotocopie (fôô-tôô-kôô-*pii*) *c* (pl ~ën) photocopie *f*
fotograaf (fôô-tôô-*grââf*) *c* (pl -grafen) photographe *m*
fotograferen (fôô-tôô-grââ-*féé*-reun) *v* photographier
fotografie (fôô-tôô-grââ-*fii*) *c* photographie *f*
fototoestel (*fôô*-tôô-toû-stèl) *nt* (pl ~len) appareil photographique
fotowinkel (*fôô*-tôô-vınng-keul) *c* (pl ~s) magasin de photographe
fouilleren (foû-*yéé*-reun) *v* fouiller
fout[1] (faout) *adj* erroné, incorrect
fout[2] (faout) *c* (pl ~en) faute *f*, erreur *f*, imperfection *f*
foutloos (*faout*-lôôss) *adj* impeccable
foyer (fvâ-*yéé*) *c* (pl ~s) foyer *m*; vestibule *m*
fractie (*frâk*-sii) *c* (pl ~s) fraction *f*
fragment (frâkh-*mènt*) *nt* (pl ~en) fragment *m*
framboos (frâm-*bôôss*) *c* (pl -bozen) framboise *f*
franje (*frâ*-gneu) *c* (pl ~s) frange *f*
frankeren (frâng-*kéé*-reun) *v* affran-

chir
frankering (frâng-*kéé*-rinng) *c* (pl ~en) port *m*
franko (*frâng*-kôô) *adj* port payé
Frankrijk (*frâng*-krèïk) France *f*
Frans (frâns) *adj* français
Fransman (*frâns*-mân) *c* (pl Fransen) Français *m*
frappant (frâ-*pânt*) *adj* frappant
fraude (*fraou*-deu) *c* (pl ~s) fraude *f*
frequent (freu-*kvènt*) *adj* fréquent
frequentie (freu-*kvèn*-tsii) *c* (pl ~s) fréquence *f*
fris (friss) *adj* frais
frisdrank (*friss*-drângk) *c* boisson non alcoolisée
frites (friit) *pl* pommes frites
fruit (freu[u]t) *nt* fruits
fuif (feu[u]f) *c* (pl fuiven) surprise-partie *f*
functie (*feunngk*-sii) *c* (pl ~s) fonction *f*
functioneren (feunngk-chôô-*néé*-reun) *v* fonctionner
fundamenteel (feunn-dââ-mèn-*téél*) *adj* fondamental
fusie (*fuu*-zii) *c* (pl ~s) fusion *f*
fysica (*fii*-zii-kââ) *c* physique *f*
fysiek (fii-*ziik*) *adj* physique
fysiologie (fii-zii-yôô-lôô-*gii*) *c* physiologie *f*

G

***gaan** (gâân) *v* se rendre, *aller; ~ **door** traverser
gaarne (*gââr*-neu) *adv* volontiers
gaas (gââss) *nt* gaze *f*
***gadeslaan** (*gââ*-deu-slâân) *v* observer
gal (gâl) *c* bile *f*
galblaas (*gâl*-blââss) *c* (pl -blazen) vésicule biliaire
galerij (gâ-leu-*rèï*) *c* (pl ~en) arcade *f*; galerie *f*
galg (gâlkh) *c* (pl ~en) gibet *m*
galop (gââ-*lop*) *c* galop *m*
galsteen (*gâl*-stéén) *c* (pl -stenen) calcul biliaire
gammel (*gâ*-meul) *adj* croulant, vacillant
gang (gâng) *c* (pl ~en) corridor *m*; allure *f*; plat *m*
gangbaar (*gâng*-bââr) *adj* courant
gangpad (*gâng*-pât) *nt* (pl ~en) passage *m*
gans (gâns) *c* (pl ganzen) oie *f*
gapen (*gââ*-peun) *v* bâiller
garage (gââ-*rââ*-jeu) *c* (pl ~s) garage *m*
garanderen (gââ-rân-*déé*-reun) *v* garantir
garantie (gââ-*rân*-tsii) *c* (pl ~s) garantie *f*
garderobe (gâr-deu-*roo*-beu) *c* (pl ~s) garde-robe *f*, vestiaire *m*
garen (*gââ*-reun) *nt* (pl ~s) fil *m*; **garen- en bandwinkel** mercerie *f*
garnaal (gâr-*nââl*) *c* (pl -nalen) crevette *f*
gas (gâss) *nt* (pl ~sen) gaz *m*
gasfabriek (*gâss*-fââ-briik) *c* (pl ~en) usine à gaz
gasfornuis (*gâss*-for-neu[u]ss) *nt* (pl -nuizen) cuisinière à gaz
gaskachel (*gâss*-kâ-kheul) *c* (pl ~s) fourneau à gaz
gaspedaal (*gâss*-peu-dââl) *nt* (pl -dalen) accélérateur *m*
gasstel (*gâ*-stèl) *nt* (pl ~len) cuisinière à gaz
gast (gâst) *c* (pl ~en) invité *m*
gastheer (*gâst*-héér) *c* (pl -heren) hôte *m*
gastvrij (gâst-*frèï*) *adj* hospitalier
gastvrijheid (gâst-*frèï*-hèït) *c* hospita-

lité *f*
gastvrouw (*gâst*-fraou) *c* (pl ~en) hôtesse *f*
gat (gât) *nt* (pl ~en) trou *m*
gauw (gaou) *adv* sous peu
gave (*gââ*-veu) *c* (pl ~n) talent *m*, don *m*
gazon (gââ-*zonn*) *nt* (pl ~s) pelouse *f*
geadresseerde (geu-â-drè-*séér*-deu) *c* (pl ~n) destinataire *m*
geaffecteerd (geu-â-fèk-*téért*) *adj* affecté
Geallieerden (geu-â-lii-*yéér*-deun) *pl* Alliés
gearmd (geu-*ârmt*) *adv* bras-dessus bras-dessous
gebaar (geu-*bââr*) *nt* (pl gebaren) geste *m*
gebak (geu-*bâk*) *nt* pâtisserie *f*
gebaren (geu-*bââ*-reun) *v* gesticuler
gebed (geu-*bèt*) *nt* (pl ~en) prière *f*
gebergte *nt* montagne *f*
gebeuren (geu-*beû*-reun) *v* se passer; arriver
gebeurtenis (geu-*beûr*-teu-niss) *c* (pl ~sen) événement *m*
gebied (geu-*biit*) *nt* (pl ~en) région *f*; zone *f*, domaine *m*, territoire *m*
geblokt (geu-*blokt*) *adj* à damiers
gebogen (geu-*bôô*-geun) *adj* courbé
geboorte (geu-*bôôr*-teu) *c* (pl ~n) naissance *f*
geboorteland (geu-*bôôr*-teu-lânt) *nt* pays natal
geboorteplaats (geu-*bôôr*-teu-plââts) *c* lieu de naissance
geboren (geu-*bôô*-reun) *adj* né
gebouw (geu-*baou*) *nt* (pl ~en) édifice *m*, construction *f*
gebrek (geu-*brèk*) *nt* (pl ~en) déficience *f*, défaut *m*; carence *f*, manque *m*
gebrekkig (geu-*brè*-keukh) *adj* défectueux, imparfait
gebruik (geu-*breu^{u}k*) *nt* (pl ~en) emploi *m*, usage *m*; habitude *f*
gebruikelijk (geu-*breu^{u}*-keu-leuk) *adj* usuel; habituel, ordinaire
gebruiken (geu-*breu^{u}*-keun) *v* employer; utiliser; se *servir de
gebruiker (geu-*breu^{u}*-keur) *c* (pl ~s) usager *m*
gebruiksaanwijzing (geu-*breu^{u}k*-sâân-vèï-zinng) *c* (pl ~en) mode d'emploi
gebruiksvoorwerp (geu-*breu^{u}ks*-fôôr-vèrp) *nt* (pl ~en) ustensile *m*
gebruind (geu-*breuunnt*) *adj* hâlé
gebrul (geu-*breul*) *nt* rugissement *m*
gecompliceerd (geu-komm-plii-*séért*) *adj* compliqué
gedachte (geu-*dâkh*-teu) *c* (pl ~n) pensée *f*
gedachtenstreepje (geu-*dâkh*-teu-stréép-yeu) *nt* (pl ~s) tiret *m*
gedeelte (geu-*déél*-teu) *nt* (pl ~n, ~s) part *f*
gedeeltelijk (geu-*déél*-teu-leuk) *adj* partiel; *adv* partiellement
gedelegeerde (geu-déé-leu-*géér*-deu) *c* (pl ~n) délégué *m*
gedenkteken (geu-*dèngk*-téé-keun) *nt* (pl ~s) mémorial *m*; monument *m*
gedenkwaardig (geu-dèngk-*vââr*-deukh) *adj* mémorable
gedetailleerd (geu-déé-tâ-*yéért*) *adj* détaillé
gedetineerde (geu-déé-tii-*néér*-deu) *c* (pl ~n) détenu *m*
gedicht (geu-*dikht*) *nt* (pl ~en) poème *m*
geding (geu-*dinng*) *nt* (pl ~en) procès *m*
gediplomeerd (geu-dii-plôô-*méért*) *adj* qualifié
gedrag (geu-*drâkh*) *nt* conduite *f*, comportement *m*
zich *gedragen (geu-*drââ*-geun) se *conduire, se comporter

geduld (geu-*deult*) *nt* patience *f*
geduldig (geu-*deul*-deukh) *adj* patient
gedurende (geu-*duu*-reunn-deu) *prep* durant; pendant
gedurfd (geu-*deurft*) *adj* téméraire
geel (géél) *adj* jaune
geelkoper (*géél*-kôô-peur) *nt* cuivre jaune
geelzucht (*géél*-zeukht) *c* jaunisse *f*
geëmailleerd (geu-éé-mâ-*yéért*) *adj* émaillé
geen (géén) *adj* aucun
geenszins (*géén*-sinns) *adv* en aucun cas
geest (géést) *c* (pl ~en) esprit *m*
geestelijk (*géé*-steu-leuk) *adj* spirituel, mental
geestelijke (*géé*-steu-leu-keu) *c* (pl ~n) ecclésiastique *m*
geestig (*géé*-steukh) *adj* spirituel
geeuwen (*géé^ou*-eun) *v* bâiller
gefluister (geu-*fleu^u*-steur) *nt* chuchotement *m*
gegadigde (geu-*gââ*-deukh-deu) *c* (pl ~n) candidat *m*
gegeneerd (geu-jeu-*néért*) *adj* gêné
gegeven (geu-*géé*-veun) *nt* (pl ~s) donnée *f*
gegrond (geu-*gronnt*) *adj* bien fondé
gehandicapt (geu-*hèn*-dii-kèpt) *adj* handicapé
geheel (geu-*héél*) *adj* entier, complet; *adv* complètement; *nt* ensemble *m*
geheelonthouder (geu-*héél*-onnt-haou-deur) *c* (pl ~s) antialcoolique *m*
geheim[1] (geu-*hèïm*) *adj* secret
geheim[2] (geu-*hèïm*) *nt* (pl ~en) secret *m*
geheimzinnig (geu-hèïm-*zi*-neukh) *adj* mystérieux
geheugen (geu-*heû*-geun) *nt* mémoire *f*
gehoor (geu-*hôôr*) *nt* ouïe *f*
gehoorzaam (geu-*hôôr*-zââm) *adj* obéissant
gehoorzaamheid (geu-*hôôr*-zââm-hèït) *c* obéissance *f*
gehoorzamen (geu-*hôôr*-zââ-meun) *v* obéir
gehorig (geu-*hôô*-reukh) *adj* sonore
gehucht (geu-*heukht*) *nt* (pl ~en) hameau *m*
geïnteresseerd (geu-inn-treu-*séért*) *adj* intéressé
geïsoleerd (geu-ii-zôô-*léért*) *adj* isolé
geit (gèït) *c* (pl ~en) chèvre *f*
geiteleer (*gèï*-teu-léér) *nt* chevreau *m*
gek[1] (gèk) *adj* fou
gek[2] (gèk) *c* (pl ~ken) idiot *m*
geklets (geu-*klèts*) *nt* bavardage *m*; radotage *m*
gekleurd (gheu-*kleûrt*) *adj* de couleur
gekraak (geu-*krââk*) *nt* craquement *m*
gekruid (geu-*kreu^ut*) *adj* épicé
gelaatstrek (geu-*lââts*-trèk) *c* (pl ~ken) trait du visage
gelach (geu-*lâkh*) *nt* rire *m*
geld (gèlt) *nt* argent *m*; **buitenlands** ~ monnaie étrangère; **contant** ~ argent comptant
geldbelegging (*gèlt*-beu-lè-ginng) *c* (pl ~en) investissement *m*
***gelden** (*gèl*-deun) *v* s'appliquer à
geldig (*ghèl*-deukh) *adj* valable
geldstuk (*gèlt*-steuk) *nt* (pl ~ken) pièce de monnaie
geleden (geu-*léé*-deun) il y a; **kort** ~ l'autre jour
geleerde (geu-*léér*-deu) *c* (pl ~n) érudit *m*, savant *m*
gelegen (geu-*lé*-geun) *adj* situé
gelegenheid (geu-*léé*-geun-hèït) *c* (pl -heden) occasion *f*
gelei (jeu-*lèï*) *c* (pl ~en) gelée *f*
geleidehond (geu-*lèï*-deu-honnt) *c* (pl ~en) chien d'aveugle
geleidelijk (geu-*lèï*-deu-leuk) *adj* graduel

gelijk (geu-*lèïk*) *adj* égal, pareil, semblable; ~ ***hebben** *avoir raison; ~ **maken** égaliser
gelijkenis (geu-*lèï*-keu-nıss) *c* (pl ~sen) ressemblance *f*, similitude *f*
gelijkgezind (geu-lèïk-kheu-*zınnt*) *adj* unanime
gelijkheid (geu-*lèïk*-hèït) *c* égalité *f*
gelijkstroom (geu-*lèïk*-strôôm) *c* courant continu
gelijktijdig (geu-lèïk-*tèï*-deukh) *adj* simultané
gelijkwaardig (geu-lèïk-*vâår*-deukh) *adj* équivalent
gelofte (geu-*lof*-teu) *c* (pl ~n) vœu *m*
geloof (geu-*lôôf*) *nt* croyance *f*; foi *f*
geloofwaardig (geu-lôôf-*vâår*-deukh) *adj* croyable
geloven (geu-*lôô*-veun) *v* *croire
geluid (geu-*leuᵘt*) *nt* (pl ~en) son *m*; bruit *m*
geluiddicht (geu-leuᵘ-*dıkht*) *adj* insonorisé
geluk (geu-*leuk*) *nt* bonheur *m*; chance *f*
gelukkig (geu-*leu*-keukh) *adj* heureux
gelukwens (geu-*leuk*-vèns) *c* (pl ~en) félicitation *m*
gelukwensen (geu-*leuk*-vèn-seun) *v* féliciter, complimenter
gemak (geu-*mâk*) *nt* aise *f*; aisance *f*; bien-être *m*
gemakkelijk (geu-*mâ*-keu-leuk) *adj* facile; commode
gematigd (geu-*mââ*-teukht) *adj* modéré
gember (*gèm*-beur) *c* gingembre *m*
gemeen (geu-*méén*) *adj* infâme, mesquin
gemeenschap (geu-*méén*-skhâp) *c* (pl ~pen) communauté *f*
gemeenschappelijk (geu-méén-*skhâ*-peu-leuk) *adj* commun
gemeente (geu-*méén*-teu) *c* (pl ~n, ~s) communauté *f*, congrégation *f*
gemeentebestuur (geu-*méén*-teu-beu-stuur) *nt* municipalité *f*
gemeentelijk (geu-*méén*-teu-leuk) *adj* municipal
gemêleerd (geu-mè-*léért*) *adj* mêlé
gemengd (geu-*mèngt*) *adj* mélangé; divers
gemiddeld (geu-*mı*-deult) *adj* moyen; *adv* en moyenne
gemiddelde (geu-*mı*-deul-deu) *nt* (pl ~n) moyenne *f*
gemis (geu-*mıss*) *nt* manque *m*
genade (geu-*nââ*-deu) *c* miséricorde *f*; clémence *f*
geneeskunde (geu-*nééss*-keunn-deu) *c* médecine *f*
geneeskundig (geu-nééss-*keunn*-deukh) *adj* médical
geneesmiddel (geu-*nééss*-mı-deul) *nt* (pl ~en) médicament *m*; remède *m*
genegen (geu-*néé*-geun) *adj* disposé
genegenheid (geu-*néé*-geun-hèït) *c* affection *f*
geneigd (geu-*nèïkht*) *adj* enclin
generaal (géé-neu-*rââl*) *c* (pl ~s) général *m*
generatie (géé-neu-*rââ*-tsii) *c* (pl ~s) génération *f*
generator (géé-neu-*rââ*-tor) *c* (pl ~en, ~s) générateur *m*
***genezen** (geu-*néé*-zeun) *v* guérir
genezing (geu-*néé*-zınng) *c* (pl ~en) guérison *f*
genie (jeu-*nii*) *nt* (pl ~ën) génie *m*
***genieten van** (geu-*nii*-teun) jouir de, *prendre plaisir
genoeg (geu-*noûkh*) *adv* assez; suffisant
genoegen (geu-*noû*-geun) *nt* (pl ~s) agrément *m*
genootschap (geu-*nôôt*-skhâp) *nt* (pl ~pen) association *f*
genot (geu-*not*) *nt* plaisir *m*; délice

m
geologie (géé-yôô-lôô-*gii*) *c* géologie *f*
gepast (geu-*past*) *adj* qui convient, approprié
gepensioneerd (geu-pèn-chôô-*néért*) *adj* retraité
geraamte (geu-*rââm*-teu) *nt* (pl ~n, ~s) squelette *m*
geraas (geu-*rââss*) *nt* grondement *m*
gerecht (geu-*rèkht*) *nt* (pl ~en) plat *m*; tribunal *m*
gerechtigheid (geu-*rèkh*-teukh-hèït) *c* justice *f*
gereed (geu-*réét*) *adj* prêt
gereedschap (geu-*réét*-skhâp) *nt* (pl ~pen) outil *m*
gereedschapskist (geu-*réét*-skhâps-kıst) *c* (pl ~en) boîte à outils
geregeld (geu-*réé*-geult) *adj* régulier
gereserveerd (geu-réé-zèr-*vé*ért) *adj* réservé
gerief (geu-*riif*) *nt* confort *m*
geriefelijk (geu-*rii*-feu-leuk) *adj* confortable, commode; pratique
gering (geu-*rınng*) *adj* menu; faible; **geringst** moindre
geroddel (geu-*ro*-deul) *nt* commérage *m*
gerst (gèrst) *c* orge *f*
gerucht (geu-*reukht*) *nt* (pl ~en) rumeur *f*
geruit (geu-*reu^u t*) *adj* à carreaux
gerust (geu-*reust*) *adj* confiant
geruststellen (geu-*reust*-stè-leun) *v* rassurer
gescheiden (geu-*skhèï*-deun) *adj* séparé
geschenk (geu-*skhèngk*) *nt* (pl ~en) don *m*, cadeau *m*
geschiedenis (geu-*skhii*-deu-nıss) *c* histoire *f*
geschiedkundig (geu-skhiit-*keunn*-deukh) *adj* historique
geschiedkundige (geu-skhiit-*keunn*-deu-geu) *c* (pl ~n) historien *m*
geschikt (geu-*skhıkt*) *adj* approprié, adéquat, convenable
geschil (geu-*skhıl*) *nt* (pl ~len) litige *m*
geslacht (geu-*slâkht*) *nt* (pl ~en) sexe *m*; genre *m*
geslachtsziekte (geu-*slâkht*-siik-teu) *c* (pl ~n, ~s) maladie vénérienne
gesloten (geu-*slôô*-teun) *adj* fermé
gesp (gèsp) *c* (pl ~en) boucle *f*
gespannen (geu-*spâ*-neun) *adj* tendu
gespierd (geu-*spiirt*) *adj* musclé
gespikkeld (geu-*spı*-keult) *adj* tacheté
gesprek (geu-*sprèk*) *nt* (pl ~ken) conversation *f*; **interlokaal** ~ appel interurbain; **lokaal** ~ communication locale
gestalte (geu-*stâl*-teu) *c* (pl ~n, ~s) stature *f*
gesticht (geu-*stıkht*) *nt* (pl ~en) asile *m*
gestorven (geu-*stor*-veun) *adj* décédé
gestreept (geu-*stréépt*) *adj* rayé
getal (geu-*tâl*) *nt* (pl ~len) nombre *m*
getij (geu-*tèï*) *nt* (pl ~en) marée *f*
getrouw (geu-*traou*) *adj* loyal
getuige (geu-*teu^u*-geu) *c* (pl ~n) témoin *m*
getuigen (geu-*teu^u*-geun) *v* témoigner
getuigschrift (geu-*teu^u kh*-skhrıft) *nt* (pl ~en) certificat *m*
getypt (geu-*tiipt*) *adj* dactylographié
geur (geûr) *c* (pl ~en) odeur *f*; parfum *m*
gevaar (geu-*vââr*) *nt* (pl -varen) danger *m*; péril *m*
gevaarlijk (geu-*vââr*-leuk) *adj* dangereux; périlleux
geval (geu-*vâl*) *nt* (pl ~len) cas *m*; **in elk** ~ quoiqu'il en soit, de toute façon; **in** ~ **van** en cas de
gevangene (geu-*vâ*-ngeu-neu) *c* (pl ~n) prisonnier *m*

gevangenis (geu-*vâ*-ngeu-nıss) *c* (pl ~sen) prison *f*
gevangenschap (geu-*vâ*-ngeun-skhâp) *c* emprisonnement *m*
gevarieerd (geu-vââ-rii-*yéért*) *adj* varié
gevecht (geu-*vèkht*) *nt* (pl ~en) combat *m*
gevel (*géé*-veul) *c* (pl ~s) façade *f*
geveltop (*géé*-veul-top) *c* (pl ~pen) pignon *m*
***geven** (*géé*-veun) *v* donner; ~ **om** prêter attention à
gevoel (geu-*voûl*) *nt* sensation *f*; impression *f*
gevoelig (geu-*voû*-leukh) *adj* sensible
gevoelloos (geu-*voû*-lôôss) *adj* engourdi
gevogelte (geu-*vôô*-geul-teu) *nt* volaille *f*
gevolg (geu-*volkh*) *nt* (pl ~en) effet *m*, conséquence *f*; résultat *m*; **ten gevolge van** en raison de
gevolgtrekking (geu-*volkh*-trè-kınng) *c* (pl ~en) conclusion *f*
gevorderd (geu-*vor*-deurt) *adj* avancé
gevuld (geu-*veult*) *adj* farci
gewaad (geu-*vâât*) *nt* (pl gewaden) robe *f*
gewaagd (geu-*vââkht*) *adj* dangereux
gewaarwording (geu-*vâår*-vor-dınng) *c* (pl ~en) perception *f*; impression *f*
gewapend (geu-*vââ*-peunnt) *adj* armé
geweer (geu-*véér*) *nt* (pl geweren) fusil *m*
gewei (geu-*vèï*) *nt* (pl ~en) andouiller *m*
geweld (geu-*vèlt*) *nt* violence *f*; force *f*
gewelddaad (geu-*vèl*-dâât) *c* (pl -daden) outrage *m*
gewelddadig (geu-vèl-*dââ*-deukh) *adj* violent
geweldig (geu-*vèl*-deukh) *adj* formidable; immense
gewelf (geu-*vèlf*) *nt* (pl gewelven) voûte *f*
gewend (geu-*vènt*) *adj* habitué
gewest (geu-*vèst*) *nt* (pl ~en) province *f*
geweten (geu-*véé*-teun) *nt* conscience *f*
gewicht (geu-*vıkht*) *nt* (pl ~en) poids *m*
gewichtig (geu-*vıkh*-teukh) *adj* important
gewillig (geu-*vı*-leukh) *adj* coopérant
gewond (geu-*vonnt*) *adj* blessé
gewoon (geu-*vôôn*) *adj* normal, habituel; commun, ordinaire; coutumier; accoutumé; ~ ***zijn** *être habitué à; *avoir l'habitude de
gewoonlijk (geu-*vôôn*-leuk) *adj* ordinaire; *adv* généralement, habituellement
gewoonte (geu-*vôôn*-teu) *c* (pl ~n, ~s) habitude *f*; coutume *f*
gewoonweg (geu-*vôôn*-vèkh) *adv* simplement
gewricht (geu-*vrıkht*) *nt* (pl ~en) articulation *f*
gezag (geu-*zâkh*) *nt* autorité *f*
gezagvoerder (geu-*zâkh*-foûr-deur) *c* (pl ~s) commandant *m*
gezamenlijk (geu-*zââ*-meu-leuk) *adj* conjoint
gezang (geu-*zâng*) *nt* (pl ~en) hymne *m*
gezant (geu-*zânt*) *c* (pl ~en) envoyé *m*
gezellig (geu-*zè*-leukh) *adj* confortable
gezelschap (geu-*zèl*-skhâp) *nt* (pl ~pen) compagnie *f*
gezet (geu-*zèt*) *adj* gros; obèse
gezicht (geu-*zıkht*) *nt* (pl ~en) visage *m*; vue *f*
gezichtscrème (geu-*zıkhts*-krèèm) *c* (pl ~s) crème de beauté
gezichtsmassage (geu-*zıkhts*-mâ-sââ-

jeu) *c* (pl ~s) massage facial
gezichtspoeder (geu-*zıkhts*-poû-deur) *nt/c* (pl ~s) poudre de riz
gezien (geu-*ziin*) *prep* vu
gezin (geu-*zınn*) *nt* (pl ~nen) famille *f*
gezond (geu-*zonnt*) *adj* sain
gezondheid (geu-*zonnt*-hèït) *c* santé *f*
gezondheidsattest (geu-*zonnt*-hèïts-â-tèst) *nt* (pl ~en) certificat médical
gezwel (geu-*zvèl*) *nt* (pl ~len) tumeur *f*
gids (gıts) *c* (pl ~en) guide *m*
giechelen (*gii*-kheu-leun) *v* glousser
gier (giir) *c* (pl ~en) vautour *m*
gierig (*gii*-reukh) *adj* avare; mesquin
***gieten** (*gii*-teun) *v* verser
gietijzer (*gii*-tèï-zeur) *nt* fonte *f*
gift (gıft) *c* (pl ~en) donation *f*
giftig (*gıf*-teukh) *adj* vénéneux
gijzelaar (*gèï*-zeu-lââr) *c* (pl ~s) otage *m*
gil (gıl) *c* (pl ~len) cri *m*, cri aigu
gillen (*gı*-leun) *v* hurler, pousser des cris
ginds (gınns) *adv* là-bas
gips (gıps) *nt* plâtre *m*
gissen (*gı*-seun) *v* supposer
gissing (*gı*-sınng) *c* (pl ~en) conjecture *f*
gist (gıst) *c* levure *f*
gisten (*gıss*-teun) *v* fermenter
gisteren (*gıss*-teu-reun) *adv* hier
gitaar (gii-*tââr*) *c* (pl -taren) guitare *f*
glad (glât) *adj* glissant; lisse
glans (glâns) *c* lustre *m*
glanzen (*glân*-zeun) *v* briller; **glanzend** luisant
glas (glâss) *nt* (pl glazen) verre *m*; **gebrandschilderd** ~ verre de couleur
glazen (*glââ*-zeun) *adj* de verre
gletsjer (*glèt*-cheur) *c* (pl ~s) glacier *m*
gleuf (gleûf) *c* (pl gleuven) fente *f*
glibberig (*glı*-beu-reukh) *adj* glissant
glijbaan (*glèï*-bâân) *c* (pl -banen) toboggan *m*
***glijden** (*glèï*-deun) *v* glisser
glimlach (*glımm*-lâkh) *c* sourire *m*
glimlachen (*glımm*-lâ-kheun) *v* *sourire
glimp (glımmp) *c* coup d'œil
globaal (glôô-*bââl*) *adj* global
gloed (gloût) *c* éclat *m*
gloeien (*gloûï*-eun) *v* briller
gloeilamp (*gloûï*-lâmp) *c* (pl ~en) ampoule *f*
glooien (*glôôï*-eun) *v* décliner
glooiing (*glôôï*-ınng) *c* (pl ~en) pente *f*
glorie (*glôô*-rii) *c* gloire *f*
gluren (*gluu*-reun) *v* épier
gobelin (gôô-beu-*lin*) *c* (pl ~s) tapisserie *f*
god (got) *c* (pl ~en) dieu *m*
goddelijk (*go*-deu-leuk) *adj* divin
godin (gôô-*dınn*) *c* (pl ~nen) déesse *f*
godsdienst (*gots*-diinst) *c* (pl ~en) religion *f*
godsdienstig (gots-*diin*-steukh) *adj* religieux
goed (goût) *adj* bon; correct, juste; *adv* bien; **goed**! bien!
goederen (*goû*-deu-reun) *pl* biens *mpl*
goederentrein (*goû*-deu-reun-trèïn) *c* (pl ~en) train de marchandises
goedgelovig (goût-kheu-*lôô*-veukh) *adj* crédule
goedgestemd (goût-kheu-*stèmt*) *adj* de bonne humeur
goedhartig (goût-*hâr*-teukh) *adj* de bon caractère
goedkeuren (*goût*-keû-reun) *v* approuver
goedkeuring (*goût*-keu-rınng) *c* (pl ~en) approbation *f*
goedkoop (goût-*kôôp*) *adj* bon marché

gok (gok) *c* hasard *m*
golf[1] (golf) *c* (pl golven) ondulation *f*, vague *f*; golfe *m*
golf[2] (golf) *nt* golf *m*
golfbaan (*golf*-bâân) *c* (pl -banen) terrain de golf
golfclub (*golf*-kleup) *c* (pl ~s) club de golf
golflengte (*golf*-lèng-teu) *c* (pl ~n, ~s) longueur d'onde
golvend (*gol*-veunnt) *adj* ondulé
gom (gomm) *c/nt* (pl ~men) gomme *f*
gondel (*gonn*-deul) *c* (pl ~s) gondole *f*
goochelaar (*gôô*-kheu-lââr) *c* (pl ~s) prestidigitateur *m*
gooi (gôôï) *c* (pl ~en) lancement *m*
gooien (*gôôï*-eun) *v* lancer
goot (gôôt) *c* (pl goten) caniveau *m*
gootsteen (*gôôt*-stéén) *c* (pl -stenen) évier *m*
gordijn (gor-*dèïn*) *nt* (pl ~en) rideau *m*
gorgelen (*gor*-geu-leun) *v* se gargariser
goud (gaout) *nt* or *m*
gouden (*gaou*-deun) *adj* en or
goudmijn (*gaout*-mèïn) *c* (pl ~en) mine d'or
goudsmid (*gaout*-smit) *c* (pl -smeden) orfèvre *m*
gouvernante (goû-veur-*nân*-teu) *c* (pl ~s) gouvernante *f*
gouverneur (goû-veur-*neûr*) *c* (pl ~s) gouverneur *m*
graad (grâât) *c* (pl graden) degré *m*; grade *m*
graaf (grââf) *c* (pl graven) comte *m*
graafschap (*grââf*-skhâp) *nt* (pl ~pen) comté *m*
graag (grââkh) *adv* avec plaisir, volontiers
graan (grâân) *nt* (pl granen) céréale *f*, blé *m*
graat (grâât) *c* (pl graten) arête *f*
gracht (grâkht) *c* (pl ~en) canal *m*; douve *f*
graf (grâf) *nt* (pl graven) tombe *f*
grafiek (grââ-*fiik*) *c* (pl ~en) diagramme *m*, graphique *m*
grafisch (*grââ*-fiiss) *adj* graphique
grafsteen (*grâf*-stéén) *c* (pl -stenen) pierre tombale
gram (grâm) *nt* (pl ~men) gramme *m*
grammatica (grâ-*mââ*-tii-kââ) *c* grammaire *f*
grammaticaal (grâ-mââ-tii-*kââl*) *adj* grammatical
grammofoon (grâ-môô-*fôôn*) *c* (pl ~s) phonographe *m*
grammofoonplaat (grâ-môô-*fôôn*-plâât) *c* (pl -platen) disque *m*
graniet (grââ-*niit*) *nt* granit *m*
grap (grâp) *c* (pl ~pen) plaisanterie *f*
grappig (*grâ*-peukh) *adj* amusant, comique
gras (grâss) *nt* herbe *f*
grasspriet (*grâss*-spriit) *c* (pl ~en) brin d'herbe
grasveld (*grâss*-fèlt) *nt* (pl ~en) gazon *m*
gratie (*grââ*-tsii) *c* grâce *f*
gratis (*grââ*-teuss) *adv* gratuit
grauw (graou) *adj* gris
***graven** (*grââ*-veun) *v* creuser
graveren (grââ-*véé*-reun) *v* graver
graveur (grââ-*veûr*) *c* (pl ~s) graveur *m*
gravin (grââ-*vinn*) *c* (pl ~nen) comtesse *f*
gravure (grââ-*vuu*-reu) *c* (pl ~s, ~n) gravure *f*
grazen (*grââ*-zeun) *v* *paître
greep (grééep) *c* (pl grepen) étreinte *f*; prise *f*
grendel (*grèn*-deul) *c* (pl ~s) verrou *m*

grens (grèns) *c* (pl grenzen) frontière *f*; limite *f*
grenzeloos (*grèn*-zeu-lôôss) *adj* illimité
greppel (*grè*-peul) *c* (pl ~s) fossé *m*
Griek (griik) *c* (pl ~en) Grec *m*
Griekenland (*grii*-keun-lânt) Grèce *f*
Grieks (griiks) *adj* grec
griep (griip) *c* grippe *f*
griet (griit) *c* (pl ~en) barbue *f*
griezelig (*grii*-zeu-leukh) *adj* inquiétant, terrifiant
grijns (grèïns) *c* sourire forcé
***grijpen** (*grèï*-peun) *v* saisir
grijs (grèïss) *adj* gris
gril (grıl) *c* (pl ~len) lubie *f*, caprice *m*
grill (grıl) *c* (pl ~s) grill *m*
grillroom (*grıl*-roûm) *c* (pl ~s) rôtisserie *f*
grind (grınnt) *nt* gravier *m*
grinniken (*grı*-neu-keun) *v* glousser
groef (groûf) *c* (pl groeven) sillon *m*
groei (groûï) *c* croissance *f*
groeien (*groûï*-eun) *v* grandir
groen (groûn) *adj* vert
groente *c* (pl ~n, ~s) légumes *mpl*, légume *m*
groenteboer (*groûn*-teu-boûr) *c* (pl ~en) marchand de légumes
groep (groûp) *c* (pl ~en) groupe *m*; bande *f*
groet (groût) *c* (pl ~en) salutation *f*
groeten (*groû*-teun) *v* saluer
groeve (*groû*-veu) *c* (pl ~n) mine *f*
grof (grof) *adj* grossier
grommen (*gro*-meun) *v* grogner
grond (gronnt) *c* sol *m*; **begane ~** rez-de-chaussée *m*
grondig (*gronn*-deukh) *adj* minutieux
grondslag (*gronnt*-slâkh) *c* (pl ~en) base *f*, fondement *m*
grondstof (*gronnt*-stof) *c* (pl ~fen) matière première
grondwet (*gronnt*-vèt) *c* (pl ~ten) constitution *f*
groot (grôôt) *adj* grand; vaste; **grootst** majeur; **groter** majeur
***grootbrengen** (*grôôt*-brè-ngeun) *v* élever
Groot-Brittannië (grôôt-brı-*tâ*-nii-yeu) Grande-Bretagne *f*
groothandel (*grôôt*-hân-deul) *c* vente en gros
grootmoeder (*grôôt*-moû-deur) *c* (pl ~s) grand-mère *f*
grootouders (*grôôt*-aou-deurs) *pl* grands-parents *mpl*
groots (grôôts) *adj* sublime, grandiose
grootte (*grôô*-teu) *c* (pl ~n, ~s) taille *f*
grootvader (*grôôt*-fââ-deur) *c* (pl ~s) grand-père *m*
gros (gross) *nt* (pl ~sen) grosse *f*
grossier (gro-*siir*) *c* (pl ~s) grossiste *m*
grot (grot) *c* (pl ~ten) grotte *f*
gruis (greu[u]ss) *nt* gravillon *m*
gruwelijk (*gruu*-veu-leuk) *adj* atroce
gul (geul) *adj* large
gulp (geulp) *c* (pl ~en) braguette *f*
gulzig (*geul*-zeukh) *adj* gourmand
gunnen (*geu*-neun) *v* accorder
gunst (geunnst) *c* (pl ~en) faveur *f*
gunstig (*geunn*-steukh) *adj* favorable
guur (guur) *adj* rude
gymnast (gımm-*nâst*) *c* (pl ~en) gymnaste *m*
gymnastiek (gımm-nâss-*tiik*) *c* gymnastique *f*
gymnastiekbroek (gımm-nâss-*tiik*-broûk) *c* (pl ~en) culotte de gymnastique
gymnastiekzaal (gımm-nâss-*tiik*-sââl) *c* (pl -zalen) gymnase *m*
gymschoenen (*gımm*-skhoû-neun) *pl* chaussures de gymnastique, chaussures de basket

gynaecoloog (gii-néé-kôô-*lôôkh*) *c* (pl -logen) gynécologue *m*

H

haai (hââï) *c* (pl ~en) requin *m*
haak (hââk) *c* (pl haken) crochet *m*; **tussen twee haakjes** à propos
haalbaar (*hââl*-bââr) *adj* faisable, réalisable
haan (hâân) *c* (pl hanen) coq *m*
haar[1] (hââr) *nt* (pl haren) cheveu *m*
haar[2] (hââr) *pron* son; lui; la *art/pron*
haarborstel (*hââr*-bor-steul) *c* (pl ~s) brosse à cheveux
haarcrème (*hââr*-krèèm) *c* (pl ~s) crème capillaire
haard (hâârt) *c* (pl ~en) cheminée *f*
haardroger (*hââr*-drôô-geur) *c* (pl ~s) sèche-cheveux *m*
haarlak (*hââr*-lâk) *c* (pl ~ken) laque capillaire
haarnetje (*hââr*-nè-tyeu) *nt* (pl ~s) résille *f*
haarolie (*hââr*-ôô-lii) *c* huile capillaire
haarspeld (*hââr*-spèlt) *c* (pl ~en) épingle à cheveux, pince à cheveux
haarstukje (*hââr*-steu-kyeu) *nt* (pl ~s) postiche *m*
haartonic (*hââr*-to-nık) *c* tonique capillaire
haarversteviger (*hââr*-veur-stéé-veu-geur) *c* fixateur *m*
haas (hââss) *c* (pl hazen) lièvre *m*
haast[1] (hââst) *adv* presque, à peu près
haast[2] (hââst) *c* hâte *f*
zich haasten (*hââss*-teun) se hâter, se presser
haastig (*hââss*-teukh) *adj* précipité; *adv* en vitesse
haat (hâât) *c* haine *f*
hachelijk (*hâ*-kheu-leuk) *adj* précaire
hagel (*hââ*-geul) *c* grêle *f*
hak (hâk) *c* (pl ~ken) talon *m*
haken (*hââ*-keun) *v* *faire du crochet
hakken (*ha*-keun) *v* hacher
hal (hâl) *c* (pl ~len) vestibule *m*
halen (*hââ*-leun) *v* *aller prendre, apporter; réussir; attraper; ***laten** ~ *faire venir
half (hâlf) *adj* demi; semi-; *adv* à moitié
hallo! (hâ-*lôô*) bonjour!
hals (hâls) *c* (pl halzen) gorge *f*; cou *m*
halsband (*hâls*-bânt) *c* (pl ~en) collier *m*
halsketting (*hâls*-kè-tınng) *c* (pl ~en) collier *m*
halt! (hâlt) stop!
halte (*hâl*-teu) *c* (pl ~n, ~s) arrêt *m*
halveren (hâl-*véé*-reun) *v* diviser en deux
halverwege (*hâl*-veur-véé-geu) *adv* à mi-chemin
ham (hâm) *c* (pl ~men) jambon *m*
hamer (*hââ*-meur) *c* (pl ~s) marteau *m*; **houten** ~ maillet *m*
hand (hânt) *c* (pl ~en) main *f*; **hand-** manuel; **met de** ~ **gemaakt** fait à la main
handbagage (*hânt*-bâ-gââ-jeu) *c* bagage à main
handboeien (*hânt*-boûï-eun) *pl* menottes *fpl*
handboek (*hânt*-boûk) *nt* (pl ~en) manuel *m*
handcrème (*hânt*-krèèm) *c* (pl ~s) crème pour les mains
handdoek (*hân*-doûk) *c* (pl ~en) serviette *f*
handdruk (*hân*-dreuk) *c* poignée de main
handel (*hân*-deul) *c* commerce *m*; ~ ***drijven** *faire du commerce; **han-**

dels- commercial
handelaar (*hân*-deu-lââr) *c* (pl ~s, -laren) marchand *m*, commerçant *m*
handelen (*hân*-deu-leun) *v* agir
handeling (*hân*-deu-linng) *c* (pl ~en) action *f*; intrigue *f*
handelsmerk (*hân*-deuls-mèrk) *nt* (pl ~en) marque de fabrique
handelsrecht (*hân*-deuls-rèkht) *nt* droit commercial
handelswaar (*hân*-deuls-vââr) *c* marchandise *f*
handenarbeid (*hân*-deu-nâr-bèït) *c* travail manuel
handhaven (*hânt*-hââ-veun) *v* *maintenir
handig (*hân*-deukh) *adj* commode
handkoffertje (*hânt*-ko-feur-tyeu) *nt* (pl ~s) mallette *f*
handpalm (*hânt*-pâlm) *c* (pl ~en) paume *f*
handrem (*hânt*-rèm) *c* (pl ~men) frein à main
handschoen (*hânt*-skhoûn) *c* (pl ~en) gant *m*
handschrift (*hânt*-skhrift) *nt* (pl ~en) écriture *f*
handtas (*hân*-tâss) *c* (pl ~sen) sac à main
handtekening (*hân*-téé-keu-ninng) *v* (pl ~en) signature *f*
handvat (*hânt*-fât) *nt* (pl ~ten) poignée *f*
handvol (*hânt*-fol) *c* poignée *f*
handwerk (*hânt*-vèrk) *nt* travail artisanal, artisanat *m*; travail à l'aiguille
hangbrug (*hâng*-breukh) *c* (pl ~gen) pont suspendu
***hangen** (*hâ*-ngeun) *v* pendre
hangmat (*hâng*-mât) *c* (pl ~ten) hamac *m*
hangslot (*hâng*-slot) *nt* (pl ~en) cadenas *m*
hanteerbaar (hân-*téér*-bââr) *adj* maniable
hanteren (hân-*téé*-reunn) *v* manipuler
hap (hâp) *c* (pl ~pen) bouchée *f*
hard (hârt) *adj* dur; fort
harddraverij (hâr-drââ-veu-*rèï*) *c* (pl ~en) course de chevaux
hardnekkig (hârt-*nè*-keukh) *adj* opiniâtre, obstiné, têtu
hardop (hârt-*op*) *adv* à haute voix
harig (*hââ*-reukh) *adj* chevelu
haring (*hââ*-rinng) *c* (pl ~en) hareng *m*
hark (hârk) *c* (pl ~en) râteau *m*
harmonie (har-môô-*nii*) *c* harmonie *f*
harnas (*hâr*-nâss) *nt* (pl ~sen) armure *f*
harp (hârp) *c* (pl ~en) harpe *f*
hars (hârs) *nt/c* résine *f*
hart (hârt) *nt* (pl ~en) cœur *m*
hartaanval (*hâr*-tâân-vâl) *c* (pl ~len) crise cardiaque
hartelijk (*hâr*-teu-leuk) *adj* cordial
harteloos (*hâr*-teu-lôôss) *adj* insensible
hartklopping (*hârt*-klo-pinng) *c* (pl ~en) palpitation *f*
hartstocht (*hârts*-tokht) *c* passion *f*
hartstochtelijk (hârts-*tokh*-teu-leuk) *adj* passionné
hatelijk (*hââ*-teu-leuk) *adj* malveillant
haten (*hââ*-teun) *v* *haïr
haven (*hââ*-veun) *c* (pl ~s) port *m*
havenarbeider (*hââ*-veun-âr-bèï-deur) *c* (pl ~s) docker *m*
haver (*hââ*-veur) *c* avoine *f*
havik (*hââ*-vik) *c* (pl ~en) faucon *m*
hazelnoot (*hââ*-zeul-nôôt) *c* (pl -noten) noisette *f*
hazewind (hââ-zeu-*vinnt*) *c* (pl ~en) lévrier *m*
***hebben** (*hè*-beun) *v* *avoir
Hebreeuws (héé-*bréé*^ou^*ss*) *nt* hébreu *m*

hebzucht (*hèp*-seukht) *c* cupidité *f*
hebzuchtig (hèp-*seukh*-teukh) *adj* cupide
hechten (*hèkh*-teun) *v* attacher; suturer
hechtenis (*hèkh*-teu-niss) *c* détention *f*
hechting (*hèkh*-tinng) *c* (pl ~en) suture *f*
hechtpleister (*hèkht*-plèï-steur) *c* (pl ~s) sparadrap *m*
heden (*héé*-deun) *nt* présent *m*
hedendaags (*héé*-deun-dââkhs) *adj* contemporain
heel (héél) *adj* tout, entier; intact; *adv* très
heelal (héé-*lâl*) *nt* univers *m*
heelhuids (*héél*-heu^{u}ts) *adj* indemne
***heengaan** (*hééng*-gâân) *v* s'en *aller
heer (héér) *c* (pl heren) monsieur *m*
heerlijk (*héér*-leuk) *adj* délicieux
heerschappij (héér-skhâ-*pèï*) *c* (pl ~en) règne *m*
heersen (*héér*-seun) *v* régner
heerser (*héér*-seur) *c* (pl ~s) dirigeant *m*
hees (hééss) *adj* enroué
heet (héét) *adj* chaud
hefboom (*hèf*-bôôm) *c* (pl -bomen) levier *m*
***heffen** (*hè*-feun) *v* prélever
heftig (*hèf*-teukh) *adj* violent
heg (hèkh) *c* (pl ~gen) haie *f*
heide (*hèï*-deu) *c* (pl ~n) lande *f*; bruyère *f*
heiden (*hèï*-deun) *c* (pl ~en) païen *m*
heidens (*hèï*-deuns) *adj* païen
heiig (*hèï*-eukh) *adj* brumeux
heilbot (*hèïl*-bot) *c* (pl ~ten) flétan *m*
heilig (*hèï*-leukh) *adj* sacré
heiligdom (*hèï*-leukh-domm) *nt* (pl ~men) sanctuaire *m*
heilige (*hèï*-leu-geu) *c* (pl ~n) saint *m*
heiligschennis (*hèï*-leukh-skhè-neuss) *c* sacrilège *m*
heimwee (*hèïm*-véé) *nt* mal du pays
hek (hèk) *nt* (pl ~ken) barrière *f*; grille *f*; rampe *f*
hekel (*héé*-keul) *c* aversion *f*; **een ~ *hebben aan** détester
heks (hèks) *c* (pl ~en) sorcière *f*
hel (hèl) *c* enfer *m*
helaas (héé-*lââss*) *adv* hélas
held (hèlt) *c* (pl ~en) héros *m*
helder (*hèl*-deur) *adj* clair; brillant
heleboel (héé-leu-*boûl*) *c* abondance *f*
helemaal (*héé*-leu-mââl) *adv* entièrement; tout à fait; du tout
helft (hèlft) *c* (pl ~en) moitié *f*
hellen (*hè*-leun) *v* s'incliner; **hellend** en pente
helling (*hè*-linng) *c* (pl ~en) versant *m*; coteau *m*; inclinaison *f*, pente *f*
helm (hèlm) *c* (pl ~en) casque *m*
***helpen** (*hèl*-peun) *v* aider; assister
helper (*hèl*-peur) *c* (pl ~s) aide *m*
hem (hèm) *pron* lui; le
hemd (hèmt) *nt* (pl ~en) chemise *f*; tricot de corps
hemel (*héé*-meul) *c* (pl ~s, ~en) ciel *m*
hen[1] (hèn) *pron* leur; les *art/pron*
hen[2] (hèn) *c* (pl ~nen) poule *f*
hendel (*hèn*-deul) *c* (pl ~s) levier *m*
hengel (*hè*-ngeul) *c* (pl ~s) canne à pêche
hengelen (*hè*-ngeu-leun) *v* pêcher à la ligne, pêcher
hennep (*hè*-neup) *c* chanvre *m*
herberg (*hèr*-bèrkh) *c* (pl ~en) auberge *f*, taverne *f*
herbergen (*hèr*-bèr-geun) *v* loger
herbergier (hèr-bèr-*giir*) *c* (pl ~s) aubergiste *m*
herdenking (hèr-*dèng*-kinng) *c* (pl ~en) commémoration *f*
herder (*hèr*-deur) *c* (pl ~s) berger *m*
herenhuis (*héé*-reun-heu^{u}ss) *nt* (pl

-huizen) manoir *m*
herenigen (hè-*réé*-neu-geun) *v* réunir
herentoilet (*héé*-reun-tvâ-lèt) *nt* (pl ~ten) toilettes pour hommes
herfst (hèrfst) *c* automne *m*
herhalen (hèr-*hââ*-leun) *v* répéter
herhaling (hèr-*hââ*-linng) *c* (pl ~en) répétition *f*
herinneren (hè-*ri*-neu-reun) *v* rappeler; **zich** ~ se rappeler, se *souvenir
herinnering (hè-*ri*-neu-rinng) *c* (pl ~en) souvenir *m*; mémoire *f*
herkennen (hèr-*kè*-neun) *v* *reconnaître
herkomst (*hèr*-kommst) *c* provenance *f*
hernia (*hèr*-nii-yââ) *c* hernie *f*
herrie (*hè*-rii) *c* fracas *m*; chichi *m*
***herroepen** (hè-*roû*-peun) *v* révoquer
hersenen (*hèr*-seu-neun) *pl* cerveau *m*
hersenschudding (*hèr*-seun-skheu-dinng) *c* (pl ~en) commotion *f*
herstel (hèr-*stèl*) *nt* réparation *f*; guérison *f*; reprise *f*
herstellen (hèr-*stè*-leun) *v* réparer; **zich** ~ se *remettre
hert (hèrt) *nt* (pl ~en) daim *m*
hertog (*hèr*-tokh) *c* (pl ~en) duc *m*
hertogin (hèr-tôô-*ginn*) *c* (pl ~nen) duchesse *f*
hervatten (hèr-*vâ*-teun) *v* *reprendre, recommencer
***herzien** (hèr-*ziin*) *v* reviser
herziening (hèr-*zii*-ninng) *c* (pl ~en) révision *f*
het (hèt, eut) *pron* le
***heten** (*héé*-teun) *v* s'appeler
heteroseksueel (héé-teu-rôô-sèk-suu-*véél*) *adj* hétérosexuel
hetzij ... **hetzij** (hèt-*sèï*) ou ... ou
heup (heûp) *c* (pl ~en) hanche *f*
heuvel (*heû*-veul) *c* (pl ~s) colline *f*; butte *f*
heuvelachtig (*heû*-veu-lâkh-teukh) *adj* accidenté
heuveltop (*heû*-veul-top) *c* (pl ~pen) sommet de colline
hevig (*héé*-veukh) *adj* violent, intense; vif
hiel (hiil) *c* (pl ~en) talon *m*
hier (hiir) *adv* ici
hiërarchie (hii-yeu-râr-*khii*) *c* (pl ~ën) hiérarchie *f*
hij (hèï) *pron* il
hijgen (*hèï*-geun) *v* haleter
***hijsen** (*hèï*-seun) *v* hisser
hijskraan (*hèïss*-krâân) *c* (pl -kranen) grue *f*
hik (hik) *c* hoquet *m*
hinderen (*hinn*-deu-reun) *v* gêner; tracasser
hinderlaag (*hinn*-deur-lââkh) *c* (pl -lagen) embuscade *f*
hinderlijk (*hinn*-deur-leuk) *adj* ennuyeux
hindernis (*hinn*-deur-niss) *c* (pl ~sen) obstacle *m*
hinken (*hinng*-keun) *v* boiter
historisch (hii-*stôô*-riiss) *adj* historique
hit (hit) *c* (pl ~s) succès *m*
hitte (*hi*-teu) *c* chaleur *f*
hobbelig (*ho*-beu-leukh) *adj* cahoteux
hobby (*ho*-bii) *c* (pl ~'s) passe-temps *m*
hockey (*ho*-kii) *nt* hockey *m*
hoe (hoû) *adv* comment; ~ ... **hoe** plus ... plus; ~ **dan ook** n'importe comment; de toute façon
hoed (hoût) *c* (pl ~en) chapeau *m*
hoede (*hoû*-deu) *c* garde *f*
zich hoeden (*hoû*-deun) *prendre garde
hoef (hoûf) *c* (pl hoeven) sabot *m*
hoefijzer (*hoûf*-èï-zeur) *nt* (pl ~s) fer à cheval
hoek (hoûk) *c* (pl ~en) coin *m*; angle *m*

hoer (hoûr) *c* (pl ~en) putain *f*
hoes (hoûss) *c* (pl hoezen) housse *f*
hoest (hoûst) *c* toux *f*
hoesten (*hoûss*-teun) *v* tousser
hoeveel (*hoû*-véél) *pron* combien
hoeveelheid (hoû-*véél*-hèït) *c* (pl -heden) quantité *f*
hoeven (*hoû*-veun) *v* *falloir
hoewel (hoû-*vèl*) *conj* bien que
hof (hof) *nt* (pl hoven) cour *f*
hoffelijk (*ho*-feu-leuk) *adj* courtois
hokje (*ho*-kyeu) *nt* (pl ~s) cabine *f*
hol[1] (hol) *nt* (pl ~en) tanière *f*; caverne *f*
hol[2] (hol) *adj* creux
Holland (*ho*-lânt) Hollande *f*
Hollander (*ho*-lân-deur) *c* (pl ~s) Hollandais *m*
Hollands (*ho*-lânts) *adj* hollandais
holte (*hol*-teu) *c* (pl ~s, ~n) cavité *f*
homoseksueel (hôô-môô-sèk-suu-*véél*) *adj* homosexuel
hond (honnt) *c* (pl ~en) chien *m*
hondehok (*honn*-deu-hok) *nt* (pl ~ken) chenil *m*
honderd (*honn*-deurt) *num* cent
hondsdolheid (honnts-*dol*-hèït) *c* rage *f*
Hongaar (honng-*gââr*) *c* (pl -garen) Hongrois *m*
Hongaars (honng-*gâârs*) *adj* hongrois
Hongarije (honng-gââ-*rèï*-eu) Hongrie *f*
honger (*ho*-ngeur) *c* faim *f*
hongerig (*ho*-ngeu-reukh) *adj* affamé
honing (*hôô*-ninng) *c* miel *m*
honkbal (*honngk*-bâl) *nt* base-ball *m*
honorarium (hôô-nôô-*rââ*-rii-yeumm) *nt* (pl -ria) honoraires *mpl*
hoofd (hôôft) *nt* (pl ~en) tête *f*; **het ~ *bieden aan** affronter; **hoofd-** primordial, principal; essentiel; **over het ~ *zien** ignorer; **uit het ~ leren** *apprendre par cœur
hoofdkussen (*hôôft*-keu-seun) *nt* (pl ~s) oreiller *m*
hoofdkwartier (*hôôft*-kvâr-tiir) *nt* (pl ~en) quartier général
hoofdleiding (*hôôft*-lèï-dinng) *c* (pl ~en) secteur *m*
hoofdletter (*hôôft*-lè-teur) *c* (pl ~s) majuscule *f*
hoofdlijn (*hôôft*-lèïn) *c* (pl ~en) ligne principale
hoofdonderwijzer (*hôôft*-onn-deur-vèï-zeur) *c* (pl ~s) directeur d'école
hoofdpijn (*hôôft*-pèïn) *c* mal de tête
hoofdstad (*hôôft*-stât) *c* (pl -steden) capitale *f*
hoofdstraat (*hôôft*-strâât) *c* (pl -straten) rue principale, artère *f*
hoofdweg (*hôôft*-vèkh) *c* (pl ~en) route principale
hoofdzakelijk (hôôft-*sââ*-keu-leuk) *adv* principalement
hoog (hôôkh) *adj* haut; **hoger** supérieur; **hoogst** premier, extrême
hooghartig (hôôkh-*hâr*-teukh) *adj* hautain
hoogleraar (hôôkh-*léé*-rââr) *c* (pl -leraren, ~s) professeur *m*
hoogmoedig (hôôkh-*moû*-deukh) *adj* orgueilleux
hoogovens (*hôôkh*-ôô-veuns) *pl* fonderie *f*
hoogseizoen (*hôôkh*-sèï-zoûn) *nt* pleine saison
hoogstens (*hôôkh*-steuns) *adv* au maximum
hoogte (*hôôkh*-teu) *c* (pl ~n, ~s) hauteur *f*; altitude *f*
hoogtepunt (*hôôkh*-teu-peunnt) *nt* (pl ~en) apogée *m*
hooguit (*hôôkh*-eu[u]t) *adv* tout au plus
hoogvlakte (*hôôkh*-flâk-teu) *c* (pl ~n, ~s) hautes terres; plateau *m*
hooi (hôôï) *nt* foin *m*
hooikoorts (*hôôï*-kôôrts) *c* rhume des

foins
hoon (hôôn) *c* dédain *m*
hoop[1] (hôôp) *c* (pl hopen) tas *m*
hoop[2] (hôôp) *c* espoir *m*
hoopvol (*hôôp*-fol) *adj* plein d'espoir
hoorbaar (*hôôr*-bââr) *adj* audible
hoorn (*hôô*-reunn) *c* (pl ~en, ~s) corne *f*; cor *m*
hop (hop) *c* houblon *m*
hopeloos (*hôô*-peu-lôôss) *adj* désespéré
hopen (*hôô*-peun) *v* espérer
horen (*hôô*-reun) *v* entendre
horizon (*hôô*-rii-zonn) *c* horizon *m*
horizontaal (hôô-rii-zonn-*tââl*) *adj* horizontal
horloge (hor-*lôô*-jeu) *nt* (pl ~s) montre *f*
horlogebandje (hor-*lôô*-jeu-bân-tyeu) *nt* (pl ~s) bracelet pour montre
horlogemaker (hor-*lôô*-jeu-mââ-keur) *c* (pl ~s) horloger *m*
hospes (*hoss*-peuss) *c* (pl ~sen) logeur *m*
hospita (*hoss*-pii-tââ) *c* (pl ~'s) logeuse *f*
hospitaal (*hoss*-pii-tââl) *nt* (pl -talen) hôpital *m*
hotel (hôô-*tèl*) *nt* (pl ~s) hôtel *m*
***houden** (*haou*-deun) *v* *tenir; ~ **van** aimer; *tenir à
houding (*haou*-dinng) *c* (pl ~en) attitude *f*
hout (haout) *nt* bois *m*
houtblok (*haout*-blok) *nt* (pl ~ken) bûche *f*
houten (*haou*-teun) *adj* en bois
houtskool (*haouts*-kôôl) *c* charbon de bois
***houtsnijden** (*haout*-snèï-deun) *v* tailler
houtsnijwerk (*haout*-snèï-vèrk) *nt* gravure *f*, sculpture sur bois
houtzagerij (haout-sââ-geu-*rèï*) *c* (pl ~en) scierie *f*
houvast (haou-*vâst*) *nt* prise *f*
houweel (haou-*véél*) *nt* (pl -welen) pioche *f*
huichelaar (*heu*ᵘ-kheu-lââr) *c* (pl ~s) hypocrite *m*
huichelachtig (*heu*ᵘ-kheul-âkh-teukh) *adj* hypocrite
huichelarij (heuᵘ-kheu-lââ-*rèï*) *c* hypocrisie *f*
huichelen (*heu*ᵘ-kheu-leun) *v* simuler
huid (heuᵘt) *c* (pl ~en) peau *f*
huidcrème (*heu*ᵘ*t*-krèèm) *c* (pl ~s) crème de beauté
huidig (*heu*ᵘ-deukh) *adj* courant
huiduitslag (*heu*ᵘ*t*-euᵘt-slâkh) *c* éruption *f*
huilen (*heu*ᵘ-leun) *v* pleurer
huis (heuᵘss) *nt* (pl huizen) maison *f*; demeure *f*; **naar** ~ chez soi; **naar** ~ ***gaan** rentrer
huisarts (*heu*ᵘ*ss*-ârts) *c* (pl ~en) médecin généraliste
huisbaas (*heu*ᵘ*ss*-bââss) *c* (pl -bazen) propriétaire *m*
huisdier (*heu*ᵘ*ss*-diir) *nt* (pl ~en) animal familier
huiselijk (*heu*ᵘ-seu-leuk) *adj* domestique
huishouden (*heu*ᵘ*ss*-haou-deun) *nt* (pl ~s) ménage *m*; travaux ménagers
huishoudster (*heu*ᵘ*ss*-haout-steur) *c* (pl ~s) gouvernante *f*
huiskamer (*heu*ᵘ*ss*-kââ-meur) *c* (pl ~s) pièce de séjour
huisonderwijzer (*heu*ᵘ*ss*-onn-deur-vèï-zeur) *c* (pl ~s) précepteur *m*
huissleutel (*heu*ᵘ-sleû-teul) *c* (pl ~s) clé de la maison
huisvrouw (*heu*ᵘ*ss*-fraou) *c* (pl ~en) ménagère *f*
huizenblok (*heu*ᵘ-zeun-blok) *nt* (pl ~ken) pâté de maisons
hulde (*heul*-deu) *c* hommage *m*

huldigen (*heul*-deu-geun) *v* rendre hommage
hulp (heulp) *c* aide *f*; secours *m*; **eerste ~** premier secours; **eerste hulppost** poste de secours
hulpvaardig (heulp-*fââr*-deukh) *adj* serviable
humeur (huu-*meûr*) *nt* (pl ~en) humeur *f*
humor (*huu*-mor) *c* humour *m*
humoristisch (huu-môô-*riss*-tiiss) *adj* drôle
hun (heunn) *pron* leur
huppelen (*heu*-peu-leun) *v* sautiller
huren (*huu*-reun) *v* louer
hut (heut) *c* (pl ~ten) hutte *f*; cabane *f*
huur (huur) *c* (pl huren) loyer *m*; **te ~** à louer
huurcontract (*huur*-konn-trâkt) *nt* (pl ~en) location *f*
huurder (*huur*-deur) *c* (pl ~s) locataire *m*
huurkoop (*huur*-kôôp) *c* achat à tempérament
huwelijk (*huu*-veu-leuk) *nt* (pl ~en) mariage *m*
huwelijksreis (*huu*-veu-leuks-rèïss) *c* (pl -reizen) lune de miel
huwen (*huu*^{ou}-eun) *v* épouser
hygiëne (hii-gii-*yéé*-neu) *c* hygiène *f*
hygiënisch (hii-gii-*yéé*-niiss) *adj* hygiénique
hypocriet (hii-pôô-*kriit*) *adj* hypocrite
hypotheek (hii-pôô-*téék*) *c* (pl -theken) hypothèque *f*
hysterisch (hii-*stéé*-riiss) *adj* hystérique

I

ideaal[1] (ii-déé-*yââl*) *adj* idéal
ideaal[2] (ii-déé-*yââl*) *nt* (pl idealen) idéal *m*
idee (ii-*déé*) *nt/c* (pl ~ën, ~s) idée *f*
identiek (ii-dèn-*tiik*) *adj* identique
identificatie (ii-dèn-tii-fi-*kââ*-tsii) *c* identification *f*
identificeren (ii-dèn-tii-fii-*séé*-reun) *v* identifier
identiteit (ii-dèn-ti-*tèït*) *c* identité *f*
identiteitskaart (ii-dèn-tii-*tèïts*-kâârt) *c* (pl ~en) carte d'identité
idiomatisch (ii-dii-yôô-*mââ*-tiiss) *adj* idiomatique
idioom (ii-dii-*yôôm*) *nt* (pl idiomen) idiome *m*
idioot[1] (ii-dii-*yôôt*) *adj* idiot
idioot[2] (ii-dii-*yôôt*) *c* (pl idioten) idiot *m*
idool (ii-*dôôl*) *nt* (pl idolen) idole *f*
ieder (*ii*-deur) *pron* chaque, tout; chacun
iedereen (ii-deu-*réén*) *pron* tout le monde; chacun
iemand (*ii*-mânt) *pron* quelqu'un
iep (iip) *c* (pl ~en) orme *m*
Ier (iir) *c* (pl ~en) Irlandais *m*
Ierland (*iir*-lânt) Irlande *f*
Iers (iirs) *adj* irlandais
iets (iits) *pron* quelque chose; un peu
ijdel (*èï*-deul) *adj* vaniteux; futile
ijs (èïss) *nt* glace *f*; crème glacée
ijsbaan (*èïss*-bâân) *c* (pl -banen) patinoire *f*
ijsje (*èï*-cheu) *nt* (pl ~s) glace *f*
ijskast (*èïss*-kâst) *c* (pl ~en) frigo *m*, réfrigérateur *m*
ijskoud (*èïss*-kaout) *adj* glacial
IJsland (*èïss*-lânt) Islande *f*
IJslander (*èïss*-lân-deur) *c* (pl ~s) Is-

landais *m*
IJslands (*èïss*-lânts) *adj* islandais
ijswater (*èïss*-vââ-teur) *nt* eau glacée
ijver (*èï*-veur) *c* zèle *m*; application *f*
ijverig (*èï*-veu-reukh) *adj* zélé; assidu
ijzer (*èï*-zeur) *nt* fer *m*
ijzerdraad (*èï*-zeur-drâât) *nt* fil de fer
ijzeren (*èï*-zeu-reun) *adj* en fer
ijzerwaren (*èï*-zeur-vââ-reun) *pl* quincaillerie *f*
ik (ık) *pron* je
ikoon (ii-*kôôn*) *c* (pl ikonen) icône *f*
illegaal (ii-leu-*gââl*) *adj* illégal
illusie (ı-*luu*-zii) *c* (pl ~s) illusion *f*
illustratie (ı-luu-*strââ*-tsii) *c* (pl ~s) illustration *f*
illustreren (ı-luu-*stréé*-reun) *v* illustrer
imitatie (ii-mii-*tââ*-tsii) *c* (pl ~s) imitation *f*
imiteren (ii-mii-*téé*-reun) *v* imiter
immigrant (ı-mii-*grânt*) *c* (pl ~en) immigrant *m*
immigratie (ı-mii-*grââ*-tsii) *c* immigration *f*
immigreren (ı-mii-*gréé*-reun) *v* immigrer
immuniteit (ı-muu-nii-*tèït*) *c* immunité *f*
impliceren (ımm-plii-*séé*-reun) *v* impliquer
imponeren (ımm-pôô-*néé*-reun) *v* *faire impression sur
impopulair (ımm-pôô-puu-*lèèr*) *adj* peu aimé
import (*ımm*-port) *c* importation *f*
importeren (ımm-por-*téé*-reun) *v* importer
importeur (ımm-por-*teûr*) *c* (pl ~s) importateur *m*
impotent (ımm-pôô-*tènt*) *adj* impotent
impotentie (ımm-pôô-*tèn*-sii) *c* impotence *f*
improviseren (ımm-prôô-vii-*séé*-reun) *v* improviser
impuls (ımm-*peuls*) *c* (pl ~en) impulsion *f*
impulsief (ımm-peul-*ziif*) *adj* impulsif
in (ınn) *prep* en; dans; à
inademen (*ınn*-ââ-deu-meun) *v* inhaler
inbegrepen (*ınn*-beu-gréé-peun) *adj* inclus; **alles** ~ tout compris
inboorling (*ımm*-bôôr-lıng) *c* (pl ~en) indigène *m*
***inbreken** (*ımm*-bréé-keun) *v* cambrioler
inbreker (*ımm*-bréé-keur) *c* (pl ~s) cambrioleur *m*
incasseren (ınng-kâ-*séé*-reun) *v* encaisser
incident (ınn-sii-*dènt*) *nt* (pl ~en) incident *m*
inclusief (ınng-kluu-*ziif*) *adv* compris
incompleet (ınng-komm-*pléét*) *adj* incomplet
indelen (*ınn*-déé-leun) *v* classer
zich *indenken (*ınn*-dèng-keun) se figurer
inderdaad (ınn-deur-*dâât*) *adv* en effet
index (*ınn*-dèks) *c* (pl ~en) index *m*
India (*ınn*-dii-ya) Inde *f*
Indiaan (ınn-dii-*yâân*) *c* (pl Indianen) Indien *m*
Indiaans (ınn-dii-*yââns*) *adj* indien
indien (ınn-*diin*) *conj* au cas où, si
Indiër (*ınn*-dii-yeur) *c* (pl ~s) Indien *m*
indigestie (ınn-dii-*gèss*-tii) *c* indigestion *f*
indirect (*ınn*-dii-rèkt) *adj* indirect
Indisch (*ınn*-diiss) *adj* indien
individu (ınn-dii-vii-*duu*) *nt* (pl ~en, ~'s) individu *m*
individueel (ınn-dii-vii-duu-*véél*) *adj* individuel
Indonesië (ınn-dôô-*néé*-zii-yeu) Indonésie *f*
Indonesiër (ınn-dôô-*néé*-zii-yeur) *c* (pl ~s) Indonésien *m*

Indonesisch (inn-dôô-*néé*-ziiss) *adj* indonésien
indringer (*inn*-dri-ngeur) *c* (pl ~s) intrus *m*
indruk (*inn*-dreuk) *c* (pl ~ken) impression *f*; ~ **maken op** impressionner
indrukken (*inn*-dreu-keun) *v* appuyer
indrukwekkend (inn-dreuk-*vè*-keunnt) *adj* impressionnant, imposant
industrie (inn-deuss-*trii*) *c* (pl ~ën) industrie *f*
industrieel (inn-deuss-trii-*yéél*) *adj* industriel
industriegebied (inn-deuss-*trii*-geu-biit) *nt* (pl ~en) zone industrielle
ineens (i-*nééns*) *adv* tout à coup; à la fois
inenten (*inn*-èn-teun) *v* vacciner, inoculer
inenting (*inn*-èn-tinng) *c* (pl ~en) vaccination *f*, inoculation *f*
infanterie (*inn*-fân-teu-rii) *c* infanterie *f*
infectie (inn-*fèk*-sii) *c* (pl ~s) infection *f*
inferieur (inn-féé-rii-*yeûr*) *adj* moindre
inflatie (inn-*flââ*-tsii) *c* inflation *f*
informatie (inn-for-*mââ*-tsii) *c* (pl ~s) information *f*; ~ ***inwinnen** *v* s'informer
informatiebureau (inn-for-*mââ*-tsii-buu-rôô) *nt* (pl ~s) bureau de renseignements
informeel (inn-for-*méél*) *adj* sans cérémonie
informeren (inn-for-*méé*-reun) *v* s'informer; informer
infrarood (*inn*-frââ-rôôt) *adj* infrarouge
***ingaan** (*inng*-gâân) *v* entrer dans; entrer en vigueur
ingang (*inng*-gâng) *c* (pl ~en) entrée *f*; **met ~ van** à partir de
ingenieur (inn-jeunn-*yeûr*) *c* (pl ~s) ingénieur *m*
ingenomen (*inng*-geu-nôô-meun) *adj* content
ingevolge (inng-geu-*vol*-geu) *prep* conformément à
ingewanden (*inng*-geu-vân-deun) *pl* intestins, entrailles *fpl*
ingewikkeld (inng-geu-*vi*-keult) *adj* compliqué; complexe
ingrediënt (inng-gréé-dii-*yènt*) *nt* (pl ~en) ingrédient *m*
***ingrijpen** (*inng*-grèï-peun) *v* *intervenir
inhalen (*inn*-hââ-leun) *v* dépasser; doubler; ~ **verboden** défense de doubler
inham (*inn*-hâm) *c* (pl ~men) baie *f*, crique *f*
inheems (inn-*hééms*) *adj* indigène
inhoud (*inn*-haout) *c* contenu *m*
***inhouden** (*inn*-haou-deun) *v* *comprendre; comporter; *contenir
inhoudsopgave (*inn*-haouts-op-khââ-veu) *c* (pl ~n) table des matières
initiatief (ii-nii-chââ-*tiif*) *nt* (pl -tieven) initiative *f*
injectie (inn-*yèk*-sii) *c* (pl ~s) piqûre *f*, injection *f*
inkomen (*inng*-kôô-meun) *nt* (pl ~s) revenu *m*; recettes
inkomsten (*inng*-komm-steun) *pl* revenu *m*
inkomstenbelasting (*inng*-komm-steu-beu-lâss-tinng) *c* impôt sur le revenu
inkt (inngkt) *c* encre *f*
inleiden (*inn*-lèï-deun) *v* *introduire; **inleidend** préliminaire
inleiding (*inn*-lèï-dinng) *c* (pl ~en) introduction *f*
inlichten (*inn*-likh-teun) *v* *mettre au courant
inlichting (*inn*-likh-tinng) *c* (pl ~en) renseignement *m*
inlichtingenkantoor (*inn*-likh-ti-ngeu-

kân-tôôr) *nt* (pl -toren) bureau de renseignements
inmaken (*in*-mââ-keun) *v* *mettre en conserve
inmenging (*in*-mèng-inng) *c* (pl ~en) ingérence *f*
inmiddels (in-*mi*-deuls) *adv* en attendant
***innemen** (*i*-néé-meun) *v* occuper; *prendre
inneming (*i*-néé-minng) *c* prise *f*
innen (*i*-neun) *v* encaisser
inpakken (*imm*-pâ-keun) *v* envelopper; emballer
inrichten (*inn*-rikh-teun) *v* installer
inrichting (*inn*-rikh-tinng) *c* (pl ~en) institution *f*
inschakelen (*inn*-skhââ-keu-leun) *v* allumer; brancher
***inschenken** (*inn*-skhèng-keun) *v* verser
inschepen (*inn*-skhéé-peun) *v* embarquer
inscheping (*inn*-skhéé-pinng) *c* embarquement *m*
***inschrijven** (*inn*-skhrèï-veun) *v* *inscrire
inschrijvingsformulier (*inn*-skhrèï-vinngs-for-muu-liir) *nt* (pl ~en) formulaire d'inscription
inscriptie (inn-*skrip*-sii) *c* (pl ~s) inscription *f*
insekt (inn-*sèkt*) *nt* (pl ~en) insecte *m*
insekticide (inn-sèk-tii-*sii*-deu) *c* (pl ~n) insecticide *m*
inslikken (*inn*-sli-keun) *v* avaler
***insluiten** (*inn*-sleu[u]-teun) *v* enfermer; encercler; *inclure; *joindre
inspanning (*inn*-spâ-ninng) *c* (pl ~en) effort *m*
inspecteren (inn-spèk-*téé*-reun) *v* inspecter
inspecteur (inn-spèk-*teûr*) *c* (pl ~s) inspecteur *m*
inspectie (inn-*spèk*-sii) *c* (pl ~s) inspection *f*
***inspuiten** (*inn*-speu[u]-teun) *v* injecter
installatie (inn-stâ-*lââ*-tsii) *c* (pl ~s) installation *f*
installeren (inn-stâ-*léé*-reun) *v* installer
instappen (*inn*-stâ-peun) *v* monter; embarquer
instellen (*inn*-stè-leun) *v* instituer
instelling (*inn*-stè-linng) *c* (pl ~en) institution *f*
instemmen (*inn*-stè-meun) *v* approuver; ~ **met** *être d'accord avec
instemming (*inn*-stè-minng) *c* consentement *m*, accord *m*, assentiment *m*
instinct (inn-*stinngkt*) *nt* (pl ~en) instinct *m*
instituut (inn-stii-*tuut*) *nt* (pl -tuten) institut *m*
instorten (*inn*-stor-teun) *v* s'écrouler
instructie (inn-*streuk*-sii) *c* (pl ~s) instruction *f*
instrument (inn-struu-*mènt*) *nt* (pl ~en) instrument *m*
intact (inn-*tâkt*) *adj* intact
integendeel (inn-*téé*-geun-déél) au contraire
intellect (inn-teu-*lèkt*) *nt* intellect *m*; intelligence *f*
intellectueel (inn-teu-lèk-tuu-*véél*) *adj* intellectuel
intelligent (inn-teu-lii-*gènt*) *adj* intelligent
intelligentie (inn-teu-lii-*gèn*-sii) *c* intelligence *f*
intens (inn-*tèns*) *adj* intense
interessant (inn-teu-reu-*sânt*) *adj* intéressant
interesse (inn-teu-*rè*-seu) *c* intérêt *m*
interesseren (inn-teu-rè-*séé*-reun) *v* intéresser
intermezzo (inn-teur-*mèd*-zôô) *nt* (pl ~'s) interlude *m*

intern (inn-*tèrn*) *adj* intérieur; interne
internaat (inn-teur-*nâât*) *nt* (pl -naten) internat *m*
internationaal (inn-teur-nât-chôô-*nââl*) *adj* international
interview (*inn*-teur-vyoû) *nt* (pl ~s) entrevue *f*
intiem (inn-*tiim*) *adj* intime
introduceren (inn-trôô-duu-*séé*-reun) *v* présenter
intussen (inn-*teu*-seun) *adv* entretemps
inval (*inn*-vâl) *c* (pl ~len) idée lumineuse, idée *f*; raid *m*, invasion *f*
invalide[1] (inn-vââ-*lii*-deu) *adj* invalide, infirme
invalide[2] (inn-vââ-*lii*-deu) *c* (pl ~n) infirme *m*
invasie (inn-*vââ*-zii) *c* (pl ~s) invasion *f*
inventaris (inn-vèn-*tââ*-reuss) *c* (pl ~sen) inventaire *m*
investeerder (inn-vèss-*téér*-deur) *c* (pl ~s) investisseur *m*
investeren (inn-vèss-*téé*-reun) *v* investir
investering (inn-vèss-*téé*-rinng) *c* (pl ~en) investissement *m*
inviteren (inn-vii-*téé*-reun) *v* inviter
invloed (*inn*-vloût) *c* (pl ~en) influence *f*
invloedrijk (*inn*-vloût-rèïk) *adj* influent
invoegen (*inn*-voû-geun) *v* insérer
invoer (*inn*-voûr) *c* importation *f*
invoeren (*inn*-voû-reun) *v* *introduire; importer
invoerrecht (*inn*-voû-rèkht) *nt* (pl ~en) droit d'importation, taxe d'importation
invullen (*inn*-veu-leun) *v* remplir
inwendig (inn-*vèn*-deukh) *adj* intérieur; interne
inwilligen (*inn*-vi-leu-geun) *v* concéder
inwoner (*inn*-vôô-neur) *c* (pl ~s) habitant *m*; résident *m*
inzet (*inn*-zèt) *c* (pl ~ten) enjeu *m*
inzetten (*inn*-zè-teun) *v* lancer
inzicht (*inn*-zikht) *nt* (pl ~en) compréhension *f*
***inzien** (*inn*-ziin) *v* se rendre compte
Iraaks (ii-*rââks*) *adj* irakien
Iraans (ii-*rââns*) *adj* iranien
Irak (ii-*rââk*) Irak *m*
Irakees (ii-rââ-*kééss*) *c* (pl -kezen) Irakien *m*
Iran (ii-*râân*) Iran *m*
Iraniër (ii-*rââ*-nii-yeur) *c* (pl ~s) Iranien *m*
ironie (ii-rôô-*nii*) *c* ironie *f*
ironisch (ii-*rôô*-niiss) *adj* ironique
irriteren (i-rii-*téé*-reun) *v* agacer, irriter
isolatie (ii-zôô-*lââ*-tsii) *c* isolation *f*
isolator (ii-zôô-*lââ*-tor) *c* (pl ~en, ~s) isolateur *m*
isolement (ii-zôô-leu-*mènt*) *nt* isolement *m*
isoleren (ii-zôô-*léé*-reun) *v* isoler
Israël (*iss*-rââ-èl) Israël *m*
Israëliër (iss-rââ-*éé*-lii-yeur) *c* (pl ~s) Israélien *m*
Israëlisch (iss-rââ-*éé*-liiss) *adj* israélien
Italiaan (ii-tââ-lii-*yâân*) *c* (pl -lianen) Italien *m*
Italiaans (ii-tââ-lii-*yââns*) *adj* italien
Italië (ii-*tââ*-lii-yeu) Italie *f*
ivoor (ii-*vôôr*) *nt* ivoire *m*

J

ja (yââ) oui
jaar (yââr) *nt* (pl jaren) année *f*
jaarboek (*yââr*-boûk) *nt* (pl ~en) annuaire *m*

jaargetijde (*yââr*-geu-tèï-deu) *nt* (pl ~n) saison *f*
jaarlijks (*yââr*-leuks) *adj* annuel; *adv* par année
jacht[1] (yâkht) *c* chasse *f*
jacht[2] (yâkht) *nt* (pl ~en) yacht *m*
jachthuis (*yâkht*-heuᵘss) *nt* (pl -huizen) pavillon de chasse
jade (*yââ*-deu) *nt/c* jade *m*
jagen (*yââ*-geun) *v* chasser
jager (*yââ*-geur) *c* (pl ~s) chasseur *m*
jaloers (yââ-*loûrs*) *adj* jaloux
jaloezie (yââ-loû-*zii*) *c* (pl ~ën) jalousie *f*; persienne *f*
jam (jèm) *c* confiture *f*
jammer! (*yâ*-meur) dommage!
januari (yâ-nuu-*vââ*-rii) janvier
Japan (yââ-*pân*) Japon *m*
Japanner (yââ-*pâ*-neur) *c* (pl ~s) Japonais *m*
Japans (yââ-*pâns*) *adj* japonais
japon (yââ-*ponn*) *c* (pl ~nen) robe *f*
jarretelgordel (jâ-reu-*tèl*-gor-deul) *c* (pl ~s) porte-jarretelles *m*
jas (yâss) *c* (pl ~sen) manteau *m*
jasje (*yâ*-cheu) *nt* (pl ~s) veste *f*
je (yeu) *pron* tu; te; vous
jeans (djiins) *pl* blue-jean *m*
jegens (*yéé*-geunns) *prep* envers
jersey (*djeû*-zii) *c* jersey *m*
jeugd (yeûkht) *c* jeunesse *f*
jeugdherberg (*yeûkht*-hèr-bèrkh) *c* (pl ~en) auberge de jeunesse
jeugdig (*yeûkh*-deukh) *adj* juvénile
jeuk (yeûk) *c* démangeaison *f*
jeuken (*yeû*-keun) *v* démanger
jicht (yıkht) *c* goutte *f*
joch (yokh) *nt* gamin *m*, garçon *m*
jockey (*djo*-kii) *c* (pl ~s) jockey *m*
jodium (*yôô*-dii-yeumm) *nt* iode *m*
Joegoslaaf (yoû-gôô-*slââf*) *c* (pl -slaven) Yougoslave *m*
Joegoslavië (yoû-gôô-*slââ*-vii-eu) Yougoslavie *f*
Joegoslavisch (yoû-gôô-*slââ*-viiss) *adj* yougoslave
jong (yonng) *adj* jeune; **jonger** cadet
jongen (*yo*-ngeun) *c* (pl ~s) garçon *m*
jood (yôôt) *c* (pl joden) juif *m*
joods (yôôts) *adj* juif
Jordaans (yor-*dââns*) *adj* jordanien
Jordanië (yor-*dââ*-nii-yeu) Jordanie *f*
Jordaniër (yor-*dââ*-nii-yeur) *c* (pl ~s) Jordanien *m*
jou (yaou) *pron* te
journaal (joûr-*nââl*) *nt* actualités
journalist (joûr-nââ-*list*) *c* (pl ~en) journaliste *m*
journalistiek (joûr-nââ-lıss-*tiik*) *c* journalisme *m*
jouw (yaou) *pron* ton
jubileum (yuu-bii-*léé*-yeumm) *nt* (pl ~s, -lea) anniversaire *m*
juffrouw (*yeu*-fraou) *c* (pl ~en) demoiselle *f*
juichen (*yeuᵘ*-kheun) *v* acclamer
juist (yeuᵘst) *adj* juste, correct, exact
juistheid (*yeuᵘst*-hèït) *c* exactitude *f*
juk (yeuk) *nt* (pl ~ken) joug *m*
jukbeen (*yeuk*-béén) *nt* (pl ~deren, -benen) pommette *f*
juli (*yuu*-lii) juillet
jullie (*yeu*-lii) *pron* vous; votre; vos
jumper (*yeumm*-peur) *c* (pl ~s) chandail *m*
jungle (*djeunng*-geul) *c* jungle *f*
juni (*yuu*-nii) juin
juridisch (yuu-*rii*-diiss) *adj* juridique
jurist (yuu-*rıst*) *c* (pl ~en) juriste *m*
jurk (yeurk) *c* (pl ~en) robe *f*
jury (*juu*-rii) *c* (pl ~'s) jury *m*
jus (juu) *c* jus *m*
juweel (yuu-*véél*) *nt* (pl -welen) bijou *m*; joyau *m*
juwelier (yuu-veu-*liir*) *c* (pl ~s) bijoutier *m*

K

kaak (kââk) *c* (pl kaken) mâchoire *f*
kaal (kââl) *adj* chauve; dénudé, nu
kaap (kââp) *c* (pl kapen) cap *m*
kaars (kâârs) *c* (pl ~en) bougie *f*
kaart (kâârt) *c* (pl ~en) carte *f*; **groene** ~ carte verte
kaartenautomaat (*kâår*-teunn-ôô-tôô-mâât) *c* (pl -maten) distributeur de billets
kaartje (*kâår*-tyeu) *nt* (pl ~s) billet *m*
kaas (kââss) *c* (pl kazen) fromage *m*
kabaal (kââ-*bââl*) *nt* vacarme *m*
kabel (*kââ*-beul) *c* (pl ~s) câble *m*
kabeljauw (kâ-beul-*yaou*) *c* (pl ~en) morue *f*
kabinet (kââ-bii-*nèt*) *nt* (pl ~ten) cabinet *m*
kachel (*kâ*-kheul) *c* (pl ~s) appareil de chauffage; fourneau *m*
kade (*kââ*-deu) *c* (pl ~n) quai *m*; berge *f*
kader (*kââ*-deur) *nt* (pl ~s) cadre *m*
kajuit (kââ-*yeuᵘt*) *c* (pl ~en) cabine *f*
kaki (*kââ*-kii) *nt* kaki *m*
kalender (kââ-*lèn*-deur) *c* (pl ~s) calendrier *m*
kalf (kâlf) *nt* (pl kalveren) veau *m*
kalfsleer (*kâlfs*-léér) *nt* veau *m*
kalfsvlees (*kâlfs*-fléé ss) *nt* veau *m*
kalk (kâlk) *c* chaux *f*
kalkoen (kâl-*koûn*) *c* (pl ~en) dinde *f*
kalm (kâlm) *adj* calme; posé, serein
kalmeren (kâl-*méé*-reun) *v* calmer
kam (kâm) *c* (pl ~men) peigne *m*
kameel (kââ-*méél*) *c* (pl kamelen) chameau *m*
kamer (*kââ*-meur) *c* (pl ~s) chambre *f*; pièce *f*
kameraad (kâ-meu-*râât*) *c* (pl -raden) camarade *m*
kamerbewoner (*kââ*-meur-beu-vôô-neur) *c* (pl ~s) sous-locataire *m*
kamerjas (*kââ*-meur-yâss) *c* (pl ~sen) robe de chambre
kamerlid (*kââ*-meur-lıt) *nt* (pl -leden) député *m*
kamermeisje (*kââ*-meur-mèï-cheu) *nt* (pl ~s) femme de chambre
kamertemperatuur (*kââ*-meur-tèm-peu-rââ-tuur) *c* température ambiante
kamgaren (*kâm*-gââ-reun) *nt* laine peignée
kammen (*kâ*-meun) *v* peigner
kamp (kâmp) *nt* (pl ~en) camp *m*
kampeerder (kâm-*péér*-deur) *c* (pl ~s) campeur *m*
kampeerterrein (kâm-*péér*-tè-rèïn) *nt* (pl ~en) terrain de camping
kampeerwagen (kâm-*péér*-vââ-geun) *c* (pl ~s) caravane *f*
kamperen (kâm-*péé*-reun) *v* camper
kampioen (kâm-pii-*yoûn*) *c* (pl ~en) champion *m*
kan (kân) *c* (pl ~nen) cruche *f*
kanaal (kââ-*nââl*) *nt* (pl kanalen) canal *m*; **het Kanaal** La Manche
kanarie (kââ-*nââ*-rii) *c* (pl ~s) canari *m*
kandelaber (kân-deu-*lââ*-beur) *c* (pl ~s) candélabre *m*
kandidaat (kân-dii-*dâât*) *c* (pl -daten) candidat *m*
kaneel (kââ-*néél*) *c* cannelle *f*
kangoeroe (*kâng*-geu-roû) *c* (pl ~s) kangourou *m*
kanker (*kâng*-keur) *c* cancer *m*
kano (*kââ*-nôô) *c* (pl ~'s) canot *m*
kanon (kââ-*nonn*) *nt* (pl ~nen) canon *m*
kans (kâns) *c* (pl ~en) chance *f*; occasion *f*
kansel (*kân*-seul) *c* (pl ~s) pupitre *m*
kant[1] (kânt) *c* (pl ~en) côté *m*; re-

bord *m*; **aan de andere ~ van** de l'autre côté de
kant² (kânt) *nt* dentelle *f*
kantine (kân-*tii*-neu) *c* (pl ~s) cantine *f*
kantlijn (*kânt*-lèïn) *c* (pl ~en) marge *f*
kantoor (kân-*tôôr*) *nt* (pl -toren) bureau *m*
kantoorbediende (kân-*tôôr*-beu-diin-deu) *c* (pl ~n, ~s) employé de bureau
kantoorboekhandel (kân-*tôôr*-boûk-hân-deul) *c* (pl ~s) papeterie *f*
kantooruren (kân-*tôôr*-uu-reun) *pl* heures de bureau
kap (kâp) *c* (pl ~pen) capuchon *m*
kapel (kââ-*pèl*) *c* (pl ~len) chapelle *f*
kapelaan (kâ-peu-*lâân*) *c* (pl ~s) chapelain *m*
kapen (*kââ*-peun) *v* détourner
kapitaal (kâ-pii-*tââl*) *nt* capital *m*
kapitalisme (ka-pii-tââ-*liss*-meu) *nt* capitalisme *m*
kapitein (kâ-pii-*tèïn*) *c* (pl ~s) capitaine *m*
kapot (kââ-*pot*) *adj* brisé; en dérangement
kapper (*kâ*-peur) *c* (pl ~s) coiffeur *m*
kapsel (*kâp*-seul) *nt* (pl ~s) coiffure *f*
kapstok (*kâp*-stok) *c* (pl ~ken) portemanteau *m*
kar (kâr) *c* (pl ~ren) charrette *f*
karaat (kââ-*râât*) *nt* carat *m*
karaf (kââ-*râf*) *c* (pl ~fen) carafe *f*
karakter (kââ-*râk*-teur) *nt* (pl ~s) caractère *m*
karakteristiek (kââ-râk-teu-riss-*tiik*) *adj* caractéristique
karaktertrek (kââ-*râk*-teur-trèk) *c* (pl ~ken) trait de caractère
karamel (kââ-rââ-*mèl*) *c* (pl ~s, ~len) caramel *m*
karbonade (kâr-bôô-*nââ*-deu) *c* (pl ~s) côtelette *f*
kardinaal¹ (kâr-dii-*nââl*) *c* (pl -nalen) cardinal *m*
kardinaal² (kâr-dii-*nââl*) *adj* cardinal
karper (*kâr*-peur) *c* (pl ~s) carpe *f*
karton (kâr-*tonn*) *nt* carton *m*
kartonnen (kâr-*to*-neun) *adj* en carton; ~ **doos** carton *m*
karwei (kâr-*vèï*) *nt* (pl ~en) boulot *m*
kas (kâss) *c* (pl ~sen) serre *f*
kasjmier (*kâch*-miir) *nt* cachemire *m*
kassa (*kâ*-sââ) *c* (pl ~'s) caisse *f*; guichet *m*
kassier (kâ-*siir*) *c* (pl ~s) caissier *m*
kast (kâst) *c* (pl ~en) placard *m*
kastanje (kâss-*tâ*-gneu) *c* (pl ~s) marron *m*
kastanjebruin (kâss-*tâ*-gneu-breuunn) *adj* châtain
kasteel (kâss-*téél*) *nt* (pl -telen) château *m*
kat (kât) *c* (pl ~ten) chat *m*
kathedraal (kââ-téé-*drââl*) *c* (pl -dralen) cathédrale *f*
katholiek (kââ-tôô-*liik*) *adj* catholique
katoen (kââ-*toûn*) *nt/c* coton *m*
katoenen (kââ-*toû*-neun) *adj* en coton
katoenfluweel (kââ-*toûn*-fluu-véél) *nt* velours de coton
katrol (kââ-*trol*) *c* (pl ~len) poulie *f*
kattekwaad (*kâ*-teu-kvâât) *nt* espièglerie *f*
kauwen (*kaou*-eun) *v* mâcher
kauwgom (*kaou*-gomm) *c/nt* chewing-gum *m*
kaviaar (*kââ*-vii-*yââr*) *c* caviar *m*
kazerne (kââ-*zèr*-neu) *c* (pl ~s, ~n) caserne *f*
keel (kéél) *c* (pl kelen) gorge *f*
keelontsteking (*kéél*-onnt-stéé-kinng) *c* (pl ~en) laryngite *f*
keelpijn (*kéél*-pèïn) *c* mal de gorge
keer (kéér) *c* (pl keren) fois *f*
keerpunt (*kéér*-peunnt) *nt* (pl ~en) tournant *m*

keerzijde (*kéér*-zèï-deu) *c* (pl ~n) revers *m*
kegelbaan (*kéé*-geul-bâân) *c* (pl -banen) bowling *m*
kegelspel (*kéé*-geul-spèl) *nt* jeu de quilles
keizer (*kèï*-zeur) *c* (pl ~s) empereur *m*
keizerin (kèï-zeu-*rinn*) *c* (pl ~nen) impératrice *f*
keizerlijk (*kèï*-zeu-leuk) *adj* impérial
keizerrijk (*kèï*-zeu-rèïk) *nt* (pl ~en) empire *m*
kelder (*kèl*-deur) *c* (pl ~s) cave *f*
kelner (*kèl*-neur) *c* (pl ~s) garçon *m*
kenmerk (*kèn*-mèrk) *nt* (pl ~en) caractéristique *f*
kenmerken (*kèn*-mèr-keun) *v* caractériser; **kenmerkend** caractéristique
kennel (*kè*-neul) *c* (pl ~s) chenil *m*
kennen (*kè*-neun) *v* *connaître
kenner (*kè*-neur) *c* (pl ~s) connaisseur *m*
kennis[1] (*kè*-neuss) *c* connaissance *f*
kennis[2] (*kè*-neuss) *c* (pl ~sen) connaissance *f*
kenteken (*kèn*-téé-keun) *nt* (pl ~s) numéro d'immatriculation
Kenya (*kéé*-nii-yââ) Kenya *m*
kerel (*kéé*-reul) *c* (pl ~s) gars *m*
keren (*kéé*-reun) *v* virer, tourner
kerk (kèrk) *c* (pl ~en) église *f*
kerkhof (*kèrk*-hof) *nt* (pl -hoven) cimetière *m*
kerktoren (*kèrk*-tôô-reun) *c* (pl ~s) clocher *m*
kermis (*kèr*-meuss) *c* (pl ~sen) foire *f*
kern (kèrn) *c* (pl ~en) noyau *m*; cœur *m*; fond *m*; **kern-** nucléaire
kernenergie (*kèrn*-éé-nèr-jii) *c* énergie nucléaire
kerrie (*kè*-rii) *c* curry *m*
kers (kèrs) *c* (pl ~en) cerise *f*
Kerstmis (*kèrs*-meuss) Noël
kerven (*kèr*-veun) *v* entailler
ketel (*kéé*-teul) *c* (pl ~s) bouilloire *f*
keten (*kéé*-teun) *c* (pl ~s, ~en) chaîne *f*
ketting (*kè*-tınng) *c* (pl ~en) chaîne *f*
keuken (*keû*-keun) *c* (pl ~s) cuisine *f*
keurig (*keû*-reukh) *adj* soigné
keus (keûss) *c* (keuzen) choix *m*, sélection *f*
keuze (*keû*-zeu) *c* (pl ~n) choix *m*
kever (*kéé*-veur) *c* (pl ~s) scarabée *m*; coléoptère *m*
kiekje (*kiik*-yeu) *nt* (pl ~s) instantané *m*
kiel (kiil) *c* (pl ~en) quille *f*
kiem (kiim) *c* (pl ~en) germe *m*
kier (kiir) *c* (pl ~en) fissure *f*
kies (kiiss) *c* (pl kiezen) molaire *f*
kiesdistrict (*kiiss*-dıss-trıkt) *nt* (pl ~en) circonscription électorale
kieskeurig (kiiss-*keû*-reukh) *adj* exigeant
kiesrecht (*kiiss*-rèkht) *nt* droit de vote, suffrage *m*
kietelen (*kii*-teu-leun) *v* chatouiller
kieuw (kii[ou]) *c* (pl ~en) branchie *f*
kievit (*kii*-viit) *c* (pl ~en) vanneau *m*
kiezel (*kii*-zeul) *c* (pl ~s) galet *m*; gravier *m*
***kiezen** (*kii*-zeun) *v* choisir; *élire
***kijken** (*kèï*-keun) *v* regarder
kijker (*kèï*-keur) *c* (pl ~s) spectateur *m*
kijkje (*kèïk*-yeu) *nt* (pl ~s) coup d'œil
kikker (*kı*-keur) *c* (pl ~s) grenouille *f*
kil (kıl) *adj* frais
kilo (*kii*-lôô) *nt* (pl ~'s) kilo *m*
kilometer (*kii*-lôô-méé-teur) *c* (pl ~s) kilomètre *m*
kilometertal (*kii*-lôô-méé-teur-tâl) *nt* kilométrage *m*
kim (kımm) *c* horizon *m*
kin (kınn) *c* (pl ~nen) menton *m*
kind (kınnt) *nt* (pl ~eren) enfant *m*; gosse *m*

kinderjuffrouw (*kinn*-deur-yeu-fraou) *c* (pl ~en) bonne d'enfants
kinderkamer (*kinn*-deur-kââ-meur) *c* (pl ~s) chambre d'enfants
kinderverlamming (*kinn*-deur-veur-lâ-minng) *c* poliomyélite *f*
kinderwagen (*kinn*-deur-vââ-geun) *c* (pl ~s) voiture d'enfant; poussette *f*
kinine (kii-*nii*-neu) *c* quinine *f*
kiosk (kii-*yosk*) *c* (pl ~en) kiosque *m*
kip (kip) *c* (pl ~pen) poule *f*; poulet *m*
kippevel (*ki*-peu-vèl) *nt* chair de poule
kist (kist) *c* (pl ~en) coffre *m*
klaar (klââr) *adj* prêt
klaarblijkelijk (klââr-*blèï*-keu-leuk) *adv* manifestement
klaarmaken (*klââr*-mââ-keun) *v* préparer
klacht (klâkht) *c* (pl ~en) plainte *f*
klachtenboek (*klâkh*-teun-boûk) *nt* (pl ~en) cahier de doléances
klagen (*klââ*-geun) *v* se *plaindre
klank (klângk) *c* (pl ~en) son *m*; timbre *m*
klant (klânt) *c* (pl ~en) client *m*
klap (klâp) *c* (pl ~pen) claque *f*
klappen (*klâ*-peun) *v* applaudir
klaproos (*klâp*-rôôss) *c* (pl -rozen) coquelicot *m*
klas (klâss) *c* (pl ~sen) classe *f*
klasgenoot (*klâss*-kheu-nôôt) *c* (pl -noten) camarade de classe
klasse (*klâ*-seu) *c* (pl ~n) classe *f*
klassiek (klâ-*siik*) *adj* classique
klauw (klaou) *c* (pl ~en) griffe *f*
klaver (*klââ*-veur) *c* (pl ~s) trèfle *m*
zich kleden (*kléé*-deun) se *vêtir
kleding (*kléé*-dinng) *c* habits *mpl*
kleedhokje (*kléét*-hok-yeu) *nt* (pl ~s) cabine *f*
kleedje (*kléé*-tyeu) *nt* (pl ~s) tapis *m*
kleedkamer (*kléét*-kââ-meur) *c* (pl ~s) loge *f*
kleerborstel (*kléér*-bor-steul) *c* (pl ~s) brosse à habits
kleerhanger (*kléér*-hâ-ngeur) *c* (pl ~s) cintre *m*
kleerkast (*kléér*-kâst) *c* (pl ~en) garde-robe *f*
kleermaker (*kléér*-mââ-keur) *c* (pl ~s) tailleur *m*
klei (klèï) *c* argile *f*
klein (klèïn) *adj* petit; **kleiner** mineur; **kleinst** moindre
kleindochter (*klèïn*-dokh-teur) *c* (pl ~s) petite-fille *f*
kleingeld (*klèïn*-gèlt) *nt* petite monnaie
kleinhandel (*klèïn*-hân-deul) *c* commerce de détail
kleinhandelaar (*klèïn*-hân-deu-lââr) *c* (pl -laren, ~s) détaillant *m*
kleinood (*klèï*-nôôt) *nt* (pl -noden) bijou *m*
kleinzoon (*klèïn*-zôôn) *c* (pl -zonen) petit-fils *m*
klem (klèm) *c* (pl ~men) mordache *f*
klemschroef (*klèm*-skhroûf) *c* (pl -schroeven) crampon *m*
kleren (*kléé*-reun) *pl* vêtements *mpl*
klerenhaak (*kléé*-reun-hââk) *c* (pl -haken) patère *f*
klerenkast (*kléé*-reu-kâst) *c* (pl ~en) garde-robe *f*
klerk (klèrk) *c* (pl ~en) greffier *m*
kletsen (*klèt*-seun) *v* bavarder; baratiner
kleur (kleûr) *c* (pl ~en) couleur *f*
kleurecht (*kleûr*-èkht) *adj* grand teint
kleurenblind (*kleû*-reum-blinnt) *adj* daltonien
kleurenfilm (*kleû*-reu-film) *c* (pl ~s) film en couleurs
kleurrijk (*kleû*-rèïk) *adj* coloré
kleurstof (*kleûr*-stof) *c* (pl ~fen) colorant *m*
kleuter (*kleû*-teur) *c* (pl ~s) bambin

m
kleuterschool (*kleû*-teur-skhôôl) *c* (pl -scholen) école maternelle
kleven (*kléé*-veun) *v* coller
kleverig (*kléé*-veu-reukh) *adj* gluant
klier (kliir) *c* (pl ~en) glande *f*
klimaat (klii-*mâât*) *nt* (pl -maten) climat *m*
***klimmen** (*klı*-meun) *v* grimper
klimop (klı-*mop*) *c* lierre *m*
kliniek (klii-*niik*) *c* (pl ~en) clinique *f*
***klinken** (*klınng*-keun) *v* sonner
klinker (*klınng*-keur) *c* (pl ~s) voyelle *f*
klip (klıp) *c* (pl ~pen) falaise *f*
klok (klok) *c* (pl ~ken) horloge *f*; cloche *f*
klokhuis (*klok*-heu^u^ss) *nt* (pl -huizen) trognon *m*
klomp (klommp) *c* (pl ~en) sabot *m*
klont (klonnt) *c* (pl ~en) grumeau *m*
klonterig (*klonn*-teu-reukh) *adj* grumeleux
kloof (klôôf) *c* (pl kloven) fente *f*; crevasse *f*
klooster (*klôô*-steur) *nt* (pl ~s) monastère *m*; couvent *m*, cloître *m*
klop (klop) *c* (pl ~pen) coup *m*
kloppen (*klo*-peun) *v* frapper; fouetter
klucht (kleukht) *c* (pl ~en) farce *f*
kluis (kleu^u^ss) *c* (pl kluizen) coffre-fort, chambre forte
knaap (knââp) *c* (pl knapen) gosse *m*
knalpot (*knâl*-pot) *c* (pl ~ten) silencieux *m*
knap (knâp) *adj* adroit, intelligent; joli, beau
knappend (*knâ*-peunnt) *adj* croustillant
knapzak (*knâp*-sâk) *c* (pl ~ken) havresac *m*
kneuzen (*kneû*-zeun) *v* contusionner
kneuzing (*kneû*-zınng) *c* (pl ~en) contusion *f*
knie (knii) *c* (pl ~ën) genou *m*
knielen (*knii*-leun) *v* s'agenouiller
knieschijf (*knii*-skhèïf) *c* (pl -schijven) rotule *f*
***knijpen** (*knèï*-peun) *v* pincer
knik (knık) *c* inclination de la tête
knikken (*knı*-keun) *v* opiner de la tête
knikker (*knı*-keur) *c* (pl ~s) bille *f*
knippen (*knı*-peun) *v* couper
knoflook (*knof*-lôôk) *nt/c* ail *m*
knokkel (*kno*-keul) *c* (pl ~s) jointure *f*
knoop (knôôp) *c* (pl knopen) bouton *m*; nœud *m*
knooppunt (*knôô*-peunnt) *nt* (pl ~en) jonction *f*
knoopsgat (*knôôps*-khât) *nt* (pl ~en) boutonnière *f*
knop (knop) *c* (pl ~pen) bourgeon *m*; bouton *m*
knopen (*knôô*-peun) *v* boutonner; nouer
knots (knots) *c* (pl ~en) gourdin *m*
knuffelen (*kneu*-feu-leun) *v* câliner
knuppel (*kneu*-peul) *c* (pl ~s) massue *f*; gourdin *m*
knus (kneuss) *adj* intime
koe (koû) *c* (pl koeien) vache *f*
koeiehuid (*koûï*-eu-heu^u^t) *c* (pl ~en) peau de vache
koek (koûk) *c* (pl ~en) gâteau *m*
koekepan (*koû*-keu-pân) *c* (pl ~nen) poêle à frire
koekje (koûk-yeu) *nt* (pl ~s) biscuit *m*
koekoek (*koû*-koûk) *c* (pl ~en) coucou *m*
koel (koûl) *adj* frais
koelkast (*koûl*-kâst) *c* (pl ~en) réfrigérateur *m*, frigidaire *m*
koelsysteem (*koûl*-sii-stéém) *nt* (pl -temen) système de refroidissement
koeltas (*koûl*-tâss) *c* (pl ~sen) sac à glace
koepel (*koû*-peul) *c* (pl ~s) dôme *m*

koers (koûrs) *c* (pl ~en) cours du change; cap *m*
koets (koûts) *c* (pl ~en) carrosse *m*
koffer (*ko*-feur) *c* (pl ~s) valise *f*; malle *f*
kofferruimte (*ko*-feu-reuumm-teu) *c* coffre *m*
koffie *c* café *m*
kogel (*kôô*-geul) *c* (pl ~s) balle *f*
kok (kok) *c* (pl ~s) cuisinier *m*
koken (*kôô*-keun) *v* *cuire; *bouillir
kokosnoot (*kôô*-koss-nôôt) *c* (pl -noten) noix de coco
kolen (*kôô*-leun) *pl* charbon *m*
kolom (kôô-*lomm*) *c* (pl ~men) colonne *f*
kolonel (kôô-lôô-*nèl*) *c* (pl ~s) colonel *m*
kolonie (kôô-*lôô*-nii) *c* (pl ~s, -niën) colonie *f*
kolonne (kôô-*lo*-neu) *c* (pl ~s) colonne *f*
kom (komm) *c* (pl ~men) bol *m*
komedie (kôô-*méé*-dii) *c* (pl ~s) comédie *f*
***komen** (*kôô*-meun) *v* *venir
komfort (kôm-*fôôr*) *nt* commodité *f*
komiek (kôô-*miik*) *c* (pl ~en) comique *m*
komisch (*kôô*-miiss) *adj* comique
komkommer (komm-*ko*-meur) *c* (pl ~s) concombre *m*
komma (*ko*-mââ) *c* (pl ~'s) virgule *f*
kompas (komm-*pâss*) *nt* (pl ~sen) boussole *f*
komplot (komm-*plot*) *nt* (pl ~ten) complot *m*, intrigue *f*
komst (kommst) *c* arrivée *f*; venue *f*
konijn (kôô-*nèïn*) *nt* (pl ~en) lapin *m*
koning (*kôô*-ninng) *c* (pl ~en) roi *m*
koningin (kôô-ni-*nginn*) *c* (pl ~nen) reine *f*
koninklijk (*kôô*-ninng-kleuk) *adj* royal
koninkrijk (*kôô*-ninng-krèïk) *nt* (pl ~en) royaume *m*
kooi (kôôï) *c* (pl ~en) cage *f*; couchette *f*
kookboek (*kôôk*-boûk) *nt* (pl ~en) livre de cuisine
kool (kôôl) *c* (pl kolen) chou *m*
koop (kôôp) *c* achat *m*; **te** ~ à vendre
koophandel (*kôôp*-hân-deul) *c* commerce *m*
koopje (*kôôp*-yeu) *nt* (pl ~s) bonne affaire
koopman (*kôôp*-mân) *c* (pl kooplieden) négociant *m*, marchand *m*
koopprijs (*kôô*-prèïss) *c* (pl -prijzen) prix d'achat
koopwaar (*kôôp*-vââr) *c* marchandise *f*
koor (kôôr) *nt* (pl koren) chœur *m*
koord (kôôrt) *nt* (pl ~en) corde *f*
koorts (kôôrts) *c* fièvre *f*
koortsig (*kôôrt*-seukh) *adj* fiévreux
kop (kop) *c* (pl ~pen) tête *f*; manchette *f*
***kopen** (*kôô*-peun) *v* acheter
koper[1] (*kôô*-peur) *nt* cuivre *m*
koper[2] (*kôô*-peur) *c* (pl ~s) acheteur *m*
koperwerk (*kôô*-peur-vèrk) *nt* cuivres
kopie (kôô-*pii*) *c* (pl ~ën) copie *f*
kopiëren (kôô-pii-*yéé*-reun) *v* copier
kopje (*kop*-yeu) *nt* (pl ~s) tasse *f*
koplamp (*kop*-lammp) *c* (pl ~en) phare *m*
koppeling (*ko*-peu-linng) *c* embrayage *m*
koppelteken (*ko*-peul-téé-keun) *nt* (pl ~s) trait d'union
koppig (*ko*-peukh) *adj* obstiné, têtu
koraal (kôô-*rââl*) *c* (pl -ralen) corail *m*
koren (*kôô*-reun) *nt* blé *m*, céréale *f*
korenveld (*kôô*-reu-vèlt) *nt* (pl ~en) champ de blé
korhoen (*kor*-hoûn) *nt* (pl ~ders) coq de bruyère

korrel (*ko*-reul) *c* (pl ~s) grain *m*
korset (kor-*sèt*) *nt* (pl ~ten) corset *m*
korst (korst) *c* (pl ~en) croûte *f*
kort (kort) *adj* bref, court
korting (*kor*-tınng) *c* (pl ~en) réduction *f*, rabais *m*
kortsluiting (*kort*-sleu[u]-tınng) *c* court-circuit *m*
kortstondig (kort-*stonn*-deukh) *adj* momentané
kosmetica (koss-*méé*-tii-kââ) *pl* cosmétiques *mpl*
kost (kost) *c* nourriture *f*, chère *f*; subsistance *f*; ~ **en inwoning** pension complète
kostbaar (*kost*-bââr) *adj* précieux, coûteux
kostbaarheden (*kost*-bââr-héé-deun) *pl* objets de valeur
kosteloos (*koss*-teu-lôôss) *adj* à titre gracieux
kosten (*koss*-teun) *v* coûter; *pl* coût *m*, frais *mpl*
koster (*koss*-teur) *c* (pl ~s) sacristain *m*
kostganger (*kost*-khâ-ngeur) *c* (pl ~s) pensionnaire *m*
kostuum (koss-tumm) *nt* (pl ~s) complet *m*
kotelet (kôô-teu-*lèt*) *c* (pl ~ten) côte *f*
kou (kaou) *c* froid *m*; ~ **vatten** s'enrhumer
koud (kaout) *adj* froid
kous (kaouss) *c* (pl ~en) bas *m*
kraag (krââkh) *c* (pl kragen) col *m*
kraai (krââï) *c* (pl ~en) corneille *f*
kraakbeen (*krââk*-béén) *nt* cartilage *m*
kraal (krââl) *c* (pl kralen) perle *f*
kraam (krââm) *c* (pl kramen) stand *m*, étal *m*; échoppe *f*
kraan (krâân) *c* (pl kranen) robinet *m*
krab (krâp) *c* (pl ~ben) crabe *m*
krabben (*krâ*-beun) *v* gratter
kracht (krâkht) *c* (pl ~en) force *f*; puissance *f*
krachtig (*krâkh*-teukh) *adj* puissant
kraken (*krââ*-keun) *v* grincer, craquer
kralensnoer (*krââ*-leu-snoûr) *nt* (pl ~en) collier *m*
kramp (krâmp) *c* (pl ~en) crampe *f*; convulsion *f*
krankzinnig (krângk-*sı*-neukh) *adj* fou; dément
krankzinnige (krângk-*sı*-neu-geu) *c* (pl ~n) aliéné mental
krankzinnigheid (krângk-*sı*-neukh-hèït) *c* folie *f*
krant (krânt) *c* (pl ~en) journal *m*
krantenkiosk (*krân*-teu-kii-yosk) *c* (pl ~en) kiosque à journaux
krantenverkoper (*krân*-teu-veur-kôô-peur) *c* (pl ~s) marchand de journaux
krap (krâp) *adj* juste
kras (krâss) *c* (pl ~sen) rayure *f*
krassen (*krâ*-seun) *v* érafler
krat (krât) *nt* (pl ~ten) caisse *f*
krater (*krââ*-teur) *c* (pl ~s) cratère *m*
krediet (kreu-*diit*) *nt* (pl ~en) crédit *m*
kredietbrief (kreu-*diit*-briif) *c* (pl -brieven) lettre de crédit
kreeft (krééft) *c* (pl ~en) homard *m*
kreek (kréék) *c* (pl kreken) crique *f*
kreet (kréét) *c* (pl kreten) cri *m*
krekel (*kréé*-keul) *c* (pl ~s) grillon *m*
krenken (*krèng*-keun) *v* blesser, offenser
krent (krènt) *c* (pl ~en) raisin sec
kreuken (*kreû*-keun) *v* froisser
kreunen (*kreû*-neun) *v* gémir
kreupel (*kreû*-peul) *adj* boiteux, estropié
kribbe (*krı*-beu) *c* (pl ~n) mangeoire *f*
kriebel (*krii*-beul) *c* (pl ~s) prurit *m*
***krijgen** (*krèï*-geun) *v* *obtenir; *recevoir

krijgsgevangene (*krèïkhs*-kheu-vâ-ngeu-neu) *c* (pl ~n) prisonnier de guerre
krijgsmacht (*krèïkhs*-mâkht) *c* (pl ~en) force armée
krijt (krèït) *nt* craie *f*
krik (krık) *c* (pl ~ken) cric *m*
***krimpen** (*krımm*-peun) *v* rétrécir
krimpvrij (*krımmp*-vrèï) *adj* irrétrécissable
kring (krınng) *c* (pl ~en) cercle *m*
kringloop (*krınng*-lôôp) *c* (pl -lopen) cycle *m*
kristal (krıss-*tâl*) *nt* (pl ~len) cristal *m*
kristallen (krıss-*tâ*-leun) *adj* en cristal
kritiek (krii-*tiik*) *adj* critique; *c* critique *f*
kritisch (*krii*-tiiss) *adj* critique
kroeg (kroûkh) *c* (pl ~en) café *m*; bistrot *m*
kroes (kroûss) *c* (pl kroezen) chope *f*
krokodil (krôô-kôô-*dıl*) *c* (pl ~len) crocodile *m*
krom (kromm) *adj* courbe
kromming (*kro*-mınng) *c* (pl ~en) courbe *f*
kronen (*krôô*-neun) *v* couronner
kronkelen (*kronng*-keu-leun) *v* serpenter
kronkelig (*kronng*-keu-leukh) *adj* serpentant
kroon (krôôn) *c* (pl kronen) couronne *f*
kruid (kreu^{u}t) *nt* (pl ~en) herbe *f*; **kruiden** épices *fpl*; *v* assaisonner
kruidenier (kreu^{u}-deu-*niir*) *c* (pl ~s) épicier *m*
kruidenierswaren (kreu^{u}-deu-*niirs*-vââ-reun) *pl* articles d'épicerie
kruidenierswinkel (kreu^{u}-deu-*niirs*-vınng-keul) *c* (pl ~s) épicerie *f*
kruier (*kreu^{u}*-eur) *c* (pl ~s) porteur *m*
kruik (kreu^{u}k) *c* (pl ~en) cruche *f*
kruimel (*kreu^{u}*-meul) *c* (pl ~s) miette *f*
***kruipen** (*kreu^{u}*-peun) *v* ramper
kruis (kreu^{u}ss) *nt* (pl ~en) croix *f*
kruisbeeld (*kreu^{u}ss*-béélt) *nt* (pl ~en) crucifix *m*
kruisbes (*kreu^{u}ss*-bèss) *c* (pl ~sen) groseille à maquereau
kruisigen (*kreu^{u}*-seu-geun) *v* crucifier
kruisiging (*kreu^{u}*-seu-gınng) *c* (pl ~en) crucifixion *f*
kruising (*kreu^{u}*-sınng) *c* (pl ~en) croisement *m*, carrefour *m*
kruispunt (*kreu^{u}ss*-peunnt) *nt* (pl ~en) carrefour *m*, intersection *f*
kruissnelheid (*kreu^{u}*-snèl-hèït) *c* vitesse de croisière
kruistocht (*kreu^{u}ss*-tokht) *c* (pl ~en) croisade *f*
kruit (kreu^{u}t) *nt* poudre à canon
kruiwagen (*kreu^{u}*-vââ-geun) *c* (pl ~s) brouette *f*
kruk (kreuk) *c* (pl ~ken) béquille *f*
krukas (*kreuk*-âss) *c* vilebrequin *m*
krul (kreul) *c* (pl ~len) boucle *f*
krullen (*kreu*-leun) *v* friser, boucler
krulspeld (*kreul*-spèlt) *c* (pl ~en) bigoudi *m*
krultang (*kreul*-tâng) *c* (pl ~en) fer à friser
kubus (*kuu*-beuss) *c* (pl ~sen) cube *m*
kudde (*keu*-deu) *c* (pl ~n, ~s) troupeau *m*
kuiken (*keu^{u}*-keun) *nt* (pl ~s) poulet *m*
kuil (keu^{u}l) *c* (pl ~en) trou *m*; fosse *f*
kuis (keu^{u}ss) *adj* chaste
kuit[1] (keu^{u}t) *c* œufs de poisson
kuit[2] (keu^{u}t) *c* (pl ~en) mollet *m*
kundig (*keunn*-deukh) *adj* capable
***kunnen** (*keu*-neun) *v* *pouvoir, *savoir
kunst (keunnst) *c* (pl ~en) art *m*; **schone kunsten** beaux-arts *mpl*
kunstacademie (*keunnst*-â-kââ-déé-

mii) *c* (pl ~s) académie des beaux-arts
kunstenaar (*keunn*-steu-nââr) *c* (pl ~s) artiste *m/f*
kunstenares (keunn-steu-nââ-*rèss*) *c* (pl ~sen) artiste *m/f*
kunstgalerij (*keunnst*-khâ-leu-rëï) *c* (pl ~en) galerie d'art
kunstgebit (*keunnst*-kheu-bıt) *nt* (pl ~ten) dentier *m*
kunstgeschiedenis (*keunnst*-kheu-skhii-deu-nıss) *c* histoire de l'art
kunstijsbaan (*keunnst*-ëïss-bâân) *c* (pl -banen) patinoire *f*
kunstje (*keunn*-cheu) *nt* (pl ~s) truc *m*
kunstmatig (keunnst-*mââ*-teukh) *adj* artificiel
kunstnijverheid (keunnst-*nèï*-veur-hëït) *c* arts et métiers
kunsttentoonstelling (*keunns*-teunn-tôôn-stè-lınng) *c* (pl ~en) exposition d'art
kunstverzameling (*keunnst*-feur-zââ-meu-lınng) *c* (pl ~en) collection d'art
kunstwerk (*keunnst*-vèrk) *nt* (pl ~en) œuvre d'art
kunstzijde (*keunnst*-sëï-deu) *c* rayonne *f*
kunstzinnig (keunnst-*sı*-neukh) *adj* artistique
kurk (keurk) *c* (pl ~en) bouchon *m*
kurketrekker (*keur*-keu-trè-keur) *c* (pl ~s) tire-bouchon *m*
kus (keuss) *c* (pl ~sen) baiser *m*
kussen[1] (*keu*-seun) *v* embrasser
kussen[2] (*keu*-seun) *nt* (pl ~s) coussin *m*; oreiller *m*; **kussentje** *nt* coussinet *m*
kussensloop (*keu*-seu-slôôp) *c/nt* (pl -slopen) taie d'oreiller
kust (keust) *c* (pl ~en) côte *f*, rivage *m*; bord de la mer
kuur (kuur) *c* (pl kuren) cure *f*
kwaad[1] (kvâât) *adj* en colère, irrité; enragé; méchant
kwaad[2] (kvâât) *nt* (pl kwaden) mal *m*; malice *f*, tort *m*
kwaadaardig (kvââ-*dââr*-deukh) *adj* malin
kwaal (kvââl) *c* (pl kwalen) affection *f*
kwadraat (kvââ-*drâât*) *nt* (pl -draten) carré *m*
kwakzalver (*kvâk*-sâl-veur) *c* (pl ~s) guérisseur *m*
kwal (kvâl) *c* (pl ~len) méduse *f*
kwalijk *nemen (*kvââ*-leuk *néé*-meun) s'offenser de, en *vouloir à; **neem me niet kwalijk**! excusez-moi!
kwaliteit (kvââ-lii-*tëït*) *c* (pl ~en) qualité *f*
kwart (kvârt) *nt* (pl ~en) quart *m*
kwartaal (kvâr-*tââl*) *nt* (pl -talen) trimestre *m*
kwartel (*kvâr*-teul) *c* (pl ~s) caille *f*
kwartier (kvâr-*tiir*) *nt* quart d'heure
kwast (kvâst) *c* (pl ~en) pinceau *m*
kweken (*kvéé*-keun) *v* cultiver
kwellen (*kvè*-leun) *v* tourmenter
kwelling (*kvè*-lınng) *c* (pl ~en) tourment *m*
kwestie (*kvèss*-tii) *c* (pl ~s) question *f*
kwetsbaar (*kvèts*-bâār) *adj* vulnérable
kwetsen (*kvèt*-seun) *v* blesser; offenser
kwijtraken (*kvèït*-rââ-keun) *v* perdre; égarer
kwik (kvık) *nt* mercure *m*
kwistig (*kvıss*-teukh) *adj* prodigue
kwitantie (kvii-*tân*-sii) *c* (pl ~s) reçu *m*

L

la (lââ) *c* (pl ~den) tiroir *m*
laag[1] (lââkh) *adj* bas; **lager** *adj* inférieur
laag[2] (lââkh) *c* (pl lagen) couche *f*
laagland (*lââkh*-lânt) *nt* plaine *f*
laan (lâân) *c* (pl lanen) avenue *f*
laars (lâârs) *c* (pl laarzen) botte *f*
laat (lâât) *adj* tard; **laatst** *adj* dernier; ultime, final; *adv* récemment; **later** *adv* après; **te ~** en retard
labiel (lââ-*biil*) *adj* instable
laboratorium (lââ-bôô-rââ-*tôô*-rii-yeumm) *nt* (pl -ria) laboratoire *m*
lach (lâkh) *c* rire *m*
***lachen** (*lâ*-kheun) *v* *rire
ladder (*lâ*-deur) *c* (pl ~s) échelle *f*
lade (*lââ*-deu) *c* (pl ~n) tiroir *m*
***laden** (*lââ*-deun) *v* charger
ladenkast (*lââ*-deu-kâst) *c* (pl ~en) commode *f*
lading (*lââ*-dinng) *c* (pl ~en) chargement *m*; fret *m*
laf (lâf) *adj* lâche
lafaard (*lâ*-fâârt) *c* (pl ~s) lâche *m*
lagune (lââ-*guu*-neu) *c* (pl ~s) lagune *f*
lak (lâk) *c* (pl ~ken) vernis *m*, laque *f*
laken (*lââ*-keun) *nt* (pl ~s) drap *m*
lakken (*lâ*-keun) *v* vernir
lam[1] (lâm) *adj* paralysé
lam[2] (lâm) *nt* (pl ~meren) agneau *m*
lambrizering (lâm-brii-*zéé*-rinng) *c* lambrissage *m*
lamp (lâmp) *c* (pl ~en) lampe *f*
lampekap (*lâm*-peu-kâp) *c* (pl ~pen) abat-jour *m*
lamsvlees (*lâms*-flééss) *nt* agneau *m*
lanceren (lân-*séé*-reun) *v* lancer
land (lânt) *nt* (pl ~en) pays *m*; terre *f*; **aan ~** à terre; **aan ~ *gaan** débarquer
landbouw (*lânt*-baou) *c* agriculture *f*; **landbouw-** agraire
landen (*lân*-deun) *v* atterrir
landengte (*lânt*-èng-teu) *c* (pl ~n, ~s) isthme *m*
landgenoot (*lânt*-kheu-nôôt) *c* (pl -noten) compatriote *m*
landgoed (*lânt*-khoût) *nt* (pl ~eren) propriété *f*
landhuis (*lânt*-heu[u]ss) *nt* (pl -huizen) maison de campagne
landkaart (*lânt*-kâârt) *c* (pl ~en) carte *f*
landloper (*lânt*-lôô-peur) *c* (pl ~s) chemineau *m*
landloperij (lânt-lôô-peu-*rèï*) *c* vagabondage *m*
landschap (*lânt*-skhâp) *nt* (pl ~pen) paysage *m*
landsgrens (*lânts*-khrèns) *c* (pl -grenzen) frontière *f*
landtong (*lân*-tonng) *c* (pl ~en) promontoire *m*
lang (lâng) *adj* long; grand
langdurig (lâng-*duu*-reukh) *adj* long
langs (lângs) *prep* le long de
langspeelplaat (*lâng*-spéél-plâât) *c* (pl -platen) microsillon *m*
langwerpig (lâng-*vèr*-peukh) *adj* oblong
langzaam (*lâng*-zââm) *adj* lent
langzamerhand (lâng-zââ-meur-*hânt*) *adv* graduellement
lantaarn (lân-*tââ*-reunn) *c* (pl ~s) lanterne *f*
lantaarnpaal (lân-*tââ*-reum-pââl) *c* (pl -palen) lampadaire *m*
las (lâss) *c* (pl ~sen) soudure *f*
lassen (*lâ*-seun) *v* souder
last (lâst) *c* (pl ~en) charge *f*; fardeau *m*; dérangement *m*, ennui *m*, tracas *m*
laster (*lâss*-teur) *c* calomnie *f*

lastig (*lâss*-teukh) *adj* gênant; fastidieux
***laten** (*lââ*-teun) *v* laisser; autoriser à; *faire
Latijns-Amerika (lâ-tèïn-zââ-*méé*-rii-kââ) Amérique latine
Latijns-Amerikaans (lâ-tèïn-zââ-méé-rii-*kââns*) *adj* sud-américain
lauw (laou) *adj* tiède
lawaai (lââ-*vââï*) *nt* bruit *m*
lawaaierig (lââ-*vââï*-eu-reukh) *adj* bruyant
lawine (lââ-*vii*-neu) *c* (pl ~s, ~n) avalanche *f*
laxeermiddel (lâk-*séér*-mı-deul) *nt* (pl ~en) laxatif *m*
ledemaat (*léé*-deu-mâât) *c* (pl maten) membre *m*
lederen (*léé*-deu-reun) *adj* en cuir
ledigen (*léé*-deu-geun) *v* vider
leed (léét) *nt* affliction *f*, douleur *f*
leeftijd (*lééf*-tèït) *c* (pl ~en) âge *m*
leeg (léékh) *adj* vide
leek (léék) *c* (pl leken) profane *m*
leer[1] (léér) *c* enseignements
leer[2] (léér) *nt* cuir *m*
leerboek (*léér*-boûk) *nt* (pl ~en) manuel *m*
leerling (*léér*-lınng) *c* (pl ~en) élève *m*
leerzaam (*léér*-zââm) *adj* instructif
leesbaar (*lééss*-bââr) *adj* lisible
leeslamp (*lééss*-lâmp) *c* (pl ~en) lampe de travail
leeszaal (*léé*-sââl) *c* (pl -zalen) salle de lecture
leeuw (lééou) *c* (pl ~en) lion *m*
leeuwerik (*lééou*-eu-rık) *c* (pl ~en) alouette *f*
lef (lèf) *nt* cran *m*
legalisatie (léé-gââ-lii-*zââ*-tsii) *c* légalisation *f*
legatie (leu-*ghââ*-tsii) *c* (pl ~s) légation *f*
leger (*léé*-geur) *nt* (pl ~s) armée *f*
leggen (*lè*-geun) *v* poser
legitimatie (léé-gii-tii-*mââ*-tsii) *c* légitimation *f*
legpuzzel (*lèkh*-peu-zeul) *c* (pl ~s) puzzle *m*
lei (lèï) *nt* ardoise *f*
leiden (*lèï*-deun) *v* diriger, administrer; *conduire
leider (*lèï*-deur) *c* (pl ~s) dirigeant *m*
leiderschap (*lèï*-deur-skhâp) *nt* direction *f*
leiding[1] (*lèï*-dınng) *c* conduite *f*
leiding[2] (*lèï*-dınng) *c* (pl ~en) tuyau *m*
lek[1] (lèk) *adj* ayant une fuite; crevé
lek[2] (lèk) *nt* (pl ~ken) fuite *f*
lekken (*lè*-keun) *v* *fuir
lekker (*lè*-keur) *adj* bon; exquis, succulent
lekkernij (lè-keur-*nèï*) *c* (pl ~en) délicatesse *f*
lelie (*léé*-lii) *c* (pl ~s) lis *m*
lelijk (*léé*-leuk) *adj* laid
lemmet (*lè*-meut) *nt* (pl ~en) lame *f*
lenen (*léé*-neun) *v* prêter; emprunter
lengte (*lèng*-teu) *c* (pl ~n, ~s) longueur *f*; **in de ~** en long
lengtegraad (*lèng*-teu-grâât) *c* (pl -graden) longitude *f*
lenig (*léé*-neukh) *adj* souple
lening (*léé*-nınng) *c* (pl ~en) prêt *m*
lens (lèns) *c* (pl lenzen) lentille *f*
lente (*lèn*-teu) *c* (pl ~s) printemps *m*
lepel (*léé*-peul) *c* (pl ~s) cuillère *f*; cuillerée *f*
lepra (*léé*-prââ) *c* lèpre *f*
leraar (*léé*-rââr) *c* (pl leraren, ~s) professeur *m*, maître *m*; instructeur *m*
lerares (léé-rââ-*rèss*) *c* (pl ~sen) professeur *m*
leren[1] (*léé*-reun) *v* *apprendre
leren[2] (*léé*-reun) *adj* en cuir
les (lèss) *c* (pl ~sen) leçon *f*

leslokaal (*lèss*-lôô-kââl) *nt* (pl -kalen) salle de classe
lessenaar (*lè*-seu-nââr) *c* (pl ~s) pupitre *m*
letsel (*lèt*-seul) *nt* (pl ~s) lésion *f*
letten op (*lè*-teun) *faire attention à; surveiller, prêter attention à
letter (*lè*-teur) *c* (pl ~s) lettre *f*
lettergreep (*lè*-teur-gréép) *c* (pl -grepen) syllabe *f*
letterkundig (lè-teur-*keunn*-deukh) *adj* littéraire
leugen (*leû*-geun) *c* (pl ~s) mensonge *m*
leuk (leûk) *adj* agréable; drôle, gai
leunen (*leû*-neun) *v* s'appuyer
leuning (*leû*-ninng) *c* (pl ~en) bras *m*; balustrade *f*
leunstoel (*leûnn*-stoûl) *c* (pl ~en) fauteuil *m*
leus (leûss) *c* (pl leuzen) devise *f*
leven[1] (*léé*-veun) *v* *vivre
leven[2] (*léé*-veun) *nt* (pl ~s) vie *f*; **in** ~ en vie
levendig (*léé*-veunn-deukh) *adj* vif
levensmiddelen (*léé*-veunns-mi-deu-leun) *pl* aliments *mpl*
levensstandaard (*léé*-veunn-stân-dâârt) *c* niveau de vie
levensverzekering (*léé*-veunns-feur-zéé-keu-rinng) *c* (pl ~en) assurance-vie *f*
lever (*léé*-veur) *c* (pl ~s) foie *m*
leveren (*léé*-veu-reun) *v* fournir
levering (*léé*-veu-rinng) *c* (pl ~en) remise *f*, fourniture *f*
***lezen** (*léé*-zeun) *v* *lire
lezing (*léé*-zinng) *c* (pl ~en) conférence *f*
Libanees[1] (lii-bââ-*nééss*) *adj* libanais
Libanees[2] (lii-ba-*nééss*) *c* (pl -nezen) Libanais *m*
Libanon (*lii*-bââ-nonn) Liban *m*
liberaal (lii-beu-*rââl*) *adj* libéral
Liberia (lii-*béé*-rii-yââ) Libéria *m*
Liberiaan (lii-béé-rii-*yâân*) *c* (pl -rianen) Libérien *m*
Liberiaans (lii-béé-rii-*yââns*) *adj* libérien
licentie (lii-*sèn*-sii) *c* (pl ~s) licence *f*
lichaam (*li*-khââm) *nt* (pl lichamen) corps *m*
licht[1] (likht) *adj* clair; léger; pâle
licht[2] (likht) *nt* (pl ~en) lumière *f*
lichtbruin (*likht*-breuunn) *adj* fauve
lichtgevend (*likht*-kheu-veunnt) *adj* lumineux
lichting (*likh*-tinng) *c* (pl ~en) levée *f*
lichtpaars (*likht*-pâârs) *adj* mauve
lid (lit) *nt* (pl leden) membre *m*
lidmaatschap (*lit*-mâât-skhâp) *nt* affiliation *f*
lidwoord (*lit*-vôôrt) *nt* (pl ~en) article *m*
lied (liit) *nt* (pl ~eren) chanson *f*
lief (liif) *adj* cher; gentil; affectueux, adorable
liefdadigheid (liif-*dââ*-deukh-hèït) *c* charité *f*
liefde (*liif*-deu) *c* (pl ~s) amour *m*
liefdesgeschiedenis (*liif*-deuss-kheu-skhii-deu-niss) *c* (pl ~sen) histoire d'amour
***liefhebben** (*liif*-hè-beun) *v* aimer
liefhebberij (liif-hè-beu-*rèï*) *c* (pl ~en) hobby *m*
liefje (*liif*-yeu) *nt* (pl ~s) mon amour
***liegen** (*lii*-geun) *v* *mentir
lies (liiss) *c* (pl liezen) aine *f*
lieveling (*lii*-veu-linng) *c* (pl ~en) chéri *m*; favori *m*, chouchou *m*; **lievelings-** préféré, favori
liever (*lii*-veur) *adv* plutôt; ~ ***hebben** préférer
lift (lift) *c* (pl ~en) ascenseur *m*
liften (*lif*-teun) *v* *faire de l'auto-stop
lifter (*lif*-teur) *c* (pl ~s) auto-stoppeur *m*

***liggen** (*li*-geun) *v* *être couché; ***gaan** ~ se coucher
ligging (*li*-ginng) *c* situation *f*; position *f*
ligstoel (*likh*-stoûl) *c* (pl ~en) chaise longue
lijden (*lèï*-deun) *nt* souffrance *f*
***lijden** (*lèï*-deun) *v* *souffrir
lijf (lèïf) *nt* (pl lijven) corps *m*
lijfwacht (*lèïf*-vâkht) *c* (pl ~en) garde du corps
lijk (lèïk) *nt* (pl ~en) cadavre *m*
***lijken** (lèï-keun) *v* *paraître, sembler; ~ **op** ressembler à
lijm (lèïm) *c* colle *f*
lijn (lèïn) *c* (pl ~en) ligne *f*; laisse *f*
lijnboot (*lèïn*-bôôt) *c* (pl -boten) paquebot *m*
lijst (lèïst) *c* (pl ~en) liste *f*; cadre *m*
lijster (*lèï*-steur) *c* (pl ~s) grive *f*
lijvig (*lèï*-veukh) *adj* volumineux
likdoorn (*lik*-dôô-reunn) *c* (pl ~s) cor au pied
likeur (lii-*keûr*) *c* (pl ~en) liqueur *f*
likken (*li*-keun) *v* lécher
limiet (lii-*miit*) *c* (pl ~en) limite *f*
limoen (lii-*moûn*) *c* (pl ~en) limette *f*
limonade (lii-môô-*nââ*-deu) *c* (pl ~s) limonade *f*
linde (*linn*-deu) *c* (pl ~n) tilleul *m*
liniaal (lii-nii-*yâân*) *c* (pl -alen) règle *f*
links (linngks) *adj* gauche; à gauche, de gauche
linkshandig (linngks-*hân*-deukh) *adj* gaucher
linnen (*li*-neun) *nt* toile *f*
linnengoed (*li*-neu-goût) *nt* linge *m*
lint (linnt) *nt* (pl ~en) ruban *m*; cordon *m*
lip (lip) *c* (pl ~pen) lèvre *f*
lippenboter (*li*-peu-bôô-teur) *c* pommade pour les lèvres
lippenstift (*li*-peu-stift) *c* rouge à lèvres
list (list) *c* (pl ~en) ruse *f*
listig (*liss*-teukh) *adj* malin
liter (*lii*-teur) *c* (pl ~s) litre *m*
literair (lii-teu-*rèèr*) *adj* littéraire
literatuur (lii-teu-rââ-*tuur*) *c* littérature *f*
litteken (*li*-téé-keun) *nt* (pl ~s) cicatrice *f*
locomotief (lôô-kôô-môô-*tiif*) *c* (pl -tieven) locomotive *f*
loeien (*loûï*-eun) *v* mugir
lof (lof) *c* louange *f*, éloge *m*
logé (lôô-*jéé*) *c* (pl ~'s) hôte *m*
logeerkamer (lôô-*jéér*-kââ-meur) *c* (pl ~s) chambre d'ami
logeren (lôô-*jéé*-reun) *v* séjourner
logica (*lôô*-gii-kââ) *c* logique *f*
logies (lôô-*jiiss*) *nt* logement *m*; ~ **en ontbijt** chambre et petit déjeuner
logisch (*lôô*-giiss) *adj* logique
lokaal (lôô-*kââl*) *adj* local
lol (lol) *c* plaisir *m*
lonen (*lôô*-neun) *v* payer
long (lonng) *c* (pl ~en) poumon *m*
longontsteking (*lonng*-onnt-stéé-kinng) *c* (pl ~en) pneumonie *f*
lont (lonnt) *c* (pl ~en) mèche *f*
lood (lôôt) *nt* plomb *m*
loodgieter (*lôôt*-khii-teur) *c* (pl ~s) plombier *m*
loodrecht (*lôôt*-rèkht) *adj* perpendiculaire
loods (lôôts) *c* (pl ~en) pilote *m*
loon (lôôn) *nt* (pl lonen) gages *mpl*; paie *f*, paye *f*
loonsverhoging (*lôôns*-feur-hôô-ginng) *c* (pl ~en) augmentation de salaire
loop (lôôp) *c* cours *m*; démarche *f*
loopbaan (*lôô*-bâân) *c* (pl -banen) carrière *f*
loopplank (*lôô*-plângk) *c* (pl ~en) passerelle *f*
***lopen** (*lôô*-peun) *v* marcher
los (loss) *adj* lâche

losgeld (*lôss*-khèlt) *nt* (pl ~en) rançon *f*
losknopen (*loss*-knôô-peun) *v* déboutonner; dénouer
losmaken (*loss*-mââ-keun) *v* détacher, *défaire; desserrer
losschroeven (*lo*-skhroû-veun) *v* dévisser
lossen (*lo*-seun) *v* décharger
lot[1] (lot) *nt* sort *m*, destin *m*
lot[2] (lot) *nt* (pl ~en) sort *m*
loterij (lôô-teu-*rèï*) *c* (pl ~en) loterie *f*
loyaal (lôô-*yââl*) *adj* loyal
lucht (leukht) *c* air *m*; souffle *m*
luchtdicht (*leukh*-dıkht) *adj* hermétique
luchtdruk (*leukh*-dreuk) *c* pression atmosphérique
luchten (*leukh*-teun) *v* aérer
luchtfilter (*leukht*-fıl-teur) *nt* (pl ~s) filtre à air
luchthaven (*leukht*-hââ-veun) *c* (pl ~s) aéroport *m*
luchtig (*leukh*-teukh) *adj* aéré
luchtpost (*leukht*-post) *c* poste aérienne
luchtvaartmaatschappij (*leukht*-fâârt-mâât-skhâ-pèï) *c* (pl ~en) ligne aérienne
luchtverversing (*leukht*-feur-vèr-sınng) *c* climatisation *f*, aération *f*
luchtziekte (*leukht*-siik-teu) *c* mal de l'air
lucifer (*luu*-sii-fèr) *c* (pl ~s) allumette *f*
lucifersdoosje (*luu*-sii-fèrs-dôô-cheu) *nt* (pl ~s) boîte d'allumettes
lui (leu^u) *adj* paresseux; oisif
luid (leu^ut) *adj* fort
luidspreker (*leu^ut*-spréé-keur) *c* (pl ~s) haut-parleur *m*
luier (*leu^u*-eur) *c* (pl ~s) couche *f*
luik (leu^uk) *nt* (pl ~en) trappe *f*; persienne *f*
luis (leu^uss) *c* (pl luizen) pou *m*
luisteraar (*leu^uss*-teu-râår) *c* (pl ~s) auditeur *m*
luisteren (*leu^uss*-teu-reun) *v* écouter
luisterrijk (*leu^uss*-teu-rèïk) *adj* splendide
lukken (*leu*-keun) *v* réussir
lunch (leunnch) *c* (pl ~es) déjeuner *m*; lunch *m*
lus (leuss) *c* (pl ~sen) boucle *f*
lusten (*leuss*-teun) *v* aimer
luxe (*luuk*-seu) *c* luxe *m*
luxueus (luuk-suu-*eûss*) *adj* luxueux

M

maag (mââkh) *c* (pl magen) estomac *m*; **maag-** gastrique
maagd (mââkht) *c* (pl ~en) vierge *f*
maagpijn (*mââkh*-pèïn) *c* mal d'estomac
maagzuur (*mââkh*-suur) *nt* brûlures d'estomac
maagzweer (*mââkh*-svéér) *c* (pl -zweren) ulcère à l'estomac
maal[1] (mââl) *nt* (pl malen) repas *m*
maal[2] (mââl) *c* (pl malen) fois *f*
maal[3] (mââl) *prep* fois
maaltijd (*mââl*-tèït) *c* (pl ~en) repas *m*; **warme** ~ dîner *m*
maan (mâân) *c* (pl manen) lune *f*
maand (mâânt) *c* (pl ~en) mois *m*
maandag (*mâân*-dâkh) *c* lundi *m*
maandblad (*mâânt*-blât) *nt* (pl ~en) revue mensuelle
maandelijks (*mâân*-deu-leuks) *adj* mensuel
maandverband (*mâânt*-feur-bânt) *nt* serviette hygiénique
maanlicht (*mâân*-lıkht) *nt* clair de lune
maar (mâår) *conj* mais; cependant,

pourtant; *adv* seulement
maart (mâârt) mars
maas (mââss) *c* (pl mazen) maille *f*
maat (mâât) *c* (pl maten) mesure *f*; **extra grote ~** hors série; **op ~ gemaakt** fait sur mesure; fait sur commande
maatregel (*mâât*-réé-geul) *c* (pl ~en, ~s) mesure *f*
maatschappelijk (mâât-*skhâ*-peu-leuk) *adj* social
maatschappij (mâât-skhâ-*pèï*) *c* (pl ~en) compagnie *f*; société *f*
maatstaf (*mâât*-stâf) *c* (pl -staven) norme *f*
machine (mâ-*chii*-neu) *c* (pl ~s) machine *f*
machinerie (mâ-chii-neu-*rii*) *c* machinerie *f*
macht (mâkht) *c* (pl ~en) pouvoir *m*; puissance *f*
machteloos (*mâkh*-teu-lôôss) *adj* impuissant
machtig (*mâkh*-teukh) *adj* puissant
machtiging (*mâkh*-teu-ginng) *c* (pl ~en) autorisation *f*
magazijn (mââ-gââ-*zèïn*) *nt* (pl ~en) magasin *m*
mager (*mââ*-geur) *adj* maigre
magie (mââ-*gii*) *c* magie *f*
magistraat (mââ-giss-*trâât*) *c* (pl -straten) magistrat *m*
magneet (mâkh-*néét*) *c* (pl -neten) magnéto *f*
magnetisch (mâkh-*néé*-tiss) *adj* magnétique
maillot (mââ-*yôô*) *c* (pl ~s) collants *mpl*
maïs (maïss) *c* maïs *m*
maïskolf (*maïss*-kolf) *c* (pl -kolven) maïs en épi
mak (mâk) *adj* domestiqué
makelaar (*mââ*-keu-lâär) *c* (pl ~s) courtier *m*, agent immobilier
maken (*mââ*-keun) *v* *faire, rendre; **te ~ *hebben met** s'occuper de
make-up (méé-*keup*) *c* maquillage *m*
makreel (mââ-*kréél*) *c* (pl -relen) maquereau *m*
mal (mâl) *adj* sot, bête
malaria (mââ-*lââ*-rii-yââ) *c* malaria *f*
Maleis (mââ-*lèïss*) *nt* Malais *m*
Maleisië (mââ-*lèï*-zii-yeu) Malaysia *m*
Maleisisch (mââ-*lèï*-ziiss) *adj* malaisien
***malen** (*mââ*-leun) *v* *moudre
mals (mâls) *adj* tendre
mammoet (*mâ*-moût) *c* (pl ~en, ~s) mammouth *m*
man (mân) *c* (pl ~nen) homme *m*; mari *m*
manchet (mân-*chèt*) *c* (pl ~ten) manchette *f*
manchetknopen (mân-*chèt*-knôô-peun) *pl* boutons de manchettes
mand (mânt) *c* (pl ~en) panier *m*
mandaat (mân-*dâât*) *nt* (pl -daten) mandat *m*
mandarijn (mân-dââ-*rèïn*) *c* (pl ~en) mandarine *f*
manege (mââ-*néé*-jeu) *c* (pl ~s) manège *m*
manicure (mââ-nii-*kuu*-reu) *c* (pl ~s) manucure *f*
manicuren (mââ-nii-*kuu*-reun) *v* soigner les ongles
manier (mââ-*niir*) *c* (pl ~en) manière *f*; mode *m*; **manieren** savoir-vivre *m*
mank (mângk) *adj* boiteux
mannelijk (*mâ*-neu-leuk) *adj* mâle; masculin
mantel (*mân*-teul) *c* (pl ~s) pardessus *m*, manteau *m*
manufacturier (mâ-nuu-fâk-tuu-*riir*) *c* (pl ~s) drapier *m*
manuscript (mââ-neuss-*kript*) *nt* (pl ~en) manuscrit *m*

marcheren (mâr-*chéé*-reun) *v* marcher
margarine (mâr-gââ-*rii*-neu) *c* margarine *f*
marine (mââ-*rii*-neu) *c* marine *f*; **marine-** naval
maritiem (ma-rii-*tiim*) *adj* maritime
markt (mârkt) *c* (pl ~en) marché *m*; **zwarte** ~ marché noir
marktplein (*mârkt*-plèïn) *nt* (pl ~en) place du marché
marmelade (mâr-meu-*lââ*-deu) *c* (pl ~s, ~n) marmelade *f*
marmer (*mâr*-meur) *nt* marbre *m*
Marokkaan (mâ-ro-*kâân*) *c* (pl -kanen) Marocain *m*
Marokkaans (mâ-ro-*kââns*) *adj* marocain
Marokko (mââ-*ro*-kôô) Maroc *m*
mars (mârs) *c* (pl ~en) marche *f*
martelaar (*mâr*-teu-lââr) *c* (pl ~s, -laren) martyr *m*
martelen (*mâr*-teu-leun) *v* torturer
marteling (*mâr*-teu-lınng) *c* (pl ~en) torture *f*
mascara (mâss-*kââ*-râå) *c* cosmétique pour les cils
masker (*mâss*-keur) *nt* (pl ~s) masque *m*
massa (*mâ*-sââ) *c* (pl ~'s) masse *f*
massaproduktie (*mâ*-sââ-prôô-deuksii) *c* production en série
masseren (mâ-*séé*-reun) *v* masser
masseur (mâ-*seûr*) *c* (pl ~s) masseur *m*
massief (mâ-*siif*) *adj* massif
mast (mâst) *c* (pl ~en) mât *m*
mat[1] (mât) *adj* mat
mat[2] (mât) *c* (pl ~ten) tapis *m*
materiaal (mââ-trii-*yââl*) *nt* (pl -rialen) matériel *m*
materie (mâ-*téé*-rii) *c* (pl -riën, ~s) matière *f*
materieel (mââ-trii-*yéél*) *adj* matériel
matig (*mââ*-teukh) *adj* modéré
matras (mââ-*trâss*) *c* (pl ~sen) matelas *m*
matroos (mââ-*trôôss*) *c* (pl matrozen) marin *m*
mausoleum (maou-sôô-*léé*-yeumm) *nt* (pl ~s, -lea) mausolée *m*
mazelen (*mââ*-zeu-leun) *pl* rougeole *f*
me (meu) *pron* me; moi
mechanisch (méé-*khââ*-niiss) *adj* mécanique
mechanisme (méé-khââ-*nıss*-meu) *nt* (pl ~n) mécanisme *m*
medaille (méé-*dâ*-yeu) *c* (pl ~s) médaille *f*
mededelen (*méé*-deu-déé-leun) *v* notifier, communiquer
mededeling (*méé*-deu-déé-lınng) *c* (pl ~en) communication *f*
medegevoel (*méé*-deu-geu-voûl) *nt* compassion *f*
medelijden (*méé*-deu-lèï-deun) *nt* pitié *f*; ~ ***hebben met** *avoir pitié de
medeplichtige (méé-deu-*plıkh*-teu-geu) *c* (pl ~n) complice *m*
medewerking (*méé*-deu-vèr-kınng) *c* collaboration *f*
medisch (*méé*-diiss) *adj* médical
mediteren (méé-dii-*téé*-reun) *v* méditer
***meebrengen** (*méé*-brè-ngeun) *v* amener
meedelen (*méé*-déé-leun) *v* communiquer
meel (méél) *nt* farine *f*
meemaken (*méé*-mââ-keun) *v* endurer
***meenemen** (*méé*-néé-meun) *v* emporter
meer[1] (méér) *adj* plus; ~ **dan** passé; **niet** ~ ne ... plus
meer[2] (méér) *nt* (pl meren) lac *m*
meerderheid (*méér*-deur-hèït) *c* majorité *f*
meerderjarig (méér-deur-*yââ*-reukh) *adj* majeur

meervoud (*méér*-vaout) *nt* (pl ~en) pluriel *m*
meest (méést) *adj* le plus
meestal (méé-*stâl*) *adv* le plus souvent
meester (*méé*-steur) *c* (pl ~s) maître *m*; maître d'école
meesteres (méé-steu-*rèss*) *c* (pl ~sen) patronne *f*
meesterwerk (*méé*-steur-vèrk) *nt* (pl ~en) chef-d'œuvre *m*
meetellen (*méé*-tè-leun) *v* *inclure
meetkunde (*méét*-keunn-deu) *c* géométrie *f*
meeuw (méé[ou]) *c* (pl ~en) mouette *f*
mei (mèï) mai
meid (mèït) *c* (pl ~en) bonne *f*
meineed (*mèï*-néét) *c* (pl -eden) faux serment
meisje (*mèï*-cheu) *nt* (pl ~s) fille *f*
meisjesnaam (*mèï*-cheuss-nââm) *c* (pl -namen) nom de jeune fille
mejuffrouw (meu-*yeu*-fraou) mademoiselle
melden (*mèl*-deun) *v* rapporter
melding (*mèl*-dınng) *c* (pl ~en) mention *f*
melk (mèlk) *c* lait *m*
melkboer (*mèlk*-boûr) *c* (pl ~en) laitier *m*
melodie (méé-lôô-*dii*) *c* (pl ~ën) mélodie *f*; air *m*
melodieus (méé-lôô-dii-*yeûss*) *adj* harmonieux
melodrama (méé-lôô-*drââ*-mââ) *nt* (pl ~'s) mélodrame *m*
meloen (meu-*loûn*) *c* (pl ~en) melon *m*
memorandum (méé-môô-*rân*-deumm) *nt* (pl -randa) mémorandum *m*
men (mèn) *pron* on
meneer (meu-*néér*) monsieur *m*
menen (*méé*-neun) *v* trouver
mengen (*mè*-ngeun) *v* mélanger, mêler
mengsel (*mèng*-seul) *nt* (pl ~s) mélange *m*
menigte (*méé*-neukh-teu) *c* (pl ~n, ~s) foule *f*
mening (*méé*-nınng) *c* (pl ~en) opinion *f*; **van ~ verschillen** *être en désaccord
mens (mèns) *c* (pl ~en) homme *m*; **mensen** gens *mpl/fpl*
menselijk (*mèn*-seu-leuk) *adj* humain; **~ wezen** être humain
mensheid (*mèns*-hèït) *c* humanité *f*
menstruatie (mèn-struu-*vââ*-tsii) *c* menstruation *f*
menukaart (meu-*nuu*-kâârt) *c* (pl ~en) menu *m*
merel (*méé*-reul) *c* (pl ~s) merle *m*
merg (mèrkh) *nt* moelle *f*
merk (mèrk) *nt* (pl ~en) marque *f*
merkbaar (*mèrk*-bââr) *adj* perceptible
merken (*mèr*-keun) *v* noter; marquer
merkteken (*mèrk*-téé-keun) *nt* (pl ~s) marque *f*
merrie (*mè*-rii) *c* (pl ~s) jument *f*
mes (mèss) *nt* (pl ~sen) couteau *m*
messing (*mè*-sınng) *nt* laiton *m*
mest (mèst) *c* fumier *m*
mesthoop (*mèst*-hôôp) *c* (pl -hopen) tas de fumier
met (mèt) *prep* avec; en
metaal (méé-*tââl*) *nt* (pl metalen) métal *m*
metalen (méé-*tââ*-leun) *adj* métallique
meteen (meu-*téén*) *adv* immédiatement, tout de suite, sur-le-champ; tout à l'heure
***meten** (*méé*-teun) *v* mesurer
meter (*méé*-teur) *c* (pl ~s) mètre *m*; compteur *m*; jauge *f*
metgezel (*mèt*-kheu-zèl) *c* (pl ~len) compagnon *m*
methode (méé-*tôô*-deu) *c* (pl ~n, ~s) méthode *f*

methodisch (méé-*tôô*-diiss) *adj* méthodique
metrisch (*méé*-triiss) *adj* métrique
metro (*méé*-trôô) *c* (pl ~'s) métro *m*
metselaar (*mèt*-seu-lââr) *c* (pl ~s) maçon *m*
metselen (*mèt*-seu-leun) *v* maçonner
meubilair (meû-bii-*lèèr*) *nt* meubles
meubileren (meû-bii-*léé*-reun) *v* meubler
mevrouw (meu-*vraou*) madame
Mexicaan (mèk-sii-*kâân*) *c* (pl -canen) Mexicain *m*
Mexicaans (mèk-sii-*kââns*) *adj* mexicain
Mexico (*mèk*-sii-kôô) Mexique *m*
microfoon (mii-krôô-*fôôn*) *c* (pl ~s) microphone *m*
middag (*mı*-dâkh) *c* (pl ~en) après-midi *m/f*; midi *m*
middageten (*mı*-dâkh-éé-teun) *nt* déjeuner *m*
middel[1] (*mı*-deul) *nt* (pl ~en) moyen *m*; remède *m*; **antiseptisch** ~ antiseptique *m*; **insektenwerend** ~ insectifuge *m*; **kalmerend** ~ calmant *m*, sédatif *m*; **pijnstillend** ~ anesthésique *m*; **stimulerend** ~ stimulant *m*; **verdovend** ~ drogue *f*
middel[2] (*mı*-deul) *nt* (pl ~s) taille *f*
middeleeuwen (*mı*-deul-éé^ou-eun) *pl* moyen-âge *m*
middeleeuws (*mı*-deul-*éé^ou ss*) *adj* médiéval
Middellandse Zee (*mı*-deu-lânt-seu-zéé) Méditerranée *f*
middelmatig (mı-deul-*mââ*-teukh) *adj* modéré; moyen
middelpunt (*mı*-deul-peunnt) *nt* (pl ~en) centre *m*
middelst (*mı*-deulst) *adj* du milieu
midden (*mı*-deun) *nt* milieu *m*; **midden-** moyen; ~ **in** au milieu de; **te** ~ **van** au milieu de; parmi
middernacht (mı-deur-*nâkht*) *c* minuit
midzomer (mıt-*sôô*-meur) *c* plein été
mier (miir) *c* (pl ~en) fourmi *f*
mierikswortel (*mii*-rıks-vor-teul) *c* (pl ~s) raifort *m*
mijl (mèïl) *c* (pl ~en) mille *m*
mijlpaal (*mèïl*-pââl) *c* (pl -palen) borne routière; jalon *m*
mijn[1] (mèïn) *pron* mon
mijn[2] (mèïn) *c* (pl ~en) mine *f*
mijnbouw (*mèïn*-baou) *c* exploitation minière
mijnheer (meu-*néér*) monsieur *m*
mijnwerker (*mèïn*-vèr-keur) *c* (pl ~s) mineur *m*
mikken op (*mı*-keun) viser
mikpunt (*mık*-peunnt) *nt* (pl ~en) cible *f*
mild (mılt) *adj* généreux
milieu (miil-*yeû*) *nt* (pl ~s) milieu *m*; environnement *m*
militair[1] (mii-lii-*tèèr*) *adj* militaire
militair[2] (mii-lii-*tèèr*) *c* (pl ~en) soldat *m*
miljoen (mıl-*yoûn*) *nt* million *m*
miljonair (mıl-yôô-*nèèr*) *c* (pl ~s) millionnaire *m*
min (mınn) *prep* moins
minachting (*mınn*-âkh-tınng) *c* mépris *m*
minder (*mınn*-deur) *adv* moins
minderheid (*mınn*-deur-hèït) *c* (pl -heden) minorité *f*
minderjarig (mınn-deur-*yââ*-reukh) *adj* mineur
minderjarige (mınn-deur-*yââ*-reu-geu) *c* (pl ~n) mineur *m*
minderwaardig (mınn-deur-*vââr*-deukh) *adj* inférieur
mineraal (mii-neu-*rââl*) *nt* (pl -ralen) minéral *m*
mineraalwater (mii-neu-*rââl*-vââ-teur) *nt* eau minérale
miniatuur (mii-nii-yââ-*tuur*) *c* (pl -tu-

ren) miniature *f*
minimum (*mii*-nii-meumm) *nt* (pl -ma) minimum *m*
minister (mii-*niss*-teur) *c* (pl ~s) ministre *m*
ministerie (mii-niss-*téé*-rii) *nt* (pl ~s) ministère *m*
minnaar (*mi*-nââr) *c* (pl ~s) amant *m*
minst (minnst) *adj* moindre
minstens (*minn*-steuns) *adv* au moins
minuscuul (mii-neuss-*kuul*) *adj* minuscule
minuut (mii-*nuut*) *c* (pl minuten) minute *f*
mis (miss) *c* (pl ~sen) messe *f*
misbruik (*miss*-breu^{u}k) *nt* abus *m*
misdaad (*miss*-dâât) *c* (pl -daden) crime *m*
misdadig (miss-*dââ*-deukh) *adj* criminel
misdadiger (*miss*-dââ-deu-geur) *c* (pl ~s) criminel *m*
zich ***misdragen** (miss-*drââ*-geun) se *conduire mal
misgunnen (miss-*kheu*-neun) *v* envier
mishagen (miss-*hââ*-geun) *v* *déplaire
miskraam (*miss*-krââm) *c* (pl -kramen) fausse couche
mislukking (miss-*leu*-kinng) *c* (pl ~en) échec *m*
mislukt (miss-*leukt*) *adj* infructueux
mismaakt (miss-*mââkt*) *adj* difforme
misplaatst (miss-*plââtst*) *adj* mal placé, inopportun
misschien (mi-*skhiin*) *adv* peut-être
misselijk (*mi*-seu-leuk) *adj* ayant mal au cœur; répugnant
misselijkheid (*mi*-seu-leuk-hèït) *c* nausée *f*, mal au cœur
missen (*mi*-seun) *v* manquer
misstap (*mi*-stâp) *c* (pl ~pen) faux pas
mist (mist) *c* brouillard *m*
mistig (*miss*-teukh) *adj* brumeux
mistlamp (*mist*-lâmp) *c* (pl ~en) phare anti-brouillard
***misverstaan** (*miss*-feur-stâân) *v* mal *comprendre
misverstand (*miss*-feur-stânt) *nt* (pl ~en) malentendu *m*
misvormd (miss-*formt*) *adj* contrefait
mits (mits) *conj* pourvu que
mixer (*mik*-seur) *c* (pl ~s) mixeur *m*
mobiel (môô-*biil*) *adj* mobile
modder (*mo*-deur) *c* boue *f*
modderig (*mo*-deu-reukh) *adj* boueux
mode (*môô*-deu) *c* (pl ~s) mode *f*
model (môô-*dèl*) *nt* (pl ~len) modèle *m*
modelleren (môô-dè-*léé*-reun) *v* façonner
modern (môô-*dèrn*) *adj* moderne
modieus (môô-dii-*yeûss*) *adj* à la mode
modiste (môô-*diss*-teu) *c* (pl ~s) modiste *f*
moe (moû) *adj* fatigué; las
moed (moût) *c* courage *m*
moeder (*moû*-deur) *c* (pl ~s) mère *f*
moedertaal (*moû*-deur-tââl) *c* langue maternelle
moedig (*moû*-deukh) *adj* courageux
moeilijk (*moûï*-leuk) *adj* difficile
moeilijkheid (*moûï*-leuk-hèït) *c* (pl -heden) difficulté *f*
moeite (moûï-teu) *c* (pl ~n) peine *f*; **de ~ waard *zijn** *valoir la peine; ~ ***doen** s'efforcer
moer (moûr) *c* (pl ~en) écrou *m*
moeras (moû-*râss*) *nt* (pl ~sen) marais *m*
moerassig (moû-*râ*-seukh) *adj* marécageux
moerbei (*moûr*-bèï) *c* (pl ~en) mûre *f*
moestuin (*moûss*-teuunn) *c* (pl ~en) jardin potager
***moeten** (*moû*-teun) *v* *falloir; *devoir

mogelijk (*môô*-geu-leuk) *adj* possible
mogelijkheid (*môô*-geu-leuk-hèït) *c* (pl -heden) possibilité *f*
***mogen** (*môô*-geun) *v* *être autorisé; *pouvoir; bien aimer
mogendheid (*môô*-geunnt-hèït) *c* (pl -heden) puissance *f*
mohair (môô-*hèèr*) *nt* mohair *m*
molen (*môô*-leun) *c* (pl ~s) moulin *m*; moulin à vent
molenaar (*môô*-leu-nââr) *c* (pl ~s) meunier *m*
mollig (*mo*-leukh) *adj* potelé
moment (môô-*mènt*) *nt* (pl ~en) instant *m*
momentopname (môô-*mènt*-op-nââ-meu) *c* (pl ~n) instantané *m*
monarchie (môô-nâr-*khii*) *c* (pl ~ën) monarchie *f*
mond (monnt) *c* (pl ~en) bouche *f*
mondeling (*monn*-deu-linng) *adj* oral, verbal
monding (*monn*-dinng) *c* (pl ~en) embouchure *f*
mondspoeling (*monnt*-spoû-linng) *c* eau dentifrice
monetair (môô-néé-*tèèr*) *adj* monétaire
monnik (*mo*-neuk) *c* (pl ~en) moine *m*
monoloog (môô-nôô-*lôôkh*) *c* (pl -logen) monologue *m*
monopolie (môô-nôô-*pôô*-lii) *nt* (pl ~s) monopole *m*
monster (*monn*-steur) *nt* (pl ~s) échantillon *m*
monteren (monn-*téé*-reun) *v* assembler
monteur (monn-*teûr*) *c* (pl ~s) monteur *m*, mécanicien *m*
montuur (monn-*tuur*) *nt* (pl -turen) monture *f*
monument (môô-nuu-*mènt*) *nt* (pl ~en) monument *m*
mooi (môôï) *adj* beau; joli
moord (môôrt) *c* (pl ~en) assassinat *m*
moordenaar (*môôr*-deu-nââr) *c* (pl ~s) meurtrier *m*
mop (mop) *c* (pl ~pen) blague *f*
mopperen (*mo*-peu-reun) *v* grogner
moraal (môô-*rââl*) *c* morale *f*
moraliteit (môô-rââ-lii-*tèït*) *c* moralité *f*
moreel (môô-*réél*) *adj* moral
morfine (mor-*fii*-neu) *c* morphine *f*
morgen[1] (*mor*-geun) *adv* demain
morgen[2] (*mor*-geun) *c* (pl ~s) matin *m*
morsen (*mor*-seun) *v* répandre
mos (moss) *nt* (pl ~sen) mousse *f*
moskee (moss-*kéé*) *c* (pl ~ën) mosquée *f*
mossel (*mo*-seul) *c* (pl ~s, ~en) moule *f*
mosterd (*moss*-teurt) *c* moutarde *f*
mot (mot) *c* (pl ~ten) mite *f*
motel (môô-*tèl*) *nt* (pl ~s) motel *m*
motie (*môô*-tsii) *c* (pl ~s) motion *f*
motief (môô-*tiif*) *nt* (pl motieven) motif *m*
motor (*môô*-teur) *c* (pl ~en, ~s) moteur *m*
motorboot (*môô*-teur-bôôt) *c* (pl -boten) canot automobile
motorfiets (*môô*-teur-fiits) *c* (pl ~en) motocyclette *f*
motorkap (*môô*-teur-kâp) *c* (pl ~pen) capot *m*
motorpech (*môô*-teur-pèkh) *c* panne *f*
motorschip (*môô*-teur-skhip) *nt* (pl -schepen) bateau à moteur
motregen (*mot*-réé-geun) *c* crachin *m*
mousserend (moû-*séé*-reunnt) *adj* mousseux
mouw (maou) *c* (pl ~en) manche *f*
mozaïek (môô-zââ-*iik*) *nt* (pl ~en) mosaïque *f*

mug (meukh) *c* (pl ~gen) moustique *m*
muil (meu^ul) *c* (pl ~en) gueule *f*
muildier (*meu^ul*-diir) *nt* (pl ~en) mulet *m*
muilezel (*meu^ul*-éé-zeul) *c* (pl ~s) mule *f*
muis (meu^uss) *c* (pl muizen) souris *f*
muiterij (meu^u-teu-*rèï*) *c* (pl ~en) mutinerie *f*
mul (meul) *c* mulet *m*
munt (meunnt) *c* (pl ~en) pièce de monnaie; jeton *m*; menthe *f*
munteenheid (*meunnt*-één-hèït) *c* (pl -heden) unité monétaire
muntstuk (*meunnt*-steuk) *nt* (pl ~ken) pièce de monnaie
mus (meuss) *c* (pl ~sen) moineau *m*
museum (muu-*zéé*-yeumm) *nt* (pl ~s, -sea) musée *m*
musical (*myoû*-zı-keul) *c* (pl ~s) comédie musicale
musicus (*muu*-zii-keuss) *c* (pl -ci) musicien *m*
muskiet (meuss-*kiit*) *c* (pl ~en) moustique *m*
muskietennet (meuss-*kii*-teu-nèt) *nt* (pl ~ten) moustiquaire *f*
muts (meuts) *c* (pl ~en) casquette *f*
muur (muur) *c* (pl muren) mur *m*
muziek (muu-*ziik*) *c* musique *f*
muziekinstrument (muu-*ziik*-ınn-struu-mènt) *nt* (pl ~en) instrument de musique
muzikaal (muu-zii-*kââl*) *adj* musical
mysterie (mii-*stéé*-rii) *nt* (pl ~s) mystère *m*
mysterieus (mii-stéé-rii-*yeûss*) *adj* mystérieux
mythe (*mii*-teu) *c* (pl ~n) mythe *m*

N

na (nââ) *prep* après
naad (nâât) *c* (pl naden) couture *f*
naadloos (*nâât*-lôôss) *adj* sans couture
naaien (*nââï*-eun) *v* *coudre
naaimachine (*nââï*-mâ-chii-neu) *c* (pl ~s) machine à coudre
naaister (*nââï*-steur) *c* (pl ~s) couturière *f*
naakt (nââkt) *adj* nu
naaktstrand (*nââkt*-strânt) *nt* (pl ~en) plage pour nudistes
naald (nââlt) *c* (pl ~en) aiguille *f*
naam (nââm) *c* (pl namen) nom *m*; renom *m*; **in ~ van** au nom de
naar[1] (nââr) *prep* à, vers; pour
naar[2] (nââr) *adj* antipathique, désagréable
naast (nââst) *prep* à côté de
nabij (nââ-*bèï*) *adj* proche
nabijheid (nââ-*bèï*-hèït) *c* alentours *mpl*
nabijzijnd (nââ-*bèï*-zèïnt) *adj* proche
nabootsen (*nââ*-bôôt-seun) *v* imiter
naburig (nââ-*boû*-reukh) *adj* avoisinant
nacht (nâkht) *c* (pl ~en) nuit *f*; **'s nachts** de nuit
nachtclub (*nâkht*-kleup) *c* (pl ~s) boîte de nuit
nachtcrème (*nâkht*-krèèm) *c* (pl ~s) crème de nuit
nachtegaal (*nâkh*-teu-gââl) *c* (pl -galen) rossignol *m*
nachtelijk (*nâkh*-teu-leuk) *adj* nocturne
nachtjapon (*nâkht*-yââ-ponn) *c* (pl ~nen) chemise de nuit
nachttarief (*nâkh*-tââ-riif) *nt* (pl -rieven) tarif de nuit
nachttrein (*nâkh*-trèïn) *c* (pl ~en)

train de nuit
nachtvlucht (*nâkht*-fleukht) *c* (pl ~en) vol de nuit
nadat (nââ-*dât*) *conj* après que
nadeel (*nââ*-déél) *nt* (pl -delen) désavantage *m*
nadelig (nââ-*déé*-leukh) *adj* préjudiciable
* **nadenken** (*nââ*-dèng-keun) *v* réfléchir; **nadenkend** pensif
nader (*nââ*-deur) *adj* complémentaire
naderen (*nââ*-deu-reun) *v* approcher; **naderend** proche
naderhand (nââ-deur-*hânt*) *adv* ensuite
nadien (nââ-*diin*) *adv* par la suite
nadruk (*nââ*-dreuk) *c* accent *m*
nagedachtenis (*nââ*-geu-dâkh-teu-niss) *c* mémoire *f*
nagel (*nââ*-geul) *c* (pl ~s) ongle *m*
nagelborstel (*nââ*-geul-bors-teul) *c* (pl ~s) brosse à ongles
nagellak (*nââ*-geu-lâk) *c* vernis à ongle
nagelschaar (*nââ*-geul-skhâår) *c* (pl -scharen) ciseaux à ongles
nagelvijl (*nââ*-geul-vèïl) *c* (pl ~en) lime à ongles
naïef (nââ-*iif*) *adj* naïf
najaar (*nââ*-yâår) *nt* automne *m*
* **najagen** (*nââ*-yââ-geun) *v* pourchasser
* **nakijken** (*nââ*-kèï-keun) *v* vérifier
* **nalaten** (*nââ*-lââ-teun) *v* *omettre
nalatig (nââ-*lââ*-teukh) *adj* négligent
namaak (*nââ*-mââk) *c* imitation *f*
namaken (*nââ*-mââ-keun) *v* imiter
namelijk (*nââ*-meu-leuk) *adv* notamment
namens (*nââ*-meuns) *adv* au nom de
namiddag (nââ-*mi*-dâkh) *c* (pl ~en) après-midi *m/f*
narcis (nâr-*siss*) *c* (pl ~sen) jonquille *f*
narcose (nâr-*kôô*-zeu) *c* narcose *f*
narcoticum (nâr-*kôô*-tii-keumm) *nt* (pl -ca) narcotique *m*
narigheid (*nââ*-reukh-hèït) *c* (pl -heden) détresse *f*
naseizoen (*nââ*-sèï-zoûn) *nt* morte-saison *f*
nastreven (*nââ*-stréé-veun) *v* aspirer à
nat (nât) *adj* mouillé; moite
natie (*nââ*-tsii) *c* (pl ~s) nation *f*
nationaal (nââ-tchôô-*nââl*) *adj* national; **nationale klederdracht** costume national
nationaliseren (nââ-tchôô-nââ-lii-*zéé*-reun) *v* nationaliser
nationaliteit (nââ-tchôô-nââ-lii-*tèït*) *c* (pl ~en) nationalité *f*
natuur (nââ-*tuur*) *c* nature *f*
natuurkunde (nââ-*tuur*-keunn-deu) *c* physique *f*
natuurkundige (nââ-tuur-*keunn*-deu-geu) *c* (pl ~n) physicien *m*
natuurlijk (nââ-*tuur*-leuk) *adj* naturel; *adv* évidemment, bien sûr
natuurreservaat (nââ-*tuu*-réé-zeur-vâât) *nt* (pl -vaten) parc national
nauw (naou) *adj* étroit
nauwelijks (*naou*-eu-leuks) *adv* à peine
nauwkeurig (naou-*keû*-reukh) *adj* précis; attentif, juste
navel (*nââ*-veul) *c* (pl ~s) nombril *m*
navigatie (nââ-vii-*gââ*-tsii) *c* navigation *f*
navraag (*nââ*-vrââkh) *c* enquête *f*; demande *f*
* **navragen** (*nââ*-vrââ-geun) *v* s'informer, se renseigner
* **nazenden** (*nââ*-zèn-deun) *v* *faire suivre
nederig (*néé*-deu-reukh) *adj* humble
nederlaag (*néé*-deur-lââkh) *c* (pl -lagen) défaite *f*
Nederland (*néé*-deur-lânt) Pays-Bas

mpl

Nederlander (*néé*-deur-lân-deur) *c* (pl ~s) Néerlandais *m*

Nederlands (*néé*-deur-lânts) *adj* néerlandais

nee (néé) non

neef (nééf) *c* (pl neven) cousin *m*; neveu *m*

neen (néén) non

neer (néér) *adv* en bas; vers le bas

***neerlaten** (*néér*-lââ-teun) *v* baisser

***neerslaan** (*néér*-slâân) *v* renverser

neerslachtig (néér-*slâkh*-teukh) *adj* déprimé

neerslachtigheid (néér-*slâkh*-teukh-hèït) *c* dépression *f*

neerslag (*néér*-slâkh) *c* précipitation *f*

neerstorten (*néér*-stor-teun) *v* s'écraser

negatief (néé-gââ-*tiif*) *adj* négatif

negen (*néé*-geun) *num* neuf

negende (*néé*-geun-deu) *num* neuvième

negentien (*néé*-geun-tiin) *num* dix-neuf

negentiende (*néé*-geun-tiin-deu) *num* dix-neuvième

negentig (*néé*-geun-teukh) *num* quatre-vingt-dix

neger (*néé*-geur) *c* (pl ~s) noir *m*

negeren (neu-*géé*-reun) *v* ignorer

negligé (néé-glii-*jéé*) *nt* (pl ~s) négligé *m*

neigen (*nèï*-geun) *v* *avoir tendance; ~ **tot** *v* tendre à

neiging (*nèï*-ginng) *c* (pl ~en) penchant *m*, inclination *f*; **de ~ *hebben** *avoir tendance

nek (nèk) *c* (pl ~ken) nuque *f*

***nemen** (*néé*-meun) *v* *prendre; **op zich ~** se charger de

neon (*néé*-yonn) *nt* néon *m*

nergens (*nèr*-geunns) *adv* nulle part

nerts (nèrts) *nt* (pl ~en) vison *m*

nerveus (nèr-*veûss*) *adj* nerveux

nest (nèst) *nt* (pl ~en) nid *m*; portée *f*

net[1] (nèt) *adj* ordonné, soigné

net[2] (nèt) *nt* (pl ~ten) filet *m*

netnummer (*nèt*-neu-meur) *nt* (pl ~s) indicatif *m*

netto (*nè*-tôô) *adj* net

netvlies (*nèt*-fliiss) *nt* (pl -vliezen) rétine *f*

netwerk (*nèt*-vèrk) *nt* (pl ~en) réseau *m*

neuriën (*neû*-rii-yeun) *v* fredonner

neurose (neû-*rôô*-zeu) *c* (pl ~n, ~s) névrose *f*

neus (neûss) *c* (pl neuzen) nez *m*

neusbloeding (*neûss*-bloû-dinng) *c* (pl ~en) saignement de nez

neusgat (*neûss*-khât) *nt* (pl ~en) narine *f*

neushoorn (*neûss*-hôôrn) *c* (pl ~s) rhinocéros *m*

neutraal (neû-*trââl*) *adj* neutre

nevel (*néé*-veul) *c* (pl ~s, ~en) brume *f*

nicht (nikht) *c* (pl ~en) cousine *f*; nièce *f*

nicotine (nii-kôô-*tii*-neu) *c* nicotine *f*

niemand (*nii*-mânt) *pron* ne ... personne

nier (niir) *c* (pl ~en) rein *m*

niet (niit) *adv* ne ... pas

nietig (*nii*-teukh) *adj* futile; nul

nietje (*nii*-tyeu) *nt* (pl ~s) agrafe *f*

niets (niits) *pron* ne ... rien

nietsbetekenend (niits-beu-*téé*-keu-neunnt) *adj* sans importance

nietszeggend (niit-*sè*-geunnt) *adj* dénué de sens

niettemin (nii-teu-*minn*) *adv* néanmoins

nieuw (nii[ou]) *adj* nouveau

nieuwjaar (nii[ou]-*yââr*) Nouvel An

nieuws (nii[ou]ss) *nt* nouvelle *f*; nou-

velles
nieuwsberichten (*nii*ou*ss*-beu-rikh-teun) *pl* nouvelles
nieuwsgierig (niiou-*skhii*-reukh) *adj* curieux
nieuwsgierigheid (niiou-*skhii*-reukh-hèït) *c* curiosité *f*
Nieuw-Zeeland (niiou-*zéé*-lânt) Nouvelle-Zélande *f*
niezen (*nii*-zeun) *v* éternuer
Nigeria (nii-*géé*-rii-yââ) Nigeria *m*
Nigeriaan (nii-géé-rii-*yâân*) *c* (pl -rianen) Nigérien *m*
Nigeriaans (nii-géé-rii-*yââns*) *adj* nigérien
nijptang (*nèïp*-tâng) *c* (pl ~en) tenailles *fpl*
nikkel (*ni*-keul) *nt* nickel *m*
niks (niks) *pron* rien
nimmer (*ni*-meur) *adv* ne … jamais
niveau (nii-*vôô*) *nt* (pl ~s) niveau *m*
nivelleren (nii-veu-*léé*-reun) *v* niveler
noch … noch (nokh) ni … ni
nodig (*nôô*-deukh) *adj* nécessaire; ~ ***hebben** *avoir besoin de
noemen (*noû*-meun) *v* appeler; nommer, mentionner
nog (nokh) *adv* encore; ~ **eens** une fois de plus
noga (*nôô*-gââ) *c* nougat *m*
nogal (*no*-gâl) *adv* passablement, plutôt
nogmaals (*nokh*-mââls) *adv* une fois de plus
no-iron (nôô-*âi*-reunn) *adj* sans repassage
nokkenas (*no*-keu-nâss) *c* (pl ~sen) arbre à cames
nominaal (nôô-mii-*nââl*) *adj* nominal
nominatie (nôô-mii-*nââ*-tsii) *c* (pl ~s) nomination *f*
non (nonn) *c* (pl ~nen) religieuse *f*
nonnenklooster (*no*-neu-klôôss-teur) *nt* (pl ~s) couvent *m*

nood (nôôt) *c* (pl noden) détresse *f*; misère *f*; besoin *m*
noodgedwongen (nôôt-kheu-*dvo*-ngeun) *adv* forcément
noodgeval (*nôôt*-kheu-vâl) *nt* (pl ~len) urgence *f*
noodlot (*nôôt*-lot) *nt* destin *m*
noodlottig (nôôt-*lo*-teukh) *adj* fatal
noodsein (*nôôt*-sèïn) *nt* (pl ~en) signal de détresse
noodtoestand (*nôô*-toû-stânt) *c* état d'urgence
nooduitgang (*nôôt*-euut-khâng) *c* (pl ~en) sortie de secours
noodzaak (*nôôt*-sââk) *c* nécessité *f*
noodzakelijk (nôôt-*sââ*-keu-leuk) *adj* nécessaire
noodzaken (*nôôt*-sââ-keun) *v* obliger
nooit (nôôït) *adv* ne … jamais
Noor (nôôr) *c* (pl Noren) Norvégien *m*
noord (nôôrt) *c* nord *m*
noordelijk (*nôôr*-deu-leuk) *adj* septentrional, du nord
noorden (*nôôr*-deun) *nt* nord *m*
noordoosten (nôôrt-*ôôss*-teun) *nt* nord-est *m*
noordpool (*nôôrt*-pôôl) *c* pôle nord
noordwesten (nôôrt-*vèss*-teun) *nt* nord-ouest *m*
Noors (nôôrs) *adj* norvégien
Noorwegen (*nôôr*-véé-geun) Norvège *f*
noot (nôôt) *c* (pl noten) noix *f*; note *f*
nootmuskaat (nôôt-meuss-*kâât*) *c* muscade *f*
norm (norm) *c* (pl ~en) norme *f*
normaal (nor-*mââl*) *adj* normal
nota (*nôô*-tââ) *c* (pl ~'s) note *f*
notaris (nôô-*tââ*-reuss) *c* (pl ~sen) notaire *m*
notedop (*nôô*-teu-dop) *c* (pl ~pen) coquille de noix
notekraker (*nôô*-teu-krââ-keur) *c* (pl

~s) casse-noix *m*
noteren (nôô-*téé*-reun) *v* noter; *inscrire
notie (*nôô*-tsii) *c* notion *f*
notitie (nôô-*tii*-tsii) *c* (pl ~s) note *f*
notitieboek (nôô-*tii*-tsii-boûk) *nt* (pl ~en) carnet *m*
notulen (*nôô*-tuu-leun) *pl* compte rendu
nou (naou) *adv* maintenant
november (nôô-*vèm*-beur) novembre
nu (nuu) *adv* maintenant; ~ **en dan** de temps en temps; **tot ~ toe** jusqu'à maintenant
nuchter (*neukh*-teur) *adj* sobre; terre-à-terre, réaliste
nucleair (nuu-kléé-*yèèr*) *adj* nucléaire
nul (neul) *c* (pl ~len) zéro *m*
nummer (*neu*-meur) *nt* (pl ~s) numéro *m*
nummerbord (*neu*-meur-bort) *nt* (pl ~en) plaque d'immatriculation
nut (neut) *nt* utilité *f*
nutteloos (*neu*-teu-lôôss) *adj* inutile
nuttig (*neu*-teukh) *adj* utile
nylon (*nèï*-lonn) *nt* nylon *m*

O

oase (ôô-*vââ*-zeu) *c* (pl ~n, ~s) oasis *f*
ober (*ôô*-beur) *c* (pl ~s) garçon *m*
object (op-*yèkt*) *nt* (pl ~en) objet *m*
objectief (op-yèk-*tiif*) *adj* objectif
obligatie (ôô-blii-*gââ*-tsii) *c* (pl ~s) obligation *f*
obsceen (op-*séén*) *adj* obscène
obscuur (op-*skuur*) *adj* obscur; confus
observatie (op-sèr-*vââ*-tsii) *c* (pl ~s) observation *f*
observatorium (op-sèr-vââ-*tôô*-rii-yeumm) *nt* (pl -ria) observatoire *m*
observeren (op-sèr-*véé*-reun) *v* observer
obsessie (op-*sè*-sii) *c* (pl ~s) obsession *f*
obstipatie (op-stii-*pââ*-tsii) *c* constipation *f*
oceaan (ôô-séé-*yâân*) *c* (pl oceanen) océan *m*
ochtend (*okh*-teunnt) *c* (pl ~en) matin *m*
ochtendblad (*okh*-teunnt-blât) *nt* (pl ~en) journal du matin
ochtendeditie (*okh*-teunnt-éé-dii-tsii) *c* (pl ~s) édition du matin
ochtendschemering (*okh*-teunnt-skhéé-meu-rinng) *c* aube *f*
octopus (*ok*-tôô-peuss) *c* (pl ~sen) pieuvre *f*
octrooi (ok-*trôôï*) *nt* (pl ~en) brevet *m*
oefenen (*oû*-feu-neun) *v* exercer
oefening (*oû*-feu-ninng) *c* (pl ~en) exercice *m*
oeroud (*oûr*-aout) *adj* antique
oerwoud (*oûr*-vaout) *nt* (pl ~en) jungle *f*
oester (*oûss*-teur) *c* (pl ~s) huître *f*
oever (*oû*-veur) *c* (pl ~s) rive *f*
of (of) *conj* ou; si; ~ ... **of** soit ... soit; si ... ou
offensief[1] (o-fèn-*siif*) *adj* offensif
offensief[2] (o-fèn-*siif*) *nt* (pl -sieven) offensive *f*
offer (*o*-feur) *nt* (pl ~s) sacrifice *m*
officieel (o-fii-*chéél*) *adj* officiel
officier (o-fii-*siir*) *c* (pl ~en, ~s) officier *m*
officieus (o-fii-*cheûss*) *adj* officieux
ofschoon (of-*skhôôn*) *conj* quoique, encore que
ogenblik (*ôô*-geum-blik) *nt* (pl ~ken) moment *m*, instant *m*
ogenblikkelijk (ôô-geum-*bli*-keu-leuk) *adv* instantanément

ogenschaduw (*ôô*-geu-skhââ-duu^ou^) *c* ombre à paupières
oktober (ok-*tôô*-beur) octobre
olie (*ôô*-lii) *c* huile *f*; pétrole *m*
olieachtig (*ôô*-lii-âkh-teukh) *adj* huileux
oliebron (*ôô*-lii-bronn) *c* (pl ~nen) gisement de pétrole, puits de pétrole
oliedruk (*ôô*-lii-dreuk) *c* pression d'huile
oliefilter (*ôô*-lii-fil-teur) *nt* (pl ~s) filtre à huile
oliën (*ôô*-lii-yeunn) *v* huiler
olieraffinaderij (*ôô*-lii-râ-fii-nââ-deu-rèï) *c* (pl ~en) raffinerie de pétrole
olieverfschilderij (*ôô*-lii-vèrf-skhil-deu-rèï) *nt* (pl ~en) peinture à l'huile
olifant (*ôô*-lii-fânt) *c* (pl ~en) éléphant *m*
olijf (ôô-*lèïf*) *c* (pl olijven) olive *f*
olijfolie (ôô-*lèïf*-ôô-lii) *c* huile d'olive
om (omm) *prep* autour de; ~ **te** afin de
oma (*ôô*-mââ) *c* (pl ~'s) mémé *f*, bonne-maman *f*
***ombrengen** (*omm*-brè-ngeun) *v* tuer
omcirkelen (omm-*sir*-keu-leun) *v* encercler
omdat (omm-*dât*) *conj* parce que
omdraaien (*omm*-drââï-eun) *v* tourner; intervertir; **zich** ~ se retourner
omelet (ôô-meu-*lèt*) *nt* (pl ~ten) omelette *f*
***omgaan met** (*omm*-gâân) fréquenter
omgang (*omm*-gâng) *c* rapport *m*
omgekeerd (*omm*-geu-kéért) *adj* inverse
***omgeven** (omm-*géé*-veun) *v* entourer
omgeving (omm-*géé*-vinng) *c* environs *mpl*, alentours *mpl*; cadre *m*
omheen (omm-*héén*) *adv* autour
omheining (omm-*hèï*-ninng) *c* (pl ~en) clôture *f*
omhelzen (omm-*hèl*-zeun) *v* *étreindre
omhelzing (omm-*hèl*-zinng) *c* (pl ~en) étreinte *f*, enlacement *m*
omhoog (omm-*hôôkh*) *adv* en haut; ~ ***gaan** monter
omkeer (*omm*-kéér) *c* revirement *m*
omkeren (*omm*-kéé-reun) *v* retourner
***omkomen** (*omm*-kôô-meun) *v* périr
***omkopen** (*omm*-kôô-peun) *v* *corrompre
omkoping (*omm*-kôô-pinng) *c* (pl ~en) corruption *f*
omlaag (omm-*lââkh*) *adv* en bas
omleiding (*omm*-lèï-dinng) *c* (pl ~en) déviation *f*
omliggend (*omm*-li-geunnt) *adj* environnant
omloop (*omm*-lôôp) *c* circulation *f*
omrekenen (*omm*-réé-keu-neun) *v* convertir
omrekentabel (*omm*-réé-keu-tââ-bèl) *c* (pl ~len) tableau de conversions
omringen (omm-*rinng*-eun) *v* entourer, encercler
***omschrijven** (ôm-*skhrèï*-veun) *v* définir
omslag (*omm*-slâkh) *c/nt* (pl ~en) couverture *f*, jaquette *f*
omslagdoek (*omm*-slâkh-doûk) *c* (pl ~en) châle *m*
omstandigheid (omm-*stân*-deukh-hèït) *c* (pl -heden) circonstance *f*
omstreden (omm-*stréé*-deun) *adj* controversé
omstreeks (omm-*strééks*) *adv* à peu près
omtrek (*omm*-trèk) *c* (pl ~ken) contour *m*
omtrent (omm-*trènt*) *prep* sur, relatif à
omvang (*omm*-vâng) *c* masse *f*, grandeur *f*; dimension *f*
omvangrijk (omm-*vâng*-rèïk) *adj* volu-

mineux; considérable
omvatten (omm-*vâ*-teun) *v* *comprendre, *inclure
omver (omm-*vèr*) *adv* par terre
omweg (*omm*-vèkh) *c* (pl ~en) détour *m*
omwenteling (*omm*-vèn-teu-lınng) *c* (pl ~en) rotation *f*
omwisselen (*omm*-vı-seu-leun) *v* changer
omzet (*omm*-zèt) *c* (pl ~ten) chiffre d'affaires
omzetbelasting (*omm*-zèt-beu-lâss-tınng) *c* impôt sur le chiffre d'affaires
onaangenaam (onn-*âân*-geu-nââm) *adj* ennuyeux, désagréable
onaanvaardbaar (onn-âân-*vâârt*-bââr) *adj* inacceptable
onaardig (onn-*ââr*-deukh) *adj* désagréable
onafgebroken (onn-*âf*-kheu-brôô-keun) *adj* ininterrompu
onafhankelijk (onn-âf-*hâng*-keu-leuk) *adj* indépendant
onafhankelijkheid (onn-âf-*hâng*-keu-leuk-hèït) *c* indépendance *f*
onbeantwoord (omm-beu-*ânt*-vôôrt) *adj* sans réponse
onbebouwd (omm-beu-*baout*) *adj* inculte
onbeduidend (omm-beu-*deu*[u]-deunnt) *adj* insignifiant
onbegaanbaar (omm-beu-*gââm*-bââr) *adj* impraticable
onbegrijpelijk (omm-beu-*grèï*-peu-leuk) *adj* embarrassant
onbehaaglijk (omm-beu-*hââkh*-leuk) *adj* mal à l'aise
onbekend (omm-beu-*kènt*) *adj* inconnu
onbekwaam (omm-beu-*kvââm*) *adj* incapable, incompétent
onbelangrijk (omm-beu-*lâng*-rèïk) *adj* insignifiant
onbeleefd (omm-beu-*lééft*) *adj* impoli
onbemind (omm-beu-*mınnt*) *adj* impopulaire
onbepaald (omm-beu-*pââlt*) *adj* indéfini; **onbepaalde wijs** infinitif *m*
onbeperkt (omm-beu-*pèrkt*) *adj* illimité
onbeschaamd (omm-beu-*skhââmt*) *adj* insolent, impertinent
onbeschaamdheid (omm-beu-*skhââmt*-hèït) *c* impertinence *f*, insolence *f*
onbescheiden (omm-beu-*skhèï*-deun) *adj* immodeste
onbeschermd (omm-beu-*skhèrmt*) *adj* non protégé
onbeschoft (ôm-beu-*skhoft*) *adj* effronté
onbetrouwbaar (omm-beu-*traou*-bââr) *adj* sujet à caution, douteux
onbevoegd (omm-beu-*voûkht*) *adj* incompétent; illicite
onbevredigend (omm-beu-*vréé*-deu-geunnt) *adj* insatisfaisant
onbewoonbaar (omm-beu-*vôôm*-bââr) *adj* inhabitable
onbewoond (omm-beu-*vôônt*) *adj* inhabité
onbewust (omm-beu-*veust*) *adj* inconscient
onbezet (omm-beu-*zèt*) *adj* vacant
onbezonnen (omm-beu-*zo*-neun) *adj* inconsidéré
onbezorgd (omm-beu-*zorkht*) *adj* insouciant
onbillijk (omm-*bı*-leuk) *adj* injuste
onbreekbaar (omm-*bréék*-bââr) *adj* incassable
ondankbaar (onn-*dângk*-bââr) *adj* ingrat
ondanks (*onn*-dângks) *prep* malgré
ondenkbaar (onn-*dèngk*-bââr) *adj* inconcevable
onder (*onn*-deur) *prep* sous; en des-

sous de, au-dessous de; entre
onderaan (onn-deu-*râân*) *adv* en dessous
***onderbreken** (onn-deur-*bréé*-keun) *v* *interrompre
onderbreking (onn-deur-*bréé*-kinng) *c* (pl ~en) interruption *f*
***onderbrengen** (*onn*-deur-brè-ngeun) *v* loger
onderbroek (*onn*-deur-broûk) *c* (pl ~en) caleçon *m*, slip *m*, culotte *f*
onderdaan (*onn*-deur-dâân) *c* (pl -danen) sujet *m*
onderdak (*onn*-deur-dâk) *nt* logement *m*
onderdeel (*onn*-deur-déél) *nt* (pl -delen) pièce de rechange, pièce détachée
onderdrukken (onn-deur-*dreu*-keun) *v* réprimer
***ondergaan** (onn-deur-*gâân*) *v* subir
ondergang (*onn*-deur-gâng) *c* anéantissement *m*; effondrement *m*, ruine *f*
ondergeschikt (onn-deur-geu-*skhikt*) *adj* subordonné; secondaire, subalterne
ondergetekende (onn-deur-geu-*téé*-keunn-deu) *c* (pl ~n) soussigné *m*
ondergoed (*onn*-deur-goût) *nt* sous-vêtements *mpl*
ondergronds (onn-deur-*gronnts*) *adj* souterrain
ondergrondse (onn-deur-*gronn*-tseu) *c* métro *m*
onderhandelen (onn-deur-*hân*-deu-leun) *v* négocier
onderhandeling (onn-deur-*hân*-deu-linng) *c* (pl ~en) négociation *f*
onderhevig aan (onn-deur-*héé*-veukh âân) sujet à; **aan bederf onderhevig** périssable
onderhoud (*onn*-deur-haout) *nt* entretien *m*
***onderhouden** (onn-deur-*haou*-deun) *v* amuser
onderling (*onn*-deur-linng) *adj* mutuel
***ondernemen** (onn-deur-*néé*-meun) *v* *entreprendre
onderneming (onn-deur-*néé*-minng) *c* (pl ~en) entreprise *f*; société *f*
onderrichten (onn-deu-*rikh*-teun) *v* *instruire
onderrok (*onn*-deur-rok) *c* (pl ~ken) combinaison *f*
onderschatten (onn-deur-*skhâ*-teun) *v* sous-estimer
onderscheid (*onn*-deur-skhèït) *nt* distinction *f*; ~ **maken** distinguer
***onderscheiden** (onn-deur-*skhèï*-deun) *v* discerner
onderst (*onn*-deurst) *adj* inférieur
ondersteboven (onn-deur-steu-*bôô*-veun) *adv* sens dessus dessous
ondersteunen (onn-deur-*steû*-neun) *v* *soutenir, supporter
onderstrepen (onn-deur-*stréé*-peun) *v* souligner
onderstroom (*onn*-deur-strôôm) *c* (pl -stromen) courant *m*
ondertekenen (onn-deur-*téé*-keu-neun) *v* signer
ondertitel (*onn*-deur-tii-teul) *c* (pl ~s) sous-titre *m*
ondertussen (onn-deur-*teu*-seun) *adv* entre-temps
***ondervinden** (onn-deur-*vinn*-deun) *v* *vivre
ondervoeding (onn-deur-*voû*-dinng) *c* dénutrition *f*
***ondervragen** (onn-deur-*vrââ*-geun) *v* interroger
onderwerp (*onn*-deur-vèrp) *nt* (pl ~en) sujet *m*
***onderwerpen** (onn-deur-*vèr*-peun) *v* *soumettre
onderwijs (*onn*-deur-vèïss) *nt* enseignement *m*; éducation *f*, instruc-

tion *f*
***onderwijzen** (onn-deur-*vèï*-zeun) *v* enseigner
onderwijzer (onn-deur-*vèï*-zeur) *c* (pl ~s) instituteur *m*
onderzoek (*onn*-deur-zoûk) *nt* (pl ~en) investigation *f*, enquête *f*; examen *m*; recherche *f*
***onderzoeken** (onn-deur-*zoû*-keun) *v* enquêter, examiner; explorer
ondeugend (onn-*deû*-geunnt) *adj* polisson, malicieux
ondiep (onn-*diip*) *adj* peu profond
ondoeltreffend (onn-doûl-*trè*-fènt) *adj* inefficace
ondraaglijk (onn-*drââkh*-leuk) *adj* insupportable
onduidelijk (onn-*deu*ᵘ-deu-leuk) *adj* équivoque
onecht (onn-*èkht*) *adj* faux
het oneens *zijn (eut onn-*ééns* zèïn) *être en désaccord
oneerlijk (onn-*éér*-leuk) *adj* malhonnête; inéquitable
oneetbaar (onn-*éét*-bââr) *adj* immangeable
oneffen (onn-*è*-feun) *adj* accidenté, irrégulier
oneindig (onn-*èïn*-deukh) *adj* infini; immense
onenigheid (onn-*éé*-neukh-hèït) *c* (pl -heden) discussion *f*
onervaren (onn-èr-*vââ*-reun) *adj* inexpérimenté
oneven (onn-*éé*-veun) *adj* impair
onevenwichtig (onn-éé-veu-*vikh*-teukh) *adj* vacillant
onfatsoenlijk (omm-fât-*soûn*-leuk) *adj* indécent
ongeacht (onng-*geu-âkht*) *prep* en dépit de
ongebruikelijk (onng-geu-*breu*ᵘ-keu-leuk) *adj* inhabituel
ongeduldig (onng-geu-*deul*-deukh) *adj* impatient
ongedurig (onng-geu-*duu*-reukh) *adj* inquiet
ongedwongen (onng-geu-*dvo*-ngeun) *adj* sans façons
ongedwongenheid (onng-geu-*dvo*-ngeu-hèït) *c* aisance *f*
ongeldig (onng-*gèl*-deukh) *adj* nul
ongelegen (onng-geu-*léé*-geun) *adj* inopportun
ongelijk (onng-geu-*lèïk*) *adj* inégal; ~ ***hebben** *avoir tort
ongelofelijk (onng-geu-*lôô*-feu-leuk) *adj* incroyable
ongeluk (*onng*-geu-leuk) *nt* (pl ~ken) accident *m*; malheur *m*
ongelukkig (onng-geu-*leu*-keukh) *adj* malheureux; infortuné
ongelukkigerwijs (onng-geu-leu-keu-geur-*vèïss*) *adv* malheureusement
ongemak (*onng*-geu-mâk) *nt* (pl ~ken) désagrément *m*
ongemakkelijk (onng-geu-*mâ*-keu-leuk) *adj* inconfortable
ongemeubileerd (onng-geu-meû-bii-*léért*) *adj* non meublé
ongeneeslijk (onng-geu-*nééss*-leuk) *adj* incurable
ongepast (onng-geu-*pâst*) *adj* inadéquat; impropre
ongerief (*onng*-geu-riif) *nt* inconvénient *m*
ongerijmd (onng-geu-*rèïmt*) *adj* absurde
ongerust (onng-geu-*reust*) *adj* soucieux; **zich ~ maken** s'inquiéter
ongeschikt (onng-geu-*skhikt*) *adj* impropre
ongeschoold (onng-geu-*skhôôlt*) *adj* ignorant; non qualifié
ongetrouwd (onng-geu-*traout*) *adj* célibataire
ongetwijfeld (onng-geu-*tvèï*-feult) *adv* sans doute

ongeval (*onng*-geu-vâl) *nt* (pl ~len) accident *m*
ongeveer (onng-geu-*véér*) *adv* à peu près, approximativement
ongevoelig (onng-geu-*voû*-leukh) *adj* insensible
ongewenst (onng-geu-*vènst*) *adj* indésirable
ongewoon (onng-geu-*vôôn*) *adj* inhabituel, insolite
ongezond (onng-geu-*zonnt*) *adj* malsain
ongunstig (onng-*geunns*-teukh) *adj* défavorable
onhandig (onn-*hân*-deukh) *adj* maladroit
onheil (*onn*-hèïl) *nt* calamité *f*; mal *m*
onheilspellend (onn-hèïl-*spè*-leunnt) *adj* sinistre
onherroepelijk (onn-hè-*roû*-peu-leuk) *adj* irrévocable
onherstelbaar (onn-hèr-*stèl*-bâår) *adj* irréparable
onjuist (ogn-*eu^u^st*) *adj* incorrect
onkosten (*onng*-koss-teun) *pl* frais *mpl*
onkruid (*onng*-kreu^u^t) *nt* mauvaise herbe
onlangs (*onn*-lângs) *adv* récemment; dernièrement
onleesbaar (onn-*lééss*-bâår) *adj* illisible
onmetelijk (o-*méé*-teu-leuk) *adj* immense
onmiddellijk (o-*mı*-deu-leuk) *adj* immédiat, instantané; *adv* immédiatement, tout de suite
onmogelijk (o-*môô*-geu-leuk) *adj* impossible
onnauwkeurig (o-naou-*keû*-reukh) *adj* incorrect; inexact
onnodig (o-*nôô*-deukh) *adj* superflu
onontbeerlijk (onn-onnt-*béér*-leuk) *adj* indispensable
onopvallend (onn-op-*fâ*-leunnt) *adj* discret
onopzettelijk (onn-op-*sè*-teu-leuk) *adj* involontaire
onoverkomelijk (onn-ôô-veur-*kôô*-meu-leuk) *adj* inabordable
onovertroffen (onn-ôô-veur-*tro*-feun) *adj* sans pareil
onpartijdig (omm-pâr-*tèï*-deukh) *adj* impartial
onpersoonlijk (omm-pèr-*sôôn*-leuk) *adj* impersonnel
onplezierig (omm-pleu-*zii*-reukh) *adj* déplaisant
onrecht (*onn*-rèkht) *nt* injustice *f*; tort *m*; ~ ***aandoen** *faire du tort
onrechtvaardig (onn-rèkht-*fâår*-deukh) *adj* injuste
onredelijk (onn-*réé*-deu-leuk) *adj* déraisonnable
onregelmatig (onn-réé-geul-*mââ*-teukh) *adj* irrégulier
onrein (onn-*rèïn*) *adj* malpropre
onrust (*onn*-reust) *c* agitation *f*
onrustig (onn-*reuss*-teukh) *adj* agité
ons (onns) *pron* notre; nous
onschadelijk (onn-*skhââ*-deu-leuk) *adj* inoffensif
onschatbaar (onn-*skhât*-bâår) *adj* inestimable
onschuld (*onn*-skheult) *c* innocence *f*
onschuldig (onn-*skheul*-deukh) *adj* innocent
ontbijt (onnt-*bèït*) *nt* petit déjeuner
***ontbinden** (onnt-*bınn*-deun) *v* *dissoudre
***ontbreken** (onnt-*bréé*-keun) *v* manquer
ontdekken (onn-*dè*-keun) *v* détecter, *découvrir
ontdekking (onn-*dè*-kınng) *c* (pl ~en) découverte *f*
ontdooien (onn-*dôôï*-eun) *v* fondre

ontevreden (onn-teu-*vréé*-deun) *adj* insatisfait; mécontent

***ontgaan** (onnt-*khâân*) *v* échapper

ontglippen (onnt-*khlı*-peun) *v* s'échapper

onthaal (onnt-*hâål*) *nt* accueil *m*

***ontheffen** (onnt-*hè*-feun) *v* dispenser; ~ **van** dispenser de

***onthouden** (onnt-*haou*-deun) *v* *retenir; dénier; **zich ~ van** s'*abstenir de

onthullen (onnt-*heu*-leun) *v* révéler

onthulling (onnt-*heu*-lınng) *c* (pl ~en) révélation *f*

onthutsen (onnt-*heut*-seun) *v* déconcerter

ontkennen (onnt-*kè*-neun) *v* nier; **ontkennend** négatif

ontkoppelen (onnt-*ko*-peu-leun) *v* *disjoindre

ontkurken (onnt-*keur*-keun) *v* déboucher

ontleden (onnt-*léé*-deun) *v* analyser

ontlenen (onnt-*léé*-neun) *v* emprunter

ontmoeten (onnt-*moû*-teun) *v* rencontrer

ontmoeting (onnt-*moû*-tınng) *c* (pl ~en) rencontre *f*

***ontnemen** (onnt-*néé*-meun) *v* priver de

ontoegankelijk (onn-toû-*gâng*-keu-leuk) *adj* inaccessible

ontploffen (onnt-*plo*-feun) *v* exploser

ontplooien (onnt-*plôôï*-eun) *v* déployer

ontroeren (ônt-*roû*-reun) *v* *émouvoir

ontroering (ônt-*roû*-rınng) *c* émoi *m*

ontrouw (*onn*-traou) *adj* infidèle

ontruimen (onnt-*reu^u*-meun) *v* évacuer

ontschepen (onnt-*skhéé*-peun) *v* débarquer

***ontslaan** (onnt-*slâân*) *v* *renvoyer, licencier

ontslag *nemen (onnt-*slâkh néé*-meun) démissionner

ontslagneming (onnt-*slâkh*-néé-mınng) *c* démission *f*

ontsmetten (onnt-*smè*-teun) *v* désinfecter

ontsmettingsmiddel (onnt-*smè*-tınngs-mı-deul) *nt* (pl ~en) désinfectant *m*

ontsnappen (onnt-*snâ*-peun) *v* échapper

ontsnapping (onnt-*snâ*-pınng) *c* (pl ~en) évasion *f*

ontspannen (onnt-*spâ*-neun) *adj* décontracté

zich ontspannen (onnt-*spâ*-neun) se détendre

ontspanning (onnt-*spâ*-ninng) *c* détente *f*; récréation *f*

***ontstaan** (onnt-*stâân*) *v* surgir

***ontsteken** (onnt-*stéé*-keun) *v* s'infecter

ontsteking (onnt-*stéé*-kınng) *c* (pl ~en) allumage *m*; bobine d'allumage; inflammation *f*

ontstemmen (onnt-*stè*-meun) *v* *déplaire

***ontvangen** (onnt-*fâ*-ngeun) *v* *recevoir

ontvangst (onnt-*fângst*) *c* (pl ~en) réception *f*

ontvlambaar (onnt-*flâm*-bâår) *adj* inflammable

ontvluchten (onnt-*fleukh*-teun) *v* *fuir

ontvouwen (onnt-*faou*-eun) *v* déplier

ontwaken (onnt-*vââ*-keun) *v* s'éveiller

ontwerp (onnt-*vèrp*) *nt* (pl ~en) dessein *m*

***ontwerpen** (onnt-*vèr*-peun) *v* créer

***ontwijken** (onnt-*vèï*-keun) *v* éviter

ontwikkelen (onnt-*vı*-keu-leun) *v* développer

ontwikkeling (onnt-*vı*-keu-lınng) *c* (pl ~en) développement *m*

ontwricht (onnt-*frıkht*) *adj* disloqué

ontzag (onnt-*sâkh*) *nt* respect *m*
***ontzeggen** (onnt-*sè*-geun) *v* refuser
ontzettend (onnt-*sè*-teunnt) *adj* affreux, terrible
onuitstaanbaar (onn-euᵘt-*stââm*-bââr) *adj* intolérable
onvast (*onn*-vâst) *adj* instable
onveilig (onn-*vèï*-leukh) *adj* dangereux
onverdiend (*onn*-veur-diint) *adj* immérité
onverklaarbaar (onn-veur-*klââr*-bââr) *adj* inexplicable
onvermijdelijk (onn-veur-*mèï*-deu-leuk) *adj* inévitable
onverschillig (onn-veur-*skhı*-leukh) *adj* indifférent
onverstandig (onn-veur-*stân*-deukh) *adj* imprudent
onverwacht (*onn*-veur-vâkht) *adj* inattendu
onvoldoende (onn-vol-*doûn*-deu) *adj* insuffisant; inadéquat
onvolledig (onn-vo-*léé*-deukh) *adj* incomplet
onvolmaakt (onn-vol-*mââkt*) *adj* imparfait
onvoorwaardelijk (onn-vôôr-*vâár*-deu-leuk) *adj* inconditionnel
onvoorzien (onn-vôôr-*ziin*) *adj* imprévu
onvriendelijk (onn-*vriin*-deu-leuk) *adj* peu aimable, désobligeant
onwaar (*onn*-vââr) *adj* faux
onwaarschijnlijk (onn-vââr-*skhèïn*-leuk) *adj* improbable
onweer (*onn*-véér) *nt* orage *m*
onweerachtig (*onn*-véér-âkh-teukh) *adj* orageux
onwel (onn-*vèl*) *adj* indisposé
onwerkelijk (onn-*vèr*-keu-leuk) *adj* irréel
onwetend (onn-*véé*-teunnt) *adj* ignorant
onwettig (onn-*vè*-teukh) *adj* illicite, illégal
onwillig (onn-*vı*-leukh) *adj* à contrecœur
onyx (*ôô*-nıks) *nt* onyx *m*
onzeker (onn-*zéé*-keur) *adj* incertain
onzelfzuchtig (onn-zèlf-*seukh*-teukh) *adj* désintéressé
onzichtbaar (onn-*zıkht*-bââr) *adj* invisible
onzijdig (onn-*zèï*-deukh) *adj* neutre
onzin (*onn*-zınn) *c* sottise *f*
oog (ôôkh) *nt* (pl ogen) œil *m*
oogarts (*ôôkh*-ârts) *c* (pl ~en) oculiste *m*
ooggetuige (*ôô*-kheu-teuᵘ-geu) *c* (pl ~n) témoin oculaire
ooglid (*ôôkh*-lıt) *nt* (pl -leden) paupière *f*
oogst (ôôkhst) *c* (pl ~en) moisson *f*; récolte *f*
ooievaar (*ôôï*-eu-vââr) *c* (pl ~s) cigogne *f*
ooit (ôôït) *adv* jamais
ook (ôôk) *adv* aussi; également
oom (ôôm) *c* (pl ~s) oncle *m*
oor (ôôr) *nt* (pl oren) oreille *f*
oorbel (*ôôr*-bèl) *c* (pl ~len) boucle d'oreille
oordeel (*ôôr*-déél) *nt* (pl -delen) jugement *m*
oordelen (*ôôr*-déé-leun) *v* juger
oorlog (*ôôr*-lokh) *c* (pl ~en) guerre *f*
oorlogsschip (*ôôr*-lokh-skhıp) *nt* (pl -schepen) navire de guerre
oorpijn (*ôôr*-pèïn) *c* mal d'oreille
oorsprong (*ôôr*-spronng) *c* (pl ~en) origine *f*
oorspronkelijk (ôôr-*spronng*-keu-leuk) *adj* authentique
oorzaak (*ôôr*-zââk) *c* (pl -zaken) cause *f*
oost (ôôst) *c* est *m*; **oost-** oriental
oostelijk (*o*-steu-leuk) *adj* oriental
oosten (*ôô*-steun) *nt* est *m*

Oostenrijk (*ôô*-steun-rèïk) Autriche *f*
Oostenrijker (*ôô*-steun-rèï-keur) *c* (pl ~s) Autrichien *m*
Oostenrijks (*ôô*-steun-rèïks) *adj* autrichien
oosters (*ôô*-steurs) *adj* oriental
op (op) *prep* sur; à; *adv* en haut; fini
opa (*ôô*-pââ) *c* (pl ~'s) pépé *m*, bonpapa *m*, grand-papa *m*
opaal (ôô-*pââl*) *c* (pl opalen) opale *f*
opbellen (*o*-bè-leun) *v* téléphoner
***opbergen** (*o*-bèr-geun) *v* ranger
opblaasbaar (o-*blââss*-bââr) *adj* gonflable
***opblazen** (*o*-blââ-zeun) *v* gonfler
opbouw (*o*-baou) *c* édification *f*
opbouwen (*o*-baou-eun) *v* ériger; bâtir
opbrengst (*o*-brèngst) *c* (pl ~en) produit *m*
opdat (ob-*dât*) *conj* pour que
opdracht (*op*-drâkht) *c* (pl ~en) ordre *m*; tâche assignée
***opdragen aan** (*ôp*-drââ-geun) assigner à
opeens (op-*ééns*) *adv* soudain
opeisen (*op*-èï-seun) *v* réclamer
open (*ôô*-peun) *adj* ouvert
openbaar (ôô-peum-*bââr*) *adj* public
openbaren (ôô-peum-*bââ*-reun) *v* révéler
opendraaien (*ôô*-peu-drââïeun) *v* *ouvrir
openen (*ôô*-peu-neun) *v* *ouvrir
openhartig (ôô-peu-*hâr*-teukh) *adj* franc
opening (*ôô*-peu-nınng) *c* (pl ~en) ouverture *f*
openingstijden (*ôô*-peu-nınngs-tèï-deun) *pl* heures d'ouverture
opera (*ôô*-peu-rââ) *c* (pl ~'s) opéra *m*
operatie (ôô-peu-*rââ*-tsii) *c* (pl ~s) opération *f*
opereren (ôô-peu-*réé*-reun) *v* opérer
operette (ôô-peu-*rè*-teu) *c* (pl ~s) opérette *f*
***opgaan** (*op*-khâân) *v* se lever
opgeruimd (*op*-kheu-reuummt) *adj* de bonne humeur
opgetogen (*ôp*-kheu-tôô-geun) *adj* enchanté
***opgeven** (*ôp*-khéé-veun) *v* indiquer; renoncer
opgewekt (*op*-kheu-vèkt) *adj* joyeux
opgraving (*op*-khrââ-vınng) *c* (pl ~en) excavation *f*
ophaalbrug (*op*-hââl-breukh) *c* (pl ~gen) pont-levis *m*
ophalen (*op*-hââ-leun) *v* *prendre, *aller chercher
***ophangen** (*op*-hâ-ngeun) *v* suspendre
ophanging (*op*-hâ-ngınng) *c* suspension *f*
ophef (*op*-hèf) *c* embarras *m*
***opheffen** (*op*-hè-feun) *v* suspendre
ophelderen (*op*-hèl-deu-reun) *v* éclaircir
***ophouden** (*op*-haou-deun) *v* cesser
opkomst (*op*-kommst) *c* essor *m*; assistance *f*
oplage (*op*-lââ-geu) *c* (pl ~n) tirage *m*
opleiden (*op*-lèï-deun) *v* former
opletten (*op*-lè-teun) *v* *faire attention; **oplettend** attentif
oplichten (*op*-lıkh-teun) *v* duper, escroquer
oplichter (*op*-lıkh-teur) *c* (pl ~s) escroc *m*
***oplopen** (*op*-lôô-peun) *v* s'accumuler; attraper
oplosbaar (op-*loss*-bââr) *adj* soluble
oplossen (*op*-lo-seun) *v* *dissoudre, diluer; se *dissoudre; *résoudre
oplossing (*op*-lo-sınng) *c* (pl ~en) solution *f*
opmerkelijk (op-*mèr*-keu-leuk) *adj* remarquable; frappant

opmerken (*op*-mèr-keun) *v* remarquer, observer
opmerking (*op*-mèr-kınng) *c* (pl ~en) remarque *f*
opname (*op*-nââ-meu) *c* (pl ~n) enregistrement *m*; prise de vue
***opnemen** (*op*-néé-meun) *v* retirer
opnieuw (op-*nii^ou^*) *adv* de nouveau
opofferen (*op*-o-feu-reun) *v* sacrifier
oponthoud (*op*-onnt-haout) *nt* retard *m*
oppassen (*o*-pâ-seun) *v* *faire attention
oppasser (*o*-pâ-seur) *c* (pl ~s) gardien *m*
opperhoofd (*o*-peur-hôôft) *nt* (pl ~en) chef *m*
oppervlakkig (o-peur-*vlâ*-keukh) *adj* superficiel
oppervlakte (*o*-peur-vlâk-teu) *c* (pl ~n, ~s) surface *f*
oppositie (o-pôô-*sii*-tsii) *c* (pl ~s) opposition *f*
oprapen (*op*-rââ-peun) *v* ramasser
oprecht (op-*rèkht*) *adj* sincère
oprichten (*op*-rıkh-teun) *v* fonder, établir; ériger
***oprijzen** (*op*-rèï-zeun) *v* surgir
oproer (*op*-roûr) *nt* révolte *f*, rébellion *f*
opruimen (*op*-reu^u^-meun) *v* ranger
opruiming (*op*-reu^u^-mınng) *c* soldes
opscheppen (*op*-skhè-peun) *v* se vanter
***opschieten** (*op*-skhii-teun) *v* se dépêcher
opschorten (*op*-skhor-teun) *v* ajourner
***opschrijven** (*op*-skhrèï-veun) *v* noter
***opslaan** (*op*-slâân) *v* emmagasiner
opslag[1] (*op*-slâkh) *c* emmagasinage *m*
opslag[2] (*op*-slâkh) *c* augmentation de salaire; augmentation *f*
opslagplaats (*op*-slâkh-plââts) *c* (pl ~en) dépôt *m*
***opsluiten** (*op*-sleu^u^-teun) *v* enfermer
opsporen (*op*-spôô-reun) *v* tracer, retracer
***opstaan** (*op*-stâân) *v* se lever
opstand (*op*-stânt) *c* (pl ~en) insurrection *f*, rébellion *f*, révolte *f*; **in ~ *komen** se révolter
opstapelen (*op*-stââ-peu-leun) *v* entasser
opstel (*op*-stèl) *nt* (pl ~len) composition *f*
opstellen (*op*-stè-leun) *v* rédiger, dresser
***opstijgen** (*op*-stèï-geun) *v* monter
optellen (*op*-tè-leun) *v* additionner
optelling (*op*-tè-lınng) *c* (pl ~en) addition *f*
optillen (*op*-tı-leun) *v* soulever, lever; élever
optimisme (op-tii-*mıss*-meu) *nt* optimisme *m*
optimist (op-tii-*mıst*) *c* (pl ~en) optimiste *m*
optimistisch (op-tii-*mıss*-tiiss) *adj* optimiste
optocht (*op*-tokht) *c* (pl ~en) parade *f*
optreden (*op*-tréé-deun) *nt* (pl ~s) entrée *f*
***optreden** (*op*-tréé-deun) *v* agir; se présenter
***opvallen** (*op*-fâ-leun) *v* se *faire remarquer; **opvallend** remarquable
opvatten (*op*-fâ-teun) *v* *concevoir, *comprendre
opvatting (*op*-fâ-tınng) *c* (pl ~en) point de vue
opvoeden (*op*-foû-deun) *v* élever, éduquer
opvoeding (*op*-foû-dınng) *c* éducation *f*
opvolgen (*op*-fol-geun) *v* succéder
***opvouwen** (*op*-faou-eun) *v* plier
opvrolijken (*op*-frôô-leu-keun) *v* égayer

opvullen (*op*-feu-leun) *v* *faire le plein
***opwinden** (*op*-vinn-deun) *v* remonter; exciter
opwinding (*op*-vinn-dinng) *c* excitation *f*
opzettelijk (op-*sè*-teu-leuk) *adj* délibéré, intentionnel
opzicht (*op*-sikht) *nt* (pl ~en) égard *m*
opzichter (*op*-sikh-teur) *c* (pl ~s) surveillant *m*; gardien *m*
opzienbarend (op-siin-*bââ*-reunnt) *adj* sensationnel
opzij (op-*sèï*) *adv* de côté
***opzoeken** (*op*-soû-keun) *v* chercher
oranje (ôô-*râ*-gneu) *adj* orange
orde[1] (*or*-deu) *c* ordre *m*; **in** ~ en règle; **in orde**! d'accord!
orde[2] (*or*-deu) *c* (pl ~n, ~s) congrégation *f*
ordenen (*or*-deu-neun) *v* arranger
ordinair (or-dii-*nèèr*) *adj* ordinaire, trivial
orgaan (or-*gâân*) *nt* (pl organen) organe *m*
organisatie (or-gââ-nii-*zââ*-tsii) *c* (pl ~s) organisation *f*
organisch (or-*gââ*-niiss) *adj* organique
organiseren (or-gââ-nii-*zéé*-reun) *v* organiser
orgel (*or*-geul) *nt* (pl ~s) orgue *m*
zich oriënteren (ôô-rii-yèn-*téé*-reun) s'orienter
origine (ôô-rii-*jii*-neu) *c* origine *f*
origineel (ôô-rii-jii-*nééł*) *adj* original
orkaan (or-*kâân*) *c* (pl orkanen) ouragan *m*
orkest (or-*kèst*) *nt* (pl ~en) orchestre *m*
orlon (*or*-lonn) *nt* orlon *m*
ornamenteel (or-nââ-mèn-*tééł*) *adj* ornemental
orthodox (or-tôô-*doks*) *adj* orthodoxe
os (oss) *c* (pl ~sen) bœuf *m*
oud (aout) *adj* vieux; ancien; **oudst** le plus âgé, aîné
oudbakken (aout-*bâ*-keun) *adj* rassis
ouderdom (*aou*-deur-domm) *c* vieillesse *f*
ouders (*aou*-deurs) *pl* parents
ouderwets (aou-deur-*vèts*) *adj* démodé; vieillot
oudheden (*aout*-héé-deun) *pl* antiquités
Oudheid (*aout*-hèït) *c* Antiquité
oudheidkunde (*aout*-hèït-keunn-deu) *c* archéologie *f*
ovaal (ôô-*vââł*) *adj* ovale
oven (*ôô*-veun) *c* (pl ~s) four *m*; fournaise *f*
over (*ôô*-veur) *prep* de; par-dessus; à travers; dans; *adv* au-dessus
overal (*ôô*-veur-âl) *adv* partout; n'importe où
overall (ôô-veu-*râł*) *c* (pl ~s) salopette *f*
overblijfsel (*ôô*-veur-blèïf-seul) *nt* (pl ~s, ~en) reste *m*
***overblijven** (*ôô*-veur-blèï-veun) *v* rester
overbodig (ôô-veur-*bôô*-deukh) *adj* superflu
***overbrengen** (*ôô*-veur-brè-ngeun) *v* transférer
overdag (ôô-veur-*dâkh*) *adv* de jour
***overdenken** (ôô-veur-*dèng*-keun) *v* réfléchir
***overdrijven** (ôô-veur-*drèï*-veun) *v* exagérer
***overeenkomen** (ôô-veu-*rééng*-kôô-meun) *v* concorder; *être conforme
overeenkomst (ôô-veu-*rééng*-kommst) *c* (pl ~en) accord *m*
overeenkomstig (ôô-veu-rééng-*komm*-steukh) *adj* similaire; *prep* conformément à
overeenstemming (ôô-veu-*réén*-stè-minng) *c* entente *f*
overeind (ôô-veu-*rèïnt*) *adv* debout

overgang (*ôô*-veur-gâng) *c* (pl ~en) transition *f*
overgave (*ôô*-veur-gââ-veu) *c* reddition *f*
***overgeven** (*ôô*-veur-géé-veun) *v* vomir; **zich *overgeven** se rendre
overhaast (ôô-veur-*hââst*) *adj* impétueux
overhalen (*ôô*-veur-hââ-leun) *v* persuader
overheersing (ôô-veur-*héér*-sınng) *c* domination *f*
overheid (*ôô*-veur-hèït) *c* (pl -heden) autorités
overhemd (*ôô*-veur-hèmt) *nt* (pl ~en) chemise *f*
overig (*ôô*-veu-reukh) *adj* restant
overigens (*ôô*-veu-reu-geunns) *adv* pourtant
overjas (*ôô*-veur-yâss) *c* (pl ~sen) pardessus *m*
aan de overkant (âân deu *ôô*-veur-kânt) de l'autre côté
overleg (ôô-veur-*lèkh*) *nt* délibération *f*
overleggen (ôô-veur-*lè*-geun) *v* délibérer
overleven (ôô-veur-*léé*-veun) *v* *survivre
overleving (ôô-veur-*léévınng*) *c* survie *f*
***overlijden** (ôô-veur-*lèï*-deun) *v* trépasser, *mourir
overmaken (*ôô*-veur-mââ-keun) *v* *remettre
overmoedig (ôô-veur-*moû*-deukh) *adj* présomptueux
***overnemen** (*ôô*-veur-néé-meun) *v* *reprendre
overreden (ôô-veu-*réé*-deun) *v* persuader
overschot (*ôô*-veur-skhot) *nt* (pl ~ten) surplus *m*
***overschrijden** (ôô-veur-*skhrèï*-deun) *v* excéder
overschrijving (*ôô*-veur-skhrèï-vınng) *c* (pl ~en) mandat-poste *m*
***overslaan** (*ôô*-veur-slâân) *v* sauter
overspannen (ôô-veur-*spâ*-neun) *adj* surmené
overstappen (*ôô*-veur-stâ-peun) *v* changer
oversteekplaats (*ôô*-veur-stéék-plââts) *c* (pl ~en) passage *m*
***oversteken** (*ôô*-veur-stéé-keun) *v* traverser
overstroming (ôô-veur-*strôô*-mınng) *c* (pl ~en) inondation *f*
overstuur (ôô-veur-*stuur*) *adj* bouleversé
overtocht (*ôô*-veur-tokht) *c* (pl ~en) traversée *f*
***overtreden** (ôô-veur-*tréé*-deun) *v* outrager
overtreding (ôô-veur-*tréé*-dınng) *c* (pl ~en) infraction *f*
***overtreffen** (ôô-veur-*trè*-feun) *v* surpasser
overtuigen (*ôô*-veur-*teu*ᵘ-geun) *v* *convaincre
overtuiging (ôô-veur-*teu*ᵘ-gınng) *c* (pl ~en) conviction *f*
overval (*ôô*-veur-vâl) *c* (pl ~len) attaque *f*
oververmoeid (*ôô*-veur-veur-moûït) *adj* surmené
overvloed (*ôô*-veur-vloût) *c* abondance *f*
overvloedig (ôô-veur-*vloû*-deukh) *adj* abondant
overvol (*ôô*-veur-vol) *adj* bondé
overweg (*ôô*-veur-vèkh) *c* (pl ~en) passage à niveau
***overwegen** (ôô-veur-*véé*-geun) *v* envisager
overweging (ôô-veur-*véé*-gınng) *c* (pl ~en) considération *f*
overweldigen (ôô-veur-*vèl*-deu-geun)

v écraser
zich overwerken (ôô-veur-*vèr*-keun) se surmener
***overwinnen** (ôô-veur-*vı*-neun) *v* *vaincre
overwinning (ôô-veur-*vı*-nınng) *c* (pl ~en) victoire *f*
overzees (ôô-veur-*zééss*) *adj* d'outre-mer
overzicht (*ôô*-veur-zıkht) *nt* (pl ~en) résumé *m*

P

paal (pââl) *c* (pl palen) poteau *m*
paar (pââr) *nt* (pl paren) paire *f*; couple *m*
paard (pâârt) *nt* (pl ~en) cheval *m*
paardebloem (*pââr*-deu-bloûm) *c* (pl ~en) pissenlit *m*
paardekracht (*pââr*-deu-krâkht) *c* cheval-vapeur *m*
paardesport (*pââr*-deu-sport) *c* équitation *f*
***paardrijden** (*pâârt*-rèï-deun) *v* monter à cheval
paarlemoer (pââr-leu-*moûr*) *nt* nacre *f*
paars (pâârs) *adj* pourpre
pacht (pâkht) *c* (pl ~en) bail *m*
pacifisme (pâ-sii-*fıss*-meu) *nt* pacifisme *m*
pacifist (pâ-sii-*fıst*) *c* (pl ~en) pacifiste *m*
pacifistisch (pâ-sii-*fıss*-tiiss) *adj* pacifiste
pad[1] (pât) *nt* (pl ~en) sentier *m*; chemin *m*
pad[2] (pât) *c* (pl ~den) crapaud *m*
paddestoel (*pâ*-deu-stoûl) *c* (pl ~en) champignon *m*
padvinder (*pât*-fınn-deur) *c* (pl ~s) scout *m*
padvindster (*pât*-fınnt-steur) *c* (pl ~s) scout *m*
pagina (*pââ*-gii-nââ) *c* (pl ~'s) page *f*
pak (pâk) *nt* (pl ~ken) colis *m*
pakhuis (*pâk*-heu[u]ss) *nt* (pl -huizen) dépôt *m*
Pakistaan (pââ-kii-*stâân*) *c* (pl -stanen) Pakistanais *m*
Pakistaans (pââ-kii-*stââns*) *adj* pakistanais
Pakistan (*pââ*-kıss-tân) Pakistan *m*
pakje (*pâk*-yeu) *nt* (pl ~s) paquet *m*
pakken (*pâ*-keun) *v* saisir
pakket (pâ-*kèt*) *nt* (pl ~ten) colis *m*
pakpapier (*pâk*-pââ-piir) *nt* papier d'emballage
paleis (pââ-*lèïss*) *nt* (pl paleizen) palais *m*
paling (*pââ*-lınng) *c* (pl ~en) anguille *f*
palm (pâlm) *c* (pl ~en) palme *f*
pan (pân) *c* (pl ~nen) casserole *f*
pand (pânt) *nt* (pl ~en) caution *f*; immeuble *m*, locaux *mpl*
pandjesbaas (*pân*-tyeuss-bââss) *c* (pl -bazen) prêteur sur gage
paneel (pââ-*néél*) *nt* (pl panelen) panneau *m*
paniek (pââ-*niik*) *c* panique *f*
pantoffel (pân-*to*-feul) *c* (pl ~s) pantoufle *f*
panty (*pèn*-tii) *c* (pl panties) collants *mpl*
papa (*pâ*-pââ) *c* (pl ~'s) papa *m*
papaver (pââ-*pââ*-veur) *c* (pl ~s) pavot *m*
papegaai (pâ-peu-*gââï*) *c* (pl ~en) perroquet *m*
papier (pââ-*piir*) *nt* (pl ~en) papier *m*
papieren (pââ-*pii*-reun) *adj* en papier; ~ **servet** serviette de papier; ~ **zak** sac en papier; ~ **zakdoek** mouchoir de papier
parade (pââ-*rââ*-deu) *c* (pl ~s) parade

f
paraferen (pââ-rââ-*féé*-reun) *v* parapher
paragraaf (pââ-rââ-*grââf*) *c* (pl -grafen) paragraphe *m*
parallel (pââ-rââ-*lèl*) *adj* parallèle
paraplu (pââ-rââ-*pluu*) *c* (pl ~'s) parapluie *m*
parasol (pââ-rââ-*sol*) *c* (pl ~s) parasol *m*
pardon! (pâr-*donn*) pardon!
parel (*pââ*-reul) *c* (pl ~s, ~en) perle *f*
parfum (pâr-*feumm*) *nt* (pl ~s) parfum *m*
park (pârk) *nt* (pl ~en) parc *m*
parkeermeter (pâr-*kéér*-méé-teur) *c* (pl ~s) parcomètre *m*
parkeerplaats (pâr-*kéér*-plââts) *c* (pl ~en) parc de stationnement; parking *m*
parkeertarief (pâr-*kéér*-tââ-riif) *nt* (pl -tarieven) droit de stationnement
parkeerzone (pâr-*kéér*-zoo-neu) *c* (pl ~s) zone de stationnement
parkeren (pâr-*kéé*-reun) *v* se garer
parkiet (pâr-*kiit*) *c* (pl ~en) perruche *f*
parlement (pâr-leu-*mènt*) *nt* (pl ~en) parlement *m*
parlementair (pâr-leu-mèn-*tèèr*) *adj* parlementaire
parochie (pâ-*ro*-khii) *c* (pl ~s) paroisse *f*
particulier (pâr-tii-kuu-*liir*) *adj* particulier
partij (pâr-*tèï*) *c* (pl ~en) parti *m*; lot *m*
partijdig (pâr-*tèï*-deukh) *adj* partial
partner (*pârt*-neur) *c* (pl ~s) partenaire *m*
pas[1] (pâss) *c* (pl ~sen) pas *m*
pas[2] (pâss) *adv* à peine
Pasen (*pââ*-seun) Pâques
pasfoto (*pâss*-fôô-tôô) *c* (pl ~'s) photo d'identité
paskamer (*pâss*-kââ-meur) *c* (pl ~s) cabine d'essayage
paspoort (*pâss*-pôôrt) *nt* (pl ~en) passeport *m*
paspoortcontrole (*pâss*-pôôrt-konn-troo-leu) *c* contrôle des passeports
passage (pâ-*sââ*-jeu) *c* (pl ~s) extrait *m*; passage *m*
passagier (pâ-sââ-*jiir*) *c* (pl ~s) passager *m*
passen (*pâ*-seun) *v* essayer; *convenir; ~ **bij** s'accorder avec; **passend** approprié; qui convient, pertinent, adéquat; ~ **op** veiller sur; s'occuper de
passeren (pâ-*séé*-reun) *v* passer; contourner, passer à côté
passie (*pâ*-sii) *c* passion *f*
passief (pâ-*siif*) *adj* passif
pasta (*pâss*-tââ) *c* (pl ~'s) pâte *f*
pastorie (pâss-tôô-*rii*) *c* (pl ~ën) presbytère *m*
patent (pââ-*tènt*) *nt* (pl ~en) brevet *m*
pater (*pââ*-teur) *c* (pl ~s) père *m*
patient (pââ-*chènt*) *c* (pl ~en) patient *m*
patrijs (pââ-*trèïss*) *c* (pl patrijzen) perdrix *f*
patrijspoort (pââ-*trèïss*-pôôrt) *c* (pl ~en) hublot *m*
patriot (pââ-trii-*yot*) *c* (pl ~ten) patriote *m*
patroon (pââ-*trôôn*) *nt* (pl patronen) dessin *m*; *c* cartouche *f*
paus (paouss) *c* (pl ~en) pape *m*
pauw (paou) *c* (pl ~en) paon *m*
pauze (*paou*-zeu) *c* (pl ~s) pause *f*; entracte *m*
pauzeren (paou-*zéé*-reun) *v* s'*interrompre
paviljoen (pââ-vıl-*yoûn*) *nt* (pl ~en, ~s) pavillon *m*
pech (pèkh) *c* malchance *f*

pedaal (peu-*dââl*) *nt/c* (pl pedalen) pédale *f*
peddel (*pè*-deul) *c* (pl ~s) pagaie *f*
pedicure (péé-dii-*kuu*-reu) *c* (pl ~s) pédicure *m*
peen (péén) *c* (pl penen) carotte *f*
peer (péér) *c* (pl peren) poire *f*; ampoule *f*
pees (pééss) *c* (pl pezen) tendon *m*
peetvader (*péét*-fââ-deur) *c* (pl ~s) parrain *m*
peil (pèïl) *nt* (pl ~en) niveau *m*
pelgrim (*pèl*-grimm) *c* (pl ~s) pèlerin *m*
pelikaan (péé-lii-*kâân*) *c* (pl -kanen) pélican *m*
pels (pèls) *c* (pl pelzen) fourrure *f*
pen (pèn) *c* (pl ~nen) plume *f*
penicilline (péé-nii-sii-*lii*-neu) *c* pénicilline *f*
penningmeester (*pè*-ninng-méésst-teur) *c* (pl ~s) trésorier *m*
penseel (pèn-*séél*) *nt* (pl -selen) pinceau *m*
pensioen (pèn-*choûn*) *nt* (pl ~en) pension *f*
pension (pèn-*chonn*) *nt* (pl ~s) pension *f*; **vol** ~ pension complète
peper (*péé*-peur) *c* poivre *m*
pepermunt (péé-peur-*meunnt*) *c* menthe *f*
per (pèr) *prep* par
perceel (pèr-*séél*) *nt* (pl -celen) lopin *m*
percentage (pèr-sèn-*tââ*-jeu) *nt* (pl ~s) pourcentage *m*
percolator (pèr-kôô-*lââ*-tor) *c* (pl ~s) percolateur *m*
perfectie (pèr-*fèk*-sii) *c* perfection *f*
periode (péé-rii-*yôô*-deu) *c* (pl ~s, ~n) période *f*
periodiek (péé-rii-yôô-*diik*) *adj* périodique
permanent (pèr-mââ-*nènt*) *adj* permanent; *c* permanente *f*
permissie (pèr-*mi*-sii) *c* autorisation *f*
perron (pè-*ronn*) *nt* (pl ~s) quai *m*
perronkaartje (pè-*ronn*-kââr-tyeu) *nt* (pl ~s) billet de quai
Pers (pèrs) *c* (pl Perzen) Persan *m*
pers (pèrs) *c* presse *f*
persconferentie (*pèrs*-konn-feu-rèn-tsii) *c* (pl ~s) conférence de presse
persen (*pèr*-seun) *v* repasser
personeel (pèr-sôô-*néél*) *nt* personnel *m*
personentrein (pèr-*sôô*-neu-trèïn) *c* (pl ~en) train de voyageurs
persoon (pèr-*sôôn*) *c* (pl -sonen) personne *f*; **per** ~ par personne
persoonlijk (pèr-*sôôn*-leuk) *adj* personnel
persoonlijkheid (pèr-*sôôn*-leuk-hèït) *c* (pl -heden) personnalité *f*
perspectief (pèr-spèk-*tiif*) *nt* (pl -tieven) perspective *f*
Perzië (*pèr*-zii-yeu) Perse *f*
perzik (*pèr*-zik) *c* (pl ~en) pêche *f*
Perzisch (*pèr*-ziiss) *adj* persan
pessimisme (pè-sii-*miss*-meu) *nt* pessimisme *m*
pessimist (pè-sii-*mist*) *c* (pl ~en) pessimiste *m*
pessimistisch (pè-sii-*miss*-tiiss) *adj* pessimiste
pet (pèt) *c* (pl ~ten) casquette *f*
peterselie (péé-teur-*séé*-lii) *c* persil *m*
petitie (peu-*tii*-tsii) *c* (pl ~s) pétition *f*
petroleum (péé-*trôô*-léé-yeumm) *c* pétrole *m*
peuter (*peû*-teur) *c* (pl ~s) bambin *m*
pianist (pii-yââ-*nist*) *c* (pl ~en) pianiste *m*
piano (pii-*yââ*-nôô) *c* (pl ~'s) piano *m*
piccolo (*pii*-kôô-lôô) *c* (pl ~'s) page *m*, chasseur *m*
pickles (*pi*-keuls) *pl* marinade *f*
picknick (*pik*-nik) *c* (pl ~s) pique-ni-

que *m*
picknicken (*pık*-nı-keun) *v* pique-niquer
pick-up (pık-*eup*) *c* (pl ~s) tourne-disque *m*
pienter (*piin*-teur) *adj* intelligent, alerte, éveillé
pier (piir) *c* (pl ~en) jetée *f*
pijl (pèïl) *c* (pl ~en) flèche *f*
pijn (pèïn) *c* (pl ~en) douleur *f*; ~ ***doen** *faire mal
pijnlijk (*pèïn*-leuk) *adj* douloureux; embarrassant
pijnloos (*pèïn*-lôôss) *adj* sans douleur
pijp (pèïp) *c* (pl ~en) pipe *f*; tuyau *m*
pijpestoker (*pèï*-peu-stôô-keur) *c* (pl ~s) cure-pipe *m*
pijptabak (*pèïp*-tââ-bâk) *c* tabac pour pipe
pikant (pii-*kânt*) *adj* épicé; piquant
pil (pıl) *c* (pl ~len) pilule *f*
pilaar (pii-*lâår*) *c* (pl pilaren) colonne *f*, pilier *m*
piloot (pii-*lôôt*) *c* (pl piloten) pilote *m*
pils (pıls) *nt* bière *f*
pincet (pınn-*sèt*) *c* (pl ~ten) pince *f*
pinda (*pınn*-dââ) *c* (pl ~'s) cacahuète *f*
pinguin (*pınn*-gvınn) *c* (pl ~s) pingouin *m*
pink (pınngk) *c* (pl ~en) auriculaire *m*
Pinksteren (*pınngk*-steu-reun) Pentecôte *f*
pion (pii-*yonn*) *c* (pl ~nen) pion *m*
pionier (pii-yôô-*niir*) *c* (pl ~s) pionnier *m*
piraat (pii-*râât*) *c* (pl piraten) pirate *m*
pistool (piiss-*tôôl*) *nt* (pl pistolen) pistolet *m*
pit (pıt) *c* (pl ~ten) noyau *m*, pépin *m*
pittoresk (pii-tôô-*rèsk*) *adj* pittoresque
plaag (plââkh) *c* (pl plagen) fléau *m*
plaat (plâât) *c* (pl platen) plaque *f*; illustration *f*
plaats (plââts) *c* (pl ~en) place *f*; endroit *m*, localité *f*, site *m*; **in ~ van** au lieu de
plaatselijk (*plâât*-seu-leuk) *adj* local; régional
plaatsen (*plâât*-seun) *v* placer; localiser
***plaatshebben** (*plââts*-hè-beun) *v* *avoir lieu
plaatskaartenbureau (*plââts*-kâår-teu-buu-rôô) *nt* (pl ~s) guichet de location
plaatsvervanger (*plââts*-feur-vâ-ngeur) *c* (pl ~s) substitut *m*
plafond (plââ-*fonnt*) *nt* (pl ~s) plafond *m*
plagen (*plââ*-geun) *v* taquiner
plakband (*plâk*-bânt) *nt* ruban adhésif
plakboek (*plâk*-boûk) *nt* (pl ~en) album de collage
plakken (*plâ*-keun) *v* coller
plan (plân) *nt* (pl ~nen) plan *m*; projet *m*; **van ~ *zijn** *avoir l'intention de
planeet (plââ-*néét*) *c* (pl -neten) planète *f*
planetarium (plââ-neu-*tââ*-rii-yeumm) *nt* (pl ~s, -ria) planétarium *m*
plank (plângk) *c* (pl ~en) planche *f*; étagère *f*
plannen (*plè*-neun) *v* planifier
plant (plânt) *c* (pl ~en) plante *f*
plantage (plân-*tââ*-jeu) *c* (pl ~s) plantation *f*
planten (*plân*-teun) *v* planter
plantengroei (*plân*-teu-groûï) *c* végétation *f*
plantkunde (*plânt*-keunn-deu) *c* botanique *f*
plantsoen (plânt-*soûn*) *nt* (pl ~en) jardin public
plas (plâss) *c* (pl ~sen) flaque *f*
plastic (*plè*-stık) *adj* plastique

plat (plât) *adj* plat; plan
platenspeler (*plââ*-teu-spéé-leur) *c* (pl ~s) tourne-disque *m*
platina (*plââ*-tii-nââ) *nt* platine *m*
plattegrond (plâ-teu-*gronnt*) *c* (pl ~en) plan *m*
platteland (plâ-teu-*lânt*) *nt* campagne *f*; **plattelands-** rural
platzak (*plât*-sâk) fauché
plaveien (plââ-*vèï*-eun) *v* paver
plaveisel (plââ-*vèï*-seul) *nt* pavage *m*
plechtig (*plèkh*-teukh) *adj* solennel
pleegouders (*pléékh*-aou-deurs) *pl* parents nourriciers
plegen (*plée*-geun) *v* *commettre
pleidooi (plèï-*dôôï*) *nt* (pl ~en) plaidoyer *m*
plein (plèïn) *nt* (pl ~en) square *m*, place *f*
pleister[1] (*plèï*-steur) *c* (pl ~s) sparadrap *m*
pleister[2] (*plèï*-steur) *nt* crépi *m*
pleiten (*plèï*-teun) *v* plaider
plek (plèk) *c* (pl ~ken) lieu *m*; **blauwe** ~ bleu *m*; **zere** ~ douleur *f*
plezier (pleu-*ziir*) *nt* plaisir *m*; divertissement *m*
plicht (plikht) *c* (pl ~en) devoir *m*
ploeg[1] (ploûkh) *c* (pl ~en) charrue *f*
ploeg[2] (ploûkh) *c* (pl ~en) équipe *f*
ploegen (*ploû*-geun) *v* labourer
plooi (plôôï) *c* (pl ~en) faux pli
plooihoudend (plôôï-*haou*-deunnt) *adj* pli permanent
plotseling (*plot*-seu-linng) *adj* soudain
plukken (*pleu*-keun) *v* *cueillir
plus (pleuss) *prep* plus
pneumatisch (pneû-*mââ*-tiiss) *adj* pneumatique
pocketboek (*po*-keut-boûk) *nt* (pl ~en) livre de poche
poeder (*poû*-deur) *nt/c* (pl ~s) poudre *f*
poederdons (*poû*-deur-donns) *c* (pl -donzen) houppette *f*
poederdoos (*poû*-deur-dôôss) *c* (pl -dozen) poudrier *m*
poelier (poû-*liir*) *c* (pl ~s) marchand de volaille
poes (poûss) *c* (pl poezen) minet *m*
poetsen (*poû*-tseun) *v* lustrer; polir
pogen (*pôô*-geun) *v* s'efforcer
poging (*pôô*-ginng) *c* (pl ~en) tentative *f*; effort *m*
pokken (*po*-keun) *pl* variole *f*
Polen (*pôô*-leun) Pologne *f*
polio (*pôô*-lii-yôô) *c* poliomyélite *f*
polis (*pôô*-leuss) *c* (pl ~sen) police *f*
politicus (pôô-*lii*-tii-keuss) *c* (pl -ci) politicien *m*
politie (pôô-*lii*-tsii) *c* police *f*
politieagent (pôô-*lii*-tsi-ââ-gènt) *c* (pl ~en) policier *m*
politiebureau (pôô-*lii*-tsii-buu-rôô) *nt* (pl ~s) commissariat de police
politiek (pôô-lii-*tiik*) *adj* politique; *c* politique *f*
pols (pols) *c* (pl ~en) poignet *m*; pouls *m*
polshorloge (*pols*-hor-lôô-jeu) *nt* (pl ~s) bracelet-montre *m*
polsslag (*pol*-slâkh) *c* pouls *m*
pomp (pommp) *c* (pl ~en) pompe *f*
pompelmoes (*pomm*-peul-moûss) *c* (pl -moezen) pamplemousse *m*
pompen (*pomm*-peun) *v* pomper
pond (ponnt) *nt* livre *f*
pony (*po*-nii) *c* (pl ~'s) poney *m*
Pool (pôôl) *c* (pl Polen) Polonais *m*
Pools (pôôls) *adj* polonais
poort (pôôrt) *c* (pl ~en) porte *f*
poosje (*pôô*-cheu) *nt* moment *m*
poot (pôôt) *c* (pl poten) pied *m*; patte *f*
pop (pop) *c* (pl ~pen) poupée *f*
popmuziek (*pop*-muu-ziik) *c* musique pop
poppenkast (*po*-peu-kâst) *c* théâtre de

marionnettes
populair (pôô-puu-*lèèr*) *adj* populaire
porselein (por-sè-*lèïn*) *nt* porcelaine *f*
portefeuille (por-teu-*feu*ᵘ-yeu) *c* (pl ~s) portefeuille *m*
portemonnee (por-teu-mo-*néé*) *c* (pl ~s) porte-monnaie *m*
portie (*por*-sii) *c* (pl ~s) portion *f*
portier (por-*tiir*) *c* (pl ~s) portier *m*
portret (por-*trèt*) *nt* (pl ~ten) portrait *m*
Portugal (*por*-tuu-gâl) Portugal *m*
Portugees (por-tuu-*gééss*) *adj* portugais
positie (pôô-*zii*-tsii) *c* (pl ~s) position *f*; situation *f*
positief (pôô-zii-*tiif*) *adj* positif
post[1] (post) *c* courrier *m*, poste *f*
post[2] (post) *c* (pl ~en) inscription *f*
postbode (*post*-bôô-deu) *c* (pl ~s, ~n) facteur *m*
postcode (*post*-kôô-deu) *c* (pl ~s) code postal
posten (*poss*-teun) *v* *mettre à la poste, poster
poster (*pôôss*-teur) *c* (pl ~s) affiche *f*
posterijen (poss-teu-*rèï*-eun) *pl* services postaux
postkantoor (*post*-kân-tôôr) *nt* (pl -toren) bureau de poste
postwissel (*post*-vı-seul) *c* (pl ~s) mandat-poste *m*
postzegel (*post*-séé-geul) *c* (pl ~s) timbre-poste *m*, timbre *m*
postzegelautomaat (*post*-séé-geul-ôô-tôô-mâât) *c* (pl -maten) distributeur de timbres
pot (pot) *c* (pl ~ten) pot *m*; jarre *f*
potlood (*pot*-lôôt) *nt* (pl -loden) crayon *m*
praatje (*prââ*-tyeu) *nt* (pl ~s) bavardage *m*
pracht (prâkht) *c* splendeur *f*
prachtig (*prâkh*-teukh) *adj* ravissant, splendide, merveilleux; magnifique, superbe, formidable
praktijk (prâk-*tèïk*) *c* (pl ~en) pratique *f*
praktisch (*prâk*-tiiss) *adj* pratique
praten (*prââ*-teun) *v* parler
precies (preu-*siiss*) *adj* précis, exact; *adv* exactement; juste
predikant (préé-dii-*kânt*) *c* (pl ~en) pasteur *m*, vicaire *m*
preek (préék) *c* (pl preken) sermon *m*
preekstoel (*préék*-stoûl) *c* (pl ~en) chaire *f*
preken (*préé*-keun) *v* prêcher
premie (*préé*-mii) *c* (pl ~s) prime *f*
premier (preu-*myéé*) *c* (pl ~s) premier ministre
prent (prènt) *c* (pl ~en) gravure *f*; estampe *f*
prentbriefkaart (*prènt*-briif-kâârt) *c* (pl ~en) carte postale illustrée
president (préé-zii-*dènt*) *c* (pl ~en) président *m*
prestatie (prèss-*tââ*-tsii) *c* (pl ~s) performance *f*; accomplissement *m*
presteren (prèss-*téé*-reun) *v* accomplir
prestige (prèss-*tii*-jeu) *nt* prestige *m*
pret (prèt) *c* plaisir *m*; gaîté *f*, divertissement *m*
prettig (*prè*-teukh) *adj* plaisant
preventief (préé-vèn-*tiif*) *adj* préventif
priester (*prii*-steur) *c* (pl ~s) prêtre *m*
prijs (prèïss) *c* (pl prijzen) prix *m*; tarif *m*; **op ~ stellen** apprécier
prijsdaling (*prèïss*-dââ-lıng) *c* (pl ~en) baisse des prix
prijslijst (*prèïss*-lèïst) *c* (pl ~en) prix-courant *m*
prijzen (*prèï*-zeun) *v* fixer le prix
***prijzen** (*prèï*-zeun) *v* louer
prijzig (*prèï*-zeukh) *adj* cher
prik[1] (prık) *c* (pl ~ken) piqûre *f*
prik[2] (prık) *c* pétillement *m*
prikkel (*prı*-keul) *c* (pl ~s) stimulant

m
prikkelbaar (*pri*-keul-bââr) *adj* irritable
prikkelen (*pri*-keu-leun) *v* agacer
prikken (*pri*-keun) *v* piquer
prima (*prii*-mââ) *adj* de première qualité
primair (*prii*-mèèr) *adj* primaire
principe (prinn-*sii*-peu) *nt* (pl ~s) principe *m*
prins (prinns) *c* (pl ~en) prince *m*
prinses (prinn-*sèss*) *c* (pl ~sen) princesse *f*
prioriteit (prii-yôô-rii-*tèït*) *c* (pl ~en) priorité *f*
privacy (*praï*-veu-sii) *c* intimité *f*
privéleven (prii-*véé*-léé-veun) *nt* vie privée
proberen (prôô-*béé*-reun) *v* essayer; tenter
probleem (prôô-*bléém*) *nt* (pl -blemen) problème *m*
procedure (prôô-seu-*duu*-reu) *c* (pl ~s) procédure *f*
procent (prôô-*sènt*) *nt* (pl ~en) pour cent
proces (prôô-*sèss*) *nt* (pl ~sen) processus *m*; procès *m*
processie (prôô-*sè*-sii) *c* (pl ~s) procession *f*
producent (prôô-duu-*sènt*) *c* (pl ~en) producteur *m*
produceren (prôô-duu-*séé*-reun) *v* *produire
produkt (prôô-*deukt*) *nt* (pl ~en) produit *m*
produktie (prôô-*deuk*-sii) *c* (pl ~s) production *f*
proef (proûf) *c* (pl proeven) épreuve *f*; essai *m*, test *m*
proeven (*proû*-veun) *v* goûter
profeet (prôô-*féét*) *c* (pl -feten) prophète *m*
professor (prôô-*fè*-sor) *c* (pl ~en, ~s) professeur *m*
profiteren (prôô-fii-*téé*-reun) *v* profiter
programma (prôô-*grâ*-mââ) *nt* (pl ~'s) programme *m*
progressief (prôô-grè-*siif*) *adj* progressiste
project (prôô-*yèkt*) *nt* (pl ~en) projet *m*
promenade (pro-meu-*nââ*-deu) *c* (pl ~s) esplanade *f*, promenade *f*
promotie (prôô-*môô*-tsii) *c* (pl ~s) promotion *f*
prompt (prommpt) *adj* prompt
propaganda (prôô-pââ-*gân*-dââ) *c* propagande *f*
propeller (prôô-*pè*-leur) *c* (pl ~s) hélice *f*
proportie (prôô-*por*-sii) *c* (pl ~s) proportion *f*
prospectus (pro-*spèk*-teuss) *c* (pl ~sen) prospectus *m*
protest (prôô-*tèst*) *nt* (pl ~en) protestation *f*
protestants (prôô-teuss-*tânts*) *adj* protestant
protesteren (prôô-tèss-*téé*-reun) *v* pro tester
provinciaal (prôô-vinn-*châât*) *adj* provincial
provincie (prôô-*vinn*-sii) *c* (pl ~s) province *f*
provisiekast (prôô-*vii*-zii-kâst) *c* (pl ~en) garde-manger *m*
pruik (preu[u]k) *c* (pl ~en) perruque *f*
pruim (preuumm) *c* (pl ~en) prune *f*; pruneau *m*
prullenmand (*preu*-leu-mânt) *c* (pl ~en) corbeille à papier
psychiater (psii-khii-*yââ*-teur) *c* (pl ~s) psychiatre *m*
psychisch (*psii*-khiiss) *adj* psychique
psychologie (psii-khôô-lôô-*gii*) *c* psychologie *f*
psychologisch (psii-khôô-*lôô*-giiss) *adj*

psychologique
psycholoog (psii-khôô-*lôôkh*) *c* (pl -logen) psychologue *m*
publiceren (puu-blii-*séé*-reun) *v* publier
publiek (puu-*bliik*) *adj* public; *nt* public *m*
publikatie (puu-blii-*kââ*-tsii) *c* (pl ~s) publication *f*
puimsteen (*peuumm*-stéén) *nt* pierre ponce
puistje (*peu*ᵘ-cheu) *nt* (pl ~s) pustule *f*
pullover (poû-*lôô*-veur) *c* (pl ~s) pullover *m*
punaise (puu-*nèè*-zeu) *c* (pl ~s) punaise *f*
punctueel (peunngk-tuu-*vééł*) *adj* ponctuel
punt (peunnt) *nt* (pl ~en) point *m*; sujet *m*; *c* bout *m*, pointe *f*
punteslijper (*peunn*-teu-slèï-peur) *c* (pl ~s) taille-crayon *m*
puntkomma (peunnt-*ko*-mââ) *c* point-virgule *m*
put (peut) *c* (pl ~ten) puits *m*
puur (puur) *adj* pur
puzzel (*peu*-zeul) *c* (pl ~s) casse-tête *m*
pyjama (pii-*yââ*-mââ) *c* (pl ~'s) pyjama *m*

Q

quiz (kvıss) *c* jeu concours
quota (*kvôô*-tââ) *c* (pl ~'s) quote-part *f*

R

raad[1] (rââț) *c* conseil *m*
raad[2] (rââț) *c* (pl raden) conseil *m*
raadplegen (*rââț*-plée-geun) *v* consulter
raadpleging (*rââț*-plée-gınng) *c* (pl ~en) consultation *f*
raadsel (*rââț*-seul) *nt* (pl ~s, ~en) énigme *f*
raadslid (*rââțs*-lıț) *nt* (pl -leden) conseiller *m*
raadsman (*rââțs*-mân) *c* (pl -lieden) conseiller *m*; avoué *m*
raaf (rââf) *c* (pl raven) corbeau *m*
raam (rââm) *nt* (pl ramen) fenêtre *f*
raar (rââr) *adj* étrange, bizarre
rabarber (rââ-*bâr*-beur) *c* rhubarbe *f*
race (rééss) *c* (pl ~s) course *f*
racket (*rè*-keuț) *nt* (pl ~s) raquette *f*
***raden** (*rââ*-deun) *v* deviner
radiator (rââ-dii-*yââ*-tor) *c* (pl ~s, ~en) radiateur *m*
radicaal (rââ-dii-*kââł*) *adj* radical
radijs (rââ-*dèïss*) *c* (pl radijzen) radis *m*
radio (*rââ*-dii-yôô) *c* (pl ~'s) radio *f*
rafelen (*rââ*-feu-leun) *v* s'effilocher
raffinaderij (râ-fii-nââ-deu-*rèï*) *c* (pl ~en) raffinerie *f*
raken (*rââ*-keun) *v* toucher
raket (rââ-*kèț*) *c* (pl ~ten) fusée *f*
ramp (râmp) *c* (pl ~en) catastrophe *f*, désastre *m*
rampzalig (râm-*psââ*-leukh) *adj* désastreux
rand (rânt) *c* (pl ~en) bord *m*; rebord *m*
rang (râng) *c* (pl ~en) grade *m*; classe *f*
rangschikken (*râng*-skhı-keun) *v* classer; ranger

rantsoen (rannt-*soûn*) *nt* (pl ~en) ration *f*
ranzig (*rân*-zeukh) *adj* rance
rapport (râ-*port*) *nt* (pl ~en) rapport *m*, compte rendu
rapporteren (râ-por-*téé*-reun) *v* relater
rariteit (râà-rii-*tèït*) *c* (pl ~en) curiosité *f*
ras (râss) *nt* (pl ~sen) race *f*; **rassen-** racial
rasp (râsp) *c* (pl ~en) râpe *f*
raspen (*râss*-peun) *v* râper
rat (rât) *c* (pl ~ten) rat *m*
rauw (raou) *adj* cru
ravijn (râà-*vèïn*) *nt* (pl ~en) gorge *f*
razen (*râà*-zeun) *v* rager
razend (*râà*-zeunnt) *adj* furibond
razernij (râà-zeur-*nèï*) *c* fureur *f*
reactie (réé-*yâk*-sii) *c* (pl ~s) réaction *f*
reageren (réé-yâ-*géé*-reun) *v* réagir
recent (reu-*sènt*) *adj* récent
recept (reu-*sèpt*) *nt* (pl ~en) recette *f*; prescription *f*
receptie (reu-*sèp*-sii) *c* (pl ~s) réception *f*
receptioniste (reu-sèp-chôô-*niss*-teu) *c* (pl ~s) hôtesse *f*
recht[1] (rèkht) *nt* (pl ~en) droit *m*; justice *f*
recht[2] (rèkht) *adj* droit; *adv* directement
rechtbank (*rèkht*-bângk) *c* (pl ~en) tribunal *m*
rechtdoor (rèkh-*dôôr*) *adv* tout droit
rechter[1] (*rèkh*-teur) *adj* à droite
rechter[2] (*rèkh*-teur) *c* (pl ~s) juge *m*
rechthoek (*rèkht*-hoûk) *c* (pl ~en) rectangle *m*
rechthoekig (rèkht-*hoû*-keukh) *adj* rectangulaire
rechtopstaand (rèkh-*top*-stâânt) *adj* droit
rechts (rèkhts) *adj* de droite, droit
rechtschapen (rèkht-*skhââ*-peun) *adj* honnête
rechtstreeks (*rèkh*-strééks) *adj* direct
rechtszaak (*rèkht*-sââk) *c* (pl -zaken) procès *m*
rechtuit (rèkh-*teu*[u]*t*) *adv* tout droit
rechtvaardig (rèkht-*fââr*-deukh) *adj* juste
rechtvaardigheid (rèkht-*fââr*-deukh-hèït) *c* justice *f*
recital (rii-*saï*-teul) *nt* (pl ~s) récital *m*
reclame (reu-*klââ*-meu) *c* publicité *f*
reclamespot (reu-*klââ*-meu-spot) *c* (pl ~s) annonce publicitaire
recreatie (réé-kréé-*yââ*-tsii) *c* récréation *f*
recreatiecentrum (réé-kréé-*yââ*-tsii-sèn-treumm) *nt* (pl -tra) centre de loisirs
rector (*rèk*-tor) *c* (pl ~en, ~s) directeur *m*, proviseur *m*
reçu (reu-*suu*) *nt* (pl ~'s) reçu *m*
redakteur (réé-dâk-*teûr*) *c* (pl ~en, ~s) rédacteur *m*
redden (*rè*-deun) *v* sauver
redder (*rè*-deur) *c* (pl ~s) sauveur *m*
redding (*rè*-dinng) *c* (pl ~en) sauvetage *m*
reddingsgordel (*rè*-dinngs-khor-deul) *c* (pl ~s) bouée de sauvetage
rede[1] (*réé*-deu) *c* raison *f*; sens *m*
rede[2] (*réé*-deu) *c* (pl ~s) allocution *f*
redelijk (*réé*-deu-leuk) *adj* raisonnable
reden (*réé*-deun) *c* (pl ~en) raison *f*
redeneren (réé-deu-*néé*-reun) *v* raisonner
reder (*réé*-deur) *c* (pl ~s) armateur *m*
redetwisten (*réé*-deu-tviss-teun) *v* disputer
reduceren (réé-duu-*séé*-reun) *v* *réduire
reductie (reu-*deuk*-sii) *c* (pl ~s) rabais *m*, réduction *f*

reeds (rééts) *adv* déjà
reekalf (*réé*-kalf) *nt* (pl -kalveren) faon *m*
reeks (rééks) *c* (pl ~en) suite *f*; série *f*
referentie (reu-feu-*rèn*-tsii) *c* (pl ~s) référence *f*
reflector (reu-*flèk*-tor) *c* (pl ~s, ~en) réflecteur *m*
reformatie (réé-for-*mââ*-tsii) *c* réforme *f*
regatta (reu-*gâ*-tââ) *c* (pl ~'s) régate *f*
regel (*réé*-geul) *c* (pl ~s) ligne *f*; règle *f*; **in de** ~ en général
regelen (*réé*-geu-leun) *v* préparer; arranger; régler
regeling (*réé*-geu-linng) *c* (pl ~en) règlement *m*
regelmatig (réé-geul-*mââ*-teukh) *adj* régulier
regen (*réé*-geun) *c* pluie *f*
regenachtig (*réé*-geunn-âkh-teukh) *adj* pluvieux
regenboog (*réé*-geu-bôôkh) *c* (pl -bogen) arc-en-ciel *m*
regenbui (*réé*-geu-beu^u) *c* (pl ~en) averse *f*
regenen (*réé*-geu-neun) *v* *pleuvoir
regenjas (*réé*-geu-yâss) *c* (pl ~sen) imperméable *m*
regeren (reu-*géé*-reun) *v* gouverner, régner
regering (reu-*géé*-rinng) *c* (pl ~en) gouvernement *m*; règne *m*
regie (reu-*gii*) *c* (pl ~s) réalisation *f*
regime (reu-*jiim*) *nt* (pl ~s) régime *m*
regisseren (réé-gii-*séé*-reun) *v* *mettre en scène
regisseur (réé-gii-*seûr*) *c* (pl ~s) metteur en scène
register (reu-*giss*-teur) *nt* (pl ~s) dossier *m*; index *m*
registratie (réé-giss-*trââ*-tsii) *c* inscription *f*
reglement (réé-gleu-*mènt*) *nt* (pl ~en) règlement *m*
reiger (*rèï*-geur) *c* (pl ~s) héron *m*
rein (rèïn) *adj* pur
reinigen (*rèï*-neu-geun) *v* nettoyer; **chemisch** ~ nettoyer à sec
reiniging (*rèï*-neu-ginng) *c* nettoyage *m*
reinigingsmiddel (*rèï*-neu-ginngs-mi-deul) *nt* (pl ~en) détachant *m*
reis (rèïss) *c* (pl reizen) voyage *m*
reisagent (*rèïss*-ââ-gènt) *c* (pl ~en) agent de voyages
reisbureau (*rèïss*-buu-rôô) *nt* (pl ~s) bureau de voyages
reischeque (*rèï*-chèk) *c* (pl ~s) chèque de voyage
reiskosten (*rèïss*-koss-teun) *pl* prix du voyage; frais de voyage
reisplan (*rèïss*-plân) *nt* (pl ~nen) itinéraire *m*
reisroute (*rèïss*-roû-teu) *c* (pl ~s, ~n) itinéraire *m*
reisverzekering (*rèïss*-feur-zéé-keu-rinng) *c* assurance-voyages *f*
reiswieg (*rèïss*-viikh) *c* (pl ~en) berceau de voyage
reizen (*rèï*-zeun) *v* voyager
reiziger (*rèï*-zeu-geur) *c* (pl ~s) voyageur *m*
rek (rèk) *c* élasticité *f*
rekbaar (*rèk*-bââr) *adj* flexible
rekenen (*réé*-keu-neun) *v* calculer
rekening (*réé*-keu-ninng) *c* (pl ~en) compte *m*; addition *f*, facture *f*; note *f*
rekenkunde (*réé*-keung-keunn-deu) *c* arithmétique *f*
rekken (*rè*-keun) *v* tendre
rekruut (reu-*kruut*) *c* (pl rekruten) recrue *f*
rel (rèl) *c* (pl ~len) émeute *f*
relatie (reu-*lââ*-tsii) *c* (pl ~s) rapport *m*; relation *f*

relatief (reu-lââ-*tiif*) *adj* relatif
reliëf (reul-*yèf*) *nt* (pl ~s) relief *m*
relikwie (reu-leu-*kvii*) *c* (pl ~ën) relique *f*
reling (*réé*-lınng) *c* (pl ~en) barre *f*
rem (rèm) *c* (pl ~men) frein *m*
remlichten (*rèm*-lıkh-teun) *pl* stops *mpl*
remtrommel (*rèm*-tro-mèl) *c* (pl ~s) tambour de frein
renbaan (*rèn*-bâân) *c* (pl -banen) hippodrome *m*; piste *f*; champ de courses, piste de courses
rendabel (rèn-*dââ*-beul) *adj* rentable
rendier (*rèn*-diir) *nt* (pl ~en) renne *m*
rennen (*rè*-neun) *v* *courir
renpaard (*rèn*-pââr t) *nt* (pl ~en) cheval de course
rente (*rèn*-teu) *c* (pl ~n, ~s) intérêt *m*
reparatie (réé-pââ-*rââ*-tsii) *c* (pl ~s) réparation *f*
repareren (réé-pââ-*réé*-reun) *v* réparer
repertoire (reu-pèr-*tvâât*) *nt* (pl ~s) répertoire *m*
repeteren (reu-peu-*téé*-reun) *v* répéter
repetitie (reu-peu-*tii*-tsii) *c* (pl ~s) répétition *f*
representatief (reu-préé-zèn-tââ-*tiif*) *adj* représentatif
reproduceren (réé-prôô-duu-*séé*-reun) *v* *reproduire
reproduktie (réé-prôô-*deuk*-sii) *c* (pl ~s) reproduction *f*
reptiel (rèp-*tiil*) *nt* (pl ~en) reptile *m*
republiek (réé-puu-*bliik*) *c* (pl ~en) république *f*
republikeins (réé-puu-blii-*kèïns*) *adj* républicain
reputatie (réé-puu-*tââ*-tsii) *c* réputation *f*
reserve (reu-*zèr*-veu) *c* (pl ~s) réserve *f*; **reserve-** de réserve
reserveband (reu-*zèr*-veu-bânt) *c* (pl ~en) pneu de rechange
reserveren (reu-zèr-*véé*-reun) *v* réserver; *retenir
reservering (reu-zèr-*véé*-rınng) *c* (pl ~en) réservation *f*
reservewiel (reu-*zèr*-veu-viil) *nt* (pl ~en) roue de secours
reservoir (reu-zeur-*vvâât*) *nt* (pl ~s) réservoir *m*; récipient *m*
resoluut (réé-zôô-*loût*) *adj* résolu
respect (rè-*spèkt*) *nt* respect *m*
respectabel (rè-spèk-*tââ*-beul) *adj* respectable
respecteren (rè-spèk-*téé*-reun) *v* respecter
respectievelijk (rè-spèk-*tii*-veu-leuk) *adj* respectif
rest (rèst) *c* (pl ~en) reste *m*; restant *m*
restant (rèss-*tânt*) *nt* (pl ~en) restant *m*
restaurant (rè-stôô-*rânt*) *nt* (pl ~s) restaurant *m*
restauratiewagen (rèss-tôô-*rââ*-tsii-vââ-geun) *c* (pl ~s) wagon-restaurant
restriktie (reu-*strık*-sii) *c* (pl ~s) restriction *f*
resultaat (réé-zeul-*tâât*) *nt* (pl -taten) résultat *m*; issue *f*
resulteren (réé-zeul-*téé*-reun) *v* résulter
retour (reu-*toûr*) aller et retour
retourvlucht (reu-*toûr*-vleukht) *c* (pl ~en) vol de retour
reumatiek (reû-mââ-*tiik*) *c* rhumatisme *m*
reus (reûss) *c* (pl reuzen) géant *m*
reusachtig (reû-*zâkh*-teukh) *adj* énorme; gigantesque
revalidatie (réé-vââ-lii-*dââ*-tsii) *c* rééducation *f*
reviseren (réé-vii-*zéé*-reun) *v* reviser
revolutie (réé-vôô-*luu*-tsii) *c* (pl ~s)

révolution *f*
revolutionair (réé-vôô-luu-tchôô-*nèèr*) *adj* révolutionnaire
revolver (reu-*vol*-veur) *c* (pl ~s) revolver *m*
rib (rıp) *c* (pl ~ben) côte *f*
ribfluweel (*rıp*-fluu-véél) *nt* velours côtelé
richten (*rıkh*-teun) *v* diriger; ~ **op** viser
richting (*rıkh*-tınng) *c* (pl ~en) direction *f*
richtingaanwijzer (*rıkh*-tınng-âân-vèï-zeur) *c* (pl ~s) indicateur de direction, clignotant *m*
richtlijn (*rıkht*-lèïn) *c* (pl ~en) directive *f*
ridder (*rı*-deur) *c* (pl ~s) chevalier *m*
riem (riim) *c* (pl ~en) ceinture *f*; courroie *f*; laisse *f*
riet (riit) *nt* roseau *m*; canne *f*
rif (rıf) *nt* (pl ~fen) récif *m*
rij (rèï) *c* (pl ~en) rang *m*; rangée *f*; file *f*, queue *f*; **in de** ~ ***staan** *faire la queue
rijbaan (*rèï*-bâân) *c* (pl -banen) chaussée *f*
rijbewijs (*rèï*-beu-vèïss) *nt* permis de conduire
***rijden** (*rèï*-deun) *v* *conduire; rouler
***rijgen** (*rèï*-geun) *v* enfiler
rijk[1] (rèïk) *adj* riche
rijk[2] (rèïk) *nt* (pl ~en) royaume *m*, empire *m*; **rijks-** impérial
rijkdom (*rèïk*-domm) *c* (pl ~men) richesse *f*
rijm (rèïm) *nt* (pl ~en) rime *f*
rijp (rèïp) *adj* mûr
rijpheid (*rèïp*-hèït) *c* maturité *f*
rijst (rèïst) *c* riz *m*
rijstrook (*rèï*-strôôk) *c* (pl -stroken) voie *f*
rijtuig (*rèï*-teu^{u}gh) *nt* (pl ~en) voiture *f*; wagon *m*
rijweg (*rèï*-vèkh) *c* route *f*
rijwiel (*rèï*-viil) *nt* (pl ~en) bicyclette *f*; vélo *m*
rillen (*rı*-leun) *v* frissonner
rillerig (*rı*-leu-reukh) *adj* frissonnant
rilling (*rı*-lınng) *c* (pl ~en) frisson *m*
rimpel (*rımm*-peul) *c* (pl ~s) ride *f*
ring (rınng) *c* (pl ~en) bague *f*
ringweg (*rınng*-vèkh) *c* (pl ~en) route d'évitement
riool (rii-*yôôl*) *nt* (pl riolen) égout *m*
risico (*rii*-zii-kôô) *nt* (pl ~'s) risque *m*; hasard *m*
riskant (rıss-*kânt*) *adj* risqué
rit (rıt) *c* (pl ~ten) course *f*
ritme (*rıt*-meu) *nt* (pl ~n) rythme *m*
ritssluiting (*rıt*-sleu^u-tınng) *c* (pl ~en) fermeture éclair
rivaal (rii-*vââl*) *c* (pl rivalen) rival *m*
rivaliseren (rii-vââ-lii-*zéé*-reun) *v* rivaliser
rivaliteit (rii-vââ-lii-*tèït*) *c* rivalité *f*
rivier (rii-*viir*) *c* (pl ~en) fleuve *m*
riviermonding (rii-*viir*-monn-dınng) *c* (pl ~en) estuaire *m*
rivieroever (rii-*viir*-oû-veur) *c* (pl ~s) bord de la rivière
rob (rop) *c* (pl ~ben) phoque *m*
robijn (rôô-*bèïn*) *c* (pl ~en) rubis *m*
roddelen (*ro*-deu-leun) *v* *faire des commérages
roede (*roû*-deu) *c* (pl ~n) tige *f*
roeiboot (*roûï*-bôôt) *c* (pl -boten) bateau à rames
roeien (*roûï*-eun) *v* ramer
roeiriem (*roûï*-riim) *c* (pl ~en) rame *f*
roem (roûm) *c* gloire *f*; célébrité *f*
Roemeen (roû-*méén*) *c* (pl -menen) Roumain *m*
Roemeens (roû-*mééns*) *adj* roumain
Roemenië (roû-*méé*-nii-yeu) Roumanie *f*
roep (roûp) *c* appel *m*
***roepen** (*roû*-peun) *v* appeler; crier

roer (roûr) *nt* gouvernail *m*, barre *f*
roeren (*roû*-reun) *v* remuer
roerend (*roû*-reunnt) *adj* mobile
roest (roûst) *nt* rouille *f*
roestig (*roûss*-teukh) *adj* rouillé
rok (rok) *c* (pl ~ken) jupe *f*
roken (*rôô*-keun) *v* fumer
roker (*rôô*-keur) *c* (pl ~s) fumeur *m*
rol (rol) *c* (pl ~len) rouleau *m*
rolgordijn (*rol*-gor-dèïn) *nt* (pl ~en) store *m*
rollen (*ro*-leun) *v* rouler
rolstoel (*rol*-stoûl) *c* (pl ~en) fauteuil roulant
roltrap (*rol*-trâp) *c* (pl ~pen) escalier roulant
roman (rôô-*mân*) *c* (pl ~s) roman *m*
romanschrijver (rôô-*mân*-skhrèï-veur) *c* (pl ~s) romancier *m*
romantisch (rôô-*mân*-tiiss) *adj* romantique
romig (*rôô*-meukh) *adj* crémeux
rommel (*ro*-meul) *c* désordre *m*; immondices *fpl*; déchets *mpl*, rebut *m*
rond (ronnt) *adj* rond; *prep* autour de
ronde (*ronn*-deu) *c* (pl ~n, ~s) reprise *f*
rondom (ronnt-*omm*) *adv* autour; *prep* autour de
rondreis (*ronnt*-rèïss) *c* (pl -reizen) excursion *f*
rondreizend (*ronnt*-rèï-zeunnt) *adj* ambulant
***rondtrekken** (*ronn*-trè-keun) *v* vagabonder
***rondzwerven** (*ronnt*-svèr-veun) *v* errer
röntgenfoto (*reunnt*-geunn-fôô-tôô) *c* (pl ~'s) radiographie *f*
rood (rôôt) *adj* rouge
roodborstje (*rôôt*-bor-cheu) *nt* (pl ~s) rouge-gorge *m*
roodkoper (*rôôt*-kôô-peur) *nt* cuivre *m*
roof (rôôf) *c* vol *m*
roofdier (*rôôf*-diir) *nt* (pl ~en) bête de proie
rook (rôôk) *c* fumée *f*
rookcoupé (*rôô*-koû-péé) *c* (pl ~s) compartiment fumeurs
rookkamer (*rôô*-kââ-meur) *c* fumoir *m*
room (rôôm) *c* crème fraîche
roomkleurig (rôôm-*kleû*-reukh) *adj* crème
rooms-katholiek (rôôms-kâ-tôô-*liik*) *adj* catholique
roos[1] (rôôss) *c* (pl rozen) rose *f*
roos[2] (rôôss) *c* pellicules
rooster (*rôô*-steur) *nt* (pl ~s) grille *f*; horaire *m*
roosteren (*rôô*-steu-reun) *v* griller, rôtir
rot (rot) *adj* pourri
rotan (*rôô*-tân) *nt* rotin *m*
rotonde (rôô-*tonn*-deu) *c* (pl ~s) rond-point *m*
rots (rots) *c* (pl ~en) rocher *m*; falaise *f*
rotsachtig (*rot*-sâkh-teukh) *adj* rocheux
rotsblok (*rots*-blok) *nt* (pl ~ken) rocher *m*
route (*roû*-teu) *c* (pl ~s) route *f*
rouw (raou) *c* deuil *m*
royaal (rôô-*yââl*) *adj* généreux; large
roze (*roo*-zeu) *adj* rose
rozenkrans (*rôô*-zeu-krâns) *c* (pl ~en) rosaire *m*, chapelet *m*
rozijn (rôô-*zèïn*) *c* (pl ~en) raisin sec
rubber (*reu*-beur) *nt* caoutchouc *m*
rubriek (ruu-*briik*) *c* (pl ~en) rubrique *f*
rug (reukh) *c* (pl ~gen) dos *m*
ruggegraat (*reu*-geu-grâât) *c* épine dorsale
rugpijn (*reukh*-pèïn) *c* mal au dos
rugzak (*reukh*-sâk) *c* (pl ~ken) sac à dos
***ruiken** (*reu*ᵘ-keun) *v* *sentir

ruil (reu^u^l) *c* troc *m*
ruilen (*reu^u^*-leun) *v* échanger; troquer
ruim[1] (reuumm) *adj* vaste, spacieux
ruim[2] (reuumm) *nt* (pl ~en) cale *f*
ruimte (*reuumm*-teu) *c* espace *m*
ruïne (ruu-*vii*-neu) *c* (pl ~s) ruine *f*
ruïneren (ruu-vii-*néé*-reun) *v* ruiner
ruit (reu^u^t) *c* (pl ~en) damier *m*; carreau *m*
ruitenwisser (*reu^u^*-teu-vi-seur) *c* (pl ~s) essuie-glace *m*
ruiter (*reu^u^*-teur) *c* (pl ~s) cavalier *m*
ruk (reuk) *c* (pl ~ken) à-coup *m*, secousse *f*
rumoer (ruu-*moûr*) *nt* vacarme *m*
rundvlees (*reunnt*-fléëss) *nt* bœuf *m*
Rus (reuss) *c* (pl ~sen) Russe *m*
Rusland (*reuss*-lânt) Russie *f*
Russisch (*reu*-siiss) *adj* russe
rust (reust) *c* repos *m*; tranquillité *f*; mi-temps *f*
rusteloosheid (reuss-teu-*lôôss*-hèït) *c* inquiétude *f*
rusten (*reuss*-teun) *v* se reposer
rusthuis (*reust*-heu^u^ss) *nt* (pl -huizen) maison de repos
rustiek (reuss-*tiik*) *adj* rustique
rustig (*reuss*-teukh) *adj* tranquille, calme; reposant
ruw (ruu^ou^) *adj* rugueux, âpre
ruzie (*ruu*-zii) *c* (pl ~s) querelle *f*; ~ **maken** se disputer

S

saai (sââï) *adj* ennuyeux
sacharine (sâ-khââ-*rii*-neu) *c* saccharine *f*
saffier (sâ-*fiir*) *nt* saphir *m*
salaris (sââ-*lââ*-riss) *nt* (pl ~sen) salaire *m*
saldo (*sâl*-dôô) *nt* (pl ~'s, saldi) solde *m*
salon (sââ-*lonn*) *c* (pl ~s) salon *m*, foyer *m*
samen (*sââ*-meun) *adv* ensemble
***samenbinden** (*sââ*-meu-binn-deun) *v* relier
***samenbrengen** (*sââ*-meu-brè-ngeun) *v* combiner
samenhang (*sââ*-meu-hâng) *c* cohérence *f*
samenleving (*sââ*-meu-léé-vinng) *c* (pl ~en) société *f*
samenloop (*sââ*-meu-lôôp) *c* coïncidence *f*
samenstellen (*sââ*-meu-stè-leun) *v* composer, compiler
samenstelling (*sââ*-meu-stè-linng) *c* (pl ~en) composition *f*
***samenvallen** (*sââ*-meu-vâ-leun) *v* coïncider
samenvatting (*sââ*-meu-vâ-tinng) *c* (pl ~en) résumé *m*
samenvoegen (*sââ*-meu-voû-geun) *v* assembler
samenwerking (*sââ*-meu-vèr-kinng) *c* coopération *f*
***samenzweren** (*sââ*-meu-zvéé-reun) *v* conspirer
samenzwering (*sââ*-meu-zvéé-rinng) *c* (pl ~en) conspiration *f*
sanatorium (sââ-nââ-*tôô*-rii-yeumm) *nt* (pl ~s, -ria) sanatorium *m*
sandaal (sân-*dââl*) *c* (pl -dalen) sandale *f*
sanitair (sââ-nii-*tèèr*) *adj* sanitaire
Saoedi-Arabië (sââ-oû-dii-ââ-*rââ*-bii-yeu) Arabie Séoudite
sap (sâp) *nt* (pl ~pen) jus *m*
sappig (*sâ*-peukh) *adj* juteux
sardine (sâr-*dii*-neu) *c* (pl ~s) sardine *f*
satelliet (sââ-teu-*liit*) *c* (pl ~en) satellite *m*
satijn (sââ-*tèïn*) *nt* satin *m*

sauna (*saou*-nââ) *c* (pl ~'s) sauna *m*
saus (saouss) *c* (pl sauzen) sauce *f*
Scandinavië (skân-dii-*nââ*-vii-yeu) Scandinavie *f*
Scandinaviër (skân-dii-*nââ*-vii-yeur) *c* (pl ~s) Scandinave *m*
Scandinavisch (skân-dii-*nââ*-viiss) *adj* scandinave
schaafwond (*skhââf*-vonnt) *c* (pl ~en) égratignure *f*
schaak! (skhââk) échec!
schaakbord (*skhââk*-bort) *nt* (pl ~en) échiquier *m*
schaakspel (*skhââk*-spèl) *nt* échecs
schaal (skhââl) *c* (pl schalen) plat *m*; bol *m*; échelle *f*
schaaldier (*skhââl*-diir) *nt* (pl ~en) crustacé *m*
schaamte (*skhââm*-teu) *c* honte *f*
schaap (skhââp) *nt* (pl schapen) mouton *m*
schaar (skhââr) *c* (pl scharen) ciseaux *mpl*
schaars (skhâârs) *adj* rare
schaarste (*skhââr*-steu) *c* pénurie *f*
schaats (skhââts) *c* (pl ~en) patin *m*
schaatsen (*skhâât*-seun) *v* patiner
schade (*skhââ*-deu) *c* dommage *m*; mal *m*
schadelijk (*skhââ*-deu-leuk) *adj* nuisible
schadeloosstelling (*skhââ*-deu-lôô-stèlınng) *c* (pl ~en) dédommagement *m*
schaden (*skhââ*-deun) *v* *faire du mal
schadevergoeding (*skhââ*-deu-veur-goû-dınng) *c* (pl ~en) indemnité *f*
schaduw (*skhââ*-duu[ou]) *c* (pl ~en) ombre *f*
schaduwrijk (*skhââ*-duu[ou]-rèïk) *adj* ombragé
schakel (*skhââ*-keul) *c* (pl ~s) maillon *m*
schakelaar (*skhââ*-keu-lââr) *c* (pl ~s) commutateur *m*
schakelbord (*skhââ*-keul-bort) *nt* tableau de distribution
schakelen (*skhââ*-keu-leun) *v* changer de vitesse
zich schamen (*skhââ*-meun) *avoir honte
schandaal (skhân-*dââl*) *nt* (pl -dalen) scandale *m*
schande (*skhân*-dè) *c* déshonneur *m*
schapevlees (*skhââ*-peu-vlééss) *nt* mouton *m*
scharnier (skhâr-*niir*) *nt* (pl ~en) charnière *f*
schat (skhât) *c* (pl ~ten) trésor *m*
schatkist (*skhât*-kıst) *c* Trésor
schatten (*skhâ*-teun) *v* évaluer, estimer
schatting (*skhâ*-tınng) *c* (pl ~en) estimation *f*; appréciation *f*
schedel (*skhéé*-deul) *c* (pl ~s) crâne *m*
scheef (skhééf) *adj* incliné
scheel (skhéél) *adj* louche
scheepswerf (*skhééps*-vèrf) *c* (pl -werven) chantier naval
scheepvaart (*skhéép*-fâârt) *c* navigation *f*
scheepvaartlijn (*skhéép*-fâârt-lèïn) *c* (pl ~en) compagnie de navigation
scheerapparaat (*skhéér*-â-pââ-râât) *nt* (pl -raten) rasoir électrique
scheercrème (*skhéér*-krèèm) *c* (pl ~s) crème à raser
scheerkwast (*skhéér*-kvâst) *c* (pl ~en) blaireau *m*
scheermesje (*skhéér*-mè-cheu) *nt* (pl ~s) lame de rasoir
scheerzeep (*skhéér*-zéép) *c* savon à barbe
***scheiden** (*skhèï*-deun) *v* séparer; divorcer
scheiding (*skhèï*-dınng) *c* (pl ~en) séparation *f*; raie *f*

scheidsrechter (*skhèïts*-rèkh-teur) *c* (pl ~s) arbitre *m*
scheikunde (*skhèï*-keunn-deu) *c* chimie *f*
scheikundig (skhèï-*keunn*-deukh) *adj* chimique
***schelden** (*skhèl*-deun) *v* insulter
schelm (skhèlm) *c* (pl ~en) coquin *m*
schelp (skhèlp) *c* (pl ~en) coquille *f*
schelvis (*skhèl*-viss) *c* aiglefin *m*
schema (*skhéé*-mââ) *nt* (pl ~'s, ~ta) diagramme *m*; plan *m*
schemering (*skhéé*-meu-rinng) *c* crépuscule *m*
schending (*skhèn*-dinng) *c* (pl ~en) violation *f*
***schenken** (*skhèng*-keun) *v* verser; donner
schenking (*skhèng*-kinng) *c* (pl ~en) don *m*
***scheppen** (*skhè*-peun) *v* créer
schepsel (*skhèp*-seul) *nt* (pl ~s) créature *f*
zich *scheren (*skhéé*-reun) se raser
scherm (skhèrm) *nt* (pl ~en) écran *m*
schermen (*skhèr*-meun) *v* *faire de l'escrime
scherp (skhèrp) *adj* aigu
schets (skhèts) *c* (pl ~en) esquisse *f*
schetsboek (*skhèts*-boûk) *nt* (pl ~en) cahier de croquis
schetsen (*skhèt*-seun) *v* esquisser
scheur (skheûr) *c* (pl ~en) déchirure *f*
scheuren (*skheû*-reun) *v* déchirer
schiereiland (*skhiir*-èï-lânt) *nt* péninsule *f*
***schieten** (*skhii*-teun) *v* tirer
schietschijf (*skhiit*-skhèïf) *c* (pl -schijven) cible *f*
schijf (skhèïf) *c* (pl schijven) disque *m*
schijn (skhèïn) *c* apparence *f*
schijnbaar (*skhèïm*-bââr) *adj* apparent
***schijnen** (*skhèï*-neun) *v* *paraître, sembler; briller
schijnheilig (skhèïn-*hèï*-leukh) *adj* fourbe
schijnwerper (*skhèïn*-vèr-peur) *c* (pl ~s) projecteur *m*
schikken (*skhi*-keun) *v* *convenir
schikking (*skhi*-kinng) *c* (pl ~en) arrangement *m*
schil (skhil) *c* (pl ~len) peau *f*; pelure *f*
schilder (*skhil*-deur) *c* (pl ~s) peintre *m*
schilderachtig (*skhil*-deur-âkh-teukh) *adj* pittoresque
schilderen (*skhil*-deu-reun) *v* *peindre
schilderij (skhil-deu-*rèï*) *nt* (pl ~en) peinture *f*
schildpad (*skhil*-pât) *c* (pl ~den) tortue *f*
schilfer (*skhil*-feur) *c* (pl ~s) éclat *m*
schillen (*skhi*-leun) *c* peler
schimmel (*skhi*-meul) *c* (pl ~s) moisissure *f*
schip (skhip) *nt* (pl schepen) navire *m*; vaisseau *m*
schitterend (*skhi*-teu-reunnt) *adj* brillant, magnifique
schittering (*skhi*-teu-rinng) *c* (pl ~en) éblouissement *m*
schoeisel (*skhoûï*-seul) *nt* chaussures
schoen (skhoûn) *c* (pl ~en) chaussure *f*
schoenmaker (*skhoûn*-mââ-keur) *c* (pl ~s) cordonnier *m*
schoensmeer (*skhoûn*-sméér) *c* cirage *m*
schoenveter (*skhoûn*-féé-teur) *c* (pl ~s) lacet *m*
schoenwinkel (*skhoûn*-vinng-keul) *c* (pl ~s) magasin de chaussures
schoft (skhoft) *c* (pl ~en) salaud *m*
schok (skhok) *c* (pl ~ken) choc *m*
schokbreker (*skhok*-bréé-keur) *c* (pl ~s) amortisseur *m*
schokken (*skho*-keun) *v* choquer

schol (skhol) *c* (pl ~len) plie *f*
schommel (*skho*-meul) *c* (pl ~s) balançoire *f*
schommelen (*skho*-meu-leun) *v* balancer
school (skhôôl) *c* (pl scholen) école *f*; collège *m*; **middelbare** ~ école secondaire
schoolbank (*skhôôl*-bângk) *c* (pl ~en) banc d'école
schoolbord (*skhôôl*-bort) *nt* (pl ~en) tableau noir
schoolhoofd (*skhôôl*-hôôft) *nt* (pl ~en) directeur d'école
schooljongen (*skhôôl*-yo-ngeun) *c* (pl ~s) écolier *m*
schoolmeester (*skhôôl*-méêss-teur) *c* (pl ~s) maître d'école
schoolmeisje (*skhôôl*-mèï-cheu) *nt* (pl ~s) écolière *f*
schoolslag (*skhôôl*-slâkh) *c* brasse *f*
schooltas (*skhôôl*-tâss) *c* (pl ~sen) cartable *m*
schoon (skhôôn) *adj* propre
schoonheid (*skhôôn*-hèït) *c* (pl -heden) beauté *f*
schoonheidsbehandeling (*skhôôn*-hèïts-beu-hân-deu-linng) *c* (pl ~en) soins de beauté
schoonheidsmasker (*skhôôn*-hèïts-mâss-keur) *nt* (pl ~s) masque de beauté
schoonheidsmiddelen (*skhôôn*-hèïts-mi-deu-leun) *pl* produits de beauté
schoonheidssalon (*skhôôn*-hèïts-sââ-lonn) *c* (pl ~s) salon de beauté, institut de beauté
schoonmaak (*skhôô*-mââk) *c* nettoyage *m*
schoonmaken (*skhôô*-mââ-keun) *v* nettoyer
schoonmoeder (*skhôô*-moû-deur) *c* (pl ~s) belle-mère *f*
schoonouders (*skhôôn*-aou-deurs) *pl* beaux-parents *mpl*
schoonvader (*skhôôn*-vââ-deur) *c* (pl ~s) beau-père *m*
schoonzoon (*skhôôn*-zôôn) *c* (pl -zonen) gendre *m*
schoonzuster (*skhôôn*-zeuss-teur) *c* (pl ~s) belle-sœur *f*
schoorsteen (*skhôôr*-stéén) *c* (pl -stenen) cheminée *f*
schop (skhop) *c* (pl ~pen) coup de pied; bêche *f*, pelle *f*
schoppen (*skho*-peun) *v* donner des coups de pied
schor (skhor) *adj* rauque
schorsen (*skhor*-seun) *v* suspendre
schort (skhort) *c* (pl ~en) tablier *m*
Schot (skhot) *c* (pl ~ten) Ecossais *m*
schot (skhot) *nt* (pl ~en) coup de feu
schotel (*skhôô*-teul) *c* (pl ~s) plat *m*; **schoteltje** *nt* soucoupe *f*
Schotland (*skhot*-lânt) Ecosse *f*
Schots (skhots) *adj* écossais
schouder (*skhaou*-deur) *c* (pl ~s) épaule *f*
schouwburg (*skhaou*-beurkh) *c* (pl ~en) théâtre *m*
schouwspel (*skhaou*-spèl) *nt* (pl ~en) spectacle *m*
schram (skhrâm) *c* (pl ~men) égratignure *f*
schrappen (*skhrâ*-peun) *v* racler
schrede (*skhréé*-deu) *c* (pl ~n) démarche *f*
schreeuw (skhréé[ou]) *c* (pl ~en) cri *m*
schreeuwen (*skhréé[ou]*-eun) *v* crier
schriftelijk (*skhrif*-teu-leuk) *adj* par écrit
schrijfbehoeften (*skhrèïf*-beu-hoûf-teun) *pl* papeterie *f*
schrijfblok (*skhrèïf*-blok) *nt* (pl ~ken) bloc-notes *m*
schrijfmachine (*skhrèïf*-mâ-chii-neu) *c* (pl ~s) machine à écrire
schrijfmachinepapier (*skhrèïf*-mâ-chii-

neu-pââ-piir) *nt* papier à machine
schrijfpapier (*skhrèïf*-pââ-piir) *nt* papier à écrire; papier à lettres
schrijftafel (*skhrèïf*-tââ-feul) *c* (pl ~s) bureau *m*
schrijn (skhrèïn) *c* (pl ~en) sanctuaire *m*
***schrijven** (*skhrèï*-veun) *v* *écrire
schrijver (*skhrèï*-vèr) *c* (pl ~s) auteur *m*, écrivain *m*
schrik (skhrık) *c* frayeur *f*, panique *f*; ~ ***aanjagen** terrifier
schrikkeljaar (*skhrı*-keul-yââr) *nt* année bissextile
***schrikken** (*skhrı*-keun) *v* *être effrayé; ***doen** ~ effrayer
schrobben (*skhro*-beun) *v* frotter
schroef (skhroûf) *c* (pl schroeven) vis *f*; hélice *f*
schroefsleutel (*skhroûf*-sleû-teul) *c* (pl ~s) clé à écrous
schroevedraaier (*skhroû*-veu-drââ-yeur) *c* (pl ~s) tournevis *m*
schroeven (*skhroû*-veun) *v* visser
schroot (skhrôôt) *nt* ferraille *f*
schub (skheup) *c* (pl ~ben) écaille *f*
schudden (*skheu*-deun) *v* secouer; *battre
schuifdeur (*skheuᵘf*-deûr) *c* (pl ~en) porte coulissante
schuilplaats (*skheuᵘl*-plââts) *c* (pl ~en) refuge *m*; abri *m*
schuim (skheuumm) *nt* écume *f*, mousse *f*
schuimen (*skheuᵘ*-meun) *v* mousser
schuimrubber (*skheuumm*-reu-beur) *nt* caoutchouc mousse
schuin (skheuunn) *adj* oblique
***schuiven** (*skheuᵘ*-veun) *v* pousser
schuld[1] (skheult) *c* culpabilité *f*; faute *f*, blâme *m*; **de** ~ ***geven aan** donner la faute à
schuld[2] (skheult) *c* (pl ~en) dette *f*
schuldeiser (*skheult*-èï-seur) *c* (pl ~s) créditeur *m*
schuldig (*skheul*-deukh) *adj* coupable; ~ ***zijn** *devoir
schuur (skhuur) *c* (pl schuren) grange *f*; réduit *m*
schuurpapier (*skhuur*-pââ-piir) *nt* papier de verre
schuw (skhuuᵒᵘ) *adj* farouche
scooter (*skoû*-teur) *c* (pl ~s) scooter *m*
scoren (*skôô*-reun) *v* marquer
seconde (seu-*konn*-deu) *c* (pl ~n) seconde *f*
secretaresse (sı-kreu-tââ-*rè*-seu) *c* (pl ~n) secrétaire *f*
secretaris (sı-kreu-*tââ*-reuss) *c* (pl ~sen) secrétaire *m*
sectie (*sèk*-sii) *c* (pl ~s) section *f*
secundair (séé-keunn-*dèèr*) *adj* secondaire
secuur (seu-*kuur*) *adj* méticuleux
sedert (*séé*-deurt) *prep* depuis
sein (sèïn) *nt* (pl ~en) signe *m*
seinen (*sèï*-neun) *v* signaler
seizoen (sèï-*zoûn*) *nt* (pl ~en) saison *f*; **buiten het** ~ hors saison
seksualiteit (sèk-suu-vââ-lii-*tèït*) *c* sexualité *f*
seksueel (sèk-suu-*véél*) *adj* sexuel
selderij (*sèl*-deu-rèï) *c* céleri *m*
select (seu-*lèkt*) *adj* exquis
selecteren (séé-lèk-*téé*-reun) *v* sélectionner
selectie (séé-*lèk*-sii) *c* sélection *f*
senaat (seu-*nâât*) *c* sénat *m*
senator (seu-*nââ*-tor) *c* (pl ~en) sénateur *m*
seniel (seu-*niil*) *adj* sénile
sensatie (sèn-*zââ*-tsii) *c* (pl ~s) sensation *f*
sensationeel (sèn-zââ-tchôô-*néél*) *adj* spectaculaire
sentimenteel (sèn-tii-mèn-*téél*) *adj* sentimental

september (sèp-*tèm*-beur) septembre
septisch (*sèp*-tiiss) *adj* septique
serie (*séé*-rii) *c* (pl ~s) série *f*
serieus (séé-rii-*yeûss*) *adj* sérieux
serum (*séé*-reumm) *nt* (pl ~s, sera) sérum *m*
serveerster (sèr-*véér*-steur) *c* (pl ~s) serveuse *f*
servet (sèr-*vèt*) *nt* (pl ~ten) serviette *f*
sfeer (sféér) *c* atmosphère *f*; sphère *f*
shag (chèk) *c* tabac à rouler
shampoo (*châm*-pôô) *c* shampooing *m*
Siam (*sii*-yâm) Siam *m*
Siamees (sii-yââ-*mééss*) *adj* siamois
sifon (sii-*fonn*) *c* (pl ~s) siphon *m*
sigaar (sii-*gââr*) *c* (pl sigaren) cigare *m*
sigarenwinkel (sii-*gââ*-reu-vinng-keul) *c* (pl ~s) bureau de tabac
sigarenwinkelier (sii-*gââ*-reu-vinng-keu-liir) *c* (pl ~s) débitant de tabac
sigaret (sii-gââ-*rèt*) *c* (pl ~ten) cigarette *f*
sigarettenkoker (sii-gââ-*rè*-teu-kôô-kèr) *c* (pl ~s) étui à cigarettes
sigarettepijpje (sii-gââ-*rè*-teu-pèïp-yeu) *nt* (pl ~s) fume-cigarettes *m*
signaal (sii-*gnââl*) *nt* (pl -nalen) signal *m*
signalement (sii-gnââ-leu-*mènt*) *nt* (pl ~en) signalement *m*
simpel (*simm*-peul) *adj* ingénu
sinaasappel (*sii*-nââ-sâ-peul) *c* (pl ~en, ~s) orange *f*
sinds (sinns) *conj* depuis que
sindsdien (sinns-*diin*) *adv* depuis
singel (*si*-ngeul) *c* (pl ~s) canal *m*
sirene (sii-*réé*-neu) *c* (pl ~s) sirène *f*
siroop (sii-*rôôp*) *c* sirop *m*
situatie (sii-tuu-*vââ*-tsii) *c* (pl ~s) situation *f*
sjaal (chââl) *c* (pl ~s) châle *m*; écharpe *f*
skelet (skeu-*lèt*) *nt* (pl ~ten) squelette *m*
ski (skii) *c* (pl ~'s) ski *m*
skibroek (*skii*-broûk) *c* (pl ~en) pantalon de ski
skiën (*skii*-yeun) *v* skier
skiër (*skii*-yeur) *c* (pl ~s) skieur *m*
skilift (*skii*-lift) *c* (pl ~en) téléski *m*
skischoenen (*skii*-skhoû-neun) *pl* chaussures de ski
skistokken (*skii*-sto-keun) *pl* bâtons de ski
sla (slââ) *c* laitue *f*; salade *f*
slaaf (slââf) *c* (pl slaven) esclave *m*
***slaan** (slâân) *v* frapper; donner une claque, *battre
slaap[1] (slââp) *c* sommeil *m*; **in** ~ endormi
slaap[2] (slââp) *c* (pl slapen) tempe *f*
slaapkamer (*slââp*-kââ-meur) *c* (pl ~s) chambre à coucher
slaappil (*slââ*-pil) *c* (pl ~len) somnifère *m*
slaapwagen (*slââp*-vââ-geun) *c* (pl ~s) wagon-lit
slaapzaal (*slââp*-sââl) *c* (pl -zalen) dortoir *m*
slaapzak (*slââp*-sâk) *c* (pl ~ken) sac de couchage
slachtoffer (*slâkht*-o-feur) *nt* (pl ~s) victime *f*
slag[1] (slâkh) *c* (pl ~en) coup *m*; bataille *f*
slag[2] (slâkh) *nt* catégorie *f*
slagader (*slâkh*-ââ-deur) *c* (pl ~s) artère *f*
slagboom (*slâkh*-bôôm) *c* (pl -bomen) barrière *f*
slagen (*slââ*-geun) *v* réussir
slager (*slââ*-geur) *c* (pl ~s) boucher *m*
slagzin (*slâkh*-sinn) *c* (pl ~nen) slogan *m*
slak (slâk) *c* (pl ~ken) escargot *m*

slang (slâng) *c* (pl ~en) serpent *m*
slank (slângk) *adj* mince, svelte
slaolie (*slââ*-ôô-lii) *c* huile de table
slap (slâp) *adj* flasque; léger
slapeloos (*slââ*-peu-lôôss) *adj* sans sommeil
slapeloosheid (slââ-peu-*lôôss*-hèït) *c* insomnie *f*
***slapen** (*slââ*-peun) *v* *dormir
slaperig (*slââ*-peu-reukh) *adj* somnolent
slecht (slèkht) *adj* mauvais; piètre; méchant; **slechter** pire; **slechtst** le plus mauvais
slechts (slèkhts) *adv* rien que, seulement
slede (*sléé*-deu) *c* (pl ~n) traîneau *m*
slee (sléé) *c* (pl ~ën) luge *f*
sleepboot (*sléé*-bôôt) *c* (pl -boten) remorqueur *m*
slepen (*sléé*-peun) *v* traîner; remorquer
sleutel (*sleû*-teul) *c* (pl ~s) clé *f*
sleutelbeen (*sleû*-teul-béén) *nt* (pl -beenderen, -benen) clavicule *f*
sleutelgat (*sleû*-teul-gât) *nt* (pl ~en) trou de la serrure
***slijpen** (*slèï*-peun) *v* affiler, aiguiser
slijterij (slèï-teu-*rèï*) *c* (pl ~en) magasin de spiritueux
slikken (*slı*-keun) *v* avaler
slim (slımm) *adj* astucieux
slip (slıp) *c* (pl ~s) slip *m*; culotte *f*
slippen (*slı*-peun) *v* déraper
slof (slof) *c* (pl ~fen) pantoufle *f*; cartouche *f*
slokje (*slok*-yeu) *nt* (pl ~s) gorgée *f*
sloot (slôôt) *c* (pl sloten) fossé *m*
slopen (*slôô*-peun) *v* démolir
slordig (*slor*-deukh) *adj* désordonné; mal soigné, négligent
slot[1] (slot) *nt* (pl ~en) serrure *f*; château *m*; **op** ~ ***doen** fermer à clé
slot[2] (slot) *nt* conclusion *f*
sluier (*sleu*ᵘ-eur) *c* (pl ~s) voile *m*
sluipschutter (*sleu*ᵘ*p*-skheu-teur) *c* (pl ~s) franc-tireur *m*
sluis (sleuᵘss) *c* (pl sluizen) écluse *f*
***sluiten** (*sleu*ᵘ-teun) *v* fermer
sluiting (*sleu*ᵘ-tınng) *c* (pl ~en) fermeture *f*
sluw (sluuᵒᵘ) *adj* rusé
smaak (smââk) *c* (pl smaken) goût *m*; saveur *f*
smakelijk (*smââ*-keu-leuk) *adj* savoureux; appétissant
smakeloos (*smââ*-keu-lôôss) *adj* insipide
smaken (*smââ*-keun) *v* *avoir goût de
smal (smâl) *adj* étroit
smaragd (smââ-*râkht*) *nt* émeraude *f*
smart (smârt) *c* (pl ~en) douleur *f*
smartlap (*smârt*-lâp) *c* (pl ~pen) mélo *m*
smeerolie (*sméér*-ôô-lii) *c* lubrifiant *m*
smeersysteem (*sméér*-sii-stéém) *nt* système de lubrification
smeken (*smée*-keun) *v* supplier
***smelten** (*smèl*-teun) *v* fondre
smeren (*sméé*-reun) *v* lubrifier, graisser
smerig (*sméé*-reukh) *adj* sale; malpropre, répugnant
smering (*sméé*-rınng) *c* lubrification *f*
smet (smèt) *c* (pl ~ten) souillure *f*
smid (smıt) *c* (pl smeden) forgeron *m*
smoking (*smôô*-kınng) *c* (pl ~s) smoking *m*
smokkelen (*smo*-keu-leun) *v* passer en contrebande
snaar (snââr) *c* (pl snaren) corde *f*
snack (snèk) *c* (pl ~s) casse-croûte *m*
snackbar (*snèk*-bâr) *c* (pl ~s) snack-bar *m*
snappen (*snâ*-peun) *v* *comprendre
snavel (*snââ*-veul) *c* (pl ~s) bec *m*
snee (snéé) *c* (pl ~ën) incision *f*;

tranche *f*
sneeuw (snééou) *c* neige *f*
sneeuwen (*snééou*-eun) *v* neiger
sneeuwslik (*snééou*-slık) *nt* boue *f*
sneeuwstorm (*snééou*-storm) *c* (pl ~en) tempête de neige
snel (snèl) *adj* rapide
snelheid (*snèl*-hèït) *c* (pl -heden) vitesse *f*; **maximum** ~ limite de vitesse
snelheidsbeperking (*snèl*-hèïts-beu-pèr-kınng) *c* limitation de vitesse
snelheidsmeter (*snèl*-hèïts-méé-teur) *c* indicateur de vitesse
snelheidsovertreding (*snèl*-hèïts-ôô-veur-tréé-dınng) *c* excès de vitesse
snelkookpan (*snèl*-kôôk-pân) *c* (pl ~nen) cocotte à pression
snellen (*snè*-leun) *v* se précipiter
sneltrein (*snèl*-trèïn) *c* (pl ~en) train express
snelweg (*snèl*-vèkh) *c* (pl ~en) autoroute *f*
***snijden** (*snèï*-deun) *v* couper; découper
snijwond (*snèï*-vonnt) *c* (pl ~en) coupure *f*
snipper (*snı*-peur) *c* (pl ~s) morceau *m*
snoek (snoûk) *c* (pl ~en) brochet *m*
snoep (snoûp) *nt* douceurs *fpl*; confiserie *f*
snoepgoed (*snoûp*-khoût) *nt* bonbons; confiserie *f*
snoepje (*snoûp*-yeu) *nt* (pl ~s) bonbon *m*
snoepwinkel (*snoûp*-vınng-keul) *c* (pl ~s) confiserie *f*
snoer (snoûr) *nt* (pl ~en) fil *m*, cordon *m*; fil électrique
snor (snor) *c* (pl ~ren) moustache *f*
snorkel (*snor*-keul) *c* (pl ~s) tube de plongée
snugger (*sneu*-geur) *adj* malin
snuit (sneuut) *c* (pl ~en) museau *m*
snurken (*sneur*-keun) *v* ronfler
sociaal (sôô-*chââl*) *adj* social
socialisme (sôô-châ-*liss*-meu) *nt* socialisme *m*
socialist (sôô-châ-*list*) *c* (pl ~en) socialiste *m*
socialistisch (sôô-châ-*liss*-tiiss) *adj* socialiste
sociëteit (sôô-sii-yeu-*tèït*) *c* (pl ~en) cercle *m*
sodawater (*sôô*-dââ-vââ-teur) *nt* eau gazeuse
soep (soûp) *c* (pl ~en) soupe *f*
soepbord (*soû*-bort) *nt* (pl ~en) assiette à soupe
soepel (*soû*-peul) *adj* flexible, souple
soeplepel (*soûp*-léé-peul) *c* (pl ~s) cuillère à soupe
sofa (*sôô*-fââ) *c* (pl ~'s) canapé *m*
sok (sok) *c* (pl ~ken) chaussette *f*
soldaat (sol-*dâât*) *c* (pl -daten) soldat *m*
soldeerbout (sol-*déér*-baout) *c* (pl ~en) fer à souder
solderen (sol-*déé*-reun) *v* souder
solide (sôô-*lii*-deu) *adj* (pl ~en) solide
sollicitatie (so-lii-sii-*tââ*-tsii) *c* (pl ~s) candidature *f*
solliciteren (so-lii-sii-*téé*-reun) *v* solliciter un emploi
som (somm) *c* (pl ~men) somme *f*; montant *m*; **ronde** ~ somme globale
somber (*somm*-beur) *adj* sombre
sommige (*so*-meu-geu) *pron* certains
soms (somms) *adv* parfois
soort (sôôrt) *c/nt* (pl ~en) sorte *f*, genre *m*; espèce *f*
sorry! (*so*-rii) excusez-moi!
sorteren (sor-*téé*-reun) *v* classer
sortering (sor-*téé*-rınng) *c* (pl ~en) assortiment *m*
souterrain (*soû*-teu-rin) *nt* (pl ~s)

sous-sol *m*
Sovjet-Unie (*sof*-yèt-uu-nii) Union Soviétique
spaak (spââk) *c* (pl spaken) rayon *m*
Spaans (spââns) *adj* espagnol
spaarbank (*spââr*-bângk) *c* (pl ~en) caisse d'épargne
spaargeld (*spââr*-gèlt) *nt* économies
spaarzaam (*spââr*-zââm) *adj* parcimonieux
spade (*spââ*-deu) *c* (pl ~n) pelle *f*
spalk (spâlk) *c* (pl ~en) éclisse *f*
Spanjaard (*spâ*-gnâârt) *c* (pl ~en) Espagnol *m*
Spanje (*spâ*-gneu) Espagne *f*
spannend (*spâ*-neunnt) *adj* passionnant
spanning (*spâ*-ninng) *c* (pl ~en) tension *f*
sparen (*spââ*-reun) *v* épargner; économiser
spat (spât) *c* (pl ~ten) tache *f*
spatader (*spât*-ââ-deur) *c* (pl ~s, ~en) varice *f*
spatbord (*spât*-bort) *nt* (pl ~en) garde-boue *m*
spatiëren (spââ-*tchéé*-reun) *v* espacer
spatten (*spâ*-teun) *v* éclabousser
specerij (spéé-seu-*rèï*) *c* (pl ~en) épice *f*
speciaal (spéé-*chââl*) *adj* spécial; particulier
zich specialiseren (spéé-chââ-lii-*zéé*-reun) se spécialiser
specialist (spéé-chââ-*list*) *c* (pl ~en) spécialiste *m*
specialiteit (spéé-chââ-lii-*tèït*) *c* (pl ~en) spécialité *f*
specifiek (spéé-sii-*fiik*) *adj* spécifique
specimen (*spéé*-sii-mèn) *nt* (pl ~s) spécimen *m*
speculeren (spéé-kuu-*léé*-reun) *v* spéculer
speeksel (*spéék*-seul) *nt* salive *f*
speelgoed (*spéél*-goût) *nt* jouet *m*
speelgoedwinkel (*spéél*-goût-vinng-keul) *c* (pl ~s) magasin de jouets
speelkaart (*spéél*-kâârt) *c* (pl ~en) carte de jeu
speelplaats (*spéél*-plââts) *c* (pl ~en) terrain de jeux
speelterrein (*spéél*-tè-rèïn) *nt* (pl ~en) terrain de jeux
speer (spéér) *c* (pl speren) lance *f*
spek (spèk) *nt* lard *m*
spel[1] (spèl) *nt* (pl ~en) jeu *m*
spel[2] (spèl) *nt* (pl ~len) jeu *m*
speld (spèlt) *c* (pl ~en) épingle *f*
spelen (*spéé*-leun) *v* jouer
speler (*spéé*-leur) *c* (pl ~s) joueur *m*
spellen (*spè*-leun) *v* épeler
spelling (*spè*-linng) *c* orthographe *f*
spelonk (spéé-*lonngk*) *c* (pl ~en) crevasse *f*
spiegel (*spii*-geul) *c* (pl ~s) miroir *m*
spiegelbeeld (*spii*-geul-béélt) *nt* (pl ~en) reflet *m*
spier (spiir) *c* (pl ~en) muscle *m*
spijbelen (*spèï*-beu-leun) *v* *faire l'école buissonnière
spijker (*spèï*-keur) *c* (pl ~s) clou *m*
spijkerbroek (*spèï*-keur-broûk) *c* (pl ~en) blue-jean *m*
spijskaart (*spèïss*-kâârt) *c* (pl ~en) carte *f*
spijsvertering (*spèïss*-feur-téé-rinng) *c* digestion *f*
spijt (spèït) *c* regret *m*
spin (spinn) *c* (pl ~nen) araignée *f*
spinazie (spii-*nââ*-zii) *c* épinards *mpl*
***spinnen** (*spi*-neun) *v* filer
spinneweb (*spi*-neu-vèp) *nt* (pl ~ben) toile d'araignée
spion (spii-*yonn*) *c* (pl ~nen) espion *m*
spiritusbrander (*spii*-rii-teuss-brân-deur) *c* (pl ~s) réchaud à alcool
spit[1] (spit) *nt* (pl ~ten) broche *f*

spit[2] (spɪt) *nt* lumbago *m*
spits[1] (spɪts) *adj* pointu
spits[2] (spɪts) *c* (pl ~en) apogée *m*; aiguille *f*
spitsuur (*spɪts*-uur) *nt* (pl -uren) heure de pointe
***splijten** (*splèï*-teun) *v* fendre
splinter (*splɪnn*-teur) *c* (pl ~s) écharde *f*
splinternieuw (*splɪnn*-teur-nii^ou) *adj* flambant neuf
zich splitsen (*splɪt*-seun) bifurquer
spoed (spoût) *c* promptitude *f*, hâte *f*
spoedcursus (*spoût*-keur-zeuss) *c* (pl ~sen) cours accéléré
spoedgeval (*spoût*-kheu-vâl) *nt* (pl ~len) cas d'urgence
spoedig (*spoû*-deukh) *adv* bientôt
spoel (spoûl) *c* (pl ~en) bobine *f*
spoelen (*spoû*-leun) *v* rincer
spoeling (*spoû*-lɪnng) *c* (pl ~en) rinçage *m*
spons (sponns) *c* (pl sponzen) éponge *f*
spook (spôôk) *nt* (pl spoken) fantôme *m*; spectre *m*
spoor (spôôr) *nt* (pl sporen) trace *f*; piste *f*, voie *f*
spoorbaan (*spôôr*-bâân) *c* (pl -banen) voie ferrée
spoorweg (*spôôr*-vèkh) *c* (pl ~en) chemin de fer
sport (sport) *c* sport *m*
sportjasje (*sport*-yâ-cheu) *nt* (pl ~s) veston sport, veste de sport
sportkleding (*sport*-kléé-dɪnng) *c* vêtements de sport
sportman (*sport*-mân) *c* (pl ~en) sportif *m*
sportwagen (*sport*-vââ-geun) *c* (pl ~s) voiture de sport
spot (spot) *c* moquerie *f*
spraak (sprââk) *c* parole *f*; **ter sprake *brengen** soulever
spraakzaam (*sprââk*-sââm) *adj* bavard
sprakeloos (*sprââ*-keu-lôôss) *adj* interloqué
spreekkamer (*spréé*-kââ-meur) *c* (pl ~s) cabinet de consultations
spreekuur (*spréék*-uur) *nt* (pl -uren) heures de consultation
spreekwoord (*spréék*-vôôrt) *nt* (pl ~en) proverbe *m*
spreeuw (spréé^ou) *c* (pl ~en) étourneau *m*
sprei (sprèï) *c* (pl ~en) couvre-lit *m*, courtepointe *f*
spreiden (*sprèï*-deun) *v* étendre
***spreken** (*spréé*-keun) *v* parler
***springen** (*sprɪ*-ngeun) *v* sauter; bondir
springstof (*sprɪnng*-stof) *c* (pl ~fen) explosif *m*
sprinkhaan (*sprɪnngk*-hââ̱n) *c* (pl -hanen) sauterelle *f*
sproeier (*sproûï*-eur) *c* (pl ~s) vaporisateur *m*
sprong (spronng) *c* (pl ~en) saut *m*; bond *m*
sprookje (*sprôôk*-yeu) *nt* (pl ~s) conte de fées
spruitjes (*spreu^u*-tyeuss) *pl* choux de Bruxelles
spuit (speu^ut) *c* (pl ~en) seringue *f*
spuitbus (*speu^ut*-beuss) *c* (pl ~sen) aérosol *m*
spuitwater (*speu^ut*-vââ-teur) *nt* eau de Seltz
spuug (spuukh) *nt* crachat *m*
spuwen (*spuu^ou*-eun) *v* cracher
staal (stââl) *nt* acier *m*; **roestvrij ~** acier inoxydable
***staan** (stâân) *v* se *tenir debout; **goed ~** bien *aller
staart (stâârt) *c* (pl ~en) queue *f*
staat (stâât) *c* (pl staten) État *m*; **in ~** en mesure; **in ~ stellen** *permettre; **in ~ *zijn om** *être capable de;

staats- de l'Etat
staatsburgerschap (*stââts*-beur-geur-skhâp) *nt* citoyenneté *f*
staatshoofd (*stââts*-hôôft) *nt* (pl ~en) chef d'Etat
staatsman (*stââts*-mân) *c* (pl -lieden) homme d'Etat
stabiel (stââ-*biil*) *adj* stable
stad (stât) *c* (pl steden) ville *f*; cité *f*
stadhuis (stât-*heuᵘss*) *nt* (pl -huizen) hôtel de ville
stadion (*stââ*-dii-yonn) *nt* (pl ~s) stade *m*
stadium (*stââ*-dii-yeumm) *nt* (pl stadia) étape *f*
stadscentrum (*stât*-sèn-treumm) *nt* (pl -tra) centre de la ville
stadslicht (*stâts*-likht) *nt* (pl ~en) feu de position
stadsmensen (*stâts*-mèn-seun) *pl* citadins *mpl*
staf (stâf) *c* personnel *m*
staken (*stââ*-keun) *v* *faire grève; cesser
staking (*stââ*-kinng) *c* (pl ~en) grève *f*
stal (stâl) *c* (pl ~len) étable *f*
stallen (*stâ*-leun) *v* garer
stalles (*stâ*-leuss) *pl* fauteuil d'orchestre
stam (stâm) *c* (pl ~men) tronc *m*; tribu *f*
stamelen (*stââ*-meu-leun) *v* balbutier
stampen (*stâm*-peun) *v* piétiner, marteler
stampvol (*stâmp*-fol) *adj* bourré
stand (stânt) *c* nombre de points; **tot ~ *brengen** réaliser
standbeeld (*stânt*-béélt) *nt* (pl ~en) statue *f*
standpunt (*stânt*-peunnt) *nt* (pl ~en) point de vue
standvastig (stânt-*fâss*-teukh) *adj* ferme
stang (stâng) *c* (pl ~en) barre *f*
stap (stâp) *c* (pl ~pen) pas *m*
stapel (*stââ*-peul) *c* (pl ~s) pile *f*, amoncellement *m*, tas *m*
stappen (*stâ*-peun) *v* marcher
staren (*stââ*-reun) *v* fixer
start (stârt) *c* décollage *m*
startbaan (*stârt*-bâân) *c* piste de décollage
starten (*stâr*-teun) *v* décoller
startmotor (*stârt*-môô-teur) *c* démarreur *m*
statiegeld (*stââ*-tsii-gèlt) *nt* consigne *f*
station (stââ-*chonn*) *nt* (pl ~s) gare *f*
stationschef (stââ-*chonn*-chèf) *c* (pl ~s) chef de gare
statistiek (stââ-tiss-*tiik*) *c* (pl ~en) statistique *f*
stedelijk (*stéé*-deu-leuk) *adj* urbain
steeds (stééts) *adv* continuellement
steeg (stéékh) *c* (pl stegen) ruelle *f*
steek (stéék) *c* (pl steken) point de côté; piqûre *f*
steel (stéél) *c* (pl stelen) tige *f*; manche *m*
steelpan (*stéél*-pân) *c* (pl ~nen) poêle *f*
steen (stéén) *c* (pl stenen) pierre *f*; brique *f*
steengroeve (*stéén*-groû-veu) *c* (pl ~n) carrière *f*
steenpuist (*stéén*-peuᵘst) *c* (pl ~en) furoncle *m*
steigers (*stèï*-geurs) *pl* échafaudage *m*
steil (stèïl) *adj* escarpé; abrupt
stekelvarken (*stéé*-keul-vâr-keun) *nt* (pl ~s) porc-épic *m*
***steken** (*stéé*-keun) *v* piquer
stekker (*stè*-keur) *c* (pl ~s) fiche *f*
stel (stèl) *nt* (pl ~len) jeu *m*
***stelen** (*stéé*-leun) *v* voler
stellen (*stè*-leun) *v* poser
stelling (*stè*-linng) *c* (pl ~en) thèse *f*
stelsel (*stèl*-seul) *nt* (pl ~s) système *m*

stem (stèm) *c* (pl ~men) voix *f*; vote *m*
stemmen (*stè*-meun) *v* voter
stemming[1] (*stè*-minng) *c* humeur *f*; ambiance *f*; moral *m*
stemming[2] (*stè*-minng) *c* (pl ~en) vote *m*
stempel (*stèm*-peul) *c* (pl ~s) timbre *m*
stemrecht (*stèm*-rèkht) *nt* droit de vote
stenen (*stéé*-neun) *adj* en pierre
stenograaf (stéé-nôô-*grââf*) *c* (pl -grafen) sténographe *m*
stenografie (stéé-nôô-grââ-*fii*) *c* sténographie *f*
step-in (stèp-*inn*) *c* (pl ~s) gaine *f*
ster (stèr) *c* (pl ~ren) étoile *f*
sterfelijk (*stèr*-feu-leuk) *adj* mortel
steriel (steu-*riil*) *adj* stérile
steriliseren (stéé-rii-li-*zéé*-reun) *v* stériliser
sterk (stèrk) *adj* fort; **sterke drank** boissons alcoolisées
sterkte (*stèrk*-teu) *c* vigueur *f*
sterrenkunde (*stè*-reu-keunn-deu) *c* astronomie *f*
***sterven** (*stèr*-veun) *v* *mourir
steun (steûnn) *c* aide *f*, soutien *m*
steunen (*steû*-neun) *v* *soutenir
steunkousen (*steûnn*-kaou-seun) *pl* bas élastiques
steurgarnaal (*steûr*-gâr-nââl) *c* (pl -nalen) crevette rose
stevig (*stéé*-veukh) *adj* robuste, solide
steward (*styoû*-veurt) *c* (pl ~s) steward *m*
stewardess (styoû-vâr-*dèss*) *c* (pl ~en) hôtesse de l'air
stichten (*stikh*-teun) *v* fonder
stichting (*stikh*-tinng) *c* (pl ~en) fondation *f*
stiefkind (*stiif*-kinnt) *nt* (pl ~eren) enfant d'un autre lit
stiefmoeder (*stiif*-moû-deur) *c* (pl ~s) belle-mère *f*
stiefvader (*stii*-fââ-deur) *c* (pl ~s) beau-père *m*
stier (stiir) *c* (pl ~en) taureau *m*
stierengevecht (*stii*-reu-geu-vèkht) *nt* (pl ~en) corrida *f*
stijf (stèïf) *adj* raide
stijfsel (*stèïf*-seul) *nt* amidon *m*
stijgbeugel (*stèïkh*-beû-geul) *c* (pl ~s) étrier *m*
***stijgen** (*stèï*-geun) *v* monter; grimper
stijging (*stèï*-ginng) *c* montée *f*; ascension *f*
stijl (stèïl) *c* (pl ~en) style *m*
***stijven** (*stèï*-veun) *v* amidonner
stikken (sti-keun) *v* suffoquer
stikstof (*stik*-stof) *c* azote *m*
stil (stil) *adj* silencieux; paisible; tranquille
Stille Oceaan (*sti*-leu ôô-séé-*ân*) Océan Pacifique
stilstaand (*stil*-stâânt) *adj* stationnaire
stilte (*stil*-teu) *c* (pl ~s) silence *m*
stimuleren (stii-muu-*léé*-reun) *v* stimuler
***stinken** (*stinng*-keun) *v* *sentir mauvais; puer; **stinkend** malodorant
stipt (stipt) *adj* ponctuel
stoel (stoûl) *c* (pl ~en) chaise *f*; siège *m*
stoep (stoûp) *c* (pl ~en) trottoir *m*
stoet (stoût) *c* (pl ~en) cortège *m*
stof[1] (stof) *nt* poussière *f*
stof[2] (stof) *c* (pl ~fen) tissu *m*; matière *f*; **stoffen** étoffes *fpl*; **vaste ~** solide *m*
stoffelijk (*sto*-feu-leuk) *adj* matériel, physique
stoffig (*sto*-feukh) *adj* poussiéreux
stofzuigen (*stof*-seu^{u}-geun) *v* passer l'aspirateur
stofzuiger (*stof*-seu^{u}-geur) *c* (pl ~s)

aspirateur *m*
stok (stokl) *c* (pl ~ken) bâton *m*; canne *f*
stokpaardje (*stok*-pââr-tyeu) *nt* (pl ~s) dada *m*
stola (*stôô*-lââ) *c* (pl ~'s) étole *f*
stollen (*sto*-leun) *v* coaguler
stom (stomm) *adj* muet
stomerij (stôô-meu-*rèï*) *c* (pl ~en) teinturerie *f*
stomp (stommp) *adj* émoussé
stompen (*stomm*-peun) *v* donner des coups de poing
stookolie (*stôôk*-ôô-lii) *c* mazout *m*
stoom (stôôm) *c* vapeur *f*
stoomboot (*stôôm*-bôôt) *c* (pl boten) bateau à vapeur
stoot (stôôt) *c* (pl stoten) coup *m*
stop (stop) *c* (pl ~pen) bouchon *m*
stopgaren (*stop*-khââ-reun) *nt* laine à repriser
stoplicht (*stop*-likht) *nt* (pl ~en) feu de circulation
stoppen (*sto*-peun) *v* arrêter; *mettre; repriser
stoptrein (*stop*-trèïn) *c* (pl ~en) omnibus *m*, train local
storen (*stôô*-reun) *v* déranger
storing (*stôô*-rinng) *c* (pl ~en) dérangement *m*
storm (storm) *c* (pl ~en) tempête *f*
stormachtig (*storm*-akh-teukh) *adj* orageux
stormlamp (*storm*-lammp) *c* (pl ~en) lampe-tempête *f*
stortbui (*stort*-beu[u]) *c* (pl ~en) averse *f*
storten (*stor*-teun) *v* verser; déposer
storting (*stor*-tinng) *c* (pl ~en) versement *m*
***stoten** (*stôô*-teun) *v* cogner
stout (staout) *adj* méchant, vilain
stoutmoedig (staout-*moû*-deukh) *adj* audacieux
straal (strââl) *c* (pl stralen) jet *m*; rayon *m*
straalvliegtuig (*strââl*-vliikh-teu[u]kh) *nt* (pl ~en) turboréacteur *m*, avion à réaction
straat (strâât) *c* (pl straten) rue *f*
straatweg (*strâât*-vèkh) *c* (pl ~en) chaussée *f*
straf (strâf) *c* (pl ~fen) punition *f*; peine *f*
straffen (*strâ*-feun) *v* punir
strafrecht (*strâf*-rèkht) *nt* droit pénal
strafschop (*strâf*-skhop) *c* (pl ~pen) penalty *m*
strak (strâk) *adj* serré; **strakker maken** resserrer
straks (strâks) *adv* tout à l'heure
strand (strânt) *nt* (pl ~en) plage *f*
streek (stréék) *c* (pl streken) région *f*; truc *m*
streep (stréép) *c* (pl strepen) trait *m*; raie *f*
streng (strèng) *adj* sévère
stretcher (*strèt*-cheur) *c* (pl ~s) lit de camp
streven (*stréé*-veun) *v* aspirer
strijd (strèït) *c* lutte *f*, lutte; combat *m*
***strijden** (*strèï*-deun) *v* se *battre; lutter
strijdkrachten (*strèït*-krakh-teun) *pl* forces armées
***strijken** (*strèï*-keun) *v* repasser; amener
strijkijzer (*strèïk*-èï-zeur) *nt* (pl ~s) fer à repasser
strikje (*strik*-yeu) *nt* (pl ~s) nœud papillon
strikt (strikt) *adj* sévère
stripverhaal (*strip*-feur-hââl) *nt* (pl -halen) bandes dessinées
stro (strôô) *nt* paille *f*
strodak (*strôô*-dâk) *nt* (pl ~en) toit de chaume *m*

stromen (*strôô*-meun) *v* couler
stroming (*strôô*-minng) *c* (pl ~en) courant *m*
strook (strôôk) *c* (pl stroken) bande *f*
stroom (strôôm) *c* (pl stromen) courant *m*
stroomafwaarts (strôôm-*âf*-vââ rts) *adv* en aval
stroomopwaarts (strôôm-*op*-vâârts) *adv* en amont
stroomverdeler (*strôôm*-veur-déé-leur) *c* distributeur *m*
stroomversnelling (*strôôm*-veur-snè-linng) *c* (pl ~en) rapide *m*
stroop (strôôp) *c* sirop *m*
stropen (*strôô*-peun) *v* braconner
structuur (streuk-*tuur*) *c* (pl -turen) structure *f*; texture *f*
struik (streu^{u}k) *c* (pl ~en) buisson *m*, arbuste *m*
struikelen (*streu^{u}*-keu-leun) *v* trébucher
struisvogel (*streuss*-fôô-geul) *c* (pl ~s) autruche *f*
studeerkamer (stuu-*déér*-kââ-meur) *c* cabinet *m*
student (stuu-*dènt*) *c* (pl ~en) étudiant *m*
studente (stuu-*dèn*-teu) *c* (pl ~s) étudiante *f*
studeren (stuu-*déé*-reun) *v* étudier
studie (*stuu*-dii) *c* (pl ~s) étude *f*
studiebeurs (*stuu*-dii-beûrs) *c* (pl -beurzen) bourse d'études
stuitend (*steu^{u}*-teunnt) *adj* révoltant
stuk[1] (steuk) *adj* cassé; ~ ***gaan** tomber en panne
stuk[2] (steuk) *nt* (pl ~ken) morceau *m*, pièce *f*; section *f*
sturen (*stuu*-reun) *v* expédier; naviguer
stuurboord (*stuur*-bôôrt) *nt* tribord *m*
stuurkolom (*stuur*-kôô-lomm) *c* colonne de direction
stuurman (*stuur*-mann) *c* (pl -lieden, -lui) timonier *m*
stuurwiel (*stuur*-viil) *nt* volant *m*
subsidie (seup-*sii*-dii) *c* (pl ~s) subvention *f*
substantie (seup-*stann*-sii) *c* (pl ~s) substance *f*
subtiel (seup-*tiil*) *adj* subtil
succes (seuk-*sèss*) *nt* (pl ~sen) succès *m*
succesvol (seuk-*sèss*-fol) *adj* réussi
suède (suu-*vèè*-deu) *nt/c* daim *m*
suf (seuf) *adj* bête
suiker (*seu^{u}*-keur) *c* sucre *m*
suikerklontje (*seu^{u}*-keur-klonn-tyeu) *nt* (pl ~s) morceau de sucre
suikerzieke (*seu^{u}*-keur-zii-keu) *c* (pl ~n) diabétique *m*
suikerziekte (*seu^{u}*-keur-ziik-teu) *c* diabète *m*
suite (*svii*-teu) *c* (pl ~s) appartement *m*
summier (seu-*miir*) *adj* concis
superieur (suu-peu-rii-*yeûr*) *adj* supérieur
superlatief (suu-peur-lââ-*tiif*) *c* (pl -tieven) superlatif *m*
supermarkt (*suu*-peur-mârkt) *c* (pl ~en) supermarché *m*
supplement (seu-pleu-*mènt*) *nt* (pl ~en) supplément *m*
suppoost (seu-*pôôst*) *c* (pl ~en) gardien *m*, ouvreur *m*
supporter (seu-*por*-teur) *c* (pl ~s) supporter *m*
surveilleren (seur-vèï-*yèè*-reun) *v* surveiller
Swahili (svââ-*hii*-lii) *nt* Swahili *m*
sweater (*svè*-teur) *c* (pl ~s) chandail *m*
symbool (simm-*bôôl*) *nt* (pl -bolen) symbole *m*
symfonie (simm-fôô-*nii*) *c* (pl ~ën) symphonie *f*

sympathie (simm-pââ-*tii*) *c* (pl ~ën) sympathie *f*
sympathiek (simm-pââ-*tiik*) *adj* sympathique
symptoom (simm-*tôôm*) *nt* (pl -tomen) symptôme *m*
synagoge (sii-nââ-*gôô*-geu) *c* (pl ~n) synagogue *f*
synoniem (sii-nôô-*niim*) *nt* (pl ~en) synonyme *m*
synthetisch (sinn-*téé*-tiiss) *adj* synthétique
Syrië (*sii*-rii-yeu) Syrie *f*
Syriër (*sii*-rii-yeur) *c* (pl ~s) Syrien *m*
Syrisch (*sii*-riiss) *adj* syrien
systeem (siiss-*téém*) *nt* (pl -temen) système *m*
systematisch (siiss-téé-*mââ*-tiiss) *adj* systématique

T

taai (tââï) *adj* coriace
taak (tââk) *c* (pl taken) tâche *f*
taal (tââl) *c* (pl talen) langue *f*; langage *m*
taalgids (*tââl*-gits) *c* (pl ~en) manuel de conversation
taart (tâârt) *c* (pl ~en) gâteau *m*
tabak (tââ-*bâk*) *c* tabac *m*
tabakswinkel (tââ-*bâks*-vinng-keul) *c* (pl ~s) bureau de tabac
tabakszak (tââ-*bâk*-sâk) *c* (pl ~ken) blague à tabac
tabel (tââ-*bèl*) *c* (pl ~len) tableau *m*, table *f*
tablet (tââ-*blèt*) *nt* (pl ~ten) tablette *f*
taboe (tââ-*boû*) *nt* (pl ~s) tabou *m*
tachtig (*tâkh*-teukh) *num* quatre-vingts
tactiek (tâk-*tiik*) *c* (pl ~en) tactique *f*
tafel (*tââ*-feul) *c* (pl ~s) table *f*
tafellaken (*tââ*-feu-lââ-keun) *nt* (pl ~s) nappe *f*
tafeltennis (*tââ*-feul-tè-neuss) *nt* ping-pong *m*, tennis de table
tak (tâk) *c* (pl ~ken) branche *f*
talenpracticum (*tââ*-leu-prâk-tii-keumm) *nt* (pl -tica) laboratoire de langues
talent (tââ-*lènt*) *nt* (pl ~en) talent *m*
talkpoeder (*tâlk*-poû-deur) *nt/c* talc *m*
talrijk (*tâl*-rèïk) *adj* nombreux
tam (tâm) *adj* apprivoisé
tamelijk (*tââ*-meu-leuk) *adv* plutôt, assez, passablement
tampon (tâm-*ponn*) *c* (pl ~s) tampon *m*
tand (tânt) *c* (pl ~en) dent *f*
tandarts (*tân*-dârts) *c* (pl ~en) dentiste *m*
tandenborstel (*tân*-deu-bors-teul) *c* (pl ~s) brosse à dents
tandestoker (*tân*-deu-stôô-keur) *c* (pl ~s) cure-dent *m*
tandpasta (*tânt*-pâss-tââ) *c/nt* (pl ~'s) pâte dentifrice
tandpijn (*tânt*-pèïn) *c* mal aux dents
tandpoeder (*tânt*-poû-deur) *nt/c* poudre dentifrice
tandvlees (*tânt*-flééss) *nt* gencive *f*
tang (tâng) *c* (pl ~en) pince *f*
tank (tèngk) *c* (pl ~s) réservoir *m*
tankschip (*tènk*-skhip) *nt* (pl -schepen) bateau-citerne *m*
tante (*tân*-teu) *c* (pl ~s) tante *f*
tapijt (tââ-*pèït*) *nt* (pl ~en) tapis *m*
tarief (tââ-*riif*) *nt* (pl tarieven) tarif *m*, taux *m*; prix du voyage
tarwe (*târ*-veu) *c* blé *m*
tas (tâss) *c* (pl ~sen) sac *m*
tastbaar (*tâst*-bââr) *adj* palpable; tangible
tastzin (*tâst*-sinn) *c* toucher *m*
taxeren (tâk-*séé*-reun) *v* évaluer
taxi (*tâk*-sii) *c* (pl ~'s) taxi *m*

Lexique gastronomique

Mets

aalbes groseille rouge
aardappel pomme de terre
  ~**puree** purée
aardbei fraise
abrikoos abricot
amandel amande
  ~**broodje** petit pain aux amandes
andijvie scarole, chicorée
  ~**stamppot** purée de pommes de terre et de scarole
anijs anis
ansjovis anchois
appel pomme
  ~**bol** sorte de chausson
  ~**flap** chausson
  ~**gebak** tarte
  ~**moes** compote
Ardense pastei pâté ardennais; pâté de porc aux herbes, servi en tranches
artisjok artichaut
aspergepunt pointe d'asperge
augurk cornichon
avocado avocat
avondeten dîner, repas du soir
azijn vinaigre
baars perche
babi pangang plat indonésien; tranches de viande de porc servies avec une sauce aigre-douce
bami goreng plat indonésien; nouilles chinoises aux légumes, avec des morceaux de viande de porc et des crevettes
banaan banane
banketletter pâtisserie de la Saint-Nicolas; feuilleté fourré à la pâte d'amandes
bediening service
belegd broodje petit pain garni (fromage, œufs, poulet, anguille, saumon)
belegen kaas fromage au goût prononcé
biefstuk bifte(c)k
  ~ **van de haas** châteaubriand
bieslook ciboulette
bitterbal boulette de viande panée, servie comme amuse-gueule
blinde vink alouette sans tête (paupiette de veau)
bloedworst boudin noir
  ~ **met appelen** aux pommes
bloemkool chou-fleur
boerenkool met worst purée de pommes de terre et de chou frisé servie avec une saucisse fumée

fiction *f*
verzoek (veur-*zoûk*) *nt* (pl ~en) demande *f*, requête *f*
***verzoeken** (veur-*zoû*-keun) *v* *requérir, prier
verzoening (veur-*zoû*-ninng) *c* (pl ~en) réconciliation *f*
verzorgen (veur-*zor*-geun) *v* s'occuper de; soigner
verzorging (veur-*zor*-ginng) *c* soin *m*
verzwikken (veur-*zvi*-keun) *v* fouler
vest (vèst) *nt* (pl ~en) cardigan *m*; gilet *m*, veste *f*
vestigen (*vèss*-teu-geun) *v* établir
vesting (*vèss*-tinng) *c* (pl ~en) forteresse *f*
vet[1] (vèt) *adj* gras; graisseux
vet[2] (vèt) *nt* (pl ~ten) graisse *f*
veter (*véé*-teur) *c* (pl ~s) lacet *m*
vettig (*vè*-teukh) *adj* graisseux, gras
vezel (*véé*-zeul) *c* (pl ~s) fibre *f*
via (*vii*-yââ) *prep* via
viaduct (vii-yââ-*deukt*) *c/nt* (pl ~en) viaduc *m*
vibratie (vii-*brââ*-tsii) *c* (pl ~s) vibration *f*
vice-president (*vii*-seu-préé-zii-dènt) *c* (pl ~en) vice-président *m*
vier (viir) *num* quatre
vierde (*viir*-deu) *num* quatrième
vieren (*vii*-reun) *v* célébrer
viering (*vii*-rinng) *c* (pl ~en) célébration *f*
vierkant (*viir*-kânt) *adj* carré; *nt* carré *m*
vies (viiss) *adj* souillé
vijand (*vèï*-ânt) *c* (pl ~en) ennemi *m*
vijandig (vèï-*ân*-deukh) *adj* hostile
vijf (vèïf) *num* cinq
vijfde (*vèïf*-deu) *num* cinquième
vijftien (*vèïf*-tiin) *num* quinze
vijftiende (*vèïf*-tiin-deu) *num* quinzième
vijftig (*vèïf*-teukh) *num* cinquante
vijg (vèïkh) *c* (pl ~en) figue *f*
vijl (vèïl) *c* (pl ~en) lime *f*
vijver (*vèï*-veur) *c* (pl ~s) étang *m*
villa (*vii*-lââ) *c* (pl ~'s) villa *f*
vilt (vilt) *nt* feutre *m*
***vinden** (*vinn*-deun) *v* trouver; estimer
vindingrijk (*vinn*-dinng-rèïk) *adj* inventif
vinger (*vi*-ngeur) *c* (pl ~s) doigt *m*
vingerafdruk (*vi*-ngeur-âf-dreuk) *c* (pl ~ken) empreinte digitale
vingerhoed (*vi*-ngeur-hoût) *c* (pl ~en) dé *m*
vink (vinngk) *c* (pl ~en) pinson *m*
violet (vii-yôô-*lèt*) *adj* violet
viool (vii-*yôôl*) *c* (pl violen) violon *m*
viooltje (vii-*yôôl*-tyeu) *nt* (pl ~s) violette *f*
vis (viss) *c* (pl ~sen) poisson *m*
visakte (*viss*-âk-teu) *c* (pl ~n, ~s) permis de pêche
visgraat (*viss*-khrâât) *c* (pl -graten) arête *f*
vishaak (*viss*-hââk) *c* (pl -haken) hameçon *m*
visie (*vii*-zii) *c* vision *f*
visite (vii-*zii*-teu) *c* (pl ~s) visite *f*
visitekaartje (vi-*zii*-teu-kââr-tyeu) *nt* (pl ~s) carte de visite
viskuit (*viss*-keu[u]t) *c* laitance *f*
vislijn (*viss*-lèïn) *c* (pl ~en) ligne de pêche
visnet (*viss*-nèt) *nt* (pl ~ten) filet de pêche
vissen (*vi*-seun) *v* pêcher
visser (*vi*-seur) *c* (pl ~s) pêcheur *m*
visserij (vi-seu-*rèï*) *c* pêche *f*
vistuig (*viss*-teu[u]kh) *nt* attirail de pêche
visum (*vii*-zeumm) *nt* (pl visa) visa *m*
viswinkel (*viss*-vinng-keul) *c* (pl ~s) poissonnerie *f*
vitamine (vii-tââ-*mii*-neu) *c* (pl ~n,

~s) vitamine *f*

vitrine (vii-*trii*-neu) *c* (pl ~s) vitrine *f*

vlag (vlâkh) *c* (pl ~gen) drapeau *m*

vlak (vlâk) *adj* plan; plat; lisse

vlakgom (*vlâk*-khomm) *c/nt* (pl ~men) gomme *f*

vlakte (*vlâk*-teu) *c* (pl ~n, ~s) plaine *f*

vlam (vlâm) *c* (pl ~men) flamme *f*

vlees (vlééss) *nt* viande *f*; chair *f*

vlek (vlèk) *c* (pl ~ken) tache *f*

vlekkeloos (*vlè*-keu-lôôss) *adj* immaculé

vlekken (*vlè*-keun) *v* tacher

vlekkenwater (*vlè*-keu-vââ-teur) *nt* détachant *m*

vleugel (*vleû*-geul) *c* (pl ~s) aile *f*; piano à queue

vlieg (vliikh) *c* (pl ~en) mouche *f*

***vliegen** (*vlii*-geun) *v* voler

vliegramp (*vliikh*-râmp) *c* (pl ~en) accident d'avion

vliegtuig (*vliikh*-teu^{u}kh) *nt* (pl ~en) avion *m*

vliegveld (*vliikh*-fèlt) *nt* (pl ~en) terrain d'aviation

vlijt (vlèït) *c* élan *m*

vlijtig (*vlèï*-teukh) *adj* industrieux; zélé

vlinder (*vlinn*-deur) *c* (pl ~s) papillon *m*

vlinderdasje (*vlinn*-deur-dâ-cheu) *nt* (pl ~s) nœud papillon

vlinderslag (*vlinn*-deur-slâkh) *c* brasse papillon

vloed (vloût) *c* marée haute

vloeibaar (*vloûï*-bââr) *adj* liquide, fluide

vloeien (*vloûï*-eun) *v* s'écouler; **vloeiend** couramment

vloeipapier (*vloûï*-pââ-piir) *nt* papier buvard

vloeistof (*vloûï*-stof) *c* (pl ~fen) liquide *m*

vloek (vloûk) *c* (pl ~en) juron *m*

vloeken (*vloû*-keun) *v* jurer

vloer (vloûr) *c* (pl ~en) sol *m*

vloerkleed (*vloûr*-kléét) *nt* (pl -kleden) tapis *m*

vloot (vlôôt) *c* (pl vloten) flotte *f*

vlot (vlot) *nt* (pl ~ten) radeau *m*

vlotter (*vlo*-teur) *c* (pl ~s) flotteur *m*

vlucht (vleukht) *c* (pl ~en) vol *m*

vluchten (*vleukh*-teun) *v* *fuir

vlug (vleukh) *adj* prompt, rapide; *adv* rapidement

vocaal (vôô-*kââl*) *adj* vocal

vocht (vokht) *nt* humidité *f*

vochtig (*vokh*-teukh) *adj* humide, moite

vochtigheid (*vokh*-teukh-hèït) *c* humidité *f*

vod (vot) *nt* (pl ~den) chiffon *m*

voeden (*voû*-deun) *v* nourrir

voedsel (*voût*-seul) *nt* nourriture *f*

voedselvergiftiging (*voût*-seul-veur-gif-teu-ginng) *c* intoxication alimentaire

voedzaam (*voût*-sââm) *adj* nutritif, nourrissant

zich voegen bij (*voû*-geun) s'affilier à

voelen (*voû*-leun) *v* *sentir; *percevoir

voeren (*voû*-reun) *v* *conduire

voering (*voû*-rinng) *c* (pl ~en) doublure *f*

voertuig (*voûr*-teu^{u}kh) *nt* (pl ~en) véhicule *m*

voet (voût) *c* (pl ~en) pied *m*; **te** ~ à pied

voetbal (*voût*-bâl) *nt* football *m*

voetbalwedstrijd (*voût*-bâl-vèt-strèït) *c* (pl ~en) match de football

voetganger (*voût*-khâ-ngeur) *c* (pl ~s) piéton *m*

voetpad (*voût*-pât) *nt* (pl ~en) sentier pour piétons

voetpoeder (*voût*-poû-deur) *nt/c* pou-

dre pour les pieds
voetrem (*voût*-rèm) *c* frein à pédale
vogel (*vôô*-geul) *c* (pl ~s) oiseau *m*
vol (vol) *adj* plein; complet
volbloed (*vol*-bloût) *adj* pur sang
***volbrengen** (vol-*brè*-ngeun) *v* achever
voldaan (vol-*dâân*) *adj* satisfait
voldoende (vol-*doûn*-deu) *adj* adéquat, suffisant; ~ ***zijn** *suffire
voldoening (vol-*doû*-ninng) *c* satisfaction *f*
volgen (*vol*-geun) *v* *suivre; **volgend** postérieur, prochain, suivant
volgens (*vol*-geuns) *prep* d'après, selon
volgorde (*vol*-gor-deu) *c* ordre *m*, succession *f*
***volhouden** (*vol*-haou-deun) *v* persévérer; persister
volk (volk) *nt* (pl ~en, ~eren) peuple *m*; **volks-** national; populaire; ordinaire
volkomen (vôl-*kôô*-meun) *adj* parfait; *adv* totalement
volkorenbrood (vol-*kôô*-reum-brôôt) *nt* pain complet
volksdans (*volks*-dâns) *c* (pl ~en) danse folklorique
volkslied (*volks*-liit) *nt* (pl ~eren) chanson populaire; hymne national
volledig (vo-*léé*-deukh) *adj* complet
volmaakt (vol-*mââkt*) *adj* parfait
volmaaktheid (vol-*mââkt*-hèït) *c* perfection *f*
volslagen (vol-*slââ*-geun) *adj* absolu, complet
volt (volt) *c* volt *m*
voltage (vol-*tââ*-jeu) *c/nt* (pl ~s) voltage *m*
voltooien (vol-*tôôï*-eun) *v* achever
volume (vôô-*luu*-meu) *nt* (pl ~n, ~s) volume *m*
volwassen (vol-*vâ*-seun) *adj* adulte
volwassene (vol-*vâ*-seu-neu) *c* (pl ~n) adulte *m*
vonk (vonngk) *c* (pl ~en) étincelle *f*
vonnis (*vo*-neuss) *nt* (pl ~sen) sentence *f*, jugement *m*
voogd (vôôkht) *c* (pl ~en) tuteur *m*
voogdij (vôôkh-*dèï*) *c* tutelle *f*
voor (vôôr) *prep* devant; avant; pour
vooraanstaand (vôôr-*âân*-stâânt) *adj* dominant, éminent
***voorafgaan** (vôôr-*af*-khâân) *v* précéder
vooral (vôô-*râl*) *adv* essentiellement, spécialement, surtout
voorbarig (vôôr-*bââ*-reukh) *adj* prématuré
voorbeeld (*vôôr*-béélt) *nt* (pl ~en) exemple *m*
voorbehoedmiddel (*vôôr*-beu-hoût-mi-deul) *nt* (pl ~en) contraceptif *m*
voorbehoud (*vôôr*-beu-haout) *nt* réserve *f*
voorbereiden (*vôôr*-beu-rèï-deun) *v* préparer
voorbereiding (*vôôr*-beu-rèï-dinng) *c* (pl ~en) préparation *f*
voorbij (vôôr-*bèï*) *adj* passé, fini; *prep* au delà de
***voorbijgaan** (vôôr-*bèï*-gâân) *v* passer, dépasser
voorbijganger (vôôr-*bèï*-gâ-ngeur) *c* (pl ~s) passant *m*
voordat (*vôôr*-dât) *conj* avant que
voordeel (*vôôr*-déél) *nt* (pl -delen) avantage *m*; bénéfice *m*
voordelig (vôôr-*déé*-leukh) *adj* avantageux
zich *voordoen (*vôôr*-doûn) *survenir
voorgaand (*vôôr*-khâânt) *adj* préalable, précédent
voorganger (*vôôr*-gâ-ngeur) *c* (pl ~s) prédécesseur *m*
voorgerecht (*vôôr*-geu-rèkht) *nt* (pl ~en) hors-d'œuvre *m*

voorgrond (*vôôr*-gronnt) *c* premier plan
voorhanden (vôôr-*hân*-deun) *adj* disponible
voorheen (vôôr-*héén*) *adv* antérieurement
voorhoofd (*vôôr*-hôôft) *nt* (pl ~en) front *m*
voorjaar (*vôôr*-yââr) *nt* printemps *m*
voorkant (*vôôr*-kânt) *c* face *f*
voorkeur (*vôôr*-keûr) *c* préférence *f*; **de ~ *geven aan** aimer mieux
voorkomen[1] (*vôôr*-kôô-meun) *nt* aspect *m*, apparence *f*
***voorkomen**[2] (*vôôr*-kôô-meun) *v* se *produire
***voorkomen**[3] (vôôr-*kôô*-meun) *v* *prévenir
voorkomend (vôôr-*kôô*-meunnt) *adj* obligeant
voorletter (*vôôr*-lè-teur) *c* (pl ~s) initiale *f*
voorlopig (vôôr-*lôô*-peukh) *adj* provisoire; préliminaire
voormalig (vôôr-*mââ*-leukh) *adj* ancien
voorman (*vôôr*-mân) *c* (pl ~nen) contremaître *m*
voornaam[1] (vôôr-*nââm*) *adj* distingué; **voornaamst** *adj* principal
voornaam[2] (*vôôr*-nââm) *c* (pl -namen) prénom *m*
voornaamwoord (*vôôr*-nââm-vôôrt) *nt* (pl ~en) pronom *m*
voornamelijk (vôôr-*nââ*-meu-leuk) *adv* principalement
vooroordeel (*vôôr*-ôôr-déél) *nt* (pl -delen) préjugé *m*
vooroorlogs (vôôr-*ôôr*-lokhs) *adj* d'avant-guerre
voorraad (*vôô*-râât) *c* (pl -raden) stock *m*, provision *f*
voorrang (*vôô*-râng) *c* priorité *f*; priorité de passage
voorrecht (*vôô*-rèkht) *nt* (pl ~en) privilège *m*
voorruit (*vôô*-reu^{u}t) *c* (pl ~en) pare-brise *m*
***voorschieten** (*vôôr*-skhii-teun) *v* avancer
voorschot (*vôôr*-skhot) *nt* (pl ~ten) avance *f*
voorschrift (*vôôr*-skhrıft) *nt* (pl ~en) règlement *m*
***voorschrijven** (*vôôr*-skhrèï-veun) *v* *prescrire
voorspellen (vôôr-*spè*-leun) *v* *prédire, *prévoir
voorspelling (vôôr-*spè*-lınng) *c* (pl ~en) prévision *f*
voorspoed (*vôôr*-spoût) *c* prospérité *f*
voorsprong (*vôôr*-spronng) *c* avance *f*
voorstad (*vôôr*-stât) *c* (pl -steden) faubourg *m*
voorstander (*vôôr*-stân-deur) *c* (pl ~s) partisan *m*
voorstel (*vôôr*-stèl) *nt* (pl ~len) proposition *f*; suggestion *f*
voorstellen (*vôôr*-stè-leun) *v* proposer, suggérer; présenter; représenter; **zich ~** *concevoir, imaginer
voorstelling (*vôôr*-stè-lınng) *c* (pl ~en) représentation *f*, spectacle *m*, performance *f*
voortaan (*vôôr*-tâân) *adv* dorénavant
voortduren (*vôôr*-duu-reun) *v* continuer; **voortdurend** continuel
***voortgaan** (*vôôrt*-khâân) *v* *poursuivre; procéder
voortreffelijk (vôôr-*trè*-feu-leuk) *adj* supérieur; exquis
voorts (vôôrts) *adv* d'ailleurs
voortzetten (*vôôrt*-sè-teun) *v* continuer
vooruit (vôô-*reu^{u}t*) *adv* en avant; à l'avance
vooruitbetaald (vôô-*reu^{u}t*-beu-tâât) *adj* payé d'avance

***vooruitgaan** (vôô-*reu^{u}t*-khâân) *v* avancer
vooruitgang (vôô-*reu^{u}t*-khâng) *c* progrès *m*, avancement *m*
vooruitstrevend (vôô-reu^{u}t-*strééveunnt*) *adj* progressiste
vooruitzicht (vôô-*reu^{u}t*-sıkht) *nt* (pl ~en) perspective *f*
voorvader (*vôôr*-vââ-deur) *c* (pl ~s, ~en) ancêtre *m*
voorvechter (*vôôr*-vèkh-teur) *c* (pl ~s) défenseur *m*
voorvoegsel (*vôôr*-voûkh-seul) *nt* (pl ~s) préfixe *m*
voorwaarde (*vôôr*-vââr-deu) *c* (pl ~n) condition *f*
voorwaardelijk (vôôr-*vââr*-deu-leuk) *adj* conditionnel
voorwaarts (*vôôr*-vâârts) *adv* en avant
voorwenden (*vôôr*-vèn-deun) *v* prétendre
voorwendsel (*vôôr*-vènt-seul) *nt* (pl ~s, ~en) prétexte *m*
voorwerp (*vôôr*-vèrp) *nt* (pl ~en) objet *m*; **gevonden voorwerpen** objets trouvés
voorzetsel (*vôôr*-zèt-seul) *nt* (pl ~s) préposition *f*
voorzichtig (vôôr-*zıkh*-teukh) *adj* prudent; délicat
voorzichtigheid (vôôr-*zıkh*-teukh-hèït) *c* prudence *f*
***voorzien** (vôôr-*ziin*) *v* anticiper; ~ **van** approvisionner en
voorzitter (*vôôr*-zı-teur) *c* (pl ~s) président *m*
voorzorg (*vôôr*-zorkh) *c* (pl ~en) précaution *f*
voorzorgsmaatregel (*vôôr*-zorkhs-mâât-réé-geul) *c* (pl ~en) précaution *f*
vorderen (*vor*-deu-reun) *v* progresser; confisquer, revendiquer
vorig (*vôô*-reukh) *adj* précédent; passé
vork (vork) *c* (pl ~en) fourchette *f*
vorm (vorm) *c* (pl ~en) forme *f*
vormen (*vor*-meun) *v* former
vorming (*vor*-mınng) *c* formation *f*
vorst[1] (vorst) *c* (pl ~en) monarque *m*, souverain *m*
vorst[2] (vorst) *c* gel *m*
vos (voss) *c* (pl ~sen) renard *m*
vouw (vaou) *c* (pl ~en) pli *m*
***vouwen** (*vaou*-eun) *v* plier
vraag (vrââkh) *c* (pl vragen) question *f*
vraaggesprek (*vrââ*-kheu-sprèk) *nt* (pl ~ken) interview *f*
vraagstuk (*vrââkh*-steuk) *nt* (pl ~ken) question *f*, problème *m*
vraagteken (*vrââkh*-téé-keun) *nt* (pl ~s) point d'interrogation
vracht (vrâkht) *c* (pl ~en) chargement *m*, cargaison *f*
vrachtwagen (*vrâkht*-vââ-geun) *c* (pl ~s) camion *m*
***vragen** (*vrââ*-geun) *v* demander; **vragend** interrogatif
vrede (*vréé*-deu) *c* paix *f*
vreedzaam (*vréét*-sââm) *adj* paisible
vreemd (vréémt) *adj* étrange; bizarre, drôle; étranger
vreemde (*vréém*-deu) *c* (pl ~n) inconnu *m*
vreemdeling (*vréém*-deu-lınng) *c* (pl ~en) étranger *m*
vrees (vrééss) *c* crainte *f*
vreselijk (*vréé*-seu-leuk) *adj* terrible; horrible, affreux
vreugde (*vreûkh*-deu) *c* (pl ~n) joie *f*
vrezen (*vréé*-zeun) *v* *craindre
vriend (vriint) *c* (pl ~en) ami *m*
vriendelijk (*vriin*-deu-leuk) *adj* gentil; aimable
vriendin (vriin-*dınn*) *c* (pl ~nen) amie *f*
vriendschap (*vriint*-skhâp) *c* (pl ~pen)

amitié *f*
vriendschappelijk (vriint-*skhâ*-peu-leuk) *adj* amical
vriespunt (*vriiss*-peunnt) *nt* point de congélation
***vriezen** (*vrii*-zeun) *v* geler
vrij (vrèï) *adj* libre; *adv* assez
vrijdag (*vrèï*-dâkh) *c* vendredi *m*
vrijgevig (vrèï-*géé*-veukh) *adj* généreux
vrijgezel (vrèï-geu-*zèl*) *c* (pl ~len) célibataire *m*
vrijheid (*vrèï*-hèït) *c* (pl -heden) liberté *f*
vrijkaart (*vrèï*-kâârt) *c* (pl ~en) billet gratuit
vrijpostig (vrèï-*poss*-teukh) *adj* effronté
vrijspraak (*vrèï*-sprââk) *c* acquittement *m*
vrijstellen (*vrèï*-stè-leun) *v* exempter; **vrijgesteld** exempt
vrijstelling (*vrèï*-stè-linng) *c* (pl ~en) exemption *f*
vrijwel (*vrèï*-vèl) *adv* pratiquement
vrijwillig (vrèï-*vi*-leukh) *adj* volontaire
vrijwilliger (vrèï-*vi*-leu-geur) *c* (pl ~s) volontaire *m*
vroedvrouw (*vroût*-fraou) *c* (pl ~en) sage-femme *f*
vroeg (vroûkh) *adj* tôt
vroeger (*vroû*-geur) *adj* antérieur, précédent; *adv* auparavant
vrolijk (*vrôô*-leuk) *adj* gai, joyeux
vrolijkheid (*vrôô*-leuk-hèït) *c* gaîté *f*
vroom (vrôôm) *adj* pieux
vrouw (vraou) *c* (pl ~en) femme *f*
vrouwelijk (*vraou*-eu-leuk) *adj* féminin
vrouwenarts (*vraou*-eun-ârts) *c* (pl ~en) gynécologue *m*
vrucht (vreukht) *c* (pl ~en) fruit *m*
vruchtbaar (*vreukht*-bâât) *adj* fertile
vruchtensap (*vreukh*-teu-sap) *nt* (pl ~pen) jus de fruits
vuil (veu^{u}l) *adj* sale; *nt* saleté *f*
vuilnis (*veu^{u}l*-niss) *nt* détritus *m*
vuilnisbak (*veu^{u}l*-niss-bak) *c* (pl ~ken) poubelle *f*, boîte à ordures
vuist (veu^{u}st) *c* (pl ~en) poing *m*
vuistslag (*veu^{u}st*-slakh) *c* (pl ~en) coup de poing
vulgair (veul-*gèèr*) *adj* vulgaire
vulkaan (veul-*kâân*) *c* (pl -kanen) volcan *m*
vullen (*veu*-leun) *v* remplir
vulling (*veu*-linng) *c* (pl ~en) farce *f*; recharge *f*; plombage *m*
vulpen (*veul*-pèn) *c* (pl ~nen) stylo *m*
vuur (vuur) *nt* (pl vuren) feu *m*
vuurrood (*vuu*-rôôt) *adj* écarlate, cramoisi
vuursteen (*vuur*-stéén) *c* (pl -stenen) pierre à briquet
vuurtoren (*vuur*-tôô-reun) *c* (pl ~s) phare *m*
vuurvast (*vuur*-vast) *adj* qui va au four

W

***waaien** (*vââï*-eun) *v* souffler
waaier (*vââï*-eur) *c* (pl ~s) éventail *m*
waakzaam (*vââk*-sââm) *adj* vigilant
waanzin (*vâân*-zinn) *c* démence *f*
waanzinnig (vâân-*zi*-neukh) *adj* insensé
waar[1] (vââr) *adj* vrai
waar[2] (vââr) *adv* où; *conj* où; ~ **dan ook** n'importe où; ~ **ook** partout où
waarborg (*vââr*-borkh) *c* (pl ~en) caution *f*
waard (vâârt) *adj* digne de; ~ ***zijn** *valoir
waarde (*vââr*-deu) *c* (pl ~n) valeur *f*

waardeloos (vââr-deu-lôôss) *adj* sans valeur
waarderen (vââr-*déé*-reun) *v* apprécier
waardering (vââr-*déé*-rinng) *c* appréciation *f*
waardevol (*vââr*-deu-vol) *adj* de valeur
waardig (*vââr*-deukh) *adj* digne
waarheid (*vââr*-hèït) *c* (pl -heden) vérité *f*
waarheidsgetrouw (*vââr*-hèïts-kheu-traou) *adj* véridique
* **waarnemen** (*vââr*-néé-meun) *v* observer
waarneming (*vââr*-néé-minng) *c* (pl ~en) observation *f*
waarom (vââ-*romm*) *adv* pourquoi
waarschijnlijk (vââr-*skhèïn*-leuk) *adj* probable; *adv* probablement
waarschuwen (*vââr*-skhuu^ou^-eun) *v* *prévenir, avertir
waarschuwing (*vââr*-skhuu^ou^-inng) *c* (pl ~en) avertissement *m*
waas (vââss) *nt* brume *f*
wachten (*vâkh*-teun) *v* attendre
wachtkamer (*vâkht*-kââ-meur) *c* (pl ~s) salle d'attente
wachtlijst (*vâkht*-lèïst) *c* (pl ~en) liste d'attente
wachtwoord (*vakht*-vôôrt) *nt* (pl ~en) mot de passe
waden (*vââ*-deun) *v* patauger
wafel (*vââ*-feul) *c* (pl ~s) gaufre *f*, gaufrette *f*
wagen[1] (*vââ*-geun) *c* (pl ~s) charrette *f*
wagen[2] (*vââ*-geun) *v* oser, risquer
wagon (vââ-*gonn*) *c* (pl ~s) wagon *m*
wakker (*vâ*-keur) *adj* réveillé; ~ * **worden** se réveiller
walgelijk (*val*-geu-leuk) *adj* dégoûtant
walnoot (*vâl*-nôôt) *c* (pl -noten) noix *f*
wals (vâls) *c* (pl ~en) valse *f*
walvis (*vâl*-viss) *c* (pl ~sen) baleine *f*
wand (vannt) *c* (pl ~en) cloison *f*
wandelaar (*vân*-deu-lââr) *c* (pl ~s) promeneur *m*
wandelen (*vân*-deu-leun) *v* flâner, se promener
wandeling (*vann*-deu-linng) *c* (pl ~en) promenade *f*
wandelstok (*vann*-deul-stok) *c* (pl ~ken) canne *f*
wandkleed (*vannt*-kléét) *nt* (pl -kleden) tapisserie *f*
wandluis (*vannt*-leu^u^ss) *c* (pl -luizen) punaise *f*
wang (vâng) *c* (pl ~en) joue *f*
wanhoop (*vann*-hôôp) *c* désespoir *m*
wanhopen (*vân*-hôô-peun) *v* désespérer
wanhopig (vân-*hôô*-peukh) *adj* désespéré
wankel (*vann*-keul) *adj* branlant
wankelen (*vann*-keu-leun) *v* vaciller
wanneer (vâ-*néér*) *adv* quand; *conj* lorsque; ~ **ook** n'importe quand
wanorde (*vann*-or-deu) *c* confusion *f*, désordre *m*
want (vannt) *conj* car
wanten (*vân*-teun) *pl* moufles *fpl*
wantrouwen (*vann*-traou-eun) *nt* défiance *f*; *v* se méfier de
wapen (*vââ*-peun) *nt* (pl ~s, ~en) arme *f*
warboel (*var*-boûl) *c* pagaille *f*, confusion *f*, gâchis *m*
waren (*vââ*-reun) *pl* marchandise *f*
warenhuis (*vââ*-reu-heu^u^ss) *nt* (pl -huizen) grand magasin
warm (vârm) *adj* chaud; ~ * **eten** dîner
warmte (*vârm*-teu) *c* chaleur *f*
warmwaterkruik (vârm-*vââ*-teur-kreu^u^k) *c* (pl ~en) bouillotte *f*
was[1] (vâss) *c* lessive *f*, lavage *m*
was[2] (vâss) *c* cire *f*

wasbaar (*vâss*-bââr) *adj* lavable
wasbekken (*vâss*-bè-keun) *nt* (pl ~s) lavabo *m*
wasecht (vâss-*èkht*) *adj* lavable
wasgoed (*vâss*-khoût) *nt* lessive *f*
wasmachine (*vâss*-ma-chii-neu) *c* (pl ~s) machine à laver
wasmiddel (*vâss*-mi-deul) *nt* (pl ~en) détergent *m*
waspoeder (*vâss*-poû-deur) *nt* (pl ~s) savon en poudre
***wassen** (*vâ*-seun) *v* laver
wassenbeeldenmuseum (vâ-seu-*béél*-deu-muu-zéé-yeumm) *nt* (pl ~s, -musea) musée des figures de cire
wasserette (vâ-seu-*rè*-teu) *c* (pl ~s) laverie automatique
wasserij (vâ-seu-*rèï*) *c* (pl ~en) blanchisserie *f*
wastafel (*vâss*-tââ-feul) *c* (pl ~s) lavabo *m*
wasverzachter (*vâss*-feur-zakh-teur) *c* (pl ~s) adoucisseur d'eau
wat (vât) *pron* quoi; ce que; *adv* que; ~ **dan ook** tout ce que; n'importe quoi
water (*vââ*-teur) *nt* eau *f*; **hoog** ~ marée haute; **laag** ~ marée basse; **stromend** ~ eau courante; **zoet** ~ eau douce
waterdicht (*vââ*-teur-dikht) *adj* imperméable
waterkers (*vââ*-teur-kèrs) *c* cresson *m*
watermeloen (*vââ*-teur-meu-loûn) *c* (pl ~en) pastèque *f*
waterpas (*vââ*-teur-pâss) *c* (pl ~sen) niveau *m*
waterpokken (*vââ*-teur-po-keunn) *pl* varicelle *f*
waterpomp (*vââ*-teur-pommp) *c* (pl ~en) pompe à eau
waterski (*vââ*-teur-skii) *c* (pl ~'s) ski nautique
waterstof (*vââ*-teur-stof) *c* hydrogène *m*
waterstofperoxyde (*vââ*-teur-stof-pèr-ok-sii-deu) *nt* eau oxygénée
waterval (*vââ*-teur-vâl) *c* (pl ~len) cascade *f*
waterverf (*vââ*-teur-vèrf) *c* couleur à l'eau
watt (vât) *c* watt *m*
watten (*vâ*-teun) *pl* ouate *f*
wazig (*vââ*-zeukh) *adj* nébuleux
we (veu) *pron* nous
wedden (*vè*-deun) *v* parier
weddenschap (*vè*-deu-skhâp) *c* (pl ~pen) pari *m*
wederverkoper (*véé*-deur-veur-kôô-peur) *c* (pl ~s) revendeur *m*
wederzijds (véé-deur-*zèïts*) *adj* réciproque
wedijveren (*vèt*-èï-veu-reun) *v* *concourir
wedloop (*vèt*-lôôp) *c* (pl -lopen) course *f*
wedstrijd (*vèt*-strèït) *c* (pl ~en) compétition *f*, concours *m*; match *m*
weduwe (*véé*-duu[ou]-eu) *c* (pl ~n) veuve *f*
weduwnaar (*véé*-duu[ou]-nâàr) *c* (pl ~s) veuf *m*
weeën (*véé*-eun) *pl* douleurs
weefsel (*vééf*-seul) *nt* (pl ~s) tissu *m*
weegschaal (*véékh*-skhââl) *c* (pl -schalen) bascule *f*, balance *f*
week (véék) *c* (pl weken) semaine *f*
weekdag (*véék*-dâkh) *c* (pl ~en) jour de la semaine
weekend (*vii*-kènt) *nt* (pl ~s) week-end *m*
weemoed (*véé*-moût) *c* mélancolie *f*
weer[1] (véér) *nt* temps *m*
weer[2] (véér) *adv* encore
weerbericht (*véér*-beu-rikht) *nt* (pl ~en) bulletin météorologique
***weerhouden** (véér-*haou*-deun) *v* *retenir

weerkaatsen (véér-*kâât*-seun) *v* refléter

weerkaatsing (véér-*kâât*-sinng) *c* reflet *m*

weerklank (*véér*-klângk) *c* écho *m*

weerzinwekkend (véér-zinn-*vè*-keunnt) *adj* repoussant, écœurant, répugnant

wees (vééss) *c* (pl wezen) orphelin *m*

weg[1] (vèkh) *adv* parti, loin; disparu

weg[2] (vèkh) *c* (pl ~en) voie *f*; route *f*; **doodlopende** ~ cul-de-sac *m*; **op** ~ **naar** en route pour

***wegen** (*véé*-geun) *v* peser

wegenkaart (*véé*-geu-kâârt) *c* (pl ~en) carte routière

wegennet (*véé*-geu-nèt) *nt* (pl ~ten) réseau routier

wegens (*véé*-geunns) *prep* à cause de, en raison de

***weggaan** (*vè*-khâân) *v* *partir, s'en *aller

wegkant (*vèkh*-kannt) *c* (pl ~en) bord de la route

***weglaten** (*vèkh*-lââ-teun) *v* *omettre

***wegnemen** (*vèkh*-néé-meun) *v* ôter, enlever

wegomlegging (*vékh*-omm-lè-ginng) *c* (pl ~en) déviation *f*

wegrestaurant (*vèkh*-rèss-tôô-rannt) *nt* (pl ~s) auberge *f*

wegwerp- (*vèkh*-vèrp) à jeter

wegwijzer (*vèkh*-vèï-zeur) *c* (pl ~s) poteau indicateur

***wegzenden** (*vèkh*-sèn-deun) *v* *renvoyer

wei (vèï) *c* (pl ~den) pré *m*

weigeren (*vèï*-geu-reun) *v* refuser

weigering (*vèï*-geu-rinng) *c* (pl ~en) refus *m*

weiland (*vèï*-lannt) *nt* (pl ~en) pâture *f*

weinig (*vèï*-neukh) *adj* peu; peu de

wekelijks (*véé*-keu-leuks) *adj* hebdomadaire

weken (*véé*-keun) *v* tremper

wekken (*vè*-keun) *v* réveiller

wekker (*vè*-keur) *c* (pl ~s) réveil *m*

weldra (*vèl*-drââ) *adv* prochainement, sous peu

welk (vèlk) *pron* quel; ~ **ook** n'importe quel

welkom (*vèl*-komm) *adj* bienvenu; *nt* accueil *m*

wellicht (vè-*likht*) *adv* peut-être

wellust (*vè*-leust) *c* (pl ~en) concupiscence *f*

welnu! (vèl-*nuu*) bien!

welvaart (*vèl*-vâârt) *c* prospérité *f*

welvarend (vèl-*vââ*-reunnt) *adj* prospère

welwillendheid (vèl-*vi*-leunnt-hèït) *c* bienveillance *f*

welzijn (*vèl*-zèïn) *nt* bien-être *m*

wending (*vèn*-dinng) *c* (pl ~en) revirement *m*

wenk (vèngk) *c* (pl ~en) signe *m*

wenkbrauw (*vèngk*-braou) *c* (pl ~en) sourcil *m*

wenkbrauwstift (*vèngk*-braou-stift) *c* (pl ~en) crayon pour les yeux

wennen (*vè*-neun) *v* familiariser

wens (vèns) *c* (pl ~en) souhait *m*, vœu *m*

wenselijk (*vèn*-seu-leuk) *adj* désirable

wensen (*vèn*-seun) *v* souhaiter, désirer

wereld (*véé*-reult) *c* (pl ~en) monde *m*

wereldberoemd (*véé*-reult-beu-roûmt) *adj* de renommée mondiale

wereldbol (*véé*-reult-bol) *c* globe *m*

werelddeel (*véé*-reul-déél) *nt* (pl -delen) continent *m*

wereldomvattend (*véé*-reult-omm-vâteunnt) *adj* mondial

wereldoorlog (*véé*-reult-ôôr-lokh) *c* (pl ~en) guerre mondiale

werk (vèrk) *nt* travail *m*; occupation *f*, emploi *m*; **te ~ *gaan** procéder; **~ in uitvoering** route en réfection
werkdag (*vèrk*-dâkh) *c* (pl ~en) jour ouvrable
werkelijk (*vèr*-keu-leuk) *adj* réel; véritable; *adv* réellement
werkelijkheid (*vèr*-keu-leuk-hèït) *c* réalité *f*
werkeloos (*vèr*-keu-lôôss) *adj* en chômage; oisif
werkeloosheid (vèr-keu-*lôôss*-hèït) *c* chômage *m*
werken (*vèr*-keun) *v* travailler; fonctionner
werkgever (*vèrk*-khéé-veur) *c* (pl ~s) employeur *m*
werking (*vèr*-kinng) *c* fonctionnement *m*; **buiten ~** en dérangement
werknemer (*vèrk*-néé-meur) *c* (pl ~s) employé *m*
werkplaats (*vèrk*-plââts) *c* (pl ~en) atelier *m*
werktuig (*vèrk*-teu^ukh) *nt* (pl ~en) instrument *m*; ustensile *m*
werkvergunning (*vèrk*-feur-geu-ninng) *c* (pl ~en) permis de travail
werkwoord (*vèrk*-vôôrt) *nt* (pl ~en) verbe *m*
***werpen** (*vèr*-peun) *v* jeter
wesp (vèsp) *c* (pl ~en) guêpe *f*
west (vèst) *c* occident *m*
westelijk (*vèss*-teu-leuk) *adj* occidental
westen (*vèss*-teun) *nt* ouest *m*
westers (*vèss*-teurs) *adj* occidental
wet (vèt) *c* (pl ~ten) loi *f*
***weten** (*véé*-teun) *v* *savoir
wetenschap (*véé*-teu-skhap) *c* (pl ~pen) science *f*
wetenschappelijk (véé-teu-*skhâ*-peu-leuk) *adj* scientifique
wettelijk (*vè*-teu-leuk) *adj* légal
wettig (*vè*-teukh) *adj* légitime, légal
***weven** (*véé*-veun) *v* tisser
wever (*véé*-veur) *c* (pl ~s) tisserand *m*
wezen[1] (*véé*-zeun) *nt* (pl ~s) être *m*
wezen[2] (*véé*-zeun) *nt* nature *f*
wezenlijk (*véé*-zeu-leuk) *adj* fondamental
wie (vii) *pron* qui; à qui; **~ dan ook** n'importe qui; **~ ook** quiconque
wieg (viikh) *c* (pl ~en) berceau *m*
wiel (viil) *nt* (pl ~en) roue *f*
wielrijder (*viil*-rèï-deur) *c* (pl ~s) cycliste *m*
wierook (*vii*-rôôk) *c* encens *m*
wig (vikh) *c* (pl ~gen) cale *f*
wijd (vèït) *adj* étendu, vaste
wijden (*vèï*-deun) *v* consacrer
wijk (vèïk) *c* (pl ~en) quartier *m*
wijn (vèïn) *c* (pl ~en) vin *m*
wijngaard (*vèïn*-gâârt) *c* (pl ~en) vignoble *m*
wijnkaart (*vèïng*-kâârt) *c* (pl ~en) carte des vins
wijnkelder (*vèïng*-kèl-deur) *c* (pl ~s) cave *f*
wijnkelner (*vèïng*-kèl-neur) *c* (pl ~s) sommelier *m*
wijnkoper (*vèïng*-kôô-peur) *c* (pl ~s) négociant en vins
wijnoogst (*vèïn*-ôôkhst) *c* (pl ~en) vendange *f*
wijnstok (*vèïn*-stok) *c* (pl ~ken) vigne *f*
wijs[1] (vèïss) *adj* sage
wijs[2] (vèïss) *c* (pl wijzen) air *m*
wijsbegeerte (*vèïss*-beu-géér-teu) *c* philosophie *f*
wijsgeer (*vèïss*-khéér) *c* (pl -geren) philosophe *m*
wijsheid (*vèïss*-hèït) *c* (pl -heden) sagesse *f*
wijsvinger (*vèïss*-fi-ngeur) *c* (pl ~s) index *m*
wijting (*vèï*-tinng) *c* (pl ~en) merlan

boerenomelet omelette paysanne au lard et aux légumes
bokking hareng fumé
boon haricot
borrelhapje amuse-gueule
borststuk poitrine, blanc de volaille
bosbes myrtille
bot 1) flétan 2) os
boter beurre
boterham tranche de pain beurrée
braadhaantje coquelet
braadworst saucisse à rôtir
braam mûre
brasem brême
brood pain
~ **maaltijd** déjeuner de tartines variées
~ **pudding** pouding de pain
broodje petit pain
~ **halfom** sandwich beurré garni de viande salée et de foie
~ **kaas** sandwich beurré au fromage
bruine bonen met spek haricots rouges servis avec du lard et des oignons
Brussels lof endive
caramelpudding flan caramel
caramelvla crème caramel
chocola(de) chocolat
citroen citron
cornflakes flocons de maïs
dadel datte
dagschotel spécialité du jour, plat du jour
dame blanche glace recouverte d'une crème au chocolat
dille aneth
doperwt petit pois
dragon estragon
drie-in-de-pan petite crêpe fourrée de raisins de Corinthe
druif raisin
duif pigeon
Duitse biefstuk steak haché
Edam, Edammer kaas fromage suave à pâte ferme, enrobé d'une couche de cire rouge
eend canard, caneton
ei œuf
eierpannekoek crêpe aux œufs
erwt pois
erwtensoep met kluif soupe aux pois verts avec des morceaux de saucisson fumé, un pied de porc, du lard maigre, un céleri-rave et des poireaux; servie avec du pain de seigle
exclusief non compris
fazant faisan
filet américain steak tartare
flensje petite crêpe fine
foe yong hai plat chinois; omelette aux poireaux, oignons et crevettes, servie dans une sauce aigre-douce
forel truite
framboos framboise
Friese nagelkaas fromage au lait écrémé, piqué de clous de girofle
frikadel boulette de viande épicée
frites, frieten pommes frites
gaar à point
gans oie
garnaal crevette
gebak pâtisserie
gebakken frit
gebonden soep velouté, crème
gebraden rôti
gedroogde pruim pruneau
gehakt 1) haché 2) viande hachée
~**bal** boulette de viande hachée
gekookt bouilli
gekruid assaisonné, épicé
gemarineerd mariné

gember gingembre
  ~**koek** pain d'épices au gingembre
gemengd varié, panaché
gepaneerd pané
gepocheerd ei œuf poché
geraspt râpé
gerecht plat, mets
gerookt fumé
geroosterd brood toast
gerst orge
gestoofd braisé
gevogelte volaille
gevuld farci
gezouten salé
Goudakaas, Goudse kaas fromage à pâte ferme, très proche de l'*Edam* et dont le goût se renforce après maturation
griesmeel semoule
  ~ **pudding** pouding de semoule
griet barbue
groente légume
Haagse bluf dessert de blancs d'œufs battus en neige avec du sirop de groseilles rouges
haantje coquelet
haas lièvre
hachee hachis de viande et d'oignons
half, halve moitié, demi
ham jambon
hardgekookt ei œuf dur
haring hareng
hart cœur
havermoutpap porridge
hazelnoot noisette
heilbot flétan
heldere soep consommé
hersenen cervelle
hete bliksem pommes de terre, pommes et lard, le tout assaisonné de sucre, sel et beurre
Hollandse biefstuk faux-filet
Hollandse nieuwe filet de hareng frais
honing miel
houtsnip 1) bécasse 2) sandwich de pain de seigle, garni de tranches de fromage
hutspot met klapstuk pot-au-feu; pommes de terre, carottes, oignons et viande de bœuf boullie
huzarensla salade russe; pommes de terre, œufs durs, viande froide, cornichons, betteraves et mayonnaise
ijs glace, crème glacée
inclusief compris
Italiaanse salade sorte de niçoise; salade verte, tomates, olives et thon
jachtschotel ragoût de viande, d'oignons et de pommes de terre; souvent servi avec une compote de pommes
jam confiture
jonge kaas fromage jeune à pâte dure
jus jus de viande
kaas fromage
  ~**balletje** boulette au fromage, frite
kabeljauw cabillaud
kalfslapje, kalfsoester escalope de veau
kalfsrollade roulade de veau
kalfsvlees veau
kalkoen dinde
kapucijners met spek plat de fèves, généralement servi avec des pommes vapeur, du lard, des oignons et de la salade verte
karbonade côtelette
karper carpe
kastanje marron
kaviaar caviar

kerrie curry
kers cerise
kievitsei œuf de vanneau
kip poulet
kippeborst blanc de poulet
kippebout cuisse de poulet
knakworst petite saucisse de Francfort
knoflook ail
koek 1) gâteau 2) pain d'épices
koekje biscuit
koffietafel déjeuner léger; tartines beurrées accompagnées de fromage, viande, œufs au plat
kokosnoot noix de coco
komijnekaas fromage au cumin
komkommer concombre
konijn lapin
koninginnesoep crème de volaille
konijn lapin
kool chou
~ **schotel met gehakt** boulettes de viande et chou en casserole
kotelet côtelette
koud froid
~ **vlees** viandes froides
krab crabe
krabbetje côte plate (de porc)
krent raisin de Corinthe
kroepoek gaufre indonésienne à la farine de crevettes
kroket croquette
kruiderij assaisonnement, condiment
kruidnagel clou de girofle
kruisbes groseille à maquereau
kwark fromage blanc (au lait écrémé)
kwartel caille
kweepeer coing
lamsbout gigot d'agneau
lamsvlees agneau
langoest langouste
Leidse kaas fromage au cumin
lekkerbekje filet d'églefin ou de carrelet frit
lendestuk filet
lever foie
linze lentille
loempia rouleau de printemps
lunch déjeuner, repas de midi
maïskolf épi de maïs
makreel maquereau
mandarijntje mandarine
marsepein massepain, pâte d'amandes
meikaas fromage crémeux, riche en matières grasses
meloen melon
menu van de dag menu du jour
mossel moule
mosterd moutarde
nagerecht dessert
nasi goreng plat indonésien; riz frit accompagné de viande, poulet, crevettes, oignons, légumes et épices, le tout recouvert d'un œuf au plat
nier rognon
~ **broodje** sorte de rissole farcie de rognons et d'oignons émincés
noot noix
oester huître
olie huile
~ **bol** beignet frit fourré aux raisins secs
olijf olive
omelet met kippelevertjes omelette au foie de volaille
ongaar saignant
ontbijt petit déjeuner
~ **koek** pain d'épices
~ **spek** bacon, lard fumé
ossehaas filet de bœuf
ossestaart oxtail
oude kaas fromage à pâte dure, au goût prononcé

paddestoel champignon
paling anguille
~ **in 't groen** anguille braisée dans une sauce béchamel, garnie de persil, et servie avec des légumes verts
pannekoek crêpe
~ **met stroop** à la mélasse
pap porridge
paprika poivron rouge ou vert
pastei pâté, croustade
patrijs perdrix
peer poire
pekeltong langue marinée et salée
pekelvlees tranche de viande salée
peper poivre
~**koek** pain d'épices
perzik pêche
peterselie persil
piccalilly condiment au vinaigre
pinda cacahuète
~**kaas** beurre d'arachide
pisang goreng plat indonésien; bananes frites
poffertje beignet servi avec du sucre et du beurre
pompelmoes pamplemousse
portie portion
postelein pourpier (plante comestible)
prei poireau
prinsessenboon haricot vert
pruim prune
rabarber rhubarbe
radijs radis
rauw cru
reebout, reerug venaison
rekening addition
ribstuk côte de bœuf
rijst riz
~**tafel** mets indonésien composé de plats multiples, notamment de légumes braisés, morceaux de viande et volaille, le tout servi avec du riz, des sauces relevées et des cacahuètes
rivierkreeft écrevisse
rode biet betterave
rode kool chou rouge
roerei œuf brouillé
roggebrood pain de seigle
rolmops filet de hareng enroulé autour d'un bâtonnet et mariné au vin blanc
rolpens tripes et émincé de bœuf marinés et frits, recouverts d'une tranche de pomme
rookspek lard fumé
rookworst saucisse fumée
roomboter beurre
roomijs glace, crème glacée
rosbief rôti de bœuf
rozemarijn romarin
runderlap steak de bœuf
rundvlees bœuf
Russische eieren œufs à la russe; moitiés d'œufs durs garnis de mayonnaise, de crevettes, d'anchois et parfois de caviar, servis sur une feuille de laitue
sambal pâte de piment très fort, servie avec les mets indonésiens
sardien sardine
saté, sateh plat indonésien; brochettes de viande nappées d'une sauce aux cacahuètes
saucijzebroodje saucisse briochée
saus sauce, jus de viande
schaaldier crustacé
schapevlees mouton
scharretong limande-sole
schelvis églefin
schildpadsoep potage à la tortue
schnitzel escalope
schol carrelet
schuimomelet omelette mousseuse servie comme dessert
selderij céleri

sinaasappel orange
sjaslik brochette de viandes braisée dans une sauce épicée aux tomates, aux oignons et au lard
sla salade
slaboon haricot vert
slagroom crème fouettée
slak escargot
sneeuwbal sorte de chou à la crème, parfois fourré aux raisins secs
snijboon haricot vert pelé et coupé en très fines lamelles
soep soupe, potage
~ **van de dag** potage du jour
speculaas biscuit aux amandes épicé
spek lard, bacon
sperzieboon haricot vert
spiegelei œuf au plat
spijskaart carte des mets
spinazie épinard
sprits sorte de biscuit sablé
spruitje chou de Bruxelles
stamppot purée de pommes de terre et légumes braisés
steur esturgeon
stokvis morue séchée
stroop mélasse
suiker sucre
taart gâteau, tarte
tarbot turbot
tartaar steak tartare
~ **speciaal** double portion
tijm thym
tjap tjoy plat chinois; dés de viande et de légumes frits, servis avec du riz
toeristenmenu menu touristique
tomaat tomate
tong 1) langue 2) sole
tonijn thon
toost toast
tosti croque-monsieur
truffel truffe
tuinboon fève
ui oignon
uitsmijter deux tranches de pain avec du rosbif ou du jambon, le tout recouvert de deux œufs au plat
varkenshaas filet de porc
varkenslapje tranche de porc
varkensvlees porc
venkel fenouil
vermicellisoep consommé aux vermicelles
vers frais
vijg figue
vis poisson
vla crème
vlaai tarte aux fruits
Vlaamse karbonade tranche de viande de bœuf mijotée dans de la bière avec des oignons
vlees viande
voorgerecht entrée
vrucht fruit
vruchtensalade macédoine de fruits
wafel gaufre
walnoot noix
warm chaud
waterkers cresson
waterzooi poulet mijoté au vin blanc, accompagné de légumes, de jaune d'œuf et de crème
wentelteefje croûte dorée
Wiener schnitzel escalope viennoise
wijnkaart carte des vins
wijting merlan
wild gibier
~ **zwijn** sanglier
wilde eend canard sauvage
witlof endive
~ **op zijn Brussels** endives à la

Bruxelloise; roulées dans une tranche de jambon et cuites au four dans une sauce Mornay
worst saucisse, saucisson
wortel carotte
zachtgekookt ei œuf mollet
zalm saumon
zeekreeft homard
zeevis poisson de mer
zout sel
zuurkool choucroute
zwezerik ris de veau

Boissons

advocaat liqueur aux œufs
ananassap jus d'ananas
bessenjenever eau-de-vie de genièvre à l'arôme de cassis
bier bière
bisschopswijn vin rouge chaud avec du jus de citron, de la cannelle, des clous de girofle et du sucre
bittertje apéritif amer
boerenjongens raisins secs à l'eau-de-vie
boerenmeisjes abricots à l'eau-de-vie
borrel petit verre d'alcool
brandewijn eau-de-vie
chocolademelk, chocomel(k) chocolat
citroenbrandewijn eau-de-vie de citron
citroenjenever eau-de-vie de genièvre à l'arôme de citron
citroentje met suiker eau-de-vie accompagnée d'un zeste de citron et de sucre
donker bier bière brune
druivesap jus de raisin
frisdrank boisson sans alcool
gekoeld glacé
genever voir *jenever*
Geuzelambiek bière flamande forte, à base de froment et d'orge
jenever eau-de-vie de genièvre
jonge jenever/klare genièvre jeune
karnemelk petit-lait
kersenbrandewijn kirsch
koffie café
  ~ **met melk** au lait
  ~ **met room** crème
  ~ **met slagroom** avec crème fouettée
  ~ **verkeerd** renversé
  zwaarte ~ noir
Kriekenlambiek bière bruxelloise forte aromatisée à la griotte
kwast citron pressé, servi chaud ou froid
licht bier bière blonde
melk lait
mineraalwater eau minérale
oude jenever/klare genièvre vieilli
oranjebitter apéritif amer à l'orange
pils terme générique désignant la bière
port porto
punch en général boisson glacée à

base de rhum, de vin blanc, de champagne, de jus de citron ou d'orange, de sucre et de thé
sap jus
sinas orangeade
spuitwater eau gazeuse
sterkedrank spiritueux
tafelwater eau minérale
thee thé
~ **met citroen** citron
~ **met suiker en melk** avec lait et sucre
trappistenbier bière maltée, brassée par les Trappistes
vieux cognac hollandais
vruchtesap jus de fruits
warme chocola chocolat chaud
water eau
wijn vin
droge ~ sec
rode ~ rouge
witte ~ blanc
zoete ~ doux
wodka vodka

Verbes irréguliers néerlandais

La liste suivante contient les verbes irréguliers les plus courants. Les verbes composés ou dotés d'un préfixe (*be-, con-, dis-, im-, in-, mis-, om-, on-, ont-, ver-,* etc.) ne sont pas indiqués dans la liste, mais se conjuguent comme les verbes sans préfixe. Ex.: *verbinden* se conjugue comme *binden*.

Infinitif	*Imparfait*	*Participe passé*	
bakken	bakte	gebakken	*cuire*
barsten	barstte	gebarsten	*éclater, fendre*
bederven	bedierf	bedorven	*gâter*
bedriegen	bedroog	bedrogen	*tromper*
beginnen	begon	begonnen	*commencer*
bergen	borg	geborgen	*mettre, ranger*
bevelen	beval	bevolen	*commander*
bewegen	bewoog	bewogen	*remuer*
bezwijken	bezweek	bezweken	*succomber (à)*
bidden	bad	gebeden	*prier*
bieden	bood	geboden	*offrir*
bijten	beet	gebeten	*mordre*
binden	bond	gebonden	*attacher*
blazen	blies	geblazen	*souffler*
blijken	bleek	gebleken	*(ap)paraître*
blijven	bleef	gebleven	*rester*
blinken	blonk	geblonken	*briller*
braden	braadde	gebraden	*frire*
breken	brak	gebroken	*casser*
brengen	bracht	gebracht	*apporter*
buigen	boog	gebogen	*plier*
delven	delfde/dolf	gedolven	*creuser*
denken	dacht	gedacht	*penser*
dingen	dong	gedongen	*concourir (pour)*
doen	deed	gedaan	*faire*
dragen	droeg	gedragen	*porter*
drijven	dreef	gedreven	*flotter*
dringen	drong	gedrongen	*pousser*
drinken	dronk	gedronken	*boire*
druipen	droop	gedropen	*ruisseler*
duiken	dook	gedoken	*plonger*
dwingen	dwong	gedwongen	*contraindre*
eten	at	gegeten	*manger*
fluiten	floot	gefloten	*siffler*
gaan	ging	gegaan	*aller*
gelden	gold	gegolden	*être valable*
genezen	genas	genezen	*guérir*
genieten	genoot	genoten	*apprécier*
geven	gaf	gegeven	*donner*
gieten	goot	gegoten	*verser*
glijden	gleed	gegleden	*glisser*
glimmen	glom	geglommen	*briller*
graven	groef	gegraven	*creuser*

grijpen	greep	gegrepen	*saisir*
hangen	hing	gehangen	*pendre*
hebben	had	gehad	*avoir*
heffen	hief	geheven	*soulever*
helpen	hielp	geholpen	*aider*
heten	heette	geheten	*s'appeler*
hijsen	hees	gehesen	*hisser*
houden	hield	gehouden	*garder*
jagen	jaagde/joeg	gejaagd	*chasser*
kiezen	koos	gekozen	*choisir*
kijken	keek	gekeken	*regarder*
klimmen	klom	geklommen	*grimper*
klinken	klonk	geklonken	*sonner*
knijpen	kneep	geknepen	*pincer*
komen	kwam	gekomen	*venir*
kopen	kocht	gekocht	*acheter*
krijgen	kreeg	gekregen	*recevoir*
krimpen	kromp	gekrompen	*rétrécir*
kruipen	kroop	gekropen	*ramper*
kunnen	kon	gekund	*pouvoir*
lachen	lachte	gelachen	*rire*
laden	laadde	geladen	*charger*
laten	liet	gelaten	*laisser*
lezen	las	gelezen	*lire*
liegen	loog	gelogen	*mentir*
liggen	lag	gelegen	*être couché*
lijden	leed	geleden	*souffrir*
lijken	leek	geleken	*sembler*
lopen	liep	gelopen	*marcher*
malen	maalde	gemalen	*moudre*
meten	mat	gemeten	*mesurer*
moeten	moest	gemoeten	*devoir*
mogen	mocht	gemogen/gemoogd	*pouvoir*
nemen	nam	genomen	*prendre*
prijzen	prees	geprezen	*louer qqn.*
raden	raadde/ried	geraden	*deviner, conseiller*
rijden	reed	gereden	*conduire*
rijgen	reeg	geregen	*enfiler*
rijzen	rees	gerezen	*monter*
roepen	riep	geroepen	*appeler*
ruiken	rook	geroken	*sentir*
scheiden	scheidde	gescheiden	*séparer*
schelden	schold	gescholden	*injurier*
schenken	schonk	geschonken	*verser*
scheppen	schiep	geschapen	*créer*
scheren	schoor	geschoren	*(se) raser*
schieten	schoot	geschoten	*tirer (au fusil)*
schijnen	scheen	geschenen	*briller, sembler*
schrijden	schreed	geschreden	*marcher à grands pas*
schrijven	schreef	geschreven	*écrire*
schrikken	schrok	geschrokken	*avoir peur*

schuiven	schoof	geschoven	*pousser*
slaan	sloeg	geslagen	*frapper*
slapen	sliep	geslapen	*dormir*
slijpen	sleep	geslepen	*aiguiser*
slijten	sleet	gesleten	*user*
sluipen	sloop	geslopen	*se glisser*
sluiten	sloot	gesloten	*fermer*
smelten	smolt	gesmolten	*fondre*
snijden	sneed	gesneden	*couper*
spinnen	spon	gesponnen	*filer*
splijten	spleet	gespleten	*fendre*
spreken	sprak	gesproken	*parler*
springen	sprong	gesprongen	*sauter*
spuiten	spoot	gespoten	*jaillir*
staan	stond	gestaan	*être debout*
steken	stak	gestoken	*piquer*
stelen	stal	gestolen	*voler*
sterven	stierf	gestorven	*mourir*
stijgen	steeg	gestegen	*grimper*
stijven	steef	gesteven	*amidonner*
stinken	stonk	gestonken	*sentir mauvais*
stoten	stootte/stiet	gestoten	*heurter*
strijden	streed	gestreden	*lutter*
strijken	streek	gestreken	*repasser*
treden	trad	getreden	*marcher*
treffen	trof	getroffen	*toucher*
trekken	trok	getrokken	*tirer*
vallen	viel	gevallen	*tomber*
vangen	ving	gevangen	*attraper*
varen	voer	gevaren	*naviguer*
vechten	vocht	gevochten	*se battre*
verbergen	verborg	verborgen	*cacher*
verdwijnen	verdween	verdwenen	*disparaître*
vergeten	vergat	vergeten	*oublier*
verliezen	verloor	verloren	*perdre*
vermijden	vermeed	vermeden	*éviter*
verslinden	verslond	verslonden	*dévorer*
vinden	vond	gevonden	*trouver*
vliegen	vloog	gevlogen	*voler*
voortspruiten	sproot voort	voortgesproten	*résulter*
vouwen	vouwde	gevouwen	*plier*
vragen	vroeg	gevraagd	*demander*
vriezen	vroor	gevroren	*geler*
waaien	waaide/woei	gewaaid	*souffler*
wassen	waste	gewassen	*laver*
wegen	woog	gewogen	*peser*
werpen	wierp	geworpen	*jeter*
werven	wierf	geworven	*recruter*
weten	wist	geweten	*savoir*
weven	weefde	geweven	*tisser*
wijken	week	geweken	*céder*

wijten	weet	geweten	*attribuer*
wijzen	wees	gewezen	*montrer*
willen	wilde/wou	gewild	*vouloir*
winden	wond	gewonden	*(en)rouler*
winnen	won	gewonnen	*gagner*
worden	werd	geworden	*devenir*
wreken	wreekte	gewroken	*venger*
wrijven	wreef	gewreven	*frotter*
zeggen	zei	gezegd	*dire*
zenden	zond	gezonden	*envoyer*
zien	zag	gezien	*voir*
zijn	was	geweest	*être*
zingen	zong	gezongen	*chanter*
zinken	zonk	gezonken	*couler*
zinnen	zon	gezonnen	*méditer, réfléchir*
zitten	zat	gezeten	*s'asseoir*
zoeken	zocht	gezocht	*chercher*
zuigen	zoog	gezogen	*sucer*
zullen	zou	—	*futur ou condit.*
zwellen	zwol	gezwollen	*enfler*
zwemmen	zwom	gezwommen	*nager*
1) **zweren**	zwoer	gezworen	*jurer*
2) **zweren**	zweerde/zwoor	gezworen	*suppurer*
zwerven	zwierf	gezworven	*errer*
zwijgen	zweeg	gezwegen	*se taire*

Abréviations néerlandaises

A°	*anno*	de l'année
afd.	*afdeling*	département, division
alg.	*algemeen*	général
A.N.W.B.	*Algemene Nederlandse Wielrijdersbond*	Touring Club royal des Pays-Bas
a.s.	*aanstaande*	prochain
a.u.b.	*alstublieft*	s'il vous plaît
Bfr.	*Belgische frank*	franc belge
b.g.	*begane grond*	rez-de-chaussée
b.g.g.	*bij geen gehoor*	en cas de non-réponse
blz.	*bladzijde*	page
B.R.T.	*Belgische Radio en Televisie*	Radio-Télévision belge
B.T.W.	*Belasting Toegevoegde Waarde*	TVA (taxe à la valeur ajoutée)
b.v.	*bijvoorbeeld*	par exemple
B.V.	*besloten vennootschap*	S.à r.l. (société à responsabilité limitée)
C.S.	*Centraal Station*	gare centrale
ct.	*cent*	1/100 de florin
dhr.	*de heer*	monsieur
drs.	*doctorandus*	candidat au doctorat
d.w.z.	*dat wil zeggen*	c'est-à-dire
EEG	*Europese Economische Gemeenschap*	CEE
E.H.B.O.	*Eerste Hulp bij Ongelukken*	Premiers secours
enz.	*enzovoort*	etc.
excl.	*exclusief*	non compris, exclu
fl/f	*gulden*	florin
geb.	*geboren*	né(e)
H.K.H.	*Hare Koninklijke Hoogheid*	Son Altesse Royale la princesse
H.M.	*Hare Majesteit*	Sa Majesté la reine
hs	*huis*	rez-de-chaussée
ncl.	*inclusief*	compris, inclus
.p(l).v.	*in plaats van*	au lieu de
r.	*ingenieur*	ingénieur
l.	*jongstleden*	passé
K.A.C.B.	*Koninklijke Automobielclub van België*	Automobile Club royal de Belgique

km/u	*kilometer per uur*	km/h
K.N.A.C.	*Koninklijke Nederlandse Automobielclub*	Automobile Club royal des Pays-Bas
K.N.M.I.	*Koninklijk Nederlands Meteorologisch Instituut*	Institut royal météorologique des Pays-Bas
m.a.w.	*met andere woorden*	en d'autres termes
Mej.	*mejuffrouw*	mademoiselle
Mevr.	*mevrouw*	madame
Mij.	*maatschappij*	société
Mr.	*meester in de rechten; mijnheer*	docteur en droit; monsieur
N.A.V.O.	*Noordatlantische Verdragsorganisatie*	OTAN
N.B.T.	*Nederlands Bureau voor Toerisme*	Bureau national néerlandais du Tourisme
n.Chr.	*na Christus*	apr. J.-C.
nl.	*namelijk*	à savoir
n.m.	*namiddag*	de l'après-midi
N.M.B.S.	*Nationale Maatschappij der Belgische Spoorwegen*	Société nationale des chemins de fer belges
N.P.	*niet parkeren*	stationnement interdit
N.S.	*Nederlandse Spoorwegen*	Chemins de fer néerlandais
N.V.	*naamloze vennootschap*	SA (société anonyme)
p.a.	*per adres*	chez
pk	*paardekracht*	chevaux vapeur
r.-k./R.-K.	*rooms-katholiek*	catholique
t.e.m.	*tot en met*	jusqu'à et ... inclus
t.o.v.	*ten opzichte van*	en ce qui concerne
v.a.	*volgens anderen, vanaf*	depuis
V.A.B.	*Vlaamse Automobilistenbond*	Automobile Club flamand
v.Chr.	*voor Christus*	av. J.-C.
v.m.	*voormiddag*	matin
V.N.	*Verenigde Naties*	Organisation des Nations Unies
V.S.	*Verenigde Staten*	Etats-Unis
V.T.B.	*Vlaamse Toeristenbond*	Touring Club flamand
V.V.V.	*Vereniging voor Vreemdelingenverkeer*	office du tourisme
zgn.	*zogenaamd*	soi-disant
Z.K.H.	*Zijne Koninklijke Hoogheid*	Son Altesse Royale le prince
z.o.z.	*zie ommezijde*	voir au verso

Nombres

Nombres cardinaux

0	nul
1	een
2	twee
3	drie
4	vier
5	vijf
6	zes
7	zeven
8	acht
9	negen
10	tien
11	elf
12	twaalf
13	dertien
14	veertien
15	vijftien
16	zestien
17	zeventien
18	achttien
19	negentien
20	twintig
21	eenentwintig
22	tweeëntwintig
23	drieëntwintig
24	vierentwintig
30	dertig
40	veertig
50	vijftig
60	zestig
70	zeventig
80	tachtig
90	negentig
100	honderd
101	honderdeen
230	tweehonderddertig
1000	duizend
1001	duizendeen
1100	elfhonderd
2000	tweeduizend
1 000 000	een miljoen

Nombres ordinaux

1e	eerste
2e	tweede
3e	derde
4e	vierde
5e	vijfde
6e	zesde
7e	zevende
8e	achtste
9e	negende
10e	tiende
11e	elfde
12e	twaalfde
13e	dertiende
14e	veertiende
15e	vijftiende
16e	zestiende
17e	zeventiende
18e	achttiende
19e	negentiende
20e	twintigste
21e	eenentwintigste
22e	tweeëntwintigste
23e	drieëntwintigste
24e	vierentwintigste
25e	vijfentwintigste
26e	zesentwintigste
30e	dertigste
40e	veertigste
50e	vijftigste
60e	zestigste
70e	zeventigste
80e	tachtigste
90e	negentigste
100e	honderdste
101e	honderdeerste
230e	tweehonderddertigste
1000e	duizendste
1001e	duizendeerste
1100e	elfhonderdste
2000e	tweeduizendste

L'heure

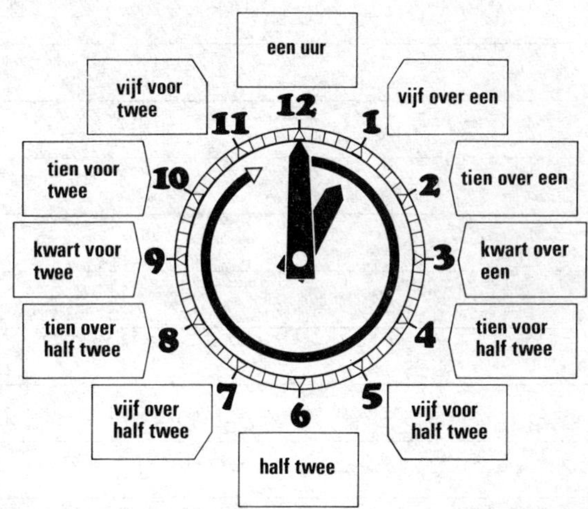

Lorsqu'on veut préciser qu'il est telle heure du matin, de l'après-midi ou du soir, on ajoute respectivement *'s morgens, 's middags* ou *'s avonds*.

Ainsi:

zeven uur 's morgens	7 h. du matin
drie uur 's middags	3 h. de l'après-midi
acht uur 's avonds	8 h. du soir

Les jours de la semaine

zondag	dimanche	*donderdag*	jeudi
maandag	lundi	*vrijdag*	vendredi
dinsdag	mardi	*zaterdag*	samedi
woensdag	mercredi		

Aantekeningen

Aantekeningen

Aantekeningen